主　編　賀聖遂　錢振民
學術顧問　陳先行

上海歷代著述總目·明代卷

上

孫　麒　陳金林　張　霞　著

復旦大學出版社

本書爲「十四五」時期國家重點出版物出版專項規劃項目
上海文化發展基金會圖書出版專項基金資助項目
復旦大學「九八五工程」三期人文科學重大項目（2011RWXKZD035）成果
教育部人文社會科學研究青年基金項目「上海明代著述研究」（14YJC870019）成果

《上海歷代著述總目》弁言

陳先行

庚子新春，獲悉老友賀聖遂、錢振民兩兄經年主編的《上海歷代著述總目》即將付梓，頗感欣喜。本人因忝爲顧問，於該書之編纂及其意義有所瞭解，乃趁防控新冠疫情偷閒之際寫此小文以表祝賀。

這是迄今爲止第一部歷代上海地方文獻專目，主編的初衷，是想在此目的基礎上，選輯出版一部大型上海文獻叢書，這原本是出版家賀聖遂擔任復旦大學出版社社長兼總編時的宏願，可惜未獲及時落實，計劃擱置。但令人感到慶倖的是，由復旦大學古籍所博士生導師錢振民直接指導的這部至關重要的目録畢竟編纂成功了，既然有了它，相信其他相關舉措一旦條件成熟就可以從容實施。

從目録學及史學史角度論，類此目録照理早就應當編纂並出現在上海史之中，因爲在我國史學界有一個傳統，即自《漢書》以降，正史、通史乃至地方史志中每設有「藝文志」（或稱「經籍志」）一門（正史中凡所缺者，清代、近代學者多予以補撰），後人將此類目録統稱爲「史志目録」。史志目録通常被認爲具有揭示國家或地方學術史的功能，歷來都很受重視。然而，在現當代史學界出現的若干種包括有政府支持背景撰寫的上海史著作，無論卷帙多寡，皆未列「藝文志」，即没人對歷代上海人的著述進行搜集編目，這樣的上海史其實是不完整的。人們不禁要問，難道那些編撰上海史的學者無視史志目録傳統、不識其重要意義嗎？恐怕不能如此貿然推斷，或許有種種主觀與客觀原因無法克服，纔導致他們對該選項的回避或放棄。譬如有一個原因不用多講大家心裏都清楚，即在當今作學術研究動輒以某種「工程」爲目的的氛圍之下，編纂「藝文志」是件吃力不討好的事情，如果嚴肅認真對待，一時半會難以弄出什麼「階段性成果」，達不到現時流行的「項目考核標準」，而經過長年累月、嘔心瀝血一旦搞成，也未必會獲得學術上的認可。因此，這種苦哈哈的差事是很難受到青睞的，即使真有憨憨之士想做，可能也是舉步維艱，阻力重重。如此這般，業已發表的上海史不設「藝文志」洵屬正常，明白人都能體諒。不過，話又要説回來，既然有關方面下足本錢編撰上海史，却又置「藝文志」於度外，無論從哪方面講，終究是一個缺憾：如果没有一部反映客觀實際的上海地方文獻目録爲依據，不能瞭然上海歷代著述全貌，人們如何能够科學地認識與勾勒出上海的歷史文脉呢？而「傳承文脉」之類的詞語，今人又是那麼喜歡掛在嘴邊，總不能信口雌黄吧？因此，《上海歷代著述總目》編纂出版的重要性是毋容置疑的。

我們强調史志目録的意義，並不意味將這部《上海歷代著述總目》的價值等同于以往史志目録，僅僅視其爲對已出版的上海史的補缺，這樣的認識也未免太膚淺了。略相比較，它至少有兩方面的成就超過以往史志目録。

首先是收録求全，編纂得體。如果要做到客觀全面地反映上海歷史文化面貌，搜羅完備是第一要務。《上海歷代著述總目》通過對歷代地方志、各類綜合與專題目録以及相關文獻資料的抉剔爬梳、考辨釐訂，結合各藏書機構的實地艱辛調查，共輯得三千二百餘位作者凡一萬三千餘種著述，搜采之豐，前所未有，基本摸清了上海歷代著作的家底，以「總目」稱之，名副其實。由於所收録者，既有編纂者經眼的存世之書流傳之本，又包括有歷史文獻記載但已難尋蹤跡或已亡佚之作，編者以實事求是的態度纂輯爲《現存著述簡目》與《未見著述簡目》兩大部分（後者又具有待訪書目功能）；在《元代以前卷》中，更列有《存疑著述簡目》，並略述存疑緣由，充分體現了該目録之編纂科學合理的特點。而曩昔的史志目録，往往連存書面貌也未完整反映，佚書則更不會作考訂著録，也從來不作如此明確的交代。

必須指出，舊時學術界之所以對史志目録一直頗爲推崇，認爲史志目録（包括地方史志目録）反映了國家或地方學術史的脉絡，多半是人們將眼光聚焦於目録的分類及其演變之上的緣故，因爲從目録的分類可窺學術的發展。但大家似乎忽略了另外一個極爲重要的問題：歷代史志目録是否爲當時所存全部學術文獻的實録？如果不是，或因訪書困難而只能收録現成的政府藏書及根據某些公開的私家藏書目録著録，或出於撰史者的主觀意志只是編纂一個選目，那麼，在不能反映一代或歷代著述、學術成果全貌的前提下，如何能説這些史志目録客觀全面地反映了學術史的脉絡呢？

事實上，不管出於什麼原因，以前的史志目録可能多爲選目，或者説僅僅是部分文獻的記録。譬如首創的《漢書·藝文志》，班固除了對西漢末年若干名家著述有所增補外，大體框架是根據劉歆《七略》「删其要」構成，而《七略》本身之著録對象主要是朝廷政府機構的藏書，鮮有涉及與利用各地方政府機構與民間的收藏，因而不太可能反映當時學術成果的全部。或以爲《漢書·藝文志》是一部記録上古至西漢圖書的完整目録，並不確切。再如相對晚近的《明史・藝文志》，係由王鴻緒、張廷玉輩依據黄虞稷初撰之《明史藝文志稿》删削而成。黄氏之志稿雖已不傳，但它是根據自撰《千頃堂書目》稍加增損編就。若將《千頃堂書目》與《明史・藝文志》相較，可知前者所收明人著作多達一萬二千餘種，而後者著録僅四千六百餘種，删削六成有加。因是之故，凡欲瞭解明人著述及其相關學術動態，我們首先想到要檢覽的是《千頃堂書目》而非《明史・藝文志》。由此可見，無論出於什麼原因，過往的史志目録（包括地方史志目録）所記録的文獻缺失頗多，其所反映的學術，很可能只是編目者的主觀認識，是否客觀反映、科學概括了整個時代或某一地方的學術面貌與特點，是要打問號的。然而，後人由於對史志目録的編纂情況（諸如卷帙篇幅的確定、著録物件的選擇標準以及對不同編纂意見的定奪等）不甚清楚，往往是被動接受其成果，並没有作深入思考，於是學術界便有諸如「把正史藝文志和經籍志、各種補志、《清史稿・藝文志》進行整理彙編，就構成我國自古以來一部比較完整而正規的圖書總目」，從而「構成一部完整的中國學術史」之類簡單片面的説法。

在此，我們不妨再以當前正在編撰的《清史》爲例，或許對史志目録能有更直接的認識。《清史》遵循傳統，也設「藝文志」一門（據説現在改稱「典籍志」，尚未正式發表），因編委會考慮到與其他各門類卷帙篇幅的平衡，故《清史・藝文志》一開始的定位就是一個選目（這種考慮卷帙篇幅平衡的因素，恐怕過往的史志目録都會存在）。關鍵在於如何選，依據何在。爲此，編纂《清史・藝文志》的專家以嚴謹的態度，先花大力氣編纂了一部《清代著述總目》，著録多達二十二萬七千種，清人著作幾乎搜羅殆盡，通過分類編次，清代學術面貌可謂一覽無遺，據其選編一部切合實際的《清史·藝文志》想必没有太大問題。然而，當編纂者提交選目初稿時，各路專家意見不一，争論甚至還有點激烈。看得出來，專家們多基於不同的研究背景，從各自的治學專長與愛好出發臧否選目（參見二〇一三年八月第三期《清史研究》刊載的《〈清史·藝文志〉編纂及審改工作實録》一文）。這種見仁見智的學術討論固然很有必要，但有一點似乎應該達成共識，即對選目收録對象的討論，不能無視或偏離《清代著述總目》這個基本前提，只有對一代著述作全面瞭解，纔能對一代學術的特點（包括繼承與發展）作合符客觀的揭示。倘若人們的視野與認知到今天仍然停留在《清代著述總目》出現之前，甚至凝滯於《四庫全書總目》之上，或者只是略作新學方面的補充，那麼這部《清史·藝文志》的意義與作用就不會太大。

不知遞經壓縮篇幅的《清史·藝文志》最終會是一個什麼模樣，但説句實話，我們更期待的是《清人著述總目》的早日出版，因爲該目避免了主觀局限，反而更具實用價值。同樣道理，由於這部《上海歷代著述總目》於著録對象力求客觀，不事斧鑿，其所反映歷史上的上海學術面貌全面完整，堪當信今傳後，一經問世，以往的上海地方史志目録不足論矣。

《上海歷代著述總目》另一個令人矚目的高光之處，便是著力於版本的考訂著録。由於古籍在流傳過程中往往出現多種版本，形成不同的版本系統，而人們所見所聞的每一種書，很可能只是該書的某一種版本，鑒别其版本面目，辨識其版本源流，判斷其版本優劣，是歷史發展到一定時期必然會出現的需求，由是而産生版本學與版本目録，這是一種學術進步。

當然，由於版本學晚至明代中後期纔發端，故明代及以前的史志目録不著録版本可以理解。但到了清朝乾隆時代，版本學的演進得到了官方的有力推動，隨着第一部官修善本書目《天禄琳琅書目》的問世，著録版本流行於各種藏書之目，版本目録形成風氣。而這時開始出現的補撰史志目録却未能與時俱進，仍然墨守成規不著録版本，不得不説，人們在肯定其于史學、目録學所作貢獻的同時，不能無視其於版本學的滯後。據説《清史・藝文志》也因篇幅太大而被要求删去版本之項，那麽之前所花功夫便白費了，編目者或許會有一肚子的委屈，我聞之則並未感到奇怪，因爲看到專家們提出的有關編目的意見，都集中於分類之上而忽略版本著録。他們習慣性地以章學誠所云「辨章學術，考鏡源流」爲要旨，視分類爲編目重點，這當然没錯。但時代在發展，學術應進步。自從四庫分類得到認可並普遍施行之後，出於古籍研究深入的需要，能否準確地鑒定著録版本，已成爲古籍編目必須解決的主要問題，倘若版本的來龍去脉未明，其文本面貌不清，「辨章學術，考鏡源流」又從何談起？如果章學誠活在當下，應該也會持此發展眼光而不是固執陳見。故放棄著録版本，《清史・藝文志》的功用將會減弱是可以預料的。

有人以爲，當今古籍編目著録版本並不煩難，因爲有《中國古籍善本書目》與《中國古籍總目》等成果可以利用。誠然，這些目録尤其是《中國古籍善本書目》頗具權威，足資參考，但若一味坐享現成，徑自抄撮，則並不妥當。須知當年《中國古籍善本書目》之編纂，雖然也先事普查，但受歷史條件限制，加之各地編目人員的水準參差不齊，普查的品質不能盡如人意，而後來任事彙編的專家每每連書影都看不到，遑論檢覽原本，故存在鑒定著録問題難以避免。至於《中國古籍總目》，雖然有的參與單位與編目人員也花了不少心血以敬其業，但就整體而言，它是從目録到目録的産物，大部分的著録未能與原書校核，錯誤自然更多。《上海歷代著述總目》的編纂者正是對此有所認知，故力求對所著録的每部書、每個版本都過目核對，從而避免了重蹈《中國古籍善本書目》《中國古籍總目》之誤現象的發生。最值得稱道者，《上海歷代著述總目》並不是一部單純的簡式版本目録，其立意於版本學發展的高度，從實用出發，對現存上海各時代衆多的善本要籍以藏書志體式撰寫成經眼録，從形制到文本進行了詳細著録與考訂，辨識其版本，闡述其源流，發現並揭示了一批具有重要價值却被前人所忽略的珍貴文獻，同時又糾正了不少《中國古籍善本書目》《中國古籍總目》以及其他專門目録的著録訛誤。尤其要指出，編纂者爲了對一部書的版本能有全面的認識，不惜花費巨大的心力，四處搜羅不同的印本，比勘其異同，揭示其優劣。竊以爲，考察一部書的版本，不論同版與否，只要印本不同，形式和内容都可能存在差異。不目睹各本，作仔細觀察、認真比較，就難知其詳。然而囿於識見，或限於條件，或憚於煩難，歷來編撰古籍目録、撰寫藏書志者於此鮮有身體力行。因此，這部《上海歷代著述總目》不僅遠優於舊時上海地方史志目録，即便置之當今各家編撰包括藏書志在内的各種古籍目録，也是處於前沿地位。

最後想談談編纂這部《上海歷代著述總目》的來龍去脉。該目録按時代分爲元代以前、明代、清代中前期、晚清傳統及晚清新學著述五個部分，作者多爲曾經就讀於復旦大學古籍所中國古典文獻學專業的碩士、博士，他們各自所承擔的部分，實際就是以其畢業論文爲基礎修改而成。由於他們對版本目録學頗有興趣，作爲復旦古籍所的兼任教授，我曾多次給他們作有關版本學的講座，或請他們到上海圖書館來，由我就館藏古籍實物講版本鑒賞知識。這樣做雖取得些微效果，但他們終究因缺乏實踐經驗，一時難成氣候。振民兄遂結合教學，委諸生參與編纂《上海歷代著述總目》，使之理論聯繫實際，不數年學得真正本領。我先後參加了該目作者楊婧、杜怡順、曹鑫等同學的論文答辯，看到他們於版本目録學方面所具有的良好素養與追求，不禁爲之擊節叫好。我很清楚，類此古籍編目能否作爲碩博生的論文，在教育界是有爭議的；甚至連圖書館界也有人認爲古籍編目不是學問。但振民兄力排異議，矢志於是，最終獲得成功，令人欽佩——這難道不是可資借鑒的一條大學培養版本目録學人才的有效途徑嗎？

庚子二月，於海上學思齋

總序

賀聖遂　錢振民

一個多世紀以來，上海作爲一個國際大都市矗立於世界東方。當我們從文獻學的視角審視其歷史時，會發現它（以現行政區域回溯）不僅僅是一般人心目中的近代新興魔都，亦具有悠久而燦爛的歷史文化。其文化源頭可以追溯至數千年前的馬家浜文化、崧澤文化和良渚文化。就其歷代産生的著者與著述而言，可謂著者林立，名家輩出，著述豐富多彩，影響深遠，爲中華文明建設作出了突出的貢獻。

西晉時期，作爲一代文學名家的陸機、陸雲兄弟，開啓了上海著述的精彩序幕。

元末明初，産生了一批頗有影響文學名家、著名學者與著述。如：文學名家袁凱著有《海叟集》，王彝著有《王常宗集》。文學大家楊維禎（寓賢）著有《鐵崖古樂府》、《復古詩集》等，著名學者陶宗儀（寓賢）著有《南村輟耕録》《説郛》等。

明代中期，隨着社會經濟的發展，這一地區進入了教育與文化繁榮的時代，産生了一大批名家與名著。如文學家、書法家張弼著有《張東海先生集》，文學家、學者陸深著有《儼山集》《儼山外集》等，文學家、名宦顧清著有《東江家藏集》《松江府志》等，學者王圻著有《續文獻通考》《三才圖會》等，文學家歸有光（寓賢）著有《震川文集》等，何良俊著有《四友齋叢説》等。

晚明時期，名家名著湧現，聲名遠播。如書法家、名宦董其昌著有《畫禪室隨筆》《容臺集》等，文學家陳子龍著有《安雅堂稿》《陳忠裕公全集》，編有《皇明經世文編》等，文學家、書畫家陳繼儒著有《陳眉公全集》，文學家「嘉定四先生」程嘉燧（寓賢）、唐時升、李流芳、婁堅著有《嘉定四先生集》（謝三賓合刊）等，農學家、名宦徐光啓著有《農政全書》，譯有《幾何原本》《泰西水法》等。

進入清代，著者激增，大家輩出，巨著疊現。中前期，史學家王鴻緒與張玉書（江蘇人）等共纂《明史》，自纂有《明史稿》；陸錫熊任《四庫全書》總纂官，與紀昀（河北人）等共纂《四庫全書》；史學、漢學大家錢大昕、王鳴盛分别撰有《廿二史考異》《十七史商榷》等考史名著；王昶編撰的《金石萃編》，則是清代金石學史上繼往開來的一部巨著。

晚清以降，西風東漸，新學日興，上海地區的新學著述與傳統著述並駕齊驅，成就了上海作爲中西文明融匯的重要視窗。

如上所述，上海古代著者林立，著述甚富，而到底産生過多少著者和著述，却一直缺少一本明細帳目。現行各種古籍目録，主要爲各圖書館的藏書目録，其體例一般不著録著者籍貫，難以窺見上海地區的著者與著述概貌。全面系統地考察著録這些著者與著述，對於研究整理與保護這些珍貴歷史文獻，對於上海的學術文化乃至全國的學術文化研究，無疑都具有重要意義。

有鑑於此，在初步考察的基礎上，筆者與復旦大學出版社一起於二〇〇九年九月以「上海古籍總目」

之目申報並於二〇一一年四月獲批列入「十二五」時期（二〇一一—二〇一五年）國家重點圖書出版規劃（新出字［2011］93號），此後又獲列入復旦大學「九八五工程」三期人文科學重大項目（2011RWXKZD035）。

項目主題部分設計爲五卷，即《元代以前卷》《明代卷》《清代中前期卷》《晚清傳統著述卷》《晚清新學著述卷》。

項目自二〇一〇年春啓動，先後有復旦大學古籍所中國古典文獻學專業的六位青年學人加盟。《總目》五卷共著録各類著述近一萬三千（其中現存約五千九百）餘種，作者三千二百餘人。對存世的九百五十餘種主要善本、稀見本撰寫了書志體式的經眼録。

《元代以前卷》，楊婧編著〔一〕。該卷著録了上海元代以前（含元代）各階層著者（含本籍、寓賢、仕宦）撰、注、纂、輯的除單篇以外的各類著述。共考得著者約一百三十四人、著述約三百四十二種。

《明代卷》，孫麒、陳金林、張霞編著〔二〕。該卷著録了上海地區明代各階層著者（含本籍、流寓、仕宦）撰、注、纂、輯的除單篇以外的各類著述。《現存著述簡目》著録二百二十八人，約一千三百種著述、二千四

〔一〕楊婧，復旦大學古籍所中國古典文獻學專業博士，現任上海通志館館員。

〔二〕孫麒，復旦大學古籍所中國古典文獻學專業博士，現任上海師範大學圖書館副研究館員；陳金林，上海師範大學圖書館館員；張霞，復旦大學古籍所中國古典文獻學專業碩士，現供職於上海歷史博物館。

百個版本；《未見著述簡目》著録七百三十人、約一千五百種著述；《經眼録》對約三百種著述、四百個版本撰寫了書志體式的經眼録。

《清代中前期卷》，杜怡順編著[一]。該卷著録了上海地區清代中前期各階層著者（含本籍、流寓、仕宦）撰、注、纂、輯的除單篇以外的各類著述。著録著者六百四十人、現存著述一千六百餘種、未見著述三千八百餘種，爲二百六十三種善本或稀見本撰寫了書志體式的經眼録。

《晚清傳統著述卷》，曹鑫編著[二]。該卷著録了上海地區晚清時期各階層著者（含本籍、流寓、仕宦）撰、注、纂、輯的除單篇以外的各類傳統著述。著録著者一千二百餘人、現存著述九百餘種，未見著述一千四百餘種，爲二百〇八種善本或稀見本撰寫了書志體式的經眼録。

《晚清新學著述卷》，欒曉明編著[三]。該卷著録了晚清時期上海地區各類著者（含本籍、流寓、機構）使用漢語撰、注、編、譯的除單篇以外的新學類著作以及單幅或多幅地圖，報紙期刊上連載而未單行刊印者暫不著録。共著録著者約二百二十四人、著述一千八百餘種。

作爲一部地方文獻目録，本總目的注重點主要放在下述五方面。

[一] 杜怡順，復旦大學古籍所中國古典文獻學專業博士，現任復旦大學出版社編輯。
[二] 曹鑫，復旦大學古籍所中國古典文獻學專業博士，現任復旦大學圖書館副研究館員。
[三] 欒曉明，復旦大學古籍所中國古典文獻學專業碩士，現任上海市閔行區圖書館館員。

一、全面考察著録。首次對上海地區的著者和著述進行了全面而深入的考察著録。

本目各位作者既注重使用傳統的方法，又充分利用現代新技術帶來的便利條件，廣搜各種史料和已有的研究成果，全面考察著録了除單篇以外可以考見的全部著述及其版本。本目雖不敢妄言無所遺漏，但無疑可以説，上海地區的歷代著述有了一本可以信賴的明細帳目。

二、以書志體式經眼録、簡目、表格三種體式進行著録。

經眼録是學者閲覽古籍常用的目録學著録體式，其突出特點是靈活性；善本書藏書志是成熟於清代中期的一種目録學著録體式，其最突出的特點是注重著録的客觀性。限於我國大陸各圖書館現行的古籍管理制度，《總目》各卷的作者在查閲善本時，往往只能閲覽膠捲或掃描版，因而《總目》決定吸收善本藏書志和經眼録之長，爲上海歷代著述中的主要善本和尚未列入善本目録的稀見本撰寫書志體式的經眼録。各卷作者不辭辛苦，親赴各大圖書館察考原書，不能看到原書者，則查閲其縮微膠卷、掃描件、影印本，並搜集研讀學界有關研究成果，在此基礎上撰寫書志體式經眼録。經眼録客觀地著録所閲每一種善本或稀見本圖書的書名、卷數、著者（含籍貫）、版本、册數、行款、版式、牌記（含封面）、序跋、印記等，記述其文本構成，節録其與内容或版本有關序跋中的文字，考辨了部分著述的版本源流，並摘要著録其館藏現狀。希望這一部分文字對於研究、保護上海歷代著述中的珍品能發揮一定作用。《晚清新學著述卷》所著録的著述大多較易見，因而未撰寫經眼録。

簡目是古籍著録中常用的一種目録學體式，簡潔扼要，便於泛覽把握。本目以該體式著録了可以考見現在仍然存世的全部著述及其主要版本。對於每一種著述，著録其書名、卷數、版本、版式行款、依據及館藏等情況；不同版本，分别予以著録。

表格亦是文獻學或史志類著作用以著録圖書的一種體式，直观明瞭，重在統計。大量史料有記載曾經存世而早已亡佚或暫不能確定是否存世的著述，畢竟也是可以揭示曾經出現過的文化繁榮的寶貴資料，本目以表格體式著録之。簡略著録每種著述的書名、卷數、著者、出處等。

如上所述，經眼録、簡目、表格三種體式各有特長。《總目》酌用其特長，以便於更全面、系統、深入地揭示上海地區歷代的著述情況。

三、爲著者撰寫傳略。各卷皆盡可能地搜集史傳、碑銘、方志等資料，以及現當代人的研究成果，爲著者撰寫一傳略，略述其姓名、字號、生卒年、科名、仕履、主要成就等，並注明出處。著者籍貫具體到縣籍，流寓、仕宦類著者于其傳略中略述其流寓信息。凡著者須出現於多處之著者項者，將傳略列於所著録其第一部著述的第一個版本之條目中，《現存簡目》將傳略列於其著述之前，其餘情況採用互見法，説明該著者傳略所在條目。

四、規範體例，注重學術性著録。各時代的著者及其著述各有特點，各卷著録，不强求完全一致，但主要體例，如著録範圍、對象、體式等，則要求一致，注重學術性著録。如對於一些雖有上海地區舊志著録的著述，無論其著者是否名家，但經考辨，没有可靠史料證明其爲本籍或曾寓居過上海地區者，如唐代陸贄、陸龜蒙、元代趙孟頫、明代高啓等，一律不予著録。全目主要著録體例如下：

（一）著録上海地區著者（含本籍、流寓、仕宦）所撰、注、纂、輯的除單篇以外的各類著述。寓賢著述，著録從寬。仕宦者著述，一般僅著録其成書於上海地區之著述；其著述雖非成書於上海，而內容與上海地區有較多關聯者，則酌予著録；上海地區的史志曾經記述的著者，無論是否名家，但經考辨，沒有可靠史料證明其爲本籍或曾寓居過上海地區者，其著述一律不予著録。

（二）每卷主要由《經眼録》《現存著述簡目》《未見著述簡目》三部分構成〔二〕。《經眼録》以書志體式著録筆者所經眼的善本及稀見本，《現存著述簡目》以簡目體式著録可以考見現在仍然存世的全部著述及其主要版本，《未見著述簡目》以表格體式著録已經亡佚或暫不能確定是否存世的著述。

（三）《經眼録》以四部分類法編次，每一類下先本籍，後寓賢、仕宦，各以著者時代先後爲序；《現存著述簡目》以朝代或縣級行政區編次，同一朝代或縣籍的著者先本籍，後寓賢、仕宦，同一類著者以時代先後爲序，同一著者的著述以四部分類法編排。《未見著述簡目》略以著者姓氏之音序編次。

（四）《現存著述簡目》中各縣籍的各類著者首以生年爲序，生年相同或不詳者以卒年爲序，卒年相同或不詳者以科名年份爲序，復相同或不詳者以主要活動時間爲序，活動時間無考者列于該類著者

〔二〕晚清的新學著述現在大多易見，因而《晚清新學著述卷》僅由《現存著述簡目》《未見著述簡目》兩部分構成。

之末。

（五）凡身歷二朝之著者，循陶潛書晉例或學術界慣例，酌予著録。

（六）《經眼録》撰寫主要以實際目驗的古籍刻本及稿抄本（一般不含《四庫全書》抄本）爲依據；部分條目依據縮微膠卷、掃描件、影印本撰寫，皆予以注明。所據個別抄本可以確切考知其所據底本者，僅於其底本之後附加按語，不另立條目。極個別近代才刊刻或抄録成書者，亦注意收録。同一版本，已目驗原書，又有通行影印本者，或影印底本與目驗原書分屬兩家收藏單位，或影印底本即目驗之書，皆以按語形式加以説明。

（七）《經眼録》著録的内容，主要包含五方面：一爲該版本外在特徵，二爲著者傳略，三爲該著述主要内容，四爲序跋中所涉成書及版本源流之文字節録，五爲館藏地信息。同一版本著述若多館皆有收藏，並且有兩種以上影印本者，則盡可能比較不同館藏本之差異。

（八）《經眼録》中描述的版本外在特徵包括書名、卷數、著者（含籍貫）、版本、册數、行款、版式、牌記（含封面）、序跋、目録、印記等項，根據各版本具體情況酌予增損。

（九）《經眼録》中所節録之序跋題記，皆有關於本書之形成原委、版本源流或主要内容等文字。

（十）《經眼録》《現存著述簡目》所涉之《四庫全書》本，若無特殊説明，均指文淵閣《四庫全書》本。

（十一）《現存著述簡目》著録之内容，除筆者實際目驗者外，主要依據近年編纂出版的各種古籍目録以及各藏館提供的目録。包含以下各項：著者、傳略、書名、版本及出處、館藏地。書名項著録書目的書名、卷數，同一種著述有異名者，於書名後加括弧列出異名。版本項著録現存版本的出版時間、出版者、出版地、類型、行款；叢書本只著録叢書名，其版本情況以表格體式列於附録中。出處項以簡稱列於每條目後之括號内，於附録中列出《出處全簡稱對照表》。

（十二）《現存著述簡目》中對於著述方式的著録依各目録著録或原書所題作相應處理：若爲「撰」，一律不著録；若爲「編」、「纂」、「輯」、「注」等，則於標題後加括弧注明。著述若有他人編、輯、注等，則於該書目卷數後空一格著録編、輯、注者之朝代、姓名及加工方式。

（十三）《現存著述簡目》中，凡某館藏本有殘存情況或有他人手書批校題跋，於該館名後加括弧注明。若同一館藏地有多部此類情況之本，其注文相互間以分號隔開；若同一版本含多種此類情況，其注文相互間以逗號隔開。

（十四）著者傳略概述著者生卒年、字號、科名、仕履、主要成就等，主要依據史傳、碑銘、方志等資料綜括而成，並注明主要資料來源。一般以一手材料爲准，部分生平資料較少的著者則適當參考今人研究成果。著者籍貫具體到縣籍，流寓、仕宦類著者于其傳略中略述其流寓信息。凡著者須出現於多處之著者項者，《經眼録》將傳略列於所著録其第一部著述的第一個版本之條目中，《現存簡目》將傳略列於其著述之前，其餘情況採用互見法，説明該著者傳略所在條目。

（十五）叢書編者爲上海著者者，其子目一併著録。

（十六）凡引用文字中的異體字、俗體字，一般轉換爲規範字。避諱字酌予回改。書名、著者姓名、字號及印文等專用名稱，則以宋體保留原字。序跋題記、印記、正文等模糊、破損等不可辨識之處，以「□」標記，疑似文字者，在□後用括弧注明。原爲墨釘或因個人能力不識之處，以「■」標記。題記、印記等多行分欄，以「/」標記。校勘文字，以圓括號「（）」標記删字、誤字，以方括號「［］」標記增字、正字。

（十七）《經眼録》《現存著述簡目》所考察的藏館以國内各大公共圖書館及高校圖書館爲主。對於藏館較多者，僅列五個主要藏館。《經眼録》中對於同一版本有多處館藏者，以筆者經眼而據以著録之本的藏館列於首位。藏書單位正文中使用簡稱，於附録中列出《藏館全簡稱對照表》。

（十八）凡是各館書目著録及各館檢索系統中收録者，《現存著述簡目》全部予以著録。但在實地調閱原書過程中，個别版本不能目驗，或已經散失，或未在架上，或因歷史原因已不在此館收藏，而原始資料尚存者，亦予以著録，並注明館方所回饋的原因。

考慮各時段的著述多寡不一、類型有别，因而要求各卷根據該時段著述的具體情況，在著録時略作調整，並分别於各卷卷首列一大同小異的《凡例》。

五、注重考訂，辨僞正誤。各卷作者在編著過程中，無論是撰寫經眼録、編制簡目，還是爲著者撰寫傳略，皆注重使用一手資料和吸收已有的研究成果，並注意對所用資料的考辨，力求言必有據，客觀準確。實際上在此過程中，發現並糾正了過去一些目録著作、藏書目録，以及史志著作中的記載之誤。例如：

在對圖書的著録方面：上海圖書館藏本王廣心《蘭雪堂詩稿》，《中國古籍善本書目》及該館書目皆著録爲康熙刻本，實際則爲道光間刻本；施何牧的《明詩去浮》，歷來都認爲是康熙四年刻本，實際則爲雍正間刻本；中國國家圖書館藏《三國志辨疑》抄本三卷，該館書目、《中國古籍善本書目》及《中國古籍總目》皆誤爲二卷。

在對著者的著録方面：《松江府志》著録李先芳，字茂實，萬曆己丑進士，撰有《讀詩私記》《諫垣疏草》《李氏山房詩選》。按明代有兩位李先芳，均有名聲。一爲嘉定人，字茂實，萬曆己丑進士，《江南通志》稱其「爲給事中，屢有建白」。此李先芳並無著述傳世。另一爲湖北監利人，其祖遷居濮州，字伯承，號北山，嘉靖二十七年進士。此李先芳以詩名世，其著述有《東岱山房稿》《李氏山房詩選》《江右詩稿》《來禽館集》《讀書私記》《李先芳雜撰》《清平歌集》《十三省歌謡》《周易折衷録》《醫學須知》《急救方》等。本目已將這些誤署嘉定李先芳之書剔除不收；《山暉稿》著者王度即是王鴻緒，《自知集》著者姚廷謙即是姚培謙，《清人别集總目》及《清人詩文集總目提要》皆作爲二人著録；董俞生年諸説不一，本目確定爲天啓七年，並證明諸家説法皆誤。

在本總目各卷的成稿過程中，上海圖書館陳先行先生鼎力相助，提供了寶貴指導性意見以及個人擁有的珍貴資料，並幫助審閲了傳統著述目録的各卷稿件；復旦大學古籍所陳正宏先生、復旦大學圖書館吴格先生多次提供了寶貴指導性意見，並幫助審閲了部分稿件；上海大學孫小力先生，上海古籍出版社高克勤先生，華東師範大學嚴佐之先生，山東大學杜澤遜先生，浙江大學徐永明先生，南京師範大學江慶柏先生，（美國）佛羅里達大學王崗先生，復旦大學蘇傑先生、韓結根先生、楊光輝先生、眭駿先生、季忠平先生、王亮先生、樂怡女士，以及至今尚不知尊姓大名的多位盲審專家，都曾幫助審閲了部分稿件，提供了寶貴意見。復旦大學陳思和先生、上海社科院熊月之先生亦對本總目的編纂出版提供了有力支援。復旦大學出版社責編杜怡順、顧雷兩位先生爲本總目成書亦頗費心力。值此出版之際，謹向以上諸位先生致以誠摯謝意。

本總目雖然收獲良多，而遺憾亦不少。如尚有一些著述的重要善本未能撰寫經眼録；對有些著述的多種版本撰寫了經眼録，而未能理清其版本源流；有些條目的著録項待進一步完善……祈方家不吝賜教。

目録

下編

前言

今天的上海，在明代版圖上包括松江府所領華亭、上海、青浦三縣，以及蘇州府嘉定縣、太倉州崇明縣、金山衛、吴淞守禦千户所。有明一代，松江府與蘇州府的富庶在全國首屈一指，並稱「蘇松」，經濟的發達帶來文化的繁榮，偏居海隅的江南已然成爲新的文化中心，才俊輩出，百家争鳴，産生了大量文學作品及各部典籍。對這些文化成果進行調查搜集，那個時代到底有多少作者，産生了多少著述，還有多少流傳至今；進而整理研究，這些成果都是在什麽背景下産生的，主要内容是什麽，都有怎樣的流傳軌迹，作者當時的生存狀况如何，就能逐漸還原那個歷史年代的精彩與鮮活，對上海地區的文化與學術建設意義深遠。

一

本書所稱的上海，以現今上海市區及其所轄郊縣爲基準，向上回溯，包括明代松江府所領華亭、上海、青浦三縣，以及蘇州府嘉定縣、太倉州崇明縣、金山衛、吴淞守禦千户所。

上海地區的本體是松江府，其前身是華亭縣。華亭建縣在唐天寶十載（七五一），别稱「雲間」。唐宋時期，華亭縣先後隸屬於蘇州和秀州。元至元十四年（一二七七）升爲華亭府，次年改名松江府，仍置華亭縣以隸之，屬嘉興路。至元二十七年（一二九〇），析華亭縣東北地置上海縣。時松江府隸華亭、上海二縣。明永樂十九年（一四二一），松江府改屬南直隸。嘉靖二十一年（一五四二），又析華亭、上海縣地置青浦縣。故有明一代，松江府轄有華亭、上海和青浦三縣。

嘉定縣南臨練祁塘，别稱練川。其地在隋唐時屬崑山縣疁城鄉，故嘉定一名疁城。宋嘉定十年（一二一七），析蘇州崑山縣東境五鄉地置縣，以年號爲名，屬兩浙西路平江路，元升嘉定縣爲州，明復爲縣，屬蘇州府。

崇明島位於長江入海口，其面積僅次於臺灣和海南，爲我國第三大島。考其沿革，唐初武德年間（六一八—六二六）始有顧俊沙，後續漲張浦沙、黄魚朵等七沙，歲久合一，總名東沙。唐末於東沙置崇明鎮，屬通州海門縣。宋設邊海巡檢司於此。天聖三年（一〇二八）續漲一沙，名西沙，漸與東沙接，以首有姚、劉二姓居此，因名姚劉沙。宋嘉定十五年（一二二二），姚劉沙置鹽場，名天賜。元至元十四年（一二七七）升爲崇明州，屬揚州路。入明，降州爲縣，洪武八年（一三七五）改隸蘇州府，弘治十年（一四九七）再隸太倉州。

明代上海地區南瀕錢塘，北臨長江，在地理上自南迤北，分爲三塊，有兩條自然分界線：一條是吴淞江（蘇州河），松江府居其南，嘉定居其北；一爲長江，崇明島將長江東海入口處析爲南北兩條小道，其南水道爲長江的主洪道，將嘉定縣和崇明縣分隔爲南北，而北水道則是崇明和江蘇海門縣、啓東縣的自然分界。這一地理形勢反映到明代軍事上，爲防沿海倭患，存在兩塊要地，分居南北：在南爲金山，在北爲吴淞口。金山形勢左控錢塘，右控浦江，爲上海地區南要衝，明洪武十九年（一三八六），於華亭縣筱館（一名小官）鎮築城設衛，以海中金山名，稱金山衛，屬明初十九衛之一，其地即今金山區金山衛地區。衛下轄青村所（今奉賢區奉城鎮）和川沙堡所（今浦東新區川沙鎮）。青村所亦設於明洪武十九年，稱中前千户所；川沙洼西所築川沙堡城，設於明嘉靖三十六年（一五五七），稱中後千户所。明洪武十九年（一三八六），以吴淞地據長江口之西，藴藻浜之北，爲江海要衝，設吴淞守禦千户所於此，簡稱吴淞所，屬太倉衛，其地即今寶山區治。

二

有明一代，上海地區到底産生了多少可以載入史册的著述，經過數百年歷史變遷，又有多少留存至今，目前尚無定論。時至今日，關於明代上海地區著述情況還處於總量不清、家底不明的狀況，尚無全面、客觀著録有明一代上海地區著述存佚情況的完整目録及深入研究。

翻檢今人相關成果，多集中在經濟、文化、歷史的宏觀研究與群體、個人的案例研究，對上海明代時期的著者及著述均爲零星涉及，難成體系。明確時代與地域，有目的收録者，今可見者僅有數種，約可分爲總括收録與專題收録兩類。總括收録者，有一九三七年出版的《上海文獻展覽會概要・鄉賢著述》，著録經史子集叢各部典籍一千六百餘種，其中題爲明人所著者約二百餘種，每種只記題名卷數、朝代、作者、版本和收藏者；又有《上海鄉縣文物過眼録》（一名《圓鐵庵鄉賢文物過眼録》），著録上海人著述手稿及珍本書九十餘種；再有上海地方志辦公室主編的《上海通志・藝文志》，著録明代作者一百二十餘人，著述四百餘種，著録書名、卷數、作者、書目出處，惜不著録版本；還有王瑾、張秀梅《〈四庫全書〉滬人著述輯録》，輯録《四庫全書總目》中籍屬上海、華亭、松江、婁縣、寶山、嘉定的著者著述，但這些輯録資料與存世文獻存在較大出入。這些書目的共同缺點是多爲目録體，著録過於簡略，收録不全，與存世文獻難以一一對應核實。專題收録者有一九八七年陳金林、徐恭時著《上海方志資料考録》，分甲乙二編，其甲編收録歷代上海方志二百五十餘種，乙編收録涉及上海歷代專志性質及綜合類資料近千種；二〇〇七年又在此基礎上多有增訂，著成《上海方志通考》一書，其中涉及明代方志約三十種。又有二〇〇六年秦鳳碩士學位論文《明代松江府作家研究》，對明代松江府作家有歷時性綜述，其附録一《明代松江府作家小傳》收録著者一百二十餘人，附録二《明代松江府作家詩文别集叙録》收録著述近三十種，並附簡單解題，是一份小型文學著述目録。這些專題收録的共同點是收録的局限性，如局限于方志類或文學類。

多年前，本課題組成員先後開始關注明代以來的目録學著作及上海地區方志文獻，在各大公私書目、方志和今人目録類研究成果中廣泛收集這一時期曾經存世著述的原始資料，掌握明代上海地區著述基本情況；再根據時下海内外各公私館藏現狀，結合現當代學者的有關研究成果，摸清上海明代著者的總體規模和著述的存佚情況，整理出《現存著述目録》和《未見著述目録》，同時通過各類史料，考察著者生平情況；再根據現存著述目録，利用時下便捷的古籍影印、掃描技術，盡可能一一目驗存世著述的早期主要版本，根據目驗的實際情況撰寫存世版本經眼録，詳細介紹其著者、主要内容、成書過程、版本形態及館藏情況。本項研究立足於上海，以上海圖書館爲主的公共圖書館和以復旦大學、華東師範大學、上海師範大學爲主的上海高校圖書館收藏有數量巨大的上海歷史文獻。國内圖書館如中國國家圖書館、南京圖書館、蘇州市圖書館、浙江省圖書館等也收藏有數量可觀的上海文化典籍。時下圖書影印出版、掃描製作技術也使一些珍稀版本的使用更爲便捷。以此，希望對明代上海著述進行整體性把握，既整理出完整著述總目，又以書志形式突出重要著者、重點著述和主要版本。

經過多年的不懈努力，本書終於呈現在讀者面前。以上海現行政區域回溯，凡産生於明代（一三六八—一六四四），由上海人用漢文撰寫編著，並以稿本、抄本、印本等形式問世的各種著述（含西學傳入後産生的新學著述）等，均在考察收録範圍之内。同時注意收録流寓、仕宦類著者在上海期間撰寫編著的各類著作。具體如下：統計上海明代著述總量，以現在行政區域回溯，明代本土著者、流寓及仕宦著者曾經撰寫編著過多少著作，哪些尚存於世，哪些已經散佚；核實每種著述基本情况，如題名卷數，撰述方式，刊寫時間，刊寫主體，刊寫方式，行款版式，現存版本及收藏情況等；明確著者生平概況，如生卒年，縣籍（現今屬地），科第，仕宦，主要事蹟，特色及成就等。以存世著述的存世版本爲考察重點。本卷著録上海地區明代著者（含本籍、流寓、仕宦）所撰、注、纂、輯的除單篇以外的各類著述。流寓、仕宦類著者，一般僅著録其成書於上海地區之著述。但對於寓賢著述中雖非成書於上海，而該著述内容與上海地區有較多關聯者，亦酌予著録。

本書主要由《現存著述簡目》《未見著述簡目》和經眼録三部分構成。《現存著述簡目》以明代縣級行政區編次，同一縣籍的著者先本籍，後寓賢、仕宦，同一類著者以時代先後爲序，同一著者的著述四部分類法編排。《未見著述簡目》略以著者姓氏之音序編次。經眼録以四部分類法編次，每一類下先本籍，後寓賢、仕宦，各以著者時代先後爲序，以書志體式著録筆者目驗版本。各部分數據統計如下：《現存著述簡目》收録二百二十八人，涉及約一千三百種著述，二千二百四十個版本，涉及叢書約一百五十種；《未見著述簡目》涉及七百三十人，約一千五百種著述；經眼録涉及一百六十七人，約三百種著述，約四百個版本。

此項研究的目的有二：一是首次對上海明代著者和著述規模進行系統而詳盡的考察，摸清上海明代著述家底，明確其存佚現狀，整理出相對完整的明代上海著述總目；通過目驗原書或其影印本、縮微本，以書志形式對上海明代重要著述和重要版本進行著録與闡述，對過去一些目録著作和藏書目中的著録有所匡補。

三

元末明初至永樂以前是上海明代著述的初步發展時期，思想文化從總體上看缺乏創新意識；弘治至隆慶間是上海明代著述的快速發展時期，在文化、文學、史學等方面開始形成特色； 萬曆至崇禎間是上海明代著述的鼎盛時期，此時文化的廣泛性與深刻性，在中國封建時代成爲一個奇迹。

豐富的文獻資源足以説明文化的繁榮，從《現存著述簡目》、《未見著述簡目》來看，經世致用的實學著述、空前繁榮的文學著述、精彩紛呈的雜學著述是明代上海文獻的突出特點。

（一）經世致用的實學著述

明永樂十九年（一四二一）遷都北京後，南京作爲留都，保留一套與北京大致相同的政府機構。 南直隸轄有今江蘇省、安徽省、上海市。 因此江南士人對政治有着很高的熱情。 但南京雖然是「兩京」之一，有與北京相同的政治機構，但官位屬於閒職，官員從北京往南京調動，有「謫貶」之意。 明中期以後，江南一代聚集了大量失意的官員，與在朝者意見相左。 晚明的東林黨就在江南這樣的環境下滋養興起，從最初的講學清議，到後來的政治黨争，東林思潮對全國的政治風氣帶來巨大影響，而最甚處莫過江南。 積極用世，整頓朝綱的理想也對江南文化帶來一股崇尚實學的思潮。 現存上海地區明代著述中有一些影響深遠的實學文獻，正代表了這股思潮。

如陳子龍、宋徵璧、徐孚遠等領銜編纂的《皇明經世文編》，是陳子龍經世思想的實踐，他在序中提出，「俗儒是古而非今，文士擷華而舍實。 夫保殘守缺，則訓詁之文充棟不厭，尋聲設色，則雕繪之作永日以思。至於時王所尚，世務所急，是非得失之際，未之用心」，所以産生了「世無實學」的弊端，因此選編「議兵食，論形勢」的時文，以正時弊。陳子龍的這一經世之舉首先得到了江南地方官員的支援。當時任松江知府的方岳貢「兼統條貫」，力成此事，江南巡撫張國維也爲該書作序。地方政府的支持使這一部煌煌巨制能在不到一年的時間内完成。不僅地方官員鼎力相助，即使如陳繼儒這樣不與政事的社會名流也參與了鑒定，大量松江士人和幾社成員也參與了全書的編訂。據杜登春《社事始末》記載，幾社以文會友，切磋制藝，並選編詩文，加以刊刻。這爲陳子龍主持編纂《皇明經世文編》提供了寶貴的經驗。幾社六君子中的夏允彝、周立勳、彭賓承擔了編書的重要工作。而參與選輯者二十四人均爲松江人氏。許譽卿序稱「經世編者，吾郡諸子志在用世，參訂往哲，備一代經濟之書也」，非常貼切。推崇實學，經世致用，實爲松江士人的普遍認同的價值觀。

又如徐光啓，崇禎初以禮部尚書入閣參機務。他是農家子出身，祖父和父親皆致力躬耕，祖母和母親也親自紡紗織布，徐光啓年少時在讀書之餘也參與耕作，研讀農書。與陳子龍的文章經濟思想略異，徐光啓的實學思想立足於農業生産。天啓年間，徐光啓受宦官彈劾閒居在家，開始編纂《農政全書》六十卷。此書重視農業的根本地位，提出「聖人治天下，必本於農」；重視水利，認爲水利對農業影響最爲直接，並提出了許多水利建設的方案；重視災荒之年的農業生産和管理，試圖以此來抑制明末頻頻爆發的農民起義。徐光啓對西方文化也很有興趣，結交耶穌教士利瑪竇，并跟隨他學習西方科學。利瑪竇口述古希臘數學家歐幾里得《幾何原本》，後徐光啓據利瑪竇的講述又撰寫了《測量法義》，並比較中西方測量之法、勾股之法，撰寫了《測量同異》和《勾股義》。萬曆四十年（一六一二），他又請傳教士熊三拔翻譯了《泰西水法》和《簡平儀説》。徐光啓對西方科學的推崇對松江士風影響很大。

又如王圻，嘉靖四十四年（一五六五）進士，官至陝西布政參議。《明史·文苑傳》稱其歸故里後「以著書爲事，年逾耄耋，篝燈帳中，丙夜不輟」。王圻收集史乘和各家文集、往牒及奏疏等，據事節録而成《續文獻通考》。是書上起宋嘉定年間，下訖明萬曆初年，二百五十四卷，是繼馬端臨《文獻通考》之後至近代唯一一部私撰的典制通史。王圻在序中稱有感於馬著不及宋嘉定以後事，且「詳於文而獻則略」，故以四十年之力續成此編。王圻帶着經世致用的史學思想編纂，因注重忠孝節義，故設「節義」、「道統」門；因宋元以來釋道之學、方外之士成爲社會文化的重要組成，因增「方外」一門；因海運、漕運在明代政治經濟中占有重要地位，其本人亦有多年治理漕運的經驗，故在田賦考中增設黄河、太湖、三江、河渠四類，在國用考中增設海運。王圻作爲明朝官員，能够獲得一手官方資料，如治理河患等更爲其所親歷親見，故此書有相當史料價值。

（二）譽滿天下的文學著述

元末明初，松江成爲四方文士避亂之地，松江文壇也隨之活躍起來。至明代中後期，緊靠蘇州的松江文壇呈現出前所未有的繁榮局面。松江一郡，自古人文薈萃，望族迭出，近世學者曾統計過，僅明清時期，上海地區有影響的世家大族就有三百餘家。明代上海新場朱氏家族，即爲其中之一。自明初朱木（楚材）起，歷朱元振（士誠）、朱佑（民吉）、朱曜（叔暘）、朱豹（子文）、朱察卿（邦憲）、朱家法（季則）數代，世世受經，以文學見稱。有明一代近三百年間，世有聞人，人皆有集，人才輩出，自明初迄明末，皆見於郡志記載，可謂文化世家大族。筆者經調查，發現其中迄今尚有著述存世者五人，即據方志資料及相關文獻，梳理出明代朱氏家族傳承脈絡，並據目驗其存世著述早期版本。

朱木字楚材，號静翁，初，木祖仲雲（一作士雲）避張士誠亂，由蘇州遷新場（今屬上海浦東新區），爲上海朱氏始祖。木父克恭徙邑治東。木攻《左氏春秋》治《易》，兼知兵，明太祖朱元璋聘贊軍事，多運籌功，永樂時上《安邊十二策》，適榜葛剌國貢麒麟，乃獻《麒麟頌》，深見嘉納，木工辭章，著有《静翁集》、《静軒行稿》，惜皆已不存。朱木子元振字士誠，號壽梅，明宣德至天順間人，隱居自樂，文酒燕游，時以詩名，著有《壽梅集》二卷。元振子朱佑，字民吉，明景泰元年（一四五〇）舉人，仕南昌府同知，性孝友，工詞翰，有治才，著有《葵軒稿》，又名《朱葵軒詩集》。朱佑子朱曜字叔暘，號玉洲，正德間貢生，以貢授清江鹽課提舉，長厚剛方，操履剛正，弘治間與修弘治《上海志》，任校正，著有《朱玉洲集》八卷，由唐錦序文可知，朱曜多應酬之文，未存底稿，此集僅爲其生平創作之半。朱曜子朱豹字子文，號清岡，正德十二年（一五一七）進士，有政聲，卒於福州任上，生平詩文甚多，惜多散佚，著有《朱福州集》。朱氏世居新場，豹貴後，始遷上海。朱豹子朱察卿字邦憲，嘉靖間太學生，以父蔭封贈五品，整理先人遺集，其功尤著，朱元振《壽梅集》、朱佑《葵軒稿》、朱豹《福州集》皆賴其整理刊刻，始廣流傳，著有《醉石集》、《舊雨軒稿》等。文獻中關於朱察卿之記載頗豐，他事母蔡氏孝敬倍至。邑令黄文煒、推官陳懋觀並重之。然察卿未嘗有私謁。後兩人没於官，爲經紀，歸其喪。生平慷慨重然諾。少習舉業，稍長，宏覽典籍，不屑爲時文。博覽群籍，詩筆古雅絶倫。與同邑顧從義、董宜陽、馮遷、姚遇遊。與沈明臣、王穉登、徐渭交厚。朱察卿諸子皆賢，子孫屢登進士第，爲官多有政聲。察卿子家法字季則，即爲其增刻文集者，萬曆二十年（一五九二）進士，爲信陽州牧，案無積牘，野無宿逋，尤禮士贍貧，官至工部員外郎；子家聲負雋才，工詩；子家清亦進士。察卿孫長世登天啓二年（一六二二）進士，友孝敦睦。長世子在鎬，明崇禎十五年（一六四二）舉人，入清任廣西推官，有賢聲。在鎬從兄在廷，崇禎六年（一六三三）舉人，入清授河間府推官[一]，以廉直著。綜上可見，有明一代，上海朱氏一族人才輩出，文學傳家，爲官則清正廉直，居鄉則樂善好施，代代以文學或政績見郡邑志，皆因其家風淳厚，家學相承。時至今日，我們仍然能在文獻史料及朱氏著述中，感受到其德其行，其文其學對後世子孫的深遠影響。朱氏一族，是明代江南社會文化繁盛的一個縮影，通過對其家世及著述的梳理，可以管窺江南世族對傳統文化的傳承發展，於今天亦深具借鑒意義。

晚明時期，隨着經濟與文化的發展，社會風尚也隨之悄然變化，産生了一批與以往「隱士」不同的特殊文人，他們不出仕，以詩文書畫聞名，與達官顯貴往來，追求物質享受與精神獨立，當時稱之爲山人，陳繼儒就是其中的典型。他出身清貧，但自幼聰慧好學，年及弱冠便獲得生員資格，受到當時首輔徐階賞識。但三次應試皆未能中舉，他焚棄儒家衣冠，結廬隱居於小崑山，時年二十九歲。他身爲隱士却關心世事，喜刻書，好交友，詩文書畫廣傳天下，以致「陳眉公」三個字在當時幾成文人雅士的代名詞。其小品文最具

[一] 一説河南府。

特色，文風精巧俊逸，生動傳神，書寫自己獨到的生活趣味。他是才子型文人，博學多才，涉獵廣泛，對説部文獻尤爲愛好，著述涉及門類甚多，史論類有《讀書鏡》，書畫學有《書畫史》《書畫金湯》和《虎薈》，筆記小説有《狂夫之言》《長者言》等，道家類有《香案牘》、《養生膚語》，甚至還有在市民中亦大爲流行的生活百科書如《茶話》《種菊法》等。

又如唐時升、婁堅、程嘉燧、李流芳四人，因明崇禎元年（一六二八）蘇州府嘉定縣令謝三賓合刻唐、婁、程、李四位先生詩文，名《嘉定四先生集》，「嘉定四先生」因此而得名，亦稱「嘉定四君子」。其中唐時升、婁堅、李流芳爲嘉定籍，程嘉燧則爲徽州府歙縣人，僑居嘉定近五十年，入籍於此。四先生同居鄉里，皆能詩文、工書法、善繪事，又皆爲淡泊名利、清真絶俗之人，水乳投契，相與推服，文學思想多有契合之處，被稱爲「晚明最後一個詩派」。

（三）異彩紛呈的雜學文獻

明代中期，隨着工商業的發展與繁榮，文化的發展也趨於多樣，并帶有一定的世俗性，在江南一帶更爲顯著。從現存上海地區明代著作來看，子部雜類學文獻異常豐富。有許多享有盛名的文人致力於筆記類著作的撰著，甚至是對日常生活的寫作。這一點在明代中期的陸深、陸樹聲等文人的著作中已略見端倪。至明代中後期，出現了許多長於書畫的名家，湧現出大量談書論畫的佳作。而在醫學領域秦昌遇、李中梓等人的著述也是數百年來依舊被奉爲醫家經典。

如陸深，學識淵博，涉獵廣泛，僅從《儼山外集》所收録的雜著來看，天文地理、歷史哲學、政治經濟、文學藝術、博物考古、民俗風情，無所不涉。《史通會要》專爲史學而作，根據劉知幾的《史通》撮取精要，分門别類，并彙集諸家論説，總成十七篇。《古奇器録》考述珍異。《書輯》論六書八法。《南巡日録》記録嘉靖十八年隨同明世宗南巡湖廣承天府的經歷，記録沿途各驛站情況，以及所見流亡災民，觀覽古迹等。《四庫全書總目》稱陸深的雜著「核其大致，則足資考證者多，在明人説部之中，猶爲佳本」。陸深奠定了陸氏家族的文化世家性質，其後世子孫詩文、書画兼修并擅，以文學著稱者一直代不乏人，既是家风、家學影响所致，也是明清江南社会环境丽美、物质富足、生活安逸、审美精致的结果。陆氏家族后人的文學创作活动和艺术成就丰富了松江地域文學艺术的内涵，进一步彰显了江南士人对精神自由、雅致生活的唯美追求。

又如松江畫派，代表人物有董其昌、陳繼儒、顧正誼、莫是龍等。藝術造詣極高，开宗立派，翰墨傳世，《畫禪室隨筆》集中反映其書畫理論，以佛學禪理論畫是其突出特點。董其昌出自松江董氏，其家族在明清兩代科名不绝，聞人輩出，是名重一時的名门大族。出身於这樣一个望族，爲董其昌的藝術創作、進學仕宦乃至在当地的交游創造了良好的家族背景條件。董其昌家族的興衰、家人的情况都反映了由明至清江南的時情和世風。董其昌的畫學理論和實踐帶來了松江畫壇的繁榮，松江畫派成爲吴門畫派之後江南畫壇最爲重要的書畫流派。清人張庚《國朝畫徵録》云：「華亭自董文敏析筆墨之精微，究宋、元之同異，六法周行實在於是，其後士人争慕之，故華亭一派，首推藝苑。」陳繼儒也博學多才，擅長書畫詩文，畫學著作有《書畫史》《畫學金湯》《虎薈》等。莫是龍是莫如忠長子，萬曆間太學生，畫學著作有《畫説》一卷。顧正誼工畫，早年即以詩畫馳名江南，有《筆花樓新聲》一卷。

醫家如秦昌遇，因少時多病而學醫，無所師承而遍通方脉，尤長於兒科，後又精通内科，因投劑多奇效，故声名聞於四方，求診者不绝於途。《證因脉治》《幼科折衷》《幼科醫驗》《醫驗大成》等著作皆留存後世。又如李中梓，幼習舉業，由儒入醫，深通醫理，治病不拘泥於古法，一方開出，常能出奇制勝，十不失一。著書參伍古人，窮究本末，變化不離其宗，著述豐碩，自成醫派，兼具儒士風雅，爲明末儒醫之典範。

上述幾大特點，足以證明上海明代著述具有堪稱輝煌的成就與相當重要的價值。近年，區域歷史文獻搜集整理與區域社會文化研究熱方興未艾，是學術研究的一大重鎮。本書即致力於展現上海明代著述的存佚狀況及具體著述的基本面貌，以期對這段時期的著述情況有更爲全面與深入的把握。由於明代上海著述數量龐大，年代久遠，家底不清，幾無現成目録可資參考，全部需要從頭做起，廣泛調查，細緻梳理，工作量巨大，且需一一目驗核對，考辨源流，任務艱巨，而且學術辨析難度很高，源流不明，真僞正誤混雜，皆需一一考辨，力求準確。遺漏之處尚多，不足在所難免。敬請讀者指正。

凡例

一、本卷著録上海地區明代著者（含本籍、流寓、仕宦）所撰、注、纂、輯的除單篇以外的各類著述。流寓、仕宦類著者，一般僅著録其成書於上海地區之著述。但對於寓賢著述中雖非成書於上海，而該著述内容與上海地區有較多關聯者，亦酌予著録。

二、本卷主要由《經眼録》《現存著述簡目》《未見著述簡目》三部分构成。《經眼録》以書志體式著録筆者所經眼的善本及稀見本，《現存著述簡目》以簡目體式著録可以考見現在仍然存世的全部著述及其版本，《未見著述簡目》以表格體式著録已經亡佚或暫不能確定是否存世的著述。

三、《經眼録》以四部分類法編次，每一類下先本籍，後寓賢、仕宦，各以著者時代先後爲序；《現存著述簡目》以明代縣級行政區編次，同一縣籍的著者先本籍，後寓賢、仕宦，同一類著者以時代先後爲序，同一著者的著述以四部分類法編排。《未見著述簡目》略以著者姓氏之音序編次。

四、《現存著述簡目》中各縣籍的各類著者首以生年爲序，生年相同或不詳者以卒年爲序，卒年相同或不詳者以科名年份爲序，復相同或不詳者以主要活動時間爲序，活動時間無考者列於該類著者之末。

五、凡身歷二朝之著者，循陶濬書晉例或學術界慣例，酌予去取。

六、《經眼録》撰寫主要以實際目驗的古籍刻本及稿抄本（不含《四庫全書》抄本）爲依據；部分條目依據縮微膠捲、掃描件、影印本撰寫，皆予以注明。所據個别抄本可以確切考知其所據底本者，僅於其底本之後附加按語，不另立條目。極個别近代才刊刻或抄録成書者，亦注意收録。同一版本，已目驗原書，又有通行影印本者，或影印底本與目驗原書分屬兩家收藏單位，或影印底本即目驗之書，皆以按語形式加以説明。

七、《經眼録》著録的内容，主要包含五方面：一爲該版本外在形制的描述，二爲著者傳略，三爲該著述主要内容（稀見本録細目），四爲序跋中有關於該書之形成原委、版本源流或主要内容等。五爲館藏地信息。同一版本著述若多館皆有收藏，并且有兩種以上影印本者，則盡可能比較不同館藏本之差異。

八、《經眼録》中的版本外在形制描述包括書名、卷數、著者（含籍貫）、版本、册數、行款、版式、牌記（含封面）、序跋、目録、印記等項，根據各版本具體情况略加增損。

九、著者傳略概述著者生卒年、字號、科名、仕履、主要成就等，主要依據史傳、碑銘、方志等資料綜括而成，并注明主要資料來源。一般以一手材料爲準，部分生平資料較少的著者則適當參考今人研究成果。著者籍貫具體到縣籍，流寓、仕宦類著者於其傳略中略述其流寓信息。凡著者須出現於多處之著者項者，《經眼録》將傳略列於所著録其第一部著述的第一個版本之條目中，《現存簡目》將傳略列於其著述之前，其餘情况採用互見法，説明該著者傳略所在條目。

十、《經眼録》中所節録之序跋題記，皆有關於本書之形成原委、版本源流或主要内容等。

十一、凡引用文字中的異體字、俗體字，一般轉换爲規範字。避諱字一律回改。書名、著者姓名、字號及印文等專用名稱，則以宋體保留原字。序跋題記、印記、正文等模糊、破損等不可辨識之處，以「□」標記，疑似文字者，在□後用括號注明。原爲墨釘者，以「■」標記。題記、印記等多行分欄，以「/」標記。校勘文字，以圓括號「（）」標記删字、誤字，以方括號「［］」標記增字、正字。

十二、《現存著述簡目》著録之内容，除筆者實際目驗者外，主要依據近年編纂出版的各種古籍目録以及各藏館的目録。包含以下各項：著者、傳略、書名、版本及出處、館藏地。書名項著録書名、卷數，同一種著述有異名者，於書名後加括號列出異名。版本項著録現存版本的出版時間、出版者、出版地、類型、行款；叢書連同子目一併著録，叢書本只著録叢書名，其版本情況以表格體式列於附録中。出處項以簡稱列於每條目後的括號内，於附録中列出《出處全簡稱對照表》。

十三、《現存著述簡目》中對於著述方式的著録依各目録著録或原書所題作相應處理：若爲「撰」，則不贅録；若爲「編」、「纂」、「輯」、「注」等，則於書名後加括號注明。著者爲兩人以上者，則於該條目卷數後空一格著録著者及其著述方式。

十四、《現存著述簡目》中，凡某館藏本有殘存情況或有他人手書批校題跋，於該館名後加括號注明。若同一館藏地有多部此類情況之本，其注文相互間以分號隔開；若同一版本含多種此類情況，其注文相互間以逗號隔開。

十五、叢書編者爲明代上海著者者，其子目一併著録。

書》本。

十六、《經眼録》《現存著述簡目》所涉之《四庫全書》本，若無特殊説明，均指文淵閣《四庫全書》本。

十七、《經眼録》《現存著述簡目》所考察的藏館以國内各大公共圖書館及高校圖書館爲主。對於藏館較多者，僅列五個主要藏館。《經眼録》中對於同一版本有多處館藏者，以筆者經眼而據以著録之本的藏館列於首位。藏書單位正文中使用簡稱，於附録中列出《藏館全簡稱對照表》。

十八、凡是各館書目著録及各館檢索系統中收録者，《現存著述簡目》全部予以著録。但在實地調閲原書過程中，個别版本不能目驗，或已經散失，或未在架上，或因歷史原因已不在此館收藏，而原始數據尚存者，亦予以著録，并注明館方所反饋原因。

上編

善本經眼録

經部

書類

禹貢古今合注五卷圖一卷

明華亭縣夏允彝撰。明末刻本〔一〕。半葉九行，行十九字。上單魚尾，左右雙邊，間或四周單邊。版心上鎸「禹貢合注」，魚尾下爲卷次，版心中下爲葉碼。卷一首葉及第二葉卷次下右有「夏書」字樣，第三葉相同位置有「禹貢」字樣，其餘各葉此處均爲空白。正文卷端題「禹貢古今合注卷之一」，署「雲間夏允彝撰，鹿城門人李開鄴較」。全書有句讀。書前有陳子龍序，夏允彝撰《凡例》五則。卷首爲圖一卷，録《禹貢全圖》《九州分野》《禹貢九州與今省直離合圖》至《河源圖》《漕河圖》《河套圖》《禹周秦漢五沮

〔一〕《續修四庫全書》經部第五十五册據中國國家圖書館藏本影印。

漆圖》等，計四十六葉。

夏允彝（一五九六—一六四五）字彝仲，明松江府華亭縣人。時正子，完淳父。崇禎十年（一六三七）進士，除長樂知縣。居五年，邑大治。將擢用，會丁憂，歸。與陳子龍等結幾社。南都失，投淵死。好古博學，工屬文。著有《禹貢合注》《幸存録》，主修《長樂縣志》。傳見《明史》卷二七七本傳，乾隆《江南通志》卷一六六《人物志·文苑》，嘉慶《松江府志》卷五十五《古今人傳七》，乾隆《婁縣志》卷二十四《人物》。

是書將宋至明人注《禹貢》者加以己見，釐爲一編。於古今輿地分合、河渠原委最詳。圖一卷，包括《禹貢全圖》《九州分野》及九州疆界圖、水道圖、漕河圖等六十一幀。《四庫全書總目》經部書類存目二據江蘇巡撫采進本著録。

夏允彝《凡例》：「余少侗愚，每行道路，輒迷往來。長偕陳卧子出入，見其留意博詢，凡水泉之曲折、塗徑之分岐，必明晰而後已。因念即此是學，欲作地里圖，訪朱思本意，爲之益增其所未備，兼爲之説，而于用兵險要、水利屯田、城池賦税，尤加詳焉。其説閎遠，非數年不能竣。先舉其大略，爲《禹貢古今合注》。惟閩粵滇黔未入九州，不能贅附。餘已包舉，大都方之《注疏》《大全》。何敢比肩，以爲用世之助，亦庶幾云……問以水道，蒙如雲霧，豈窮經之謂乎？然滄桑革易，執古治今，亦多不合。余故于稽古之中，尤詳考今事，如治河防海之類，皆可見之施行，名曰《古今合注》，意蓋在此也……書中收采甚博，有載其名字者，有取其説而遺其名者，因融貫成篇，達吾意而止，故不能一一詳載，非敢攘爲己有也。凡所詮釋，皆本前人，間有一二出自胸臆者，然必得之諮詢，余特述之云爾。」

是書清華大學圖書館藏一部，著録爲明刻本，《四庫全書存目叢書》經部第五十五册據以影印。經核，與中國國家圖書館藏本完全相同，應爲同版印刷，但影印不及《續修四庫全書》清晰。卷首部分圖分左右半葉，《四庫全書存目叢書》影印時似經過裁剪拼接，不及《續修四庫全書》影印時保留原貌爲好。

國圖、清華、上圖、北大、南圖藏。

華亭卧子説書文箋四卷

明華亭縣陳子龍撰。明崇禎十年（一六三七）横雲山房刻本，四册。半葉八行，行二十字。上單魚尾，四周單邊。版心上鎸「説書」，魚尾下爲卷次，版心中下爲葉碼。天頭處有眉評，半葉十六行，行三字。正文内有刻印之圈點。正文卷端題「説書文箋」，署「華亭陳子龍卧子著」。書前牌記鎸「華亭陳卧子先生手著/説書文箋/横雲山房藏板」。前有明崇禎十年張溥《説書文箋序》、陳子龍自叙（署「華亭陳子龍卧子題于横雲山房」）。書内偶有朱筆校正文字。鈐印有「翼輪/堂藏/書記」（朱方）。

陳子龍（一六〇八—一六四七），初名介，字人中、卧子，號大樽，明松江府華亭縣人。居莘村。崇禎十年（一六三七）進士，謁選得惠州府推官，丁憂，未赴。服闋，補紹興府推官。擢兵科給事中。爲幾社、復社領袖。明亡後堅持抗清，事泄被捕，投水殉國。門人王澐葬其於皇甫林（即今松江廣富林）。乾隆四十一年（一七七六）賜謚忠裕。其宅在松江普照寺西，有平露堂。工古文辭。著有《詩問略》《安雅堂稿》

《自述年譜》，輯有《皇明詩選》《皇明經世文編》，評點《農政全書》等。傳見《明史》卷二七七本傳，乾隆《江南通志》卷一六六《人物志・文苑》，嘉慶《松江府志》卷五十五《古今人傳七》，乾隆《婁縣志》卷二十四《人物》，光緒《重修華亭縣志》卷十五《人物》。

是書卷一《大學》，卷二至卷三《論語》，卷四《孟子》。各卷首皆附總論。如卷一首附「華亭臥子説書文箋大學總論」，署「婁東天如張溥訂義，金沙介生周鍾標旨」，又附大學圖説；卷二首附「華亭臥子説書文箋論語總論」，署名同前；卷四首附「華亭臥子説書文箋孟子總論」，署名同前。

張溥《説書文箋序》：「胡爲而作焉，要使聖賢當日言語可以文，可以説，不得援文以附説，復貶説以就文，將經子史漢諸附解都無是處，所謂不立一解，諸妙盡解，悟於文章，理正不易，又何變之有？乃知文章與時高下非定論也，皆説書爲之漸也。今臥子之於傳注不離句下，而透脱其義，此不但爲傳注護法，並爲傳注截指焉。愧吾《大全》《注疏》之編，重贅吾事也。箋之爲言，夫亦猶注之有疏，經之有傳云爾。」

上圖、日本内閣文庫、日本龍谷大學藏。

詩　類

詩繹四卷

明上海縣喬時敏撰。明末鼎雲堂刻本，四册。無界欄。半葉九行，行二十一字。無魚尾，四周單邊。版心上鐫書名。每卷一册，各卷版心中依次爲「國風」、「小雅」、「大雅」、「三頌」。書前牌記鐫「鼎雲堂藏板／喬君求詩譯／慶霄館」，其中「慶霄館」三字爲朱色。正文卷端題「詩繹十國風」，署「海上喬時敏君求著，門生張爾賢元開校」。書前有喬時敏《詩繹序》（行書手書上版）。鈐印有「高氏吹萬／樓所得／善本書」（白方）、「葩廬／劫餘／長物」（朱方）。

喬時敏字君求，號古岡。明松江府上海縣人。萬曆三十八年（一六一〇）進士，授仁和知縣，以慈愛爲理。傳見嘉慶《松江府志》卷五十五《古今人傳七》，同治《上海縣志》卷十九《人物二》。

喬時敏序：「不肖幼習毛氏《詩》，苦無講讀善本……累歲授諸生經，諸生間以余所校授，逐日札記，累以成帙。時以參諸幼所講讀，雖不無牴牾，而多所印合回復，重爲删訂，刊其繁蕪，厘爲四帙。帷中張生請壽之梓……張生名爾賢，字元開，苦心研習，將併余《書繹》刻傳通都。余且傾困囊授之，恨懸罄家無擔石儲爾。」

復旦藏。

毛詩正變指南圖六卷

明華亭縣陳重光重訂。明崇禎十一年（一六三八）華亭陳氏刻本，二册。半葉八行，行二十字，小字雙行字數同。無魚尾，四周單邊。版心上鎸書名，但各卷稍有差異，如卷一、卷二及卷五鎸「毛詩正變指南圖」，卷三鎸「毛詩指南圖考」或「毛詩正變指南圖」，卷四、卷六鎸「詩經正變指南圖」。各卷正文首葉所題書名亦略有差異，卷一、卷二及卷六題「毛詩正變指南圖」，卷三、卷四及卷五題「詩經正變指南圖」。正文卷端署「雲間陳重光瑞羲甫重訂」。書根處有「毛詩古音考」字樣。書前有徐孚遠《毛詩正變指南圖序》，李是楫叙，鄭圻叙，陳重光題識，目録。其中徐孚遠序文五葉，版心下各有刻工姓名，依次爲楊美、沈慧、張美、李賢、張宇。

陳重光，字瑞羲，明松江府華亭縣人。生平履歷未詳。

是書卷一詩篇名，卷二作詩時世，卷三世次，卷四族譜、十五國風譜，卷五十五國風地理圖説等十七類，卷六釋草名、釋木名、釋菜名等十四類。

鄭圻序：「我社陳子所藏宋本最爲精妙，今又爲考訂舛錯，編定序次，種種苦心，不私枕中，而願以公之同好。余既愛是圖之詳且核，又喜我陳子之能廣其學也，爲之序。」

陳重光題識：「《毛詩正變指南圖》者，出自宋人手筆。先論詩之旨，次而十五國世次、國風、地理制度，歷歷推舉，務求精鑿。蓋其參之五經者加詳，而又廣以唐類書，驗以文獻考，一切稗野之書，雖無不觀，而又不敢傳疑以誤後人，作者苦心，覽是圖者自能仰晤之也。光先祖憲副公曾於庭訓旨，許可其説，家嚴及光昆弟輩服膺不衰。今觀此圖，與旨師多有不侔，則古是而今非，何可不一爲廣之，以正其失也。遂付諸梓人，公之同好。」

《四庫全書總目》經部詩類存目一據兩淮鹽政采進本著録：「是書爲明末陳重光所刻。前有李雯序，謂其書爲宋人未竟之本，故詳於大而略於小。今考卷首列漢迄宋諸儒訓故、圖譜、音訓之目，頗叢雜無次第。一卷全録《小序》首句，二卷作《詩》次序，皆本鄭氏《詩譜》，三卷世次，四卷族譜，五、六卷雜釋名物，俱爲簡略，惟五卷釋刻漏稍詳。其義例淺陋，不似古人著作，且亦別無佐證。疑即重光自輯，而托之舊本也。重光字端義，華亭人。」按：復旦大學圖書館藏本無李雯序。正文卷端署「雲間陳重光瑞羲甫重訂」，提要誤爲「端義」。

復旦藏。

毛詩微言二十卷首一卷

明華亭縣唐汝諤輯。明書林俞秀山刻本，二十册。半葉十行，行二十四字。無魚尾，四周單邊。版心上鎸「毛詩微言」，版心中爲當葉卷次篇名，版心中下爲葉碼，版心下偶有「鼎隆秀／山原板」字樣。卷首偶無界欄。正文卷端題「毛詩微言」及卷次篇名，如卷一首葉爲「毛詩微言卷一國風」，署「雲間唐汝諤士雅父輯，男唐孟康伯安父參，門人潘焕文文子父、後學徐百朋元重父同校」。書名葉約三分之一空間題「詩經微言」，另三分之二空間爲七行題識，詳見下文。書前有楊萬里《毛詩微言序》（手書上版），《毛詩微言例》六則，采用姓氏（自鄭玄至陳繼儒）一百七十四人，援引書目一百五十八種。鈐印有「高氏吹萬／樓所得／善本書」（白方）、「葩廬／鑒藏」（白方）、「葩廬／藏本」（白方）。

唐汝諤（一五五五—一六二八），字士雅，明松江府華亭縣人。居白沙里。天啓元年（一六二一）歲貢。以貢歷常熟、宿遷教諭，升安慶府教授，以年老未赴。篤嗜王、李之學。博學好古，能詩文，擅《詩經》。著有《藜丘館集》《四書微言》等，纂有《詩經微言合參》《古詩解》等。弟汝詢，即著《詩史》《唐詩解》

者。傳見嘉慶《松江府志》卷五十五《古今人傳七》。

是書前無總目，各卷内容依次爲：卷一至卷七國風，卷八至卷十三小雅，卷十四至卷十八大雅，卷十九至卷二十頌。卷首一卷，爲説詩綱領、詩樂總論、删次顛末、序説辨正、訓詁傳授、經傳訂誤、音韻正訛。

書名葉題識：「赤城唐先生好古博雅，於六經、子、史無所不窺。時譚説經義，往往令人解頤。余既請《四書微言》付之剞劂，而又問以《毛詩》相質證。先生出所手録，得之獨見者十之四，采之諸家者十之六。如毛《注》、鄭《箋》、孔《疏》、《大全》及吕氏《讀詩紀》、嚴氏《詩緝》、朱氏《疏義》、近世黄氏《通解》、方山《詩説》、敬弦《翼説》、玄扈《六帖》、南台《正象》、嶧山《折衷》、趙士會《大全》，纂其爲士林所膾炙者，業已搜采無遺。至録其單詞隻語者勿論也。故自《毛詩微言》出，而諸家又可盡廢矣。請以公之識者。蘭馨館主人識。書林俞秀山原板。」

復旦藏。

張君一先生毛詩微言二十卷

明青浦縣張以誠撰，華亭縣唐汝諤輯。明末刻本〔一〕，十册。半葉十行，行二十四字。上單魚尾，四周單邊。版心上鐫「毛詩微言」，魚尾下鐫卷次及篇名。書根處題「毛詩微言」及篇名。正文卷端題「張君一

〔一〕《四庫全書存目叢書》經部第六十三册據北京大學圖書館藏本影印。

先生毛詩微言」，署「三韓楊芳興滹然父參訂，鼓國盧愼言滹水父校閲」。書前有張以誠《毛詩微言例》（末署「雲間張以誠識」）六則。例言首葉版心下有「雲間張美刻」字樣。鈐印有「璜川吴／氏收藏／圖書」（朱方）、「大學堂／藏書／樓之章」（朱大方）、「佐（名）文庫」（大朱長）。

張以誠（一五六八—一六一五），字君一，號瀛海，明松江府青浦縣人。弼玄孫。萬曆二十九年（一六〇一）進士，廷對第一，授修撰。旋丁母憂。服闋，起知起居注，遷左春坊左中允。萬曆四十年（一六一二）主試福建，所得士皆名俊。次年轉右春坊右諭德，人稱「宫諭張以誠」。性至孝，父卒，哀毁過度，咯血不起。年四十八卒。著有《毛詩微言》《國史類記》《酌春堂集》《須友堂集》（一作《張宫諭集》）。傳見崇禎《松江府志》卷四十《賢達五》，乾隆《婁縣志》卷二十三《人物》，嘉慶《松江府志》卷五十四《古今人傳六》。

是書綜采宋張耒《詩説》、王柏《詩疑》，明郝敬《毛詩原解》、豐坊《魯詩世學》諸書，廣加考訂，附以己意詮解之。前無總目，各卷内容依次爲：卷一至卷七國風（前三册），卷八至卷十三小雅（四至六册），卷十四至卷十八大雅（七至九册），卷十九至卷二十頌。《四庫全書總目》經部詩類存目一據内府藏本著録。

張以誠《毛詩微言例》第六則：「余義例大都仿之《翼説》，而與《六帖》相參。故首之以總意，次之以章旨，而其間疑義有辨正，奥義有發明，取之他經傳以相質證，而因以訂其訛缺，有考證，有備考，求之本旨外，以相符合。而又或别生論辨，有合意，有餘意，余悉因之而第分注，各章不另自標目。至如《六帖》

曰翼傳，曰存古，曰廣義，曰博物，曰攬藻，曰正叶。是編所輯，兹意具存，而惟音韻之學未易曉暢，姑采其議論，附著簡端，圖則從削。」

北大、保定市圖書館、日本内閣文庫藏。

春秋類

左氏討一卷、左氏論二卷

明華亭縣馮時可撰。馮元成雜著九種本〔一〕。分上下二欄，上欄很窄，空白無文字；下欄爲正文，半葉九行，行十八字。

馮時可（？—約一六一七）字元敏，一字敏卿、元所，號元成，又號天池山人，明松江府華亭縣人。馮恩子，行可弟。隆慶五年（一五七一）進士，授刑部主事，累官至浙江按察使、湖廣布政使司參政。著有《左氏釋》《雨航雜録》等。傳見《明史》卷二〇九馮恩傳附，崇禎《松江府志》卷四十《賢達五》、卷五十四《著述》，嘉慶《松江府志》卷五十四《古今人傳六》。

《左氏討》無魚尾，四周單邊。版心上鎸「元敏天池集卷」，中鎸「左氏討」，中下爲葉碼。正文卷端題「左氏討」，署「馮時可元敏著」。書前有《左氏討目録》。目録首葉版心下右有「雲間孫訥刻」字樣，正文

〔一〕《四庫全書存目叢書》經部第一百二十册據中國國家圖書館藏本影印。

首葉版心下右有「吴門馬凌雲刻」字樣。首末無序跋。全書手書上版，刻印俱佳。

是書與《左氏釋》《左氏論》皆爲研究《左傳》著述。收録《天王賵惠公仲子》至《黑肱》共三十一篇。

《左氏論》上單魚尾，四周單邊。版心上鐫「元敏天池集」，魚尾下鐫「左氏論卷之□」，中下爲葉碼。版心下右偶有刻工姓名，如「何文甫刻」、「甫」、「宗」等。正文卷端題「左氏論卷之上」，署「吴郡馮時可著」。書前有明萬曆十七年（一五八九）馮時可《左氏論序》，《左氏論目録》。全書手書上版，刻印俱佳。

是書與《左氏討》《左氏釋》皆爲研究《左傳》著述。卷上收録自《季友》至《子間》共二十一篇，卷下收録《鄭莊公》至《逢丑父》共三十二篇。

馮時可《左氏論序》："「翼《春秋》者五家，而莫良於左氏……不佞卒業《左氏》亦既有年，官司馬時嘗爲《左代討》，繼爲《左氏釋》，最後爲《左氏論》，不敢謂能搜獵，竊亦弋獲矣。林居暇日，撿括舊編，不忍弃擲，遂梓而行焉。」按，此爲研究《左傳》系列著述。是書成於明萬曆間，其中《左氏釋》專論《左傳》訓詁，《左氏討》與《左氏論》則爲《左傳》評論。

《左氏論》二卷，北京大學圖書館藏一部，與國圖藏本全同。鈐印有「謝道承」（朱長）、「燕京大／學圖／書館」（朱方）。

國圖、北大藏。

左氏釋二卷

明華亭縣馮時可撰。民國間廬江劉氏遠碧樓抄本，一册。藍格，欄外左下有「遠碧樓劉氏寫本」字樣。半葉十行，行二十二字。上單魚尾，左右雙邊。版心上鎸「左氏釋」，魚尾下右鎸卷次。正文卷端署「明馮時可撰」。書前有《四庫全書總目》此條提要。以字體看，全書抄録者非一人。無序跋、目録。《左氏釋》發明《左傳》訓詁，舊與《左氏討》《左氏論》合爲一書，合稱《元敏天池集》，修纂《四庫全書》時將其析出，各著其名。《四庫全書總目》經部春秋類三據江蘇巡撫采進本著録。

是書卷上篇目爲「莊公寤生」、「周鄭交質」等九十二則，卷下篇目爲「葬鮮」、「始化曰魄」等二十七則。偶有脱文，皆留空格。如卷下「盜殺蔡侯申」第四行至第七行似底本有脱文，「《公羊傳》弑君」下脱一字，「賤乎賤」下脱四字，「蓋大夫之有罪而被刑」下脱六字，「見其失」下脱二字，核文淵閣本，四處脱文依次爲「賤」、「者罪人也」、「者耳申之被弑」、「道而」。又同篇第十一至十三行亦有脱文，「公孫翩其微」下脱二字，「齊豹也」下脱二字，「彼殺君者」下脱二字，核文淵閣本，三處脱文依次爲：「者也」、「齊豹」、「天下」。

上圖藏。

春秋會異六卷

明華亭縣馮時可撰。明萬曆二十五年（一五九七）劉芳譽刻本，二册。半葉九行，行二十二字。上單魚尾，四周雙邊。版心上鎸「春秋會異卷之一」。正文卷端題「春秋會異卷之一」，署「天池居士馮時可元成著，知永嘉縣事同安林應翔校閲，署泰順學事姑蘇斜承蘭仝閲」。序文首葉版心下有「陳有刊」字樣，馮時可序文末葉末行下有「建陽縣刻字匠陳有刊」字樣。書前有馮時可《春秋會異序》，萬曆二十五年劉芳譽《春秋會異序》。鈐印有「長樂鄭氏／藏書之印」（朱長）。

是書以《春秋》爲序，首隱公元年。

馮時可《春秋會異序》「余之隱陽山也，笥中無他書，惟挾《春秋》四傳，既與同志相質，乃著表異以遺之……余於灌園之暇，亦姑述所臆見，以爲二經羽翼，庶幾夫不負隱哉。曰『會異』者，即《公》《穀》《左》《胡》之異而會之也。」

劉芳譽《春秋會異序》：「《春秋會異》者，何文所馮公所爲，會衆説而自爲之表也。」

國圖、上圖藏。

左傳文苑八卷

明華亭縣張鼐評選。明慶雲館三色套印本，五册。半葉九行，行二十二字，小字雙行字數同。無魚尾，四周單邊。版心上鎸「左傳文苑」，其下右鎸卷次，如「隱一卷」、「桓一卷」，版心中右鎸當葉篇名，如「鄭伯克段」、「周鄭交質」等。正文卷端題「左傳文苑一卷」，署「雲間張鼐世調父評選，華亭陳繼儒仲醇父注釋，景陵鍾惺伯敬父參閲」。正文首葉首行下有朱色「金集」二字。天頭處有評注，半葉十六行，行六至七字不等。正文中有夾注。每篇後有評語。書前有鍾惺《題左傳苑叙言》(行草),魏浣初《左傳文苑叙》,張鼐《影左傳苑叙》(行書),《左傳凡例》六則,《左傳苑文目》。全書有句讀圈點,與眉評、夾注、每篇後之評語皆爲朱色,因其所用之朱色較暗,難以區分其色深淺。鈐印有「餘姚謝/氏永耀/樓藏書」(朱方)。

張鼐(?—一六二九)字世調,一字侗初。明松江府華亭縣人。萬曆三十二年(一六〇四)進士,改庶吉士,授檢討,遷司業。天啓時屢遷少詹事。擢南京禮部右侍郎,上疏引疾,魏忠賢責以詐疾,要名削其籍。鼐砥礪名節,文章通達國體。崇禎初起故官,協理詹事府,旋改吏部右侍郎。未上卒,謚文節。著有《寶日堂初集》《吴淞甲乙倭變志》等。傳見乾隆《江南通志》卷一四一人物志宦績,崇禎《松江府志》卷四十賢達五,乾隆《婁縣志》卷二十三人物,嘉慶《松江府志》卷五十四《古今人傳六》,光緒《重修華亭縣志》卷十五《人物》。

是書目録,卷一隱公、桓公、莊公、閔公,卷二僖公,卷三文公、宣公,卷四成公,卷五襄公,卷六昭公上,卷七昭公下,卷八定公、哀公。

是書凡例,分義例、紀載、簡閱、注釋、評核、案斷六則。

上圖、國圖藏。

春秋四家十二卷附董劉春秋雜論一卷

明末清初華亭縣宋存標評輯。明崇禎十二年(一六三九)松江宋氏君子堂刻本,六册。半葉九行,行二十字，小字雙行字數同。上單魚尾，四周單邊。正文版心上有「春秋四家」字樣，附録版心上鎸「董劉雜論」字樣，魚尾下爲卷次，書前序文葉版心下右有「君子堂」字樣。書根處題册次、「春秋四家」書名及魯十二公卷次。正文卷端題「春秋四家」及卷次，並小字「公穀董劉」，署「襄西方禹翁師鑒定，華亭宋存標子建評輯，同邑徐孚遠闇公、陳子龍卧子，弟徵璧尚木、徵輿轅文參定」。各卷參定者皆不同，如卷二爲「古閩陳元綸道掌、燕中王崇簡敬哉、江右陳弘緒士業、中州侯方域朝宗參定」，卷三爲「新安黄澍仲霖、婁東吴繼善志衍、吴淞吴昌時來之、海上袁定與立參定」。書前有明崇禎十二年（一六三九）宋存標《春秋四家序》，《春秋四家數目》，舊序（何休《公羊傳序》、范寧《穀梁傳序》、歐陽脩《春秋繁露後序》、樓郁《春秋繁露序》、曾鞏《新序叙》、曾鞏《説苑序》），《春秋列國東坡圖説》，《春秋諸國興廢》。《附録》一卷，正文卷端題「附董劉春秋雜論」，署「華亭宋存標子建評輯，襄西方禹翁師、執友陳眉公先生鑒定，弟存楘端木、琪如東美，侄啓瑞迪震、思瑞奇徵，卓立萬、學璟光萬仝參定」。鈐印有「佐□（名）文庫」（大朱長）。

宋存標（約一六〇一—一六六六後），字子建，號秋士，明末清初華亭縣人。崇禎十五年（一六四二）副榜，侯補翰林院孔目。明亡後隱居東田，嘗作西北祠以祀列代忠烈。生平以揚扢風雅爲事，與陳子龍、夏允彝等交厚，入復社、幾社。編著有《史疑》《春秋四家》《董劉春秋雜論》等。傳見嘉慶《松江府志》卷五十六《古今人傳八》。

是書正文目録，卷一隱公，卷二桓公，卷三莊公，卷四閔公，卷五僖公，卷六文公，卷七宣公，卷八成公，卷九襄公，卷十昭公，卷十一定公，卷十二哀公。全書有句讀圈點，正文中有小字注，每段正文後低一格爲所輯評語。

宋存標《春秋四家序》：「而董劉之説獨廣也，董治《公羊》，劉治《穀梁》，固卓然兩家矣……有《左氏》以翼《春秋》，有《公》《穀》以民辨《左氏》，復有董劉以翼《公》《穀》，其流雖殊，其源則一也。余故依經爲領，以四家之論議叙次之。不載左者，《左氏》久自爲書而獨行也……顧漢儒之論《春秋》數十人，而余獨以兩家附之……董仲舒爲賢師傅，而《春秋》治獄灼有名稱；劉向爲名宗室，而上書封事，確有條據。其人不同，其言不同也，其言不同，其學不同也，豈非《春秋》之功臣，二氏之賢佐哉。」

北大、華東師大、中央黨校、遼寧大學、日本尊經閣文庫藏。

四書類

四書證義筆記合編十七卷

明華亭縣錢大復撰。明萬曆四十一年（一六一三）刻本，八册。半葉八行，行二十字。上單魚尾，四周單邊。版心上鎸「大學合編」。正文卷端題「四書證義筆記大學合編」，署「雲間錢大復肇陽父著，男龍錫謹校」。韓浚序首葉版心下右有「蕭良甫刻」字樣。版心下右有當葉字數。書前有明萬曆三十年（一六〇二）鄒元標原序，萬曆四十一年孟時芳序，韓浚《刻證義筆記合編序言》，孟一脉《證義合編序》，張以誠序。

錢大復（一五四六—一六一六）字肇陽，號漸庵，明松江府華亭縣人。萬曆七年（一五七九）舉人，授蓬萊縣令。後以子龍錫登進士，遂致仕歸。構日新書院講學。年七十一，無疾而卒。祀鄉賢。著有《四書證義筆記合編》《味道編》等。傳見崇禎《松江府志》卷四十《賢達五》，乾隆《江南通志》卷一六三《人物志·儒林》，嘉慶《松江府志》卷五十四《古今人傳六》。

崇禎《松江府志》卷四十大復本傳稱「所著有《四書證義》《四書合編》《四書筆記》」，卷五十四著述又稱大復著有《四書證義合編》，並附孟時芳叙。觀書中所載，大復先著《證義》，再著《合編》，又集答諸生記曰《筆記》，故知今本爲三書釐訂後之合編。書前無目録，據書内各卷順序，依次爲：卷一大學合編，卷二至卷三中庸合編，卷四至卷八上論合編，卷九至卷十二下論合編，卷十三至卷十四上孟合編，卷十五至卷十七下孟合編。

孟時芳序：「雲間漸庵錢公夙以理學名家。丁未歲，余得公《四書證義》于仲子稚文。今歲余至成均，稚文復出公近日所著《筆記》，併前合刻，不佞得以縱觀之。」

孟一脉序：「肇陽錢君潛心四子書有日矣。闡其心得，著爲庭訓，訓兩鳳雛，裒然名器。久而成帙，正續二編，合題其額曰『證義』。」

張以誠序：「當漸庵先生在家大人甥館，不佞誠年方舞象，先生謬賞，故設問難試之。後稍習文藝，輒加指教。已又延爲仲子稚文師，所聞緒教益習，猶其師先生也。時先生年方壯，有志用世，未有著述。而其深于義諦，隨叩輒鳴，殆若説詩之畏匡鼎，爲論之誦張文也。年及知命，有《四書證義》之述。其書不字櫛句比，信手直書，發所自得，大概宗紫陽而參以陽明。復令蓬萊有與諸生論性七十二條。未幾解組，後進尊先生學，徒游日衆。間有答問，諸生記之曰筆記。合于前所謂證義而解經者，大備矣。時仲子暨余同在史局，合梓二編。」

麒按：考大復生卒年，未見他書記載。據崇禎《松江府志》大復本傳載：「丙辰歲，訪故人於金陵。焦弱侯與語，輒嘆以爲弗如。一日謂曰：『我體中今日稍不快，天期近矣。』言訖遂瞑。卒年七十一。」萬曆丙辰即萬曆四十四年（一六一六）。該年大復卒，據此上推七十一年，當生於嘉靖二十五年（一五四六）爲是。

上圖、日本東京日比谷圖書館藏。

山中讀書印三卷補一卷

明華亭縣張鼐撰。明萬曆四十五年（一六一七）刻本，一册。無界欄，半葉九行，行十八字。上單魚尾，左右雙邊。版心上鎸「讀書印」，卷一版心中下爲葉碼，卷二及卷三版心中下右有當葉卷目名及葉碼。《讀書印補》一卷，版心上鎸「讀書印補」，版心中下右爲葉碼。正文卷端題「山中讀書印論語」，署「華亭張鼐世調著，社弟俞廷諤彦直閲」。全書有刻印之句讀圈點，爲俞廷諤所爲。書前有明萬曆四十五年張鼐《讀書印緣起》（行書），張鼐《讀書印叙》。無鈐印。

是書前無目録，卷一論語，卷二學庸（大學中庸），卷三孟子。《讀書印補》一卷，三十條。

張鼒《讀書印緣起》：「吾弟倩俞彥直問余山居功課，余答以詩曰：『也不參禪問公案，也不講道説良知，年來枯坐無多事，百尺樓頭漫詠詩。』彥直疑余倦津梁，以得句自遁也……就燈下檢平日所聞於陶會稽師、周海門先生與顧涇陽、管東溟兩先生，後所聞於李文清公、九我師，及去年領略朱太復先生者，粗存大略，櫛比四書而次序之，其缺者則以新得補綴焉，凡三十六日而草具。彥直讀而快心，曰：『吾向疑兄爲以詩遁也，乃今而知百尺樓頭，其意更遠也。吾知兄山居功課矣。』」

張鼒《讀書印叙》：「《讀書印》者，張子印孔孟之語，而記其所自得者也……吾今只以本色話頭，薦取自家本色面目，以書作印。吾性爲泥，泥體甚圓，印亦不執，至得合著性命，便領略至聖無言。」

上圖、清華、蘇州市圖書館、重慶市圖書館、日本龍谷大學藏。

小學類

新編并音連聲韻學集成十三卷

明嘉定縣章黼撰。明成化十七年（一四八一）刻，嘉靖二十四年（一五四五）張重、萬曆九年（一五八一）高薦遞修本，十三册。正文分上下二欄，上欄很窄，爲注文，注平上去入；下欄爲正文。正文半葉八行，行大字十二字；小字雙行，行二十四字。上下粗黑口，雙對魚尾或三魚尾（雙順向上魚尾，一向下魚尾），四周雙邊。上魚尾下鎸韻名及卷次，如「東韻卷乙」、「支韻卷二」等，中魚尾下爲葉碼。正文卷端題「新編并音連聲韻學集成卷之一」，無署名。書前有明成化十二年（一四七六）桑悦《韻學集成序》，沈人种《題刻韻學集成》，成化十七年（一四八一）徐博《韻書集成序》，嘉靖二十四年（一五四五）張重《補刻韻學集成叙》並萬曆九年（一五八一）高薦重修題識，《新編并音連聲韻學集成總目》（總目首葉署「吴練川耕隱章黼集」），凡例十一則，並《七音三十六母清濁切法》，章黼題識。鈐印有「樸學/齋藏/書印」（朱方）、「合衆圖書/館藏書印」（朱長）等。

章黼（一三七八—一四六九）字道常，號守道，明嘉定縣人。諸生。年三十病足，絶意仕進，隱居教授鄉里。博洽多識。精音韻之學。傳見萬曆《嘉定縣志》卷十二，康熙《嘉定縣志》卷十五《人物一》。

是書第一卷東董送屋四聲，第二卷支紙寘齊薺霽三聲，第三卷魚語御模姥暮三聲，第四卷灰賄隊皆解泰三聲，第五卷真軫震質四聲，第六卷寒旱翰曷山産諫轄四聲，第七卷先銑霰屑四聲，第八卷蕭篠嘯爻巧效三聲，第九卷歌哿箇麻馬禡遮者蔗三聲，第十卷陽養漾藥四聲，第十一卷庚梗敬陌四聲，第十二卷尤有宥侵寢沁緝四聲，第十三卷覃感勘合鹽琰艷葉四聲。

凡例首條：「《玉篇》元收二萬二千餘字，除殊體重收外，即二萬一千之數流通於世，其來尚矣。今於諸篇韻經書俗流，共録出四萬三千餘字，字有《説文》古文篆籒隸俗等，則正體三萬餘字，考著成編。」

桑悦《韻學集成序》：「練川章先生名黼，字道常，别號守道。平生隱居教授，不求聞達。著《韻學集成》若干卷，凡收四萬三千餘字。每舉一聲而四聲具者自爲帙，二聲三聲絶者如之，仍别爲《直音篇》，總考其字之所出，前此未有也。先生没後十餘年，其子冕將鋟諸梓。時閶陽吴公克明適以名進士爲兹邑令，一時大夫士咸祈其成……是韻也，苦心焦思，積三十餘年，始克成編。不得吴公爲令以傳之，又將付之烏有，豈不深可惜耶？」

沈人种《題刻韻學集成》：「吾嘉舊有章道常《韻學集成》，其定例一遵明制，而聲各彙連，其注釋多本《説文》，而義尤該博，譚藝文者咸謂其足以羽翼《正韻》而傳之無斁。顧歲久板刻幾盡剥矣，懷慶高侯來宰余邑，亟重刻之，屬余識一言於其端……若道常一巖穴布衣耳，乃博稽遠覽，精核沉思，矻矻焉窮三十年之力，以榮素儒之勛，垂來學之庇，豈其獨自異於凡民耶？」

徐博《韻書集成序》：「吾嘉章君道常，韜晦丘園，教授鄉里，暇則搜閲《三蒼》《爾雅》《字説》《字林》《韻集》《韻略》《説文》《玉篇》《廣韻》《韻會》《聲韻》《聲譜》《雅音》諸家書，通按司馬温公三十六字母，自約爲一百四十四聲，辨開闔以分輕重，審清濁以訂虚實，極五音六律之變，分爲四聲八轉之異，然聲韻區分，開卷在目。總之得四萬餘字，每一字而四聲隨之，名曰《韻書集成》。别爲《直音篇》，乃韻之鈐鍵，便學者檢覽，其用心可謂勤且密矣……章君歿久矣，其子冕恐遠沉湮，請于吴侯克明壽梓。侯先刻篇，將完，召入内臺，不及韻。成化庚子冬十一月，適巡按監察御史高唐劉公士元大有志作興士類，詢得此書，惜之，遂付庠官校正，檄有司鏤板以傳。明年春落成，屬予文弁首。予忝同年雅好，知公開示來學之意，不敢以膚陋辭。嗚呼，章君所集韻書，餘三十年而成，一旦幸獲公知，托名後世，傳不朽，榮矣哉！」

張重《補刻韻學集成叙》：「補刻《韻學集成》成……板嘗刻於成化間，刓商海半缺，重校而補之。」落款署：「嘉靖乙巳歲孟秋吉旦賜進士第知嘉定縣事古燕張重志，萬曆辛巳歲仲秋吉旦賜進士出身知嘉定縣事覃懷高薦重修。」

章黼題識：「予不幸早失怙恃，學識寡陋，年逾三旬，偶致傷足，跬步難行，課蒙家塾，因覽諸篇韻，音切間有，差謬不一，欲爲更定，由是夙夜孜孜纂集編録。足疾見瘳，繕寫自宣德壬子歲起，至正統丙寅稿成，重理之，歷丙子，凡數脱稿，迄天順庚辰書完，計帙二十本。嗟予耄矣，目眵手顫，書之誤者添政於傍，尚賴賢敏校正精書，鏤梓流通，不亦美乎。練川邑橫塘章黼時年八十有三謹識。」

是書北京大學圖書館藏一部，十三册，亦爲明成化刻、嘉靖萬曆遞修本。前有明成化十七年徐博《韻書集成序》、沈人种《題刻韻學集成》、萬曆九年（一五八一）高薦重修《補刻韻學集成叙》、《新編并音連聲韻學集成總目》（總目首葉署「吴練川耕隱章黼集」）、凡例十一則、《七音三十六母反切定局》、章黼題識。刻印皆粗糙。

上圖、北大藏。

重刊并音連聲韻學集成十三卷

明嘉定縣章黼撰。明萬曆六年（一五七八）維揚資政左室刻本〔一〕。正文分上下二欄，上欄很窄，爲注文，注平上去入；下欄爲正文。正文半葉八行，行十二字；小字雙行，行二十四字。白口，雙對魚尾，四周雙邊。上魚尾下鎸「□韻卷□」，版心下有當葉字數及刻工姓名，如陶、貴、宗、春、李仁、祁如、

〔一〕《四庫全書存目叢書》經部第二百零八册據首都圖書館藏本影印。

朝、印、杜、李方、余芳、肖應元、端、劉鸞、戴奉、承、徐林、余立、張遂、曹洪、陳、鄒顯等。正文卷端題「重刊并音連聲韻學集成卷之□」，無署名。總目首葉題「重刊并音連聲韻學集成總目」，署「吴練川耕隱章黼集」。書前有明成化十二年（一四七六）桑悦《韻學集成序》，成化十七年（一四八一）徐博《韻學集成序》，《重刊韻學集成姓氏》，此葉左半葉有大墨記「萬曆戊寅孟夏梓／於維揚資政左室」，凡例，《重刊并音連聲韻學集成總目》。鈐印有「鶴沙宋／氏史□／堂珍藏／書畫章」（朱方）、「京光／季子」（朱方）等。

《重刊韻學集成姓氏》依次爲：「明嘉定練川章黼輯著，鉅鹿守軒陳世寶重訂，洪洞理軒董光裕、文安蒲汀姜璧、泰和青螺郭子章參閲，義烏紹東虞德燁重刊，慈谿獅峰秦應驄、江陵雲谷樊大通、休寧瑞谷吴子玉同校正。」

是書第一卷東董送屋四聲，第二卷支紙寘齊薺霽三聲，第三卷魚語御模姥暮三聲，第四卷灰賄隊皆解泰三聲，第五卷真軫震質四聲，第六卷寒旱翰曷山産諫轄四聲，第七卷先銑霰屑四聲，第八卷蕭篠嘯爻巧效三聲，第九卷歌哿箇麻馬祃遮者蔗三聲，第十卷陽養漾藥四聲，第十一卷庚梗敬陌四聲，第十二卷尤有宥侵寑沁緝四聲，第十三卷覃感勘合鹽琰艷葉四聲。《四庫全書總目》經部小學類存目二據浙江鮑士恭家藏本著録，書名改題《韻學集成》十三卷。

首都圖書館、中科院、故宫、日本内閣文庫藏。

直音篇七卷

明嘉定縣章黼撰。明成化十七年（一四八一）刻，明嘉靖二十四年（一五四五）張重、明萬曆九年（一五八一）高薦遞修本，七册。半葉八行，行十二字；小字雙行，行二十四字。上下粗黑口，三魚尾（雙向上順魚尾，一向下魚尾）。上魚尾下題「篇卷□」，下魚尾上爲葉碼。正文卷端無題署。書前有成化十七年李長源《新編韻學集成後序》、《重刻章氏韻學集成并直音篇後序》（無題署）；書末有成化十七年章冕題識。鈐印有「樸學／齋藏／書印」（朱方）、「合衆圖書／館藏書印」（朱長）。

《重刻章氏韻學集成并直音篇後序》：「章氏嫺字學，邑有其書，已漫漶不可讀，半且逸，而購乞不已，掌故者莫以給。高侯曰：即吾未能一新之，姑補正焉，而次第議也。欹劂告成，以末簡授不佞序。」

章冕題識：「先君子守道先生著爲《韻學集成》並《直音篇》，凡若干卷，積勞三十餘年，竭精疲神，以成是書。天順間，邑令江右龍侯見而愛之，欲壽諸梓，無何擢升徽州，遂携以去。不月，冕又與犬子璿復於舊稿中録出，遍干當道，若欽差浙江提督水利僉憲吴公，邑令閩陽吴公，義官劉世昌，庠生徐孟初，耆士吴文輝、沈良弼、陳宗瀛，以儒士高復恒、李元齡、浦東白爲介紹，募義刊刻，未半而梗。玆者伏承欽差巡按侍御大人劉公按臨下邑，不肖冕叩頭泣訴其顛末，書呈得賜觀覽，特矜其志，遂委邑宰河間劉侯，貳尹河間王侯、臨淄趙侯、□□（原闕二字）李侯，儒學教諭莆田李先生、甌寧張先生、蒼梧何先生相與協謀，倡議刊完是書。距先君没世已三十年，始克成書，以卒先志。篇韻共二千餘板，費白金四百餘兩。伏惟君子覽之者，庶知其所自焉。成化辛丑春三月吉日不肖冕謹志。」

上圖、北大藏。

直音篇七卷

明嘉定縣章黼撰，明吴道長重訂。明萬曆三十四年（一六〇六）練川明德書院刻本，七册。半葉八行，行十二字；小字雙行，行二十四字。白口，上單白魚尾，偶見黑魚尾，左右雙邊。魚尾下鎸「直音卷□」，版心下有當葉大字小字字數，偶有刻工姓名，如心、王、徐、英、文等。正文卷端題「重訂直音篇卷第一」，無署名。書前有明成化十三年（一四七七）侯方《直音篇序》，天順四年（一四六〇）章黼《題韻直音篇》，《重訂直音篇總目》，《直音篇總目》。《重訂直音篇總目》末葉右半末行下方有小字「董工琴川周應時」，左半版心中有墨記「萬曆丙午仲秋校，刻練川明德書院」。封面書簽上題「重刊」，下題「直音篇」。

《重訂直音篇總目》前有校訂姓氏，依次爲：「明嘉定章黼道常甫集，匡廬吴道長瘦生甫重訂，後學唐時升叔達甫、宣嘉士元父甫、鄭胤驥閑孟甫校閲」。

侯方《直音篇序》：「正統間，嘉定章道常先生復本正韻編習直音篇若干卷藏於家，没後十餘年，子冕率孫瑍、玟繕寫成帙，始謀刊行。閶陽吴君克明以進士來令是邑，君既質於提學浙江水利僉事吴公廷玉而是之，則捐俸倡邑之好義者共成焉。其韻既成，而篇之費尚闕。臨淄趙君秉聰寔爲貳令，遂足成之。冕來屬方爲序。」

章黼《題韻直音篇》：「夫篇韻者，文章儒士常用者也。兩儀俶判，結繩爲記。昔在庖犧，始成八卦。暨乎蒼頡，肇創六爻。政罷結繩，教興書契。爰至玄龜龍馬負河洛之圖，赤雀素鱗標受終之命，鳳羽爲字，掌理成書。至於修書取義，豈可斯須離也。今於諸篇韻等，搜集四萬三千餘字成編。所用直音，或以正切，使習者而利矣。又元篇有有音無注者三千餘字，今亦收之，俟賢參注共善而流焉。時天順庚辰病月朔日章黼謹志。」

是書《續修四庫全書》經部第二百三十一册據中國國家圖書館藏本影印，正文及序跋目録等俱同上海師範大學圖書館藏本。

上師大、國圖、北大、南圖藏。

詩韻輯略五卷

明上海縣潘恩撰。明隆慶間刻本〔一〕。半葉八行，行十二字，小字雙行，行二十四字。上下白口，上單白魚尾，左右雙邊。魚尾下鎸「詩韻輯略卷□」。正文卷端題「詩韻輯略卷之一」，無署名。書前有明隆慶三年（一五六九）潘恩《詩韻輯略序》。鈐印有「□□王／景會所／藏金石／書籍印」（朱方）、「蔗庵／

〔一〕《四庫未收書輯刊》第一輯第十册據中國科學院圖書館藏本影印。

詩畫」（白方）、「甘守／貧賤」（白方）、「西平／王孫」（白方）、「東方文化／事業總委／員會所藏／圖書印」（朱方）、「東方文化事／業總委員會／所藏圖書印」（白方）等。

潘恩（一四九六—一五八二）字子仁，號笠江，又號雲間空叟，明松江府上海縣人。嘉靖二年（一五二三）進士，授知州。歷官刑部侍郎、南京工部尚書等，至左都御史，尋致仕。爲官正直，有惠政。年八十七卒，賜祭葬贈太子少師，謚恭定。著有《笠江集》《詩韻輯略》《美芹録》等。傳見《明史》卷二〇二本傳，崇禎《松江府志》卷三十九《賢達四》，乾隆《江南通志》卷一四一《人物志·宦績》，嘉慶《松江府志》卷五十三《古今人傳五》，同治《上海縣志》卷十八《人物一》。

是書各卷前有分卷目録，卷一上平聲十五韻，卷二下平聲十五韻，卷三上聲二十九韻，卷四去聲三十韻，卷五入聲十七韻。

潘恩序：

「爰自皇古，天下義理，必歸文字，天下文字，必歸六書。蓋自蒼頡創制，鬼神夜號，遐哉邈乎，末之詳已。周秦籀文篆隸，沿習古風，漢人變通趨時，爲八分真行，遂定字學之法。江左崇尚風騷，沈休文分部四聲，聿嚴音律之諧。由是迄今，凡爲近體詩者必宗焉，莫之易也。宋吴才老謂其未備，又作韻補，盡叶音聲之變。由是迄今，凡爲古體詩者必宗焉，亦莫之易也。近刻古今韻傳行於時矣，第注釋不具，開卷茫然，點畫訛謬，俗書孔多，義理淆雜。余病翻閲之難，乃於暇日取《韻會》諸編視之，尋文疏義，去複芟繁，繕寫成帙，以便覽觀，藏之家塾，名曰《詩韻輯略》。」

中科院、國圖、上圖、復旦、北大藏。

韻經五卷

明上海縣張之象輯，明嘉靖十八年（一五三九）長水書院刻本，清錢陸燦批注，二册。半葉十行，行十八字，小字雙行字數同。白口，上單魚尾，左右雙邊。魚尾下鐫「韻經」及卷次。正文卷端題「韻經」，署「梁特進光禄大夫佐史侍中領太子太傅吴興沈約休文撰類，宋樞密使會稽夏竦子喬集古，泉州通判渤海吴棫才老補叶，大明賜進士及第前翰林院修撰儒林郎弘農楊慎用修轉注，清河張之象月鹿編輯」。文中及天頭地脚處皆有墨筆批注，乃錢陸燦所爲。轉注、叶（韻）皆另起一行，用反白字標出。前有明嘉靖十七年（一五三八）張之象《韻經序》，乾道四年徐蒧《韻補序》，明嘉靖十年（一五三一）楊慎《轉注古音略題辭》，《韻經凡例》七則，《韻經目録》（目録首葉署「清河張之象月鹿編」）。卷五末葉左半正中有「嘉靖己亥孟春／刊于長水書院」字樣，末行下方有「姑蘇吴詡龍書／金臺張□□刻」字樣。鈐印有「陸燦」（朱長方）、「陸燦／之印」（白方）」、「調運／齋」（白方）、「士禮居藏」（朱長）、「秦漢／十印／齋藏」（白方）、「吴下／蔣郎」（朱方）、「吴郡貝塘／審定之印」（朱長）等。

張之象（一五〇七—一五八七）字月麓，一字玄超，號王屋山人，明松江府上海縣人。居龍華里。以太學生游南都。嘉靖中官浙江按察司知事、布政司經歷，不能爲小吏俯仰，投劾而歸，以吏隱自命，後歸隱細林山。海上聘修邑志，品叙詳雅，體例精明，爲世所推。博綜群籍，詩文高絶。著有《韻經》《太史史例》《史記發微》《楚騷綺語》《剪緑集》《彤管新編》《唐雅》《唐詩類苑》《古詩類苑》《詩紀類林》等，注有《鹽鐵論》，補編《回文類聚》等。傳見《明史》卷二八七《文苑傳》，崇禎《松江府志》卷四十二《文學》，乾隆《江南通志》卷一六六《人物志·文苑》，嘉慶《松江府志》卷五十二《古今人傳四》，光緒《重修華亭縣志》卷十四《人物》。

是書卷一平聲上（一東至十九元），卷二平聲下（二十先至三十四尤），卷三上聲（一董至三十有），卷四去聲（一送至三十三宥），卷五入聲（一屋至十九洽）。

張之象《韻經序》：「顧檢其書，各自爲册，卷帙散煩，鐫寫疑誤，失先後之次，無會通之要，覽者難之。於是遂研精沉思，尋討端緒，考較異同，捃采幽伏，芟其繁亂，舉其節領，將使古今互見，離合并用，續如貫珠，昭如指掌，上以集諸家之大成，下以判千載之惑書。凡五卷，題曰『韻經』。經，徑也，如徑路，無所不通，可常用也。」

北大、國圖、天津圖書館藏。

韻經五卷

梁沈約撰，明楊慎轉注，明上海縣張之象輯。明萬曆六年（一五七八）李良柱淮陰刻本，二册。半葉十行，行十八字，小字雙行字數同。上下白口，上單魚尾，四周水雲紋花邊。魚尾下鐫「韻經卷之□」，版心中下爲葉碼。正文卷端題「韻經卷之一」，下有小字「平聲上」，署「梁吴興沈約休文撰類，宋會稽夏竦子喬集古，渤海吴棫才老補叶，明弘農楊慎用修轉注，清河張之象月鹿編輯」。書前有萬曆六年李良柱《刻韻經小序》，《韻經凡例》七則，《韻經目録》。轉注、叶（韻）等皆另起一行，反白標出。目録首葉署「清河張之象月鹿編」。書根處墨筆題「韻經／王屋公手澤」。刻印俱精。目録末空白處鈐朱文大方印，九行，行十二字，内題：「昔司馬温公藏書甚富，所讀之書終身如新。今人讀書恒隨手抛置，甚非古人遺意也。夫佳書難得易失，倘一殘缺，修補甚難。每見一書，或有損壞，輒憤惋浩歎不已。數年以來，搜羅略備，卷帙頗精，伏望睹是書者，倍宜珍護，即後之藏是書者，亦當諒愚意之拳拳也。謏聞齋主人記。」鈐印還有「忘憂／草堂藏／書印」（朱方）、「秀水朱／氏潛采／堂圖書」（朱方）、「龍華張氏鐵一公／後二十四世孫薦／增所藏祖澤印」（朱長）、「曾在張／祝三處」（朱方）、「謏聞／齋藏／秘籍」（白方）、「聽／鶯後／人」（朱方）、「漪蘭／舊業」（白方）、「敦淳／珍藏／顧氏」（白／朱／白方）等。《四庫全書存目叢書》經部第二百零六册據以影印。

李良柱《刻韻經小序》：「自梁沈休文始出《四聲譜》……宋吴才老集夏英公書爲《韻補》，附之以叶，叶者諧也，即六書所謂諧聲也。今楊用修撰《古今音略》……張月鹿氏復集三家之大成而爲《韻經》。經，常也，其古今互見，離合並用，真足以探音韻之賾，可備常用之書也。向置奚囊中，獨一舊本，不但點畫魯魚，亦且展磨漫滅，殊不快心目。偶分署稍暇，手自校讎謄刻，擇良工而命之。書成，頗自如意，好古博雅君子亦將與之乎。」落款署「萬曆戊寅夏四月望嶺南李良柱書于淮陰分署之鏡林」。

上圖、上海辭書出版社藏。

韻經五卷

明上海縣張之象輯。明萬曆二十九年（一六〇一）刻本，二册。半葉九行，行十八字，小字雙行字數同。無魚尾，四周單邊。版心中上鎸「韻經卷之一」，版心中下爲葉碼。正文首葉版心下右有「黄汝貞二八二」字様，餘葉無刻工。書前有明萬曆二十九年（一六〇一）婺東聖台生重書嘉靖十年（一五三一）楊慎《轉注古音略題辭》，嘉靖十七年（一五三八）張之象《韻經序》（行書手書上版），《韻經凡例》七則，《韻經目録》。正文卷端題「韻經卷之一（下接小字平聲上）」，署「清河張之象月鹿輯，新安游元涇惟清校」。鈐印有「又樹／軒」（朱方）、「又樹軒」（朱長）、「穎水／郡／圖書」（朱方）、「秀水陳璠／字西霍又／稱犀叡别／號瑶林印」（白方）、「譚孟恂／家藏／書印」（朱方）等。

據書前目録，是書卷一平聲上（一東至十九元），卷二平聲下（二十先至三十四尤），卷三上聲（一董至三十有），卷四去聲（一送至三十三宥），卷五入聲（一屋至十九洽）。

是書目録首葉無署名，書末無牌記。轉注、叶韻等亦另起一行，但未用反白標出。據書前楊慎《轉注古音略題辭》落款「嘉靖辛卯仲冬月升庵楊慎題／萬曆辛丑仲夏月婺東聖台生重書」，知是本刊刻不早於明萬曆二十九年。刻印頗精美。上海圖書館著録爲明嘉靖十七年刻本，誤。

上圖藏。

字學指南十卷

明上海縣朱光家撰。明萬曆二十九年（一六〇一）刻本[一]，十册。半葉八行，行十二字；小字雙行，行二十四字。上單魚尾，左右雙邊。版心上鐫「字學指南」，魚尾下鐫卷次。自卷三起，每一部四聲之首字天頭處皆有小字注平上去入。正文卷端題「字學指南卷之一」，署「上海後學謙甫朱光家輯注，社友洪洲王圻、自齋陸從平校正」。書前有《□六書》，後附明萬曆二十九年王學詩題識，張仲謙《字學指南序》，萬曆二十九年朱光家《字學指南引》，萬曆二十九年王圻《跋字學指南》，《字學指南例論》，總目。

朱光家，字謙甫，明松江府上海縣人。諸生。有文名。以儒官屏迹私門，究心於六書之學。著有《字學指南》。傳見同治《上海縣志》卷十八。

是書凡十卷，首二卷分爲八類，卷一辯體辯音、同音異義、古今變體、同音互體、駢奇解義，卷二同體異義、正誤舉例、假借從譯。自三卷以下至卷十，則以韻隸字，並爲二十二部。每一部以一字調四聲，如東董凍篤之類，各標一字爲綱，而同音之字列於其下。如蝀從東、懂從董、棟從凍、督從篤等。《四庫全書總目》卷四三經部小學類存目一據浙江巡撫采進本著録。

王學詩題識：「學詩弱冠時從先生游，先生于傳經授業之隙，即留意字書。凡字書有資檢討，可廣見

[一]《四庫全書存目叢書》經部第一百九十二册據上海圖書館藏本影印。

聞，不惜金爲先生致之，至充架滿笥。先生每檢討，有得疑義當參考者，即條分縷析，粘之案頭，不旬月間窗牖户壁皆滿，隨命學詩輩分類録之，次月復然。積有年歲，漸成帙矣。學詩窗友俞顯卿、朱應麒皆以科第離函丈，學詩與先生俱坎坷場屋。學詩歷貲受一職歸，而先生亦棄去舉子業，日益肆力于字書。學詩亦以閑曠助先生卒前業，遂得深探先生之字書，有裨世教，有資後學，而其功效之至速且便者，在指示六書之法，俾人人曉然知字之不可不識，音之不可不正也。乃述先生之《指南》旨爲之原六書云。萬曆辛丑歲十一月朔門生王學詩頓首書。」

王圻《跋字學指南》：「余友槐里朱先生少閑博士業，與余坎壈詞場者二十餘年，余倖博一第，而先生竟以儒官屏迹私門，窮研典籍，一意著述，尤究心于六書之學，凡《埤倉》《廣雅》《古今字詁》《字統》《字林》《韻海》《韻集》《韻略》，及西僧反切諸書，靡不冥搜廣引，據古證今，刊訛削謬，類成一家言，名曰《字學指南》，珍藏室笥。余明農暇日，購而讀之，則首之以審音辯體，次之以正誤釋㲉，而復分系之二十二韻，以便檢閲。大都體裁以《説文》爲正，而反切以梵學爲宗。數百年傅會損益與喉吻轉换之失，悉舉而是正之，真千古快事也。」

上圖藏。

史部

編年類

續資治通鑑綱目廣義十七卷

明嘉定縣張時泰著。明弘治三年（一四九〇）自刻本，十二册。半葉八行，行十八字。粗黑口，三魚尾（雙向上魚尾，一向下魚尾），四周雙邊。上魚尾下鎸「廣義卷之二」，中魚尾下鎸葉碼。正文卷端題「續資治通鑑綱目廣義卷之二」，署「後學雲間張時泰著」。書前有明弘治二年（一四八九）羅玘《續資治通鑑綱目廣義序》，弘治元年（一四八八）張時泰進呈此書奏稿。書末有後序（存前四葉，未完，闕名）。張時泰廣義者，低一行逐條附於後。鈐印有「蔣氏森／書校讀」（朱方）、「實園／所藏」（白方）。

張時泰字吉甫，號西州。明嘉定縣人。弘治元年以歲貢選秀水訓導。性豪放，澹於仕進，秩滿即告歸，以詩酒自娱。傳見嘉慶《松江府志》卷五十二《古今人傳四》，同治《上海縣志》卷十八《人物一》。

羅玘《續資治通鑒綱目廣義序》：「雲間西洲張君時泰，蚤歲窮經，尤邃史學。仰窺積慮十年，于兹用所得者，作爲廣義以附之。」

後序：「先生自爲是書十有餘年，凡五易稿而始就，藏之巾笥，不以示人……今年春，膺薦來京，其鄉之縉紳大夫知其書者，促令上之。先生如其言，嗣天子特用嘉納，而將欲板行於世。翰林羅先生既爲之序，而復屬予以序其後。」

上圖、國圖、清華藏。

雜史類

鐫侗初張先生評選戰國策雋四卷

明華亭縣張鼐評選。明末書林蕭少衢師儉堂刻本，二册。是書分上下二欄，上欄較窄，爲評注，半葉十八行，行四字；下欄爲正文，半葉九行，行二十一字，小字雙行字數同。無魚尾，四周單邊。版心中上鐫「戰國策雋」，其下右鐫卷次（卷一）。正文卷端題「鐫侗初張先生評選戰國策雋卷之一」，署「雲間侗初張鼐選，秣陵賓王張榜閲，書林少渠蕭梓」。書前牌記爲藍印，鐫「張侗初先生評選/國策雋/師儉堂謹依京板重刻」。牌記右側中間鈐八卦紋朱印，左上鈐「□刻係□張太史家珍/本堂幫□重梓□□校/讎宋體楷刻無一差訛/每部定價紋銀叁錢正/買者請□師儉堂□板」（朱長）。書前有張鼐《刻戰國策雋序》（行書），《戰國策雋凡例》五則，《戰國策雋目録》。卷四末葉左半空白處有大墨記「師儉堂蕭少/衢依京板刻」字様。鈐印有「李氏/□（耒）軒/珍藏」（朱方）。

是書卷次，據書前目録，卷一周赧王、東周惠公、秦惠文君、武王、昭襄王，卷二秦孝文王、齊威王、宣王、閔王、襄王、王建、楚宣王、威王、懷王、頃襄王、考烈王，卷三趙襄子、肅侯、武靈王、惠文王、孝成王、魏桓子、文侯、惠王、襄王、哀王、安釐王、景閔王，卷四韓烈侯、昭王、襄王、釐王、燕文公、易王、王噲、惠王、王喜、宋景公、中山君。

張鼐《刻戰國策雋序》：「因掇其有裨舉業者，刻爲《戰國策雋》。」

上圖藏。

南巡日録一卷北還録一卷

明上海縣陸深撰。明嘉靖二十四年（一五四五）刻《儼山外集》本，列卷六及卷七。《儼山外集》卷六，正文卷端題《聖駕南巡日録》；《儼山外集》卷七，正文卷端題《大駕北還録》。半葉十行，行二十字。雙順白魚尾，左右雙邊。卷六版心上鎸「南巡日録」，卷七版心上鎸「大駕北還録」；上魚尾下鎸「儼山外集」及當卷卷次。書内遇人名皆小字右排。又，《四庫全書存目叢書》史部第四十六册據北京師範大學圖書館藏明嘉靖二十四年刻《儼山外集》本影印，鈐印有「筠圃／審定」（朱方）。

陸深（一四七七—一五四四）初名榮，字子淵，號儼山，明松江府上海縣人。居浦東，即今地名陸家嘴者。弘治十八年（一五〇五）進士，選庶吉士，授編修。嘉靖中以祭酒入侍經筵，受劾出任浙江副使、四川左布政等。嘉靖十六年（一五三七）改太常卿兼侍讀學士，進詹事，致仕歸。卒謚文裕。工於詞翰，賞鑒博雅，著述甚富，既博且核。傳見《明史》卷二八六《文苑傳》，萬曆《上海縣志》卷九，崇禎《松江府志》卷三十九《賢達四》，乾隆《江南通志》卷一六六《人物志・文苑》，嘉慶《松江府志》卷五十二《古今人傳四》，同治《上海縣志》卷十八《人物一》。

是書記嘉靖十八年二月癸丑至四月壬子，明世宗南幸承天，相度顯陵，深時官學士，命掌行在翰林院印扈行，遂紀其往返程頓。《南巡日録》正文末附永樂《内閣諸老歷官年月》一篇，記解縉等六十二人，乃得之於孫元者。《四庫全書總目》卷五十三史部雜史類存目二據兩江總督采進本著録。

上師大藏。

南巡日録一卷北還録一卷

明上海縣陸深撰。上海涵芬樓影印明萬曆刻《紀録彙編》本，列卷二十四及卷二十五。半葉十行，行二十字。版心無魚尾，四周單邊。版心中鎸「紀録彙編」及卷次。版心下有當葉字數及刻工姓名，如佐、化、万、山、仁等。卷二十四正文卷端題「聖駕南巡日録」，卷二十五正文卷端題「大駕北還録」，皆署「陸深」；此兩卷末皆有校訂者姓名，皆署「廣信府同知鄒潘∖推官方重校正，臨江府推官袁長馭校正，上饒縣學教諭余學申對讀，湖州府後學吴仕旦覆訂」。書内人名皆爲大字，與正文同。《續修四庫全書》史部第四百三十三册據上海圖書館藏涵芬樓影印明萬曆四十五年陳于廷刻《紀録彙編》本影印，兩卷末之校訂者姓名皆裁去，如卷二十五實爲八葉，第八葉爲校訂者姓氏，《續修四庫全書》本僅影印前七葉。

上師大藏。

世廟識餘録二十六卷

明嘉定縣徐學謨輯。明徐兆稷活字印本[一]。半葉十行，行二十一字，無小字。無魚尾，左右雙邊。版心上鎸「世廟識餘録卷之一」，版心中下爲葉碼。正文卷端題「世廟識餘録卷之一」，署「資焉大夫太子少保禮部尚書臣徐學謨謹輯」。書前有徐兆稷題識，徐學謨《世廟識餘録序》。無目録。鈐印有「讀易／樓藏／書記」（朱方）、「王印／士禎」（白方）、「漁洋／山人」（白方）、「紅藥／山房／主□」（白方）等。

徐學謨（一五二一—一五九三）字叔明，一字太室，原名學詩，字恩重，晚號太室山人，明嘉定縣人。居嘉定鎮。明嘉靖二十九年（一五五〇）進士。授兵部主事。歷湖廣副使、按察使、布政使，累遷副都御史、刑部侍郎，至禮部尚書。著述繁富，詩文均有時名。著有《世廟識餘録》《春明稿》《徐氏海隅集》《歸有園稿》等，主修萬曆《湖廣總志》。傳見萬曆《嘉定縣志》卷十一《人物考・宦達》，康熙《嘉定縣志》卷十五《人物一》，光緒《嘉定縣志》卷十六《宦迹》。

是書記嘉靖一代之事。自「嘉靖元年壬午，上自興都入嗣」條起，迄「上疾甚，還大内，午時崩于乾清宫」條。《四庫全書總目》史部雜史類存目二據浙江巡撫采進本著録。

徐兆稷題識爲小墨方框，凡六行，行九字：「是書成凡十餘年，以貧不任梓，僅假活板印得百部，聊備家藏，不敢以行世也。活板亦頗費手，不可爲繼，觀者諒之。徐兆稷白。」

[一]《四庫全書存目叢書》史部第七十九册、《續修四庫全書》史部第四百三十三册皆據中國國家圖書館藏本影印。

徐學謨《世廟識餘録序》：「顧後來纂輯國史，衹據日報書之，即事有徵信，而微顯闡幽，或無以仰窺神聖之秘。何則？世異人異，自與新炙者有間也。臣爲郎實當嘉靖中，猥備侍祠之役，每從丙夜後隨尚書奏對西内，故聞上起居頗悉。而通籍以前，則因故老口授，尤多采摭，輒加札記，非屬傳疑。癸未歸田，始彙而成集，視諸國史，存考鏡，題曰『世廟識餘録』。傳曰：賢者識其大，不賢者識其小，莫不有文武之道焉。以臣之固陋，敢自列於賢不賢之間？而千慮一得，亦不過修飾其所識之餘耳。傳諸副在，昭示來斯，庶幾獲睹嘉靖中興之業云。」

國圖藏。

世廟識餘録二十六卷

明嘉定縣徐學謨輯。明萬曆三十六年（一六〇八）徐元嘏刻本，六册。半葉十行，行二十一字。無魚尾，左右雙邊。版心上鐫「徐學謨世廟識餘録卷之一」，版心中下爲葉碼。正文卷端題「世廟識餘録卷之一」，署「資政大夫太子少保禮部尚書臣徐學謨謹輯」。書前有徐學謨《世廟識餘録序》（手書上版）。無目録。鈐印有「頤／盦」（朱方）。

按：刻本徐學謨序爲行書手書上版，刻印皆精。落款爲「賜進士第資政大夫太子少保禮部尚書侍經筵官三賜麒麟服欽准馳驛致仕臣徐學謨謹序」。活字本徐學謨序爲活字排印，標題次行排「資政大夫太子少保禮部尚書臣徐學謨謹□」，序文末無落款。

上圖、北大、南圖藏。

遼籌二卷遼夷略一卷奏草一卷陳謡雜詠一卷

明華亭縣張鼐撰。明天啓間刻本[一]。《遼夷略》半葉八行，行二十一字。無魚尾，四周雙邊。正文卷端題「遼夷略」，署「史官華亭張鼐輯」。書前有明天啓元年（一六二一）張鼐《遼夷略叙言》，地圖兩幅，翁正學《遼東倡勇歌》。書内有句讀圈點及專名號。叙言前空白葉有群碧墨筆題記。

張鼐《遼夷略叙言》：「余自庚申十一月歸途撰次《遼夷略》，記其種落住牧及市賞諸處，蓋得之周中丞毓陽《全遼圖》底本中，頗詳而核。今者遼、瀋新陷，朝議紛紛無定畫，甚有欲弃河西而守山海者。夫河西弃，而山海安能守，此不待智者知之也……余是以刻《遼夷略》，而僭題數言，以告寔心爲國者采而行之。若夫捐廣寧與虜而守山海者，亡國危君父之言也。思之心悸股慄，更有言所難盡者。」麒按：由叙言知，張鼐此作内容除鼐采訪所得外，主要取資於周毓陽《全遼圖》，似書中廣寧鎮、遼陽州二輿圖亦取資於此。」

群碧墨筆題記：「此書乃熊廷弼經略遼東時事也。觀其書，疏中歷言朝臣之泄沓，政柄之紛歧，君暗臣庸，有不[二]爲清驅除地耶[三]。一薛居州，千古同慨。張爲華亭人，《明史》無傳。觀其所陳奏揭，亦有書生之見，要之留心國事，忠義憤發。前有《遼夷略》一卷，係抄本，叙述詳晰……此書在前百十年宜遭禁

[一]《四庫禁燬書叢刊》集部第一百零五册據中國國家圖書館藏本影印。
[二] 旁注：殆皆。
[三] 旁注：耳。

毁，兹乃幸存，亦可稱爲秘册云。乙卯十月群碧記。」

《遼籌》半葉八行，行十九字。上單魚尾，左右雙邊。版心上鎸「遼籌」。首末無序跋。各卷前有分卷目録，正文卷端無題署。首卷目録葉題「遼籌」，署「右春坊右諭德兼翰林院侍講前國子監署監事司業張鼐謹上」。首卷收録《論遼事威德并用疏》（正文作「論遼事第一疏」）、《再論遼事急務疏》（正文作「論遼事第二疏」）、《三論遼事請發經略親兵疏》（正文作「論遼事第三疏」）等十一篇；次卷收録擬詔諭代内閣具草六篇，書七篇。按：次卷目録中收録書七篇，正文中實爲八篇，還有《寄都下諸門人論遼事危急書（辛酉四月）》一篇。

《奏草》半葉八行，行十九字。上單魚尾，四周單邊。版心上多鎸「奏草」字樣。正文卷端無題署。依次收録《敬陳静攝要務疏》、《皇帝初服十事疏》。

《陳謡雜詠》分上下二欄，上欄較窄，空白，預留爲注文所用；下欄爲正文，無界欄，半葉六行，行十七字，小字雙行字數同。正文卷端題「陳謡雜詠」，署「華亭史張鼐世調著，門人王鱗子春校」。書前有張鼐《陳謡雜詠叙》。收録《過涿鹿舍中，時東方有兵事，見道路申援兵經過，令宿關廂毋暴苦，凡再三題壁間志感》《援兵謡》《募兵謡》等，至《官舍夜坐，讀王侍御莅宇先生疏草有感，余瀕行侍御公，贈以疏草一帙，其所言縻虜墾田蠲税課罷募兵諸疏，鑿鑿皆危言石畫矣，余讀而悦之，爲言路慶指南也》止，共十四篇，皆詠途中所見所聞，篇名多以小序記事，正文則以詩詠之。

張鼐《陳謡雜詠叙》：「庚申五月，以國訃告哀郡國，由涿鹿、漁陽歷洺、瀛，抵山海，出遼西塞上。烈日暑雨，車中不能定息。每所至，下車輒訪問鄞人，備知地方疾苦，并覽山川風物之概，伏軾口占，旅次出筆墨記之，聊取叶韻，以存實録。余非能詩者，語之似古所謂勞人『耶許』、挽夫『欸乃』之屬，寫其情事而已。因念古三百篇不依譜韻，意或如此，雖然出納五言，古之制也，痛民隱者采焉，倘亦太史陳謡之本指歟。右諭德張鼒題。」

國圖藏。

寶日堂雜抄不分卷

明華亭縣張鼒輯。明張氏寶日堂抄本，二册。前兩卷用寶日堂藍格箋紙，分上下二欄，上欄較窄；下欄爲正文，半葉九行，行十六字，小字雙行字數同。上單魚尾，四周雙邊。版心上鎸「寶日堂」，魚尾下鎸「略」字。又有寶日堂箋紙，半葉十行，行二十字，小字雙行字數同。上單魚尾，左右雙邊。版心上鎸「寶日堂志」字樣。正文卷端無題署及卷次。書前有目録，闕首葉。此書係多人抄寫而成。鈐印有「黄印／丕烈」（朱方）、「蕘圃」（朱方）、「毛氏／子晋」（朱方）、「甲子丙寅韓德均錢潤文／夫婦兩度携書避難記」（白長）、「韓印／繩大」（白方）、「价／藩」（朱方）、「百耐／眼福」（朱方）、「松江讀有用齋金山守山閣／兩後人韓德均錢潤文夫婦之印」（白長）等。

是書正文不分卷，偶有小標題，如《皇明帝后紀略》《帝紀論》《經筵故事》《天順日録》《經筵日講始末》《文華後殿致詞》《燕對録鈔略》等。書前目録自卷五《順動録》始，以下依次爲卷六《御戎録》，卷七《儲覽》，卷八《封建志》，卷九《椒房世家》，卷十《中鑒》，卷十一《將作備考》，卷十二《科舉志》，卷十三《皇輿略》，卷十四《職官略》，卷十五《詞林故事》，卷十六《王禮注》，卷十七《詰戎備考》，卷十八《河渠記》，卷十九《荒政略》，卷二十闕。

國圖藏。

倭奴遺事一卷

明華亭縣鍾薇撰。抄本，一册。無框無欄。半葉十三行，行二十二字，小字雙行字數同。正文卷端題「倭奴遺事」，署「東海鍾薇輯」，下有雙行小字「時年七十有五」。天頭處有墨筆校語。封面書簽處墨筆題書名。無序跋。無鈐印。

鍾薇（一五四九—？）字面溪，明嘉靖、萬曆間松江府華亭縣人。居陶宅（今上海市奉賢區）。微始不喜文墨，迨子宇淳（字履道）舉萬曆五年（一五七七）進士，始折節讀書，窮搜遍覽，遂成通儒。著有《倭奴遺事》、《雲間紀事》（一作《雲間紀事野史》）、《面溪集》等。傳見崇禎《松江府志》卷五十四《著述》，嘉慶《松江府志》卷五十四《古今人傳六》。

明嘉靖間，倭寇犯上海，據點有二，一爲柘林（今上海市奉賢區），另一爲川沙堡。鍾薇所居陶宅即位於柘林東北，故遭倭患特重。薇身歷其事，因於寇平後撰作此編，凡紀倭寇事三十餘條，在當時頗有影響，吴履震《五茸志逸》卷二曾引此書少林僧兵月空事。原稿約刊於萬曆三十年（一六〇二）前後，刻本已佚。今臺圖藏有明萬曆間原刻本之傳抄本。

按：明崇禎《松江府志》卷五十四《著述》著録是書，不題卷數，并附記一條，與嘉慶《松江府志》卷五十四《鍾薇傳》所載微有不同，可知鍾薇爲人，因取校而録之。記曰：「堂邑許維新曰：余守松江，有事海堧，因爲詩歌。好事者争和之，中有『時見朝霞映沃焦，元氣絪緼天受治』二句，未經人道。知爲鍾公薇詩，乃求識公。問政所急。笑不答，但言前守李多見、司理畢自嚴皆長者，從來官此土者得人心無如此。余念公不言事而但指兩人，此龐参見任棠詩也。後再見公，言松江志書百年不復續，責在太守。余曰：『善哉，政莫備於志，以志求政，公意也。』一日從容謂公曰：『公嘗導我以隴西太守，倘亦有事，可指乎？』公笑曰：『余初以李公望公，以今觀之，雖言李公，公亦不能爲也。』余固問，因言曰：『李一意主寬善縱舍耳。有青衣攝事者失期久，命杖之。其人曰：請言狀乃受杖。因坐檐下，徐徐解襪，以足瘍出示。李大憫恤，急呼醫與治而慰遣之。此事公能爲乎？』相與笑而罷。公今年八十有二，詩文載《面溪集》。」

按：許維新字周翰，堂邑人，萬曆二十六年（一五九八）自户部郎中出知松江府。「前守李多見」字子行，莆田人，曾任松江府知府。畢自嚴字景曾，淄川人，曾除松江府推官。嘉慶《松江府志》卷四十三《名宦》皆有傳。又按：記末「公今年八十有二，詩文載《面溪集》」一句，擬爲陳繼儒所記。陳纂崇禎《松江府志》在崇禎三年（一六三〇），由此前推八十二年，則鍾薇生於嘉靖二十八年（一五四九），卒於崇禎三年後。

上圖藏。

幸存録三卷續幸存録二卷

《幸存録》三卷，明華亭縣夏允彝撰；《續幸存録》二卷，明華亭縣夏復（完淳）撰。清抄本[一]。無框無欄。半葉十行，行二十一字，小字雙行字數同。書前有南明弘光元年（一六四五）夏允彝《幸存録自叙》，《幸存録》目次，《續幸存録》目次。《續幸存録》正文前有南明永曆四年（一六五〇）陸元輔《續幸存録序》，夏復《續幸存録自叙》。目録葉「幸存録目次」下署「草莽臣夏允彝述」，「續幸存録」目録下署「夏復述」。正文卷端無署名。鈐印有「丁福/保印」（白方）等。

夏完淳（一六三一—一六四七）原名復，字存古，號小隱、靈首（一作靈胥），明松江府華亭縣人。夏允彝子。十四歲從父及陳子龍參加抗清活動。魯王監國授中書舍人。事敗被捕下獄。不屈死，年十七。清乾隆四十一年（一七七六）謚節愍。嘗先後師事陳子龍、沈宏濟，詩文豪放，極有韻致。其擬庾信作《大哀賦》，大氣磅礴，直追千古。著有《南冠草》《續幸存録》等。傳見嘉慶《松江府志》卷五十五《古今人傳七》。

據書前目録，《幸存録》卷上爲《國運盛衰之始》《東夷大略》，卷中爲《遼事雜志》《門户大略》，卷下爲《門户雜志》《流寇大略》。《續幸存録》卷上爲《南都大略》，卷下爲《南都雜志》上下，附烈皇太子一則。

夏允彝《幸存録自叙》：「然於國家之興衰、賢奸之進退、虜寇之始末，兵食之源流，懼後世傳者之失實也，就余所憶，質言之，平言之，或幸而存後世，得以考焉。」

[一]《續修四庫全書》史部第四百四十册據復旦大學圖書館藏本影印。

夏完淳《續幸存録自叙》：「《幸存録》者，先忠惠國變後所述也。首盛衰大勢，逮事門户與流寇大略，井井鱗鱗，本朝中斬之由，莫不次第詳盡。迨至先帝死，社稷遂絶，筆不復記也。先忠惠後臨歿呼復，授手編而命之曰：『余欲述南都之興廢、義師之勝衰，今已矣……汝其續余書而成之。』……先忠惠遺行之後，繼此以編……或與《幸存録》不無小補云。」落款署「孤子夏復泣血識」。

復旦藏。

幸存録一卷續幸存録一卷

《幸存録》一卷，明華亭縣夏允彝撰；《續幸存録》一卷，明華亭縣夏復（完淳）撰。清抄本[一]。無框無欄。半葉九行，行二十四字，小字雙行字數同。版心上鎸篇名及當篇葉碼，版心下爲正文葉碼。書前有《幸存録》及《續幸存録》目次，夏允彝《幸存録自叙》（落款爲「乙酉九月吏部考功郎夏允彝述」），正文及目録下均無署名。《續幸存録》卷端署名爲「雲間夏存古著」。鈐印有「芸齋」（朱方）、「汪敏中／印」（白方）、「李氏／玉陔」（朱方）、「明墀／之印」（白方）、「雲／齋」（朱方）、「木犀軒／藏書」（朱方）、「李印／盛鐸」（白方）、「麐嘉／館印」（朱方）等。

據書前目次，《幸存録》各篇依次爲：《國運盛衰之始》《門户大略》《門户雜志》《東夷大略》《遼

[一]《四庫禁燬書叢刊補編》第十六册據北京大學圖書館藏本影印。

事雜志》《流寇大略》，與復旦大學圖書館藏清抄本篇名全同，僅次序略有差異。《續幸存録》各篇依次爲：《南都大略》《南都雜志》《辛卯昌國記事》，正文同，附記略有差異。按：兩部抄本表述文字稍有差異，如夏允彝序文落款，復旦藏本作「大明弘光元年乙酉九月朔吏部考功司郎中夏允彝敬述」，北大藏本作「乙酉九月吏部考功郎夏允彝述」；又如《南都雜志》首句，復旦藏本作「弘光帝入都之日，有兩黄星夾日而趨，此太白與辰星也，新主肇元，太白晝見，祥耶咎耶，何乃泄泄耶」，北大藏本作「弘光入南都，有兩黄星夾日而趨，此太白與辰星也。新主肇元，太白晝見，夫孰爲祥哉」。又復旦藏本每篇中各則皆另起一行，條目分明；北大藏本文字多相連成篇。

北大藏。

東林始末一卷

明蔣平階撰。《學海類編》本[一]。是書入《學海類編》集餘一行詣中，列第三十六册。半葉九行，行二十一字。上單白魚尾，左右雙邊。版心上鎸「學海類編」，魚尾下右鎸「東林始末」，版心下鎸「行詣」。正文卷端署「明雲間蔣平階大鴻著」。正文末有附録一篇，爲倪元璐（鴻寶）言論。

[一] 一九二〇年上海涵芬樓影印清道光十一年（一八三一）六安晁氏木活字《學海類編》本。《四庫全書存目叢書》據涵芬樓影印《學海類編》本影印，列史部第五十五册。

蔣平階（一六一六—一七一四）初名雯階，字馭閎，一字大鴻，別署杜陵生，明末清初松江府華亭縣人。諸生。年十八從陳子龍游，入幾社。性豪雋，有古義俠風。南明時任御史。入清不仕，避居嘉興。工詩文，晚業堪輿，精其術。輯有《東林始末》。傳見嘉慶《松江府志》卷五十六《古今人傳八》，光緒《重修華亭縣志》卷十五《人物》。

此書記萬曆二十一年（一五九三）至崇禎十六年（一六四三）間東林黨人的活動，專叙統治階級内部朋黨攻擊情況，對梃擊、紅丸、移宫三案和客氏、魏忠賢之禍與遼東經撫之搆均不涉及，内容與谷應泰《明史紀事本末》東林黨部分完全相同，谷氏或即取材於此。《四庫全書總目》史部雜史類存目三據編修程晉芳家藏本著録。

上師大藏。

詔令奏議類

董宗伯奏疏輯略一卷

明上海縣董傳策撰。明萬曆三十年（一六〇二）董傳文刻本〔一〕。半葉九行，行二十字。無魚尾，四周雙邊。版心上鎸「董宗伯奏疏輯略」，版心中下爲葉碼。正文卷端題「董宗伯奏疏輯略」，無署名。書末有

〔一〕《四庫全書存目叢書》史部第六十二册據中國國家圖書館藏本影印。

校訂姓氏及董傳文題識。校訂姓氏依次爲：「龍飛萬曆歲在壬寅太史叔其昌訂，弟傳文梓／婿李生華、侄玉樹玉珂玉京玉驄、玉鉉玉振玉恩玉階、男玉柱玉衡等同校」。

董傳策（一五三〇—一五七九）字原漢，號幼海。明松江府上海縣人。居吴會。嘉靖二十九年（一五五〇）進士，授刑部主事。歷太僕卿，遷大理卿，擢南京禮、工二部侍郎。爲人清剛，御下過嚴，爲臧獲輩所戕卒。著有《采薇集》、《幽貞集》等。傳見《明史》卷二一〇本傳，崇禎《松江府志》卷四十《賢達五》，乾隆《江南通志》卷一四一《人物志·宦績》，嘉慶《松江府志》卷五十三《古今人傳五》，同治《上海縣志》卷十八《人物一》。

是書前無目録，據正文，收録奏疏共計十三篇，各篇依次爲：《遇灾極陳時政疏》《論嚴分宜欺君誤國疏》《乞裁邊鎮冒濫因及時政疏》《修議馬政因喻用人疏》《申論御史繆解奏意遞侵部覆疏》《再乞查核邊鎮奏討疏》《申議少卿寺丞職守疏》《省繁文核實政疏》《乞恩養病疏》《再乞養病養親疏》《三乞養病養親疏》《四請給假省親疏》《乞廣容納以全盛德疏》。《四庫全書總目》史部詔令奏議類存目據兩江總督采進本著録。

董傳文題識：「伯子由常博至右宗伯，宦途幾三十載，第考履任，不及十年，率多閑曹，且疏草又半逸，今輯梓者寥寥十餘疏耳。第忠臣孝子之至情，斥浮崇寔之誠悃，抑權辭榮之雅致盎然，溢于言外。三復之立朝節概，可具睹矣。顒候椽筆，録入奏議，企垂不朽。季弟傳文附識。」

國圖、臺北故宫藏。

傳記類

岳集五卷

明華亭縣徐階編。明嘉靖十五年（一五三六）焦煜刻本[一]。半葉九行，行十八字，小字雙行字數同。上單魚尾，左右雙邊。版心上鎸「岳廟集」或「岳集」及卷次，版心中下爲葉碼。正文卷端題「岳集」及卷次，署「浙江按察僉事華亭徐階編，眉山張庭校，宛陵焦煜刊」。書前有嘉靖十五年徐階《岳集序》，嘉靖十五年張庭《岳集序》，目録。書末有嘉靖十五年焦煜《書岳集後》。

徐階（一五〇三—一五八三）字子升，號少湖，一號存齋，明松江府華亭縣人。二十舉於鄉，嘉靖二年（一五二三）進士。廷試第三人，授編修。嚴嵩爲首輔，深嫉之，逐嚴嵩，盡反其事。爲高拱所扼，致仕歸。官至吏部尚書、建極殿大學士，謚文貞。著有《世經堂集》《少湖集》等，纂輯《大明世宗肅皇帝實録》《承天大志》等。傳見《明史》卷二一三本傳，《弇州山人續稿》卷一三六《徐公行狀》，《明儒學案》卷二七，崇禎《松江府志》卷三十九《賢達四》，乾隆《江南通志》卷一四一《人物志·宦績》，乾隆《婁縣志》卷二十二《人物》，嘉慶《松江府志》卷五十三《古今人傳五》，光緒《青浦縣志》卷十七《人物》。

[一]《四庫全書存目叢書》史部第八十三册據南京圖書館藏本影印。

是書據書前目録，卷一傳類，卷二制類，卷三議類、序類、記類，卷四辭類、樂府類、詩類，卷五遺文。其中卷一至卷四皆有關於岳飛之文章，卷五爲岳飛詩詞文章。《四庫全書》纂修時將卷五遺文析出，别入集部，前四卷稱《岳廟集》，入傳記類存目。《四庫全書總目》史部傳記類存目二據編修汪如藻家藏本著録。

徐階序：「階督學兩浙之三年，始獲從黄山焦子請所輯武穆祠詩文而讀之，蓋自宋以下作者數百家……因不自量，謀於五山張子而去取之，得其正且純者論議記序二十七首，辭樂府詩古今體六十二篇，釐爲六類，而次以爲二卷。又取王本傳及其遺事，以爲傳類；王前後所被制詔誥札，稍加删次，以爲制類。類各爲卷，并列議類之前。而王遺文别爲一卷，以附其後。題之曰『岳集』云。」

張庭序：「因取汪氏所輯抄本，與少湖子往復參校，第爲五卷。首傳類，凡王遺事遺文皆附焉，昭其始末也。次制類，凡一時詔誥書札皆附焉，昭當時知王而不能用也。又次議、次序、次記、次辭，而終以樂府雜詩，昭古今好惡之無不同也。制類以上，則襞積故實，刊落靡嫚，取其峻潔而止。議類而下，諸凡悖經病王之語，則一切删之，至乃有補大義，雖零星小説，亦必收焉。」

焦煜《書岳集後》：「嘉靖癸巳冬，承乏浙臬，始得展祠墓，訪遺踪，遍閲紀載遺事……獨紀載散逸，未有輯録，將益散亡。迺謀之少湖徐子、五山張子，重校而梓之。若王忠孝大節，恢復大功，觀是編可以知矣。」

《四庫全書總目》史部傳記類存目二據編修汪如藻家藏本著録：「舊本題明徐階編，張庭校，焦煜刊。而首載階序，稱從黄山焦子請所輯武穆祠詩文讀之。又云：『因不自量，謀於五山張子而去取之。』則煜之初稿，而階與庭爲之删定。庭序則云：『黄山子謂少湖子與庭曰，盍校之，我將刊焉。』因取汪氏所輯抄本往復參校，則初稿又非煜作矣。大抵雜出衆手，不可名以一人也。原本凡傳一卷，制一卷，議序記一卷，辭樂府詩一卷，而附以岳武穆遺文一卷。今以武穆遺文析出，别入集部。故此本以四卷著録焉……庭自署曰眉山，煜自署曰宛陵。考太學進士題名碑，嘉靖癸未科有張庭，四川夾江人，焦煜，南直隸太平人，皆階之同年，當即此二人。至所謂汪氏者，則不可考矣。」

是書上海圖書館藏一部，四册。書前有明嘉靖十五年張庭《岳集序》、《岳集目録》；書末有嘉靖十五年焦煜《書岳集後》。鈐印有「程氏守／中所得／善本」（白方）。與南圖藏本同版，南圖藏本似印刷較早，上圖藏本印刷略晚。

南圖、上圖、國圖藏。

天啓雲間志略二十四卷

明華亭縣何三畏撰。明天啓四年（一六二四）刻本[一]。半葉十行，行二十字，小字雙行字數同。上單魚尾，四周單邊。版心上鎸「雲間志略」，魚尾下鎸卷次。正文卷端題「雲間志略卷之一」，署「華亭何三畏士抑甫編著，男如召、如韓輯」。書前有明天啓三年（一六二三）張宗衡《刻雲間志略序》、天啓四年郭

[一]《四庫禁燬書叢刊》史部第八册據北京大學圖書館藏本影印。

如閭《雲間志略序》、天啓四年張鼐《雲間志略序》、天啓四年錢龍錫《雲間志略序》、陳繼儒《叙雲間志略》、總目録。

何三畏（一五五〇——一六二四）字士抑，號繩武。明松江府華亭縣人。居莊行（今上海市奉賢區）。少穎慧，萬曆十年（一五八二）舉人，授紹興府推官。賦性卓犖，執待公正，爲貴勢不喜，構蜚語中之，擬改調，乃挂冠歸。遭母喪，不復出。構芝園，日與賓客爲文酒會。喜陶冶後人，從游者衆，陳繼儒其著也。年七十五卒於家。著述宏富，有《雲間志略》《何氏類鎔》《居廬集》《芝園集》等。傳見崇禎《松江府志》卷四十《賢達五》，嘉慶《松江府志》卷五十四《古今人傳六》，光緒《重修華亭縣志》卷十五《人物》。

此志爲明代松江府人物專志。内容分名宦、人物二門。其中卷一至卷六爲名宦，載祝挺至張鳳翔等八十一人；卷七至卷二十四爲人物。全書總計收録二百五十三人，人物傳記三百三十四篇。

張宗衡《刻雲間志略序》："「雲間何士抑先生……曰：『吾郡志，則顧文僖公先之矣。兹集也，僅一家之言，未敢稱志。且名宦三之，人物七之，水利賦役未遑也，即志亦略耳。』余曰：『不然。文僖公詳水利、賦役，而略於人物；先生志人物，而并寓水利、賦役於其中。孰詳孰略，世必有能辨之者。』」

是書因所記人物涉及後金事，清列爲禁毁書，故流傳較稀。

北大、上圖藏。

雲間人物志四卷附家志一卷

明華亭縣李紹文撰。清乾隆十八年（一七五三）抄本，二册。半葉十行，行二十四字。上單魚尾，左右雙邊。版心上鎸書名。正文卷端署「郡後學李紹文節之輯」。書前有明萬曆三十九年（一六一一）王圻《雲間人物志序》，許樂善《雲間人物志序》，萬曆三十九年李紹文《雲間人物志序》，凡例十條，引用書目，目録。書末有「乾隆癸酉歲五月下旬五日抄畢」字樣。

李紹文字節之，明松江府華亭縣人。李日章孫，李豫亨季子。著有《雲間人物志》《雲間雜識》等。傳見《雲間人物志》附《家志》，嘉慶《松江府志》卷五十三附《李日章傳》。

此書四卷，係紹文歷時六年修成，其體例取諸史法而體例嚴謹，多有創新。是書據書前目録，卷一洪武至天順間人物，卷二成化至正德間人物，卷三嘉靖間人物，卷四嘉靖至萬曆三十八年人物，共五百二十三篇，列傳五百四十二人。附《家志》一卷，凡五篇，記紹文曾祖李霆（字民畏，號鶴峰）、伯祖李日宣（字尚德，號春樓）、祖李日章、伯父李乾亨（號吴川）、父李豫亨等五人。

王圻《雲間人物志序》：「吾松襟江帶海，匯以重湖，九峰列峙，靈異天啓，雖幅員延廣不及姑蘇之半，而人文挺秀，自二陸以來，賢良科甲之盛略亦相埒，紀載可一日缺與？乃自弘、正迄今百有餘歲，郡乘久置不講，則徒以人物臧否爲之祟也。幸我文學李君節之，憤典籍之殘缺，懼宋杞之無徵，毅然盡出其先世所貯群書，而又稽之正、嘉、隆、萬四朝科第碑版，及博訪境内藏書家，搜閲以備揚扢，且復參之耆儒故老所口授，共得五百有奇。遂奮管摛辭，據事直書，一人之下，嘉言懿行，犁然在睫。凡幾易寒暑，彙而成帙，命之曰

《雲間人物志》……是書詳而不濫，核而不浮，觸目感中，令人娓娓焉起見賢思齊之念。信一郡三邑之有《春秋》也。」

許樂善《雲間人物志序》：「余姻戚李君節之，重爲墜地計，博采記乘，遍搜篆刻，葺成《雲間人物志》若干卷，歷寒暑，徹晝夜，越六載而書成。其殫精神於鉛槧者不淺，其策勛先輩，加惠後學者亦不少……其所著《皇明世語》而外，尚餘數種，藏之名山，傳之通邑大都，將與太史公同垂不朽，而區區一第，不足纓紼其心矣。」

紹文自序於此書纂輯緣起、方法及目的述之甚詳：「吾松郡志自顧文僖公纂修以來，百年於兹矣，無有修明舊章、媲美前哲者。彼第謂風俗淳漓，非關志乘之全缺也。不知郡中自田賦、徭役、水利、兵防、學校、城池而外，事各不同，迹皆可鏡，縱歷久遠，奚致湮没？人物則不然，何也？世有登八座、列三專、勒勛鐘鼎、垂名竹帛者，固自不朽，其餘績茂循良，望高清白，凜冰霜於持節，嚴衮鉞於摛詞，允矣爲邦家之光，俄然耽泉石之勝。乃或拘於爵位而不得立傳，厄於胤嗣而無以揚休，故有生前作德，與曾史相頡頏，而死後無聞，將草木同腐朽，豈不可歎？至若徵君逸士、墨客騷人，作賦登高，談道自樂，學富五都之市，身懸百結之鶉，甘於麋鹿爲群，究無志傳可表，湮滅不彰，比比而是，匪徒浩歎，真堪痛哭矣。夫賢哲之名不顯，則仰止之念不興，謂人物不重於志乘乎？謂志乘不關於風俗乎？文寀棁下材，章縫賤品，少趨先祖父之庭闈，長侍諸縉紳之几杖。其於前修懿範，名達鴻勛，山斗夙瞻，羹墻如見，思欲哀一郡之耆碩，垂千古之儀刑，非朝夕之故矣。自丙午下第以來，始采撫遺編，諏咨故老，猶念一目之羅，難以得鳥，千狐之腋，方克成裘。於是不靳三瓻，冀窺萬卷。時有張長輿《峰泖先賢志》、周希允《雲間往哲録》、張海樵《西樓雜著》、范叔子《雲間信史》，俱經采録，僅得二三。幸於王學憲洪洲先生右文書富，左袒意真，欲假一編，不稽片刻，索隱探奇，十得五六矣。猶未也，羨鼎盛於崔盧，則家乘必采；悼無徵於杞宋，則冢刻可尋。甚至剔蘚殘碑，拂塵敗簡，夏不辭乎汗雨，寒不憚夫手龜。日居月諸，手鈔僮録，然後熙朝二百餘年郡中人物犂然具列，即有遺漏，亦不過百中之一耳。後之人儻因披閲而起思齊，因思齊而加淬勵，人皆自淑，户成可封，則斯志也，庶幾哉移風易俗之一裨乎？異日者郡邑大夫嘉惠海邦，重修郡志，而於人物一類，搜獵不煩，財擇有據，合之以田賦、徭役、水利、兵防、學校、城池諸有迹可鏡者，是鴻筆未施，成書在目矣。何必視爲登蜀，久置弗講哉！昔鄭書兼四子之長，裨諶草創；燕市收千金之駿，郭隗先登。余固今日之裨諶、郭隗也。行人、東里、樂毅、劇辛，尚有望於後之君子。萬曆辛亥夏日郡後學李紹文節之甫識。」

凡例十則：「一，顧文僖公所修郡志，其於人物分門别類。後張憲幕修上海志，王學憲作青浦志，俱因之。果爾，則身通六藝、道兼三立者，叠見則繁，單列則偏矣。且以後生評隲前賢，雖確亦誕，况未必確乎？是編只序後先，弗分門類。一，人非聖賢，豈無疵纇，論人者但當取其長。文學顯矣，弗更核其政事；節義著矣，毋苛責以詞華。至於片善可以風世，一技足以擅名，收之不遺餘力。若曰連城弃於微瑕，合抱失之尺朽，則我豈敢。一，郡邑志簡擇精嚴，毫無溢美；鄉賢祠參核詳確，豈得濫觴。故郡中人物有名垂志乘，身與蒸嘗者，亟用甄收，不輕去取。一，人至蓋棺，其品始定，故余所收皆已故者，至於現在名賢，望隆朝野，才絶古今，比比而是，不敢一概輯録。一，立傳者貴詳實行，不尚浮詞，故懿美可陳，聯篇非濆；面目既肖，贅語奚爲。是編雖有繁簡之詞，總致欽崇之意。一，人物中顯者尚有志狀可尋，隱士并無名姓可考，是編闡發幽潛，用力居多。非敢聚寶通衢，庶幾無遺珠滄海。一，志中有人品堪褒事迹略具，且俱出名公之後，則不更立一傳，以孫附祖，子附父，弟附兄，既表名賢，抑徵世美。一，志中稱名稱字稱號，全者居多，間有考據無從，三者止書其一，用以紀實，不敢傳疑。一，是編三、四卷内，人品已無遺漏。其一、二卷，縉紳如柳方伯、湯都憲，徵君如陳笑隱、金緩齋輩共十餘人，窮搜博訪，一無遺迹，只得聽之。設其子孫或好事者得其遺行，亟付補刻，用成全書。十，郡中節婦烈女，志堅金石，操勵冰霜，本宜一體收録，祇以日月無從，風聞難信，姑缺之。」

《家乘》末有紹節題識：「昔太史公作《史記》，備述家世源流，而於父談尤極褒美，載自叙中，乃知稱述祖德亦孝子順孫所不容已者。余家自鶴峰公以來，詩書衍慶，科貢傳芳，官居内外，臺人稱清白，吏猗與盛矣。第其豐功偉績懿行嘉言詳列碑銘志狀者，不能殫述，敢摭其體要，附於終篇，命曰『家志』，豎儒安敢望遷史萬一哉。表揚筅德，則有同心。曾孫紹文百拜謹識。」

上圖藏。

逸民史二十二卷

明華亭縣陳繼儒撰。明萬曆間新安吴懷謙校刻本〔一〕。半葉九行，行十八字，小字雙行字數同。上單白

〔一〕《四庫全書存目叢書》史部第一百十五册據北京大學圖書館藏本影印。

魚尾，左右雙邊。版心上鎸「逸民史」，魚尾下鎸卷次（卷□），再下爲葉碼。正文卷端題「逸民史卷之一」，署「華亭陳繼儒輯，新安吴懷謙校」。書前有明萬曆三十一年（一六〇三）王衡《逸民史序》，《逸民史目録》，目録末有校者姓氏。校者姓氏爲：「嘉興殷仲春、高金聲、王淑民、郁嘉慶，華亭陳縉儒、陳夢蓮，瑯琊王瑞穀、釋秋潭、蓮儒、慧解同校」。

陳繼儒（一五五八—一六三九），字仲醇，號眉公、麋公，明松江府華亭縣人。年甫二十九，取儒衣冠焚之，隱居崑山之陽。親亡後，築室東佘山，杜門著述。暇則與黄冠老衲窮峰泖之勝，吟嘯忘返，足迹罕入城市。自詡爲「山中宰相」。著述等身，纂輯有崇禎《松江府志》《佘山詩話》等。傳見《明史》卷二九八《隱逸傳》，乾隆《江南通志》卷一六六《人物志·文苑》，乾隆《婁縣志》卷二十三《人物》，嘉慶《松江府志》卷五十四《古今人傳六》，光緒《重修華亭縣志》卷十五《人物》。

是書爲明代以前中國逸民史專著，包括兩部分内容：前二十卷收録自周至元史傳、郡志所載歷代隱逸之士，依年代先後爲序編次；末二卷以《元史》所載隱逸多所闕略，故重加補佚，廣搜墓志碑銘之類，更輯爲《元隱逸補》，合爲二十二卷。具體目次如下：卷一周，卷二前漢，卷三至卷四後漢，卷五三國，卷六至卷八晋，卷九南宋，卷十南齊，卷十一梁，卷十二北魏、北齊、後周，卷十三隋，卷十四至卷十五唐，卷十六五代、南唐，卷十七至卷十八宋，卷十九遼、金，卷二十元，卷二十一至卷二十二元隱逸補。《四庫全書總目》史部傳記類存目四據内府藏本著録。

王衡《逸民史序》：「陳仲醇氏史逸民，逸民之義則《魯語》始之，逸之與隱有别乎，曰有。……昔阮孝緒著《高隱傳》，分三品，以名氏勿傳者爲上，始終不耗者爲次，栖心塵外者爲又次。而余論逸民微不同，先藏用，次藏名，又次乃藏身，蓋孝緒品隱，而余品逸故也……故仲醇之志逸民也，寧詳無簡，寧仍故文，勿參以筆削，其取諸全史本傳者若干卷，旁采諸郡邑志者若干卷，傷《元史》傳隱逸勿詳也，作隱逸補又若干卷，而山林倫物之美，至是始睹大全。」

北大、上圖、國圖藏。

蝶庵道人清夢録一卷

明上海縣顧成憲輯。明祁氏澹生堂抄本，清丁丙跋，一册。藍格，半葉十行，行二十字，小字單行字數同。無魚尾，四周單邊。版心上墨筆題「清夢録」字樣，版心中下爲葉碼，版心下鎸有「澹生堂抄本」字樣。正文卷端題「蝶庵道人清夢録」，無署名。正文前有萬曆三十七年（一六〇九）顧成憲題識。書前空白葉有識語：「《清夢語》一卷，上海顧成憲集，亦寥寥無所取裁，特所載皆本朝士人高韻事，存之以備異日之采輯。曠翁。男駿佳書。」此題識上粘有丁丙跋文簽條：「《蝶庵道人清夢録》一卷，澹生堂抄本，張佩兼藏本。」鈐印有「八千卷／樓」（朱方）、「嘉惠／堂丁氏藏／書畫記」（白方）、「張印／載華」（白方）、「佩／兼」（朱方）、「江蘇第一／圖書館／善本書／之印記」（朱方）。

顧成憲字幼章。明松江府上海縣人。生員。生平仕履不詳。萬曆十四年（一五八六）參與修《上海縣志》，與輯纂之事者，張之象、黄炎、姚遇、張所敬、黄體仁、朱之法七人，皆邑之聞人也。見《鄭堂讀書記·補逸》卷十三。

顧成憲題識：「予素性簡淡，有嵇生懶癖，自謂廣文冷局，頗或相宜，不意銓授留都。留都貴游鱗集之區也，東奔西竭，日紛紛焉，殊與麋鹿之性左。徒以老親在，志圖禄養不能，即弃去，愧矣，悔矣！每一清夜，思古高人奇行，對景清言，何其脱也。昔華亭何元朗録《栖逸傳》佳矣，心嚮往之。予仿其意，采昭代往哲足方古人者，亦乘間手寫一兩條以寄趣，不覺積而成帙。置之几頭，一披閱，偶會心，自色自笑，自欣自暢，可使塵襟洗盡，夢魂俱滌。己酉冬日上海蝶庵道人顧成憲識。」

南圖藏。

古今廉鑒八卷

明上海縣喬懋敬撰。明萬曆六年（一五七八）刻本[一]。半葉九行，行十八字。上單魚尾，四周雙邊。版心上鎸書名，版心下右鎸刻工姓名，如鄒邦達刻、翟良文刻、熊堂刻、萬伯成、熊施、鄒傑、熊殿刊等。書前有明萬曆六年喬懋敬《古今廉鑒叙》，總目，凡例。正文卷端無署名。凡例末空白處有王修墨筆手書：「黄虞稷《千頃堂書目》儒家類喬懋敬《古今廉鑒》八卷，小字注：一名《壺天玉露》，癸酉端午從上海回杭州，以四十鈑得之。長興王修記。」鈐印有「長興／王氏詒／莊樓藏」（白方）。知是書爲長興王修

[一]《四庫全書存目叢書》史部第九十五册據浙江圖書館藏本影印。

詒莊樓舊藏，後捐贈浙江省圖書館。

喬懋敬字允德，明松江府上海縣人。嘉靖四十四年（一五六五）進士。授刑部主事。佐漕淮安，漕政肅清，遷員外郎。擢福建按察司僉事。抗倭有功，遷江西參政。聲譽益著。累遷廣西右布政，以某御史中傷罷歸。懋敬天性孝友，居官廉儉。年六十三卒。著有《廉鑒》。傳見嘉慶《松江府志》卷五十三《古今人傳五》，同治《上海縣志》卷十九《人物二》，《陸文定公集》卷十六《喬公墓表》。

是書所載，自春秋季文子至明楊繼盛，凡二百餘人傳，皆以清廉傳世而可爲官所楷模者，以時代爲序編排。各卷目録，卷一春秋戰國，卷二西漢、東漢，卷三三國、晋、南北朝、隋，卷四唐、五代，卷五宋、元，卷六至卷八明。《四庫全書總目》史部傳記類存目三據江蘇巡撫采進本著録。

喬懋敬自序：「喬子懋敬徼靈上所燕，及走集無塵，黎烝按堵，得以擾緜備職，可幸無罪，第行間無齎書足讀，記古今高廉一二，輒列清防玩而誦之，用資自鏡而已。比核之載籍，益之方聞之士，爰自六經而下諸子史，暨明興訓詁文獻，搜輯廣昔者半，釐爲八卷……天以日爲鑒，象明；地以水爲鑒，形清；人以廉爲鑒，行潔。命曰『廉鑒』，期與同志者誠效之。」

《凡例》：「學者稱引唐、虞、三代，誦法孔門，乃賢聖之廉，六經具載矣，兹不敢贅。至如許由、務光之倫，自司馬遷、揚雄已以爲疑，兹亦闕之。肆六經而下，斷自春秋季文子，始據《左傳》《史記》，廣以子書，擇足徵者録之。秦漢以還，據二十史、宋史新編，間參諸家紀載可傳信者，綴其一二。乃國朝則取《典故》《名臣》《詞林》《吾學》《憲章》《通紀》《鴻猷》等，録及郡國文獻志，采核薈蕞，義取自鏡，非有品騭，補厥漏逸，尚望作者。」

是書萬曆六年（一五七八）初刻於懋敬福建按察司任上，《四庫全書總目》史部傳記類存目三據江蘇巡撫采進本著録，稱「前有萬曆戊寅自序，自稱其官爲閩封人，乃其宦閩時所輯也」，明崇禎《松江府志》卷五十四《著録》：「《廉鑒》，方伯喬懋敬著」，不記卷數。清嘉慶《松江府志》喬懋敬傳誤作四卷，以八卷爲是。

浙圖、清華、社科院歷史所、吉林大學藏。

古今廉鑒八卷

明上海縣喬懋敬撰。明萬曆九年（一五八一）兩淮都轉運使司重刻本，八册。半葉九行，行十八字。無小字。上單魚尾，四周雙邊。版心上鎸「古今廉鑒」，魚尾下鎸卷次。版心下鎸刻工姓名，偶有當葉字數。如序文首葉版心下「吴洪二百一十七」，次葉「二百四十五／吴文週」，《凡例》首葉「鄭元／一百六十」，正文首葉「吴文週／二百八十」，刻工還有付曾、劉榮、劉貴、王松、洪倫、王涑、柴林、劉肖、吴洪等。正文卷端題「古今廉鑒」，無署名。書前有萬曆六年（一五七八）喬懋敬《古今廉鑒叙》，凡例，總目；書末有萬曆九年陳楠《重刻古今廉鑒跋》。刊刻精美。

陳楠《重刻古今廉鑒跋》：「夫伊尹格天之業，孟軻氏以爲一介不取始，孔明鼎足之勛，論者以爲恬澹寡欲以致之。由斯而觀，賢聖之士所以樹掀揭而耀竹帛者，大較根本於廉爾。雲間喬純所公采輯古今制行修潔者，釐爲八卷，命曰『廉鑒』，刻于閩中，非同志者所當共鏡乎？大司馬撫臺凌公誠有味乎其言，乃出此本，發司重梓，使吏于土者以此爲鑒，則素絲之風興，而可以媲美乎先哲矣。然則是書之鋟傳也，其有裨于吏治，豈淺鮮哉。萬曆辛巳秋七月吉旦兩淮都轉運鹽使司運使陳楠謹跋。」

是書版式行款目録凡例等俱同萬曆六年本，僅書末增陳楠跋。刻工不同。

北大、國圖、清華、人大藏。

爲臣不易編不分卷

明青浦縣黄廷鵠撰。明崇禎刻本〔一〕。無界欄。半葉九行，行二十字，小字雙行字數同。上單魚尾，四周單邊。版心上鎸「爲臣不易編」，魚尾下右鎸當葉篇名及當篇葉次，再下鎸葉碼。正文首葉版心下有「馬復玄書□□」。正文卷端題「爲臣不易編」，署「五茸黄廷鵠澹志甫編著，門人錢龍錫稚文論次」。全書刻有圈點，應爲錢龍錫所爲。書前有明崇禎十一年（一六三八）范景文《爲臣不易編序》，崇禎三年（一六三〇）黄廷鵠疏草，黄廷鵠《爲臣不易編序》，《爲臣不易編凡例》八則，目録；正文末葉左半空白處有「男泰芑、孫以瓚、以瑾仝較」字樣。

黄廷鵠（一五六八—一六三六）字孟舉，一字澹志，號偶諧居士，明松江府青浦縣人。居七寶鎮（今

〔一〕《四庫全書存目叢書》史部第一百十一册據清華大學圖書館藏本影印。

上海市閔行區)。萬曆三十七年(一六〇九)舉人,選寶應教諭。遷浙江嵊縣知縣,以裁抑水陸郵遞失監司意,左遷順天府經歷。崇禎初轉通判,會有論其不當得京秩者,議外調,遂歸,不數年卒。肆力古文詞,尤精於詩。著有《爲臣不易編》《希聲館藏稿》《詩冶評注》。傳見嘉慶《松江府志》卷八十二《拾遺志》,《蒲溪小志》卷二《列傳》。

此編所録爲古代名臣傳記資料。上起皋陶,下至宋文天祥,凡百餘人。各爲之傳,而繫以序贊,文字極精煉。旨在表達爲人臣不易,而爲忠臣尤其不易之意。《四庫全書總目》史部傳記類存目四據内府藏本著録:「明黄廷鵠撰。廷鵠爵里未詳。據書前周延儒序,稱與廷鵠定交,此編即夙昔所共討論,則萬曆末人也。」今所見清華大學圖書館藏本,前無周延儒序。

清華、國圖藏。

史鈔類

五茸志逸隨筆八卷

明末清初華亭縣吴履震撰。清道光八年(一八二八)醉漚居抄本[一]。無界欄。半葉十二行,行二

[一]《四庫未收書輯刊》第十輯第十二册據中國科學院圖書館藏本影印。此本書末附曹家駒《説夢》一卷,另有專條,兹不贅述。

十四字。無魚尾，左右雙邊。版心上鎸「五茸志逸隨筆」，魚尾下鎸卷次，再下鎸葉碼，版心下右鎸「醉漚居」字樣。正文卷端題「五茸志逸隨筆卷之一」，署「璜溪退庵道人吴履震長公泉輯，南郡友竹散人錢雲晴川校録」。書前有王昌紀《五茸志逸序》，張家璧《五茸志逸序》，沈新之《五茸志逸小引》，盛國芳《五茸志逸序》，唐孟融《五茸志逸題詞》，吴履震《自叙五茸志逸隨筆》，陳鑾《五茸志逸補引》，何竹《五茸志逸序》，吴履震自擬《五茸志逸隨筆凡例十一條》。正文末有清道光八年醉漚居士題識。抄寫精美。鈐印有「道光/八年/戊子」（白方）、「天壤王郎」（白長）、「醉漚/居」（朱方）、「星農/手鈔」（白方）等。

吴履震字長公，號退庵，明末清初松江府華亭縣人。居璜溪（今上海市金山區吕巷）。明諸生。性癖嗜書及墨迹、名畫、金石、彝鼎之屬，美而甚富。履震以參與抗清而避難湖濱（今松江泖口），流離轉徙，伏處田野，備嘗饑渴。明亡不仕，以著述終老。著有《五茸志逸》。傳見《鄭堂讀書記》卷五。

是書名「五茸志逸」，五茸爲松江别名。專記明代松江一郡史事，凡一千五百餘則，計三十萬字。短者僅十餘字，如「吾郡有萬草庭，其書絶似陸文裕」。長者如記張之象，除人物傳記外，并録張作《叩頭蟲賦》并序，計千餘字。

吴履震《自叙五茸志逸隨筆》：「昔司馬温公聞新事，隨録於册，且記所言之人。吴枋亦自言效顰，因作《野乘》。余生也拙，既無山水之適，又絶親知之遊，終日閉户作老蠹魚，間於胸臆有所是非，欲托古人見意，但愧身無史職，徒取譏耳。又以見聞不廣，核實失真，余滋懼矣。用是就五茸見聞，或故老耳傳，或時事目擊，即手録之，名曰『志逸隨筆』。大都采風俗，示勸戒。一切俯仰天人，經濟風流，卮言名理，可參廟謨，可資騷壇，可排孤憤，可助揮麈，可供捧腹者，無不收。而獨於今事今人，足爲懲往毖來，歷歷可參證者，尤弗輕略。所冀觸目感懷，臨崖攬轡，縱非迷津之寶筏，亦爲適粵之司南也。客有規余者曰：『子僅僅一隅聞見，何異以螢焰争光明月，蠅聲較響震雷哉。』余應之曰：『獨不聞南柯事乎？一蟻穴耳，其爲君臣上下，興兆亡徵，兵機事要，種種描摹，已不勝書矣。五茸即彈丸，姑借是編作蟻談可也。』喜我笑我，一聽覽者。若言札記《野乘》，擬之司馬、吴枋，則吾豈敢。退庵道人吴履震識。」

盛國芳序：「一切可敬可喜可歌可泣之事，郡志所不載，同人所不道者，凡爲若干卷，名曰『五茸志逸』，即蘭臺石室之藏，何以異也？年已七十六矣，而神明壯往，有嬰兒之色，撫曾孫而弄筆墨，古之所謂得道者，非耶？」

吴履震凡例：「五茸，繫地也……志逸，繫事也……於耳目聞見及涉獵史册，凡可勸懲備觀覽者，綴之簡端，宣尼所謂識其小者，此也……四方名賢仕宦，吾地其政績可傳與詩文可采者，一一載入……吾郡先達，其宦游所至，游屐所歷，軼事異聞，足以觀感興起者，雖在遐陬殊域，亦必附見此，以地繫人也……往哲嘉言懿行，或散見典帙，或得之舊聞，亦必具録，期有裨於將來……或曰：古今記事之書，罔不條分部别，以便稽考，兹之雜然彙載者，於義何居？曰『吾本諸南村氏，雜投甕中，縱埋樹下，亦猶行古之道也，安事條分部别，爲閲者如入五都之市，寶玩紛羅，如食五侯之鯖，珍羞互陳也。』」

書末醉漚居士題識：「右《五茸志逸隨筆》八卷，乃璜溪退庵道人吴履震所輯也。退庵世本簪纓，身逢鼎革，閉户著書，取故老傳聞及身所親歷一切可勸可懲之事，秩秩然書之，遂成一家之言。昔之修郡志者曾取之以爲藍本。向聞有是編，而未得一見。癸未秋，偶獲睹於藏書家，假歸録於計簿上，不足以供清玩也。兹於館課之暇，重爲迻書，殘缺處聊以見於他説者補之，錯見處審其志之比類而删之，末則以曹千里《説夢》一卷附於其後。猶不免有拖沓煩複以及魯魚亥豕，則姑仍其舊焉。道光八年戊子長至后一日醉漚居士鈔竣識於相在書室。」鈐印有「星／農」（朱方）等。

麒按：一九九八年松江區地方史志編纂委員會辦公室將此書點校刊行，列爲《松江文獻系列叢書·史料專輯》之一。據今人王永順一九九八年後記，「本書以封文權手抄全本爲底本，又取金山姚氏懷舊樓抄本相校勘。」知此書還有兩個抄本，一爲封文權抄本，爲全本；一爲金山姚氏懷舊樓抄本。

中科院藏。

五茸志逸隨筆八卷

明末清初華亭縣吴履震撰。清抄本，八册。半葉十行，行二十一字，小字雙行字數同。上下細黑口，雙對魚尾，四周單邊。正文卷端題「五茸志逸隨筆」，署「璜溪退庵道人采輯」。書前有王紀昌《五茸志逸叙》，張家璧《五茸志逸序》，沈新之《五茸志逸小引》，盛國芳《五茸志逸序》，唐孟融《五茸志逸題辭》，吴履震《自叙五茸志逸隨筆》，凡例十一條。從字體看，抄録非出一手。鈐印有「宋／焱」（朱方）等。

上圖、國圖、南開大學藏。

五茸志逸録存一卷

明末清初華亭縣吴履震撰，清王海客校評。清姚椿通藝閣抄本，一册。藍格，半葉十行，行二十四字，小字雙行字數同。白口，上單魚尾，四周單邊。左下欄綫外鎸有「通藝閣校録」字樣。書末葉末行下方有墨筆題「錢唐陳嘉軒借閲」并雙行小字「戊戌七月／初二三日」。封面書簽處墨筆題「五茸志逸録／通藝閣抄本」。扉葉書簽處墨筆題「《五茸志逸録存》，吴履震輯，通藝閣抄本，王海客校評，一册」。全書有朱筆圈點，并朱筆批校，天頭處偶有墨筆評語，書中空白處偶有粘貼評語簽條。正文卷端題「五茸志逸録存」，署「璜溪退庵道人吴履震長公采輯」。鈐印有「韓繩大一／名熙字价／藩讀書印」（白長）、「价藩／翰墨」（朱方）、「武林葉氏藏書印」（朱長）、「韓載陽／讀書印記」（白長）、「雲間／韓氏／考藏」（朱方）、「百耐／眼福」（朱方）、「合衆圖書／館藏書印」（朱長）等。

是書首條「約庵陳公瀚，以鄉榜授學職……張起拜曰：受教矣」，次條「王端字遁庵，爲淳安教諭……今其地仍名放鵝莊云」，第三條「錢鶴灘宦歸，遇歲荒……令即發粟賑之」，末條「西郊笑端集序有曰，明初松江善詩者……而明初松江詩人之評，盡在是矣」，皆非某一卷之完整内容，或爲節録本。

上圖藏。

明侯文節日記二卷（隆武元年至永曆元年）

明嘉定縣侯岐曾撰。稿本，明侯汸、清金元鈺跋，四册。無框無欄，半葉十一行，行二十至二十二字不等；小字雙行，行約三十字。日記字迹爲行書。首有清嘉慶十五年（一八一〇）金元鈺題識，次日記内姓名考證。日記正文前有半生道人題識半葉，字迹與正文同。

侯岐曾（一五九五—一六四六）字雍瞻，号廣綫。明嘉定縣人。侯震旸三子。因掩護陳子龍，被捕遇害。傳見康熙《嘉定縣志》卷十六《人物二》。

第一册封面書簽墨筆題：「明侯文節先生丙戌日記，正月初一日始，三月廿九日止。後學邵□沫敬題。」第二册封面書簽墨筆題：「明侯文節先生丙戌日記，四月初一日始，六月廿九日止。後學邵士沫敬題。」第三册封面書簽墨筆題「明侯文節先生丙戌日記，七月初一日始，十二月三十日止。後學邵士沫敬題。」第四册封面書簽墨筆題：「明侯文節先生丁亥日記，正月初一始，五月初十日止。後學邵士沫敬題。」内封書簽處墨筆題：「日紀，丁亥，起正月，盡四月。」但正文中記事至五月初十。各册書簽皆鈐印「臣印／士沫」（白方）等。首册内封面鈐「鶴浦龍江／世澤弘農／上谷家聲」（白方）。

金元鈺題跋全文如下：「明左通政侯忠節公乙酉守城殉節，其弟太學文節先生絶迹忍餓遁荒於野，以保孤奉母爲己責，而故國舊君之思，又時時仰天扼吭。越二年，而吴勝兆之事起。先生以匿故人陳卧子連染繫獄，亦殉節死。邑令程侯修志，列入國朝文學傳，恒以未合體例爲憾。嘉慶十四年，邑令吴槃齋先生復修縣志，予定議請移入明季忠節傳，所以成先生之志也。是册得之上谷後人，忠孝之言，纏綿悱惻，幾使後人不忍卒讀。始丙戌正月，至丁亥五月。元初、卧子投入王庵，先生即於初十日絶筆，十一日被逮，十四日致命。嗚呼！儒有劫之以衆，沮之以兵，見死不更其守如先生者，可謂忠貞不貳，身係綱常者矣。嘉慶十五年重陽日，同里後學金元鈺謹識。」并鈐印「金元／玉印」（白方）。

半生道人題識：「乙酉以前，予止有出書稿，詩文雜撰，附入其中。乙酉以後，家遭廢蕩，身隱□□。其間歲時閲歷，都非耳目恒遘爲宜，札記以備後人稽考。且前此世務倥偬，日不暇給；今則坐卧斗室，翻幸流光多暇，猶得與筆墨作侶也。日紀斷自丙戌爲始，稱丙戌者，亦猶義熙以後，止紀甲子云耳。所聞閩浙義師齊奮，隆武恩詔□頒，而干戈阻絶，遥遥未可爲據也。執筆爲新天子紀年，敬竢南都克復之後。丙戌季春晦日，半生道人識。」下有小字：「時書問往還，署注名廣維，又姓易名之。」并鈐印「雲棲／廣維」（白方）等。

上圖藏。

弘治上海志八卷

明弘治間上海知縣郭經修，上海縣唐錦纂，朱曜校正。明弘治十七年（一五〇四）刻本[一]。柳亞子跋。半葉九行，行十八字，小字雙行字數同。小字注文引用書名用黑底陰文標示。白口，上單黑魚尾，左右雙邊。魚尾下鎸「上海志」并當葉卷次。正文卷端署「邑人唐錦編纂，朱曜校正。」鈐印有「范氏／天一閣／藏書」（朱方）。

郭經字載道，明河北盧龍人，弘治九年（一四九六）進士。弘治十二年（一四九九）知上海縣，事簡民安。移開封府同知。傳見嘉慶《松江府志》卷四十一《名宦二》，同治《上海縣志》卷十四《名宦》。

唐錦（一四七五—一五五四）字士絅，號龍江。明松江府上海縣人。弘治九年（一四九六）進士，預修《大明會要》，旋歸侍養，鋭情著述。出就東明知縣，正德二年（一五〇七）以廉能，遷兵科給事中，清理廣東鹽法，查核積逋百餘萬引，罪劉瑾而謫深州通判。瑾誅，擢江西按察使，遷江西提學副使。後罷歸，不復仕。著有《龍江夢餘録》《龍江集》；纂有《大名府志》、弘治《上海志》。傳見崇禎《松江府志》卷三十九《賢達四》，嘉慶《松江府志》卷五十二《古今人傳四》，同治《上海縣志》卷十八《人物一》，《龍江

[一] 一九四〇年上海中華書局據天一閣藏本影印，二册。

集》附録朱希周撰《唐公墓志銘》。

是書内容依次爲：卷一疆域志：沿革、里至、分野、風俗、形勢、城池；卷二山川志：山類、水類、鄉保、鎮市、坊巷；卷三田賦志：貢賦、税額、鹽課、户口、土産；卷四祠祀志：廟貌、壇遺；卷五建設志：學校、公署、津梁、堰閘、堂宇；卷六古迹志：城壘、第宅、勝致、丘冢；卷七官守志：忠節、惠政、學政、水利、題名；卷八人品志：考行、文學、科貢、節義、規用、流寓。下析三十八子目。各卷之下皆有小序，述其之要。門目排次，尚爲得體。唯水利等資料載記差詳。書前有明弘治十七年（一五〇四）吴郡王鏊序，上海縣地圖，儒學圖，縣署圖并凡例八則。書後有弘治十七年郡人錢福後序。正文卷端署「邑人唐錦纂，朱曜校正」，邑令郭經未署名。

王鏊序曰：「今天下名郡稱蘇松，松之屬邑纔二，曰華亭，曰上海。上海故華亭之東維耳，至元割爲縣，土壤始分。非獨人之爲也，天之分野，地之形勢，民之習俗，亦若有殊焉。况其沿革有可言者，不可不志也。故首之以疆域，疆域之中，其大者有二，峙爲山，流爲川，松之勝有九峰三泖，而在上海，山則有若幹福，川則有若青龍、黄浦，而大海在其東，斯觀之大者也，故次之以山川。有土斯有貢，松一郡耳，歲賦京師至八十萬。其在上海者十六萬有奇，重以土産之饒，海錯之異，木綿文綾，衣被天下，可謂富矣。故次之以田賦。若夫事有緩而急者，祭祀是也。祠廟壇壝，載在祀典，而不及載者有其舉之。亦所不廢也，故次之以祠祀。古今之學校以造士也，公署以聽斷也，津梁堰埭以通利也，樓臺亭榭以觀遊也，亦不可廢，故次之以建設。古今之在天地，一而已矣。事往迹遺，則感慨係之。阤丘故墟，過者躊躇，爲其古也，故次之以古迹。設官分職，本以爲民，官上海者，自元迄今，其政往往可書，然不能無遺也。書其可書，其不書者，非遺之也，蓋亦有勸戒存焉，故次之以官守。國無小，有人焉則重。上海僻在海隅而名獨聞者，非財賦之謂也，賢才輩興，實華兹邑。然則使兹之有聞，獨不在於人乎。故以人品終正。」

錢福後序：「其爲卷凡八類，各有論列，簡而不遺，備而不泛，兼收并蓄而無所混淆，是則可嘉也。」

書後有民國二十六年（一九三七）柳亞子跋：「上海之有志，創自明洪武朝顧彧，未及成書。至弘治癸亥，縣令郭經延邑人唐錦等纂修，始有定本。厥後，一修於嘉靖甲申，再修於萬曆戊子，清代五修，民國二修，成書凡十。顧明代三志，萬曆獨傳，弘治、嘉靖，佚自清初。咸同之際，嘉靖志嘗一度復見，近入吴興周氏之藏，既獲影印傳世矣，惟最古之弘治志，始終晦閟未顯。民國二十一年秋，上海市通志館成立，編輯部同人以文獻無徵，力求舊志，詢之國内外公私圖書館與藏書家，俱未獲弘治志之踪迹。歷時二載，始悉此散佚近三百年之弘治志，尚存一孤本於四明范氏天一閣，復經二年餘之商洽，幸得假録副本，并攝其全影，重返故土焉。書凡八卷，爲目三十有八，志法有則，紀述簡而不遺，備而不泛，兼收并蓄而無所混淆，錢福序之詳矣。念此志覓求之匪易，若仍聽其孤傳閟藏，何如公諸世人而共寶之，爰檢影片付中華書局，仿原樣印行，用存其真。此一舉也，庶幾彰范氏收藏之功，志編輯部同人搜訪之勤，兼以饜嗜古者之求，并足廣文獻流傳云爾。中華民國二十六年五月二十六日，吴江柳亞子跋於上海市通志館。」

凡例：「一，志法本以彰善，然不能重輕其間也，故於詳略之中褒貶焉。一，條目繁多則淆雜無紀，故率以總志統之。一，文章不别立類，唯關係考證者，則隨事附見，然或載其略，或紀其全觀者，當以意會焉。一，名公題詠，有繫於山川景物者，散附於各類之下，以便考究。其涉於怪誕者，雖工不録。一，人品首孝行，尚本也。故科貢雖多，名人文賢不得先焉。其貞女得列於章縫之間者，重其有士行也。一，名宦於去任者纂其功，鄉宦於謝事者述其行，蓋要其終以定論也。一，進士之名，再書於鄉榜而不以複見爲嫌者，重其選，榮其遇也。一，神仙之誕妄，吾儒所不道也。若王可交、彭素雲之儔，雖與稱述，終涉不經，故削之。一，海上琳宫梵宇，亡慮百餘，志中不辨今古而皆擯黜不及者，所以重吾邑也。」

此志自弘治間修成後，流傳差廣。至清康熙以後，歷次修志者皆未寓目，湮没凡四百餘年。民國間，寧波天一閣范氏整理藏書時，發現兩大板箱，中儲明代諸多方志，皆前編《天一閣書目》時未著録者，此志也存其中。迨一九三二年七月，上海成立通志館，館長柳亞子曾力求此書而未得，後悉寧波天一閣尚存，經兩年協商，同意傳録一部，並攝其全影交付上海中華書局影印出版，始克流傳。一九四〇年中華書局影印本卷末，録有民國二十六年（一九三七）五月廿六日柳亞子跋。後上海書店又影印出版，收入《天一閣藏明代方志選刊續編》中。

天一閣、中國第一歷史檔案館藏。

正德練川圖記二卷

明正德間嘉定知縣陳淵修，明吴縣都穆纂。明正德四年（一五〇九）修，清吴縣張伯倫抄本，一册[一]。無框欄，半葉九行，行二十字，小字雙行字數同。書前有正德四年都穆《練川圖記序》，目録，《嘉定縣境

[一]《上海圖書館藏稀見方志叢刊》第三十册據上海圖書館藏本影印。

圖》，《嘉定縣治圖》，《嘉定縣儒學圖》。書末有參刻繕寫姓氏，題：「文林郎嘉定知縣陳淵、迪功郎嘉定縣縣丞路欽、迪功郎嘉定縣縣丞王輗、將仕郎嘉定縣主簿史恕、嘉定縣典史陳潔命工壽梓，吴邑張伯倫繕寫。」序文葉鈐印有「四明盧氏／抱經樓／藏書印」（白方）、「虞山周氏／鵠峰草堂／藏書印」（朱方）、「虞山周大輔／佐季藏書」（朱長）、「蕭山朱鼎煦／所藏書籍」（白長）；目録葉鈐印有「古人以／鬻借／爲不孝」（白方）、「鵠峰／草堂」（朱圓）、「常熟周氏／鵠峰草堂／圖書印記」（朱方）；正文首葉鈐印「周大輔／家藏／圖史」（朱方）、「鼎／煦」（朱方）、「朱家」（朱橢）等。書末鈐印「虞山周左／季鵠峰草／堂藏書印」（白長）。

陳淵字惟深，河北涿鹿人。弘治十八年（一五〇五）進士。正德元年（一五〇六）知嘉定縣事，歷官户部主事。傳見乾隆《嘉定縣志》卷九《名宦志》。

都穆（一四五九—一五二五）字玄敬，明蘇州府吴縣人，邑人稱南濠先生。少與唐寅交好，而唐氏北京科場之禍，穆實發其事，吴中人皆薄之。舉弘治十二年（一四九九）進士，授工部主事，歷禮部郎中，加太仆少卿致仕。穆清修博學，著有《南濠文略》《寓言編》，纂有正德《練川圖記》《太倉州志》等。傳見《吴都文粹續集》卷四二。

嘉定縣城南臨練祁塘，古稱練祁，别名練川。隋唐時爲崑山縣疁城鄉，故一名疁城。南宋嘉定十年（一二一七）析崑山縣東境安亭等五鄉置縣，即以嘉定年號爲名。元升爲州，明初復爲縣，隸蘇州府，清屬太倉直隸州，今屬上海市嘉定區。嘉定有志，自元至正二十一年（一三六一）秦輔之輯《練川志》始。入明有曾魯、周璇合輯《練川志》、浦杲《練川志》，皆散佚無傳。此爲嘉定今存最古方志。

是書目録，分上下二卷，卷上爲建置（道里附），城池，山水（岡墩附山），風俗，户口，物産，田賦（土貢課程附），公署（倉庫鋪舍附），儒學（社學義塾附），題名（辛官師儒科貢），防衛，坊巷，橋梁，鄉都（市鎮附）；卷下水利，祀典，寺觀（釋老附），丘墓，宰政，鄉宦，文士，寓公，薦舉，旌表，烈婦，識雜。凡二十六門。

都穆自序：「古者列國皆有史官，今之縣視古侯國，其志猶古之史也。夫志可以史，則法宜簡嚴，後之志郡縣者鮮知出此。識者視之，固以爲謄吏牘耳。嘉定爲姑蘇劇縣，一名練川。元至元中，有秦輔之者嘗草創縣志，迄今餘二百年，而記述闕焉。知縣事涿鹿陳侯淵圖修輯之，乃以其事白之部使者莆陽李公廷梧，遂屬筆於穆。而邑士沈湘家藏秦志，多知故實，復有以相之。《記》前列以爲圖，爲卷凡二，總萬有八千餘言。」考沈湘字明善，號一默，明嘉定縣江東（今浦東新區高橋鎮）人。少孤貧，工詩能書，博通經史。正德初，嘗以布衣徵修《孝宗實録》。清光緒《嘉定縣志》卷十九《文學》有傳。《江東志》卷五《人物志》載「郡人都玄敬，名噪一時，嘗輯《練川圖記》，一默實佐其成。」從序文中可知當時沈湘家中藏有元代秦輔之編《練川志》，此志今已佚。

按：張伯倫，清吴縣人，生平無考。後吴縣潘聖一據此抄本傳抄，民國十七年（一九二八）瞟城周承芝又據傳抄本油印一册，現藏南京博物院，首葉有墨筆批注：「此記爲虞山鴿峰草堂所得，徐先生光午需次杭州，假而録之。近聞原抄本已失去，幸賴此複抄本以傳世。再，原本係原藏四明抱經樓，光復後流入上海市古書流通處，由徐君購而歸。周氏鴿峰草堂即常熟周佐季氏，爲徐君親戚。」潘聖一亦吴縣人，民國十五年（一九二六）任上海商務印書館所屬東方圖書館（原涵芬樓）外文部主任，後任東吴大學圖書館主任、蘇州市圖書館編目主任，一九五二年任蘇州市文物保管委員會委員。該書流傳至稀，二〇〇六年中華書局收入《嘉定歷史文獻叢書》，以嘉定邑人所藏張伯倫另一抄本「字迹最爲恭正雋秀」（《整理説明》），故用作底本，與上海圖書館藏張伯倫抄本、潘聖一抄本及周承芝油印本等三本對勘，加以標點，并注專名號。凡張本錯漏處予以補正，對重要歷史地名、人名、職官、掌故作簡要注釋。整理者認爲，張氏所抄原本，「很有可能爲涵芬樓藏本」（《整理説明》）。

上圖藏。

正德松江府志三十二卷

明正德時松江府知府陳威、喻時等修，明華亭縣顧清等纂。明正德七年（一五一二）刻本[一]。半葉九行，行二十二字，小字雙行字數同。白口，上單魚尾，左右雙邊。魚尾下鎸「松志」及卷次。書前有明正德七年顧清序，松江府境圖，松江府城圖，目録，《參據舊志并引用諸書》，修纂名氏，預修纂官。書末有陸深後序。正文卷端無署名。

[一] 《天一閣藏明代方志選刊續編》第五册、第六册據天一閣藏本影印。《四庫全書存目叢書》史部第一百八十一册又據《天一閣藏明代方志選刊續編》影印。

顧清（一四六〇—一五二八）字士廉，號東江，明松江府華亭縣人。弘治六年（一四九三）進士，授編修，進侍讀。嘉靖初，以禮部尚書致仕。卒謚文僖。平生以名節自勵。其詩清新婉麗，其文簡煉醇雅。工書，筆致清勁。纂正德《松江府志》，著有《東江家藏集》《傍秋亭雜記》。傳見《明史》卷一八四本傳，崇禎《松江府志》卷三十九《賢達四》，乾隆《江南通志》卷一四一《人物志·宦績》，乾隆《婁縣志》卷二十二《人物傳三》。

喻時，四川内江人，字子乾，正德六年（一五一一）進士，以監察御史出知松江。清嘉慶《松江府志》卷四十一《名宦傳》稱其「倭警狎至，時厲兵飭備，督糧馬倅追逋賦甚峻，又欲撤沿江城民居，合郡騷動，時移文請之，得免夏税。修葺郡志，延顧少詹清爲總裁，而聘文學高企、吴稷、岳鏻、蔣惠等編訂，於水利、役法尤詳焉」。其聘與輯者，皆一郡文彦。

松江本唐宋華亭縣地，元至元十四年（一二七七）始升爲華亭府，次年改松江府，隸江浙行省嘉興路。至元二十九年（一二九二）析華亭縣東北五鄉地置上海縣，松江一府領華亭、上海兩縣，直隸江浙行省。明初隸南京，時稱南直隸。爲之志者，明永樂初訓導魏驥創修《松江府志》三卷，至正統六年（一四四一）府學教授孫鼎增補刊之。成化七年（一四七一）郡人錢岡纂《雲間通志》十八卷，知府白行中屬教授葉大山校正，刊於成化九年（一四七三）。至弘治間，諸志流傳漸鮮，通志又間有脱譌。弘治末，知府劉琬屬顧清重修，未果；正德五年（一五一〇）冬，知府陳威復屬之，始即事；知府喻時繼至，志乃成。爲今存最古之松江府志。

是書修纂名氏署「翰林院侍讀學士郡人顧清，生員岳鏻、高企、蔣惠、吴稷」。預修纂官署「直隸松江府知府陳威、喻時，同知馬騤，通判祁士英、聶瓚、齊鑒，推官李培齡，華亭縣知縣馮裕、張仲賢，上海縣知縣徐潭、黄希英」。

是書目次：卷一沿革、分野、疆域、山，卷二水上，卷三水中（治策）、水下（治績），卷四風俗，卷五土産，卷六户口、徭役、田賦上，卷七田賦中，卷八田賦下（土貢、鹽課、税課），卷九城池、坊巷、鄉保、鎮市，卷十橋梁，卷十一官署（上中下），卷十二學校上，卷十三學校下（書院、義塾附），卷十四兵防、倉廩、驛傳，卷十五壇廟，卷十六第宅，卷十七冢墓，卷十八至二十寺觀（上中下），卷二十一古迹，卷二十二守令題名，卷二十三至二十四宦績（上下），卷二十五至二十六科貢（上下，附薦舉），卷二十七至二十九人物（名臣），卷三十人物（孝義、節義、文學、藝術、隱逸），卷三十一人物（游寓、封贈、列女、仙釋），卷三十二遺事、祥異。《四庫全書總目》史部地理類存目二據内府藏本著録。

顧清序：「予往歲憂居，郡守令都御史宜春劉侯琬嘗屬以志事，會予北上不果。正德己巳，予復以憂歸。明年庚午，御史弋陽謝君琛按部來松，問府之故，病其遺闕，嗣守臨川陳侯威復舉以屬予，冬始即事，而侯以春去，予意其終弗果也。會今守内江喻侯時繼至，力主成之。府始爲縣，時有《雲間志》。既爲府，屬嘉興，見《嘉禾志》。直隷省後，有《松江郡志》，有《續志》。入國朝，有《松江志》，有《雲間通志》。通志者，會諸志而成書者也。《雲間志》歷歲久遠，今已無全書。其餘雖存，而後生之得見者已鮮。通志所載，又間有脱訛。更後數十年遺文墜迹，將無復討尋矣。故今并取諸本，參互考證，會以成編，而不敢略焉。通志以後，則續之事見他書而諸志所未及者，補入之。其間卷第之先後、類目之分合、事辭之易置，取合倫例，與便檢閲，蓋稍異往編，而大率皆其故也。至於推原變始，考見得失，目事寓規間，亦有之而罔敢以意參焉。嗚呼！郡之志，猶國之史也，昔人有成論矣。史不爲天下萬世而私于一人，是之謂曲筆；志不爲一鄉與後世，亦豈能逃士論之公。今兹纂輯蓋歉焉，惟淺狹挂漏，貽誚於大方是懼。日月滋久，參質爲艱，而梓刻成矣，敢述所懷，布諸簡首……志爲卷三十二，爲目三十一，目之下又有目焉，凡十有七卷。始終暨圖目，爲版九百十有六，居之郡閣，備散逸也。同事諸生與郡之僚屬贊襄于是者，并列名左方。」

是書臺北故宫藏一部，存卷一至四、卷九至十、卷十三至十八、卷二十七至二十九等十五卷，《原國立北平圖書館甲庫善本叢書》據以影印。鈐印有「沈慈印記／十峰監藏」（朱長）、「曾在雲間／歡園沈氏」（朱長）、「徐稚倫／藏書記」（朱長）、「華亭嘯園／沈氏圖書」（朱長）等。

麒按：天一閣本與甲庫善本各有殘闕漫漶處，可互勘。如修纂名氏中，天一閣本「企」字只存上部「人」字，甲庫善本本完整。又如卷二第七葉左半葉左上角，天一閣本「闊三十□□起」和「横泖與□曹港」均有闕失之字，甲庫善本本分别作「闊三十丈今起」和「横泖與北曹港」。天一閣本卷四闕第五葉，甲庫善本本不闕。卷十七第五葉左起前三行，天一閣本均模糊不清，甲庫善本本清晰可辨。卷十七第七葉右半葉第四行與第五行，甲庫善本本中部「豫章□□公」與「天戈□□」均有闕字，天一閣本作「豫章桓敏公」和「天戈于征」。卷十七第八葉右半近版心處陰文反字，甲庫善本本「墓志略」之下二字漫漶不清，天一閣本作「并銘」二字。如此之處甚多。

天一閣、上圖、臺北故宫藏。

正德崇明縣重修志十卷

明正德間崇明知縣陳文修，崇明縣黄章等纂。明正德十六年（一五二一）刻本[一]。半葉十二行，行二十二字，小字單行字數同。版心上鐫「崇明志」及卷次，無魚尾。左右雙邊。書前有舊序三則，分别爲明正統間張慶《重修崇明志序》，明正統九年（一四四四）陳梗序，正統九年季篪序，崇明疆域城圖，崇明縣城池圖，目録，凡例。正文卷端署「總修知縣陳文監修，儒學訓導金珮、金廷璧纂修，監生黄章、生員盛臣、陳瓚、張淮、包奇□、□□□」。鈐印有「吴岫」（白方）、「汲古/閣」（朱方）、「吴城/字/敦復」（朱方）、「稽瑞樓」（白長）、「江南昭文張/燮子和小嫏嬛/福地藏書記」（朱長）、「鐵琴銅/劍樓」（白方）、「彭城/開國」（朱方）等。

陳文字簡之，明湖廣麻城人。弘治十一年（一四九三）舉人。正德十五年（一五二〇）十二月二十日知崇明縣事。任内遇風潮大變，奏請賑濟，活三千餘人。又擒海賊施珙父子。以抗言忤巡按某，調延川，遷户部員外郎，歷俸八年，出爲襄府左長史。文爲人外和内剛，居官以清介自勵，田廬如故。著有《自怡集》。傳見民國《崇明縣志》卷十一。

[一]《原國立北平圖書館甲庫善本叢書》第三百十三册據明正德十六年（一五二一）刻本影印。

黄章字憲之，明崇明縣人，正德十一年（一五一六）貢生，官桂東知縣。傳見民國《崇明縣志》卷十二。

崇明縣居長江口，唐初武德間（六一八—六二六）始有顧俊沙，續漲張浦沙、黄魚朵等七沙，歲久，合而爲一。唐末置崇明鎮，隸通州海門縣。宋設邊海巡檢司於此。南宋嘉定十五年（一二二二）置天賜鹽場。元至元十四年（一二七七）升爲崇明州，隸揚州路。入明，降州爲縣，改隸蘇州，歷清不變。今爲崇明縣，隸上海市。崇明有志，自元至正間知州程世昌修《崇明州志》始。入明，有秦約洪武《崇明志》十五卷，季篪正統《崇明縣志》十卷。此爲四修，以前志皆佚，故此爲崇明現存最古方志。

是書目次：卷一疆域圖、縣城圖、沿革、星野、疆域、里至、山川、形勝，卷二沙段、鄉分區里附、城池、坊巷、橋梁、壇遺，卷三風俗、户口、田賦、土貢、課程，卷四縣治、學校、衙院、郵鋪、關津、鹽場、守禦附營寨教場烽堠，卷五官額去任見任附、宦績，卷六寺觀、祠廟、亭院、井泉、冢墓，卷七人才（科貢、武勛、薦舉、名宦、忠節），卷八人才（文學、隱逸、孝友、義行、貞烈），卷九土産（百穀、蔬果、藥物、竹木、花草、家畜、飛禽、鱗介、貨器）、古蹟、游寓，卷十封爵封贈附、藝術、釋道、雜志（灾祥、寇警、海漕）。

《凡例》：「一，舊志不載山水，今觀蛇山、洋山在蘇州洋内，實隸疆域中，若水則莫有過於海者，故今志特載之；一，舊志以科貢混録，以武勛、薦舉、名宦混録，今志分科貢爲二條，分武勛、薦舉、名宦爲三條，庶一方人物，觀者爲便覽也；一，舊志於宦績條下附列歷年宰職之名，今志以去任見任爲一條，其間績顯著有功於民者，另爲一條，庶幾不至混而無辨；一，舊志以昔有今無者皆爲古迹，故祠宇、坊巷、橋梁、河港之坍廢者悉載其下，今志仍門分類聚，止注坍廢於末，庶幾便於考云。」

張慶序：「邑之有志，凡諸事物皆載焉，官於是者，不可以不知。蓋其山川之險易、物産之豐約、貢賦之多寡，與夫户口登耗、人林顯微、風俗美惡，莫不備焉，覽之則可以爲治。昔李吉甫居相，甚重此也。崇明縣主簿臨海陳公知乎此，而每有心於纂輯焉。一日，謀諸大尹張公、貳守祝公，曰：『舊志殘缺，文獻復不足徵，苟不修以續之，則前元至于今，僅百年之典故何所考稽，甚非爲政之存心也。』乃正統甲子夏，致書幣延請舊知、前教諭琴川季仲怡來詣其事，仍命西洲儒士施克賓等搜訪事實，付以裁之。書成，縣大夫慮後湮没，遂捐資俸，命工鋟梓，以傳悠久。而克賓等屬予題識於首……」

陳梗序：「崇明舊志一帙，編簡殘缺不足以觀，予與大尹張君叔孚、貳守祝君以道商論其地桑滄屢變，與他郡邑不同，欲重編摩而乏操觚染翰者爲之，於是相與邀請海虞季仲怡先生下席於兹，命儒士施克賓等采訪事迹，增新芟舊，期月而書成，凡一十卷，卷各有條，辭達而不冗，事詳而有據，俾後之士夫君子與夫宦游於此者，欲知風俗沿革、土産景致、名宦人物，一覽而盡得之，亦可謂永久不刊之美事也。然而季先生修輯參訂之勞，施克賓等采訪助資鋟梓之勤，皆可嘉焉。於是乎書。」

季篪序：「縣大尹金華張侯叔孚、判簿天台陳侯用直，聽政之餘，檢閲前志，病其事緒闕略，易運以來，荒昧莫稽，以篪嘗游其地，知其風土一二，乃走書幣，延致而編之……爰因兩沙士人施克賓等所采事迹，參之李良玉所藏官修志稿，據以朱禎、朱曄舊編，芟之摭之，昈分彙聚，上續至正甲午，以迄于今，九十年之遺逸，凡爲數卷，旁搜博訪，援實而書。思所以昭信悠遠，不敢用私其意，妄爲損益。稿成，二侯將謀鍥梓，俾叙于端。」

按：此志《中國地方志聯合目録》著録，其版本項題爲「明正德八年刻本」，《上海方志資料考録》題爲「明正德九年刻本」，皆誤。考王重民《中國善本書提要補編·史部·地理類·方志》〔一〕：「按是志原爲正統九年季篪所纂，故卷端序文，皆是舊作。蓋當時未刻，至正德間，知縣陳文又命黄章等重編，故此本題爲『崇明縣重修志』，謂據季本重修也。又《凡例》所稱『舊志』，亦指季本。」所言甚是。即此志爲正統志之重修本，正統志以後事實，則分類增補之，記事迄於正德十五年（一五二〇），如卷十灾祥類末條云：「正德十五年十一月十六日，天鼓鳴，有火光自西南流入海，光焰奪目，至冬，桃李皆華，二麥皆穎。」此志存明正德以前史事甚多，如卷七名宦類記元朱清倡海漕事，卷五宦績類小序議崇明治理有十難事等，皆爲難得之文獻史料。

臺北故宫、國圖藏。

正德金山衛志六卷

明正德間金山衛都指揮僉事張奎修，仁和縣夏有文等纂，華亭縣沈淮校正。民國二十一年上海傳真社

〔一〕《中國善本書提要補編》第七十三頁左，書目文獻出版社，一九九一年。

影印明正德十二年刻本㈠。半葉八行，行十八字，小字雙行字數同。白口，雙對花魚尾，四周單邊。魚尾下鎸卷次。書前有明正德十二年（一五一七）王鏊序，《凡例》六則，目録，地圖。地圖上南下北左東右西，并注明：「南抵南洋大海，北抵吴淞江所地方，東抵東洋大海，西抵浙江海寧衛地方。」書末有明正德十二年張奎後序，正德十一年（一五一六）夏有文跋。影印本封面書簽上題「正德金山衛志六卷」，下爲當卷册次。内封四欄，自右至左分别爲「松江府屬舊志二種」，「正德金山衛志六卷、嘉靖上海縣志八卷」，「傳真社景印明刻本，售實洋拾圓」，「共印一百部，此部第三十號，購藏」。其中子書名上留空白，鈐印「傳真」（朱方）；末行「購藏」上留空白，鈐印「吹萬／居士」（白方）。右側空白處墨筆題：「翰怡先生惠存。辛卯六月初一日。」下鈐「吹萬／持贈」（朱方）。内書名葉題「金山衛志／陳陶遺書」，牌記葉鎸「傳真社景印／明正德刻本」。傳真社影印本在原書之末又附一九三二年八月三日金山姚光跋，一九三二年海寧陳乃乾《（正德）金山衛志》校記。正文書末所附傳真社附加之姚跋及校記爲排印字體，無界欄，半葉十一行，行三十一字，小字雙行。白口，無魚尾，版心下有「傳真社」字樣。

張奎（一四八二—一五三三）字延仁，明宣德人。襲職指揮同知。正德二年（一五〇七）升浙江都司，署都指揮僉事，改總督揚州等處備倭，以功實授。歷官至漕運總兵，署都督僉事。正德十年（一五一五）以揚州等處備倭都指揮僉事駐華亭縣金山衛。傳見乾隆《金山縣志》卷九《名宦》。

㈠ 一九三二年上海傳真社《松江府屬舊志二種》據以影印，四册，上海師範大學圖書館藏。

沈淮字東之。光緒《重修華亭縣志》僅録其名字。

金山左臨錢塘，右控浦江，昔稱形勝之地。明洪武十九年（一三八六）即華亭縣筱館鎮築城，以城與海中金山相直，因名金山衛，屬明初十九衛之一。金山有志自明成化間始。時金山衛都指揮郭鋐（一四四一—一五〇九）委陳瑛纂輯。以其所纂不符志書體例，故束之高閣。迨郭鋐屬夏有文重輯，已三十五年矣。

《凡例》：「一、衛志之作，一以國朝兵制爲主，遵用大明官制、諸司職掌、軍政條例、軍法定律、大明會典諸書及松江前志、續志、《雲間通志》、《松江府志》、《上海縣志》、《嘉禾志》、《蘇州郡志》，參互按據，然後類聚而條列之，不敢妄加臆説。其制有因革損益，與今見行不同者，仍存其舊如軍使一員今三員之類。一、凡衛所公署，創修前後不同者，類注本條之下，使觀者可考。一、凡事有大綱有細目，目之中又有目，不能一一分注者，具見本目之下。如凡官并世襲，凡吏并民克之類。一、凡年月先後可據者，直書某甲子或某年，其無可考者，但曰初或曰中。如永樂初、正統中之類。一、凡有二處當皆書者，於其本目特詳，其外止書詳見其條下如儒學在公署，文廟在祠祀之類。一、志書本以紀實，凡蕪詞蔓語不録，其詩文有可考者，各附本條。」凡例末有纂修姓名：「修志官：奉敕總督直隸揚州等處備倭都指揮僉事張奎；預志事氏名：高郵州儒學訓導仁和夏有文修，吏部注選國子生華亭沈淮校正。」

目録序：「金山衛志，志武制也。武制以地立，以人舉，以政行。非是三者，雖欲用武，武將正用之而亦不足志也已。夫邊城，險固地也。地以邊域斯設兵，兵有險固斯可守，故邊城首上志，險固首下志焉。有兵必有制，制有先後，有緩急，建設棟宇，制之急而先者，次上志焉。學校祠祀，制之緩而後者，次下志焉。凡是非人莫舉，非政亦無所藉而行，故將校兵政，上志以是終之。人存政舉，則威信孚而人材興，地闢人聚，則生殖蕃而兵守固，故人物土産，下志以是終之。武制備，武政舉，武功著，志斯成矣。其爲卷六，爲綱十，爲目六十。」

王鏊序：「正德十年，張君文光以都指揮僉事來莅其任，久之政平盜息……乃咨詢故老，搜輯異聞，得遺事若干，以授其客，彙爲六卷。」

張奎後序：「第念金山一衛爲東南海城要衝，志尚缺而未備，傳聞有窮，今何所傳，而後何所考耶？其衛治風俗之略，固嘗附《松江府志》，而未專備一隅，似未足爲金山勸懲之典。一日，進官屬與語指揮西靖者曰：『在昔，總督郭公曾以事委致事教諭陳瑛，創稿尚存焉。』予喜而取視，且慨人心之有同也。但其中載具繁簡不一，陳之勤心，亦可尚矣，惜乎創而未就。予因聘吾浙前高郵司訓夏君文昌主其事，參以致仕司訓王君孟文、徐君克仁，則分任其勞，閲數月而告成。尤未敢輕率，復聘華亭上舍沈君東之校正。兹將壽梓，以永其傳。費不勞於下也。僉謂予宜序諸後。予惟是志之成，所以紀實也。若人若事，詳略直書而備載，不以愛憎文飾以枉其實，使後之啓是册者，知城堡之所以當建，某也忠，某也孝，某也節，某何爲而獨説，某何爲而見略，省躬反已，不無自檢而自律，庶有補於風化之萬一也。異日秉史筆類統志而公去取者，亦未必無少助，故書以爲序。正德丁丑孟春之吉昭勇將軍浙江都司都指揮僉事張奎識。」

夏有文跋：「余昔在高郵儒學署教事，獻策于朝，謝病歸。今年春，余適有洞庭之游，過金山，訪總督張君。款留，冀余纂修金山衛志。余自諒氣偏學淺，弗克副托，辭。君出衛主西君家藏陳静齋志草一帙，俾余作胚粕，又延致政王、徐兩儒官，時來輔導。館余萬壽僧院，日餽餉，歷三月乃成編……嘗聞静齋志草，起自總督郭君，求其所撰者，惟是草本，頗類《左氏春秋》，君故付諸嘆息而束之高閣，邇來三十五年矣。雖然，使余不有静齋摭拾草本於前，何以得事物之詳？不有王、徐兩儒官言多可信，何以質見聞之實……兹志也，郭君欲成之而弗能，越三十五年乃成於張君之手，豈偶然之故哉……故書此跋于志尾。正德十一年歲在丙子五月幾望浙舉人署高郵州儒學教事杭仁和白衣人夏有文謹識。」

陳乃乾《校記・小序》：「余所見明刻府州縣志，大都爲天一閣、汲古閣兩家舊藏……唯正德《金山衛志》則出於顧氏秀野草堂，非范、毛兩家物也。數年前，瞿良士先生避兵來滬，盡挾其藏書自隨。凡《鐵琴銅劍樓書目》著録之書，謹守勿失，其重本及目所不載者，或舉以贈人，而《金山衛志》乃歸於北平圖書館。余乘其流轉之際，假置案頭者旬日。金山嗜古之士若高吹萬、高君定、姚石子諸君，皆嘆爲罕秘，慫恿付印。石子復出其所藏舊抄本見示，余爲互勘一過。抄本似據初稿傳録，故與刻本不盡合……壬申重九海寧陳乃乾。」

上師大、國圖、上圖、北大、復旦藏。

正德金山衛志六卷

明正德間金山衛都指揮僉事張奎修，仁和縣夏有文等纂，松江府華亭縣沈淮校正。清乾隆、嘉慶間抄本〔二〕，陳乃乾跋，二册。無框欄，半葉十行，行二十四字，小字雙行字數同。版心上書「金山衛志」，魚尾下書當卷卷次。書前有一九三二年陳乃乾手書題跋，明正德十二年（一五一七）王鏊序，凡例六則，修志官姓氏，正德十二年沈淮目録并序。正文前有《金山衛城舊圖》一幅。全書經朱筆校正，天頭處有朱筆批注。序文首葉鈐印「乃乾校勘」（白長）。

按：此抄本所據底本與明正德刻本不盡相同，應别有所出。如書前所附地圖，抄本與正德刻本明顯不同，爲衛城圖，有城墻；正德本爲地形圖。又如卷首王鏊序，有多處文字差異，如抄本「場堡之廣隘……行伍之强弱……屯田之荒墾」，正德本作「場堡之廣狹……行伍之羸縮……屯田之蕪墾」。又如卷末張奎跋之落款，抄本爲「奉敕總督直隸揚州等處備倭都指揮僉事張奎撰」，正德刻本爲「正德丁丑孟春之吉昭勇將軍浙江都司都指揮僉事張奎識」。

陳乃乾題跋：「此本不著寫者姓名，亦不詳所自出，惟玄、禎、弘等字皆闕筆，知出乾隆以後人之手。余取秀野草堂舊藏正德原刻本勘之，字句小異。張奎後序結銜及卷一營堡、城池二類序次亦不同。考此書自正德以來，尚無二刻。此本所據，或爲當時未經删定之稿本也。壬申重九，海寧陳乃乾識。」并鈐印「陳」（朱方）、「乾」（朱方）、「慎初堂」（朱長）。由題識及鈐印知，書内朱筆批校爲陳乃乾所爲。陳氏所做校記，皆附刻於一九三二年上海傳真社影印明正德刻本《金山衛志》書末，校序詳前。

〔二〕《上海圖書館稀見方志叢刊》第三十册據上海圖書館藏本影印。

上圖藏。

正德華亭縣志十六卷

明正德間華亭知縣聶豹修，華亭縣沈錫等纂。明正德十六年（一五二一）刻本〔二〕。半葉十行，行二十字，小字雙行字數同。白口，上單魚尾，左右雙邊。魚尾下鐫「華亭縣志」及卷次。書前有明正德十六年孫承恩《華亭縣志序》，沈錫目録序，目録，預修纂官，修纂名氏，目録義例，圖四幅。書末有王良佐後敘。預修纂官署「直隸松江府知府孔輔，同知王明徹、李棠，通判鍾昕、高驄、胡瓚，推官周佐，華亭縣知縣聶豹，縣丞林挺秀、魏勣、李琇，主簿唐侃、姜文舉，曲史陸錦，儒學教諭王瀚，訓導鄭朝美、梁宥」。修纂名氏署「華亭縣儒學歲貢生員沈錫，廩膳生員金廷桂、沈東，儒士顧曦」。正文卷端無署名。鈐印有「吳／城」（朱方）、「鐵琴銅／劍樓」（白方）、「敦／復」（朱方）。

聶豹（一四八七—一五六三）字文蔚，號雙江，明吉安永豐人。正德十二年（一五一七）進士，授知華亭。在縣除弊興利，有聲於時。善譚理學，徐階以諸生受知。詔拜右僉都御史。累官兵部尚書、太子太傅。豹好王守仁之學，爲明代學者。著有《困辨録》《雙江集》，主修《華亭縣志》。傳見《世經堂集》卷十八《聶公墓志銘》，《世經堂集》卷二十一《祭太保雙江聶公文》，乾隆《婁縣志》卷十九《名宦》，嘉慶

〔二〕《原國立北平圖書館甲庫善本叢書》第三百十四册據明正德十六年（一五二一）刻本影印。

《松江府志》卷四十一《名宦傳二》。

沈錫字恩卿，明松江府華亭縣人。貢生，官按察司經歷，傳見光緒《重修華亭縣志》卷十二《人物一》。

華亭設縣，自唐天寶十載（七五一）始。别稱雲間。屬吴郡。後晉天福五年（九四〇）以嘉興爲秀州，而割華亭隸焉。元至元十四年（一二七七）以華亭户登二十三萬，立爲府。次年改松江府，下隸華亭一縣。至元二十九年（一二九二），割華亭東北五鄉爲上海縣，直隸省府。明清以降，華亭屬松江府不變。入民國，廢松江府，華亭改名松江縣。一九五八年劃屬上海市，今爲松江區。華亭有志自宋始。北宋有景德《華亭圖經》、祥符《華亭圖經》，南宋有紹熙《雲間志》，元闕如。

是書卷一分野、沿革、疆域、山，卷二水上、水中（治策）、水下（治績），卷三風俗、土産，卷四户口、徭役、田賦、土貢、鹽課、税課，卷五城池、坊巷、鄉保、鎮市、橋梁，卷六官署，卷七學校（書院義塾附），卷八兵防、倉庫、驛傳，卷九壇廟、第宅，卷十冢墓，卷十一寺觀（仙釋附），卷十二古迹，卷十三題名、宦迹，卷十四科貢（薦舉任子附），卷十五人物（名臣、孝友、節義、文學、藝術、隱逸、游寓、封贈、列女），卷十六遺事、祥異。

孫承恩序：「華亭志，志邑事也。華亭爲松附郭，邑志所志者，郡志盡矣。而復志此者，遵制也。正德庚辰冬十月，有命徵天下郡縣志，爲制無得相附籍，而華亭故以附郡，無志。江右聶君豹以名進士來宰兹邑，視篆甫二月，聞命祗懼，則首以今郡守汝南孔侯輔命來詢予，予適治任北上，無以副也，乃屬邑庠弟子員沈君錫、金君廷桂、沈君東洎、儒士顧君曦。三閲月告成，凡若干卷。予得而讀之，大率即郡志録其事之係邑者，而近事則頗續入耳。然倫從類合，甚便檢閲，亦無害其獨爲華亭志也。」

沈錫《〈華亭縣志〉目録序》：「華亭東南壯縣，其則天因地，以爲馳張緩急之宜，酌古準今，以盡損益離合之變，則固有文獻焉在。述而纂之，以俟夫治兹邑者或有考焉云爾。」

王良佐後叙：「邑之有志，一方之文獻繫焉。法《禹貢》以敷土，法《詩》以觀民風，法《春秋》以臧否人物，其例也，經常損益，凡百所當紀載者，悉於是乎備。志不備，則文獻不足徵也。雖得良有司，是所謂有治人無治法，亦將何所據而行之哉？江右聶侯以高第來尹是邑……即招致文學之士，别修邑志，分門析彙，搜抉采録，既克成編，而屬余序其後。」

此本書前目録至卷十五列女止，無卷十六條目，但是正文中卷十六完整無闕。南京圖書館藏一部，四册。書前有明正德十六年（一五二一）孫承恩《華亭縣志序》，《華亭縣境圖》，《華亭縣附府城圖》，《華亭縣學圖》，《華亭縣治圖》，《華亭縣志目録序》并目録（闕首葉），《華亭縣志目録義例》四則，預修纂官，修纂名氏。書末有王良佐《華亭縣志後叙》。南圖藏本目録有卷十六，目録末有「華亭縣志目録終」字樣。目録至目録終中間共空四行。又按：《千頃堂書目》卷六史部著録，復著録孫承恩修《華亭縣志》十六卷，列爲二書。其所記有誤，或以孫承恩别有志云。

臺北故宫、南圖、臺圖藏。

嘉靖上海縣志八卷

明正德間上海知縣鄭洛書修，上海縣高企等纂。民國二十一年上海傳真社影印明嘉靖三年（一五二四）刻本[一]。半葉十行，行二十一字，小字雙行字數同。版心上鐫「上海志」及卷次，上單白魚尾，左右雙邊。書前有徐階序、鄭洛書自序（原闕序文第二葉，即徐序末葉）、目録、《上海縣境圖》、《上海縣市圖》；書末有高企《書上海縣志後》，又有徐紫珊手書題識。鈐印有：「汲古/閣」（朱方）、「封城/開國」（朱方）、「繡谷亭/續藏書」（白長）、「吴城/字/敦復」（朱方）、「曾爲徐紫珊所藏」（朱長）、「吴興周/越然藏/書之印」（朱方）、「曾留吴興/周氏言言齋」（白長）、「吴興周氏言言/齋劫後存書」（朱長）、「越/然」（白長）、「周越然」（白長）、「吴/興」（白方）、「周/越然」（朱方）等。影印本書名葉題「嘉靖上海縣志」，落款「周由廑署」；牌記葉鐫「民國廿一年五月傳真社/假吴興周越然藏本景印」字樣。書末有一九三二年陳乃乾跋，係排印。

高企字進之，號西樓，明松江府上海縣人。居唐行鎮（今上海市青浦區）。諸生。博綜能文，論辨英偉，嘗師事顧清。正德間顧清纂《松江府志》，田糧、水利二門企考索之力居多。企天性蕭閑，喜吟詠，詩文高古。傳見崇禎《松江府志》卷四十二《文學》、嘉慶《松江府志》卷五十二《古今人傳四》、同治《上海縣志》卷十八《人物一》。

[一] 一九三二年上海傳真社《松江府屬舊志二種》據以影印，三册，上海師範大學圖書館藏。

鄭洛書（一四九六—一五三四）字啓範，號思齋，福建莆田人。正德十二年（一五一七）進士，十五年（一五二〇）除上海知縣，有善政。嘉靖四年（一五二五）徵拜監察御史，歷官給事中，遭劾罷歸，逾年卒，年僅三十八歲。有《鄭思齋文集》。傳見《（嘉慶）松江府志》卷四十一《名宦傳二》、《（同治）上海縣志》卷十四《名宦》。

是書十五門，依次爲：卷之一總叙第一、山水第二、風俗第三、物産第四；卷之二户役第五、貢賦第六；卷之三建置第七、祠祀第八；卷之四官師第九、名宦第十；卷之五登用第十一、人物第十二；卷之六古迹第十三、雜志第十四；卷之七文志上；卷之八文志下。

徐階序：「莆陽鄭君啓範，以名進士令上海之四年，嘉靖三年……乃取舊圖經讀之，以知故實，復參互近事，攄意流藻，月課成篇，裁成義類，凡十五卷，曰《上海志》云。」徐序存第一葉，至「質之博雅」止，此葉末四行天頭處原有手書文字：「此徐序，下缺，博雅君子以爲何如也。嘉靖三年甲申八月朔日，郡人徐階撰。」按：徐階序稱此志十五卷，係以十五門計。清《（同治）上海縣志・藝文志》著録作十卷，係誤。

鄭洛書序：「予以正德十五年冬爲之宰……與凡古迹之可知，雜□（事）之可紀，文之可讀者，蓋已四載見聞。乃縣志之修□弘治癸亥，越今嘉靖甲申廿有餘年矣……輒不自揣，授意於邑儒高企撰志□□□分爲八卷。」按：鄭序第一葉上部有殘缺。

高企跋：「縣大夫、莆陽鄭公治上海之四年，出我師少宗伯東江顧先生《府志》、唐提學士囧《縣志》，謂企曰：『吾將有事于此，爾從之。』遂授以凡例。退而遍閲諸志，命侍史録爲括例以進……吾上海舊隸華亭，唐以前事散見吴郡。石晋以來，見于嘉禾。唐縣華亭，别稱雲間，故在宋有《雲間志》。元爲府，有《松江志》，元末府有《續志》。上海新立縣，乃無專志。國朝府有《新志》、有《通志》，顧孔文有《上海志》，未經脱稿，而士冏與今封御史朱叔易共成之，弘治十三年也。兹析我師郡志爲縣志，述乎云爾。縣公上讀《春秋》，下宗《史》《漢》，筆削間自有餘師。編校既成，聊叙一時相與之言，以識於其後。」按：高企爲顧清高足，企跋謙稱「兹析我師郡志爲縣志」，故知此志大致采摭《（正德）松江府志》而增補《（弘治）上海志》以後事迹成之。

徐紫珊手跋三行：「心庵農部修縣志時，以未見此書爲恨。余從嘉興吴氏得之，爲絶無僅有之本。」

按：心庵即李林松，字心庵，嘉慶十七年（一八一二）曾主纂《上海縣志》。

陳乃乾跋（附上海傳真社影印本末）：「上海縣志在明代凡三修。入清以後，歷順、康、雍、乾四朝，再經三修。而後有嘉慶甲戌李農部林松之志，又五十三年爲同治丙寅而俞氏樾之志出，即今坊肆所通行者也……明志三本中惟萬曆修者傳於世，今北平圖書館有缺卷，上海徐家匯天主堂藏書樓徐紫珊舊藏及吴興周氏蔣孟蘋舊藏皆有之。而清初四次所修亦胥以是爲是藍本。逮咸豐十年，邑令劉松岩郁膏始得嘉靖志，延寶山蔣劍人敦復參校新志異同，作沿革表、官司選舉表、宦績人物傳若干卷，俞志因之。弘治志既久佚，則嘉靖志即爲上海最古之志矣。余以己巳之秋得嘉靖志原本於市肆，爲徐紫珊渭仁舊藏，後有徐氏手跋三行，謂『農部修志時，以未見此書爲恨，余從嘉興吴氏得之，爲絶無僅有之本』云云。紫珊與劉令同時，疑劉令所見者即此本也。其體例分目與後來諸志不同，故詳略異同亦非倉促所能校。今蔣氏手校之稿不可見，誠以俞志略勘之：宋青龍監鎮陳某亡其名，故嘉靖志作□，今誤作冋；明訓導盧德淵爲道州人，今誤作通州；又若知縣劉宇，字志大，鈞州人；縣丞楊紀，字大綱，房山人；蔣楷，字邦敬；主簿黄明，字鑒之；訓導黄黼，字成章；徐研，黄岩人；任朝璉，巴縣人；劉昱，安寧人；吴潤，騰衝人；劉充，鄞縣人；吴山，安福人：皆可補俞志之闕。即此官司一卷，其可補正者已如此，則舊志之不可廢，益彰明矣。此志在康熙癸亥修志時已不可見，至咸、同時始得據以校補。今乃再見復得，據以糾前賢校補之疏。物之顯晦，其果有定數歟。余作客兹邦，寒暑廿更，披卷懷想，情逾故土，惟念舊藏星散，勢成孤寄，每勞三旬九食之憂，何以保此絶無僅有之書。適吴興周君越然廣羅異本，頗愛好此書，因珍重付之，且以異日印布爲約。今年一月二十八日之變，周君之廬舍燼焉，所藏亦大半罹於難，而此書幸存。亂後見周君握手相慰，藉慶再生，念此歷劫之書追維前約，爲醵金而傳之。上海濱海，向爲倭寇出没地，明季特築城禦之，此志之成尚在築城前三十年。今兹重印，又值閘北巨劫之後，俯仰古今，與外患相始終，後之覽者，豈獨私人聚散家室存亡之感而已哉。二十一年（一九三二）十一月，海寧陳乃乾跋。」

此志刊印後傳本至稀，考傳真社影印之底本，據周越然《版本與書籍》等載，先是，原刻本於明末流入常熟虞山，爲毛氏汲古閣藏本；清初轉歸杭州吴氏瓶花齋；道光中，上海徐紫珊渭仁得於嘉興吴氏，手跋三行以記之；徐氏卒後，藏書散出，此志爲上海知縣劉郇膏所得；一九二九年秋，陳乃乾購之於市肆，轉歸周越然收藏；後歸上海通志館、上海市文管會（即上海博物館前身）庋藏，今藏上海博物館。日本静嘉堂文庫、美國國會圖書館均藏有嘉靖《上海縣志》原刻本。

上師大、國圖、上圖、北大、復旦藏。

萬曆上海縣志十卷

明萬曆間上海知縣顔洪範修，上海縣張之象等纂。明萬曆十六年（一五八八）刻本[一]。半葉九行，行十八字，小字雙行字數同。上單魚尾，左右雙邊。版心上鎸「上海縣志」，魚尾下鎸當卷卷次，其下右鎸當葉子目名，版心下左偶有當葉字數。版心下偶有刻工姓名，有陸本、張茂、盧鑒、沈雲、徐、王等。書前有陸樹聲序，纂修姓氏，上海縣舊志序［依次爲明弘治十七年（一五〇四）王鏊、錢福二序及鄭洛書序，嘉靖三年（一五二四）高企序］，目録，圖。書末：「萬曆十四年丙戌冬十月□□□年戊子冬十一月梓成，黄炎、姚遇、張所敬、顧成憲、黄體仁、朱家法同纂。」纂修姓氏：「提調官：賜進士第文林郎上海縣知縣顔洪範；纂修名氏：前浙江等處提刑按察司經歷司知事邑人張之象，邑生員黄炎、姚遇、張所敬、顧成憲、黄體仁、朱家法」。

顔洪範字仲起，浙江上虞人。萬曆十一年（一五八三）進士，除知上海縣。在縣均平傜役，雅好文藝，士所奬拔率知名。聘邑人張之象等纂成縣志。滿五載，徵爲監察御史。累官南京户部給事中。傳見嘉慶《松江府志》卷四十二《名宦傳》，同治《上海縣志》卷十四《名宦》。

[一] 《上海圖書館藏稀見方志叢刊》第二十三、二十四册據上海圖書館藏本影印。

是書始修於萬曆十四年（一五八六），於萬曆十六年（一五八八）稿成。蓋之象晚年主纂，未見之刊行即卒，邑生員黄炎爲之讎校刻成。全書分十門六十一子目，各卷細目如下：卷一地理志（分野、疆域、鄉保村里附、鎮市、風俗歲序附、形勝園亭附），卷二河渠志（海、江、浦、諸水、水利堰閘附），卷三賦役志上（田糧、税課、魚課、物産），卷四賦役志下（户口、貢賦、徭役、匠班、屯田、軍需、鹽課、鹽榷），卷五建設志（公署、儒學、倉庫、城池、兵衛、郵遞、津梁、坊巷、寺觀、丘墓義冢附），卷六秩祀志（祠廟祠堂生祠附、壇壝），卷七官師志（歷官表、宦迹），卷八選舉志（科貢表、辟召、薦舉、封贈、録蔭、例貢、儒士、武舉），卷九人物志（賢達、孝友、方介、文學、武功、義行、隱逸、游寓、貞節），卷十藝文志（書籍、法帖）、雜志（仙釋、方藝、祥異、兵燹、遺事）。各類之前，皆作四言十二句小序，極精煉，爲之象手筆。如卷一地理志前小序：「析壤樹邦，法資畫一，仰應星躔，俯定疆域，陵谷代變，井牧遞遷，習尚殊軌，雅浮改弦，勝備探奇，迹存懷古，式圍固圉，屬在守土。作地理志。」此例後世志書效之，如清《（嘉慶）上海縣志》等。

陸樹聲序（闕首葉及第二葉右半葉，兹據乾隆《上海縣志》卷首舊序補〔一〕）：「上海在宋末猶鎮也，而縣於至元間。縣未志也，而創於弘治癸亥，修於嘉靖甲申，續於今萬曆戊子。志成，學士大夫屬余序首簡……上海邑於郡之東南，岸海帶江，僻在一隅，以比於吳之錯壤，雖若孤臣客卿，而禮制冠裳以及

〔一〕乾隆《上海縣志》十二卷卷首一卷，清李文耀修，談起行、葉承纂，清乾隆十五年（一七五〇）刻本。《稀見中國地方刊彙刊》影印，中國科學院圖書館藏編，中國書店，一九九二年。

土毛耕織之利，與華亭埒，稱巖邑焉。志之修始盧龍郭尹，越世廟甲申，蓋六十餘禩。一修於莆陽鄭君，以迄于今，若有待焉者。中間吏治之得失、建置之沿革、民生之利病、財賦之嬴縮、俗尚之淳漓，與夫築城、濬隍、海防、河渠、經賦、均則之類，諸凡嗣起所宜續入者，參互采摭，條分臚列，較若指掌。總之則義達而事例明，文核而體要備。蓋斌斌乎質有其文，於邑志稱良焉……志凡若干卷，始事於萬曆丙戌，越歲戊子告成。主其事者，上虞顔侯洪範。司纂輯以事讎校者，藩幕張君之象暨黃君炎輩六文學也。」

按：據《中國地方志聯合目録》載，今唯上海圖書館、上海博物館藏此志完本。中國國家圖書館存卷四至六、卷九至十，山東省圖書館藏殘本四卷，存卷一、卷三至五。今查中國國家圖書館書目檢索系統，並無此書條目。《原國立北平圖書館甲庫善本叢書》第三百十四册收録明萬曆十六年（一五八八）刻本一部，存卷四至卷六、卷九至卷十共五卷，或即《中國地方志聯合目録》所載之書。其卷四首葉有墨筆手書「纂修人見康熙上海志舊序及文苑傳」字樣。

又按：上圖藏本與甲庫善本本各有漫漶處，可互勘。上圖藏本多處似有額外紙張覆蓋於正文之上，但影印時未加揭取，如卷四第四葉、第六葉、第十葉，上圖藏本正文文字均有大塊缺失處，疑似有半透明紙張覆蓋原字，紙上有墨筆文字，嚴重影響原文閲讀，甲庫善本本均清晰完整。同卷第五葉右半最右兩行，甲庫善本本有殘闕，上圖藏本完整。同卷第六葉中間横向斷板，甲庫善本本基本可識，上圖藏本有闕損。又如卷四第十一葉左半葉，上圖藏本印刷重影，甲庫善本本清晰。如此之類甚多。

上圖、上博、臺北故宫藏。

萬曆青浦縣志八卷

明萬曆間青浦知縣卓鈿修，上海縣王圻等纂。明萬曆間刻本〔一〕。半葉九行，行二十字，小字雙行字數同。版心上鎸「青浦縣志」，上單魚尾，左右雙邊。版心下右偶有刻工姓名，如朱義、吴、玉、王、文等，版心下左偶有當葉字數。書前有明萬曆二十五年（一五九七）王圻《青浦縣志序》、陳文龍《跋青浦縣志》、李官《青浦縣志跋》、《凡例》八則、校刻姓氏、目録，圖四幅。校刻姓氏：「華亭訓導史明良；同校：庠生張儀、晋嘉猷、雷鳴春、陳邦道、張鳳翥、黄銓、黄廷鵠、王元瑞、高秉璣、徐夢徵、何爾復、高宏祚，功曹周文彬、高承圃；繕刻：顧信。」正文卷端無署名。

明嘉靖二十一年（一五四二）析華亭縣西北、上海縣西北兩縣地置青浦縣，隸松江府，治青龍鎮。嘉靖三十二年（一五五三）廢縣。萬曆元年（一五七三）以松江郡人給事中蔡汝賢奏復置，移治唐行鎮。萬曆二十五年（一五九七）知縣卓鈿創修縣志，延上海縣王圻主纂。

王圻（一五三〇—一六一五）字元翰，號洪州，明松江府上海縣人。嘉靖四十四年（一五六五）進

〔一〕《稀見中國地方志彙刊》據日本國會圖書館藏本影印，原書闕卷一第二十二葉、卷二第二十二葉、卷三第七葉、卷三第二十四葉、卷四第十葉、卷八第四十三葉。

士。歷任清江知縣、萬安知縣，擢御史。峭直敢言，忤時相謫外。終官陝西布政參議。辭官鄉居，築室淞江之濱，種梅萬株，名梅花源。《明史·文苑傳》稱其歸里後「以著書爲事，年逾耄耋，篝燈帳中，丙夜不輟」。著述宏富，人服其博洽。著有《王侍御類稿》《明農稿》《東吴水利考》等，編有《稗史彙編》《三才圖會》等，主纂《青浦縣志》，輯有《續文獻通考》《謚法通考》《重修兩浙鹽志》等。傳見《明史》卷二八六《文苑傳》，乾隆《江南通志》卷一六六《人物志·文苑》，嘉慶《松江府志》卷五十三《古今人傳五》，康熙《嘉定縣志》卷十五《人物一》，同治《上海縣志》卷十九《人物二》。

卓鈿字邦華，號滎麓，福建沙縣人。萬曆十年（一五八二）鄉舉經魁，萬曆二十年（一五九二）知青浦縣，有政績。卒於官。傳見嘉慶《松江府志》卷四十二《名宦志二》。

是書卷一圖考（縣境、縣治、縣學、城池）、沿革、分野、疆域、形勝、風俗、山川、土産、公署（鋪遞舊署附）、學校（書院、義塾、社學附）、城池，卷二鄉保區圖、坊巷、市鎮、橋梁、户口、田賦，卷三役法、寺觀、祠廟、陵墓、古迹，卷四官師表、科目表（會試、鄉試、歲貢、例貢）、薦舉、雜途、封蔭（戚里附）、人物傳上（名宦），卷五人物傳下（鄉賢、流寓、隱逸、孝子、節婦、義士、藝術、仙釋）、兵防、水利上（河渠），卷六水利下（治法）、災祥、遺事，卷七藝文上（御製、五言絶、五言律、七言絶、七言律、五言古、七言古、詞賦），卷八藝文下（序傳書記誄）。

王圻序：「青浦爲華、上二邑析地，其始而爲縣也，在嘉靖；其□廢而復爲縣也，在萬曆。縣之初復，令爲石侯岱宇先生，相攸徙治，築城浚隍，設學造士，制大備矣，而志獨闕者，束於時也。繼石而至，如彭、如屠、如羅、如鄧，非不蔚然稱循良，而志尚闕者，狃於故也。暨卓侯榮麓先生以八閩大魁來莅兹土，博識雄才，鋭意興革。首詢山川、風物、壤賦始末，左右口噤莫能對，動稱掌故漫漶無考證，則撫掌太息曰：『志可一日闕哉！』而志尤不果葺者，百冗劻勷，未暇也。迨視篆逾期，案無留牘，庭無滯獄，四郊之内，政通人和，於是始請修志于當路諸公祖，而以筆札之役屬不佞，且爲加幣授餐焉。不佞既拜受而竊思之，青浦者，九州之一撮。青浦志者，鄧林之一葉，志惡可繁也……於是徵文獻於庠序，徵簿牒於六曹，徵殘碑斷碣諸佚事於鄉老，隨至隨發，不逾時而畢集，不佞始得以殫智畢力，摭拾差次，爲圖，爲志，爲表，爲傳，凡八卷三十二目。再脱稿而成帙，遂以請正於陸宗伯先生，幸成一邑完書……是役也，提調總裁，則榮麓先生實司之；商榷質訂，則學博錫山陳君文龍、吴陵楊君廷芳；分類讎校，則文學諸君子；而削牘抽毫，則不佞圻與有一日之勞云。」按：陸宗伯，即華亭宿儒陸樹聲。

李官後跋：「故其體貴於傳信，嚴於核實，斷□要約而不可以臆説附會也者，是以采之輿情，博其識也，詢之故老，溯其真也，考之板圖，辨其繁也，而後斟酌會萃，以成一代之方策……卓侯以廉才稱……乃於稽古右文之日，謂邑乘獨缺，殊爲曠事，乃毅然成之。而我師學憲公博綜古今，一郡之初末，燭照數計於胸中，而又參互考訂，不以私狥，不以獨隘，不以臆揣，燦乎如日星麗天，書之一時，而垂鑒萬世，□之一人而表勵四海，所謂傳信核實而歸於要約者備矣。」

《凡例》：「縣故無志，卓邑侯鈿始請爲志，其目録次序悉本《大明一統志》，而田賦、坊巷、橋梁諸款則仿華（華亭縣志）、上（上海縣志）二志增入，蓋本縣境土皆割自兩邑故耳。」

按：此志成書後流傳至稀，全帙僅見日本國會圖書館藏，嚴紹璗《日藏漢籍善本書録》史部地理類（五七五頁）著録，共四册，卷第四《官師表》記載至明萬曆三十一年（一六〇三）。又附録稱，據《外船齎來書目》記載，光格天皇寬政十二年（一八〇〇），中國商船「丑字七號」載《重修青浦縣志》一部抵日本。又按：清周中孚以未見原書，故在其《鄭堂讀書記·補遺》卷十三諸嗣郢纂《青浦縣志》條下稱：「青浦志創於明萬曆六年知縣卓鈿，越十年，吾邑王洪洲（圻）重修爲八卷。後卓志散佚不全，王志亦僅有存者」云云，然不見王圻序載，且據邑志職官表載，卓鈿爲萬曆十年甲午舉人，萬曆二十年知青浦縣事，既非「萬曆六年知縣」，亦非「越十年」而王圻重修，實爲一書，時在萬曆二十五年（一五九七）。周氏所記有誤，當爲補正。

是書臺北故宫藏一部，著録爲明萬曆刻本，《原國立北平圖書館甲庫善本叢書》第三百十四册據以影印，存卷五至卷八。甲庫善本本與彙刊本各有漫漶缺失處，可互勘。如彙刊本闕卷八第四十三葉，甲庫善本本完本不闕。又如卷五第一葉左半葉第四行「孫曄「下三字及第五行「平伯左」下三字，彙刊本不能辨識，甲庫善本本分別作「封望亭」和「光禄大」；同葉每行最下面兩字皆不甚清晰，或不可識別，甲庫善本本均清晰可識，自右起第一行，分別爲「名隳」、「海鹽」、「曹尚」、「光禄」、「玄孫」、「爲侍」、「倕并」、「四子」、「之裔」。又如卷五第三葉末末兩行，彙刊本幾不可識，甲庫善本本清晰，作：「任辭不獲已，今日受誅，豈非命耶？因與穎戕，詞甚悽惋。既而歎曰：『華亭鶴唳，可復聞乎！』遂遇害，時年。」又如卷五第四葉右半葉前六行最上一字，彙刊本完全缺失，甲庫善本本依稀可辨；但同葉右半葉右下角與左半葉，甲庫善本本大面積漫漶，而彙刊本基本可識。又如卷五第二十二葉，甲庫善本本爲白魚尾，版心下右有刻工姓名「□山」，彙刊本爲黑魚尾，版心下看不出有刻工姓名；甲庫善本本同葉多行第三字皆不能識别，彙刊本皆清晰可見。如此之處甚多。

日本國會圖書館、臺北故宫藏。

萬曆新修崇明縣志十卷

明萬曆間崇明知縣張世臣修，崇明縣陳宇俊等纂。明萬曆三十二年（一六〇四）刻本[一]。半葉十行，行十八字，小字雙行字數同。上單魚尾，四周雙邊。版心上鎸「崇明縣志」，版心下鎸當葉字數。正文卷端無署名。書前有萬曆三十二年管志道《新修崇明縣志叙》、圖三幅、纂修姓氏、志目。書前纂修姓氏題：「總修：知縣南陽張世臣忠鼎父；監修：教諭廣州張大參天一父，訓導東萊蘇淳子厚父，主簿漢陽王化隆封可父，典史仁和丁應文汝周父；纂修：生員陳宇俊、王用中、黄長奇、王球、張天秩、顧起隆、秦宗周。」此葉末兩行署：「時萬曆三十二年甲辰中秋日修。」卷十末葉末行有「督工□李遇□」字様。是書有明萬曆三十二年刻本，臺北故宫藏，其中卷十五十二葉。國家圖書館所藏爲殘本，存卷一至卷九。

張世臣字忠鼎，明河南新野人。舉人。萬曆二十九年（一六〇一）知崇明縣事。雅以文學，飭吏治，

[一]《原國立北平圖書館甲庫善本叢書》第三百十三册據明萬曆三十二年（一六〇四）刻本影印。

而有執有爲。以邑志年久失修，遂延生員陳宇俊等纂輯。纂修始於萬曆三十一年（一六〇三），次年刊行。傳見本志卷五《官師志》，有崇明教諭張大參撰世臣《傳略》，又見乾隆《崇明縣志》卷十四《名宦》。

陳宇俊字星聚，明崇明縣人。天啓七年（一六二七）歲貢。傳見民國《崇明縣志》卷十二。

是志卷一輿地，分沿革、星野、疆域、形勝、沙段、河港、鄉區、風俗附等目；卷二營建志，分城池、縣署、公廨、倉場、坊表橋梁等目；卷三户口志，分田賦、糧役、課程物産等目；卷四學校志，分儒學、壇廟官祠等目；卷五官師志，分文武職官、宦迹附等目；卷六選舉志，分薦舉、制科、歲貢、例監、武科、封君雜行等目；卷七人物志，分循良、忠節、孝友、儒林、誼行、隱逸、貞烈、仙釋等目；卷八兵防志，倭警灾祥雜附等目；卷九古迹志；卷十藝文志，詩賦附。雖卷帙與正德志同，而文字内容實倍之。各志之前，各冠以小序，稱「崇明令曰」。如卷一輿地志小序云：「崇明令曰：崇地積沙成壤，屹立海隅，萬流所輳，濤波衝决。雖其疆域、分野自昔已然，而古今建置，代有沿革，方之他邑，蓋獨異矣。故基址廣袤，水陸相距，略依縣治綜緝，以爲後之守土者覽焉。故作輿地志。」

管志道序：「三吴雄縣星羅，獨崇明一縣介在海徼，蓋大江以南之第一巖邑也……夫土厚則靈氣鍾，地靈則人傑出。崇雖烟波芃葦之墟，而人文亦且漸盛矣。乃志文殘缺未備，得非司民社者之責歟。南陽鄉進士張侯忠鼎以萬曆辛丑來宰是邦，雅以文學飾吏治，而有執有爲，凡三載而百廢具舉……咨諸二三學博，拔青衿中績學之尤者若而人，相與索舊志而校閲之，摘要芟蕪，益以邇年，便宜興革之政，分爲十卷。大都草創屬弟子員，討論屬兩廣文，而修飾潤色，則侯之手筆居多。帙成，執以問序於吾婁王宫傅荆石公及不侫……已而宫傅以目眚辭。侯復緘書，屬余弁簡。乃從案頭取前所視草，再閲一過。及於倉場、鹽課等議，則掩卷而嘆：『侯之爲崇氓計甚遠也，後有繼侯志而問民疾苦者，執此講求石畫，其所損益，百世可知也已。』」

臺北故宫、國圖藏。

萬曆嘉定縣志二十二卷

明萬曆間嘉定知縣韓浚修，嘉定縣寓賢張應武等纂。明萬曆間刻本〔一〕。半葉九行，行十八字，小字雙行字數同。上單白魚尾，左右雙邊。版心上鐫「嘉定縣志」，魚尾下鐫卷次，其下右鐫當葉子目。版心下右有刻工姓名，如章君錫、章右、陸科、濮文、錢英、楊文、王臣、顧昌等，版心下左有當葉字數。正文卷端題「嘉定縣志卷之一」，無署名。書前有明萬曆三十三年（一六〇五）時偕行《重修嘉定縣志序》、韓浚《重修嘉定縣志序》、須之彦《重修邑志序》、王錫爵《嘉定縣新志序》、凡例十四則、《嘉定縣志目録》、纂修姓氏、圖八幅。書末有萬曆三十三年李之彦《重修嘉定縣邑志後序》（抄補）。鈐印有「璜川吴/氏所藏/圖書」（朱方）、「嘉定□□/楊氏六知/齋珍藏金/石書畫印」（朱方）。

韓浚字邃之，明山東淄川人。萬曆二十六年（一五九八）進士，是年知嘉定縣，萬曆三十三年離任，遷

〔一〕《四庫全書存目叢書》史部第二百零八册據上海博物館藏本影印。

御史。時神宗久不上朝，浚上疏諫，有「積怠成玩，積玩成馳」之語，世論稱之。萬曆四十五年（一六一七）大計京官，浚佐吏部尚書鄭繼之，爲之盡斥東林。累遷右僉御史，巡撫保定，以疾致仕歸。傳見乾隆《嘉定縣志》卷九《名宦志》。

張應武字茂仁，一字三江，明崑山縣人。係《清河畫舫録》及《真迹目録》著者張丑之叔。嘉靖三十年（一五五一），歸有光自崑山遷嘉定安亭講學，從學經濟水利，亦遷居安亭。知縣韓浚修縣志，發凡起例，皆出其手。著有《文起齋文集》及詩集。傳見光緒《嘉定縣志》卷二十《人物志五》。

是書分十門：卷一至卷二疆域考，卷三至卷四營建考，卷五至卷七田賦考，卷八至卷九職官考，卷十選舉考，卷十一至十三人物考，卷十四水利考，卷十五至十六兵防考，卷十七至十八雜記，卷十九至卷二十文苑之文編，卷二十一至卷二十二文苑之詩編、書目。各卷末多有韓浚評論，以「韓邃之曰」開頭。

《凡例》：「縣志始創于元至元間邑人秦輔之。國朝洪熙中，邑人曾魯重修；成化中，陳侯淵聘郡人都太僕穆更爲圖記二卷；嘉靖初，邑人龔尚書弘增修，凡五卷；三十五年，楊侯旦聘邑人浦助教南金增修，凡十二卷；至今又五十年，而韓侯浚復請重修，評騭詮次，集衆論而折衷焉。」

李之彦《重修嘉定縣邑志後序》：「先生之爲德於兹土也渥矣，而猶有無窮之思焉，以爲邑之有乘，是爲治者之所明徵也。則取前此所爲邑乘而循求之，蓋自邑浦公爲書以來，數十年間，其規制經畫，已自殊別，於凡風尚名迹所湮閼亦多矣。乃延諸縉紳暨文學掌故之家，共爲纂定之。凡七閲月而書成，酌斟增損，靡有遺憾，而先生復出其精誠約言，各爲之論著於篇末。」

《四庫全書總目》史部地理類存目三據兩淮鹽政采進本著録：「元至元中秦輔之始創縣志，明自洪熙至嘉靖，凡經四修。浚於萬曆乙巳復續爲是編，頗勝他志之鄙陋，然亦時有疏舛。」錢大昕《潛研堂文集》卷二十九《題韓浚〈嘉定縣志〉後》謂此書「考證多疏，史料闕漏」。《上海文獻題要選録》則稱是書「分析頗當，時稱實録焉」，并針對錢大昕對此志之批評曰「甚矣，著述之難矣！」

上博藏。

崇禎松江府志五十八卷

明崇禎間松江府知府方岳貢修，華亭縣陳繼儒等纂，華亭縣章台鼎校勘。明崇禎三年（一六三〇）刻本[一]，四十册。有抄補。半葉九行，行十九字，小字雙行字數同。上單魚尾，四周單邊。版心上鎸「松江府志」，魚尾下鎸卷次，版心中下爲葉碼。版心下右鎸當葉子目名，版心下左有當葉字數。正文卷端無題署。書前有董其昌《重修松江府志序》（行書）、方岳貢《志序》（行書）、陳繼儒《修志始末記》、《修志題名》、《松江府志目録》。鈐印有「曾寄/申江郁/氏處」（朱方）。

方岳貢（？—一六四四）字四長，號禹修，明湖廣穀城人。天啓二年（一六二二）進士。授户部主

[一]《上海圖書館藏稀見方志叢刊》第九至十七册據上海圖書館藏本影印。

事，進郎中。崇禎元年（一六二八）知松江府，任内築海堤、倉城，救荒助役，主修府志，均有建樹。崇禎十六年（一六四三）擢左都御史兼東閣大學士。李自成克北京，被俘，死。著有《國瑋集》。傳見《明史》卷二五一本傳、嘉慶《松江府志》卷四十二名宦二。

章台鼎，字吉甫，明松江府華亭縣人。

是志繼顧清正德《松江府志》而作。凡分四十八門，卷一叙、圖經、歷代沿革年表，卷二沿革、分野、形勝、區界、鄉村、户口，卷三鎮市、衢巷、坊表、橋梁、堰閘，卷四山，卷五水，卷六物産，卷七風俗，卷八至十賦額，卷十一至十二役法，卷十三荒政，卷十四鹽政，卷十五織造、税課，卷十六至十八水利，卷十九城池、倉廩、驛遞，卷二十壇廟、祠祀，卷二十一至二十二官署，卷二十三至二十四學政，卷二十五兵防，卷二十六至二十七守令題名，卷二十八至三十三宦績，卷三十四至三十五選舉，卷三十六至四十五人物，卷四十六第宅、園林，卷四十七古迹、灾異，卷四十八冢墓，卷四十九兵燹，卷五十至五十二寺院，卷五十三道觀，卷五十四著述，卷五十五詩品，卷五十六畫苑、書評、金石，卷五十七至五十八志餘。

方岳貢《志序》：「志者，識也……松江郡志，前正德辛未修者，文僖東江顧公；後崇禎辛未修者，爲不佞貢。屈指甲子，蓋兩周也。一百二十年掌故，幸借手諸君子以文我陋，編纂明備，歲日奇符，覽志而喜可知也。」

陳繼儒《修志始末記》：「郡伯禹修方公祖下東以來，一塵不染，百廢俱興，歲穰人和，惟焚香披閱圖史而已。展及顧文僖公舊志，屈指百二十年，人文漸覺凋落。有感於大方伯七澤張公之勤請也，申之臺察，謀之僚屬，諏吉告文於方正學先生，而薦紳秀咸集焉。約十日一赴求忠書院，分曹議之……繪圖雕棗，始肇厥工，而郡伯又聘章吉甫以匡儒之不逮。儒謂吉甫曰：『自來修志者，尤難於修史，吾獨謂史易而志難。史有起居注，有編管奏章，事繫歲，歲繫月，月繫日，先後班班可考鏡，而志有是乎？一難也。史不得，求之譜，今故家子姓，如郯子之能言其祖，王弘日對千客而不犯一人之諱者誰乎？堂構雖仍，譜系不熟，一難也。先輩陸澄有《地里書》，顧野王有《輿地志》，非郡史材乎？目前了無可尋，即楊潛、徐碩、張之翰、孫鼎諸舊本，亦類龜毛兔角矣，一難也。倭奴躪内地，轉餉征師，闕未書；城上海，邑青浦，闕未書；鄭僉憲均田，林侍御均糧，徐中丞均役，闕未書；張江陵下履畝之令，縮弓溢額，闕未書；海忠介浚吴淞，闕未書；嘉靖辛酉、萬曆戊子、戊申大灾賑，闕未書；十年編里甲，五年編收解，闕未書。諸如此類，書之則其詞不雅馴，雅馴矣而情形不必其精核洞達，一難也。史臣秘在禁廷，監以勛戚，總以公孤，雖外僚不敢妄窺著作尺寸之地。今圖史縱横於蓬牖，賓朋剥啄於衡門，一難也。儒以七十四老人，荷擔一百二十年曠典，狹書細字，複界重行，瞶瞶行霧露中耳。且才者遜之，而拙者任之，上衮遜之，而布衣任之，又一難也。志之難如此，可奈何？』吉甫曰：『是不難。頃奉郡檄，人物如史例，生不立傳矣。郡伯留覲，得從容設處，以觀厥成。干旄不時至矣，廪餼不時餽矣。舊志徵引書籍寥寥無幾，今采輯至三四千卷，餘如累朝之實録及省直郡縣之通志，拈出無遺。少者助若老，健者助若鈍，同事逾年，俱銷歸於太和爐冶中矣。志何甚難之有？』陳子曰：『善。』乃與諸君子剋期竣事。稿甫脱而剞劂隨之，視顧志卷帙頗多，歲月頗速，而整齊精簡，以補隆、萬之遺，則俟彦直歸而謀之，而余志始無憾。僕力已止此，汲深窘於短綆，道遠躓於疾行，志雖不工，不愈於今人，而姑待後人，今歲而復待他歲者乎。若其中役法、荒政，郡伯謂東南民力、民命所關，不惜饒舌盡言之。而小叙之似諷似諫，則區區微寓芻蕘，倘亦司牧者問織問耕，師蟻師馬之少助哉。此崇禎庚午、辛未修志之始末也。是爲記。郡布衣陳繼儒謹書。」

是書日本内閣文庫藏一部，《日本藏中國罕見地方志叢刊》據以影印。書前有曹文衡《松江府志序》、方岳貢《志序》、董其昌《重修松江府志序》、陳繼儒《修志始末記》、《修志題名》、《松江府志目録》。其中曹文衡序爲上圖藏本所無。嚴紹璗《日藏漢籍善本書録》史部地理類（五七三頁）著録，共二十八册，内閣文庫藏本，原加賀藩主前田綱紀、紅葉山文庫舊藏，係中御門天皇享保六年（一七二一）十一月，加賀藩主前田綱紀獻於德川吉宗，翌年四月，收藏於紅葉山文庫。

上圖、日本内閣文庫藏。

崇禎松江府志九十四卷

明崇禎間松江府知府方岳貢修，華亭縣陳繼儒等纂，華亭縣章台鼎校勘。明崇禎四年（一六三一）增刻本，存四十七卷，卷十至卷二十七、卷六十六至卷九十四，存十册[一]。半葉九行，行十九字，殘卷無小字。上單魚尾，四周單邊。版心上鐫「松江府志」，魚尾下鐫卷次，版心中下爲葉碼，版心下右鐫當葉子目名，版

[一] 《上海圖書館藏稀見方志叢刊》第十八至二十三册據上海圖書館藏本影印。

心下左無當葉字數。書末無跋文。

存物産、風俗、田賦、役法、役議、荒政、鹽法、織造、水利、割股、藝術、旌義、賢媛、游寓、方外、第宅園林、塚墓、寺觀、詩品、畫苑、書評、兵燹、志逸等目。

上圖藏。

東吴水利考十卷

明上海縣王圻撰。明天啓元年（一六二一）松江府刻本〔二〕，八册。半葉九行，行二十字。無魚尾，四周雙邊。版心上鎸「東吴水利考卷之□」，版心中下爲葉碼。正文卷端題「東吴水利考卷之一」，署「明進士王圻元翰父纂，後學俞汝楫仲濟父、男王思義孫王昌會校」。書前有張宗衡《東吴水利考叙》、《東吴水利考目録》。書前空白葉又有墨筆題識八行，述清康熙時李馥（鹿山）用印「曾在李鹿山處」事。

是書前九卷爲圖考，圖各繫以説，卷一東吴七郡水利總圖説、七郡水利四至考略、江海總圖説、沿海洩水港口圖説、海溢井築塘考略，卷二太湖港漊泄水圖説、太湖考略、受水湖浦湊蕩考、大江洩水港浦圖説、三江考、溧陽五堰考、土岡堰閘考，卷三蘇州府、長洲縣、吴縣、太倉州水利圖説，卷四崑山縣、常熟縣水利圖

〔二〕《四庫全書存目叢書》史部第二百二十二册據國家圖書館藏本影印。

說，卷五嘉定縣、吴江縣、崇明縣水利圖説，卷六松江府、華亭縣水利圖説、吴淞江圖考、青浦縣水利圖説，卷八常鎮二府水利總圖説、常州府、武進縣、無錫縣、江陰縣、宜興縣、靖江縣水利圖説，卷九鎮江府、丹徒縣、丹陽縣、金壇縣水利圖説，卷十歷代水利集議。《四庫全書總目》史部地理類存目四據浙江巡撫采進本著録。

是書臺北故宫藏一部，《原國立北平圖書館甲庫善本叢書》第四百零二册據以影印。經核，與中國國家圖書館藏本同版。書前有明萬曆四十三年（一六一五）王圻《東吴水利考自序》、天啓元年（一六二一）憲牌、姓氏、《東吴水利考目録》。無張宗衡《東吴水利考叙》。

憲牌全文如下：「欽差總理糧儲提督軍務兼巡撫應天等府地方都察院右僉都御史胡□爲水利事，照得江南水利最關民生休戚，有地方之責者，亟宜悉心料理。本院待罪兩年，適當時詘不能舉盈，本懷甚鬱。然與鄉紳有司之留意溝洫者往復講求，未嘗不日研諸慮也。頃據該府水利同知孫應昆呈送鄉紳王□《水利考》一書，稽核精詳，圖説咸備，披覽一過，瞭如指掌，誠澤國之金鏡，疏瀹之指南也。相應發刻爲此牌，仰本府官吏照牌事理，即將發去《水利考》，遴選名儒，再加讎校并序文。即動本院贖銀，鳩工庀料，精刻成書。完日刷印十部送院，兩道四府屬各分送二部，以便稽考用。將用過銀數報查，毋得遲違。須至牌者，天啓元年五月十七日。直隸松江府知府張宗衡，同知楊元裕、李鍾和、孫應崑，通判王之翰，推官劉之待，華亭縣知縣章允儒，上海縣知縣吕濬、青浦縣知縣鮑奇謨同校梓。」

國圖、臺北故宫、安徽博物院、重慶北碚區圖書館、西安市文物管理委員會藏。

南河志十四卷

明華亭縣朱國盛等纂，濟寧徐標等續纂。明刻本〔一〕。半葉九行，行二十三字，小字雙行字數同。上單魚尾，四周單邊。版心上鎸「南河志」，魚尾下鎸卷次，版心下鎸當卷子目名。正文卷端題「南河志卷之一」，署「南河郎中朱國盛編輯，員外郎彭期生、郎中顧民碞仝較，郎中徐標續纂」。書前有李思誠《南河志序》、崇禎六年（一六三三）徐標《南河志序》、天啓五年（一六二五）朱國盛《序例》、顧民碞《南河志跋》、彭期生《南河志跋》、纂輯姓氏、《南河志目録》。每篇子目皆占兩行，大字標示。

朱國盛字敬韜，號雲來，明松江府華亭縣人。居新場（今上海市浦東新區）。萬曆三十八年（一六一〇）進士。累官至工部尚書兼理侍郎事。善繪事，工山水。居官投靠閹黨，鄉居魚肉百姓。著有《南河志》《漕河議》《駱馬徐城四議》等。傳見嘉慶《松江府志》卷六十一《藝術》、同治《上海縣志》卷二十二《藝術》、光緒《南匯縣志》卷十三《人物志》。

古稱黄河自今陝西潼關以上、北南流向一段爲西河，潼關以下、西東流向一段爲南河。《尚書·禹貢》叙荆州貢道「逾於洛，至於南河」即指此。地近江蘇高郵，在明時爲漕運要道，由此入淮，以達京師。明天

〔一〕《四庫全書存目叢書》史部第二百二十三册據浙江圖書館藏本影印。

啓五年，朱國盛以工部郎中管理南河，創爲此志。

是書卷一敕諭、律令、疆域、水利，卷二河賦、職官、年表、公署、祠廟、鋪舍、夫役、淺船、物料、樹株，卷三至卷六章奏，卷七規條，卷八至卷九條議，卷十雜議，卷十一碑記，卷十二列傳，卷十三詩文、遺事，卷十四文移附。《四庫全書總目》史部地理類存目四據兩淮馬裕家藏本著録。

朱國盛《序例》：「南河之分司載祀，百有六十矣。先臣述紀略，而未嘗志也。夫郡邑之有志，創自我明，九鄉臺省之有志，備于近代。何南河之獨可無志乎。志矣而不實以河則離，實矣而不以其用則狹。余之作志，志南河所自有也。志南河所自有而彙拆之爲二十三條，實而且訏也。夙夜匪懈，畏此簡書。志敕諭，敬爾在公，代謹三尺；志律令，在河言河，河循境而守；志疆域，無源勿探，無流勿歷；志水利，動衆須貲，注籍而發；志河賦，百僚師之，率作有序；志職官，瓜期遞易，展卷即知；志年表，堂皇相承，繕修俟浚；志公署，山川保護，藉諸百靈；志祠廟，傍堤依滸，居夫築室；志鋪舍，巡守有恒，興調以時；志夫役，運土備舟，撈鑿無擾；志淺船，木石所需，權價定式；志物料，堤所護持，植以蒿柳；志樹株，人臣無專，舉事必請；志章奏，慮有愆忘，舊章是率；志規條，蒭蕘淺見，試之躬行；志條議，叢畢體殊，宣之以牒；志文移，勒石紀勛，表以示衆；志碑記，先哲懿行，光以殺青；志列傳，雍容揄揚，河之鼓吹；志詩文，網羅舊聞，每慮其逸；志遺事，河漕屢變，今古互徵。諸水分流，向背宜悉，作治河以下十八考。凡志所載，皆域内之水。凡考所載，則就河漕而傍及之，故别自爲卷。本州諸生較訂者列於卷之首，素不與較不與社者，不復强入。」

是書《續修四庫全書》史部第七百二十八册又據浙江圖書館藏本影印，著録爲明天啓刻崇禎增修本。

上海圖書館藏一部，殘本存卷三、卷四兩卷。版式行款字體等均同浙圖藏本，但卷三及卷四首葉均署「南河郎中朱國盛編輯，員外郎彭期生、郎中顧民咢同較，郎中徐標、豫章葉應震續纂」，其中「豫章葉應震續纂」字體明顯異於其他，當係補刻。

浙圖、上圖藏。

南河全考二卷圖一卷

明華亭縣朱國盛等纂，濟寧徐標等續纂。明刻本〔一〕。半葉九行，行二十三字。上單魚尾，四周單邊。版心上鎸「南河全考」，魚尾下鎸卷次。正文卷端題「南河全考卷上」，署「南河郎中朱國盛編輯，員外郎彭期生、郎中顧民咢仝較，郎中徐標續纂」。每篇子目皆占兩行，大字標示。書前有崇禎六年（一六三三）徐標《南河全考序》、萬曆二年（一五七四）熊子臣《舊南河紀略序》、《南河全考目録》。正文前爲圖一卷。

徐標（？—一六四四）字準明，號鶴洲，明山東濟寧人。天啓五年進士。崇禎時，歷淮南河堤使，淮徐道參議。崇禎十六年（一六四三）擢右僉都御史，巡撫保定。官至兵部侍郎，總督軍務，移駐真定以遏李自成，爲中軍謝加福所殺。此書係崇禎六年徐標任淮南河堤使時所作，並附刻於朱國盛《南河志》後。

是書目録，首爲全河總圖，上卷爲周定王五年起至明穆宗隆慶六年止，下卷神宗萬曆元年起至天啓四

〔一〕《四庫全書存目叢書》史部第二百二十三册據浙江圖書館藏本影印。

年止，附各河考（漕河通考、大通河考、白河考、衛河考、會通河考、汶河考、洸河考、泗河考、沂河考、汴河考、淮河考、泇河考、通海口考、通江口考、支河考），又附（河役考、河官考、漕運考、貢船考）。正文中所涉朝代，則於天頭處額外標識。如卷上第三葉左半，「定王五年」條，天頭處增「周」字；又如同葉「晋景公十五年」條，天頭處增「春秋」二字；第四葉「文帝十二年」條，天頭處增「漢」字。

徐標《南河全考序》：「都水朱公敬韜行河之暇，纂《南河志》，廣大悉備，君子則之。而復綜識大識小之精，樹世法世道之鵠，著《全河考》，洪浸細流，靡不具載，源流支委，靡不縷析。按之有圖，稽之甚典……至若河役若河官若漕運若貢舟，並附其詳，益知作者之苦心……舊弁南河志首，予别爲一帙，用廣厥傳，凡留心水土者，均游目而有得也。」

熊子臣《舊南河紀略序》：「歲癸酉夏，余承乏南河。初至，詢故事，得謝公體升《南河規則》讀之，第所載者河夫耳。諸河務大都漫無可考。邇河防多故，余往來淮揚徐間，日夜問水，所聞長老言頗悉，筆藏篋中。會今歲秋大司空鎮山朱公過兹地，與余譚河事，且曰泉洪閘署各有志，而兹河獨缺，盍圖之詒來者。余不揣鄙陋，即采所聞見者，彙分序次，付之鋟梓。蓋存梗概，備案牘焉爾。如其潤色，俟君子云。」

浙圖藏。

南河全考二卷圖一卷

明華亭縣朱國盛等纂。明刻本，三册。半葉九行，行二十三字。上單魚尾，四周單邊。版心上鎸「南河全考」，魚尾下鐫卷次。正文卷端題「南河全考卷上」，署「南河郎中朱國盛編輯，華亭耳史唐汝詢參較」。正文前有《南河全考目録》，全河總圖一卷。書前空白葉有書簽，墨筆題「南河全考二卷」，下小字「大三本」。

按：上圖藏本版式行款全同浙圖本，包括天頭處標示朝代之額外增加之字，但字體明顯不同，附圖一卷亦與浙圖藏本不同，應爲此書另一版本。經比勘，二書文字亦頗有差異。如目録中，浙圖藏本下卷附各河考中，目録及正文中通海口考前還有迦河考，上圖藏本目録及正文中皆無此條。又如卷上首葉《治河治漕考》，正文第三行，浙圖藏本作：「元、成之世，外戚專政，法度紀綱，敝于群小，井水且溢，而况黄河。」上圖藏本作：「元、成之世，外戚專政，閹宦嬖女，煽處於中，井水且溢，而况黄河。」

上圖藏。

長水塔院紀六卷

明華亭縣俞汝爲纂。明萬曆二十七年（一五九九）刻本，一册。半葉九行，行十九字，小字雙行字數同。上單魚尾，四周雙邊。版心上鐫「泖墖紀」。正文卷端題「長水墖院紀」，卷一及卷二署「明華亭俞汝爲毅夫輯，何三畏士抑校」，卷三署「明華亭俞當爲毅夫輯，陳繼儒仲醇校」。書前有明萬曆二十七年俞汝爲序、目録（名賢姓字爵里附）。全書手書上板，字體秀美。此書爲殘本，存卷一至卷三。書前序文目録破損較多，經過修補，合訂爲一册。

俞汝爲字毅夫，明松江府華亭縣人。隆慶五年（一五七一）進士，授德化令。官至兵部郎中、山東僉事。著有《長水塔院記》《荒政要覽》等。傳見崇禎《松江府志》卷四十《賢達五》、乾隆《華亭縣志》卷十二《人物志上》、嘉慶《松江府志》卷五十四《古今人傳六》、光緒《重修華亭縣志》卷十五《人物》。

是書一名《泖塔志》，崇禎《松江府志》卷五十四《著述志》著録，題《泖塔志》。明清各府志、邑志俱題作《泖塔志》。

此志卷一紀事，紀由拳、紀谷水、紀塔院、紀仙釋、紀靈怪、雜紀及考等；卷二詩，包括晉陸機，唐宋之問、皮日休等十家，宋唐洵至殷澄等三十七家，元趙孟頫至釋粲然等九家；卷三詩，包括明王袆至韓偕甫等一百零四家；卷四詩，包括明王世貞至張嘉遇等七十四家；卷五各體詩文，有唐張志和歌、釋靈澈謡等三十六首；卷六各體詩文，有宋葉清臣等賦十九篇。

此志流傳至稀，近人萬以增嘗見而跋之，見《章練小志》卷八《藝文》。

上圖藏。

松江泖缺石塘録不分卷附刻一卷

明華亭縣吴嘉胤撰〔一〕，清馮敦忠輯。清雍正二年（一七二四）刻本，三册。正文半葉九行，行二十字，

〔一〕上海圖書館藏本標注：題清吴嘉胤撰。

小字雙行字數同。上單魚尾，四周單邊。版心上鎸當葉篇名。第一册依次爲清雍正二年朱琦序（闕前二葉）、雍正元年朱霞《重刻松江漴缺石塘録序》、康熙五十八年（一七一九）馮敦忠《重刻漴缺捍海石塘録弁言》、《重刻漴缺捍海石塘録目次》、原序（董其昌、唐昌世、陳子龍、夏允彝）、原詳、海塘工料册、告海文、原呈、海塘册。第二册依次爲石塘圖目（計十六圖）、石塘圖、石塘問答、錢昌基《石塘問答跋》、錢龍錫《漴缺捍海石塘碑記》。第三册爲附刻，依次爲部覆、何剛誓神文、何剛《續築石塘紀事》、錢龍錫《續築石塘序》、康熙十五年（一六七六）吴騏《海塘紀略序》、康熙五十八年（一七一九）本府原呈、提憲原呈、提憲咨文、華亭縣原呈、憲札、看語、撫院原呈、提憲投詞、撫院投呈、藩憲投呈、司檄、撫咨、督咨、憲咨、公呈、馮敦忠《松江海塘石土利害説》、海塘公議、督院原呈、捍海頌、雍正二年石塘詳文。

吴嘉胤（一五七九—一六四五）字君錫，號繩如，明松江府華亭縣人。居漴缺（今上海市奉賢區）。天啓四年（一六二四）舉人。尚氣誼，有才略。崇禎七年（一六三四）任石塘塘董。福王時薦授户部山西司主事。當南都陷時，已奉使出，聞變亟返，謁方正學祠，自縊殉節。清乾隆四十一年（一七七六）賜謚節愍。著有《漴缺石塘録》。傳見嘉慶《松江府志》卷五十五《古今人傳七》、乾隆《婁縣志》卷二十四《人物》，光緒《重修華亭縣志》卷十五《人物》。

清周中孚《鄭堂讀書記・補遺》卷十四著録：「明吴嘉允撰，嘉允字繩如，青浦人。天啓甲子舉人。吾郡比濱於海，有漴闕者，爲漁舟入海采捕處。當崇禎六、七年間，多大風雨，海溢，岸數潰，鹵潮傷稼。守令建議，易土塘爲石堰，而起繩如董其役。一年而塘成，因作是編以紀事。首載董（其昌）、唐（昌世）、陳

（子龍）、夏（允彝）四序，次爲呈文、詳文、告海文、海塘册、工料册、石塘圖、石塘問答及碑記之屬。問答中，叙其始議，以迄奏功，而尤勤勤於後人之守其成績，益於創始之佳，善後之不易，深致意焉。惟其編次成書，出於郡人一時所爲，殊無條理耳。石塘至崇禎十三年（一六四〇）又續築左右，何谷人（剛）董其事，悉照繩如成規。於是益爲堅固，至於今賴之。即卷末附刻文四篇是也。又附康熙丙辰吴日千（騏）序一篇。原本參訂助梓姓名，此本偶失之。」

姚光《金山藝文志稿》：「《漴闕石塘録》，明吴欽章撰。方岳貢守松江時創建漴闕石塘二百八十餘丈，專任吴欽章董其事，爰著是書。首海塘，次石塘圖及石塘問答。《婁志》云：『康熙己亥馮敦忠校刊，名《重訂捍海石塘録》，更附以碑記、呈稿、詳文。一作吴嘉允撰。』嘉允爲欽章父，亦有功於海塘。或先有其稿也。烈按：録中告海文及石塘圖十四幅，附説二首，石塘問答，均嘉允撰。」

馮敦忠《重刻漴缺捍海石塘録弁言》：「吴公曾孫素臣珍藏吴公手訂《漴缺石塘録》，凡疊石之縱横高下，椿木之疏密大小，以石爲甲，以土爲衣，種種工料，纖毫備載，不難按圖取法。惜年久板失，僅存一帙。己亥長夏，爰集同志，重付剞劂。」

錢昌基《石塘問答跋》：「此吴先生《籌海編》也。天下非常之事，原待非常之人以任之。非常者，固常人之所望而震焉者也。不有先生，孰能辦此大役，興此大利，以稱我邦侯爲民捍患之意。昔光武之謂耿將軍方建議旨，亦若落落難合。有志者，事竟成也，今於先生亦云。異日廟廊經濟，兹特其一班耳。覽者須知先生一片苦心。」

《石塘問答》「湶缺石塘之工，始於崇禎七年甲戌仲冬之念五日，成於乙亥季冬之念四日，所更晦朔，凡十有三，所歷永短，凡三百八十有九」。

按：湶缺一作湶闕，清周中孚《鄭堂讀書記》係據上海李氏慈雲樓原藏康熙三十四年（一六九五）十菊齋刻本著録，近崇禎原刻面目。姚光名烈，其《金山藝文志稿》係據清道光十四年（一八三四）抄本著録，故二者説法稍異。

曹家駒輯有《華亭海塘紀略》，一名《海塘紀略》，見清《（光緒）奉賢縣志》卷十七《藝文志》著録；又名《海塘考》，見清《（康熙）松江府志》卷十二《山川志》引。後吴嘉允子欽章綜合考訂，釐爲一編，即《湶缺捍海石塘紀事》。清陸錫熊《（乾隆）婁縣志》卷十二《藝文志》著録，稱：「欽章舊有《湶闕石塘録》，康熙己亥（馮）敦忠校刻。首海塘册，次石塘圖，次石塘問答，後附碑記暨呈稿詳文。」

上圖藏。

廣輿記二十四卷

明華亭縣陸應陽輯。明萬曆二十八年（一六〇〇）刻本，六册。半葉十行，行十九字，小字雙行字數同。上單魚尾，左右雙邊。版心上鐫「廣輿記」。正文卷端署「明雲間陸應陽伯生輯」。書前有明萬曆二十八年申時行敘（手書上版）、《凡例》五則、目録。無圖。

陸應陽（一五四二—一六二七）字伯生，明松江府華亭縣人。其父陸郊本爲蘇州府吴縣人，寓居郡城，遂爲華亭人。萬曆間諸生，被斥後絶意仕進。精輿地，善鑒賞，擅文名。作詩喜用「鴻雁」，人稱「陸鴻雁」。著有《樵史》《笏溪草堂集》，輯有《廣輿記》《象山縣志》《唐彙林》《唐詩選》《明詩妙絶》等。傳見嘉慶《松江府志》卷五十四《古今人傳六》。

是書據書前目録，卷一北直隸，卷二至卷三南直隸，卷四山西，卷五山東，卷六至卷七河南，卷八至卷九陝西，卷十至卷十一浙江，卷十二至卷十三江西，卷十四至卷十五湖廣，卷十六至卷十七四川，卷十八福建，卷十九廣東，卷二十廣西，卷二十一雲南，卷二十二貴州，卷二十三九邊，卷二十四外夷。

申時行叙：「余友雲間陸伯生氏博雅宏達……故燕、趙、齊、魯、河、洛之間，足迹殆遍。所至問其山川風物，時有闕略，則慨然歎曰：『夫履句履者識地形，不出户知天下，令親履其地而不能舉其籍，綜覽之謂何？』乃搜訪遺編，諏咨掌故，手自裒輯，爲《廣輿記》。而大參黄君履常實給筆札，資廪餼，以贊其成。既成，爲二十四卷，大都取裁《一統志》而參以歷代史官、列省郡乘，删繁就簡，舉大遺細，而於名宦人物尤多所考證，間有附益，蓋十易寒暑，三易草而後成。」

《凡例》：「一，是編大要仿《一統志》，而參以列省郡乘、歷代史官。但統志主該博，是編主簡雅。其名宦人物惟表表衆望者，其政績行誼惟鑿鑿可耳食者方載，餘不能泛舉；一，古迹如軒轅丘、姚墟、漆園、徐君冢、豫讓橋、仲宣樓、華陽亭類，人物如倉頡、尹吉甫、紀信、嚴光、汲黯諸公，歷考省志郡乘，往往甲乙互載，似涉有據者，其真贋半屬疑信，未敢以臆見去取也，今故並存之；一，名宦如龔渤海，一見河間，一見濟南者，考之《漢書》，蓋二郡原相屬也，不妨並載，餘可亮矣；《一統志》如蘧伯玉、鄭子真、徐有功輩，但録其字，而逸其名，至史傳如文翁則並其名與字而遺之，恐亦疏矣，此類今俱考正；一，古人大都以字行，是編於人物中考注已十得八九，名宦則不必更及其字，間有及者，或人物不載耳。」

是書所記各篇皆有小序，如卷一首條爲北京，其小序云：「古幽、薊之地，左環滄海，右擁太行，北枕居庸，南襟河濟，形勝甲天下，即遼、金、元舊都也。我成祖文皇帝嘗龍潛於此，及纘承大統，遂建爲北京。」但小序所述，有爲清廷所忌者，故後列爲禁毁書，如卷二十三九邊小序曰：「遼東（自東海岸起西至薊鎮，沿邊一千餘里，外係虜酋土蠻等部落住牧），國初廢郡縣置衛所以備虜，獨于遼陽、開原設自在、安樂二州，處屬夷。其外附者，東北則女真、建州、毛憐等衛，西北則朶顔、福余、泰寧三衛，分地授官，通交互市。自嘉靖間虜入，大得利去，遂剽掠無時，邊人不得耕牧。頃者朝鮮失守，海波復揚，方來肘腋之憂，蓋不獨驕虜矣。」

上圖、南圖、故宫、山東省圖書館、湖北省圖書館藏。

廣輿記二十四卷

明華亭縣陸應陽輯。明素水堂刻本，八册。半葉九行，行二十字，小字雙行字數同。上單魚尾，四周單邊。版心上鎸「廣輿記」，魚尾下鎸卷次。正文卷端題「廣輿記」，署「明雲間陸應陽伯生輯」。書前牌記鎸「雲間陸伯生輯，廣輿圖記／素水堂藏板」。書前有鍾人傑《廣輿記叙》、説明一葉、地圖十七幅、目録。刻印不精。

書前説明：「廣輿圖式，以尺幅盡萬里之勢。繪者每病淆雜，僕於暇日詳加考核，束之片楮，雖寬窄稍殊，而府州縣衙若□若◇若○若■，各爲標置，庶覽者瞭如指掌云。」

十七幅圖，依次爲：廣輿總圖，北直隸圖，南直隸圖，浙江省圖，江西省圖，福建省圖，湖廣省圖，河南省圖，山東省圖，山西省圖，陝西省圖一，陝西省圖二，廣東省圖，廣西省圖，雲南省圖，四川省圖，貴州省圖。

各卷目録與正文内容同明萬曆二十八年（一六〇〇）刻本。

是書上海師範大學圖書館藏一部，著録爲明刻本，十二册。與明素水堂刻本版式、内容均同，但無牌記，無鍾人傑序文。上單白魚尾，正文卷端署「雲間陸應陽伯生輯，吴郡汪明際無際點閲」，餘皆同素水堂本。二書應爲同一底本，或即以素水堂本爲底本。

上圖藏。

吴興掌故集十七卷

明華亭縣徐獻忠撰。明嘉靖三十九年（一五六〇）范惟一等刻本〔一〕。半葉八行，行十八字，小字雙行字數同。上單魚尾，左右雙邊。版心上鎸「掌故集卷一」及卷次，魚尾下鎸當葉類目名，版心中下爲葉碼。正文卷端題「吴興掌故集卷之一」，署「九靈山長徐獻忠輯，丹陽後學荆文炤校正，太倉後學張節同校」。書前有徐獻忠《吴興掌故集引》、目録。書末有明嘉靖三十九年張邦彦《刻吴興掌故集後序》（手書上版，

〔一〕《四庫全書存目叢書》史部第一百八十八册據中國國家圖書館藏本影印。

原闕第二葉）、同年荆文炤《吴興掌故集後叙》。鈐印有「董康暨／侍姬玉／奴珍藏／書籍記」（白方）等。

徐獻忠（一四九三—一五六九）字伯臣，號長谷、九靈山長，明松江府華亭縣人。居長泖之東。嘉靖四年（一五二五）舉人，官奉化知縣。有政績，尋棄官寓居吴興。學博洽。與何良俊、董宜陽、張之象並稱四賢。與顧應祥、劉璘、蔣瑶諸人於峴山爲耆英會。年七十七卒。私謚貞憲。王世貞經紀其喪，葬於九霞山之陽。傳見《弇州山人四部稿》卷八九《徐先生墓志銘》、《明史》卷二八七《文苑傳》、崇禎《松江府志》卷四十二《文學》、乾隆《江南通志》卷一六六《人物志·文苑》、乾隆《婁縣志》卷二十二《人物》、嘉慶《松江府志》卷五十三《古今人傳五》。

是書乃獻忠寓居湖州後所作，綜記明嘉靖以前湖州歷史、地理、風土、人文，並自刻於湖州。《四庫全書總目》史部地理類存目三據兩淮鹽政采進本著録。崇禎《松江府志》卷五十四著述著録。書名題《吴興掌故》。據書前目録，全書分爲十三類，依次爲宦業一卷、鄉賢一卷、遊寓一卷、著述一卷、金石刻一卷、文苑二卷、名園一卷、古迹一卷、山墟一卷、水利一卷、風土一卷、物産一卷、雜考四卷。

徐獻忠序：「余自嘉靖丁亥游於吴興，樂其土風，晏然安之也，爲作掌故集，自正史至稗子諸書與舊録所具，或至放失及余膚臆之見，凡可備志家之采拾者，咸録焉……顧余以筆扎之役，自效其私而衰遲湎薄，實多慚負，聊附於野史之家而已。山空日永，灌園采藥之暇，以其成録，對之几案，千數百年故實，一舉目可盡，則固山家一種樂事也，因序而藏焉。」

荆文炤後叙：「吴興有集尚矣……大都得此遺彼，要未備也。九霞山人自吴淞游寓，卜居坦林之間，日散群帙，務加研核，又取坦上若下寒泉一庵兩溪諸公所輯郡邑乘而折衷之，暇則與客遐覽冥搜，窮探邃覓，一泉一石，杖屨殆遍，慨然以掌故自任。久而成帙，氏之曰《吴興掌故集》焉，凡若干……請於大宗師范老先生，檄府命加訂定，俾付梓。」

是書臺北故宫藏一部，《原國立北平圖書館甲庫善本叢書》第四百零五册據以影印。書前有徐獻忠引前，還有明嘉靖三十九年范惟一《刻吴興掌故集序》（手書上版），餘同四庫存目本（張邦彦後序完整）。范序曰：「予以爲是集有可裨湖政者，乃題其篇，檄郡守張君刻之。」

上海圖書館亦藏一部，十二册。書前有嘉靖三十九年范惟一《刻吴興掌故集序》、徐獻忠《吴興掌故集引》、《吴興掌故集目録》。書末有嘉靖三十九年張邦彦《刻吴興掌故集後序》（手書上版）、嘉靖三十九年荆文炤《吴興掌故集後叙》。鈐印有「磊亭」（朱楕）、「毋自／欺室／藏本」（朱方）、「海上／讀書／樓」（朱方）。

張邦彦《刻吴興掌故集後序》：「先生兹集，鳴道範俗，考衷節性，叙宦業鄉賢，則中和協德，而遊寓著述金石，刻文苑諸録，尤婉以詳，悠悠乎俾觀者有餘愛焉。叙水利風土則紀綱具舉，而名園古迹、山墟物産雜考諸録，又精以實，渢渢乎俾觀者有餘敬焉。合敬與愛，動臻法式，予守兹土，示幸有明鑒矣。」

國圖、上圖、臺北故宫、臺圖藏。

吴興掌故集十七卷

明華亭縣徐獻忠撰。明萬曆四十三年（一六一五）茅獻徵刻本[一]。半葉八行，行十八字，小字雙行字數同。上單魚尾，左右雙邊。版心上鎸「掌故集」及卷次，魚尾下鎸當葉類目名。正文卷端題「吴興掌故集」，署「九靈山長徐獻忠輯，延州布衣吴夢暘閱，後學茅獻徵校」。書前有明萬曆四十三年茅瑞徵《重訂吴興掌故集序》（手書上版）、嘉靖三十九年（一五六〇）范惟一《吴興掌故集叙》（隸書手書上版）、徐獻忠《吴興掌故集引》、李松書（手書上版）、目録。書末有茅獻徵《吴興掌故集跋》（手書上版）。

茅瑞徵序：「余翻閱之餘，嘗取事關吴興者，手録成帙，既得長谷先生所記得掌故集，賞其先獲我心。會從兄彦先躬爲校讎，索余作序。」

茅獻徵跋：「惜其書漫滅，不可久，復授之梓，懸之國門，敬邀先生之惠，且以明先生不忘吴人，吴人亦不忘先生。鋟既成，而題數言於簡末。」

是書上海圖書館藏一部，八册。書前有嘉靖三十九年范惟一《吴興掌故集叙》（隸書）、萬曆四十三年茅瑞徵《重訂吴興掌故集序》（行書）、徐獻忠《吴興掌故集引》、《吴興掌故集目録》。書末正文有缺損，無跋等。鈐印有「李宣/龔印」（白方）、「碩果/目丁」（朱方）。

萬曆本正文行款、字體、版式均全同嘉靖本，唯卷端署名不同。

[一]《原國立北平圖書館甲庫善本叢書》第四百零六册據明萬曆四十三年（一六一五）茅獻徵刻本影印。

臺北故宫、上圖藏。

吴興掌故集十七卷

明華亭縣徐獻忠撰。明朱格抄本，四册。半葉十一行，行二十八字至三十字不等；小字雙行。上下白口，上單魚尾，四周單邊。版心中無文字。正文卷端署「九靈山長徐獻忠輯」。書前有徐獻忠《吴興掌故集引》，目録。鈐印有「徐氏／藏書」（白方）、「復旃」（朱長）、「華亭封／氏蕡進齋／藏書印」（白方）等。

是書正文同刻本，但書前徐獻忠引文落款爲「歲在乙未孟秋九日長谷徐獻忠識」，嘉靖本、萬曆本均爲「雲間徐獻忠識」，無具體時間。文字亦與嘉靖本、萬曆本差别較大，疑别有所出。

上圖藏。

山左筆談一卷

明嘉定縣黄淳耀撰。《學海類編》本〔一〕。是書入《學海類編·集餘八·游覽》中，列第一百一十册。

〔一〕 一九二〇年上海涵芬樓影印清道光十一年（一八三一）六安晁氏木活字《學海類編》本。《四庫全書存目叢書》據涵芬樓影印本再次影印，列史部第二百四十八册。

半葉九行，行二十一字。上單白魚尾，左右雙邊。版心上鎸「學海類編」，魚尾下右鎸「山左筆談」，版心下鎸「游覽」。正文卷端署「明嘉定黄淳耀藴生著」。

黄淳耀（一六〇五—一六四五）字藴生，號陶庵，又號水鏡居士。明嘉定縣人，居方泰茭門涇。崇禎十六年（一六四三）進士，觀政都察院，旋弃官回鄉。清順治二年（一六四五），清軍連陷南京、揚州後，兵臨嘉定。淳耀與侯峒曾舉義兵守衛，城陷後，偕弟淵耀自西門入西林庵自盡。清乾隆四十一年（一七七六）追謚忠節。著有《山左筆記》《吾師録》《自監録》《陶庵全集》等。傳見《明史》卷二八二《儒林傳》、康熙《嘉定縣志》卷十六《人物二》、嘉慶《松江府志》卷六十二《寓賢傳》。

《四庫全書總目》史部地理類存目六據編修程晋芳家藏本著録：「是編所紀，皆山東風土、形勝、山川、古迹及海運、備倭諸事宜，徵引拉雜，殊鮮倫理。案淳耀生平未嘗游山東，所著《陶庵集》内亦無此書名，此本見曹溶《學海類編》中，疑亦出僞托也。」

上師大藏。

東夷圖像一卷東夷圖説一卷嶺海異聞一卷嶺海續聞一卷

明青浦縣蔡汝賢撰。明萬曆間刻本[一]。半葉九行，行十八字，小字雙行字數同。上下白口，上單魚尾，

[一]《四庫全書存目叢書》史部第二百五十五册據中國國家圖書館藏本影印。

四周雙邊。版心下鎸刻工姓名，如序文首葉版心下有「閩人朱國汝刊」，又有國汝刊、朱、汝、江之等字樣。書前有萬曆十四年（一五八六）蔡汝賢《東夷圖總説》。《嶺海續聞》至第二十四葉止，其後内容原闕。正文卷端無署名。

蔡汝賢字用卿，一字思齊，號龍陽，明松江府華亭縣人。居唐行鎮。隆慶二年（一五六八）進士，授大名府推官。佐治水著勞績，擢爲御史。任中敢言，疏劾勛戚無顧忌。累遷南京兵部右侍郎致仕。所至以清介稱。著有《諫垣疏草》《東夷圖説》《嶺海異聞》《嶺海續聞》等，輯有《蔡氏新譜》。傳見崇禎《松江府志》卷四十《賢達五》、嘉慶《松江府志》卷五十四《古今人傳六》、同治《上海縣志》卷十九《人物二》。

《東夷圖説》簡紀東南海中諸國概況，録朝鮮、琉球、安南、占城等二十四國；附《東夷圖像》，録琉球、占城、安南等二十幅，其中朝鮮、蘇門答剌、錫蘭山、百花四國無圖。《嶺海異聞》《嶺海續聞》大都摘録他書記載，非親歷知見。《四庫全書總目》史部地理類存目據浙江吴玉墀家藏本著録：其多據傳聞而失實。

蔡汝賢《東夷圖總説》：「國凡二十有四，貌之者二十。間有與圖説左者，在中國則服然識所見也，餘闕焉。嶺海多奇聞，因輯古今所睹記者二卷。」

國圖、韓城縣文化館藏。

職官類

南京都察院志四十卷

明上海縣施沛撰。明天啓間刻本〔一〕，二十册。半葉十行，行二十字，小字雙行字數同。上單魚尾，四周雙邊。版心上鎸書名。魚尾下鎸卷次，其下右鎸爲當葉篇名。書前有祁伯裕《南京都察院志序》（行書手寫上版）、明天啓三年（一六二三）王永光《南京都察院志序》、徐必達《南京都察院志題詞》（行書手寫上版）、纂輯姓字、目録；書末有明天啓二年（一六二二）施沛《南京都察院修志始末》。鈐印有「秘閣／圖書／之章」（朱方）。

施沛（一五八五—一六六一）字沛然，號笠澤居士，一號元元子，明松江府上海縣人。施大經子。貢生。天啓初，官河南廉州通判，雅度雍容。後轉南康同知，歸。素知醫家言，精其術，活人甚衆。纂有《南京都察院志》，著有《祖劑》。傳附見嘉慶《松江府志》卷五十四《施大經傳》。

是書依書前目録，卷一皇綸，卷二廨宇、公署、私署，卷三至卷七職官，卷八至卷二十五職掌，卷二十六儀注，卷二十七至卷三十四奏議，卷三十五公移，卷三十六藝文志，卷三十七至卷三十九人物，卷四十志餘。是書前有總目，各卷前有分卷目録，分卷目録同總目。卷一分卷目録後、正文前又有天啓元年十月初一日

〔一〕《四庫全書存目叢書補編》第七十三—七十四册據日本東京内閣文庫藏本影印。

《修志札》一篇。除藝文志與奏議外，其餘八類前各有小序。

王永光序：「則此志之刻也，於以重南臺，因以重南都也……蓋南臺故無志，志成于今上龍飛之壬戌，中丞玄仗徐公寔始其事云。」

徐必達序：「列爲則者十，首皇綸，則君命煌然在焉；堂皇所以行君令而致之民者，故次廨宇；夙夜在公，在公明之，故次建官；曠職非官也，侵職亦非官也，故次職掌；上下有等，而朝廷始尊，故次儀注；朝拜官而夕奏疏者，臺臣也，故次奏疏；言於君以疏，言於二三大夫以移，故次公移；觀乎人文可以化成，故次藝文；高山仰止，景行行止，故次人物；書不盡言，言不盡意，故以志餘終焉。每則首冠之以序，後系之以贊，表所繇也。爲卷四十，爲言數百萬。經始于辛酉之十月，告成于癸亥之二月。」

施沛《修志始末》：「大中丞徐太宗師挈大綱之總領，憫遺緒之淪亡，合謀同堂共修志乘，以圖不朽。而屬本衙門歷事諸生沛執筆與□。沛領命以來，夙夜□□□□□諸宗實録，大明會典□志通志郡邑志及諸名公所纂外史若干家，凡有關於留臺者，傍索冥搜，篇采句摘，歷半載而成稿以進，自謂鼯鼠之技窮已……徐太宗師親加删削，裒所未備，面命耳提，俾沛得循繩按墨以次而甲乙之。又復半載，始付剞劂。」

《四庫全書總目》史部職官類存目據兩淮馬裕家藏本著録：「沛始末未詳，其修此書時則爲南京國子監生。時董其事者爲操江副都御史徐必達，亦天啓初因修兩朝《實録》而作也。」徐太宗師即徐必達。該志始修於明天啓元年，書成於天啓三年。《四庫全書總目》中稱徐必達修兩朝實録，即明神宗朝、光宗朝實録。

日本内閣文庫藏。

官爵志三卷

明青浦縣寓賢徐石麒撰。《學海類編》本〔一〕。是書入《學海類編》集餘二事功中，列第三十九册。半葉九行，行二十一字。上單白魚尾，左右雙邊。版心上鎸「學海類編」，魚尾下右鎸「官爵志」及卷次，版心下鎸「事功」。正文卷端署「明嘉興徐石麒虞求輯」。《四庫全書存目叢書》據涵芬樓影印《學海類編》本影印，列史部第二百六十册。

徐石麒（？—一六四五）字寶摩，號虞求，明嘉興府嘉興縣人，本籍居鍾帶鎮畫水鄉（今平湖市鍾埭鎮）。其族有别居於松江府之青浦者，石麒就試補其邑弟子員，故又爲青浦人。天啓二年（一六二二）進士，以南直青浦籍登第。授工部營繕司主事。司節慎庫，既勤且廉。以營救御史黄尊素，忤魏忠賢，削籍。崇禎三年（一六三〇）起官南京，弘光初召爲吏部尚書，因陸朗排擠，遂辭官隱居楓涇。清兵圍攻嘉興，城陷，清順治二年（一六四五）自縊殉國。乾隆四十一年（一七七六）賜謚忠懿。著有《官爵志》《可經堂集》等。傳見《明史》卷二七五本傳，光緒《青浦縣志》卷十七《人物》。

是志係石麒崇禎中官吏部尚書時所作，專述有明一代官制。先中央六部，後地方，分類述之，凡官制之升降沿革頗詳悉。各卷細目如下：卷一封建、品秩、入流、未入流、文散官、武散官、文勛、武勛、封贈、宗室禄米、公侯伯俸給、文武官俸給、吏員俸米、蔭叙、鬻官、試職、會推、考滿、休沐、豁宿、致仕、策免、德政碑、生

〔一〕　一九二〇年上海涵芬樓影印清道光十一年（一八三一）六安晁氏木活字《學海類編》本。

祠、戒石銘；卷二宗人府、六部、吏部、户部、太倉、户部所屬、禮部、禮部所屬、兵部、兵部所屬、刑部、工部、工部所屬、都察院、御史差委、巡撫、通政使司、大理事、太常寺、鴻臚寺、光禄寺、太僕寺、尚寶司、國子監、翰林院、翰林升用、大學士、内閣權重、詹事府、左右春坊、司經局、中書科、六科、六科廊、近侍、行人司、太醫院、欽天監、上林苑監、五城兵馬指揮司、京府、所屬衙門、京縣、公侯伯、駙馬、五府、禁衛、錦衣衛、旗手衛、京衛武學、南京文武衙門、南京衙門牌扁；卷三十三省承宣布政使司、各府、各州、各縣、十三省提刑按察司、都轉運鹽使司、鹽課提舉司、苑馬寺、衍聖公、王府長史司、中都留守司、各都指揮使司、各衛、衛學、鎮戍、土官宣慰使司、宣撫使司、招討使司、安撫司、長官司、蠻夷長官司、吏員、六房、吏員出身品級。《四庫全書總目》史部職官類存目據浙江吴玉墀家藏本著録。

上師大藏。

政書類

龍江船廠志八卷

明上海縣李昭祥撰。一九四七年國立中央圖書館影印《玄覽堂叢書續集》本〔二〕。半葉九行，行二十

〔二〕《續修四庫全書》史部第八百七十八册據上海辭書出版社藏一九四七年國立中央圖書館影印《玄覽堂叢書續集》本影印。

一字，小字雙行字數同。上下白口，上單魚尾，四周雙邊。魚尾下鎸「船廠志卷□」，版心中下爲葉碼。正文卷端題「龍江船廠志卷之一」，無署名。目録首葉題「龍江船廠志目録」，署「上海李昭祥」。書前有明嘉靖三十二年（一五五三）歐陽衢《龍江船廠志序》，《龍江船廠志目録》。鈐印有「汲古/閣」（朱方）、「讀易/草堂」（白方）、「㥁/園」（朱方）、「心禪/居士」（白方）等。

李昭祥字元韜，明松江府上海縣人。居竹岡。嘉靖二十六年（一五四七）進士，授浙江蘭溪知縣。俗生女不舉，昭祥易之。嘉靖三十年（一五五一）升南京工部主事，轉郎中，會生父喪，遂致仕。著有《龍江船廠志》《棲雲館集》等。傳見崇禎《松江府志》卷四十《賢達五》，嘉慶《松江府志》卷五十三《古今人傳五》，同治《上海縣志》卷十八《人物一》，光緒《南匯縣志》卷十三《人物志》，《俞仲蔚先生集》卷十《荆溪唱和集序》。

此志爲李昭祥官南京工部主事（龍江船廠注選主事）所作，卷一訓典志，卷二舟楫志，卷三官司志，卷四建置志，卷五斂財志，卷六孚革志，卷七考衷志，卷八文獻志。目録中各志下皆有解題。訓典志解題曰：「首曰謨訓，載敕諭，以重王命也。次曰典章，録律例以示官常也。成規附焉，庶一展閱而知所持循也。」舟楫志解題曰：「志船之名數與其形制，其目爲制額，爲器數，爲圖式，明此而職守可慎也。」官司志解題曰：「有是事而後有是官，先郎中，次主事，次提舉，而凡役於廠者，咸得附見焉。」建置志解題曰：「凡廠以内山川之形勝、道里之廣狹、署宇之沿革、坊舍之廢置，皆以次録之。」斂財志解題曰：「船務非料不集，曰地課，曰木價，曰單板，曰雜料，廠之所需者備是矣。」孚革志解題曰：「弊不革則利不興，上下嚴則下不肅，故其目有六，而首之以律，已而曰收料，曰造船，曰收船，曰佃田，曰看料者次之。」考衷志解題曰：「作船之務，工料先焉。豐約盈縮，不可過，亦不可不及也。曰稍食，曰量材，斯二者皆當考其衷焉而後可。」文獻志解題曰：「歷代船制之由始曰創制，船官之由始曰設官，而古今論船之異同，用船之利鈍者，備録之曰遺迹，庶可以廣鏡矣。」

歐陽衢序：「我聖祖奄有四海，定鼎金陵，環都皆江也。四方往來，省車挽之勞，而樂船運之便。洪武初年，即於龍江關設廠建船，以備公用……後定都燕京，南北相距□□□千餘里，百凡取辦於南畿，船日多，工役日繁，奸弊日滋。正德十三年議，準咨吏部注選本司主事一員，居廠專理。然歲無定法，損益因革或同或異，未有成志。嘉靖庚戌，李子元韶由名進士出宰劇邑，更歷考練，擢任斯職。慨規制之弗□，患記載之靡悉……于是潛心盡力，博考載籍，名物度數、沿革始末，一一書之，越兩寒暑，萃成爲志。授予讀之……綱目相屬，先後有倫，上不得以立異，下不得以行私，財不告匱，人不告勞，觸之迎刃而解矣，豈非可廠者之一大快哉……李子名昭祥，雲間人，予丁酉主試應天取士也，因序之。」

上海辭書出版社藏。

美芹録二卷

明上海縣潘恩撰。明萬曆十五年（一五八七）刻本，一册。半葉九行，行十八字。上單魚尾，左右雙邊。版心上鎸書名，魚尾下鎸卷次。正文卷端題「美芹録」，署「雲間空叟編」。秦嘉楫序文首葉版心下右有「吳門劉廷意刻」字樣。書前有嘉靖二十六年（一五四七）潘恩《美芹録叙》、萬曆十五年秦嘉楫《美芹録叙》。鈐印有「小緑天/藏書」（朱方）、「毓修/私印」（白方）、「燕京大/學圖書/館珍藏」（朱方）等。

是書輯録有關政體之事，詮次成篇，卷上約三十一則，卷下約三十七則，每則後多有論。潘恩《美芹録叙》：「明興，國家章令法制，咸三登五，紀在有司，藏諸金匱。下若百司庶府、卿士大夫、人品醇疵、政行善敗，亦散見遺編。遐邑晚生，鮮獲睹見。予筮仕後，得於故老之所流傳，簡册之所登載，頗亦有聞。然衆言淆異，日遂遺忘矣。頃來以暇日繹思參訂，取其有關政體者，詮次成篇。事雖細瑣，可備勸懲，亦就采録。復借繫論讚，聊具一家之言。於是乎觀省，大之有以涵濡典訓，毗益經綸，次之有以景行哲先，崇奬道化，仕學君子皆所不廢也。卷析爲二，總若干首，題曰『美芹』，志野夫區區之情云爾。間雖據傳質經，援今思古，第附參己意者，多或識見頗偏，議論憤激，辭旨煩猥，取舍失衷，所不能免也。凡我同志，幸裁以正焉。」

秦嘉楫《美芹録叙》：「《美芹録》二卷，潘恭定公笠江先生著也……如《笠江集》《笠江近稿》《詩易輯説》《詩韻輯略》等書，流播區域，膾炙詞林，爲日已久。冢嗣學憲君重搜遺笥，欣獲是編，亟加整輯，用授剞人。訖工役予爲叙。」

北大藏。

荒政要覽十卷

明華亭縣俞汝爲撰。明萬曆三十五年（一六〇七）刻本，八册。半葉九行，行二十字。上單魚尾，四周單邊。版心上鎸書名，魚尾下鎸卷次。正文卷端署「雲間俞汝爲輯録，陽平孟楠、檇李金汝礪訂正」。書前有明萬曆三十五年劉日升序、張鼐《俞毅夫先生荒政要覽叙》、明萬曆三十五年金汝礪《荒政要覽序》、目録。

此書卷一詔諭，卷二奏議，卷三總論，卷四平日預備之要（包括修舉水利六款、論積儲法、王制豐年積儲法、平糴法、義倉法、常平倉法、朱子社倉法、國朝義倉社會法、廣積倉法、修預備倉法、備荒藏穀法），卷五水旱捍禦之要（包括修德禳灾、誠禱祀、求直言、督率修補田圍、早報灾、速檢荒、區田救旱法、櫃田禦水法、頒旱稻種、勸種二麥、治蝗、戒民節縮食物），卷六飢饉拯救之要（包括蠲糧税、岩濟、借貸内庫、通融有無、立賞格、加恤寒士、安撫流民、贍養茕獨、施粥糜、治盗、掩骼埋胔），卷七荒後寬恤之要（包括超擢循良、捐逋負、賑農、戒侈靡、酒禁、懲游隋、施藥餌、招流亡、贖養男女、講禦薦飢），卷八遇荒得失之鑒（包括救荒善政四十九條、失政殃民二十三條），卷九備荒樹藝附雜法，卷十救荒本草。

劉日升序：「俞毅夫先生示余輯《荒政要覽》……是編首詔諭理，次奏牘，又次救荒總論，平日預備，水旱捍禦，飢饉拯救，與夫荒後寬恤，遇荒得失，荒政樹藝，救荒本草，臚分類列，定爲十卷。」

張鼐叙：「《周禮·荒政》，聖人補造花之書也……俞毅夫先生舉進士三十餘年，體物而大心，經國而重謀，喜任事而不同於衆，是以官爲郎而無怨惡，善病而不解其當世之憂。予知先生之精神直能補造化也……讀《周禮》，善解先生之書，夫書則先生自傳其精神也，救民者得先生之精神，無徒以書求先生，則先生之船政河籌具在也。」

此書每卷首綴一小序，以爲本卷内容之提綱。如卷一詔諭小序云：「朱子謂：古來覆敗之由，何嘗不因飢饉。有司上告而天聽若罔聞，是蔑視國恤也。」

上圖藏。

謚法通考十八卷

明上海縣王圻輯。明萬曆二十四年（一五九六）趙可懷刻本[一]，十六册。半葉九行，行二十字。上單魚尾，四周雙邊。版心上鎸「謚法通考」，魚尾下鎸卷次，版心中下爲葉碼。版心下左有當葉字數，版心下右有刻工，如錢世英、尤汝庚、何一德、唐禮、張箕、顧子美、朱子静、徐綸、朱萬里、張成宗、許世魁、章國華、王紀成、劉采、趙世方、唐文璧、徐宿、章掖、方如雄、周甫等。正文卷端題「謚法通考卷之一」，署「雲間王圻編輯，巴郡趙可懷校正，平湖孫成泰、郢中朱一龍、龍江王應麟、西陵吴化參閲」。書前有明萬曆二十四年趙可懷《謚法通考序》（手書上版）、《謚法通考凡例》九則、目録。

是書卷一謚法總紀、謚法釋義，卷二至卷十六爲上古至明代帝后、宗室、公主、諸臣謚，卷十七先聖先賢

〔一〕《四庫全書存目叢書》史部第二百六十九册據上海圖書館藏本影印。

先儒謚、隱逸謚、歷代私謚、皇明私謚、歷代婦人謚、皇明婦人謚、異代追謚，卷十八宦者謚、釋家謚、道家謚、夷狄謚。

趙可懷《謚法通考序》：「雲間王元翰氏輯《謚法通考》，上自君后，臣庶以下及婦寺外夷若干卷，備矣……元翰于書無所不讀，以臺史歷楚督學使，歸田後，日杜門著述，輯有《續文獻通考》凡若干卷，就其中抽謚法一種另梓云。」

《凡例》：「余《續文獻通考》嘗益謚法一目，以補馬貴與之缺，例仍舊貫，未及皇明，今據實録所書、野史所記，輯附其後，别爲一種，庶不至遠希上古，近遺昭代……是編本以紀謚，故自君后名臣而下，雖異端、宦寺、夷狄、篡逆之黨，有謚亦書；前朝曁皇明嘉隆以前，俱經史傳而緯志乘，即有所遺，十無一二，惟萬曆紀元以來，第據仕籍所睹記，尚多缺漏，端有望于博雅君子。」

是書大連市圖書館藏一部，《續修四庫全書》史部第八百二十六册據以影印。經核，此書與上海圖書館藏本同版印刷，正文及序文目録等俱同。鈐印有「錢侗／之印」（白方）、「錢氏／同人」（朱方）、「錢侗／同人」（朱方）等。

上圖、北大、廣東省中山圖書館、重慶市圖書館、西北大學藏。

重修兩浙鹺志十二卷

明上海縣王圻纂輯。明萬曆四十二年（一六一四）劉紹先刻本，六册。半葉九行，行二十字，小字雙行字數同。上單魚尾，四周單邊。版心上鎸「重修兩浙鹺志」，魚尾下鎸卷次。封面書簽題「兩浙重修鹺志」。正文卷端題「重修兩浙鹺志」，無署名。書前有萬曆四十二年王圻《重修兩浙鹺志引》、目録（闕末葉），纂修氏名。纂修氏名：「巡按浙江監察御史楊鶴訂定，崔爾進、胡繼升續訂，兩浙都轉運鹽使司運使王晫如、陳以躍，同知强有義，副使喬拱宿、馮時行、沈鳴韶，判官張藍塘，經歷陳梓蕃，知事劉紹先校刊，陝西布政使司右參議王圻纂輯，諸生何爾復、唐陳彝、朱履校閲。」此爲後印本，闕葉較多，皆夾以行款相同之空白紙。

是書卷一圖説上，卷二圖説下、附彭惠安衈竈圖，卷三詔令、鹽場界域，卷四各場煎辦、鍋盤，卷五歷代沿革折色、通關、存積常股、三限，卷六歲辦課額，卷七各縣額徵、各場額徵上，卷八各場額徵下、囚鹽事例、牙税、雜税、庫解，（按：以下目録闕，據正文補）預申包補二議，卷九邊倉引額，鎮番城倉，鹽引式，□□（試角）式，關請引目例限，行鎮引目例□，卷十住賣例限，酌定引價，卷十一加派引目，預納餘鹽限帖，卷十二票鹽，票鹽派則，各縣参等派則，票税續定派則。

王圻《重修兩浙鹺志引》：「兩浙舊有志，然創於嘉靖戊戌□，今已七十餘禩，歲久因革損益□，漫漶不可考。所可知者，惟前後□侍御鹺規類略酉戌沿革與行□事宜三書而已。余不佞，雅意欲□貂而利弊未鏡，捉筆輒止。歲在□寅，會武陵弱水楊公祖來視鹽政，釐正舊□，爬□積滯，爰詢掌故，慨焉未□，出舊志及三書，俾余纂輯以□□考。余遂采其要約，綴入各款□，□之曰『重修兩浙鹺志』，成弱水公祖意也。卷故十有四□□，益其十目，故十有三。兹僅□□□□□□□更易者，又半之□□□，附見故不復舊貫之仍也……今引票之損益，價值之低昂，課額之盈縮，徵解之緩急，商竈之疾苦，犁然具載，儻有補偏救敝之思，此固其一鑒矣。」

北大藏。

重修兩浙鹺志二十四卷

明上海縣王圻纂輯。明崇禎間刻本，五册。殘存十一卷（卷三至卷四、卷七至卷八、卷十一至卷十七）。半葉九行，行二十字，小字雙行字數同。上單魚尾，四周單邊。版心上鐫「重修兩浙鹺志」，魚尾下鐫卷次「卷之一」。卷三首葉題「重修兩浙鹺志卷之三」，無署名。卷十七至又又五十四葉止，後闕。

上圖藏。

重修兩浙鹺志二十四卷

明上海縣王圻纂輯。明萬曆間刻天啓崇禎增修本〔一〕。半葉九行，行二十字，小字雙行字數同。上單魚尾，左右雙邊。版心上鐫「重修兩浙鹺志」，魚尾下鐫卷次「卷之一」。卷三首葉題「重修兩浙鹺志卷之三」，無署名。卷二十二至第三十五葉止，後闕。書内多有墨筆校補。

〔一〕《四庫全書存目叢書》史部第二百七十四册據吉林大學圖書館藏本影印，存卷三至卷二十二。

按：上圖藏本與吉林大學圖書館藏本經比勘，係出同一底本，但不同板，應爲不同版本。此書葉碼并非逐葉編次，如卷十七有第五十四葉，其後有「又五十四」葉，還有「又又五十四」葉，之後才接第五十五葉。吉林大學圖書館藏本有第五十四葉和又五十四葉，上圖藏本三個五十四葉均有，但闕五十五葉之後各葉。兩書各有闕損，可參照互補。

吉林大學藏。

學科考略一卷

明華亭縣董其昌撰。《學海類編》本[一]。是書入《學海類編·集餘二·事功》中，列第四十二册。半葉九行，行二十一字，小字雙行字數同。上單白魚尾，左右雙邊。版心上鎸「學海類編」，魚尾下右鎸「學科考略」，版心下鎸「事功」。正文卷端署「明華亭董其昌思白編」。《四庫全書存目叢書》據涵芬樓影印《學海類編》本影印，列史部第二百七十册。

董其昌（一五五五—一六三六）字玄宰，號思白、香光居士，明松江府華亭縣人。居馬橋。萬曆十七年（一五八九）進士，選庶吉士。授編修，知起居注。後失政意，出爲湖廣按察副使，引疾歸。萬曆三十二年（一六〇四）起爲湖廣提學副使，逾年卸事歸。天啓二年（一六二二）改兼翰林院侍讀學士，纂修《神

[一] 一九二〇年上海涵芬樓據清道光十一年（一八三一）六安晁氏木活字印本影印，一百二十册，上海師範大學圖書館藏。

宗實録》。崇禎四年（一六三一）召拜禮部尚書，掌詹事府事。崇禎七年（一六三四）進太子太保。崇禎九年（一六三六）卒，年八十二。賜祭葬，贈太子太傅，謚文敏。其人文才俊逸，通禪理，書畫妙天下。著有《畫禪室隨筆》《容臺集》《容臺別集》等。傳見《明史》卷二八八《文苑傳》，乾隆《江南通志》卷一六六《人物志·文苑》，乾隆《婁縣志》卷二十三《人物》，嘉慶《松江府志》卷五十四《古今人傳六》，《（同治）上海縣志》卷十九《人物二》。

是書略叙歷代立學之制，兼叙孔廟封贈配享之始，兼及貢舉之志，旨在考明學科之始，而不在於述其本末，故稱「考略」。凡三十八則。其細目如下：學、孔子廟、配坐、配享、先賢配、孔子封、孔父母、十哲封、太公廟、賢良、秀才、明經、學究、處士、武舉、貢士、科舉、三場、印卷、席舍圖、鄉貫、印題、彌封、巡綽、監門、知舉、會試、進士、放榜、殿試、分甲、唱名、及第、釋褐、賜宴、題名、謁先師、登科記。《四庫全書總目》史部政書類存目一據編修程晋芳家藏本著録。

上師大藏。

目録類

秘閣書目不分卷

明華亭縣錢溥撰。抄本，二册。無框無欄。序文半葉十行，行二十一字。正文半葉十行，分上下二欄。僅載書名册數，書名大字，册數小字。正文卷端題「秘閣書目」，無署名。書前有明成化二十二年（一四八六）錢溥《秘閣書目序》；書末有明正統六年（一四四一）楊士奇等編《文淵閣書目》奏表。書末無「秘閣書目終」字樣。書内有朱筆校正處。

錢溥（一四〇八—一四八八）字原溥，號九峰、遺庵，一號瀛洲遺叟。明松江府華亭縣人。正統四年（一四三九）進士，試《薔薇露》詩，稱旨，授檢討。謫順德知縣。成化中累官至南吏部尚書，致仕卒。謚文通。傳見正德《松江府志》卷二十九《人物三·名臣》、崇禎《松江府志》卷三十八《賢達三》、乾隆《江南通志》卷一六六《人物志·文苑》、乾隆《華亭縣志》卷十二《人物志上》、乾隆《婁縣志》卷二十一《人物傳二》、嘉慶《松江府志》卷五十一《古今人傳三》、光緒《重修華亭縣志》卷十四《人物》。

是書上册正文依次爲：本朝、易、詩、春秋、周禮、禮書、樂書、諸經總集、四書、性理、（性理）附、經濟、史、史附、史雜、子書、子雜、雜附、文集、詩辭、韻書、姓氏、法帖、畫譜諸譜附、政書、刑書、兵書；下册正文依次爲：算法、陰陽書、醫書、農圃、道書、佛書、古今通志。又有未收書目，僅存書名，依次爲：經、史、子書、司天考、兵書、醫書、雜藝、文集、詩集、奏議、總集。

錢溥《秘閣書目序》：「具載天地人物之常、古今治忽之異，莫備于六經，而輿衛乎六經，則莫詳于諸儒傳注與。夫諸鱠史百家稗官小説之類，莫不有理寓焉。人靈于物而稱儒于人，苟不備是理于一己，達則何以兼善于天下。此書所以不可以不讀也。讀則何以盡天下書而讀之哉。溥自舉正統己未進士，明年詔選入東閣爲史官，日閲中秘書，書凡五十餘大廚，森然如檢武庫兵，而目不暇接也。浩然如望洋海，而芒無際涯也。雖欲盡之，恐皓首不能於是。僅録其目，藏以待考。近吾子山自京授職回，又未收書目，芟其重複，并前爲一集，而請曰：『願序焉。』余乃歎曰：『此固能博矣，而如其約，何使徒博而不會于約，汗漫而無歸，徒學而不見諸用，亦空腐于山林，此則儒者所通患也。汝當知書以一中爲帝王禪位之本傳，以一貫見聖賢授道之要，是豈徒務乎博哉！先博而後約可也。□其勉之。』故序。」

國圖藏。

書末楊士奇等奏疏：「少師兵部尚書華蓋殿大學士臣楊士奇等謹題爲書籍事：文淵閣見貯書籍有祖宗御製文集及古今經史子集之書目，自永樂十九年南京取來，一向於左順門北廊收貯，未有完整書目。近奉聖旨移貯於文淵閣東閣，臣等逐一打點，清切編置字號，寫完一本，總名曰《文淵閣書目》，合請用『廣運之寶』鈐識，仍藏於文淵閣，永遠備照，庶無遺失。未敢擅，謹題請旨。」

秘閣書目不分卷

明華亭縣錢溥撰。清抄本〔一〕。無框無欄。半葉十一行，行二十八字左右，偶有小字雙行。正文卷端題「秘閣書目」，無署名。書前有序文兩篇，影印本字小不能辨。鈐印多枚，影印本模糊不能辨。

是書僅載書名册數，不題卷數。正文依次爲本朝、易、書、詩、春秋、周禮、禮書、樂書、四書、性理、性理附、經濟、史、史附、史雜、子書、子雜、雜附、文集、韻書、姓氏、法帖、畫譜、政書、刑書、兵書、算法、陰陽書、醫

〔一〕《四庫全書存目叢書》史部第二百七十七册據中國科學院圖書館藏本影印。

書、農圃、道書、古今通志。又有未收書目，僅存書名，依次爲：經史子集緊要待用、經、史、子書、司天考、兵書、醫書、釋書、類書、雜藝、文集、詩集、奏議。書末有「秘閣書目終」字樣。《四庫全書總目》史部目録類存目據兩淮鹽政采進本著録。

中科院藏。

古今石刻碑帖目二卷備考古今石刻碑帖目一卷

明華亭縣孫克弘編。明萬曆二十九年（一六〇一）刻本，一册。半葉七行，行十六字，小字雙行字數同。白口，上單魚尾，四周單邊。魚尾下鎸「碑目」及卷次。正文卷端題「古今石刻碑帖目」，署「華亭孫克弘輯」。序文首葉版心下右有「孫訥刻」字樣。書前有明萬曆二十九年許維新序，書末有萬曆二十八年（一六〇〇）孫克弘隸書跋文。鈐印有「酒醶茶香」（白方）、「吟詩因/坐久月轉/晚妝樓」（朱方）、「鄭齋」（朱方）、「少裴/鈞金」（朱方）。《四庫全書存目叢書》史部第二百七十八册據上海圖書館藏本影印。

孫克弘（一五三二—一六一〇）字允執，號雪居，明松江府華亭縣人。孫承恩子。萬曆二十六年（一五九八）進士，以父蔭授應天府治中，擢漢陽府知府。以父忤高拱，波及坐免歸。自此絶無營進意，遂於松江東郊北俞塘就故居葺爲精舍。博涉群書，氣度蕭遠，善書法，擅花鳥，甚有雅尚。著有《雪堂日鈔》，編有《古今石刻碑帖目》。傳見崇禎《松江府志》卷四十二《文學》，乾隆《江南通志》卷一百七十《人物志·

藝術》，嘉慶《松江府志》卷五十二《孫承恩傳》附。

是書收録古今碑目四百餘通，以地域爲序，僅標名目、書者、位置、刻石時間等，不記内容。卷上爲北直隸、南直隸、浙江，卷下爲山東、山西、河南、陝西、湖廣、江西、福建、四川、廣東、廣西。《備考古今石刻碑帖目》卷端有小字注云「因地方未詳，别列一帙，以竢好古者考而注之」，多只有石刻名及刻石時間。

孫克弘跋：「古今碑目，不佞往昔過吴門，於史鹿田齋頭見一抄本，注兩京及十三省各巖觀寺中并家藏碑帖雜刻，大概十之五六。逮宦游廿餘年，足迹所歷，雖草莽蓁棘間，不憚搜訪，尋即搨歸，積以成篋。然考之碑目中，已堙没無踪者强半，特具名爾……是刻搜討三十餘禩，方得成帙，而於寺院、巖洞、陵墓、志碣及家藏諸帖亦已概矣，并注竪立之處。」《四庫全書總目》史部目録類存目據編修汪如藻家藏本著録。

按：《四庫全書總目》謂孫克弘「萬曆戊戌進士」，萬曆戊戌爲萬曆二十六年，檢明崇禎《松江府志》卷三十四《選舉》、清嘉慶《松江府志》卷四十五《選舉表》，此年華亭縣進士有章元衡、莊則孝，上海縣有劉嘉猷、姚永濟，青浦縣有陳嗣元，金山衛有張翼軫，並無孫克弘名字，恐誤。又按：明崇禎《松江府志》卷五十四著述僅著録克弘著《雪堂日鈔》，不載此目。

上圖藏。

史評類

政監三十二卷

明華亭縣夏寅撰。明成化十六年（一四八〇）刻本[一]。半葉十行，行十九字。上下粗黑口，雙對魚尾，四周雙邊。魚尾下鐫書名卷次。正文卷端無署名。書前有明成化十六年夏寅自序（隸書上版）。序文首葉首行空白處、卷一首行空白處、全書正文末空白處皆有「藏溪汪氏交賢公次子淡若水書」字樣。

夏寅（一四二三—一四八八）字時正，改字正夫，號止庵，明松江府華亭縣人。正統十三年（一四四八）進士。官南京吏部主事進郎中，督江西學政。弘治初年致仕歸。平生誠心直道，無黨無援。著有《政監》、《紀行集》等。傳見正德《松江府志》卷二十九《人物三·名臣》，崇禎《松江府志》卷三十八《賢達三》，乾隆《江南通志》卷一四一《人物志·宦績》，光緒《重修華亭縣志》卷十四《人物》。

是書首列經傳、《尚書》《春秋》，皆儒家經典著作；次自漢迄元史事，大都取自正史及《資治通鑑》等書。全書分條件繫，各加評斷，皆引經據典，稍加闡發。《四庫全書總目》史部史評類存目一據兩淮馬裕家藏本著録。崇禎《松江府志》卷五十四著述著録，不題卷帙。

〔一〕《四庫全書存目叢書》史部第二百八十一册據湖北省圖書館藏本影印。

按：夏寅生卒，史無明載。據正德《松江府志》卷二十九寅本傳，稱「弘治戊申二月卒，年六十六。」崇禎《松江府志》卷三十八寅傳所記同。弘治戊申即明孝宗弘治元年，上推六十六年，知寅生於明成祖永樂二十一年癸卯。據此著録夏氏生卒年。

湖北省圖書館藏。

太史史例一百卷

明上海縣張之象輯。明嘉靖四十四年（一五六五）長水書院刻本[一]。半葉十行，行十八字。白口，雙對魚尾，左右雙邊。魚尾下鎸「太史史例卷之□」，下魚尾上爲葉碼。正文卷端題「太史史例卷之一」，署「碧山外史雲間張之象彙輯」。書前有張之象《太史史例序》，序末有「嘉靖乙丑孟夏／長水書院刊行」墨記，《太史史例目録》。鈐印有「華西／大學／書藏」（白方）等。

是書取《史記》内容，分爲二百八十七例，摘其文，以繫於各類之後，每類之首單列一行，題「書□□例」，并用墨框標示。卷一先世，卷二父母、父兄、兄弟，卷三夫妻、子孫，卷四初生、形體、衣冠、少時、微時、言志、慕古，卷五事師、同師、好學、受業、明經，卷六博洽、夙慧、晚學、老師、著作，卷七姓名、邑里、稱字、稱號，卷八稱爵、稱君、稱公、稱卿、稱先、稱子、公子、稱生，卷九謚法、生卒、同時、年數、世數，

[一]《四庫全書存目叢書》史部第二百八十三至二百八十四册據四川大學圖書館藏本影印。

卷十疑辭、闕亡、無事、引證、譬喻，卷十一議論、褒貶、名譽、諺語、歌謡，卷十二合傳，卷十三合傳、附見、相繼，卷十四至卷十五互見，卷十六編年，卷十七至卷二十四年表，卷二十五君德、治道、即位、新政，卷二十六立后、建儲、繼統、都畿，卷二十七封建、就國、郡縣，卷二十八詔令、巡游、頌德、歸化，卷二十九禮樂，卷三十律曆，卷三十一天官，卷三十二封禪，卷三十三河渠，卷三十四平準，卷三十五慶賀、朝謁、營建、宗廟、朝廟、郊祀、祠祭、致胙、賞賜、酺宴、封爵、賣爵，卷三十六歸功、論功、賞功，卷三十七賢臣、思賢、徵聘、尊禮，卷三十八干進、薦舉、去就，卷三十九知人、論人、用人，卷四十相國、官守、遷擢、代官，卷四十一歷仕、世禄、權臣、貴戚、强大、富饒，卷四十二創始、稱王、自王、相王、遷王、稱帝、追尊、貶號、貶廢、衰弱、被敵、拒敵，卷四十三無功、敗績、遷徙、奔亡，卷四十四收復、復國、立君、中興、改元，卷四十五善治、布令、變法、平刑，卷四十六議罪、執法、誅逆、除惡、除絶、赦宥、贖罪，卷四十七好武、漁獵、善射、善將，卷四十八起兵、論兵、待時、乘時、誓衆、征伐，卷四十九壯勇、威名、合攻、料敵、軍法，卷五十至卷五十一軍功，卷五十二解圍、平亂、坑屠、徇衆，卷五十三降將、納降、和解、御戎、守備，卷五十四會遇、召致、如國、定盟，卷五十五納地、易地、復地、廣地、立城、和親、留質、倍盟，卷五十六失德、拒諫、刺奢、驕横，卷五十七簡傲、嚴刻、衆怨，卷五十八國難、争立、内亂，卷五十九至卷六十禍機，卷六十一寇盜、購求、畔逆、滅亡，卷六十二爲人、治家、孝友、敬慎、長者、辭讓、卑抑，卷六十三高尚、剛直、畏憚、見重、立節，卷六十四料事、先見、善謀，卷六十五交游、好客、友善、感舊，卷六十六求援、恤難、脱難，卷六十七感人、報德、報效，卷六十八忘怨、報怨、倍德，卷六十九憂國、殉國、奉使，卷七十進言，卷七十七諷諫、直諫，卷七十二激勵、責善，卷七十三口才、辨難、嘲戲、感怒、感愧，卷七十四命運、天意、忤時、厄難、窮達、時勢，卷七十五相妒、毀賢、嫌隙、反間、讒譖，卷七十六陰詭、妒害，卷七十七憂怨、感慨、悔恨、自新，卷七十八白枉、辨謗，卷七十九憂禍、避禍、弭變，卷八十歸老、病免、壽考、寃死、死後，卷八十一殉葬、葬地、守冢、葬後、立祠、哀傷，卷八十二説客，卷八十三説客、縱横，卷八十四黄老、刑名，卷八十五刺客、任俠、佞幸，卷八十六至卷八十七醫術，卷八十八相工、卜筮，卷八十九卜筮，卷九十夢徵、祥異，卷九十一賢媛、貨殖，卷九十二至卷九十五夷狄，卷九十六至卷九十八論贊，卷九十九至一百大序。《四庫全書總目》卷九十史部史評類存目二據浙江汪啓淑家藏本著録。

張之象《太史史例序》：「漢司馬氏子長，世職太史，工於著作。乃仰稽孔子之意，據《左氏傳》《國語》《世本》《戰國策》《楚漢春秋》之言，撰十二本紀、十表、八書、三十世家、七十列傳，上下三千載，凡計五十二萬六千五百言，勒成一書，是爲《史記》……予少無他嗜，耽玩典籍，周覽博涉，尤篤是書。雖不能至哉，然心固鄉往之也。反覆鑽味，積有歲月。求端討緒，洞識指歸。於是敢竭不才，稍加纂理，畛分區别，較然可尋。凡爲二百八十七類，總一百卷，名曰《太史史例》，以便檢閲，以備遺忘。」

四川大學、上圖藏。

顧氏詩史十五卷

明華亭縣唐汝詢撰。明萬曆二十八年（一六〇〇）顧正誼刻本[一]。半葉九行，行十八字，小字雙行字數同。白口，上單魚尾，四周單邊。魚尾下鎸「詩史卷之□」。正文卷端題「顧氏詩史卷之一」，署「華亭顧正誼仲方甫著」。書前有馮時可《顧氏詩史序》、王穉登《顧氏詩史序》、顧正誼《詩史自序》（隸書）、《詩史凡例》十則（凡例末有小字「雲間潘維垣寫」字樣）、《引證群書目録》、《顧氏詩史目録》。鈐印有「浙江圖／書館珍／藏善本」（朱方）。

唐汝詢（一五六五—一六一八前後）字仲言，明松江府華亭縣人。汝謂弟。五歲而瞽，以耳受書，博通群籍。以詩名鄉里。著有《詩史》《編蓬集》《編蓬後集》。傳見乾隆《江南通志》卷一六六《人物志·文苑》、嘉慶《松江府志》卷五十五《古今人傳七》。按：汝詢生年爲明嘉靖四十四年（一五六五），見《編蓬後集》卷三。萬曆四十六年（一六一八），汝詢刻《編蓬後集》十五卷，此年五十四，知卒於此後。

是書以列朝紀傳編爲韻語，各爲之注。卷一三皇五帝紀、三代紀，卷二至卷三周紀，卷四秦紀，卷五漢紀，卷六東漢紀，卷七後漢紀，卷八晋紀，卷九南北朝紀，卷十隋紀，卷十一唐紀，卷十二五代紀，卷十三至卷十四宋紀，卷十五元紀。《引證群書目録》徵引自《易經》《書經》《詩經》至《酉陽雜俎》止，共三百一

[一]《四庫全書存目叢書》史部第二百八十八册據浙江圖書館藏本影印。

十種。

《四庫全書總目》史部史評類存目二據副都御史黄登賢家藏本著録：「舊本題明顧正誼撰。正誼，松江人。萬曆中官中書舍人。考錢希言《戲瑕》曰：『昔嘗於太原齋頭見雲間刻顧氏《詩史》，閲之乃中翰正誼名也。余與王先生相顧驚歎。王先生曰：「此豈虎頭公所能辦哉！」後余過雲間，乃知華亭有詞人唐汝詢仲言者，目雙瞽，著成是書，顧氏以三十金詭得之。嗟乎！唐生之文誠賤，何至此甚也。千古不白之冤，俟異世子雲者起，故當有定論耳』云云。據此，則是書爲唐汝詢作，正誼乃買其稿而刻之耳。然是書以列朝紀傳編爲韻語，各爲之注，以便記誦，不過《蒙求》之類，不知正誼何取而竊據之也。」

浙圖、上圖、國圖藏。

秋士史疑四卷秋士新詩一卷君子堂詩一卷

明末清初華亭縣宋存標撰。明崇禎二年（一六二九）君子堂刻本〔二〕。半葉九行，行二十字。無魚尾，左右雙邊。版心上鎸「史疑」，魚尾下右鎸「卷之一」，版心下右鎸「君子堂」字樣。正文卷端題「秋士史疑卷之一」，署「同邑陳繼儒眉公選定，華亭宋存標子建論著」。書前有周立勛序、陳子龍《史疑序》、宋存標《史疑自序》、宋存楠序。各卷前有分卷目録。

〔二〕《四庫全書存目叢書》史部第二百八十八册據南開大學圖書館藏本影印。

是編取《春秋三傳》《戰國策》《史記》《漢書》及諸雜史，摘其事迹而論列之。卷一至卷二讀《史》《漢》，卷三讀三《傳》、《國策》，卷四讀雜史。《四庫全書總目》史部史評類存目二據浙江巡撫采進本著録。

陳子龍《史疑序》：「吾友子建既厚屬斯事，兼睹要領，作《史疑》五百篇，皆發憤之所爲也。」

南開大學、上圖、首都圖書館藏。

新鐫張太史注釋標題綱鑑白眉二十一卷首一卷

明華亭縣張鼐撰。明李潮刻本[一]。是書分上下二欄，上欄爲注文，半葉二十四行，行七字；下欄爲正文，半葉十二行，行二十五字，小字雙行字數同。上單魚尾，四周單邊。版心上鐫「白眉綱鑑」，魚尾上端爲上下欄分界綫，魚尾下鐫當葉首條篇名及卷次，如卷首鐫「總論首卷」，卷一首葉鐫「盤古氏一卷」，次葉鐫「天皇氏一卷」。正文卷端題「新鐫張太史注釋標題綱鑑白眉卷之一」，署「華亭張鼐世調父編輯，門人松林周宗建季侯父、莆陽曾楚卿元贊父參訂，金陵李潮少泉梓行」。書前有曾楚卿序（存後三葉）、周宗建《白眉綱鑑叙》（行書）、朱從古《叙白眉綱鑑》（行書）、《白眉綱鑑凡例》五則、《鳳洲白眉綱鑑目録》。全書有刻印之句讀。

[一]《四庫禁燬書叢刊》史部第五十二册據復旦大學圖書館藏本影印。

是書以朱熹《資治通鑑綱目》爲主，截采司馬光《資治通鑑》附正，成一家之説。卷首爲總論、帝王圖。卷一三皇紀、五帝紀、三王紀，卷二周紀、秦紀附六國、秦子嬰，卷三至卷九漢紀，卷十西晋紀、東晋紀，卷十一東晋紀、宋紀，卷十二齊紀、梁紀附北朝魏、陳紀附北朝東魏、隋紀附北朝周齊，卷十三至卷十五唐紀，卷十六唐紀、後唐紀、後梁紀、後晋紀、後漢紀、後周紀，卷十七至卷二十宋紀，卷二十一宋紀、元紀、歷代補遺。

《凡例》："一，歷代綱鑑之刻，近纂修者不啻百種，然多私自月旦，妄爲筆削，故學士恨不得定本而作案焉。是編侗初張太史手授，以《綱目》爲主，而截采《通鑑》附焉。至于紀載所未詳者，備考《左》《國》《史》《漢》《唐》《晋書》《五代史》《二十一史》《續通鑑》諸書互爲參質，以廣見聞，允稱良史，備作鑒觀。一，史斷出自各朝名賢所品騭，但旁引繁摭，不無泛濫蕪穢之病。是編獨采其不朽議論足訂千秋者，存而載之。至于浮者刷之，蔓者汰之，凡論表策關要諸題，各標于上，可稱贍而不穢，詳而有體。一，書法：天下混一者爲正統，正統者大書紀年，其繼世雖土地分裂者，猶大書之。其非正統，則分注細書之。若一統而君非正系，或女主，或夷狄，一遵《綱目》正變之例，詳列於下，罔敢混易。一，官名皆省書公相，以善去曰罷，以罪去曰免。凡誅得𠎝曰有罪，逆上曰及，争彊曰亂。至於兩國事相涉，則稱某主兩君。相涉則稱謚號，不相涉而事首已見，則稱上稱帝，悉依史法，絲毫不差。一，訛字若魯魚亥豖之類，讀史者多開卷而難耐。是編極力校讎，一義之晦，必表章于訓注；一音之誤，必考信于六聲。真一代之鴻編，信後學之寶筏。"《凡例》末署"聚奎樓主人謹識"。

朱從古《叙白眉綱鑑》:「《綱鑑白眉》何爲而刻也?張太史氏以其關治道、切身心,讀之可以資經濟而刻也。至以朱考亭《綱目》,凡若干卷,寓褒貶,示勸懲,而讀者病其繁;司馬氏《通鑑》若干卷,恣臆是非,雌黄遺漏,而讀者病其忽;至玉堂世史諸刻,兼二家書而總之曰《綱鑑》,可謂美矣,惜其廣摭緒餘,簡帙繁多,不無昭明氏濫觴之弊,正王弇州所謂帙重而不逮遠,費鉅而不逮貧,編繁而不逮目歟。嗣是珍鈔、節要諸刻前後迭出,於中或遺或漏,得一失三,交錯相究,□張枚□,讀者病不到其巔末。此《綱鑑白眉》之刻,大有不容已者……寓目而條貫森然。」

復旦藏。

子　部

儒家類

鹽鐵論十二卷

漢桓寬撰,明上海縣張之象注。明嘉靖三十三年(一五五四)雲間張氏猗蘭堂刻本,四册。半葉九行,行十七字,小字雙行字數同。白口,上單白魚尾,左右雙邊。書前有明嘉靖三十二年(一五五三)張之象序、《鹽鐵論》目録。正文卷端署「漢汝南桓寬撰,明雲間張之象注」。《鹽鐵論》原文爲大字,張氏注文爲小字,注文多有注音者。鈐印有「蔣抑卮藏」(朱長)、「合衆圖書/館藏書印」(朱長)。

張之象序：「哲人既逝，雅訓猶存，不敢廢墜，謹爲注釋，因著其説如此。其鹽鐵終始之詳，余别有序，姑藏之山中，以俟知者，此不具載云。」

是書南京圖書館藏一部，六册，與上海圖書館藏本完全相同。爲丁氏八千卷樓舊藏，清丁丙跋。每册封面右上有朱色篆書「子」字，封面右側綫裝第一孔内側有朱色「儒家類」字樣。第一册封面中下右部鈐「八千卷樓／珍藏善本」（朱方），書前空白葉粘有丁丙跋文簽條，著録爲「明嘉靖刊本」。書前有嘉靖三十二年張之象《鹽鐵論序》、《鹽鐵論目録》。全書末有大墨記「嘉靖甲寅春張／氏猗蘭堂梓行」。鈐印有：「八千卷樓／珍藏善本」（朱方）、「四庫著録」（白方，左右飾白紋雙龍形）、「八千卷／樓收藏／書籍」（朱方）、「善本／書室」（朱方）、「江蘇第一／圖書館／善本書／之印記」（朱方）等。

上圖、南圖、國圖、北大、浙圖藏。

鹽鐵論十二卷

漢桓寬撰，明上海縣張之象注。明萬曆七年（一五七九）朗陵刻本，六册，半葉九行，行十七字，小字雙行字數同。白口，上單魚尾，左右雙邊。書前有張之象序，落款爲「雲間張之象序」，前無紀年時間；《鹽鐵論》目録。書末鎸「萬曆己卯歲／冬朗陵重梓」大方牌記。正文卷端署「漢汝南桓寬撰，明雲間張之象注」。以字體行款看，其底本應爲明嘉靖三十三年（一五五四）張氏猗蘭堂刻本。注文同嘉靖本。

上圖藏。

鹽鐵論十二卷

漢桓寬撰，明上海縣張之象注，明鍾惺評。明末刻本，四册。無界欄。半葉九行，行二十五字，小字雙行字數同。無魚尾，四周單邊。版心上鐫書名，魚尾下鐫卷次，版心中下爲葉碼。正文卷端署「漢汝南桓寬著，明竟陵鍾惺評」。鍾惺評語有眉評，亦有隨文夾注。其中眉評半葉十八行，行三字；隨文夾注行二十四字。書前有明嘉靖三十二年（一五五三）張之象序、《鹽鐵論總目》。書根處有「鍾評鹽鐵論注」字樣。張之象序末空白處有清乾隆五十二年（一七八七）胡振宗墨筆題跋，述張之象事，并鈐印「胡印／振宗」（白方）、「芹／溪」（朱方）。全書字體爲手書上版。金鑲玉裝。鈐印有「聽／鶯後／人」（朱方）、「漪蘭／舊業」（白方）、「忘憂／草堂藏／書印」（朱方）、「曾在張／祝三處」（朱方）、「□□（寵箐）張氏鐵□□（一心）／後二十六世孫□（慶）／增所藏祖澤記」（朱長）等。

取嘉靖本校之，是書删去大部分張之象注文。段落編排亦有差異。

上圖、國圖、中央民族大學、山西大學、廣東社科院藏。

鹽鐵論十二卷

漢桓寬撰，明上海縣張之象注，徐仁毓閱。明末刻本，四册。半葉九行，行二十字，小字雙行字數同。上單白魚尾，左右雙邊。版心上鐫「鹽鐵論」。正文卷端署「漢汝南桓寬著，徐仁毓閲」。書内所刻圈點處，皆徐仁毓所爲。書前有明嘉靖三十二年（一五五三）張之象序、《鹽鐵論》總目。是書經清譚獻墨筆校過，書末空白處有墨筆題識云「光緒壬辰閏月朔日，譚獻用群書拾補校，尚嘗求陽城張氏刻本補正闕遺」，并鈐印「復堂手校」（白長）。此爲潘景鄭舊藏，書内有多處潘氏墨筆題跋并鈐印。全書有淺藍色函套，函套書簽處墨筆題「鹽鐵論／明刊本／清仁和譚獻校」，并鈐印「景鄭／心賞」（白／朱方）。鈐印有「復堂藏書」（朱長）、「景鄭／藏本」（白方）等。第二册書末空白葉有潘景鄭題詞兩首，其一署「歷歲遍訪徐刻未得」，又一署「調寄《風入松》，丁丑新正四日燈下披讀漫倚此調」，并鈐印「景鄭／倚聲」（朱方）。第三册書末空白葉有景鄭題詩四首，署「乙亥春暮病起，偶檢此書，枕上口占四絶句，卒書於後，手提筆先，書不成字也」，並鈐「潘／景鄭」（朱方）。第四册書末空白葉有甲戌年潘景鄭題跋二則，皆有關於《鹽鐵論》之版本，分别鈐印「景鄭／題記」（白方）、「潘／承弼」（白方）。

是書上海師範大學圖書館藏一部，二册，著録爲明刻本。兩册書根處分别有「五八」、「五九」字様。取嘉靖本校之，是書删去大部分張之象注文。取明末刻鍾惺評本校之，注文部分多從之，段落編排亦與之同。

上圖、上師大藏。

新鍥侗初張先生注釋孔子家語雋五卷

明華亭縣張鼐注釋。明萬曆間書林蕭世熙刻本，一册。半葉九行，行二十一字，小字雙行字數同。無魚尾，四周單邊。版心上鐫「家語雋」，魚尾下鐫卷次「一（二、三等）卷」，版心下爲葉碼。正文卷端題「新鍥侗初張先生注釋孔子家語雋卷之一」，署「華亭侗初張鼐注釋，温陵衷一李光縉校閲，書林少渠蕭世熙繡梓」。書前有陳繼儒序（闕首葉）、《孔子家語雋目録》。卷首爲先聖圖像十四幅、素王事實、先聖歷聘紀年。書内多墨筆句讀及校改處，天頭處多有墨筆批注。素王事實首葉天頭處墨筆批注末署「梅庵」字樣。

據書前目録，首卷爲先聖圖像、素王事實、先聖紀年。其中先聖圖像十四幅，每圖上皆題圖名，依次爲：先聖像、親禱尼丘、麟吐玉書、聖人降生、戲陳俎豆、昭公賜鯉、爲委糧吏、禮誘仲由、學琴師襄、問禮老子、誅少正卯、厄於陳蔡、删述六經、感麟絶筆。卷一相魯、始誅、王言解、大婚解、儒行解、問禮、五儀解、致思、三恕等九篇，卷二好生、觀周、弟子行、賢君、辯政、六本、辯物、哀公問、顔回等九篇，卷三子路、在厄、入官、困誓、五帝德、五帝、執轡、本命解、論禮、觀鄉射、郊問等十一篇，卷四五刑、刑政、禮運、冠頌、廟制、辯樂解、問王、屈節解、七十子、本姓、子貢、子夏、公西赤等十五篇，卷五會典祀儀。

上圖、臺圖藏。

信古餘論八卷

明青浦縣徐三重撰。清抄本，八册。無框無欄。半葉十行，行二十四字，小字雙行字數同。版心上右鎸「信古餘論」，魚尾下右鎸卷次，版心下右爲葉碼。正文卷端題「信古餘論卷之一」，署「雲間鴻洲徐三重伯同父著」。書前有《徐鴻洲先生傳略·松江府志》、圖説。抄寫精美。鈐印有「沈燕謀藏書」（朱長）。《續修四庫全書》子部第九百四十三册及《四庫全書存目叢書》子部第十三册皆據中國國家圖書館藏清抄本影印。

徐三重字伯同，號鴻洲，明松江府青浦縣人。居七寶鎮。鎮以蒲匯塘爲界，分南北二鎮。南鎮隸華亭，北鎮隸青浦。故三重實爲七寶北鎮（今屬上海市閔行區）人。萬曆五年（一五七七）進士，授刑部主事。操行端潔，博洽工詩文，潛心性命之學，晚年自稱崇晦老人。著有《信古餘論》《庸齋日記》《鴻洲雜著》等。年七十八卒。祀鄉賢祠。傳見崇禎《松江府志》卷四十《賢達五》、乾隆《江南通志》卷一六三《人物志·儒林》、嘉慶《松江府志》卷五十四《古今人傳六》、清顧傳金輯《蒲溪小志》卷二。

是書爲三重講學語録，多理氣性命之説。前無目録。《四庫全書總目》子部儒家類存目二據江蘇巡撫采進本著録。

國圖藏。

恥言二卷

明青浦縣徐禎稷撰。清嘉慶間南匯吴氏聽彝堂刻《藝海珠塵》本。列子部儒家類，入土集。無界欄。半葉十行，行二十一字，小字雙行字數同。上單魚尾，左右雙邊。版心上鎸「藝海珠塵」，魚尾下右鎸「恥言」。正文首葉首行上題「藝海珠塵」，下題「子部儒家類」。卷一正文卷端署「南匯吴省蘭泉之輯，介休范重棨實夫校」；卷二正文卷端署「南匯吴省蘭泉之輯，奉賢宋玉詔鳳來校」。書前無序，書末有清康熙二十一年（一六八二）吴騏跋。

徐禎稷（一五七五—一六四五）字叔開，號厚源，晚號餘齋，明松江府青浦縣人。三重子。萬曆二十九年（一六〇一）進士。除刑部主事，歷員外郎中，出知四川夔州知府，遷按察司副使、川東兵備道。以父三重年七十，乞侍養。起補温處道，引疾歸。屢薦不出，居鄉廣行善事，以名德重於江南。著有《恥言》、《荆華館草》、《望華亭草》、《白雲草》。傳見嘉慶《松江府志》卷五十四《古今人傳六》、《蒲溪小志》卷二《列傳》、卷三《藝文》，光緒《重修華亭縣志》卷十五《人物》。

禎稷躬修周、程之學，用以指導自己言行，故著此書以備自省，亦以示後人。其書采用問答方式，用「或問」起首自問，爾後用「餘齋曰」自答，皆一問而有數答。全書凡三十四問，一百二十五答。卷一開篇云：「《恥言》者，家居談説偶識之簡者也。言之未克行焉，庸無恥乎？存以備自省，亦以示後人，猶冀有能釋予恥者。」

吴騏跋：「餘齋先生世載盛德，躬修周、程之行而不肯講學，畏得名也。所著《恥言》二卷，字字蘖石，然僅以傳示子孫，亦不付梓。嗚呼，先生之逃名也至矣。騏從友人處得而讀之，疏然如對嚴師，因跋數語於後，以志幸焉。」吴騏跋文落款爲「壬戌冬十一月後學吴騏敬書」，此壬戌當爲清康熙二十一年（一六八二），時吴騏（一六二〇—一六九五）六十二歲。

上師大藏。

恥言二卷

明青浦縣徐禎稷撰。清光緒三十二年（一九〇六）南扶山房刻本[一]。半葉九行，行二十二字。白口，上單魚尾，左右雙邊。正文卷端署「華亭徐禎稷餘齋著，闕里孔廣棨京立編」。每卷末鎸「曾孫顥梁校字」字樣。書前牌記鎸「光緒丙午孟春/餘齋恥言/南扶山房重刊」。書前有乾隆三年（一七三八）孔廣棨序、胡二樂序、乾隆三年（一七三八）徐穎梁序。書末無吴騏跋。

孔廣棨序：「華亭餘齋先正，以名進士歷秋部而至外臺，砥節礪名，見重于鄉黨。手著《恥言》一書，昭示來許。予從上賜《圖書集成》中獲觀數則，不過日用倫常語耳。細按之，而性命天人之指、吉凶禍福之幾，罕辟引伸，親切有味，則洵乎粹然儒者之言，而非諸子百家、浮屠老氏所能竊取也。歲丙辰，其文孫訪師爲登封宰解組來游，出其全編于晨夕之次，予既愛而梓之……先生能言而且以爲恥，毋亦寡過未能、望道未見之微意歟。」

[一]《四庫未收書輯刊》陸輯第十二册據中國科學院圖書館藏本影印。

胡二樂序：「《恥言》者何？餘齋先生垂裕後昆之書也……是編之刻，尤其所深契者，行將流傳海內，如五夜之鐘、百里之雷，未有不省身寡過，以爭趨于聖賢之路者也。」

徐穎梁序：「梁始束髮，先君子即手授一編，曰：『此憲副公《恥言》也，學者立心行己，居官服政之道，所以訓教子孫者詳矣。』梁受而讀之猝，未能盡其蘊也。數十年來，奔走四方，恒珍笥篋，車塵馬足之暇，旅舍孤燈，晨夕展卷，藉以自勵。其言不過日用倫常之事，而言近指遠，言簡意該，豈徒士君子善一身服一官者，天德王道咸具諸此矣。顧生平碌碌，略無奇節可見於世，今且衰老，掩卷太息，落寞前修，恒引以自恥耳。乾隆丙辰游闕里，石門上公好讀書，善汲引後進，一見喜曰：『是真後學津梁，豈惟一姓利賴之，奚不公諸世而韞匵也。』亟舉而付諸梓。讀是編而能恥其所恥，以至不恥，其所恥斯無愧前人諄復之言，亦庶不負上公誨人不倦之意也。」

中科院、上圖、國圖、南圖、香港大學藏。

兵家類

兵機類纂三十二卷

明華亭縣張龍翼輯。明崇禎十六年（一六四三）刻本〔一〕。無界欄。半葉十行，行二十五字。版心無

〔一〕《四庫全書存目叢書》子部第三十三册據軍事科學院圖書館藏本影印。

魚尾，上鎸「兵機」，中鎸卷次，其下右鎸當葉子目名。正文卷端題「兵機類纂卷之一」，署「瑞屏大宗伯鑒定，雲間張龍翼羽明父輯，同郡吴志葵聖階父較，長洲朱正明伯亮父閲」。全書有刻印之句讀圈點。書前有明崇禎十六年錢謙益《兵機彙纂序》、同年吴偉業序、凡例六則、《兵機類纂目録》。

張龍翼字羽明，明松江府華亭縣人。《四庫全書總目》子部兵家類存目據江蘇巡撫采進本著録，稱其松江人。生平仕履未詳。

《凡例》：「一，是編專以兵機爲主，非軍國籌策，概不録……重在謀畫，不專重品格也；一，是編志在廣搜，又惡浩漫，故繁穢盡芟，止存吃緊……一，是編每事各聚以類者，欲使於一法之中，窮其變化之妙也……一，是編雖欲廣集，而無稽虚誕之屬……以經史爲主，一切野史不經之論，悉爲棄去。一，編中如陣法器械之類，止述其事，不詳圖説者，慮成冗漫……一，是編重在類聚，不可逐人以挨年歲，故但於一類之中自爲次第。」

是書取古今言兵事者，自《春秋左傳》至明，所載明事尤詳。分三十二類，每類中又各析子目。其目録如下：卷一疑兵，卷二詐兵，卷三伏兵，卷四掩襲，卷五奇兵，卷六鋭兵，卷七重兵，卷八乘機，卷九伺便，卷十致敵，卷十一喂敵，卷十二敝敵，卷十三權變，卷十四反間，卷十五奇法制勝，卷十六破陣，卷十七火攻，卷十八水戰，卷十九據地利，卷二十攻城寨，卷二十一守城寨，卷二十二激勵，卷二十三游説，卷二十四招降，卷二十五用敵人，卷二十六報軍情，卷二十七料敵，卷二十八備敵，卷二十九謀畫，卷三十雜類，卷三十一陣勢，卷三十二不用計。

軍事科學院圖書館藏。

左氏兵法測要二十卷首二卷

明末清初華亭縣宋徵璧撰。明末劍閑齋刻本〔一〕。半葉八行，行二十字，小字雙行字數同。行間有夾注，每行約三十六字。上單白魚尾，四周單邊。版心上鎸「左氏兵法測要」，魚尾下右鎸卷次，版心下右鎸「劍閑齋」字樣。正文卷端題「左氏兵法測要卷之一」，署「陳眉公先生鑒定，華亭宋徵璧尚木臆論，同邑徐孚遠闇公評閱」。書前有方岳貢《左氏兵法測要叙》、周立勛《左氏兵法測要序》、徐孚遠《左氏兵法測要序》、陳子龍《左氏兵法測要叙》、彭賓燕序、李雯《左氏兵法測要序》、蔡樅序、宋存標序、宋徵輿《左氏兵法測要序》、《左氏兵法測要卷目》。序文葉各序版心下右皆以作序者姓或字標示，如周立勛字勒卣，其序共四葉，版心下右分別爲「勒卣一」、「勒卣二」、「勒卣三」、「勒卣四」；徐孚遠字闇公，其序共五葉，版心下右頁次上皆鎸「闇公」字樣。全書寫刻，刻印頗精。鈐印有「陳氏／珍藏」（朱方）、「騎都／尉印」（白方）等。

宋徵璧（一六〇二—一六七二），字尚木，明末清初松江府華亭縣人。懋澄子。初，在幾社中名存楠。崇禎十六年（一六四三）進士。授中書，充翰林院經筵展書官。奉差督催蘇松四府柴薪銀兩，未復命，以

〔一〕《四庫全書存目叢書》子部第三十四册據北京大學圖書館藏本影印。

國變歸里。入清，以薦授秘書院撰文、中書舍人。舟山之役，從征有功，轉禮部祠祭司員外郎，升本部精膳司郎中，出知潮州府，卒。著有《左氏兵法測要》《抱真堂詩稿》《含真堂詩稿》等。輯有《唐五代詞選》，與陳子龍、徐孚遠合輯《皇明經世文編》。傳見嘉慶《松江府志》卷五十六《古今人傳八》。

是書節略《左傳》所記兵事，引經據典，論其得失。卷首兩卷，卷一凡例、大例、周禮圖説、列國兵制、列國戰陳圖記，卷二東周天王年表、列國諸侯年表、晉楚執政年表、歲星圖説、列國輿圖。正文二十卷，卷一隱公、桓公至莊公二年，卷二莊公三年至僖公四年，卷三僖公五年至僖公二十二年，卷四僖公二十三年至僖公二十八年，卷五僖公二十九年至文公十年，卷六文公十一年至宣公十一年，卷七宣公十二年至宣公十八年，卷八成公元年至成公十一年，卷九成公十二年至成公十八年，卷十襄公元年至襄公十年，卷十一襄公十一年至襄公十九年，卷十二襄公二十年至襄公三十年，卷十三昭公元年至昭公十三年，卷十四昭公十四年至昭公二十一年，卷十五昭公二十二年至昭公二十六年，卷十六昭公二十七年至定公五年，卷十七定公六年至定公十四年，卷十八哀公元年至哀公九年，卷十九哀公十年至哀公十五年，卷二十哀公十六年至二十七年。

《凡例》：「左氏宜列學官，以其耳目相接，羽翼聖經。劉歆發憤，固爲首功。但二百四十餘年，事既繁雜，詞亦浩瀚，是非得失，何可勝陳？兹獨取列國兵事論斷之，任其蒙心，聊率管見，譬弋飛蟲，十不獲一，因名『測要』焉。」

陳子龍《左氏兵法測要叙》：「《左氏兵法測要》者，我友宋子尚木因舊史論得失，審形勢，觀世變，以窮兵械之本，乃引經立政之書，非特權謀之用也。」

北大、上圖、福建省圖書館藏。

全浙兵制三卷附日本風土記五卷

明金山衛侯繼高撰。舊抄本[一]。附記原闕。無框無欄。半葉九行，行十八字。無版心。正文卷端無題署。書前有《全浙兵制目録》，圖六幅。字迹不甚工整。鈐印有「善本／鑒定」（朱方）、「善本／書室」（朱方）、「八千卷／樓丁氏藏」（朱方）等。

侯繼高（一五三三—一六〇二），號龍泉。世襲金山衛指揮使。鎮定海，禦倭寇有功。傳見嘉慶《松江府志》卷四十二《名宦二》侯承祖傳附、光緒《金山縣志》卷十八《名宦傳》。

是書首列全浙海圖，附以形勢説，并及沿革兵制，又析杭、嘉、湖三府爲一圖，寧、紹二府爲一圖，台、金、嚴三府爲一圖，温、處二府爲一圖。四圖各有説，並詳列其兵制、烽堠、倭犯事宜。卷一全浙海圖，海圖總説，水陸兵制，杭嘉湖、寧紹二區區圖，圖説，兵制，衛所烽堠，本區倭亂紀；卷二台金嚴、温處二區區圖，圖説，兵制，衛所烽堠，本區倭亂紀，附録近報倭警；卷三造修福船略説，附纂造新修舊大小福烏船料數。《四庫全書總目》子部兵家類存目據浙江巡撫采進本著録，書名題「《兩浙兵制》四卷」，其中三卷爲

[一]《四庫全書存目叢書》子部第三十一册據天津圖書館藏本影印。

兵制，卷四《日本風土記》有録無書，故誤爲一卷。又稱：「於一時海防軍政，最爲詳悉。惟《日本風土記》有録無書，疑裝輯者偶佚之也……此書實可以曲證史事。」

天津圖書館藏。

法家類

讋辞十二卷

明末清初華亭縣張肯堂撰。明崇禎七年（一六三四）刻本，八册。無界欄。半葉七行，行二十字，小字雙行字數同。無魚尾，四周單邊。版心上右鎸「讋辞」，魚尾下右鎸卷次「卷一」，其下鎸葉碼。正文卷端題「讋辞卷之一」，署「雲間張肯堂載寧父譔」。全書有刻印之圈點句讀。書前有崇禎七年成靖之《莞爾集叙》、司惟標《讋辞序》、《讋辞目録》。封面右上鈐印「言言齋善本圖書」（朱長），鈐印還有「曾留吴興/周氏言言齋」（白長）、「周/越然」（朱方）。

張肯堂（？—一六五一）字載寧，號鯢淵。明末清初松江府華亭縣人。天啓五年（一六二五）進士，授濬縣知縣，弭盜安民，大著聲迹。至崇禎十五年（一六四二）累升爲僉都御史，巡撫福建，以平寇功受賚還朝。後撫閩中，南明永曆五年（一六五一）殉難死。傳見《明史》卷二七六本傳、嘉慶《松江府志》卷五十五《古今人傳七》、乾隆《婁縣志》卷二十四《人物》、光緒《重修華亭縣志》卷十五《人物》。

該書爲著者治濬之判牘，凡三百零八則。卷一二十三則，卷二二十四則，卷三二十八則，卷四二十四則，卷五二十二則，卷六三十則，卷七二十八則，卷八二十九則，卷九三十則，卷十二十三則，卷十一二十七則，卷十二二十則，附審録要囚參語。

成靖之《莞爾集敘》：「《莞爾集》者何？濬侯張載寧氏刻所爲治濬諸牘，而洒然於牛刀之喻也。門人王平甫持以示余，且問叙焉……載寧初拜濬命。時余曾謁之燕邸，見其雙眸炯炯，采壯而穎沉，竊意異時建樹必多奇偉，今果大有造於濬也。瀕河藉潤，不禁起舞，因條觀其集，首列保黎。按濬古黎陽地，治在大伾浮丘之間，又境内黑山巉絶，自昔爲大盜窟藪……濬侯躬帥一旅，禦諸境上，數戰數捷，寇爲咋指遁去，邑轉風鶴而衽席，徵牧父之，擁護不及此，故曰保也。次畚詞，濬故健訟，侯理之平，聞而赴，訴移讞者遂相率麕至，侯一一爰訊，無小大，必以情，每爰書具，直揭兩造之肺腑而出以爽詞，藻彩迸溢，真如墾田，用力深至而後土膏勻適者然，故曰畚也。次寓農諸議，古者寓兵於農，今之鄉兵其遺意云。」

由上敘可知，肯堂治濬時所撰之文總曰《莞爾集》，《畚辞》僅爲其集之一部分。

上圖藏。

農家類

農書六卷

明上海縣施大經撰。明刻本，六册。半葉九行，行二十字，小字雙行字數同。上單魚尾，四周單邊。版心上鎸「閲古編」及卷次，版心中下鎸葉碼。無正文卷端及署名。書根處題「農書閲古編」。卷一正文前有《刻澤谷農書小引》，署「谷陽野父編次」，《農書引解》；書末有《跋農書》，署「九山道人跋語」。各卷正文前有分卷目録，目録首葉皆題「農書卷目」，無署名。

施大經（一五四一—一六一〇）字天卿，號石渠，又號玉屏、谷陽野叟，明松江府上海縣人。居閘港（今上海市閔行區）。宋華亭令施退翁十一世孫。萬曆十三年（一五一五）舉人，署丹徒教諭。遷江西瑞州府通判，有政績，受誣引疾歸。再起惠州通判。萬曆三十年（一六〇二）督通省漕粟，轉崇府審理，告歸。年七十卒。家富藏書。學務實，重經濟，著有《農書》。傳見崇禎《松江府志》卷四十《賢達五》，嘉慶《松江府志》卷五十四《古今人傳六》，同治《上海縣志》卷十九《人物二》，光緒《南匯縣志》卷十三《人物志》。

是書之名，明崇禎《松江府志・施大經傳》作《閲古農書》，同書卷五十四《著述》作《澤谷農書》，清嘉慶《松江府志・施大經傳》亦作《澤谷農書》，此題《農書》，與大經自叙同，擬刊刻時定名。

是書所載皆古今經史百家有關吴中農本之言，引據賅洽，文章爾雅。前無總目，各卷前分卷目録，大記下隸小記，小記下隸篇，每記下皆有數篇不等。各卷目録如下：卷一古吴置郡，下分上古民事記、古吴土風記（人物記、吴論、越入吴、楚入吴）、秦置郡縣記、漢建吴封記等；卷二兩漢郡縣，下分漢世民事記（宦迹記、郡賢記、江南人瑞記）、東吴人物記、六朝人物記；卷三浙西蘇州，下分□民事記（宦迹記、郡賢記、僑隱記）、五代；卷四浙西秀州，下分宋民事記（宦迹記、郡賢記）、元民事記（宦迹記、僑隱記、僞吴記附前賢六贊）；卷五南直松江，下分國朝聖政憫農記（郡譜、田賦記、宦迹記）；卷六南直松江，下分山水崖略紀。

《刻澤谷農書小引》：「《農書》一編，編古之言民事者而已……兹編也，綜往事以徵之今，而民風較然矣，是宜爲觀風問俗之一助也。」

《跋農書》：「吴農無書，翻腐刻以爲書，此真野人快炙背而欲獻之天子者也。然而革前舊事，亦有一二不容泯没者，每念荃宰之鈞調、輶軒之咨采、司牧之賙救，累世以來，吴受休養生息之賜久矣。一旦曰親盡則祧，並不知其身所自出，可乎？」

是書南京圖書館藏一部，六册，書品不及北大圖書館藏本。書前無序，書末有《跋農書》，署「九山道人」。各卷前有分卷目録。

北大、南圖、國圖、蘇州市圖書館藏。

農政全書六十卷

明上海縣徐光啓撰，華亭縣陳子龍評點。明崇禎十二年（一六三九）陳子龍平露堂刻本，二十册。半葉九行，行二十字，小字雙行字數同。上單魚尾，四周單邊。版心上鎸「農政全書」，魚尾下鎸卷次，版心中下部右鎸當葉篇名，版心下右鎸「平露堂」字樣。正文卷端題「農政全書」，署「特進光禄大夫太子太保禮部尚書兼文淵閣大學士贈少保謚文定上海徐光啓纂輯，欽差總理糧儲提督軍務兼巡撫應天等處地方都察院右僉都御史東陽張國維鑒定，直隸松江府知府穀城方岳貢同鑒」。全書有句讀評點，皆陳子龍所爲。書前徐爾爵等恭謝崇禎十六年（一六四三）三月十四日奉聖旨《農政全書》梓印廣傳，書名葉上鎸「特旨頒行省直」字樣，下鎸「欽定相國徐文/定公農政全書」字樣，大司農十五國約言，大宗伯題覆，大冢宰題覆，崇禎十二年張國維序，方岳貢序，張溥序，凡例，總目。凡例末有陳子龍題識。鈐印有「明善堂/覽書/畫印記」（白方）、「宣城李氏瞿硎/石室圖書印記」（朱長）、「李之/郇印」（朱方）、「李氏/伯雨」（朱方）、「宛陵李士郇藏書印」（朱長）等。

徐光啓（一五六二—一六三三），字子先，號玄扈，明松江府上海縣人。萬曆三十二年（一六〇四）進士。崇禎初，以禮部尚書入閣參機務。官至文淵閣大學士。其人雅負經濟才，有志用世，從西洋人利瑪竇學天文曆算火器，盡其術。卒贈少保，謚文定。編著有《農政全書》，主持編譯《崇禎曆書》，譯著《幾何原本》等。傳見《明史》卷二五一本傳、乾隆《江南通志》卷一四一《人物志·宦績》、嘉慶《松江府志》卷五十四《古今人傳六》、同治《上海縣志》卷十九《人物二》。

是書於光啓卒後六年，由其門人陳子龍等整理編定。分爲農本、田制、農事、水利、農器、樹藝、蠶桑、蠶桑廣類、種值、牧養、製造、荒政等十二門，爲明代農學巨著。據書前總目，卷一農本（經史典故、諸家雜論上），卷二農本（諸家雜論下），卷三農本（國朝重農考），卷四田制（井田考），卷五田制（田制篇），卷六農事（營治上），卷七農事（營治下），卷八農事（開墾上），卷九農事（開墾下），卷十農事（授時），卷十一農事（占候），卷十二水利（總論、西北水利），卷十三水利（東南水利上），卷十四水利

（東南水利中），卷十五水利（東南水利下），卷十六水利（水利策、水利疏），卷十七水利（灌溉圖譜），卷十水利（利用圖譜），卷十九水利（太西水法上），卷二十水利（太西水法下），卷二十一至卷二十四農器（圖譜一至四），卷二十五樹藝（穀部上），卷二十六樹藝（穀部下），卷二十七樹藝（蓏部），卷二十八樹藝（蔬部），卷二十九樹藝（果部上），卷三十樹藝（果部下），卷三十一蠶桑（總論、養蠶法），卷三十二蠶桑（栽桑法），卷三十三蠶桑（蠶事圖譜），卷三十四蠶桑（桑事圖譜、織絍圖譜），卷三十五蠶桑廣類（木棉），卷三十六蠶桑廣類（麻），卷三十七種植（總論），卷三十八種植（木部），卷三十九種植（雜種上），卷四十種植（雜種下），卷四十一牧養（六畜），卷四十二制造（食物），卷四十三荒政（備荒總論、備荒考上），卷四十四荒政（備荒考中），卷四十五荒政（備荒考下），卷四十六至卷五十三荒政（救荒本草一至八草部），卷五十四至卷五十六荒政（救荒本草九至十一木部），卷五十七荒政（救荒本草十二米穀部），卷五十八荒政（救荒本草十三果部），卷五十九荒政（救荒本草十四菜部），卷六十荒政（野菜譜六十種）。

《凡例》末陳子龍題識：「文定所集，雜采衆家，兼出獨見，有得即書，非有條貫，故有略而未詳者，有重複而未及删定者。初，中丞公屬子龍以潤飾也，自愧不敏，則以友人謝茂才廷楨、張茂才密皆博雅多識，使任旁搜覆較之役，而子龍總其大端，遂燦然成書矣。大約删者十之三，增者十之二。其評點俱仍舊觀，恐有深意，不敢臆易也。中丞公與大夫公所以闡揚前哲，加惠元元之意，庶幾無負乎。外若相與商榷者，李孝廉待問、徐太學孚遠、宋孝廉徵璧、徐太學鳳彩也。較訂者，文定之甥陳貢士于階暨其長嗣蔭君驥、諸孫爾覺、爾爵、爾斗、爾默、爾路也。華亭陳子龍漫記。」

《四庫全書總目》子部農家類據兵部侍郎紀昀家藏本著録:「是編總括農家諸書,裒爲一集。凡《農本》三卷,皆經史百家有關民事之言,而終以明代重農之典。次《田制》二卷,一爲井田,一爲歷代之制。次《農事》六卷,自營制開墾以及授時占候,無不具載。次《水利》九卷,備録南北形勢,兼及灌溉器用諸圖譜。後六卷則爲《泰西水法》。考《明史》光啓本傳,光啓從西洋人利瑪竇學天文曆算火器,盡其術。崇禎元年,又與西洋人龍華民、鄧玉函、羅雅谷等同修新法曆書,故能得其一切捷巧之術,筆之書也。次爲《農器》四卷,皆詳繪圖譜,與王楨之書相出入。次爲《樹藝》六卷,分穀、蓏、蔬、果四子目。次爲《蠶桑》四卷,又《蠶桑廣類》二卷,廣類者,木棉、麻苧之屬也。次爲《種植》四卷,皆樹木之法。次爲《牧養》一卷,兼及養魚、養蜂諸細事。次爲《製造》一卷,皆常需之食品。次爲《荒政》十八卷,前三卷爲備荒,中十四卷爲救荒本草,末一卷爲野菜譜,亦類附焉。其書本末咸該,常變有備。蓋合時令農圃、水利、荒政數大端,條而貫之,彙歸於一。雖采自諸書,而較諸書各舉一偏者,特爲完備。《明史》稱光啓編修兵機、屯田、鹽策、水利諸書,又稱其負經濟才,有志用世,於此書亦略見一斑矣。」

華東師大、北大、上圖、國圖、南圖藏。

醫家類

本草通玄二卷

明上海縣李中梓撰。清康熙十七年（一六七八）昆明刻本[一]。半葉十行，行二十字。白口，上單魚尾，四周雙邊。魚尾下鐫「本草通玄」，其下右鐫卷次。正文卷端題「本草通玄卷上」，署「雲間李中梓士材甫著，三韓吴世琿玄石甫訂」。書前有闕名序（落款殘闕）、闕名《重刻本草通玄序》（無落款）、戴子來《本草通玄序》、《本草通玄凡例》七則、《本草通玄目録》。鈐印有「□遠堂/雷氏藏」（白長）等。

李中梓（一五八八—一六五五）字士材，號念莪，明松江府上海縣人。居南匯所城（今上海市浦東新區）。諸生，有文名，因善病自究方書，遂以醫名世。年六十八卒。著述甚豐，有《删補頤生微論》《雷公炮制藥性解》《醫宗必讀》等。傳見乾隆《江南通志》卷一百七十《人物志·藝術》、嘉慶《松江府志》卷六十一《藝術傳》、同治《上海縣志》卷二十二《藝術》、光緒《南匯縣志》卷十三《人物志》。

是書分上下兩卷，卷上爲草部、穀部，卷下爲木部、菜部、菓部、寓木部、苞木部、蟲部、鱗部、介部、禽部、獸部、人部、金石部，共計十四部，收録三百餘種藥材名目。末附《用藥機要》《引經報使》二篇。每種藥材先標名目，次表藥性，再叙功用。

[一]《續修四庫全書》子部第九百九十三册據中國中醫研究院圖書館藏本影印。

戴子來《本草通玄序》：「吾師以名臣子爲天下才……有著述數十種行世，强半爲岐黄家言，噲炙人口……吾師酬給罔暇，因論本草一書，上自炎皇，下迄漢唐宋明，無慮剞劂充棟，第引而未發之旨、舛而承訛之弊，不可枚舉。業已有舊刻二種，未遑整闡其幽，悉簡其誤，用是復奮編摩，重嚴考訂，扼要删繁，洞筋擢髓，成《本草》二卷，命曰『通玄』。夫玄者，衆妙之門，常情所未能通者也。」《凡例》：「一，本草之刻，自炎黄以暨今日，無慮充棟。太繁者流覽無垠，太簡者義理未備。兹刻徵考恒用者凡若干種，俾讀者便於誦習耳……一，是編之刻，凡及門之親與較閲者，以中先之，鼎公繼之，各有苦心，以故語語推敲，字字精核，與他刻之漫筆者實相徑庭矣。」

中國中醫研究院、蘇州中醫院藏。

診家正眼二卷

明上海縣李中梓撰。清順治十七年（一六六〇）秦卿胤等刻後印本[一]。半葉九行，行二十字，小字雙行字數同。粗黑口，上單白魚尾，四周單邊。魚尾下右鎸卷次，版心中下右爲葉碼。正文卷端題「診家正眼卷上」，署「雲間李中梓士材父著，吴郡同門諸子重較」。書前有清順治十七年（一六六〇）秦卿胤《重訂診家正眼序》、《診家正眼目録》，目録首葉署「雲間李中梓士材父著，吴郡門人葉奕光其暉、劉元稷紫

[一]《續修四庫全書》子部第九百九十九册據中國醫科大學圖書館藏本影印。

谷、沈頲朗仲、秦卿胤古懷、鄭東嘉介山、尤乘生洲較」。鈐印有「仲／翔」（朱方）等。

是書卷上内容依次爲：脉之名義、氣口獨爲五臟主、脉辨至數、日夜五十營、診貴平旦、寸關尺之義、三焦分配三部、重輕審察、陰陽辨别、内經分配藏府定位、六氣分合六部時日診候之圖、政運有不應之脉、人迎氣口、脉分四時六氣、脉分四方、脉分五臟、五臟平脉、五臟病脉、五臟死脉、五臟真脉、脉以胃氣爲本、脉貴有神、神門脉、反關脉、衝陽太谿、男女脉異、老少脉異、脉無根有兩説、女人脉法、小兒脉法、諸病宜忌脉、怪脉、七診、必先問明然後診脉、持脉有道、決死生、辨七表八裏九道之非、脉決死期、奇經八脉。卷下爲辨二十八脉（依次爲：浮、沉、遲、數、滑、濇、虚、實、長、短、洪、微、細、濡、弱、緊、緩、弦、動、促、結、代、革、牢、散、芤、伏、疾）、脉法總論。

秦卿胤《重訂診家正眼序》：「惟吾師士翁，以曠世奇才，成一代大儒。年十二，試輒冠軍，觀場者九，副車者再。遇太夫人疾，因事靈蘭，學博道精，悟入玄妙，彈指間，使沉痾頓起，遍地陽春……所著二十種，皆發前人之未備。及《正眼》一書，猶字字爲軒岐印泥，言言開後學聾瞶。卿胤立雪師門，嘗竊緒餘，以徵指下，心手相得，如桴應鼓。乃知是書一出，脉理昭然。吾師不獨噓枯當世，寔振鐸千秋。奈兩楹既夢之後，原板散廢，四方射利之徒，竊名翻刻者，皆詞意顛倒，盡失本文。憶吾師瞑目時，猶呼余輩致囑曰：『吾四十年來撰述雖多，然問心自慊者，惟《正眼》一書。』余與尤子生洲、鄭子介山，夙負言，疚心良切。今庚子秋，復梓原本，共襄厥成。」

中國醫科大學、上海中醫藥大學、中醫科學院藏。

頤生微論四卷

明上海縣李中梓撰。明書林葉仰峰刻本，四册。無界欄。半葉九行，行二十字，小字雙行字數同。上單白魚尾，四周單邊。版心上鎸「頤生微論」及卷次。正文卷端題「頤生微論」，署「雲間念莪李中梓士材父著，笠澤施沛沛然父校，書林葉仰峰梓行」。書前有萬曆四十六年（一六一八）高出《頤生微論序》、施沛《頤生微論序》（行書上版）、李中梓《頤生微論序》（行書上版）、《采輯書目》、《頤生微論總目録并凡例》（小字署「雲間殷日東元曙父書」）。全書有刻印之句及圈（無逗及點），又全書有朱筆圈點。鈐印有「麐嘉／館印」（朱方）。

是書凡二十二論，其中卷一三奇論、醫宗論、辨妄論、審象論、宣藥論、運氣論，卷二臟腑論、别症論、四要論、化源論、知機論、明治論、風土論、虚癆論、邪祟論、傷寒論、廣嗣論、婦科論，卷三藥性論，卷四醫方論、醫案論、感應論。凡例四則。采輯書目有《黄帝素問》《黄帝靈樞》《素問鈔》等七十七種。

李中梓《頤生微論序》：「余閴坐一室，篤志攻儒之事之餘，乃發靈蘭之典，集爲《頤生微論》。」

按：《删補頤生微論》之李中梓序内容不同。《頤生微論》卷一首葉「三奇論第一」之下有小字「附修養法二十三條」，正文中所附者題「附養生修攝二十三條」，首爲孫真人條；《删補頤生微論》卷一首葉「三奇論第一」之下無小字附録，有小字注文六行，正文中所附者題「附修攝法二十五條」，首爲桑榆子條。改動頗大。又如《頤生微論》卷三藥性論前，另有藥名三葉，分别爲草部六十五種，木部二十三種，菓部八種，穀部四種，菜部三種，人部三種，獸部七種，蟲魚部四種，石部三種，末有統計「共計一百二十種又附録二十二種」，《刪補頤生微論》卷三正文前無此三葉藥名。

北大藏。

刪補頤生微論四卷

明上海縣李中梓撰。明崇禎十五年（一六四二）沈頲刻本〔一〕。半葉十行，行二十字，小字雙行字數同。上單魚尾，四周單邊。版心上鎸「刪補頤生微論」，魚尾下鎸卷次，版心中下爲葉碼。正文卷端題「刪補頤生微論卷之一」，署「雲間念莪李中梓士材父著，吴趨門人沈頲朗仲父較，男允恒壽臣仝閲」。書前有明崇禎十五年李中梓《刪補頤生微論序》、《刪補頤生微論總目并凡例》。

是書乃李中梓醫學經驗總結之談，初稿成於明萬曆四十六年（一六一八），已刊版行世，即北京大學所藏明書林葉仰峰刻本《頤生微論》四卷。崇禎十五年又因舊本自訂之，是爲此編。卷一三奇論、醫宗論、先天論、後天論、辨妄論、審象論、宣藥論、運氣論，卷二臟腑論、别證論、四要論、化源論、知機論、明治論、風土論、虚勞論、邪祟論、傷寒論、廣嗣論、婦科論，卷三藥性論，卷四醫方論、醫案論、感應論。總凡二十四論。目録末有凡例四則。《四庫全書總目》子部醫家類存目據浙江巡撫采進本著録。

李中梓《刪補頤生微論序》：「余少治經生言，及兩親子俱以藥誤，予又蚤歲多痾，始惕然迫于思，而

〔一〕《四庫全書存目叢書》子部第四十六册據中國科學院圖書館藏本影印。

以鄒魯之業，兼岐黃家言，藥世道之受病，而因以通有生之疾，似同源而流矣。自神廟戊午，采輯成是編，鐫而懸之肆，乃翕然遍走天下，嗣後非不究天人參禪玄，詢國政，未甘擅專門學，而携挾持扶，以請一刀圭者，日且相迫三吴中，遂以長沙氏目相之，予豈敢云靡弗通，而通于是，抑亦相迫，而漸至使然者耶。今二十五年以來，不無少進階級，思一再訂期，絲毫不有誤後世，而未可輕與語也。庚辰秋，吴門沈子朗仲翩然來歸，一握手而莫逆於心，端凝厚藏，慷慨浩直，而不漫齒頰，峨然載道之偉器。與語移旦暮，鮮弗神領，靈樞諸經典，了然會大意，投藥中窾，砉然如庖丁游刃，豈特曰吾道西矣，而邈然弗可量已。于是相與辨幾微，參益損，躋巔極，破偏拘，皇皇于大道，以俟百世，可以畫一，則庶幾其快我隱，謝我過焉。嗟乎，吾道之不孤，其有賴于朗仲也乎？因再付之剞劂，與同事諸君，更一改觀，儻云知青于藍，雖釋其舊本可也已。」

中科院、國圖、上圖、上海中醫藥大學、上海交通大學醫學院藏。

鐫補雷公炮制藥性解六卷

明上海縣李中梓撰。明末唐鯉飛刻本〔一〕。半葉十行，行二十字，小字雙行字數同。上單魚尾，四周單邊。版心上鐫「藥性解」，魚尾下鐫卷次，其下右鐫當葉部類名。正文卷端題「鐫補雷公炮製藥性解卷之

〔一〕《續修四庫全書》子部第九百九十册據浙江圖書館藏本影印。《四庫全書總目》疑此書爲書賈托名射利之作，暫不能辨，姑繫於此。

一」，署「雲間李中梓編輯，姑蘇錢允治訂正，金陵唐鯉飛校梓」。書前有李中梓《藥性解序》、《鐫補雷公炮製藥性解》各卷細目、《鐫補雷公炮製藥性解凡例》五則、《鐫補雷公炮製藥性解總目》、《藥性發所引書傳》。

是編分金石、果、穀、草、木、菜、人、禽獸、蟲魚九部，列藥三百餘種，每種之下各有論案。其中卷一金石部二十三種、果部十八種、穀部十一種，卷二草部上四十二種，卷三草部中五十四種，卷四草部下五十四種，卷五木部五十七種，卷六菜部十種、人部十種、禽獸部十八種，蟲魚部二十六種。

《凡例》：「藥性之刻，無慮充棟。然有性味者，無經絡之歸；有炮製者，無選辨之法；有毒之有無大小者，無使反畏惡之品；有此刻未備，彼刻悉之，及此刻所載，彼刻又缺。窮搜極搆，迄無全書。今先味，次性，次有毒無毒，次入某經絡，次主用，次辨真僞美惡，次製法，次佐使，次畏惡，因而援語諸家之説，參管窺之見，解其一二。凡藥之性，靡不精詳悉備，使學者一覽無餘矣。」

《藥性解所引書傳》自《黄帝素問》《神農本經》至《開寶重定本草》，共計三十六種。

《四庫全書總目》子部醫家類存目據通行本著録：「其稱『雷公』云者，蓋采炮炙論之文，别附於末。考宋雷斅《炮炙論》三卷，自元以來，久無專行之本。惟李時珍《本草綱目》載之差詳。是篇所采猶未全備，不得冒雷公之名。又《江南通志》載中梓所著書有《傷寒括要》《内經知要》《本草通原》《醫宗必讀》《頤生微論》凡五種，獨無是書。卷首有『太醫院訂正』、『姑蘇文喜堂鐫補』字，亦坊刻炫俗之陋習。殆庸妄書賈隨意裒集，因中梓有醫名，故托之耳。」

浙圖、甘肅省圖書館、稷山縣圖書館藏。

士材三書

明上海縣李中梓撰，清尤乘增訂。清康熙間宏道堂刻本，六册。是書收録《診家正眼》二卷、《本草通玄》四卷、《病機沙篆》二卷附《壽世青編》二卷。半葉十行，行二十四字，小字雙行字數同。上下細黑口，上單魚尾，左右雙邊。魚尾下鎸卷次及當葉子目，版心中下爲葉碼。多無界欄。書前牌記鎸「增訂士材三書/宏道堂梓」。書前有清康熙六年（一六六七）尤侗《合鎸三書序》、同年尤乘《合刻士材三書序》。又有尤乘《增補診家正眼序》、董傳序、凡例四則、《診家正眼目次》（目録首葉署：「雲間李中梓士材父著述，門人尤乘生洲父增補」）、《本草通元》目次、《增補病機沙篆目》（目録首葉署：「雲間李中梓士材父原本，吴門尤乘生洲增較新鎸」）、《壽世青編目次》（目録首葉署：「古平江尤乘生洲手輯」）。卷次依序排列，即卷一至卷二《診家正眼》，卷三至卷四《本草通玄》，卷五至卷六《病機沙篆》，卷七至卷八《壽世青編》。是書刊刻字體不盡相同，刻印不精。

尤侗《合鎸三書序》：「雲間李士材先生，近代之國醫也。所著書甚富。其行本曰《診家正眼》，以審脉也；曰《本草通玄》，以辨藥也；其藏本曰《病機沙篆》，則治法備焉，尤爲枕中秘云。予猶子生洲，爲先生高弟，合而鎸之，顔曰《士材三書》，而問序於予。」

尤乘《合刻士材三書序》：「乘自髫年即親承指授，提命之暇，因得遍窺先生所著書。書凡數十種，其先已行世者，亦既懸諸國門，尊爲不刊之典矣。其未經流布者尚多，乘何敢秘諸篋笥？與諸同門互相校讎，取其尤切於用者，急爲登梓，庶幾先生之苦心不致泯没於將來也。今三書具在，將明乎虚實强弱，標本先後，以施治療之方，則《沙篆》備矣。將欲按脉察色，審聲望氣，以知病之所由生，則《正眼》詳矣。將欲辨氣别味，隨温凉寒，□以攻疾去邪，則《通元》要矣。」

上圖藏。

幼科折衷二卷

明上海縣秦昌遇撰。清乾隆間抄本，二册。無框無欄。半葉十二行，行二十八字，小字雙行字數同。版心右上題書名，版心中有當葉篇名，版心下爲葉碼。字體纖細。全書朱筆句讀，又經墨筆批校，增删改補較多，墨黑筆粗，字迹明顯異於原抄本。正文卷端原無署名，「雲間秦昌遇景明甫著」爲後人增補，應與批校者爲同一人。書前有《面部察色新證》、《附十二經所屬歌訣》、《五臟五味補瀉》三篇共三葉，與正文字體不同，無框無欄，半葉十三行，行二十七字，小字雙行字數同，亦經朱筆句讀。其後爲乾隆四年（一七三九）張棟題識二葉、《幼科折衷凡例》九則、《幼科折衷目録》。卷上正文末有墨筆小字一行：「中華民國七年冬月十日梁溪景行室主東臣張士珪校完。」鈐印有「錫山／張惠臣／藏書」（朱方）、「景行／書室」（朱方）、「張／棟」（白方）、「廷／選」（朱方）。

秦昌遇（一五七六—一六四〇）字景明，號乾乾子，晚號廣野山道人，明松江府上海縣人。居閘港

（今屬上海市閔行區）。上海城隍秦裕伯裔孫。少時多病，乃學醫，無所師承而遍通方脉，尤擅兒科。生平志趣高雅，能詩文。著有《證因脉治》《幼科醫驗》《幼科折衷》《大家醫驗大成》等。傳見嘉慶《松江府志》卷六十一《藝術傳》〔一〕、同治《上海縣志》卷二十二《藝術》、光緒《南匯縣志》卷十三《人物志》。

是書係昌遇診治幼兒專論，上卷列幼兒病症十八種，下卷論幼兒病症三十種，各列診治方法，附論、圖十三篇。對中醫兒科臨床具有相當參考價值。

張楝題識：「予家世耕讀，兼事懋遷。至我祖篤好讀書，延請名師，訓迪父行。而吾父章句之暇，喜探醫典，凡岐黄之書，廣爲搜置。常曰：『章句僅可博科名耳，然有命焉，若利濟宏深，靡有逾於醫道者。』當是時，予家一堂四世，丁口繁盛，未免寒暑推移，天花傳染，由是海上諸名醫皆得往來相與，而翼師王先生尤深契焉。予兄弟四人，惟予自幼孱弱，我父命之曰：『爾可習醫，既能保護爾躬，亦可兼濟人世。』歲戊午陽月，遂受業於王先生。先生手授一編，曰：『此秦子《幼科雜症折衷》也，秦子名昌遇，字景明，號廣野，生於明季，爲吾郡之神醫，在在濟人，每多神妙，起沉疴於既斃，拯童稚於長年（旁小字改『垂危』）。其著述甚富，業皆壽之梨棗，爲後學之梯航，暗途之寶炬。獨有是編，未經剞劂，蓋欲藏之枕中，永爲自得之秘，不輕示人之意深矣。迨後，親炙其門者固請至再，始得寓目，互相争録，魯魚亥豕亦弗顧也。是編也，一遵

〔一〕一九九二年《南匯縣志》第三十二編《人物》有傳，題秦昌遇生卒年爲「約一五四七至一六二九」。

軒岐要旨爲綱領，博采醫哲名論爲條目，纖毫必本於規矩，豈曰幼科之專書已耶？由此而深造其極，自能機圓神熟，則亦變變化化，神妙生焉。神妙似不囿於規矩，而實不出於規矩者也。子善爲録之。』予筆懦鈍，越三月始得抄竣，遂書數語，以志父命師箴之至意云爾。」并鈐印「從/溪/張/氏」（朱圓）、「廷/選」（白方）。由該題識，知是書有多種抄本，張楝所據底本爲其師王先生所藏，則是本亦爲多次傳抄之本。是書又有清康熙間抄本，臺圖藏，一九八〇年上海古籍出版社曾據以影印。又有清遠志精舍抄本，一九九〇年，中醫古籍出版社據以上兩種清抄本及此乾隆間抄本，曾整理出版點校本。

上圖、中華醫學會上海分會藏。

幼科金鍼二卷

明上海縣秦昌遇撰。抄本，一册。無框無欄。半葉十一行，行二十二字，小字雙行字數同。版心右上題「幼科金鍼」，中題卷次及當葉篇名。正文卷端署「雲間秦昌遇景明輯」。書前有《秦景明先生遺事二則》、《幼科金鍼目録》。無序跋。

是書凡一百編，其中卷上五十編，卷下五十編。第九十七編至一百編原闕。每編爲一症，首爲四句與病症相對應之七言詩，正文釋病症及診治方法，末附藥方名、藥及服用方法。各編目録依次爲：全胎、胎寒、臟寒、胎熱、臍風撮口、胎驚、盤腸内痢、夜啼、天痢、鵝口瘡、乳痳、急驚、慢驚、慢脾、解顱、耳沁、齒語行遲、弄舌舒舌、項輭、五輭五硬、傷風、欬嗽、肺風痰喘、喘急、天哮、鼻風、胎怯、滯頤、潮熱、痰證、吐瀉、疝氣、盜汗自汗、五淋、溺血、傷寒、夾食夾驚、汗粟、傷食、傷積、食厥、腹痛、顖陷顖填、風癇、驚悸、五癇、丹疹、水腫、嘔吐、脾胃、心疳、肝疳、脾疳、肺疳、腎疳、丁奚哺露、雞胸龜背、痧癆、霍亂、中暑、中寒、中惡、瘧疾、痢疾、脱肛、瘧癖、痢後風、休息痢、黄疸、積氣、停積、鼻衄、便血、閉結、泄瀉、虼厥、溺癃、胎内傷、奶癬、赤游丹毒、赤游癬、重舌木舌、風毒、走馬疳、乳蛾、螞蟻丹、喉痺、鹽哮醋哮、痄腮、葡萄疫、耳潰、火燙、淫痺、膿窠瘡、瘡癇。以下四編原闕：反關痘、痘疔、痘風瘡、尻神歌。

上圖藏。

痘疹折衷二卷

明上海縣秦昌遇撰。清抄本，一册。無框無欄。半葉十行，行二十字。正文卷端題「痘疹折衷」，署「廣野道人秦昌遇景明父著，男廷陽東明父仝參」。字迹工整，全書有朱筆句讀。無序跋。鈐印有「陸／郎」（白方）、「星／垣」（朱方）、「□謙／張印」（朱方）等。

是書卷上依次爲：痘原論、諸醫用藥寒熱必以時論、痘疹未發宜預防論、痘疹與傷寒傷食初證相似而實不同論、痘疹用藥涼熱補瀉全要活變論、痘疹首尾不宜汗下亦不可太執論、察痘之形色論、察痘之老嫩論、審痘之善惡論、痘疹要明五運六氣論（附五運圖、六氣圖）、發熱時起每日順逆險至十四朝論、放痘第一日候、放痘第二日候、放痘第三日候、放痘第四日候、放痘第五日候、放痘第六日候、放痘第七日候、放痘第八日候、放痘第九日候、放痘第十日候、放痘第十一日候、放痘第十二日候、放痘第十三日候、放痘第十四日候、發熱三朝證治十二條、報痘三朝證治十八條、起脹三朝證治十二條、貫漿三朝證治二十條、收靨三朝證治十條、結靨後餘證十五條、痘後調護宜謹、痘後用藥禁忌、婦女出痘論。卷下依次爲：寒戰咬牙、癢塌、水泡、渴、聲啞失音、水嗆、腰痛、喘、痰、失血、内潰、夾疹、夾斑、大小便閉、腹痛、譫妄、驗口唇、舌、驚搐、痘後身腫陰囊腫、痘毒、瘻、汗、吐瀉、麻疹、麻疹輕重及不治訣、古今經驗方。各篇多以「秦子曰」開頭。

上圖藏。

秦御醫景明大方折衷二卷

明上海縣秦昌遇撰。近代抄本，二册。無框無欄。半葉八行，行十六字；小字雙行字數同，偶有字數不等者。右半葉版心處上題「病源」，中爲當葉篇名。正文卷端題「秦御醫景明大方折衷」，署「後學李士材、施笠澤同閲」。無序跋。

是書爲各卷前有分卷目録。上卷目録爲：傷寒（附瘟疫、脚氣、痧疹、傷風）、内傷、中風（附癇證、癘風）、中溼（附痿證）、中暑（附中熱）、瘧證、痢疾、泄瀉、閉結。下卷目録爲：疝證、諸氣、諸血、勞證（附遺精、盗汗、骨蒸）、欬欶（附痰證）、眼疾、喉證。

上圖藏。

幾何原本六卷

意大利利瑪竇、明上海縣徐光啓合譯。明萬曆三十五年（一六〇七）刻本，四册。半葉十行，行二十二字，小字雙行字數同。白口，上單魚尾，左右雙邊。魚尾下鎸卷次篇名。正文卷端題「幾何原本」及卷次，署「泰西利瑪竇口譯，吴淞徐光啓筆受」。書前有韓應陛墨筆手書跋文四行、明萬曆三十五年利瑪竇《譯幾何原本引》。

書前無目録。各卷前皆有卷首界説，正文爲題。各卷内容依次爲：第一卷之首界説三十六則、求作四則、公論十九則；卷一論三角形，計四十八題。第二卷之首界説二則；卷二論綫，計十四題。第三卷之首界説十則；卷三論圜計三十七題。第四卷之首界説七則；卷四論圜内外形，計十六題。第五卷之首界説十九則；卷五論比例計三十四題。第六卷之首界説六則；卷六論綫面之比例計三十三題。

利瑪竇《譯幾何原本引》：「乃至中古，吾西庠特出一聞士，名曰歐几里得……其《幾何原本》一書尤確而當。曰『原本』者，明幾何之所以然，凡爲其説者，無不由此出也……先生（按：即徐光啓）就功，命余口傳，自以筆受焉。反覆展轉，求合本書之意。以中夏之文，重復訂政，凡三易稿。先生勤，余不敢承以怠。迄今春，首其最要者前六卷獲卒業矣……太史意方鋭，欲竟之。余曰：『止請先傳此，使同志者習之。果以爲用也，而後徐計其餘。』太史曰：『然。是書也，苟爲用竟之，何必在我？』遂輟譯而梓是，謀以公布之，不忍一日私藏焉。梓成，竇爲撮其大意，弁諸簡端。」

《四庫全書總目》子部天文算法類二據兩江總督采進本著録：「西洋人歐几里得撰。利瑪竇譯而徐光啓所筆受也。歐几里得未詳何時人。據利瑪竇序云，中古聞士。其原書十三卷，五百餘題，瑪竇之師丁氏爲之集解，又續補二卷於後，共爲十五卷。今止六卷者，徐光啓自序云：『譯受是書，此其最要者，遂刊之。』」

國圖、中國歷史博物館、上圖、吉林省圖書館藏。

藝術類

書學會編四卷

明華亭縣黄瑜編。明天順六年（一四六二）黄瑜肇慶府刻本[一]。半葉十三行，行二十三字。粗黑口，雙對魚尾，四周雙邊。下魚尾之上鐫葉碼。正文卷端無署名。書前無序，書末有明天順六年黄瑜跋。鈐印有「真讁／齋藏」（白方）、「汪士鐘字春霆／號閬園書畫印」（白長）、「京師圖書／館收藏之印」（朱長）等。

[一]《原國立北平圖書館甲庫善本叢書》第五百十九册據明天順六年黄瑜肇慶府刻本影印。

黄瑜字廷美，明景泰、天順間松江府華亭縣人。生平仕履不詳。其《書學會編》書末跋文落款爲「天順壬午冬十月二十一日肇慶府知府華亭黄瑜識」，知其天順六年時官肇慶府知府。黄瑜松江府志、邑志皆無傳，其事附見於正德《松江府志》卷二十九《人物三·名宦》陳詢傳，黄瑜妻爲編修梁譔女，而居間主其事者爲華亭陳詢。

是書收入宋人書學四種，依次爲宋劉次莊《法帖釋文》、米芾《書史》、黄伯思《法帖刊誤》及曹士冕《法帖譜系》，皆宋人研究法帖之名著。《四庫全書總目》子部藝術類存目據兩淮鹽政采進本著録。

黄瑜跋：「書，六藝之一，古人所不敢忽也。已上宋劉次莊《法帖釋文》、米元章《書史》、黄長睿《法帖刊誤》、曹士冕《法帖譜系雜説》凡四種，皆録於故大理少卿致仕簡庵沈先生所。惟書家論述多矣，率皆卷帙簡少，易於散失，爰用編次，種自爲卷，總目之曰『書學會編』，刻之端庠，以惠來學。若他日有得，當别爲卷第，續附其後云。」

是書重慶市圖書館藏一部，著録爲明刻本，《四庫全書存目叢書》子部第七十一册據以影印。經比勘，二本應爲同版，唯重慶市圖書館藏本印刷較晚，中多斷板，文字亦時有缺失。如重慶市圖書館藏本卷一第七葉左半明顯斷板，右半葉第八行下半「日欲必」下一字及第九行「畢卿」下一字皆缺失，臺北故宫藏本無斷板，兩字完整，分别爲「日欲必赴」及「畢卿可」。重慶市圖書館藏本前亦無序文，正文至卷四八十九葉止，闕第九十葉及第九十一葉，而臺北故宫藏本黄瑜跋文在第九十一葉左半葉，故僅能著録爲明刻本，實則明天順六年黄瑜肇慶府刻本。

臺北故宫、重慶市圖書館、湖南省圖書館藏。

集古印譜不分卷

明上海縣寓賢羅王常編，上海縣顧從德藏校。明隆慶間墨色鈐印本，十二册。上下二欄，上欄爲鈐印處，半葉三行；下欄爲欄綫，半葉九行。版心無魚尾，四周單邊。版心下無葉碼。僅有鈐印，無釋文。書前有明隆慶六年（一五七二）沈明臣《集古印譜叙》、明隆慶五年（一五七一）黄姬水《集古印譜序》，二序皆行書手書上版；《集古印譜凡例》十五則。序及凡例版心鎸「集古印譜序（凡例）」字樣。序文前空白葉正中有朱色鈐印：「古玉印百五十有奇古銅印千六/百有奇家藏及借四方者集印數/年乃成堇廿本手印者藏印者硃/楮者三分之手印友隨亦致病斯/譜有同秦漢真迹每本白金十兩」。正文卷端無題署。無目録，各類前亦無子目名。鈐印有「趙印/仲舉」（小白方）、「能/遠」（小朱方）、「翁同/龢觀」（白方）、「小廬/獲觀」（朱方），書首册前及末册後空白葉皆鈐「副統/之印」（大朱方）。書末附葉有丁未吴憲澂手跋、道光二十九年（一八四九）季錫疇手跋、光緒二十六年（一九〇〇）翁同龢手跋并鈐印「松禪/居士」（白方）、「龢」（朱方）。又有吴湖帆題識，陳巨來題記。正文第三葉左半葉鈐印下欄有吴湖帆題識：「此印與黄鶴幽居圖款下所鈐者合，據顧氏鈐收，當是玉印無疑。己卯夏五吴湖帆識。」

羅王常（一五三七—一六〇六？），字延年，原名羅南斗，字伯麈，號吴野生。原籍徽州歙縣。其父羅龍文入嚴氏幕府，嘉靖末嚴敗被誅，王常以藏於御醫顧世安家得免。後隨顧氏南至上海，變姓名隱居，潛心摹古。工書畫，尤精於製印，編有《集古印譜》《秦漢印統》等。〔一〕

顧從德（一五一八—一五八七）字汝修，明松江府上海縣人。御醫定芳子，從義兄。官鴻臚寺序班。善書。傳見《（同治）上海縣志》卷十八《人物一》。

沈明臣序：「顧氏作《集古印譜》成，屬余序其事，余曰唯唯……上海顧氏稱世家，三世以博雅傳。自御醫公世安氏搜購始，及光禄君汝由、鴻臚君汝修、大理君汝和、光禄子天錫，祖孫父子兄弟綿遠矣。而搜購遠近，不遺餘力，乃堇得玉印一百六十有奇，銅印一千六百有奇，然較之諸家所傳，則三倍矣。顧氏兄弟嘗曰：『六經尚矣，六經之外，唯有彝鼎款識，彝鼎款識之外，唯有秦漢碑版鏤刻，此皆古人心畫神迹所寄。然歲久，風日蝕剥者無幾，而金石版鏤皆摹拓重翻，未免失真多矣。唯兹印章，用墨用硃，用善楮印而譜之，庶後之人尚得親見古人典刑神迹，所寄心畫，所傳無殊，耳提面命也已。』又嘗語余曰：『余家自御醫府君而下，世嗜畜古人名迹，故商周彝鼎之屬，及法書名畫金玉印章之類，堇堇凡數十種矣。一罹倭變，遷徙流離，再遭時艱，獄辭連染，故三世所畜，一旦歸於有力，而印章堇存，亦未敢保其不它。物聚散有數，人無與焉。而使之泯滅不傳，可惜也。故作是譜，譜凡二十本。』噫，其意蓋深遠矣。譜式首尚方璽，即秦

〔一〕 參見孫向群《讀國家圖書館藏〈秦漢印統〉》，山東圖書館季刊二〇〇八年第四期；王洪軍《羅王常〈秦漢印統〉本末考》，《文獻》二〇一五年五月第三期。

始皇九字璽也。次荆王之璽之類，次官印，次私印。私印以沈約韻爲前後，而始朱氏，尊國姓也。集印者，太原王常幼安氏。」

《凡例》：「一，集印法，每項玉先，次瑪瑙，次寶石，次銀，次銅，次磁；一，以尚方小璽冠之首；一，王璽君印置官印之前；一，官印各從其類……一，蠻夷亦附官印之末，蓋亦朝廷之賜，不宜別置一項；一，姓氏私印從沈韻四聲之次第，蓋便撿閱，而朱姓冠諸首者，所以尊國姓，不敢溷于後也；……一，宋元銅印附類蟲鳥印後；一，每項各自印起，不相聯屬，庶後有所得，仍可增入……」

書末吴憲澂手跋：「是譜本堇二十，自明迄今，歷年三百，宜其流傳絶少。印本有朱有墨，此爲墨印，秦漢以來，篆法古樸淳邃之氣，於此可見。較諸《印藪》之棗木傳刻者，大相逕庭矣……所惜者印之范製形質文字未加注釋，讀者有遺恨。」

季錫疇手跋：「世傳《印藪》皆翻刻木板，原本朱墨印者僅有廿本，其寶貴可知。余聞齊太守彦槐、六舟上人各藏一本。此本向藏崑山舊家，今爲虞山顧子養之所得。養之工篆隸，作印一以漢人爲宗。物聚所好，信不虛也。余嘗得下半帙，爲虞山詩老毛俟龕所藏，數年前贈於趙君闇鄉，闇鄉轉贈瞿君子雍。檢閱是本，如逢舊友。惜瞿、趙二君俱作古人，不獲相與賞玩而品論之也。」

是書據沈明臣序及書前朱色鈐印記，此隆慶鈐印本只印二十部，存世極罕。據《中國古籍善本書目》載，目前國内僅上海圖書館藏一部、開封市圖書館藏一部（著録爲二卷）、浙江圖書館藏一部（著録爲一卷）。又據明萬曆三年顧從德芸閣刻六卷本《集古印譜》前顧氏序文，「譜刊成，友人王伯穀氏復嘉其名曰『印藪』，而未遑更」，知是書還有别名曰《印藪》。《中國古籍善本書目》又著録上海圖書館藏《顧氏印藪初稿》一卷，明鈐印本，一册，今核該館已注銷此條目。

上圖、浙圖、開封市圖書館藏。

集古印譜六卷

明上海縣寓賢羅王常編，上海縣顧從德藏校。明萬曆三年（一五七五）顧氏芸閣刻本，六册。鈐印處半葉四行，行依釋文多寡爲一枚鈐印或兩枚鈐印；釋文小字，半葉十六行，一枚鈐印者釋文行二十字，兩枚鈐印者釋文行八字；標題等大字，半葉八行。白口，無魚尾，四周單邊。魚尾下鎸「集古印譜」及卷次，版心下右鎸「顧氏芸閣」字樣。正文卷端題「集古印譜」，署「太原王常延年編，武陵顧從德汝修校」。書前有明萬曆三年顧從德《刻集古印譜引》，行書手書上版，《集古印譜凡例》十六則，印譜舊叙。卷一首葉鈐「合肥／龔氏／珍藏」（朱方），卷一末銅虎符末空白處鈐印「陶冶／性靈」（朱大方），卷一末行鎸小字「吴門姚起刻」字樣。卷三末葉空白處有多方鈐印，其中多有重復鈐蓋者，如「恬養齋」（白長）、「恬齋」（朱長）、「韓／烎」（朱方）、「素居」（朱長）、「存心養性」（白長）等。卷四首葉有「金石齋藏書」（朱橢），末葉有「李維／鄴印」（朱白／白朱方）。

是書前無目録，内容分尚方諸璽、官印和私印三部分。部分之下，又以四聲部次先後。印章品相以端重爲主，頗合古人摹印之法。正文子目依次爲：卷一秦漢小璽、王印、君印、公印、侯印、將軍印、將印、督印、軍印、尉印、司馬印、軍曲、候印、大夫印、太守印、史印、令印、丞印、長印、府印、事印、相印、宰印、佐印、士印、使者印、父老印、倉印、蠻夷王印、蠻夷君印、蠻夷侯印、蠻夷長印、蠻夷邑長印、蠻夷阡長印、蠻夷佰長印、印鈕、銅虎符。卷二上平私印。卷三下平私印。卷四上聲私印。卷五去聲私印。卷六入聲私印，未識私印及子孫日利單字象形等印。

顧從德引文：「余既集古印若干枚，用硃用墨，印越楮上，□（成）譜者，凡二十册矣。間爲好事者相購去，然堇堇無以廣同好，而且也借諸收藏好事鑒賞家者爲之耳。然散而弗克，常儲爲一家物，或久益漫滅并失□在也。後之人抑又何以能盡睹今兹之全也。用是乃起而裒諸前人所譜，如趙子昂氏、王順伯、楊宗道、吴孟思者，盡付梓人，庶永不至磨滅。而古人之遺意，如諸家所序論者，幸與後千載者同之。此余刻譜之意，敢僭引諸前。而印璽稱名、紐製、文篆□繇來，具論于諸序中，及凡例可覽睹矣。譜刻成，友人王伯穀氏復嘉其名曰《印藪》，而未遑更焉。萬曆三年人日武陵顧從德識。」

凡例在隆慶本凡例基礎上增補，如末三則：「一，諸印文具釋於下……次釋鈕制，而經目者得詳載，見諸譜者亦得考據，至若四方印來者，或鈎摹者并諸譜原不載何鈕者，亦仍闕之……一，集印以諸友所收藏者爲主，次及子昂《印史》，楊宗道、吴孟思、王厚之、錢舜舉諸家印譜，王球《嘯堂集古録》，吾子行《學古編》，并得收入，至於欣賞編亦所不遺……一，唐宋元諸印記附之于後，以爲續集……」

印譜舊叙依次爲：王沂《楊氏集古印譜叙》、俞希魯《楊氏集古印譜序》、唐愚士《題楊氏手摹集古印譜後》、揭汯《吴氏印譜序》、隆慶六年（一五七二）沈明臣《顧氏集古印譜叙》、隆慶五年（一五七一）

黄姬水《顧氏集古印譜序》、《楊氏印譜贊》、篆書《印譜題辭》。《四庫全書總目》子部藝術類存目據編修汪如藻家藏本著録。

清周中孚《鄭堂讀書記》："「沿革始末，證據詳明，不惟千百年之遺文舊典古雅樸厚之意粲然在目，而當時設官分職廢置之由，亦從可考焉。」

按：是書在隆慶鈐印本基礎上擴而編之，自藏之外，兼收友朋所藏且經寓目者，詳載其釋文形製，又廣搜前人所集印譜，并采掇以備考訂。是編初名《集古印譜》，據顧氏自序，其友王穉登改易之曰《印藪》，即《四庫全書總目》著録者。《四庫全書總目》云沈明臣序稱從德家藏玉印、銅印一千七百餘枚，此序爲隆慶六年鈐印本前舊，此六卷刻本實收録古印至三千有奇。北京大學圖書館藏一部，《四庫全書存目叢書》子部第七十五册據以影印。書前顧從德序前，還有明萬曆三年王穉登《印藪序》，行書手書上版。故宫博物院藏一部，《故宫珍本叢刊》第四百六十七册據以影印，書前有王穉登《印藪序》（行書）、顧從德《刻集古印譜引》、《集古印譜凡例》、《印譜舊叙》，餘同北京大學圖書館藏本。

又按：明隆慶六年鈐印本書末吴憲澂手跋："「武陵顧氏集趙文敏、王順伯、楊宗道、吴孟思諸譜，梓而行之，王百穀名之曰《印藪》。卷首著爲王常延年氏，實爲芸閣所編，蓋在此譜後四年也。」其云「梓而行之」者，即是書，成於鈐印本後四年。

上圖、北大、故宫藏。

集古印譜六卷

明上海縣寓賢羅王常編，上海縣顧從德藏校。明萬曆三年（一五七五）顧氏芸閣刻朱印本，六册。函套書根處右側題「印藪六卷／武陵顧氏本」，左側題「原刻朱印／白棉紙本／六册」。此朱印本與墨印本版式内容完全相同，正文卷一末亦有「吴門姚起刻」小字，應爲同版所印。書前序文凡例等皆墨印，正文界欄内容全部朱印。書前空白葉有墨記，四周單邊：「棉紙水花硃隻／印每部銀卅兩／伍錢恐有贋本／用古玉玦印記」，其上有朱色古玉玦圖形，玦身花紋繁複清晰，缺口朝下。第一册鈐印有「曾藏丁／輔之處」（朱長）、「丁仁收／集摹／护之記」（白方），第二册末葉空白處鈐印多方，有「宣／声」（朱方）、「徐湄／私印」（白方）、「肇／錫」（朱圓／朱方上下連珠）等。

上圖、國圖、復旦藏。

按：據《日藏善本書録》載，日本早稻田大學藏明萬曆間武陵顧氏芸閣刻朱印本一部，著録爲《集古印藪》四卷。

印史五卷

明華亭縣何通輯刻。明末鈐印本[一]。鈐印處半葉四行，行兩枚鈐印，鈐印下爲釋文；釋文小字，半葉

[一]《四庫全書存目叢書》子部第七十五册據中國科學院圖書館藏本影印。

十四行，行十字；標題等大字，半葉七行。白口，上單白魚尾，四周單邊。魚尾下鎸「印史」，其下右爲卷次。正文卷端題「印史」及卷次，署「古吳何通不違甫著」。書前有王亮《印史序》（手書上版）、朱簡《何不韋印史叙》、陳萬言《印史小叙》（手書上版）、陳元素序、沈承《印史叙》（手書上版）、《印史小傳目録》；書末有通隱居士《題印史後》、陳本《何不違印史歌》（行草）。鈐印有「紫/雪/山房」（朱方）、「若愚鑒/賞圖書」（白長）、「趙氏/光藻」（白方）等。

何通字不違，明松江府華亭縣人。《四庫全書總目》子部藝術類存目據兩淮鹽政采進本著録，稱其松江人，「是書成於萬曆中」。

是書取明代以前歷代名人各爲刻一印，而附小傳於下。卷一秦十九人、西漢二百一十一人，卷二東漢二百零六人，卷三蜀漢十八人、吴七人、魏二十八人、晋八十八人附秦一人、劉宋七人、南齊二人、梁九人、北魏六人、北齊二人、後周二人、隋十三人，卷四唐一百七十八人、五代十一人，卷五宋一百二十人、元十四人，總計九百四十二人。

中科院、上圖、國圖、天津圖書館、南圖藏。

陸學士題跋二卷

明華亭縣陸樹聲撰。明萬曆十八年（一五九〇）刻《陸學士雜著》本，二册。半葉七行，行十六字。上下白口，無魚尾，四周單邊。版心中鎸「題跋」及卷次（上下）。正文卷端題「陸學士題跋」，署「適園居士陸樹聲著，門人黄稺、包林芳、徐益孫校」。書前有明萬曆十八年（一五九〇）包檉芳《陸學士題跋序》。序文首葉、卷上首葉版心下右鎸「吴門馬凌雲刻」字樣，卷下首葉署「適園居士陸樹聲著，後學朱朝貞、郁伯純、陳繼儒校」，版心下右鎸「馬凌雲刻」字樣。

陸樹聲（一五〇九—一六〇五）字與吉，號平泉，一號十硯老人，明松江府華亭縣人。居練塘林家草（今上海市青浦區）。初冒林姓，後貴乃復。嘉靖十九年（一五四〇）舉於鄉，次年會試第一，選庶吉士，授編修。歷官太常卿，掌南京祭酒事，嚴敕學規，著條規以勵諸生。神宗初累拜禮部尚書。通籍六十餘年，居官未及一紀。年九十七卒。贈太子少保，謚文定。傳見《明史》卷二一六本傳、崇禎《松江府志》卷四十《賢達五》，乾隆《婁縣志》卷二十二《人物》，嘉慶《松江府志》卷五十三《古今人傳五》，光緒《重修華亭縣志》卷十四《人物》，光緒《青浦縣志》卷十七《人物》。

是書另有别本單行者，題《平泉題跋》，即《四庫全書》收録者。卷上收録《委羽山人注老子》《鄧牧伯牙琴》《釣鰲集》等四十四篇，卷下收録《題浮黎子詩後》《大參沈鳳峰章草帖》《湖山佳致圖》等四十篇。《四庫全書總目》卷一一四子部藝術類存目據兩淮鹽政采進本著録。

是書中央黨校、上海圖書館均有收藏，《四庫全書存目叢書》子部第一百六十三册據以影印，總題《陸學士雜著》十種十一卷（存八種九卷）。其中上海圖書館藏本卷上一册版心中下皆有破損，如序文首葉及卷一首葉版心下之刻工姓名皆殘缺不可辨，影印本據中央黨校藏本影印，刻工姓名清晰可辨。

上圖、中央黨校藏。

檀園題畫詩跋一卷

明嘉定縣李流芳撰。稿本，一册。無框無欄，半葉七行，行二十一至二十四字不等。正文卷端無題署。書前空白葉有墨筆題：「李流芳號長蘅，乃嘉定四先生之一也。此册共二十一葉，皆手録題畫詩文，尤爲珍重。」字迹雋秀。鈐印有「李印／流芳」（白方）、「長／蘅」（白方）等。

李流芳（一五七五—一六二九）字茂宰，一字長蘅，號檀園，又號香海，晚號慎娱居士，明嘉定縣人。居南翔。萬曆三十四年（一六〇六）舉人。築檀園，讀書其中。工詩善書，尤精繪事。與婁堅、唐時升、程嘉燧並稱「嘉定四先生」。著有《檀園集》《檀園題畫詩跋》《西湖卧游圖題跋》等。傳見《明史》卷二八八《文苑傳》、康熙《嘉定縣志》卷十六《人物二》。

此稿本各篇標題依次爲：江南卧游册題詞（横塘、石湖、虎丘、靈巖）、跋盂蘭卷、題畫卷與子薪、題白雲青嶂圖、題畫册爲同年陳維立（桃源、紫葉、東皋、竹溪、鑒湖、輞川、浯溪、廬山、雪堂、孤山）、題畫册後爲李郡守鶴汀、題雲山圖、跋摹書帖、題燈上人竹卷、題寒山詩卷、題怪石卷、題畫册、題畫、題畫册、題畫册、題林巒積雪圖、題畫册、題畫爲徐田仲。

上圖藏。

青蓮舫琴雅四卷

明華亭縣林有麟撰。明萬曆四十二年（一六一四）刻本[一]。半葉九行，行二十字，小字雙行字數同。上單魚尾，左右雙邊。版心上鎸「青蓮舫琴雅」，魚尾下鎸卷次。正文卷端題「青蓮舫琴雅卷之一」，署「雲間林有麟仁甫輯」。書前有李紹箕《青蓮舫琴雅小引》、萬曆四十二年周裕度《青蓮舫琴雅小引》、同年林有麟《青蓮舫琴雅序》、《青蓮舫琴雅凡例》八則。

林有麟（一五七八—一六四七）字仁甫，號衷齋。明松江府華亭縣人，居北倉橋。太僕寺卿景暘子。以蔭授通政司經歷，遷刑部郎中，出爲四川龍安知府。清勤有才略，祀龍安名宦祠。精琴學，工山水。所居素園，廣聚奇石。著有《青蓮舫琴雅》《素園石譜》《法教佩珠》《仙里塵譚》等。傳見嘉慶《松江府志》卷五十四《古今人傳六》。

林有麟《青蓮舫琴雅序》：「余少好閑澹，長齋繡佛，枯坐團蕉中，如定壁觀衲於人世一切空華劫劫之觀，都無所嗜，而樂見異書。自先世所藏外，有殘編斷蹏足備緗素者，輒掌録校定焉……癸丑長夏，偶櫂青蓮舫，過西泖之塔院，停維累日，九螺黛影，日落蘋窗空碧間。客有奏予以緑水泛虚之曲者，余迺就行笥檢先哲所載有關琴德者，薈撮成之，并録往式，題曰『琴雅』。」

《凡例》：「余先梓《石譜》，滿卷烟霞，一洗塵俗。《琴雅》繼出，庶幾哉稱競爽乎？蓋絲與石，原自作

[一]《四庫全書存目叢書》子部第七十四册據雲南大學圖書館藏本影印。

合，每當山石璘珣，疏桐月上，奏瑶琴一曲於其間，飄飄欲仙矣，故有《石譜》，似不可無《琴雅》。」是書卷一録歷代琴式圖譜，卷二至卷三録歷代琴人琴事典故，卷四録歷代涉琴之詩詞賦詠等，係古琴隸事之書，非琴譜之類審音之書。《四庫全書總目》子部藝術類存目據浙江汪啓淑家藏本著録。

是書臺北故宫藏一部，《原國立北平圖書館甲庫善本叢書》第五百二十一册據以影印。李紹箕序文闕首葉，餘同《四庫存目》本。鈐印有「無竟／先生／獨志／堂物」（朱長方）。

雲南大學、臺北故宫藏。

歷代帝王法帖釋文考異十卷

明上海縣顧從義撰。明正德間刻本，三册。半葉九行，行十九字，小字雙行字數同。白口，上單魚尾，左右雙邊。魚尾下鐫書名卷次。正文卷端題「歷代帝王法帖釋文考異」，署「武陵顧從義編并書，太原王常校」。書前有王穉登《法帖釋文考異序》，行書手書上版。正文係寫刻，筆畫遒勁，王穉登序云「手自繕寫，以授鋟人」，寫刻俱佳。原書蟲蛀破損嚴重，經精心修補，金鑲玉裝。書内夾一簽條，墨筆書「此本來自南通，直一金，重裝之費多至十倍，重其爲安麓村舊藏，故不惜資費表托裝存，以備閣帖釋文之一種」。鈐印有「臣多」（朱長）、「半／軒」（朱圓）、「安麓邨／藏書印」（朱方）、「城南竹／□鑒藏／圖書記」（朱方）、「曾在秦／嬰闇處」（朱長）、「秦／曼青」（白方）。

顧從義（一五二三—一五八八）字汝和，一字時和，號硯山。明松江府上海縣人。御醫顧定芳子。嘉靖二十九年（一五五〇），詔選太學能書者入直，名列第五，授中書舍人，直文華殿。隆慶初，以預修國史成，擢大理寺評事。有石癖。精於鑒賞。别業曰玉泓館。著有《法帖釋文考異》《硯山山人詩稿》。傳見《明詩紀事》庚、乾隆《江南通志》卷一百七十《人物志・藝術》、嘉慶《松江府志》卷五十二《古今人傳四》、同治《上海縣志》卷十八《人物一・顧英傳》附。

是書乃考訂《淳化閣帖》之研究著作，於前人音注，辨其訛繆，析其異同，評書者每以爲據。卷一爲歷代帝王法帖釋文考異，自漢章帝至陳永陽王陳伯智；卷二至卷四爲歷代名臣法帖釋文考異，自後漢張芝至唐洛州刺史徐嶠之；卷五爲諸家古法帖釋文考異，自蒼頡始（本卷末三葉缺失尤爲嚴重）；卷六至卷十爲法帖釋文考異，其中卷六至卷八爲晋王羲之，卷九至卷十爲晋王獻之。《四庫全書總目》史部目録類二據副都御史黄登賢家藏本著録。

是書上海圖書館藏有一部復本，二册，經比勘，與三册本同版印刷。書前無王穉登《法帖釋文考異序》。前空白葉書簽處有墨筆題「法帖釋文考異十卷／明正德刻本」，并鈐「某景書屋」（朱長）。書内鈐印還有「葉氏／菉竹堂／藏書」（朱圓）、「孔子七十一世／孫昭薰／琴本氏印」（朱方）、「匏如珍／藏書／籍私記」（朱方）、「吴湖帆（左馬右風）／珍藏印」（朱方）、「江南／吴氏／世家」（朱方）、「梅景書／屋秘笈」（朱長）、「吴氏圖書記」（朱長）、「吴氏／文庫」（朱方）、「吴印／湖帆（左馬右風）」（白方）、「吴氏某／景書屋／圖書印」（朱大方）、「博山／審定」（朱方）等。

書末有趙萬里、潘承厚、潘承弼等題識并鈐印。

趙萬里題識：「此正德本《法帖釋文考異》，半葉九行，行十九字，明時爲崑山葉文莊藏書，有葉氏菉竹堂藏書一印，可寶也。平生所見凡三帙，一藏清内府，即天禄琳琅著録之本；一藏吴興許氏懷辛齋；一即此本。辛未冬，道出淞濱，過湖帆先生梅景書屋，觀所藏宋槧《淮海居士長短句》《梅花喜神譜》、汲古閣景宋本《梅屋詩餘》《石屏長短句》，并此書而五，皆希世之珍，謹志數語於此書後，以記一時之奇遇云爾。海寧趙萬里。」并鈐印「萬／里江／山供／燕几」（朱橢）。

潘承厚題識：「法帖釋文，宋元本皆不附考異，獨此刻最爲完備。藏書著録維天禄目中及之，傳本不多，即此可知。癸酉冬日，湖帆姑丈出以相示，因余歎賞不置，遂以爲贈。厚記。」并鈐印「博／山」（朱方）。

潘承弼題識：「自淳化敕撰《閣帖》，而襄陽米氏以意評斷論定真僞，其書今無傳。黄長睿氏復取襄陽所定，重加訂正，成《刊誤》二卷，其文今見黄氏所著《東觀餘論》中。迨劉中叟氏別爲《釋文》十卷，附麗閣本，與《刊誤》并垂不朽。長睿《東觀餘論》吾家藏有宋本，差足傲岸海内。而中叟釋文篋中亦有元槧本，合之堪稱雙璧。此顧從義《法帖釋文考異》十卷，是吴湖帆姑丈所藏，於癸酉歲以貽伯兄者。吾友趙君斐雲審爲正德刊本，證以内府所藏與此正同。案從義字時和，上海人，嘉靖中詔選善書者入直，授中書舍人，直文華殿，擢大理寺評事。其書纂輯群説，剖析同異，《提要》議其疏於考證，又不得善本校勘，然所據諸本，今皆罕傳。館臣眩於天禄藏本，宜所遴選迴出所收諸本之上，且是書刊成於正德，而從義以嘉靖時始入直，宜未窺石渠之秘，功在藍褸，又胡可偏廢哉？此本前後無序跋（小字雙行：《天禄琳琅書目》

著録亦無序跋），題武陵顧從義編，并書太原王常校。每半葉九行，行十九字，字大悦目，精勁絶類宋槧。蓋明初刊本，猶不失宋元遺意也。有菉竹堂藏書朱文圓印，檢文莊《菉竹堂書目》無之，意當時視爲習見之本，故未入録耳。別有孔子七十一世孫昭薫琴南氏印朱文方印，則又經藏闕里矣。黄、劉二書善本具藏吾家，得此足相鼎峙耳。戊寅重九日，吴縣潘承弼識。時寓滬濱之潤康村。」并鈐印「潘／弼」（白／朱文上下連珠方）、「景鄭／金石／文字」（朱方）。

上海圖書館又藏一部，一册，著録爲明刻本，無序跋。字體等與明正德刻本同。鈐印有「董／挹達」（白方）、「子／名」（朱方）、「周／銓」（白方）、「葉氏／藏書」（白方）、「元馭／之印」（朱方）、「頤公」（白方）等。

上圖藏。

法帖釋文考異十卷

明上海縣顧從義撰。林石廬抄本，一册。無框無欄。行款皆同正德本，正文文字改爲楷體。書前有王穉登《法帖釋文考異序》，係影抄行書。書末有林石廬朱筆題識：「此本係繆藝風丈舊藏明刊本。辛酉余以重值得之。依其版式飭胥迻寫，唯易宋體爲楷書耳。己巳端陽節後十日郵似曼青先生。石廬校畢附志。」并鈐「林／鈔」（朱方）。又朱筆題「原書每五卷合裝一册，并注。石廬」，并鈐「石／廬」（白方）。書末有嬰闇居士墨筆題識，落款署「嬰闇居士戊寅六月記」。鈐印有「石廬／抄本」（朱方）、「雲輪閣」（朱長）、「荃孫」（朱長）、「城南竹／□鑒藏／圖書記」（朱方）、「嬰闇／秦氏／藏書」（朱方）、「曾在秦／嬰闇處」（朱長）。

上圖藏。

畫法小學四卷

明上海縣王思義輯。明刻本，一册。半葉八行，行二十二字。無魚尾，四周雙邊。版心上右有「畫法小學卷之一」，版心下有葉碼。正文卷端題「畫法小學卷之一」，署「雲間允明父王思義編集」。書前有王思義《畫法小學序》、目録。字體古拙，刊印精良。鈐印有「錢唐鮑／問梅珍／藏印記」（朱方）、「琴書／詩畫／巢」（白方）、「王培／孫紀／念物」（朱方）。

王思義字允明，明松江府上海縣人。王圻子。

是書卷一畫法總論，卷二人物法、衣摺描法、衣冠别名、體法四等、像法十一等、山水法、石名二十七等、皴石法十二等，卷三樹木類、樹枝八等、松四等、點綴樹葉一十五等、描葉着色一十八等、畜獸法、魚蟲類附龍、宫室類續附鳥獸龍蟲法五段，卷四用筆用墨、畫題、着色法、磨絹法、畫像分色法、畫家必先、裝背標軸、賞鑒、名畫大家。

王思義《畫法小學序》：「予觀《畫法》一書，若有所契于中。顧其書篇目混淆，簡略未盡，不揣愚陋爲序，正而參補之，終不難自私也。因付之剞劂，以惠來學。」

上圖藏。

寶繪録二十卷

明上海縣張泰階輯。明崇禎刻本，五册。半葉九行，行二十字，小字雙行字數同。上單白魚尾，四周單邊。版心上鐫「寶繪録」，魚尾下鐫卷次。正文卷端題「寶繪録卷之一」，署「東吴張泰階用爰平父評訂，同郡董元熙赤明父較閲」。書前有崇禎六年（一六三三）張泰階《寶繪録叙》（董天鳳書），凡例八條，目次。全書有墨筆句讀。鈐印有「四明盧氏/抱經樓/藏書印」（白方）、「延古堂李氏珍藏」（白長四周環花紋）等。

張泰階字爰平，明松江府上海縣人。通政司右通政鶚翼孫。萬曆四十七年（一六一九）進士。歷官温處道，以廉政稱。家有寶繪樓，藏歷代名畫甚多。傳附見嘉慶《松江府志》卷五十三《張鶚翼傳》後。

是書據書前目次，各卷依次爲：卷一總論、六朝唐畫總論、又、宋畫總論、元畫總論、寶繪樓記附、雜論；卷二至卷十三卷册類，其中卷二至卷三名藻叢林，卷四至卷十三皆各圖，卷十四至卷十七皆各圖，卷十八至卷二十挂幅類，無題跋畫幅附後。《四庫全書總目》子部藝術類存目據江西巡撫采進本著録。

張泰階《寶繪録叙》：「篋中名繪，向時精心以求，裝演成幅，録出就正，不甚費力。遂以他姓以珍而耳目偶及者，亦有緘縢以秘而未經傳示者，備列先□題識之語，付之剞劂。前名寶繪，蓋嘗見收藏之家，在宣和則合而爲一，元季則分而爲六七，國朝之吴□又分而爲二。余中年謝事，枯槁餘生，居取數也。」

是書北京大學圖書館藏一部，《四庫全書存目叢書》子部第七十二册據以影印。著録爲明崇禎六年刻本。經核，正文及序跋等全同中國國家圖書館藏本。

國圖、北大、上海辭書出版社、上圖、南圖藏。

譜録類

茶寮記一卷

明華亭縣陸樹聲撰。明萬曆四十一年（一六一三）刻《茶書二十種》本[一]。半葉九行，行十八字。上單白魚尾，四周單邊。版心上鎸「茶寮記」，版心下右鎸刻工姓名：工、劉。正文卷端署「明華亭陸樹聲著」。

全書僅三葉，首爲自序，次爲正文。正文爲煎茶七類，一人品，二品泉，三烹點，四嘗茶，五茶候，六茶侣，七茶勛。《四庫全書總目》子部譜録類存目據内府藏本著録。

自序：「園居敞小寮於嘯軒埤垣之西，中設茶灶，凡瓢汲罌注濯拂之具咸庀。擇一人稍通茗事者主之，一人佐炊汲。客至，則茶煙隱隱起竹外。其禪客過從余者，每與余相對結跏趺坐，啜茗汁，舉無生，話終

[一]《四庫全書存目叢書》子部第七十九册據湖南圖書館藏本影印。

南。僧明亮者，近從天池來，餉余天池苦茶，授余烹點法甚細。余嘗受其法於陽羡，士人大率先火侯，其次侯湯。所謂蟹眼、魚目，參沸沫浮沉，以驗生熟者，法皆同。而僧所烹點，絶味清，乳面不黟，是其入清淨味中三味者。要之，此一味非眠雲跂石人未易領略。余方遠俗，雅意禪棲，安知不因是遂悟入趙州耶？時杪秋既望，適園無諍居士與五臺僧演鎮、終南僧亮同試天池茶於茶寮中，漫記。」

按：是書亦收入陸樹聲《適園雜著》中，有明萬曆十八年（一五九〇）刻《陸學士雜著》本。

湖南省圖書館藏。

水品二卷

明華亭縣徐獻忠撰。明萬曆四十一年刻《茶書二十種》本〔一〕。半葉九行，行十八字。上單白魚尾，四周單邊。版心上鎸「水品」，版心下右鎸刻工姓名，如志、正、和、劉、忠、俊、弟等。正文卷端署「明雲間徐獻忠著」。書前有明嘉靖三十三年（一五五四）田藝蘅《水品序》，目録。書末有蔣灼《水品後跋》。

是編皆品煎茶之水，上卷爲總論七篇，依次爲一源，二清，三流，四甘，五寒，六品，七雜説；下卷詳記諸水，自上池水至金山寒穴泉，總三十七處。

田藝蘅序：「余嘗著《煮泉小品》，其取裁于鴻漸《茶經》者十有三……近游吴興，會徐伯臣示《水

〔一〕《四庫全書存目叢書》子部第七十九册據湖南圖書館藏本影印。

品》，其旨契余者十有三……攜歸并梓之，以完泉史。」

《四庫全書總目》子部譜録類存目據浙江巡撫采進本著録。云目録有偶脱及誤列處，亦有自相矛盾者，又云：「舊本題曰《水品全帙》，立名殊不可解。考田崇衡（當作「田藝蘅」）、蔣灼二跋，皆稱皆稱《水品》，無『全帙』字。疑書僅一册，藏弆家插架題籤，於《水品》下寫『全帙』字，傳寫者誤連爲書名也。今從舊跋，仍題曰《水品》焉。」是書《（崇禎）松江府志》卷五十四著録，不記卷帙。《夷門廣牘》書名題《水品全帙》二卷，檢其内容，與《水品》并無二致。

湖南省圖書館藏。

素園石譜四卷

明華亭縣林有麟輯。明萬曆四十一年（一六一三）自刻本〔一〕。半葉八行，行十八字。上單魚尾，四周單邊。版心上鎸「素園石譜」，魚尾下鎸卷次。正文卷端題「素園石譜卷之一」，署「雲間林有麟仁甫輯」。書前有黄經《素園石譜小引》（行書上版）、明萬曆四十一年林有麟《素園石譜自序》、《素園石譜凡例》十則、《素園石譜目録》。書内附奇石圖刻印俱佳。

是書爲明代奇石圖録。有麟所居素園，位於華亭北倉橋。園辟玄池館，廣聚天下奇石，至千餘方。采

〔一〕《四庫全書存目叢書》子部第七十九册及《續修四庫全書》子部第一千一百十三册均據中山圖書館藏本影印。

北宋宣和以後石之見於古籍記述者數百種，具繪爲圖，綴以前人題詠。卷一録永寧石、壺中九華等十九種，卷二録靈璧石、瑪瑙石等二十七種，卷三録辰州砂床、鰲背靈峰等三十九種，卷四録秀碧石、怪石供等十六種，附青蓮舫綺石。清周中孚《鄭堂讀書記》卷五十著録。《四庫全書總目》子部譜録類存目據浙江汪啓淑家藏本著録。

林有麟《素園石譜自序》：「於素園闢玄池館……因檢緗編，自宣和帝而後，有繪圖哦詠者，手彙輯之，凡得四卷。吾友黄令則見而愛之，謂可公之同好。」《凡例》：「是編檢閲古今圖籍，奇峰怪石，有會於心者，輒寫其形，題詠綴後……奇石多出名山，今入譜者，惟據目所睹記，十不得其一二……圖繪止得一面或三面四面，俱屬奇觀，不能殫述，則有名公之詠歌在……帙中所録，皆取小巧，足供娱玩，至于叠嶂層巒，穿雲參斗，非不仰止，然非尺幅可摹，姑置之……石中奇形怪狀，不一而足，似涉傳疑，然必確然有據，方命剞劂，若謂憶度揣摹，逞奇藝苑，則我豈敢。」

廣東省中山圖書館、上圖、國圖、北大、故宫藏。

素園石譜四卷

明華亭縣林有麟撰。清抄本，四册。函套書簽題「素園石譜四卷／見松江府志藝文志／明雲間林有麟仁甫手輯原稿本／林太僕景暘子明萬啓間人／致蜂觀園署」。扉葉墨筆題識一則，前有凡例、目録。正文卷端署「雲間林有麟仁甫輯」。多寶（鋪首、鎖形）欄箋紙，無版心，無欄綫。每葉右下欄外墨筆書卷次及葉碼。抄寫精美，摹圖精妙。書末附《青蓮舫綺石》，皆繪圖并題石名。鈐印有「哈麐／私印」（白方）、「蓼洲鑒／賞印記」（朱長）。

題識：「此《素園石譜》稿本四卷，明雲間林有麟仁甫手輯本。有麟爲太僕景暘子，其傳□具載《松江府志·藝文志》中，并載列是書名稱。該書用高麗皮紙，圖寫精絶，當係備梓行之定稿，洵足寶重。壽甫同學兄購弆是稿，暇以出示，愛其完好無缺，楚弓楚得，允□□□，爰書數行，用志眼福云耳。」落款署「壬辰菊秋邑後學致耕□□□題。」

上圖藏。

香雪林集二十六卷

明上海縣王思義輯。明萬曆三十一年（一六〇三）自刻本，十册。首二卷爲梅圖，正文首葉無界欄，半葉八行，行十四字。自卷三起半葉八行，行二十字，小字雙行字數同。無魚尾，四周單邊。版心上鎸「香雪林集卷之□」，版心下右偶有刻工姓名，如「沈元震刻」、「雲間沈元震刻」、「潘維垣寫沈君實刻」。版心下左有當葉字數。正文卷端題「香雪林集」及卷次，署「香雪林主人允明王思義集」。書前有萬曆三十三年（一六〇五）王圻《香雪林集序》、萬曆三十一年王思義《香雪林全集序》，目録。字體棱角分别，圖精美。

是書内容，凡梅圖二卷，詠梅詩詞文賦二十二卷，畫梅圖譜二卷。據書前目録，卷一至卷二梅圖，卷三梅譜、事類、詩話、賦，卷四記、序、傳、説、引、文、頌、題、啓、贊、五言古、五言排律，卷五五言排律，卷六五言律、五言絶句，卷七七言古，卷八至卷十四七言律，卷十五至卷十九七言絶，卷二十七言絶、六言絶、九言詩、一字至十字詩，卷二十一至卷二十四詩餘，卷二十五畫梅全譜，卷二十六畫梅圖訣。《四庫全書總目》子部譜録類存目據浙江巡撫采進本著録。

王思義《香雪林全集序》：「園傍舍右，先大父所辟，嘗植梅。梅約千章，大可拱把，予時時鋤灌其間。每當春華，清芬掩襲，因命之曰香雪。香取其臭，雪取其澤也。好事者輒爲賡和，幾至累牘……予爲摭獵往昔，凡得雜説若干，詩若干，賦若干，長歌短曲，單文隻語，有當于梅者，悉爲彙存，總之得若干卷，稍汰其不雅馴者，付之剞劂。」

國圖、南圖藏。

蟲天志十卷

明嘉定縣沈弘正撰。明暢閣刻本〔二〕。半葉八行，行十六字，小字雙行字數同。白口，無魚尾，左右雙邊。版心下左鎸「暢閣」字樣，版心下右鎸當葉子目名。正文卷端題「蟲天志卷之一」，署「吴淞非磊落氏沈弘正撰」。書前有楊萬里《蟲天志序》（手書上版）、錢希言《蟲天志叙》（手書上版）、林有麟

〔二〕《四庫全書存目叢書》子部第八十二册據中國科學院圖書館藏本影印。

《蟲天志小序》、《沈氏蟲天志凡例》七則（手書上版，末署「吴淞沈弘正識，男穀似校」）、《沈氏蟲天志目録》。

沈弘正（一五七八—一六二七）字公路，一字席之，明嘉定縣人。居江東（今上海市浦東新區高橋）。諸生，負才不遇，遂絶意仕進，寄情吟詠。喜聚書，幾累萬卷，家有藏書處名暢閣。其宅第地處吴淞口東岸，故稱吴淞沈弘正。著有《蟲天志》《雪堂詩集》《枕中草》等。傳見康熙《嘉定縣志》卷十七《隱逸》。

是書專記鳥獸蟲魚之異事奇聞，書名取《莊子》「惟蟲能蟲，惟蟲能天」意。卷一至卷三鬬部，卷四至卷五舞部，卷六至卷七能言部，卷八傳書部，卷九識字部，卷十奏技部。鬬部下分鬬雞、鬬鵝、鬬鴨、鬬鵪鶉、鬬鷓鴣、鬬百舌、鬬萑雀、鬬黄頭、鬬畫眉、鬬橐駝、鬬羊、鬬牛、鬬刺蝟、鬬蟋蟀、鬬蠅虎、鬬蟻十六子目；舞部下分舞鶴、舞孔雀、舞山雞、舞馬、舞象、舞猴、舞鱉七子目；能言部下分鸚鵡能言、鴝鴿能言、秦吉了能言、時樂鳥能言、朱來鳥能言、雞能言、龜能言七子目；傳書部下分雁傳書、燕傳書、鴿傳書、鷂傳書、秦吉了傳書、犬傳書六子目；識字部下分鶴識字、雀識字、蠟嘴識字三子目；奏技部下分鳥鳳唱樂府、虎守門、犬銜瓢、紡綫娘、蝦蟆説法、叩頭蟲、金魚列陣、烏龜叠塔八子目。凡分六部，四十七子目。

《凡例》：「是書爲卷十，爲部六，曰鬬，曰舞，曰能言，曰傳書，曰識字，曰奏技。凡有血氣，皆有争心，天也。百獸率舞，亦天也。能言傳書識字奏技，又即争心舞態之所貿，而呈岐，而化一，任天之便也。莊生云『惟蟲能蟲，惟蟲能天』，故以名編。」

錢希言序：「《蟲天志》何繇而作也？余友疁城沈君公路采摭古今鳥獸蟲魚事，以纂組成書，不得志於時而作也。」

是書上海圖書館藏一部，八册。書前有楊萬里《蟲天志序》（手書上版）、《沈氏蟲天志凡例》七則（匠體字），凡例末署「吴淞沈弘正識，男穀似校」（匠體字），《沈氏蟲天志目録》。鈐印有「陽湖陶氏涉園／所有書籍之記」（朱長）。

中科院、上圖、復旦、國圖、南圖藏。

雜家類

格古要論三卷

明華亭縣曹昭撰。明萬曆二十五年（一五九七）金陵荊山書林刻《夷門廣牘》本，一册。半葉九行，行十八字。上單魚尾，四周單邊。版心上鎸「格古要論」，魚尾下鎸卷次，版心中下爲此書在叢書中之卷次葉碼，如序文首葉爲「六卷一」，正文首葉爲「六卷七」。正文卷端題「格古要論」及卷次，正文卷端署「雲間寶古生曹昭明仲著，嘉禾梅癲道人周履靖校，金陵荊山書林梓行」。書前有明洪武二十年（一三八七）曹昭序、目録。

曹昭字明仲，號寶古，明松江府華亭縣人。宋樞密曹利用十六世孫。先世好古，家有寶古齋。昭克承家學，幼而習之，長而精湛，每見一物必遍檢圖籍，考訂原委，分類記纂，開明初鑒賞風氣。著有《格古要論》《博古奇書》等。傳見乾隆《婁縣志》卷二十一《人物傳二》、嘉慶《松江府志》卷五十一《古今人傳三》、光緒《青浦縣志》卷二十二《人物六》。

書成於明洪武二十一年（一三八八），爲文物鑒賞專書。凡分十三門，其目録依次爲：卷上古銅器論、古畫論、古墨迹論、古碑法帖論，卷中古琴論、古硯論、珍奇論、金鐵論，卷下古窯器、古漆器論、錦綺論、異木論、異石論。門下又分子目若干，多則三十四條，少者亦五、六條。《四庫全書總目》子部雜家類七據衍聖公孔昭焕家藏本著録。

曹昭《自序》：「先子真隱處士，平生好古博雅，素蓄古法書名畫、古琴舊硯、彝鼎尊壺之屬，置之齋閣，以爲珍玩，其售之者往來尤多。余自幼性亦嗜之，侍於先子之側，凡見一物，必遍閱圖譜，究其來歷，格其優劣，别其是非而後已。迨今老尤弗怠，特患其不精耳。嘗見近世紈褲子弟，習清事古者亦有之，惜其心雖愛而目未之識矣。因取古銅器、書法、異物，分高下，辨其真贋，舉其要略，書而成編，析門分類，目之曰《格古要論》，以示世之好事者。然其間或有謬誤，尚冀多識君子幸加正之。洪武二十年三月望日，雲間曹昭明仲書于澳上之寶古齋。」

上圖、國圖藏。

新增格古要論十三卷

明華亭縣曹昭撰，吉水王佐增補。明天順六年（一四六二）徐氏善得書堂刻本，八册。半葉十三行，行二十五字，小字雙行字數同。粗黑口，雙向上順魚尾，四周雙邊。上魚尾下鎸「格古要論」及卷次，下魚尾下鎸葉碼。正文卷端題「新增格古要論」及卷次，署「雲間曹昭明仲著，雲間舒敏志學編校，吉水王佐功載校增」。全書正文末有「徐氏善得書堂／天順壬午新刊」墨記。書前有明洪武間舒敏《格古要論序》、明洪武二十一年（一三八八）曹昭序、目録、凡例九則。刻印皆不精，書前目録與《凡例》葉碼散亂，互爲摻混，爲書坊之物。鈐印有「海鹽／張元濟／經收」（朱方）、「涵芬樓」（朱長）等。

國圖、北京市文物局藏。

新增格古要論十三卷

明松華亭縣曹昭撰，舒敏等編校，吉水王佐校增，黄珙重校。明黄珙刻本，三册。半葉十行，行二十字，小字雙行字數同。上單魚尾，四周單邊。版心上鎸「格古要論」，魚尾下鎸卷次（卷之一），卷一首葉版心下右鎸「吴應芝梓」字樣。書前有舒敏《格古要論》序（行書）、曹昭《格古要論》序（隸書）、《新增格古要論凡例》三則及九則、目録。舒敏序文首葉版心下右鎸「吴應芝」字樣。其餘葉碼均無刻工姓名。正文卷端題「新增格古要論卷之一」，署「雲間曹昭明仲著，雲間舒敏志學編校，吉水王佐功載校增，新都黄珙拱璧甫重校」。書内夾有一活葉簽條，墨筆書「此板後易主，將第四行人名剜去，易『新都黄正位、黄叔重校』。」

卷一古琴論，卷二古墨迹論上、古碑法帖，卷三古墨迹論下、古碑法帖、新增陝西諸碑帖、新增各處碑帖,卷四金石遺文,卷五古畫論,卷六珍寶論、古銅論,卷七古硯論、異石論、古窯器論,卷八古漆器論、古錦論、異木論、竹論,卷九補遺文房論,卷十誥敕題跋,卷十一至卷十三雜考。是書成書後,至明天順初年,吉水王佐(功載)對古墨迹、古碑法帖二門多所增補,章次也有變更,分十三卷,題今名。

曹昭自序文字同萬曆二十五年本,而末署「洪武廿壹年戊辰春三月望日,雲間曹昭明仲書于澳上之寶古齋」。

《凡例》三則:「一,《格古要論》一書,舊刻歲久損壞,今博訪初本,以補其闕亡,初本所無,仍從其舊。一,舊本文字,多有重複,今校定删去之。一,舊本中多魯魚亥豕之誤,至有以芓爲羊者,今加考正,間有不可稽考者,姑從之,以俟博物君子焉。」

又《凡例》九則:「一,《格古要論》,創始於雲間曹明仲,編校於雲間舒志學,是編合舊本二本而録之,亦格物致知之事也。一本得之前欒成侯公子李莊,篇目頗多,而脱誤殊甚。一本得之同寅主事常熟孫紀,篇目略於前本,而脱誤亦多。二本古碑法帖纔二十一條,而陝西及各處碑帖則全不及録。二本古善畫者略載十二三人,今各增入。一,二本目録始末不同,佐謂物莫古於琴書,在學者所當先務,今是正之,以琴書列于卷首,而以畫次於金石遺文法帖題跋之後云。一,舊二本俱分爲五卷,今以古琴論爲首卷,古墨迹論分爲上下二卷,名公題跋以類而入,若歐、曾二公金石遺文法帖題跋,又自爲一卷,餘皆仍之,而事實則加詳舊本焉。一,文房四寶,皆儒生日用而不可缺其一者,若歐公硯譜,則參入七卷古硯論内,又作文房論以補其遺,自爲一卷云。一,唐宋以來誥敕體式題跋先正書押,皆吾儒之所當考究,列爲一卷。一,傳國玉璽、功臣鐵券、教令服帶、紫金魚袋與夫民生耕織之事，宋元宫殿之制，皆不可不知，作雜考一卷於其末云。一，是編古琴碑帖、畫品文房，皆參以《事林廣記》、歐陽公硯譜及天台陶九成《書史會要》，吴興夏士良《圖繪寶鑒》并佐家藏古碑法帖目録及所見聞者，與夫名賢題跋，考究各以類增入于後，其續增者注曰『後增』，其新增者注曰『新增』，或只注『增』字，舊本則不注。一，金石珍寶器物之類，亦各隨所見聞，以類增入。一，是編自景泰七年丙子夏四月中旬，得李、孫二公舊本，至其秋七月考校增完，又至天順三年己卯夏四月上旬，欲命工鋟梓，點校始完。」

上圖、國圖、北師大藏。

新增格古要論十三卷

明華亭縣曹昭撰，舒敏等編校。清道光間影抄黄珙刻本，四册。無框無欄。半葉十行，行二十字，小字雙行字數同。書前牌記葉有「槐蔭舊館」字樣。書前有舒敏《格古要論》序、曹昭《格古要論》序、《新增格古要論凡例》九則、目録。正文卷端署「雲間曹昭明仲著，雲間舒敏志學編校，吉水王佐功載校增，新都黄珙拱璧甫重校」。抄寫工整，序文摹寫尤佳。封面右下書「醉墨流香」四字，鈐「醉墨／流香」（白方）。每册封底皆繪花鳥禽魚圖，甚爲精美。

上師大藏。

新增格古要論十三卷

明華亭縣曹昭撰，舒敏等編校。明黄正位刻清淑躬堂重刻本，八册。金鑲玉裝。半葉十行，行二十字，小字雙行字數同。上單魚尾，四周單邊。版心上鎸「格古要論」。書前牌記鎸「雲間曹明仲著訂，吉水王功載增輯，增訂格古要論／淑躬堂藏板」。書前有舒敏《格古要論序》、《新增格古要論》凡例九則、目録。舒敏序係手書上版，序文首葉及正文首葉版心下右分别鎸「吴應芝」、「吴應芝梓」字樣，應爲刻工。正文卷端署「雲間曹昭明仲著，雲間舒敏志學編校，吉水王佐功載校增，新都黄正位、黄叔重校」。無鈐印。

是書上海圖書館藏一部，四册，與上師大藏本同，著録爲「明萬曆淑躬堂刻本」。書根處題書名。經比勘，是書明黄珙刻本和明萬曆間淑躬堂本爲同一底板所印刷，只是正文卷端題署之末行經過剜改，一爲「新都黄珙拱璧甫重校」，一爲「新都黄正位、黄叔重校」，此差異與署名前三行較爲明顯；黄珙刻本有兩個凡例，分别爲三則和九則，淑躬堂刻本只有九則凡例；淑躬堂刻本書前有牌記。或當如上海圖書館藏黄珙刻本所夾簽條，此板曾易主，經剜改，故致如此。

又按：是書《續修四庫全書》子部第一千一百八十五册據遼寧省圖書館藏明刻本影印，版式行款與此二本同，舒敏序首葉及正文首葉版心下亦有「吴應芝」、「吴應芝梓」字樣，正文卷端亦署「雲間曹昭明仲著，雲間舒敏志學編校，吉水王佐功載校增，新都黄正位、黄叔重校」。書前有舒敏《格古要論》序、曹昭《格古要論》序，皆手書上版。既有三則之凡例，亦有九則之凡例。從凡例看，其同黄珙刻本，但從正文卷端題署看，又同淑躬堂刻本。

上師大、上圖、華東師大、浙圖、遼寧省圖書館藏。

新增格古要論十三卷

明華亭縣曹昭撰，舒敏等編校。明鄭樸刻本，四册。半葉十行，行二十三字，小字雙行字數同。版心處空白，每葉右下角邊欄綫外鎸「格古要論」字樣及當卷卷次葉碼。正文卷端署「雲間曹昭明仲著，雲間舒敏志學編校，吉水王佐功載校增，遂州鄭樸思純重校」。字體偏細。書前有鄭樸《格古要論序》，手書上版；舒敏序和曹昭序，係普通刻印；凡例九則，目録。鈐印有「曾留吴興/周氏言言齋」（白長）、「越/然」（朱方）、「王增/之印」（白方）、「爾興」（朱方）等。

鄭樸序：「余既重校博古圖，尊罍彝鼎之所自始，燦然備矣。顧今學士大夫所譚雅事，尚不盡于此。而《格古要論》一書編于曹明仲，增于王功載，大約物産之瑰環，齋閣之佳賞，無不畢集。而其于書畫獨詳，更可以資清譚，廣湫見，又不徒在區區玩弄間，故再校而梓之。其中若王之所增，大有可汰，而且仍其舊，則願覽者各從所好，爲所入也。遂州鄭樸題。」鄭序首葉右上角欄綫處壓綫有「遂州」二字白文墨記。

上圖、南圖、復旦、北京市文物局、山東省圖書館藏。

新增格古要論十三卷

明華亭縣曹昭撰，舒敏等編校。明萬曆黄正位刻，清淑躬堂重修本，清盧文弨校并跋，清丁丙跋，二册。

半葉十行，行二十字，小字雙行字數同。上單魚尾，四周單邊。版心上鎸「格古要論」，魚尾下鎸卷次，正文首葉版心下右鎸「吴應芝梓」字樣。正文卷端題「新增格古要論卷之一」，署「雲間曹昭明仲著，雲間舒敏志學編校，吉水王佐功載校增，新都黄正位黄叔重校」。書前有鄭樸《格古要論序》、舒敏序、曹昭序、凡例九則（以上皆爲抄補）、《新增格古要論目録》。序文前空白葉粘有丁丙跋文簽條，著録爲「新增格古要論十三卷，明刊本，盧抱經校藏」。全書有盧文弨批校，天頭處有校語。正文卷十三末有盧文弨手書「舛錯難以悉正，丁酉三月七日弓父記」，并鈐印「弓父／所藏」（白方），後有清乾隆四十二年（一七七七）盧文弨跋。鈐印有「盧印／文弨」（白方）、「弓／父」（朱方）、「嘉惠堂丁氏藏書」（朱長）、「江蘇第一／圖書館／善本書／之印記」（朱方）。

盧文弨跋：「此書特游藝之資耳。觀其辨器物之真僞，的然不淆若是，噫，豈獨物爲然哉。其所以審善否，考情僞者，果何具也，身也者，表也，學也者，鏡也。表端則曲直見，鏡明則好醜分，不知務此而遂逐於物，無乃適蹈喪志之戒乎？雖然，有卞和之璞而不之寶，有干將之劍而不之奇，不能盡物之理，即亦不能盡人之情。雖曰識小，君子亦不謂其無益而可廢也。今所傳本云是吉水王功載所增輯，以余觀之，大率坊賈鈔撮以射利耳。重複錯雜，已疑非學者所爲，而今所刊本，更全不讎校，字體惡俗，甚且一篇之中，首尾貿易不相聯貫，豈非書之一大厄乎？余以暇日依文尋之，略得其讀爲校正之如右。然余以衰白之年，而乃爲此不急之務，政恐後人不嘉余之勤，而轉得誚余歲月之空擲也，余其何辭以謝？」落款署「乾隆四十二年三月癸酉，東里盧文弨弓父書於鍾山書院。」

南圖、上圖、華東師大、上師大、浙圖藏。

龍江夢餘録四卷

明上海縣唐錦撰。明弘治十七年（一五〇四）郭經刻本，二册。半葉九行，行十七字。上下白口，上單魚尾，左右雙邊。魚尾下鎸「夢録卷□」，版心中下鎸葉碼。正文卷端題「龍江夢餘録卷之一」，署「雲間唐錦士絅」。書前有郭經序（闕首葉），唐錦《書龍江夢餘録》；書末有朱曜《書夢餘録後》。全書有朱筆句讀圈點。

唐錦《書龍江夢餘録》：「予自移疾家居，杜門絶過從，無所事事，日與經史爲偶……壬戌夏六月，宿痾新瘥，厭城市囂雜之聲，乃避暑于龍江别業。其中頗得花石水竹之勝，疏曠自適，真若與世相忘者矣。或目與心會，意緣境生，輒引筆伸紙，裒所憶而志之。月餘積成卷帙，不忍遂弃，乃題其首曰『龍江夢餘録』，而藏之敝笥，聊以志有得，示無忘云。」

《續修四庫全書》子部第一千一百二十二册據上海圖書館藏本影印。上海圖書館藏本郭經序文首葉右半闕，墨筆描畫框欄，内無文字，而影印本此葉闕文完整，首行題「夢餘録序」，并鈐印「西山／□堂」（白方）等。疑從别本配補。

是書中國國家圖書館藏一部，一册（縮微一卷）。書前有明弘治十七年郭經《夢餘録序》、唐錦《書龍江夢餘録》；書末有朱曜《書夢餘録後》。鈐印有「揚州阮氏／琅環僊／館藏書印」（朱方）、「古風／堂印」（朱方）等。

上圖、國圖藏。

龍江夢餘録四卷

明上海縣唐錦撰。明抄本，一册。半葉十行，行二十三字。白口，上單白魚尾，四周單邊。正文卷端題「龍江夢餘録卷之二」，署「雲間唐錦士絅」。封面右上有書簽，墨筆隸書題「明唐錦龍江夢餘録／四卷」，書簽下方有册次。扉葉左下角有簽條，墨筆隸書「四明蝸廬生五十以後所得善本書」，字體與封面書簽同。書前無序，書末有朱曜跋。抄寫精美。鈐印有「蝸廬／藏書」（朱方）、「長樂鄭／振鐸西／諦藏書」（朱方）、「長樂鄭氏／藏書之印」（朱長）。

國圖藏。

讕言長語一卷

明華亭縣曹安撰。明正德十三年（一五一八）趙元刻本，一册。有明范欽批點。半葉十一行，行二十四字。白口，雙對魚尾，左右雙邊。正文卷端題「讕言長語」，無署名。書前有《讕言長語叙》［明成化二十二年（一四八六）曹安、成化二十二年張天瑞、成化二十二年顧純等］；書末有弘治五年（一四九二）任順《題讕言長語》，正德十年史紀《刊讕言長語》。全書之末有「正德戊寅歲孟冬既望承德郎平陽府通判衛輝趙元重刊」字樣。書内偶有墨筆圈點，天頭處偶有墨筆批校。鈐印有「無竟／先生／獨志／堂物」（朱長方）、「蟫隱／廬秘／籍印」（朱方）、「壽祺／經眼」（白方）。

曹安字以寧，號蓼莊，明松江府華亭縣人。正統九年（一四四四）舉人，任鄢陵訓導，升武邑教諭，轉安丘教諭。素負才名，博學能文章。居恒不廢撰著，著有《讕言長語》《太師比干録》等傳世。傳見崇禎《松江府志》卷四十二《文學》、光緒《重修華亭縣志》卷十四《人物三・列傳上》。

是書一卷，對其多年治學經驗加以闡發，凡二百四十一則。《四庫全書總目》子部雜家類六據内府藏本著録。

曹安自序：「予少游鄉塾，見先生長者嘉言善行，即筆于楮，或於載籍中間見異人異事，亦録之。長而奔走四方，所得居多，凡三四帙。因去滇南，道遠難將，留于松，今不知何在。滇中重録所見聞者，携來武邑。及承乏安丘，老而彌勤。人皆哂之，予獨不倦，暇日一一手録以備遺忘。率皆零碎之辭，何益於事，因名曰《讕言長語》。讕言，逸言也；長語，剩語也。何益於事，徒資達人君子一笑云。」

史紀《刊讕言長語》：「近世劉西江先生所著《霏雪録》一梓行，而識者把玩，恒手弗釋，至名公碩儒，尤謂有裨於學者……同寅郭抑之一日持曹以寧先生所著《讕言長語》寫本以相訂正，且曰：『是編亦可梓行否？』……梓而行之，其所裨益豈在《霏雪録》之下哉！」

國圖藏。

儼山外集四十卷

明上海縣陸深撰。明嘉靖間陸楫刻本，十二册。半葉十行，行二十字，小字雙行字數同。雙向上順白魚尾，左右雙邊。版心上鎸子目名，上魚尾下鎸「儼山外集」并當卷卷次，下魚尾上鎸葉碼。正文卷端首行上題首篇子目名，如「傳疑録上」，中下部題「儼山外集卷一」，無署名。書前有嘉靖二十四年（一五四五）徐獻忠《陸文裕公外集序》《儼山外集目録》；書末有嘉靖二十四年何良俊《陸文裕公外集後序》。鈐印有「五石/山房」（白方）。

據書前目録，是書凡分八帙四十卷，第一帙卷一至卷五，第二帙卷六至卷十，第三帙卷十一至卷十七，第四帙卷十八至卷二十二，第五帙卷二十三至卷二十八，第六帙卷二十九至卷三十三，第七帙卷三十四至卷三十七，第八帙卷三十八至卷四十。卷一至卷二《傳疑録》，卷三至卷四《河汾燕閑録》，卷五《春風堂隨筆》，卷六《聖駕南巡日録》，卷七《大駕北還録》，卷八《淮封日記》，卷九《南遷日記》，卷十《知命録》，卷十一至卷十二《金臺紀聞》，卷十三《願豐堂漫書》，卷十四《溪山餘話》，卷十五至卷十七《玉堂漫筆》，卷十八《停驂録》，卷十九至卷二十一《續停驂録》，卷二十二《科場條貫》，卷二十三至卷二十六《豫章漫鈔》，卷二十七至卷二十八《中和堂隨筆》，卷二十九至卷三十一《史通會要》，卷三十二《平湖録》，卷三十三《春雨堂雜鈔》，卷三十四至卷三十五《同異録》，卷三十六《蜀都雜鈔》，卷三十七《古奇器録》附《藏書目録小序》，卷三十八至卷四十《書輯》，共計二十四種。《四庫全書總目》子部雜家類七據浙江汪汝瑮家藏本著録。

徐獻忠序：「詹事府詹事兼翰林院學士贈禮聞右侍郎謚文裕儼山先生《外集》者，輯略古義，有《傳疑録》；在史館立義，有《史通會要》；以編修官入試院，有《科場條貫》；書法造極三昧，有《書輯》；性嗜古，有《奇器録》；考求聖祖刈夷之迹及扈從皇上行幸山陵，有《平胡録》及《南巡》《北還日録》；其寓游歷覽，有《淮封》、《南遷日記》，有《河汾燕閑》《知命》《停驂録》，有《蜀都》《豫章雜鈔》，有《金臺紀聞》《玉堂漫筆》；其燕私，有《春風》《中和堂隨筆》、《願豐堂漫書》、《春雨堂雜鈔》及《谿山餘話》；又有《同異録》，發明格心之業……先所次詩文集共若干卷，此因名外集，子楫校，授中表黄子標銓次，如此云。」

何良俊《陸文裕公外集後序》：「良俊有友董宜陽，蓋雅從陸文裕公儼山先生游。先生嘗語之曰：『余集欲不傳，余有撰著數種，雖不敢自謂成一家之言，其於網羅舊聞，紀記時事，庶不詭於述者之意矣，使後世有知余者，其在兹乎，其在兹乎！』良俊後見先生之子楫，與其甥黄子標，訊之良然……唯先生撰著成書，凡二十三家，通計四十卷。其於歷代典章、群籍隱義、陰陽曆律之變、天文地理人事之紀，莫不畢備。至若《史通會要》一書，則作史利病，評隲無遺。《書輯》一編，則書家精秘，開指殆盡。録同異則敷奏詳明，紀扈從則鋪寫嚴審……是刻也，黄子實事編校，最爲詳審。楫又以先生之意命良俊序於簡末，乃敢以平日之見附著焉。楫能盡讀先生遺書，以清才博識稱於江左，當必以余言爲不誣云。」

是書《四庫全書總目》著録爲三十四卷：「舊刻本四十卷。今簡汰《南巡日録》《大駕北還録》《淮封日記》《南遷日記》《科場條貫》《平北録》六種，别存其目，故所存惟三十四卷焉。」文淵閣《四庫全書》本書末有陸深題識：「予少溺志於書無傳焉，而未有所得也。頗喜考尋前人之遺論，纂輯既久，恍乎若有以見其指意之所在，而亦未敢遽以爲是也。中歲以來，抱詞賦之悔不復數數然。正德戊寅，假館老氏之宫，新涼病後，再加删次，深懼古人之法不盡傳於將來也。昔人有言，經術之不明由小學之不振，小學之不振由六書之無傳。嗚呼，予亦安敢少哉！是歲中秋日，雲間陸深識。」

上海師範大學圖書館藏一部，四册，著録爲明嘉靖二十四年上海陸楫刻本，四册。書前有墨筆手抄目録，無徐獻忠序；書末有何良俊《陸文裕公外集後序》，存三葉半，闕末葉。鈐印有「嘉興錢伯英别號辛禪捐贈」（朱長）等。

上圖、上師大、復旦、北大、南圖藏。

陸學士雜著六種

明華亭縣陸樹聲撰。明萬曆十八年（一五九〇）刻本，六册。含《汲古叢語》附《國學訓諸生十二條》合一册，《耄餘雜識》一册，《禪林餘藻》一册，《陸學士題跋》一册，《清暑筆談》一册，《長水日抄》一册。

《汲古叢語》一册，半葉六行，行十五字。白口，上單白魚尾，左右雙邊。正文卷端署「國子祭酒陸樹聲著」。首葉版心下右鎸「長洲吴倫刻」字樣。前有自序。末附《國學訓諸生十二條》。每條皆以頂格空心圓圈提示，文字皆低一格。手書上版，刊印精良。鈐印有「王藻／私印」（白方）、「菽／原」（朱方）。

是書爲陸樹聲學習札記八十六則，皆關於《易》，每條首行頂格，餘皆低一格。其自序：「嘉靖丙寅春，余備員南雍。甫至，嬰疾。屬偃息餘陰，稍親載籍。有得輒札記，以備遺忘。曰《汲古叢語》者，僅若干言。」《四庫全書總目》子部雜家類存目一據兩江總督采進本著録：「是書論陰陽五行之理，多以《周易》爲言。然皆參以術數之説與《老》《莊》之旨，非《易》之精義也。已彙入《陸學士雜著》中。此本乃陳繼儒摘入《廣秘笈》者。《明史・藝文志》載樹聲所著小説，無是書之目，或偶遺歟。」

《耄餘雜識》一册，半葉七行，行十六字。白口，無魚尾，四周單邊。版心中鐫書名，序文葉版心下右有「吴門馬凌雲刻」字樣。正文卷端無署名。正文末有「門人郁伯純、朱朝貞、徐益孫、徐元普校」字樣。書前有萬曆十八年陸氏《耄餘雜識序》。書末有朱朝貞《雜識一編》。鈐印有「王藻/私印」（白方）、「菽/原」（朱方）。陸氏《耄餘雜識序》云：「余性資寡僻，例簡應緣，居嘗燕閑，頗新紀籍。今迫衰暮，兩目昏眊，艱於披閲。第平生所接交知談議及紬繹舊聞，一知半解，注之臆想，提撕僅存。每旦櫛沐之餘，南榮就明，筆硯粗設，間録一二，以備遺忘。會客有授余養生術者，謂宜屏絶思慮，一意收攝，以惜餘陰。兒章在侍，藏去筆硯，故所録止此。然以余心思所寄，不忍弃去，爲刻存之。顧耄餘荒斐，語多蕪雜，即異日覆瓿，非所計也。」

《禪林餘藻》一册，半葉九行，行十八字。白口，無魚尾，四周單邊。版心中鐫書名，序文首葉及正文末葉版心下右均鐫「吴門馬凌雲刻」字樣，正文葉版心下右亦多鐫「馬」、「馬刻」、「馬刊」、「馬凌雲刻」

等字樣。正文卷端署「無諍居士陸樹聲著，侄彦楨、男彦章編訂，後學顧承善、徐球校梓」。書前有徐益孫《禪林餘藻小引》，陸氏自題。書末有萬曆十七年（一五八九）陸氏跋。鈐印有「王藻／私印」（白方）、「菽／原」（朱方）。上海圖書館藏本末葉空白處有墨筆手書題識四行：「嘉慶庚午秋九月，余得白下趙翁藏書一千餘册。趙爲江南藏書家，翁逝後，百物蕩然，亦可慨也。此書計六種，爲華亭相公所著。其忠義之氣溢於卷外，而博覽多識，亦非當時名公鉅卿可比擬也。藻志於有嘉椅軒。」鈐印有「懷／廬」（白方）等。

《陸學士題跋》一册，半葉七行，行十六字。白口，無魚尾，四周單邊。版心中鎸「題跋」及卷次（上下）。正文卷端題「陸學士題跋」，署「適園居士陸樹聲著，門人黄秾、包林芳、徐益孫校」。書前有明萬曆十八年包檉芳《陸學士題跋序》。序文首葉、卷上首葉版心下右有「吴門馬凌雲刻」字樣，卷下首葉署「適園居士陸樹聲著，後學朱朝貞、郁伯純、陳繼儒校」，版心下右有「馬凌雲刻」字樣。鈐印有「王藻／私印」（白方）、「菽／原」（朱方）。卷上收録《委羽山人注老子》《鄧牧伯牙琴》《釣鰲集》等四十四篇，卷下收録《題浮黎子詩後》《大參沈鳳峰章草帖》《湖山佳致圖》等四十篇。包檉芳序：「家弟林芳爲先生成均所造士，受教良厚，故特請以廣其傳。檉芳愧無能贊一詞，謹識其梓行月日於簡末云。」

《清暑筆談》一册，半葉六行，行十五字。白口，上單魚尾，左右雙邊。版心中無書名，首葉版心下右鎸「吴門袁敏學」字樣。正文卷端署「九山山人陸樹聲著」。書前有陸氏自題。鈐印有「王藻／私印」（白方）、「菽／原」（朱方）。陸氏自題：「余衰老退休，端居謝客。屬長夏掩關獨坐，日與筆硯爲伍，因憶曩初見聞積習，老病廢忘，間存一二，偶與意會，捉筆成言。時一展閱，如對客譚噱，以代抵掌，命之曰清暑筆談。顧語多苴雜，旨涉淆訛，聊資臆説，以備眊忘，觀者當不以立言求備。時庚辰夏仲也。」

《長水日抄》一册。半葉七行，行十四字。白口，上單魚尾，四周單邊。魚尾下鎸書名。正文卷端無署名。書前有陸樹聲《長水日抄小引》。無刻工。鈐印有「王藻／私印」（白方）、「菽／原」（朱方）。陸樹聲《長水日抄小引》云：「余自請謝歸，年衰病積，居嘗燕息屏絶，思慮塞充忘言。然時中不覺念起，或追憶見聞，偶與心會，抑塞未能，間一操翰，染楮汗漫成帙，嘗憶石林子有言：『以無知求有知易，以有知入無知難。』竊有味其言，嗣當焚棄筆硯，求入無知，而業已成敝帚矣。會友人見者藏去，謂余心思所寄，出之以付剞劂。曰日抄者，以余積日所得也。」

上圖藏。

陸學士雜著十種十一卷

明華亭縣陸樹聲撰。明萬曆十八年（一五九〇）刻本[一]，存八種九卷。是書所録，依次爲《汲古叢語》一卷、《適園雜著》一卷、《陸學士題跋》二卷、《耆餘雜識》一卷、《禪林餘藻》一卷、《陸氏家訓》一卷、《善俗裨議》一卷、《病榻寤言》一卷、《清暑筆談》一卷、《長水日鈔》一卷，合計十種十一卷。

[一] 中央黨校、上海圖書館存八種九卷，《四庫全書存目叢書》子部第一百六十三册據以影印；臺圖藏有足本。

係樹聲門人黄秫、包檉芳所合刊者。《四庫全書存目叢書》闕《陸氏家訓》一卷、《善俗裨議》一卷。由於每種行款不盡相同，依次著録如下。《汲古叢語》《陸學士題跋》《耆餘雜識》《禪林餘藻》《清暑筆談》《長水日抄》六種行款版式等已見前述，茲不贅列。

《病榻寤言》一卷，半葉六行，行十五字。白口，無魚尾，左右雙邊。版心中無書名，首葉版心下右鎸「吴門馬凌雲刻」字樣。正文卷端無署名。書前有陸氏自序。書末有郁伯純跋。

《四庫全書總目》子部雜家類存目一一據浙江巡撫采進本著録。崇禎《松江府志》卷五十四《著述》著録樹聲單行本著作十一種十二卷，除《鄉會公約》一卷外，全部收入《陸學士雜著》中。

上圖、中央黨校、臺圖藏。

四友齋叢説十六卷

明華亭縣何良俊撰。明隆慶間活字印本，清丁丙跋，二册。半葉九行，行十八字，無小字。上單白魚尾，四周單邊。版心上鎸「叢説」，魚尾下鎸卷次（卷之一）。正文卷端題「四友齋叢説卷之一」，署「華亭何良俊著」。書前有朱大韶《四友齋叢説序》（非活字）、隆慶三年（一五六九）何良俊《四友齋叢説序》。無目録。書前粘有丁丙跋文簽條，著録爲「四友齋叢説十六卷，明刊本，朱稻孫稼翁藏書」。是書只有正文爲活字印本，活字特徵明顯。各卷皆無目録。鈐印有「潛采／堂」（朱方）、「朱印／稻孫」（白方）、「稼／翁」（朱方）、「丁氏八／千卷樓／藏書記」（白方）、「四庫附存」（朱長）、「江蘇第一／圖書館／

善本書/之印記」（朱方）等。

何良俊（一五〇六—一五七三）字元朗，號柘湖，明松江府華亭縣人。居柘林（今上海奉賢區）。少篤學。嘉靖間由貢謁選，授南京翰林院孔目。後移居蘇州八年，晚年乃歸，在松江城南築香嚴精舍以老。於今古金石、法書、名畫、詞曲，皆精於賞鑒。著有《四友齋叢説》《世説新語補》《何翰林集》等。傳見《明史》卷二八七《文苑傳》、崇禎《松江府志》卷四十二《文學》、乾隆《江南通志》卷一六六《人物志·文苑》、嘉慶《松江府志》卷五十三《古今人傳五》、光緒《重修華亭縣志》卷十四《人物》。

朱大韶《四友齋叢説序》：「《四友齋叢説》十六卷，南京翰林院孔目柘湖先生何公著也。公所著有《何翰林集》二十八卷、《何氏語林》三十卷，梓於世，世誦傳之矣。」

何良俊《四友齋叢説序》：「《四友齋叢説》十六卷。四友齋者，何子宴息處也。何子讀書顓愚，日處四友齋中，隨所聞見，書之於牘。歲月積累，遂成十六卷云。四友云者，莊子、維摩詰、白太傅與何子而四也。夫此四人者，友也。叢者，藂也，冗也，言草木之生冗冗然，荒穢蕪雜不可以理也。又叢者叢脞也，孔安國曰：『叢脞者，細碎無大略也。』藂説者，言此書言事細碎，其蕪穢不可理，譬之草木，然則冗冗不可爲用者也。何子少好讀書，遇有異書，必厚貲購之，撤衣食爲費，雖饑凍不顧也。每巡行田陌，必挾策以隨。或如廁，亦必手一編所藏書。家藏四萬卷，涉獵殆遍。蓋欲以攬求王霸之餘，略以揣摩當世之故。一遇事之盤錯難解者，即傳以古義合之。而有不合，則深湛思之，竟日繼以夜，或不得，何子心震掉不懌。如此蓋二十五年所，何子年已幾四十。無所試，何子遂得心疾。每一發動，則性理錯迕。與人論難，稍不當意，輒大肆詬詈。時一出詭異語。其言事亦甚狂戾，不復有倫脊。即此十六卷所載者是也。」

南圖藏。

四友齋叢説三十八卷

明華亭縣何良俊撰。明萬曆七年（一五七九）龔元成刻本〔一〕。半葉九行，行十八字。上單魚尾，左右雙邊。版心上鎸「叢説」，魚尾下鎸卷次。正文卷端署「華亭何良俊元朗著」。書前有龔元成《刻四友齋叢説題辭》、朱大韶序、明隆慶三年（一五六九）何良俊序、目録。書末有明萬曆七年張仲頤跋。

是書目録，卷一至卷四經，卷五至卷十七史，卷十八雜紀，卷十九至卷二十子，卷二十一至卷二十二釋道，卷二十三文，卷二十四至卷二十六詩，卷二十七書，卷二十八至卷二十九畫，卷三十求志，卷三十一崇訓，卷三十二尊生，卷三十三娱老，卷三十四至卷三十五正俗，卷三十六考文，卷三十七詞曲，卷三十八續史。凡分十六類，末附續史一類。《四庫全書總目》子部雜家類存目四據兩江總督采進本著録。

與十六卷本相校，何之自序僅個别文字不同。

張仲頤《校增四友齋叢説叙》：「内翰何先生撰《叢説》三十卷，以活字行有年矣。歲癸酉，續撰八

〔一〕《四庫全書存目叢書》子部第一百零三册據中國科學院圖書館藏本影印。

卷。先生慮板難播遠而説有改定，議捐長水園居重繕雕梓，不意是歲先生遘疾不起。仲頤之室，先生之兄子也，辱知遇良厚，將屬纊，執手而詔之曰：『暮齒著書，精力萃焉。子其成吾志，無使失墜！』仲頤唯唯。甫蓋棺，門祚隕落，幼孫湛迫於公私，不遑及也。仲頤不忍以兹費告，又自揣綿力不勝，永訣以來，徒懷耿耿。都運玉淵龔公分符兹土，政平訟弭，齋閣燕閑，進茂秀而課其藝，徵求故家文獻，雅慕先生名，亟欲睹全梓，數數語太沖袁比部、後朋莫太學董其事，二公謬推仲頤。公即命駕，造門索稿，讀之喜動眉宇，捐俸倡議，二公相之。梓既竣，通得三十八卷。」

《續修四庫全書》子部第一千一百二十五册亦收録此書版本，題「明萬曆七年張仲頤刻本」，經比勘，亦即明萬曆七年龔元成刻本。

中科院、國圖、上圖、華東師大、北大藏。

學道紀言五卷補遺一卷附録一卷

明華亭縣周思兼撰。明萬曆二十三年（一五九五）徐汝晋刻本[一]。半葉九行，行十七字，小字雙行字數同。白口，上單魚尾，左右雙邊。魚尾下鎸書名及卷次，版心下多鎸刻工姓名及當葉字數，如正文首葉版心下右鎸「吴門馬凌雲刻」，又有熊成應、吴倫、張紹祖、江茂、朱有成、潘晋卿等。正文卷端署「雲間貞靖先生萊

[一]《四庫全書存目叢書》子部第八十五册據浙江圖書館藏本影印。

峰周思兼著輯」。書前有萬曆二十二年（一五九四）陸樹聲序、同年陸光祖《刻學道紀言跋》、嘉靖四十一年（一五六二）周思兼《學道紀言小引》、評閲名公姓氏（友人唐樞等六人，後學林景暘等六人）。正文末附補遺三葉，又有附録，即萬曆二十二年周紹節跋、家訓、助梓名公（陸樹聲、俞明時等二十三人）、萬曆二十三年周紹元題識，補遺與附録葉碼隨正文卷五順次編排。書末有萬曆二十二年王梨《學道紀言後跋》，又有《跋學道紀言》二葉（「今世染翰殺青者，大都流連光景」云云），《存目》本注明「原闕」。每卷正文末有「華亭學諭三衢後學徐汝晋哀梓」及「子紹元、紹節／孫裕仁、裕宗、裕美、裕度校」字樣。

周思兼（一五一九—一五六五）字叔夜，號萊峰，明松江府華亭縣人。少有文名。嘉靖二十六年（一五四七）進士，除平度知州，舉治行第一。累官湖廣按察司僉事。遷廣西提學副使，後以憂去官。祀山東、湖廣名宦及鄉賢。門弟子私謚貞靖先生。著有《學道紀言》《周叔夜集》等。傳見《明史》卷二〇八本傳、崇禎《松江府志》卷四十《賢達五》、乾隆《婁縣志》卷二十三《人物》、嘉慶《松江府志》卷五十三《古今人傳五》、光緒《重修華亭縣志》卷十四《人物》。

是書五卷，乃思兼退居林下後所作，多記先儒語録及史書事迹，門人徐汝晋刊行。後附其子紹節所著《事行紀略》。其集始自嘉靖四十一年（一五六二）七月二十八日，迄於嘉靖四十三年（一五六四）五月二十二日，約兩年間之記載，涉及前言往行、友人往返治學體會及所睹聞。其中卷一自嘉靖壬戌七月二十八日至九月九日止，卷二自九月十日至十一月十一日止，卷三自十一月十二日至嘉靖癸亥三月十七日止，卷四至三月十八日至九月五日止，卷五自九月六日至嘉靖甲子五月二十二日止。《四庫全書總目》子部雜家類存目一據浙江巡撫采進本著録，書名題「《學道紀言》五卷《事行紀略》一卷」。

周思兼小引：「余中年多疾，始知學道。有所聞見，恐其遺忘，輒手録之，以備諷詠。然舉筆時，即欲構思語言，而狥外爲人之私乘間興焉，非學道初志也。朱子詩云：『藥病須還考自知，和根斬斷爲人機。』吾欲斬斷此機，宜如之何？謹之密之，勿以示人可也。」

周紹節跋：「嘉靖壬戌七月，先君跋胡力庵筆記，云余資器雖劣，因兹感奮，加以勤力，二十年後，倘亦有就乎。遂手輯是書，識以日月，久而成帙……癸巳冬，遇浙東裕庵徐先生司教吾邦……因課兒裕仁而索覽正，慨然亟欲加木，節猶豫不應者數四。今年秋間，以此意質於執丈宫保平泉陸公……先生遂告諸縉紳大夫，裒義授梓，幸成全書。」

浙圖、清華藏。

推篷寤語九卷餘録一卷

明華亭縣李豫亨撰。明隆慶五年（一五七一）李氏思敬堂刻本[一]。半葉十行，行二十一字。白口，上單魚尾，四周雙邊。魚尾下鎸書名卷次，版心下右多鎸刻工姓名，如袁宸、馬恩、吴倫、馬慶雲、章時、張鳳、顧承、袁宏、倪承謚、顧廉、錢世英等。正文卷端署「雲間李豫亨元薦甫」。每卷首葉版心下及末葉末行均

[一]《續修四庫全書》子部第一千一百二十八册據北京大學圖書館藏本影印。

鎸當卷寫，刻者名，如卷一首葉版心下鎸「長洲吴曜書，袁宸刻」，卷一末鎸「長洲吴電信書，袁宸章權刻」；卷二首葉版心下鎸「長洲吴曜書，倪承謐刻」，卷二末鎸「長洲吴曜書，袁宸袁宏刻」；《餘録》末葉鎸「長洲吴曜書，袁宸等同刻完」等。正文前有明隆慶五年李昭祥《推篷寤語叙》（行書手書上版）、錢志學《推篷寤語引》（行書手書上版）、隆慶四年（一五七〇）李豫亨《推篷寤語自叙》、目録、趙謙光題識。正文末有隆慶五年李升亭題識。《餘録》行款、版式、刻工等均同正文，前有總目，末有李豫亨跋、趙謙光題識、「隆慶辛未秋李/氏思敬堂雕梓」牌記。

李豫亨字元薦，明松江府華亭縣人。官至鴻臚寺序班，推崇陽明心學，喜談修真煉性。與周思兼善。思敬堂爲其讀書處。著有《推篷寤語》《三事遡真》《青烏緒言》《自樂編》《自樂窩全集》《國計三議》《珊瑚枝廣記》等。傳見崇禎《松江府志》卷五十四《著述》。

此書爲李豫亨修真煉性札記，凡分六篇三十類，類下析章凡五百五十。卷一至卷二測微篇，卷三至卷四原教篇，卷五本術篇，卷六還真篇，卷七訂疑篇，卷八至卷九毗政篇。《餘録》爲其與周思兼往返書翰。《四庫全書總目》子部雜家類存目一據浙江范懋柱家天一閣藏本著録。

自叙：「舟之亡所見者，篷蔽之。人之懵所知者，寐障之。舟匪篷則丹厓碧流在望矣，人匪寐則開户發牖昭如矣……茲游也，迺因舟中多暇，攄夙昔所知解，表見古今嘉聞懿行可垂世則者，間附己意，形之楮素，累數百條，總若干卷，庶幾哉啓昔之寐，而爲今之覺乎……因名曰《推篷寤語》。」

目録末趙謙光題識：「始先生之論著是書也，隨得輒書，未嘗以類相從。猥以校讎，辱不敏，得受而讀之。校且竟，析其書爲篇者六，以象陰六之數；析其篇爲卷者九，以象陽九之數；又析其篇爲類者三十，以象三十輻共一轂之數。總計爲章者五百五十。凡天地之數，五十有五，以成變化，而行鬼神。天數五，地數五，因而什之爲五百五十，而其數適相吻合也。」

《餘録》末李豫亨題識：「萊峰往復教翰，無慮數百番。不肖傷其蚤殁，裝池成册，乞諸公爲之跋語如右……余撰次《寤語》既成編矣，而良友之遺墨尚新……皆修身養性之不可缺者，烏可弗志也，故復録而存之。夫言詮者，心性之餘也；經歌契論者，頓覺之餘也。得其言而復廣其流布於世者，又餘之餘也。故不敢指此爲寤，而直以爲寤之餘哉。」

《四庫全書存目叢書》子部第八十五册據首都圖書館藏本影印，書内多句讀圈點。正文前闕李昭祥《推篷寤語叙》，錢志學《推篷寤語引》係影抄，《餘録》目録前移於正文前，自叙後移至《餘録》末。自叙末又有抄補陸樹聲《跋寤語後》。鈐印有「張」（朱方）。餘同北大藏本。

北大、首都圖書館、上圖、臺圖、美國國會圖書館藏。

鴻洲先生家則一卷野志一卷

明青浦縣徐三重撰。清抄本〔一〕。無框無欄。半葉九行，行二十字。全書有句讀。此二書皆徐氏貽訓

〔一〕《四庫全書存目叢書》子部第一百零六册據中國國家圖書館藏本影印。

子孫之格言。

《鴻洲先生家則》版心上鎸「家則」，版心中下爲葉碼。正文卷端題「鴻洲先生家則」，無署名。正文末有「崇晦老人徐三重識，男禎秩、禎稷、禎穉校刻」字樣。鈐印有「黄裳容氏/珍藏圖籍」（白長）、「黄裳藏本」（朱長）。是書爲家規二十四條，每條之後低一格引古人嘉言善行以證明之。

《野志》版心上鎸「野志」，版心中下爲葉碼。正文卷端題「野志」，署「蒲溪釣叟伯同父識」。是書分十六篇，依次爲端習、祛惑、營業、稽籍、本教、掄交、範内、居身、人道、節用、使令、狎嫟、庖饌、服飾、燕樂、戲具。書末有附志五則，附志末有《徐鴻洲先生小像》一幀。

《四庫全書總目》子部雜家類存目五據江蘇巡撫采進本著録。此書明崇禎《松江府志》卷五十四《著述》作《家訓》，清嘉慶《松江府志》三重本傳作《徐氏家訓》。

國圖藏。

樵史四卷

明華亭縣陸應陽撰。清嘉慶二十三年（一八一八）華亭張虚谷書三味樓刻《書三味樓叢書》本，一册。無界欄。半葉十行，行二十一字。上單魚尾，左右雙邊。版心上鎸「樵史」，魚尾下鎸卷次（卷一），版心下鎸「書三味樓/藏板」字樣。正文卷端題「樵史卷一」，署「雲間陸應陽伯生輯，友人林有麟仁甫原刻，後學張應時虚谷重閲，姜皋小枚同校」。各卷校者皆不同，卷二爲「徐朝俊恕堂覆校」，卷三爲「徐祖鎏香沙同校」，卷四爲「徐紱元圃覆校」。書前牌記上鎸「嘉慶戊寅年鎸」，下鎸「華亭張虚谷重刊／樵史／書三味樓藏板」。無目録。書前有陸應陽《樵史序》。

是書綜記古今史事人物，以明代松郡爲主。所記松郡史事多史志所未詳，記松郡先達事亦多他書所無之内容。清諸聯《明齋小識》雜記類著録，稱「故如陸應陽之《樵史》……皆以耳目所及，記家鄉瑣事」。

陸應陽《樵史序》：「避暑竹間，莫可消日，偶憶平生所習聞習見，斷斷可風世而範俗者，録成一帙，謾題曰『樵史』。林仁甫氏有慨於中，輒授之剞劂。」

是書《四庫禁毁書叢刊》史部第七十一册據上海圖書館藏《書三味樓叢書》本影印。每卷末葉雖有大片墨色空白處，但末行上部均有「樵史卷□」字様，影印本每卷末葉只留右半葉，左半葉皆删去。

上圖藏。

古今説海一百四十二卷

明上海縣陸楫輯。明嘉靖二十三年（一五四四）陸楫儼山書院、雲山書院刻本，四十册。半葉八行，行十六字，小字雙行字數同。雙順白魚尾，左右雙邊。版心上鎸當葉子目所屬部類名，版心下各不相同，其中説選部、説淵部及説纂部甲集至戊集版心下鎸「儼山書院」；説略部版心下鎸「雲山書院」；説纂部己集至癸集版心下鎸「青藜館」。書前有明嘉靖二十三年唐錦《古今説海引》、校書名氏、《古今説海總目》。校書名氏爲蓉塘姜南、東川顧定芳、寅江談萬言、雲谷黄標、晋明姚昭、養愚瞿學召、雲山唐賨、龍泉顧名世、瞻岳沈希皋、秀洲余采、西霞董宜陽、王屋張之象、月濱瞿成文等十三人，各人皆列字號及參與編輯分工，末有「嘉靖甲辰四月己巳雲間陸楫思豫識」字樣。書品寬大，版式疏朗。鈐印有「武原李/德宣鑒/藏書畫」（朱方）、「古田/家」（白方）、「李彬/之印」（白方）、「德/宣」（朱方）、「武原/懶彬」（白方）、「李彬/之印」（朱方）、「李氏/德宣」（白方）等。

陸楫（一五一五—一五五二）字思豫，號小山。明松江府上海縣人，陸深子。諸生。才思警敏，能文章，尤善決策辯難。著有《蒹葭堂稿》，輯有《古今説海》、《陸文裕公榮哀録》、《儼山文集》《外集》《續集》等。傳見嘉慶《松江府志》卷五十二《古今人傳四》、同治《上海縣志》卷十八《人物一》、《蒹葭堂稿》卷十陸樹聲撰《陸君墓志銘》。崇禎《松江府志》卷五十四《著述》引松郡莫如忠論陸楫云：「陸文裕公崛起瀕海，入緯國華，放辭瓊琚，雄視一世。其子楫（思豫）殊有父風，業冠棘圍。以忌者阻抑，郁郁竟卒，才三十有八齡。所存筲《蒹葭堂集》，詩不滿百而命詞道逸，屬思沖和，務嚴體裁，弗矜色澤。文不數十而議論慨慷，率依名節，深切世務，薄視浮榮。總厥撰著，非苟而已也。」

是編輯録前代至明小説，分爲四部：説選部載小録家三卷，偏記家二十卷；説淵部載别傳家六十四卷；説略部載雜記家三十二卷；説纂部載逸事家六卷，散録家六卷，雜纂家十一卷。共計四部，七家，一百三十五種，一百四十二卷。各部前又有分部目録。《四庫全書總目》子部雜家類七據直隸總督采進本著録。

唐錦序：「黄子良玉、姚子如晦、顧子應夫、陸子思豫，皆海士之英也，與予季子賫共爲講習之會，日聚一齋……探索餘暇，則又相與劇談泛論，旁采冥搜，凡古今野史外紀、叢説脞語、藝書怪録、《虞初》稗官之流，其間有可以裨名教、資政理、備法制、廣見聞、考同異、昭勸戒者，靡不品騭决擇，區别彙分，勒成一書，列爲四部，總而名之曰「古今説海」。計一百四十二卷，凡一百三十五種，斯亦可以謂之博矣。雖曰用以舒疲宣滯，澡濯郁伊，然學者反約之道，端於是乎基焉。好古博雅之士，聞而慕之，就觀請録，殆無虚日……陸子乃集梓鳩工，刻置家塾，俾永爲士林之公器云。」

上圖、國圖、復旦、北大、南圖藏。

古今説海一百四十二卷

明上海縣陸楫輯，清顧廣圻校。清道光元年（一八二一）苕溪邵氏酉山堂刻本，十六册。半葉八行，行十六字，小字雙行字數同。雙順白魚尾，左右雙邊。版心上鐫當葉子目所屬部類名，版心下各不相同，其中説選部、説淵部及説纂部甲集至戊集版心下鐫「儼山書院」；説略部版心下鐫「雲山書院」；説纂部己集至癸集版心下鐫「青藜館」。各篇前皆插入當篇《四庫全書提要》，行款同正文，版心下鐫「松岩補刻」字樣。書前有《欽定四庫全書提要・古今説海》、清顧廣圻《重刻古今説海序》、明嘉靖二十三年（一五四四）唐錦《古今説海引》、校書名氏、《古今説海總目》。校書名氏末有「嘉靖甲辰四月己巳雲間陸楫思豫識」字樣。書前總目録及各分部目録末均鐫「道光元年苕溪邵氏酉山堂重刊」字樣。

顧廣圻序：「説部之書，盛於唐宋。凡見著録，無慮數千百種。而其能傳者，則有賴彙刻之力居多。

蓋説部者，遺聞軼事，叢殘瑣屑，非如經義、史學、諸子等各有專門名家師承授受，可以永久勿墜也。獨彙而刻之，然後各書之勢常居於聚，其於散也較難。儲藏之家但費收一書之勞，即有累若干書之獲。其搜求也較便，各書各用，而用乎此者亦不割弃乎彼，牽連倚毗，其流布也較易。故自左禹圭以下，彙刻一途，日增月闢，完好具存。而唐宋説部書之傳，不在彙刻中者固已屈指寥寥矣。西山堂主人邵松岩告予曰：『雲間陸楫儼山書院《古今説海》，明嘉靖時彙刻也，分説選、説纂、説略、説淵共一百三四十種，大抵唐宋説部，而他朝者間一預焉。厥板已毁，印本日稀。今取原書覆而墨之，悉依其舊，一字不改，願求序以記重刻緣起。』夫予之於説部書工夫甚淺，而刻書之利病則宿所深知也。其利於書者姑弗具論，若夫南宋時，建陽各坊刻書最多，惟每刻一書，必倩雇不知誰何之人，任意增删换易，摽立新奇名目，冀自衒價，而古書多失其真。逮後坊刻就衰，而浮慕之敝起。其所刻也，轉轉舛錯脱落，殆不可讀者有之，加以牡丹水利，觸目滿紙，彌不可讀者有之。又甚而奮其空疏白腹，敷衍謬談，塗竄創痏，居之不疑；或且憑空構造，詭言某本，變亂是非，欺紿當世，陽似沽名，陰實盗貨，而古書尤失其真。若是者，刻一書而一書受其害而已矣。倘能如松岩之一字不改，悉依其舊，尚存不知爲不知之遺意，於是而古書可以傳，可以傳而弗失其真，豈不大愈於彼所爲哉？然則松岩雖恃書爲食者，而是役也，彙而刻之，一善也，猶所同也；覆而墨之，又一善也，乃所獨也。繼自今即謂鉛槧小夫當取坊友爲矜式，抑何不可？」

顧廣圻序述西山堂主人語：「今取原書覆而墨之，悉依其舊，一字不改。」今取上海圖書館所藏明嘉靖二十三年陸楫儼山書院雲山書院原刻本核之，西山堂本版式、行款、字體，乃至版心下題字皆同原刻，覆刻精妙，幾可亂真。

上師大、國圖、復旦、首都圖書館、中科院藏。

叢語十二卷

明華亭縣吴炯撰。明萬曆間刻本[一]。半葉九行，行十七字。無魚尾，四周單邊。版心上鎸「叢語□（卷次）卷」，版心中下鎸葉碼。正文卷端題「叢語一卷」，同行下署「華亭吴炯晋明甫」。書前有明萬曆二十二年（一五九四）李時英序、同年劉文卿序、萬曆二十一年（一五九三）吴炯序、何汝學序、《叢語目録》；書末有萬曆三十五年（一六〇七）吴炯跋。

吴炯字晋明，號懷野，明松江府華亭縣人。居璜溪（今屬上海市金山區吕巷鎮）。萬曆十七年（一五八九）進士，授杭州府推官。入爲兵部主事。乞假歸，恬静端介，不騖榮利，家居十二年，始起故官。久之，進光禄丞。天啓中累遷南京太僕卿。魏忠賢私黨石三畏追論炯黨庇顧憲成，落職閑住。崇禎初復故官。著有《叢語》《易傳繹旨》《毛詩微言》《五經質疑》。傳見《明史》卷二三一本傳、崇禎《松江府志》卷四十《賢達五》、嘉慶《松江府志》卷五十四《古今人傳六》、光緒《重修華亭縣志》卷十五《人物》。

[一]《四庫全書存目叢書》子部第九十册據上海圖書館藏本影印。

是書各卷依次爲：卷一理氣、性，卷二心、道、德，卷三仁、學，卷四至卷五處世，卷六經世、文章，卷七讀經，卷八至卷九讀書，卷十聖賢，卷十一歷代，卷十二子家、陰陽家、曆元甲子。《四庫全書總目》子部雜家類存目二據浙江巡撫采進本著録。按：是編成書於明萬曆二十一年，據書前李時英序云「上篇成于清暑坐談，下篇于山陰道中竟之」，知初無門目，只分上篇下篇。後有吴炯門人何汝學南京刻本，重爲排次，始分十七類，凡十二卷。

吴炯序：「余垂髫時，讀伊洛諸書，慨然向往焉。暨後饑寒汨其心，奔走雜其慮，而一點初志，未嘗昧也。嘗竊歎由、求遇孔子而爲賢，楊、謝諸子遇程夫子而爲儒，余無楊、謝之遇，師友無所發明，操行無所砥礪，遂碌碌爲庸人。庚寅以後，浪游武林，縉紳聚會，議論稍廣，漫相酬應，輒自録其不佞之言。言無倫次，名曰『叢語』，以就正海内先生。儻海内先生不鄙夷而湔祓焉，得附於楊、謝之徒乎？固余志也，非所敢望也。萬曆癸巳華亭吴炯書於武林執法署。」

何汝學序：「不肖學負笈先生，凡有關於學林操行者，纚纚乎言之不倦。若《叢語》一書，成於癸巳之歲，闡發幽微，剖析閫奥，洙泗伊洛之旨，昭如日星，第先後不無參互。學隨任金陵，披覽誦讀，爲之編其類而重付剞劂氏。士君子讀是書，則性命經綸，非惟識先生於篇什，而所裨於己豈淺淺哉。門生何汝學謹書。」

上圖藏。

閱耕餘録六卷

明上海縣張所望撰。明天啓元年（一六二一）刻本[一]。無界欄。半葉八行，行十八字，小字雙行字數同。上單魚尾，左右雙邊。版心上鎸「閱耕餘録」，魚尾下鎸卷次。正文卷端題「閱耕餘録卷之一」，署「吴淞張所望叔翹著」。書前有陳繼儒《閱耕餘録叙》、天啓元年宋玨《閱耕餘録叙》。卷六末鎸「男積源、積潤，孫天彝同校」字樣。鈐印有「漪蘭／舊業」（白方）、「聽／鶯後／人」（朱方）、「心憂／草堂藏／書印」（朱方）等。

張所望（一五五六—一六三五）字叔翹，號七澤，明松江府上海縣人。居龍華。張所敬弟。萬曆二十九年（一六〇一）進士，除刑部主事。出守衢州，其間輯刊袁凱《海叟集》。官至湖廣按察使。所望别業曰黄石園，晚年於龍華别業創輯《龍華里志》。著有《閱耕餘録》《瀞玉齋稿》《寶穡堂雜記》等。傳見嘉慶《松江府志》卷五十四《古今人傳六》、同治《上海縣志》卷十九《人物二》、光緒《重修華亭縣志》卷十五《人物》，《睡庵文稿》卷十五《張公暨贈宜人沈氏墓志銘》。

是書爲所望隨筆札記之文，總約四百六十餘篇，書前無目録。卷一録楚事異同、屏翳、觴政等八十四篇，卷二録青雲、敦髮、壁書等八十四篇，卷三録烏德、唐人小説所本、苻酥等八十四篇，卷四録酒稱別調、蟹腹芒、西京賦脱簡等七十四篇，卷五録曹公盛德、文裕先見、曹招等六十五篇，卷六録陽塘、江行之勝、陸娟

[一]《四庫全書存目叢書》子部第一百十册據上海圖書館藏本影印。

詩等七十一篇。《四庫全書總目》子部雜家類存目五據兩江總督采進本著録。

宋玨《閲耕餘録叙》：「叔子以東粤觀察使請告歸，遂營菟裘于龍華之里……閲耕之暇，几席墻溷，皆置筆研，取往昔美言懿節可以作忠孝垂訓诫者而録之，稍涉頗謬則不録；取挽近奇聞異迹可以警耳目表風氣者而録之，稍屬影響則不録；取諸史百氏可以參同異闡幽奥者而録之，稍經人道則不録；取品物之繁會區别可以標新異益意智者而録之，稍雜傅會疑似則不録。録成，凡六卷。」

上圖、大連圖書館、旅順市圖書館藏。

閲耕餘録六卷

明上海縣張所望撰。清嘉慶二十三年（一八一〇）華亭張虚谷書三味樓刻《書三味樓叢書》本，二册。無界欄，半葉十行，行二十一字，小字雙行字數同。上單魚尾，左右雙邊。版心上鎸「閲耕餘録」，魚尾下鎸卷次，版心中下爲葉碼，版心下鎸「書三味樓／藏板」字樣。正文卷端題「閲耕餘録卷一」，署「吴淞張所望叔翹著，後學張應時虚谷重閲，莚秋塘覆校」，各卷覆校者不同，卷二爲「倪元坦畬香覆校」，卷三「汪廷槐蔭堂覆校」，卷四「戴因本春泉覆校」，卷五「高崇瑚菊裳、高崇瑞藥房覆校」，卷六「火藻湘萍覆校」。書前牌記上鎸「嘉慶戊寅年鎸」，下鎸「華亭張虚谷重刊／張方伯閲耕餘録／書三味樓藏板」。卷六末有「男積源，積潤，孫天彝同校」字樣。書前有明天啓元年（一六二一）宋玨《閲耕餘録叙》，陳繼儒《閲耕餘録叙》。

上圖藏。

法教佩珠二卷

明華亭縣林有麟撰。明萬曆四十二年（一六一四）刻本[一]，二册。半葉九行，行二十字。上單魚尾，左右雙邊。版心上鎸「法教佩珠」，魚尾下鎸卷次。正文卷端題「法教佩珠卷之一」，署「雲間林有麟仁甫纂輯」。書前有許樂善《法教佩珠序》，序文首葉版心下有「雲間周有光刻」字樣；萬曆四十二年林有麟《法教佩珠小序》。正文皆有句讀，偶有圈點，每條天頭處皆有單圈或雙圈標記，天頭處多有朱筆評注。鈐印有「□□／沈氏拾／經樓」（朱方）等。

是書雜采儒先格言及佛道語録，一一闡述，爲儒佛雜談之書。《四庫全書總目》子部雜家類存目九據山西巡撫采進本著録。明崇禎《松江府志》卷五十四《著述》闕録。

許樂善《法教佩珠序》：「姻友仁甫林君，先達弘齋公令嗣也……乃悉啓藏書，博綜載籍，擷菁華於三教，漱芳潤於百家。」

林有麟《法教佩珠小序》：「牀頭藏書數百函，粉蠹殘鉛，皆垂手澤。因掩關縱讀，有會於身心者，輒手録之。間拈紙屏，指示兒輩。積日曠時，遂成二卷。爰授梓之，藏於家塾。」

[一]《四庫全書存目叢書》子部第一百四十四册據上海圖書館藏本影印。

上圖藏。

僊里塵譚十二卷

明華亭縣林有麟輯。明天啓刻本，十二册。半葉七行，行十六字。無魚尾，四周單邊。版心上鎸「僊里塵譚卷一」。正文卷端題「僊里塵譚卷一」，署「雲間林有麟仁甫輯」。書前有明天啓元年（一六二一）林有麟《塵談小引》（行書手書上版）、李埈《仙里塵譚跋》。鈐印有「三祝／華封／人（白方）」、「漢陽葉／名澧潤／臣甫印」（白方）、「北方？／孔德／學校，之章」（朱方）。首無總目，各卷無子目。

林有麟《塵談小引》：「余少服庭訓，每疏經□業之□，輒諄誡曰：『士援寸毫而漁畋千古，當緯攬民俗，綜通憲故，塵尾王謝舊物不足捉也。』余恒書紳佩之。既予采策青緗，得先世所藏不下萬餘卷，縱心幽討，殘膏冥搜，有得輒掌録焉。浸已成帙，大抵管測三靈，蠡窺二氏，纂儒先之注語耶……旋移居僊里。」

首都圖書館藏。

蘇長公外紀十二卷

明王世貞編次，松江府上海縣璩之璞校定。明萬曆二十二年（一五九四）璩氏燕石齋刻二十三年（一五九五）重修本，四册。半葉十行，行十八字，小字雙行字數同。上單白魚尾，左右雙邊。版心上鎸書名卷次，魚尾下鎸當卷篇名，版心下鎸「燕石齋刊」字樣。正文卷端題「蘇長公外紀」及卷次，署「明瑯琊王世貞編次，豫章璩之璞校定」，各卷之上（中或下）首葉皆有題署，文字同正文首葉。書前有王世貞《蘇長公外紀序》，序末空白處有大墨框，内有璩之璞題識：「是刻初爲諸名士刊定，乃□傭書謬誤，春霖掩關反覆研勘，得六十餘字，命梓補正。昔人謂校書如掃落葉，隨拂□有，信然哉！覽是編者，脱/有遺誤，不妨指示，再加釐正。廿三年乙未，璞又識。」又有目録，目録末有璩氏識語。封面書簽處墨筆題書名及册次。鈐印有「詩翰齋」（朱方）、「鰈/翁」（朱方）、「鎦盼/遂□」（白方）等。

璩之璞字元璵，號君瑕，明松江府上海縣人，一説江西人，僑居華亭。少負奇氣，善屬文。年三十游董其昌、陳繼儒之門。工山水。傳見嘉慶《松江府志》卷六十一《藝術傳》、同治《上海縣志》卷二十二《藝術》。

是書除卷十一至卷十二外，各卷皆分上下或上中下。其中卷一上年譜，卷一下遺事，卷二上恩遇，卷二中賞譽，卷二下好士，卷三上志行，卷三下政術，卷四上詩話，卷四下詩話，卷五上詩話，卷五下文談，卷六上考誤，卷六下玄理，卷七上禪那，卷七中調謔，卷七下風流，卷八上書畫，卷八下雜紀，卷九上雜紀，卷九下遺迹，卷十上譏評，卷十下詩案，卷十一至卷十二逸編。

目録末璩氏識語：「璩之璞曰：弇州司寇手編《蘇長公外紀》十卷，署題疏事各從其類，爲目二十，約事六百九十有奇。始爲殷無美評騭，當是善本，序而授之陳仲淳，自婁東携歸，士林争相繕寫，爲之紙貴。

歲庚寅，見馮元甫家刻幾半，不免疏鹵舛錯，與原本不類。元甫尋病，去就金沙醫。醫不起，刻亦中廢，所謂人琴俱亡矣。越今甲午，余從姜伯甫借閲抄本，其詮次大都紊雜，魚豕紛紜，豈訛以譌傳，遂難正邪。因遍考長公全集，按題審類，刊正重複，兼引宋元及我朝諸小史嘉話，并《弇州四部稿》所載長公事，悉纂而鈎其玄，亦撮百餘事，次第補入。之間有事類不合者，不能妄加釐正，遂從弇州初定。余復旁采群籍，又百有餘事，系之終卷，總名曰『逸編』，不拘以類。友人龔惟成、宋賓之、孟直夫、陸季高爲余三復參校，或不謬誤。如昨頃携入都門，馮開之太史、周岐陽武選復爲考訂，更加詳審。噫，玆數君子者，其庶幾得稱弇州功臣乎哉！雖然，讀是編而深慨長公在元豐間以湖州謝表被謗，更逮御史獄，猥有中使於彭城舟中，遣吏追攝遺書。老幼一時驚怖，相視恚曰：『乃公好著書，未見益我等，而故怖我等。君此乃盡括其囊，付之烈焰以滅迹。』至宣和間，詔嚴天下，盡毁公文翰手迹。由是家藏户匿，十九流落人間，而碑埋石瘞，弃捐實多，故本集不盡收矣。惜哉！此暴秦氏燼餘百一耳。録成，紀其歲月，藏之燕石齋中。」

國圖藏。

畫禪室隨筆四卷

明華亭縣董其昌撰。清康熙五十九年（一七二〇）掞藻堂刻本，六册。半葉八行，行十八字。白口，雙對魚尾，左右雙邊。上魚尾下鎸書名卷次。正文卷端署「華亭□其昌著，長洲楊補編次，吴趨陳王賓校訂」。書前牌記上鎸「梁改亭先生鑒定」，下鎸「華亭董玄宰先生著／畫禪室隨筆／掞藻堂藏板」。書前有方拱乾序，康熙五十九年梁穆序，皆行書手寫上版；目録。末册末葉左上角天頭處有竪行紫色鉛字：「中華民國廿五年四月貳日」。鈐印有「苦/竹林/周氏」（朱橢）、「連寬/經眼」（白方）。

是書卷一論用筆、評法書、跋自書、評古帖，卷二畫訣、畫源、題自畫、評舊畫，卷三評詩、評文、紀事、紀游，卷四雜言上下、楚中隨筆、禪説。《四庫全書總目》子部雜家類六據内府藏本著録。

方拱乾序：「隨筆者，董玄宰先生所著，皆小品也。楊子無補詮之而另爲一書，其旨終於禪悦而發端於論書。」

梁穆敬序：「有明一代，書畫之學，董宗伯寔集其大成。後之有志斯道者，未嘗不希慕之，而百年以來求其登堂入室者，曾不一二見，豈造極者固不可學而至與？抑雖欲學之，有不得其門而入者與？天下之物，聚於所好，而尤必得於有力。宗伯之書畫，不患其不知好也。歷年既多，傳者益少，片紙寸楮，珍逾拱璧，學士大夫已苦購覓之難，况寒素乎？以故得之之人與學之之人，勢常兩不相值……近日《容臺》一集，宗伯詩文璨然大備，而獨於論書畫之旨闕焉未載，於是世之欲學宗伯者，不特苦於迹之難見，并其法亦無由得聞也，不亦一大憾事與？予家向藏《畫禪室隨筆》二帙，係楊子無補所輯，其中詳言書畫之旨，而歸其要曰用筆運墨。」

清周中孚《鄭堂讀書記》卷五十四：「《畫禪室隨筆》四卷，明董其昌撰，《四庫全書》著録。《明史·藝文志》作二卷，蓋刊刻之誤也。按思翁所撰《容臺集》於詩文燦然大備，而獨於論書畫之旨闕焉未載，長洲楊無補取其書畫題跋及評論各條，以及雜論，輯成是編。凡分十五門，曰論用筆、曰評法書、曰跋自書、曰評古帖、曰畫訣、曰畫源、曰題自畫、曰評舊畫、曰評詩、曰評文、曰紀事、曰紀游、曰雜言、曰楚中隨筆、曰禪悦。其言書畫之旨皆深造微妙，堪與所存書畫并傳。其餘不過取盈卷帙而已。前有方坦庵、梁改亭二序。至乾隆，又有其裔孫重梓本。考今本《容臺集》附有《别集》四卷，當即取此增入云。」

上圖、南圖、國圖、北大藏。

畫禪室隨筆四卷

明華亭縣董其昌撰。清乾隆三十三年（一七六八）戲鴻堂刻本，四册。半葉八行，行十八字，無小字。白口，雙對魚尾，左右雙邊。魚尾下鎸「畫禪室隨筆卷一」。正文卷端題「畫禪室隨筆卷之一」，署「華亭董其昌思白著，五世孫紹敏若容重校」。書前牌記葉分左中右三欄，左右較窄，中間鎸「重訂畫禪室隨筆」，右上鎸「董文敏公著」，左上鎸「内附/紀事、紀游、評詩/評文、雜言、禪説」，左下鎸「戲鴻堂藏板」。書前有清乾隆三十三年董邦達序、目録。董邦達序末有「雲間金/文達刻」字樣。是書軟體寫刻，刻印俱精。鈐印有「漢鹿/齋藏/書印」（朱方）、「漢鹿齋/珍藏書/籍之印」（白方）。

董邦達序：「自古名人著作流傳於學士大夫者多，流傳於子孫者少，即或蠹簡僅存，而無志表揚，究與湮滅不傳者等，良可慨也。家文敏公爲有明一代文苑宗師，所著《畫禪室》一編，畢闡書畫三昧，後人側聞緒論，不啻登山之屐，而渡海之航已。顧是編雖流播海内，而見者絶少。今五世孫若容得諸坊間，奉爲拱璧，亟謀剞劂，屬序於余。余惟文敏公名重前朝，迨我聖祖仁皇帝賜額加恩，至優極渥。迄今片紙寸幀，無論識與不識，皆知什襲珍藏。至於衣鉢真傳，當不出是編中。余自幼臨摩，每苦未探驪珠，而竊喜若容侄之表揚，能有志也。遂書以復之。時乾隆三十三年歲在戊子小春月，東山邦達序。」

南圖藏。

畫禪室隨筆四卷

明華亭縣董其昌撰。清大魁堂刻本，六册。半葉八行，行十八字。白口，雙對魚尾，左右雙邊。上魚尾下鐫書名卷次。正文卷端署「華亭□其昌著，長洲楊補編次，吴趨陳王賓校訂」。書前牌記上鐫「梁改亭先生鑒定」，下鐫「董思白先生著／畫禪室隨筆／大魁堂藏版」。書前有方拱乾序，康熙五十九年（一七二〇）梁穆敬序，目録。全書有朱筆句讀。鈐印有「樹森／印信／長壽」（白方）、「無錫丁福保字／仲祜別號疇隱」（白長）、「高雝／鑒藏」（朱方）等。

是書上海圖書館藏一部，一册，有清翁同龢批校及跋。封面墨筆題書名，封面右側墨筆書「笏齋藏本」四字。扉葉有墨筆録《香光詞》并鈐古印五枚。書末空白處數則笏齋題識，落款時間有乙丑、丙戌、丁亥、甲午等。目録首行下方空白處有墨筆「一笏齋藏」字樣，并鈐印「笏齋」（朱長）。天頭處皆朱筆、墨筆批語。全書多處朱筆、墨筆圈點。鈐印有「斌孫／長壽」（白方）、「子擁萬卷／心媚六韜／講學箸筆／是爲一豪」（白方）、「翁斌／孫字／韜夫」（朱方）、「笏齋／小印」（白方）、「玉堂／清暇」（朱方）、「虞山翁韜／父珍藏印」（朱長）、「斌孫／印信」（白方）、「庚申生」（朱長）等。

按：經比勘，大魁堂本之底本或爲清康熙五十九年掞藻堂刻本，但掞藻堂本爲原刻，版刻綫條清晰疏朗，尤其書前序文，行書氣韻生動，點畫連帶之處細若游絲。大魁堂本顯爲翻刻之本，序文之行書筆畫凝滯，模仿痕迹較重，正文文字亦顯粗滯。

上師大、上圖、國圖藏。

廣社無卷數

明華亭縣張雲龍撰。明崇禎間刻本〔一〕。是書正文分上下二欄，上欄很窄，僅容一字，無界欄，注音。下欄爲正文，半葉九行，行十九字，小字雙行字數同。上單魚尾，四周單邊。版心上右鐫「廣社」字樣，魚尾下右鐫當葉韻部。正文卷端題「廣社」，署「華亭張雲龍爾陽父廣」。書前有明崇禎十六年（一六四三）張雲龍《廣社自序》（手書上版）、《社壇偉雋》、《廣社凡例》七則、《廣社目録前》、《廣社目録後》、《廣社各格》。鈐印有「巴陵方／氏珍藏」（白方）。

〔一〕《續修四庫全書》子部第一千一百八十六册據北京大學圖書館藏本影印。

張雲龍字爾陽，明松江府華亭縣人。《四庫全書總目》稱其華亭人。生平仕履不詳。

是書專談燈謎。前載作謎諸格，取字義相似者配合一句，暗射成語。後借詩韻平仄分補，以備采用。書無卷次，按韻編排。前爲平聲，後爲上聲、去聲、入聲。《四庫全書總目》卷一百三十子部雜家類存目七據内府藏本著録。

《凡例》：「一，社義所以隱伏本章，旁通機竅，全在洞幽達微，入深極奥……一，舊譜原分門類，前訛後舛，既豕亥之紛紜，此載彼遺，竟馬牛之錯雜。茲以韻語開注，平仄相稽，非惟聲氣叶和，亦且模索簡便；一，便覽開載有限，即有補遺，不過家抄户録，而無刊板通行，商者不免羨魚遺珠之歎。茲合爲一，散布韻中，廣收聞見之奇，用新耳目之寄……一，韓文所列，盡入櫝中。此外搜羅散帙，窮訪遺編，得字若干，梓供世玩……一，是編既以韻成，當以韻約。玉鍵一種，世所通尚，久付祖龍，致令海内尋真，幾於迷志，茲附梓集末……一，索微探隱，備極深思，釋義調音，不無孤陋。恐心神之少替，尚祈教我愚蒙。倘督責之稍寬，猶可啓茲茅塞。」

首載作謎各格，依次爲：無縫鎖、滑頭禪格、連理枝格、雨來船格、玄明傘格、玉連環格、夾山夾海格、錦屏風格、轆轤格、詩格、詞格、包意格、曹娥格、拆字格、問答格、畫格。

《社壇偉雋》録陶邦彦、曹復彬、徐鼎勛、朱朝衮等三十三人，各録姓名字號及郡望。

北大、華東師大藏。

廣社四十九卷

明華亭縣張雲龍撰。清初抄本[一]。無框無欄。正文半葉八行，行十八字，小字雙行字數同，其中每行最上二字爲反切注音；目録葉半葉九行，行十字。正文卷端題「廣社」，無署名。書前有明崇禎十六年（一六四三）張雲龍《廣社自序》、目録、《廣社凡例》七則、《廣社各格》。鈐印有「明善堂／所見書／畫印記」（白方）。

按：經比勘，是書與北京大學圖書館藏明崇禎刻本正文序次大體相同，但大字及小字注文差異明顯。刻本不分卷，此抄本在書前目録中將平聲、上聲、去聲、入聲又分别卷次，其中平聲分十九卷，上聲分十一卷，去聲分十三卷，入聲分六卷，故稱四十九卷。此抄本書前無《社壇偉雋》。刻本《廣社各格》各格之下皆有示例，畫格還有圖示，抄本僅存格名，無示例内容。

細審正文，抄本與正文略有差異，大字有增補，小字亦稍異。以平聲一東紅韻爲例，刻本首東字，次涷字，次崠字；抄本首東字，次涷字，次蝀字，再次崠字。又東字下，刻本小字注「春方動，寅木青，甲左主乙，○震生明宇魯」；抄本小字注「春寅木青，甲乙主震，左丁○生動，明宇方魯」。涷字下，刻本小字注「潰瀧沾水○雨」，抄本小字注「潰沾瀧」。崠字，刻本注「山」，抄本無小字注。

上圖藏。

[一]《四庫全書存目叢書》子部第一百十九册據上海圖書館藏本影印。

醒心藥石一卷

明青浦縣楊繼益撰。清嘉慶十九年（一八一四）體仁堂刻本，一册。半葉八行，行十八字。上單魚尾，左右雙邊。版心上鎸「醒心藥石」。正文卷端署「明四川六番招討使經歷雲間楊繼益泰卷甫著，五世孫禾書年甫編輯、六世孫烈勤補甫校訂、七世孫基懋齋甫正字」。書前牌記鎸「嘉慶甲戌鎸／翻刻必究／醒心藥石／體仁堂藏版」。書前有趙賞元序、嘉慶三年（一七九八）王昶序、楊繼益《藥石語小引》、泰卷公小像、崇禎元年（一六二八）楊士修撰《泰卷先生拙宧記》及《拙宧記二》、玄孫楊淳附記、七世孫基記。

楊繼益字茂謙。明松江府青浦縣人，世居松之澱湖。父憲副九華公起家秀水，故繼益早歲補秀水諸生。官至四川天全六番招討使司經歷。好學博古。著有《吹蘆詩稿》《餐華館文集》《入劍草》等。傳見嘉慶《松江府志》卷五十四《古今人傳六》、楊士修《泰卷先生拙宧記》及《拙宧記二》、楊淳附記。

是書録感言感悟等二百八十三則，每則少則數字，多則十數字，如「自重者人必重之，自嚴者人必嚴之，故君子求威於己，而驗德於人」，「忍難忍事，恕不明人，此是學喫虧法」，「光陰不惜易去，心思不用易枯，血脉不運易病」，「一生牽惹之勞，皆因好事，故知恬静爲貴」。

王昶序：「是書多見道之言，亦深於内典。吾邑二百餘年來，有此種學問者，首推陸文定公，次則先生，其外蓋莫有津逮者。」

楊繼益小引：「天下有通病，非良方曷克治之？世不乏繕性者，而病卒未有已也。豈無參杞菖苓耶，抑善病者旋覺旋忘，即有軒岐，固不能先腠理而從事耶？若是，則幾無完身，究且奄奄視息而已。余沉痼多年，不惜以刀針自療，而苦同病者之不足發予覆也。于是取訓語之會心者録之，不中膏肓者不録，迂濶難行者不録，詞雖典雅而無關身心日用者不録，故所録無幾，而要其所存，皆三年之艾也。未病得此，可以謹將然。即既病，而能爲瞑眩，其振聾起聵，功亦非淺鮮矣。儻曰善醫，不必摘方，而惟徇習以了一生。政如風痺，人不識痛癢，漫謂生我非藥石之助，豈不謬哉！」

上圖藏。

澹齋内言一卷外言一卷

明青浦縣楊繼益撰。清抄本，與明嘉善陸埛《篔齋雜著》與明楊繼益《澹齋内外言》合一册。書末有吴焯題識，書前空白葉有掃塵齋主王禮培題記。無框欄，半葉九行，行二十一字。《澹齋外言》末有陳繼儒題識。正文卷端署「明雲間楊繼益茂謙著」。鈐印有「醯無／精舍」（白方）、「篝軒／藏書」（朱方）等。《篔齋雜著》行款與之同，字體較大，鈐印有「鑒止／水齋／珍藏」（朱方）、「掃塵／齋讀／書記」（朱方）等。

吴焯題記：「編内論河洛，獨采臨川王氏之説，謂洛不謂之圖，河不謂之書。余竊意圖書各有別，古人稱圖者，畫也，書者，字也，象形之謂圖，成文之謂書，鑿鑿乎不相侔也。如宋人所謂洛書者，亦圖也，非書矣。王氏能疑，疑而不能辨也。己亥中春一日舟中書，繡谷亭主焯。」

掃塵齋主題識：「《簣齋雜著》，明嘉善陸埛撰，不分卷；《澹齋内外言》，明雲間楊繼益撰，不分卷。共一册，末有吴尺鳧跋，册首有許宗彦鑒止水齋藏印。宣統三年，得於長沙玉泉街舊本書肆。掃塵齋主茗仙記。」鈐有「禮培／私印」（白方）。

上圖藏。

澹齋内言一卷外言一卷

明青浦縣楊繼益撰。《學海類編》本[一]。是書入《學海類編》子類中，列第三十一册。半葉九行，行二十一字。上單白魚尾，左右雙邊。版心上鎸「學海類編」，魚尾下右鎸「澹齋内（外）言」，版心下鎸「子類」。正文卷端署「明雲間楊繼益茂謙著」。《澹齋外言》末有陳繼儒題識。

《内言》凡四十六則，録儒家雜論世事，頗有考證，中多篤實切近之論，而摭拾舊文者亦多。《外言》凡四十九則，録釋家語録，無多發明。《四庫全書總目》子部雜家類存目五據兩淮鹽政采進本著録。

陳繼儒題識：「茂謙楊君文才超卓，有志科名，不遂，乃以國子生爲西蜀籓府參軍。時土夷獷悍，日事

[一] 一九二〇年上海涵芬樓影印清道光十一年（一八三一）六安晁氏木活字《學海類編》本。《四庫全書存目叢書》又據涵芬樓影印本影印，列子部第一百十三册。

戈鋋。君輸誠披愫，多方排解，卒致馴服。賞不酬勞，挂冠而歸。生平等身著述，不輕示人。兹《内言》《外言》，特其一臠片羽，而學道有得之徵具可見已。予與楊君契好有素，披閲是編，不勝人琴之感焉。」

上師大藏。

谷濂先生遺書八卷

明嘉定縣黄淵耀撰。清雍正五年（一七二七）刻本〔一〕。半葉九行，行二十一字。上單魚尾，下細黑口，左右雙邊。版心上鎸「谷簾先生遺書」，魚尾下鎸卷次，其下右鎸當葉篇名及葉碼。正文卷端題「谷簾先生遺書卷之一」，署「邑後學秦立與參氏編次」。書内有刻印之圈點。書前有清雍正五年秦立序、谷簾先生像（陸遵書摹）及像贊（陸炳豹題）、侯開國《文學黄先生傳》、秦立《編輯緒言》五則、《谷簾先生遺書目録》，目録末有「嘉定城隍廟東首陶焕文店鎸」。

黄淵耀（一六二四—一六四五）字偉恭，明嘉定縣人。黄淳耀弟。復社成員。清順治二年（一六四五）嘉定抗清起義，清兵圍城，淵耀宿城堞，晝夜拒戰。城破，與其兄自縊於西林庵僧舍。著有《谷簾先生遺書》《谷簾學吟》等。傳見《明史》卷二八六《文苑傳》、《明季南略》卷四、本書侯開國《文學黄先生傳》。

〔一〕《續修四庫全書》子部第一千一百三十四册據中國科學院圖書館藏本影印。

是書收録淵耀著述五種，分明爲《存誠録》三卷，《自怡草》一卷，《鶴鳴集》二卷，《拈花録》一卷，《玉版録》一卷。據書前《編輯緒言》，知《存誠録》三卷，「皆平日讀書窮理，深造自得及父兄師友互相砥礪之言，隨時札記者」。《自怡草》一卷，「皆先生古今體詩，其已附入忠節公集者，概不重録」。《鶴鳴集》二卷，「皆先生所輯鸞言，發明六經四子之旨」。《拈花録》一卷、《玉版録》一卷，「舊附《鶴鳴集》後，今依次編列」。

秦立序：「康熙乙酉仲冬，立於安亭張維垣家得黄忠節公手書《自監録》，爲録副本，刊入忠節公集矣。少時聞之前輩，言次公谷簾先生手書稿本數種，嘗以不獲睹爲恨。歲丙午，偶於書肆殘帙中得先生《存誠録》，後附《自怡草》數紙，簡首有忠節公序及先生小引，撫摩遺編，欣幸累日。合之忠節公集，不翅莫邪之與干將，流散日久，而忽於延津乎會合也。立舉示同人，適友人吴雪臣又於里中唐氏得先生手録三種，一《鶴鳴集》，一《拈花録》，一《玉版録》，前有吕祖師序，知係諸師尊鸞言先生所薈萃而成。立聞先生同時聖舉唐先生家故有壇席，其時直言社，諸君子并在其中，忠節公嘗輯《正教録》行世，先生此録殆亦忠節公之意也。嗟乎，立於先生之書，留心廿餘年於兹矣！兵燹蠹蝕之餘，先正遺文什不存一，而先生書久佚後出，略無闕遺，是殆白傅所謂在在處處，有靈物護之者耶；抑歐陽公所謂物聚於所好，以立搜訪之久，先生亦憫其勤而賜之耶？後之君子，欲知先生之大節與忠節公彪炳天地間者，讀是書，亦可得其梗概矣。爰叙所得，釐爲八卷，録而藏之，以貽後之景仰先生者。雍正丁未，邑後學秦立謹識於淞陰叢桂堂。」

中科院藏。

修辭指南二十卷

明嘉定縣浦南金輯。明嘉靖三十六年（一五五七）浦氏五樂堂刻本[一]。半葉九行，行十八字，小字雙行字數同。白口，上單魚尾，左右雙邊。魚尾下鐫「修辭指南卷□」，版心下鐫「五樂堂」字樣。正文卷端題「修辭指南卷第一」，署「皇明國子監助教東海浦南金編次」。書前有劉麟序（闕首葉右半）、《修辭指南目録》；書末有明嘉靖三十六年浦南金《後序》。每卷末多有刊刻者名，如卷一「姑蘇吴曜／寫章衮刻」，卷二「吴曜寫／章聰刻」，卷三「吴曜寫／周瓚刻」，卷四「吴曜寫／周春刻」，卷五「吴曜寫／李□□」，卷六「吴曜寫／袁宏刻」，卷七「吴曜寫，章儒刻」，卷八「吴曜寫，章權刻」，卷九「吴曜寫，唐誥刻」，卷十「吴曜寫，李□刻」，卷十一「吴曜寫，章衮刻」，卷十二「吴曜寫，章亨刻」，卷十三「吴曜寫，夏文德刻」，卷十五「吴曜寫，夏文德刻」，卷十六「吴曜寫，唐誥刻」，卷十七「吴曜寫，章慶刻」，卷十八「吴曜寫，章亨刻」，卷十九「吴曜寫，袁宸刻」，其餘各卷無刊刻者名。鈐印有「林印／景和」（白方）、「紹／泉」（白方）、「林氏／承熙」（白方）、「方功惠／藏書／印」（朱方）等。

浦南金字伯兼，明嘉定縣人。嘉靖元年（一五二二）舉人，教諭擢國子助教，以事忤選曹，出爲唐邸教

[一]《四庫全書存目叢書》子部第一百七十八册據北京大學圖書館藏本影印。

授，移疾歸。詩文見重于時，知縣楊旦聘修邑志。傳見康熙《嘉定縣志》卷十五《人物一》。

是編采録皆經傳成語，以備尺牘之用，故名。卷一天文部（象緯類、歲時類、灾祥類、祭禱類），卷二地理部（邑里類、山川類），卷三人物部（親戚類、君臣類、良賤類、婦人類、往昔類），卷四宫室部（宫殿類、堂室類、旅寓類），卷五器用部（器皿類、舟車類），卷六音樂部（凡五篇不分類），卷七軍旅部（兵戎類、戰陣類、盟要類），卷八草木部（蔬穀類、果木類），卷九鳥獸部（羽族類、毛群類、魚龍類），卷十通用部（發語類、雙字類），卷十一人事部（賢否類、寵辱類、吉慶類、凶喪類、交際類、動静類），卷十二制令部（凡五篇不分類），卷十三職守部（設官類、共職類），卷十四刑法部（法制類、刑獄類），卷十五貨寶部（凡六篇，不分類），卷十六文學部（凡九篇，不分類），卷十七身體部（髮膚類、言語類），卷十八冠服部（凡五篇，不分類），卷十九酒食部（食品類、酒漿類），卷二十藝術部（凡四篇，不分類）。凡二十部，四十類，三百二十六篇。每類之前先列《爾雅》《左腴》《漢雋》《書叙指南》（簡稱「書叙」）之相同名目，次爲正文。《四庫全書總目》子部類書類存目一據江蘇巡撫采進本著録。

劉麟序：「以《爾雅》《左腴》《漢雋》《書叙》四書者，其言皆經籍之粹，而子史之英也。迺彙而爲一家，釐而爲二十部，使各以類相從，區别臚分，如指諸掌。上自王公貴人，下至輿臺僕圉，近自容貌語言，遠至宫室庾廥，大自天地日月，小至羽毛昆蟲，靡不該載……命之曰《修辭指南》……又慮篇次之多，不免於散逸傳録之久，或至於脱遺，乃以今年丁巳夏六月，命工刻于家塾。」

浦南金《後序》：「惟保章氏，爰察天文，甘石繼起，百家紛紛，縣象著明，順動不忒，四時成歲，五官效職，述天文第一。坤爲大輿，高下九則，封山濬川，經略萬國，三代損益，建侯親民，秦廢古制，郡縣剖分，述地理第二。天有六氣，人有六親，内外族屬，并列其人，親疏異等，貴賤殊名，古今九品，漢史表稱，述人物第三。上棟下宇，易取大壯，第茨土階，獨觀昭曠，顔稱陋巷，衛詠衡門，士而□居，鄙不足論，述宫室第四。一人之身，百工所備，象箸玉杯，古有明戒，舟濟不通，車能引重，聖人作之，以資民用，述器用第五。大音無聲，觀豫作樂，聖王迭興，雲英韶濩，厥後崩壞，鄭衛荒淫，風流俗化，湎湎紛紛，述音樂第六。皇奮其威，電擊霆震，勝敗不常，聖人所慎，戰事惟危，兵器惟凶，桓桓衛霍，萬夫之雄，述軍旅第七。維草曰夭，維木曰喬，既培既達，是蓘是穮，狼莠不除，嘉禾不茂，樗櫟不材，以全其壽，述草木第八。喙息跂行，毛群羽族，有知無知，并生并育，天之降才，監其盈縮，予角去齒，傳翼兩足，述鳥獸第九。古人論文，與樂相似，金聲玉振，始終條理，旁引曲喻，有語助辭，焉哉乎也，抑亦只而，述通用第十。君子之道，出處語默，惟是吉凶，惠迪從逆，事以日異，萬有不齊，時分動静，禮尚往來，述人事第十一。襄辭請隧，孔惜繁纓，禮不可假，唯器與名，王言如絲，如綸如綍，衮衣九章，火龍黼黻，述制令第十二。上有道揆，下有法守，輔弼疑丞，在帝左右，食人之食，憂人之憂，受直怠事，人將我尤，述職官第十三。虞廷命士，皋陶是作，文武成康，幾致刑措，自漢以降，訟獄日繁，哀矜勿喜，仁人之言，述刑法第十四。匹夫懷璧，罪有所歸，黄金白玉，龜貝珠璣，咸稱貨寶，多藏賈害，國以斂亡，官以賄敗，述貨寶第十五。上古結繩，書契後作，虞夏商周，孔纂其業，暴秦坑焚，漢復表章，劉向司籍，九流并興，述文學第十六。仰觀俯察，眇然一身，凡我四體，奉若天君，出是話言，榮辱所召，戒之慎之，非法不道，述身體第十七。冠加衆體，衣蔽厥身，重錦什襲，儉德罔聞，子臧鷸冠，服妖是紀，狐裘緼袍，賢者不恥，述冠服第十八。食以養生，酒以合歡，困于酒食，饑夫之愆，古者主賓，一飲百拜，佐史立監，蓋防其敗，述酒食第十九。國之四民，士農工商，其分有限，其業有常，聖又多能，學兼游藝，不有博奕，猶賢乎已，述藝術第二十。」

北大、國圖、上圖、南圖、浙圖藏。

楚騷綺語六卷

明上海縣張之象撰。明萬曆五年（一五七七）吴興凌迪知刻文林綺繡本，六册。半葉八行，行十七字，小字雙行字數同。白口，上單黑魚尾，左右雙邊。版心下左爲當葉字數，版心下右鎸刻工姓名。正文首葉版心下鎸「吴郡錢世傑寫王伯才刻」，刻工還有：顧時中、仇鵬、夏邦彦、彭天恩、顧植等。正文卷端署「雲間張之象玄超輯，吴興凌迪知穉哲訂」。書前有明萬曆四年（一五七六）凌迪知序（手寫上版）、目録。

是書摘取《楚辭》中華麗字句，以題編次，以便後人參考使用，爲《楚辭》研究資料類書。《四庫全書總目》子部類書類存目二據浙江巡撫采進本著録：「是書摘《楚辭》字句以供挦撦，已爲剽剟之學。又參差雜録於二十五賦，不復著出自何篇中，亦與黄省曾《騷苑》同一紕陋。」

凌迪知序：「余少讀楚騷，苦其聱牙。先大夫藻泉君授以大父練溪翁所藏批本，展卷間群疑稍融，而尤拳拳於綺麗之語，間嘗采而輯之。適雲間張君玄超持所摘騷語印證，余重訂之，梓布海内。」

是書《四庫存目叢書》子部第一百九十四册據遼寧大學圖書館藏明萬曆四至五年吴興凌氏桂枝館刻

文林綺繡本影印，經核，即明萬曆五年凌迪知刻本，其書前凌迪知序末落款被剜，上海師範大學圖書館藏本序文落款爲「萬曆丙子秋八月穀旦前進士司空尚書郎吴興凌迪知稚哲父撰」。

上師大、遼寧大學藏。

楚騷綺語六卷

明上海縣張之象輯。清光緒六年（一八八〇）會稽徐氏八杉齋刻巾箱本，四册。是書爲《融經館叢書》零種。半葉八行，行十七字，小字雙行字數同。白口，上單黑魚尾，左右雙邊。無界欄。版心下右鎸「八杉齋校本」字樣。正文卷端署「雲間張之象玄超輯，吴興凌迪知穉哲訂」，其中玄字闕末筆避諱。書名葉爲陶濬宣篆題書名，牌記葉鎸「光緒庚辰秋／八杉齋斠刊」。書前有凌迪知序、目録、清光緒六年八杉齋主人題識。

八杉齋主人題識：「昔人謂痛飲讀騷，便稱名士。前明吴興凌氏所梓《楚騷綺語》薰香摘艷，條貫分别，展誦一過，古人惋曲之旨，哀艷之思，概可想見。古色醉心，麗藻怡目，浣其香澤，迥爾不凡。原板字樣拓大，未便風行，縮爲袖珍，考證亥豕，詞章家見之，當亦珍爲巾箱枕秘也。」

上師大、華東師大、國圖、中科院、南圖藏。

何氏類鎔三十五卷

明華亭縣何三畏輯。明萬曆四十七年（一六一九）刻本[一]。半葉十行，行二十字。上單魚尾，四周單邊。版心上鎸「何氏類鎔」，魚尾下鎸卷次，其下右鎸當葉子目名，版心中下爲葉碼。正文卷端題「新刻何氏類鎔卷之一」，署「皇明雲間何三畏士抑父著」。書前有駱騤曾《何氏類鎔叙》（首葉版心下鎸「孫訥刻」）、胡繼升《何氏類鎔叙》（首葉版心下鎸「孫訥刻」）、陶鴻儒《何氏類鎔序》（首葉版心下鎸「孫士昌刻」）、明萬曆四十七年孫應崑《何氏類鎔引》（首葉版心下鎸「孫士英刻」）、劉之待《何氏類鎔叙》（首葉版心下鎸「孫士英刻」）、章允儒《何氏類鎔序》（孫士英刻）、陳繼儒《何氏類鎔序》（孫士英刻）、呂濬《何氏類鎔序》（孫士昌刻）、錢龍錫《何氏類鎔叙》（孫士昌刻）、汪慶百《何氏類鎔題辭》（孫士英刻）、何如召擬《何氏類鎔凡例》七則、《刊定名公姓氏》、《新刻何氏類鎔分帙》。序文多爲手書上版，每篇序文首葉版心下皆鎸刻工姓名，爲孫訥、孫士英、孫士昌等人。各卷前又有分卷目録，目録後有當卷校者姓氏。

是編取類書典故，以駢語聯絡成文。每類爲一篇，以便記誦。據書前分帙目録：第一帙有序文目録、天文、時令，第二帙地理、郡國、帝王，第三帙職官（上中下），第四帙倫常、行誼、氏族，第五帙禮儀、樂律、經史，第六帙文苑、翰墨、兵戎，第七帙政治（上下）、人事，第八帙身體（上下）、靈異，第九帙宫室、器用、藝

[一]《四庫全書存目叢書》子部第一百九十七册據中國科學院圖書館藏本影印。

術，第十帙冠服、珍寶、飲饌，第十一帙花草、樹木、果木，第十二帙禽鳥、獸畜、介蟲。總計十二帙，三十一大類，三十五卷，五百三十五則。《四庫全書總目》子部類書類存目二據兩江總督采進本著録。

何如召《何氏類鎔凡例》："一、家大人夙負書淫，亦多傳癖，蓋自投紱而還初服，愈益下帷而事縹緗，累月窺園，經旬却軌，廣咨博覽，并札齊批，會心處即付墨卿，拈手時便成儷語……采摭約逾數年，鎔冶不過匝歲……一、類鎔者，義取因事，類聚因類，陶鎔縷析，條分支流，源合一事，各爲一類……一、是編計卷三十有五，計題五百有奇。命曰内篇者，覃思則機流神運，自勒一家之言。更有外篇者，抽卷則星布棋羅，遍搜群籍之潤。規其凡十百餘卷，總其略億千萬言，非秘之以爲山岳之藏，實留之以遲棗梨之費云爾……一、是編勘讎已至再三，改正無慮數四矣，但昔人所稱校書如掃樹底之葉，旋掃旋來，亦如拂几上之塵，隨拂隨有。恐挂漏處尚多，亥豕魯魚，而清覽時竊笑金根帝虎，此則小子責也，所望名公教之。"

書前《刊定名公姓氏》，有友人李植、顧言、袁世振、王命新等四十三人，門人汪慶百、葛裳、盧承欽、張夢龍等十四人，皆列姓名、字及郡望。

各分卷目録末有當卷校者名氏，多爲何三畏家人、友人及門人等。如卷一"友人劉有容、俞汝楫，門人陳繼儒、張夢龍，男何如召校"；卷二"友人徐繼溥、張嘉遇，門人董中行、葛裳，弟何三芝校"；卷三"友人劉有綸、李凌霄，門人李繼元、張聖聽，侄何萬化校"。

中科院、上圖、南圖、浙圖、天津圖書館藏。

續文獻通考二百五十四卷

明上海縣王圻輯。明萬曆三十一年（一六〇三）曹時聘等刻本[一]。半葉十一行，行二十二字，小字雙行字數同。上單魚尾，左右雙邊。版心上鐫「續文獻通考」，魚尾下鐫卷次，版心中下爲葉碼，版心下左爲當葉字數，版心下右偶鐫刻工姓名，如孫訥刻、王成刻、顧憲、徐重、高選刻、陸本、吴云、朱祖、施壽、盧山、王善、顧杰、張湖、朱山、盧朝、徐重、何憲、王顯、陶文、顧德、黄汝、張祖、沈實、張華等。書前有明萬曆三十年（一六〇二）周家棟《續文獻通考叙》（行書）、萬曆三十一年許維新《書續文獻通考後》（隸書）、《刻續文獻通考文移》、王圻《續文獻通考引》、萬曆十四年（一五八六）王圻《續文獻通考凡例》十六則、《續文獻通考目録》。鈐印有「東方文化／事業總委／員會所藏／圖書印」（朱方）。

元馬端臨《文獻通考》三百四十八卷，記載上古至南宋寧宗時典章制度沿革。王圻因感其不及南宋嘉定以後事，故以四十年之力續成此編。全書上起南宋嘉定年間，下迄明萬曆初年。是書共分田賦、錢幣、户口、職役、征榷、市糴、土貢、國用、選舉、學校、節義、職官、郊社、宗廟、王禮、謚法、樂、兵、刑、經籍、六書、帝系、封建、道統、氏族、象緯、物異、輿地、四裔、方外，凡三十考，考下分類。其中，節義、謚法、六書、道統、氏族和方外等六考爲王圻新增。較之《文獻通考》，卷帙雖減而門類、内容加廣。《四庫全書總目》卷一三八子部類書類存目二據通行本著録：「此書雖續《文獻通考》，而體例迥殊。故《文獻通考》入故事，此

[一]《四庫全書存目叢書》子部第一百八十五至一百八十八册據中國科學院圖書館藏本影印。

則改隸類書。」

王圻《續文獻通考引》：「余之續《通考》也，蓋有感於宣聖之説禮也。夫宣聖生知，而其説二代之禮，猶以文獻不足爲歎，則文與獻皆歷朝典章所寄，可缺一也與哉！貴與氏之作《通考》，窮搜典籍，以言乎文則備矣，而上下數千年，忠臣孝子節義之流及理學名儒類皆不載，則詳于文而獻則略，後之説禮者能無杞宋之悲哉！余既輯遼金元暨國朝典故，以續其後，而又增節義、書院、氏族、六書、謚法、道統、方外諸考，以補其遺，俾往昔賢哲舉得因事以見姓名，而援古據今之士不至涬涬無稽，故總名之曰『續文獻通考』，而其詳則備志於凡例云。」

《凡例》：「馬貴與所著《通考》，絶筆於宋，然自嘉定以後，什不得一矣。胡元典故闕焉未備。余用搜輯史乘及名家文集諸書，悉依貴與目録，編次成帙，第恨藏書未廣，遺漏尚多，方有望於同志者。」

是書《續修四庫全書》史部第七百六十一至七百六十七册據以影印，著録爲明萬曆三十年松江府刻本。書前有萬曆三十一年温純《續文獻通考序》、萬曆三十年周家棟《續文獻通考叙》（行書，序末無「寉易／之章」［白方］及「己丑／進士」［朱方］二枚刻印之印，《四庫存目》本有二印）、萬曆三十一年許維新《書續文獻通考後》（隸書）、《刻續文獻通考文移》、王圻《續文獻通考引》、萬曆十四年王圻《續文獻通考凡例》十六則、《續文獻通考目録》。

温純《續文獻通考序》：「元翰故同余舉進士，又同應召。余給事禁中，元翰爲西臺御史，日相與聚談今昔典故。乃元翰則慨仲尼説禮憂杞宋無徵，由文獻不足，以不大用於世，益肆力搜羅，且四十年，遂成此考……考凡二百五十四卷。授諸剞劂者，督撫南畿曹公時聘，按吴直指前何君熊祥，今馬君從聘、趙君之翰、周君家棟，而監督經營，則知郡事許君維新也。元翰名圻，嘉靖乙丑進士。」

中科院、國圖、北大、上圖、南圖藏。

三才圖會一百六卷

明上海縣王圻、王思義編。明萬曆三十七年（一六〇九）刻本，八十册。半葉九行，行二十二字，小字雙行字數同。無魚尾，四周單邊。版心上鎸書名卷次，魚尾下鎸當葉部類名。書前有明萬曆三十七年周孔教《三才圖會序》、顧秉謙《三才圖會序》、陳繼儒《三才圖會序》、凡例十則、總目。天文、地理、人物類正文卷端署「雲間元翰父王圻纂集，男思義校正」，時令類及以下各類正文卷端均署「雲間允明父王思義續集」。鈐印有「廣東肇陽/羅道關防」（朱大長滿漢文）、「漢鹿/齋藏/書印」（朱方）等。

是書以「經天緯地治人」爲宗旨，彙集諸書圖譜，分類纂録。凡天文四卷，地理十六卷，人物十四卷，時令四卷，宫室四卷，器用十二卷，身體七卷，衣服三卷，人事十卷，儀制六卷，珍寶二卷，文史四卷，鳥獸六卷，草木十二卷，共計十四類一百零六卷。各卷前有當卷細目。天文、地理、人物三類前各有小序，依次爲李庭對《天文圖序》、唐國士《地理圖序》、何爾復《人物圖序》，其後各類無小序。《四庫全書總目》子部類書類存目二據浙江巡撫采進本著録。

周孔教序：「雲間侍御王公嗜學好古，沉酣仰屋之業。仲子思義能讀父書，既數應鄉舉不利，遂謝去帖括，以著述世其家。嘗廣搜博采，輯所謂《三才圖會》。上自天文，下至地理，中及人物，精而禮樂經史，粗而宮室舟車，幻而神仙鬼怪，遠而卉服鳥章，重而珍奇玩好，細而飛潛動植，悉假虎頭之手，效神奸之象，卷帙盈百，號爲圖海。方今人事梨棗，富可汗牛而未有如此書之創見者也。」

陳繼儒序：「學憲洪洲王公與其仲子太學君思義博討群書，纂《三才圖會》，以問序陳子。陳子曰：甚哉！王公父子之嗜學也。古之學者，左有圖右有書，圖者書之精神也。自龜龍見而河洛興，河洛興而蒼頡造書，史皇制畫，圖與書相附而行。周官教國子字學，首曰象形，形不能盡，而後諧聲、會意、指事、轉注、假借之法助之。書者所以濟圖之窮，圖譜絶而三才之理無所考，雖有書，與矇瞽等耳。是故圖鐘鼎而燭神奸，圖旂章而昭軌物……余嘗疑史書或無是事，及觀此圖，乃知王公去古人未遠。且喜王氏之有歆向父子也，故不辭而爲之序。」

王圻《三才圖會引》：「嘗讀韓琴臺書，有云『圖畫所以成造化，助人倫，窮萬變，測幽微』，蓋甚哉，圖之不可以已也。自蟲魚鳥獸之篆興，而圖幾絀；暨經生學士爭衡于射策、帖括之間，而圖大絀。嗟乎，鑄鼎象物尚知神奸，况圖固洩天地之秘者哉！余少年從事鉛槧，即艷慕圖史之學，凡璣衡、地域、人物諸象繪靡不兼收。而季兒思義頗亦棲心往牒，廣加搜輯，圖益大備。友人李聞斯、何振之皆博雅君子也，相與校讎成帙，交口請梓，而余因引其端。夫玄黄初剖，未有文字，先有圖書。今書可汗牛，而圖不堪飽蠹，即欲測微窮變，其道何繇？語云：六合之外，聖人存而不論。此皆六合内事，而可置弗講哉！是編也，圖繪以勒之于先，論説以綴之于後，圖與書相爲印證，陳之棐几，如管中窺豹，雖略見一斑，於學士不無小補矣。若曰揮纖毫而萬類由心，展方寸而千里在掌，余殆未敢以爲然。」

是編《凡例》十條：一，天文止載三垣二十八宿及分野，其餘小星俱不盡圖……一，地理如溝渠井田，雖人習睹，然濬畝改水，其道甚宏，故亦畢圖……六，人物有圖有説，第世遠人湮，未易盡圖，而一時名碩又不可裨其牢落，故稍稍人爲一説，庶獻雖不足，文猶可徵云爾……一，是編以圖會爲書，凡時令、宫室、身體、衣服、禮樂、文史、人事，與夫器用、草木、鳥獸、昆蟲之類，俱各有圖。第卷帙浩煩，未易卒舉，尚俟續梓。

《續修四庫全書》子部第一千二百三十二至一千二百三十六册據上海圖書館藏本影印，書前説明稱「據上海圖書館藏明萬曆三十五年刻本影印」，上海圖書館收藏有多部，電子檢索系統皆著録爲「明萬曆三十七年」，應爲明萬曆三十七年。本條據掃描光盤著録，索書號爲綫善 T58135－214。《續修四庫全書》影印者并非光盤掃描者，或爲另一部。陳繼儒序後還有萬曆三十五年（一六〇七）王圻《三才圖會引》。是書中國國家圖書館藏一部，著録爲「明萬曆三十七年刻本」，《四庫全書存目叢書》子部第一百九十至一百九十二册據以影印。經比勘，國圖藏本與上圖藏兩部爲同版印刷，斷板處亦相同，則印刷時間亦相近。國圖藏本陳繼儒序後還有萬曆三十五年熊劍化序，無王圻引。三書餘皆同。

又按：是書又有明萬曆三十七年刻王爾賓重修本，中科院、上圖、復旦及美國柏克萊加州大學東亞圖書館等地均有收藏；明萬曆三十七年刻清黄晟重修本，美國柏克萊加州大學東亞圖書館藏有殘本。據《柏克萊加州大學東亞圖書館中文古籍善本書志》，其第四六〇條及四六一條分别著録二書，辨明王爾賓重修本多次將初印本中卷端題署「雲間元翰王圻纂集（編集，編輯），男思義校正」之「男思義校正」，剜改爲「曾孫爾賓重較」，「雲間允明父王思義續集」剜改爲「雲間于門父王爾賓補集」，知爲爾賓修版重印。

黄晟重修本僅存「鳥獸」卷一至四，卷端葉係重刻，題「雲間允明父王思義續集，潭濱黄晟東曙氏重校」，知書版自王爾賓重印之後，清初又轉入黄晟之手。

上圖、北大、國家博物館、南圖、南大藏。

事類異名六卷

明華亭縣許樂善輯。清乾隆三十二年（一七六七）雲間許有文刻本，一册。半葉十行，行二十五字，小字雙行字數同。白口，上單魚尾，左右雙邊。正文卷端署「雲間許樂善修之輯，七世孫有文、紀源、坤源重鐫」。書前有清乾隆三十二年王寳序、明萬曆三十七年（一六〇九）許氏自序、清順治九年（一六五二）樂善孫許遠度跋、目録。

許樂善字修之，號惺初，明松江府華亭縣人。隆慶五年（一五七一）進士，任郟縣令。入爲御史，掌河南道，典甲辰大計。晋南京光禄卿，改南通政使。其歷官也，郟人之户祝者築城蘇役，去條鞭之害，蠲酒賦之苦，出粟貸民，步禱應澍，後人歌之。在畿南日，劾奏棗强令不法事，不以門地稍假。他若論礦税、論時政、論弭灾等，皆切中時。所著有《適志齋稿》，輯有《事類異名》《修齋要覽》《尊生要旨》等。卒年八十，賜祭葬，祀鄉賢。傳見崇禎《松江府志》卷四十《賢達五》、乾隆《江南通志》卷一四一《人物志·宦績》、乾隆《婁縣志》卷二十三《人物》、嘉慶《松江府志》卷五十四《古今人傳六》、光緒《重修華亭縣志》卷十五《人物》。

是書輯録類書事物中之有異名（别名）者成編。如稱相府爲黄閣、黄扉、槐堂、内閣、政府、公府、臺階。又如稱太子車爲銅輦、鶴駕。凡九部，卷一天文部（象緯、干支、節序、歲時）、地理部（土石、山川），卷二地理部（郡邑），卷三人物部（君臣、親戚、藝術、公事、交際、稱頌）、人事部（形神），卷四人事部（性情、言動、誕壽、疾病、喪葬、財利、形獄、文學、神祀、劇戲）、宫室部（宫院、公署、室宇、險要）、器用部（文事、武備、樂器、名器），卷五器用部（車舟、器皿、珍寶、冠服、食飲）、動植部（鳥獸、魚蟲），卷六動植部（穀菜、花果、草木、藥品）、通用部（事爲、引喻）。

王寶序：「前明銀臺許□著述宏富，後頗散軼，曾孫□公先生漸次搜輯，至儼□親家遂奮然表章先業，重付剞劂以壽世，獨《事類異名》一書，□是公所自爲序言，而全書惜未之獲觀也。歲丙戌，余弟雲參購得之，以授公七世孫華封兄昆仲，共加校勘，公生平著述，頓還舊觀。」

許樂善自序：「今之學者摛文談藝，作賦裁詩，曷嘗不事類是資乎？務新炫奇，鈎玄競藻，又曷嘗不異名是尚乎？粤稽往牒，若《玉海》、《説郛》、《初學記》、《藝文類聚》、杜氏《通典》、《白孔六帖》、《合璧事類》諸編，旁搜博采，雖事已備於類之中，而連篇累牘，不勝浩瀚，未暇專摘其名也。《事類賦》《事物紀原》《楊氏六帖》諸編，比類裒詞，雖名已寓於事之内，而拾此遺彼，不無挂漏，未見博極其類也。居恒念欲輯類書事物中之有别名者，萃爲一帙，以便几案間查閲，顧冗且病闕焉，未副校讎之願。邇歲間，曹政簡，每於退食之暇，取群籍互對并核，日筆月削，散見書史者收之，怪誕不經者删之，或名逾十數而各有攸當者存之，或其名未著而有可考證者補之，羅萬卷於一函，總千言於隻字，微詞洎顯義兼録，故實與時制錯陳，類别門分，既涇渭之朗辨，綱標目列，復星河之燦明，庶幾哉足充褒珍而代腹笥矣。輯成命曰《事類異名》，用付剞劂，以公同好。」

許遠度跋：「類書多矣，繁則餖積，略則挂漏，要惟芟夷蕪僻，鳩孱粹精，約而能該，斯焉貴也。先大父家居之暇，手不輟卷，所著有《適志齋集》《恤宗録》諸書，俱經授棗。又究心徵古，每采其一事而異名者，編次成帙，以爲學者指南。」

上師大、上圖、日本東京大學藏。

文奇豹斑十二卷

明華亭縣陳繼儒輯著。明天啓五年（一六二五）書林劉懷川刻本，八册。半葉九行，行二十一字，小字雙行字數同。上單魚尾，四周單邊。版心上鐫「文奇豹斑」，魚尾下鐫卷次。版心下偶鐫刻工名、出版者及當葉字數，如各卷分卷目録首葉版心下右鐫「申申閣藏板」，卷三正文首葉版心下鐫「沈及之寫并刻」。正文卷端題「文奇豹斑」，署「雲間陳繼儒眉公輯著，陸應陽伯生訂定」。書前牌記、陳繼儒《文奇豹斑序》（行書）、秦一鵬《文奇豹斑題辭》（行楷）、校刻姓氏、《文奇豹斑目録》。各卷前又有分卷細目。書前牌記鐫「陳眉公新編／文奇豹斑／眉公陳先生貫綜深博，文詞精粹，周巡綿嶠，常聚盈尺之珍，楚望長瀾，獨搜徑寸之寶，譬彼器異陶匏，總可娱耳。亦猶文殊黼黻，并堪悦目。洵詞場之鼓吹，而來隽之津梁也。兹集先生久閟帳中，劉氏懇公海内，爰付剞劂。如有翻板，千里必治。乙丑孟夏劉懷川謹白。」

是書卷一天文，卷二地理，卷三人物，卷四至卷六文史，卷七花木，卷八鳥獸，卷九器用，卷十人事，卷十一釋教，卷十二字學。各卷下又分若干子目。每卷前有分卷細目。

是書校刻姓氏，列董思白其昌、徐子先光啓、錢機山龍錫、陳滬海所藴等四十人，其後有「原校，沈思永諱裕甫，男楨玄成甫，孫沈起寅。是刻係書林劉懷川親詣求，諸名公校閲，隨有蕉葉書嗣刻。申申閣識」。

秦一鵬《文奇豹斑題辭》：「世間山水之趣，不搜不奇，而古來能遍閲名山大川，噴而成文者，惟太史公一人。晚近士習，往往托興一枰，寄情杯酒，豈其目眩花山之壁者耶？愧矣！余從事筆翰，久困名場，誓不敢與海内奇隽頡頏上下，惟息影雞窗而已。適賈人以《豹斑》求請，余謝曰：『天孫未睹，安知異錦？』聊爲勁披，光怪萬狀。展卷擊歎，似不從人間來。此非藐姑射之仙，誰能排列一字？眉公文章名宿，宇内異書，一經其手，便不屬黄髮外道。讀是編者，當大開眼界，無蹈不識字之誚。」

上圖、首都圖書館、河南省圖書館、重慶市圖書館藏。

小説家類

東園客談一卷

明華亭縣孫道易撰。明抄説集本〔一〕。半葉十一行，行二十四字，小字雙行字數同。白口，上單黑魚尾，

〔一〕《續修四庫全書》子部第一千一百六十六册據中國科學院圖書館藏本影印。

四周雙邊。正文卷端題書名，無落款。書末有明成化十二年（一四七六）孫道易題識、明景泰間〔一〕金齋跋、明嘉靖三年（一五二四）南園老人張□（按：原闕）跋。全書有校改文字，如第二葉右半葉第四行第三字圈出，改爲「於」字；同葉第八行第二字原爲「誤」字，圈出改爲「悟」字。又如第五葉右半葉第一行「朝京送」三字下，補入「之」字。又如第十二葉左半葉第九行「久去鄉」與第十行「及孫中書」句原析爲兩行，修改合併爲一行。

孫道易（一三八九—一四七六後）字景周，一名道明，字明叔，號停雲子，又號清隱處士。明初松江府華亭縣人，居泗涇（今上海市松江區）。與陶宗儀善。博學好古，藏書萬卷，遇秘本則手自抄録。嘗築映雪齋，自號映雪老人，延接四方名士，以校閲藏書爲樂。入明，業屠。傳見正德《松江府志》卷三十一《人物九·游寓》、嘉慶《松江府志》卷五十《古今人傳二》。

是書録名人嘉言懿行及元明間聞見諸事。以據當時友朋所言輯之，故曰「客談」。於每條下各標其名，凡錢惟善、全思誠、陶宗儀、趙宣晋、夏文彦、夏頤、朱武、郭亭、邵焕、孫中晋、孫元鑄、黄琦、費圜用、楊孫、李升、曾樸、道易，共十七人。多爲元之遺民，其中不乏名士雋秀，而正史往往闕載。

孫道易題識：「大明成化十二年歲次乙未九月甲午朔日，寓于華亭藏行平溪草舍，共五十帙，以備觀

〔一〕原文署「景泰戊子歲仲夏望後三日」，按明景泰年號自庚午至丙子凡七年，無戊子歲，景泰丙子即景泰七年（一四五六），戊子當爲「丙子」之誤。

覽。映雪老人孫道易識，時年八十有三。」按：據孫氏題識，知成化十二年（一四七六）書成時，其年八十三，則當生於明洪武二十二年（一三八九），而卒於成化十二年（一四七六）之後。

金霽跋：「右《客談》三十一條，雲間映雪孫先生所輯。近代臣子之忠孝、師友之恩義、婦人女子之風節、名公碩彦之言行可法可徵者，舊凡五十帙，惜乎散逸不全，今幸存止此，嗚呼！士於學問之餘，取而覽焉，非惟可以資言論，廣見聞，誠足以起好善惡惡之心，而堅其操行，至或臨利害必有守而弗苟爲也，觀映雪之心，豈直以備清談云。」

《四庫全書總目》卷一四三子部小説家類存目一據浙江范懋柱家天一閣藏本著録：「後有景泰丙子金霽跋，稱舊凡五十帙，散佚不全，幸存止此，則已非完本矣。」《四庫全書總目》同卷録《東園友聞》一卷：「不著撰人名氏，載曹溶《學海類編》中。所録皆宋元間事。核檢其文，即剽剟孫道易《東園客談》，改題此名也。」

中科院藏。

太師比干録三卷

明華亭縣曹安編。明天順六年（一四六二）盧信刻本，三册。無界欄。半葉十一行，行二十字。細黑口，上單魚尾，四周單邊。魚尾下鎸「比干録」及卷次。正文卷端題「太師比干録」，署「華亭曹安以寧編集，吴興沈浩存衷校正，金陵王琮廷器批點，永年盧信廷瑞刊行」。書前有天順六年錢溥《太師比干録序》

（手書上版）、同年薛遠《太師比干録序》、殷比干墓圖、墓碑、銅盤銘，銘後有天順五年（一四六一）曹安題識、凡例七則、總目。書末有天順六年王琮《太師比干録後序》。鈐印有「𨻶嘉／館印」（朱方）、「丁日昌／字静持／號禹笙」（白方）、「木犀軒／藏書」（朱方）、「費氏／家藏」（白方）、「讀／聖賢／書」（朱方）、「臣費／鼎／之印」（白方）、「村中／惟吾／爲尊」（白方）等。首册封面有李盛鐸墨筆題字：「《太師比干録》三卷三册，明曹安編，明天順刊本，乙丑夏日得於燕市，盛鐸記。」並鈐「李印／盛鐸」（白方）。

是書凡三卷，上卷所載《書傳大全》《春秋集傳大全》《禮記集説》等二十八種著述所載比干事，並國朝五倫書，又微子附録（《詩傳》《春秋集傳》《通鑑節要》等）、箕子附録（《周易傳義大全》《周書》《麥秀歌》等）；中卷所載元魏弔文、碑陰記、唐詔祭文等祭文碑文；下卷所載古人詩（《擊壤集》邵子五言古詩、《梅溪集》王十朋七言絶句）和明朝各體詩，旁證一卷四十條。

薛遠《太師比干録序》：「華亭曹君安，好古勵行之士，適貳教衛庠，拜瞻祠墓，慨然有志彰明前代之盛事。爰采經史子傳諸書，凡有涉于比干及引喻關乎風教者，率録之，并入歷代吊封碑記諸文，舛者正之，疑者闕之，又繼以古今題詠，類萃成帙。因唐贈太師，遂名曰『太師比干録』。及附録微、箕之事，以見吾夫子稱三仁之意，其用心亦勤矣……予適有事于衛，而汲之知縣盧君信特出是録，且言欲捐己俸而壽諸梓。」

王琮《太師比干録後序》：「《太師比干録》者，華亭曹先生以寧之所輯也。先生因拜太師墓下，見其斷碑殘礎，蝕蒼蘚而埋黄壤……乃封章奏請建立廟像，繼輯是編，手寫藏諸笥中。郡守劉侯與同寅諸公欲成其美，適進士盧君來知汲縣，見而韙之，即命工鋟梓，以永其傳。凡四閱月而告完……余也間辱檢點，遂不辭無似而書此于篇末云。」

北大藏。

殷太師忠烈録十卷

明華亭縣曹安撰，上黨暴孟奇重訂。明萬曆六年（一五七八）刻十五年（一五八七）增刻本，四册。半葉十行，行二十字，小字雙行字數同。上單魚尾，四周雙邊。版心上鐫「殷太師忠烈録」，魚尾下鐫卷次，版心下鐫刻工姓名，如裴、崔、真、王召、吴、沈、王真、萬得福刊等。正文卷端題「殷太師忠烈録」及卷次，署「華亭曹安以寧編集，上黨暴孟奇純甫重編，廣陵李應陽稚玄校訂」。書前有明萬曆四年（一五七六）李蓑《殷太師忠烈録序》、萬曆五年（一五七七）暴孟奇《殷太師忠烈録序》、天順六年（一四六二）錢溥《太師比干録序》、同年薛遠《太師比干録序》、天順七年（一四六三）董廷珪《太師比干録序》、凡例七則、新定凡例十一則、目録（後有殷比干墓圖）、古録銅盤銘附萬曆六年暴孟奇題識、汝貼銅盤銘、萬曆十五年周思宸撰并摹石《殷太師比干墓銅盤銘辯》；書末有天順六年王琮《太師比干録後序》、萬曆五年李應陽《書殷太師忠烈録後》。

是書暴孟奇將三卷本之附録皆納入正文，將三卷擴爲十卷，在原凡例七則基礎上，新定凡例十一則。據書前目録，卷一至卷三本事，卷四議論，卷五本事，卷六贊、辭、賦、詩，卷七詩，卷八微子附録、别録詩備覽，卷九箕子附録，卷十旁證。新定凡例第十一則云「旁證仍舊載諸簡末，用存曹氏輯録雅意」。

暴孟奇《殷太師忠烈録序》：「衛輝郡城之西北十五里，蓋有殷太師比干之墓祠云……天順間，華亭曹安分教衛庠，嘗裒集爲《殷太師比干録》，并附微箕旁證。入梓日久，板多殘缺。余守郡之初，首詣肅謁，訪獲原本讀之，深嘉其能闡揚太師靖獻忠烈。丕懿於二千餘載之上……但其間采摭尚佚，編次甚少倫，名例欠確，所宜增定及嗣後諸作，亦不可不續爲收録。用是輒於公暇博搜群書，勾輯新得，通曹前録，薈稡爲一，彙增類分，遺者補之，繁者節之，譌者正之，紊者叙之，雅則者存之，淺俚者删之，或意雋而辭弗工，或格劣而語可取，或人品素高，篇章非其所長，或釋侶閹宦，游訪行悼，克知慕嚮者，亦漫爲别録，不盡弃也。其微箕附録，并加增定，與旁證載諸末簡，示不混於正録，以便觀者又不欲直斥先賢之名，因取唐所封謚，易其題曰『殷太師忠烈録』，共十卷，刻諸郡齋之菉猗亭。」

李應陽《書殷太師忠烈録後》：「《殷太師忠烈録》者，衛守暴公取前汲縣諭曹以寧安所集『殷太師比干録』而重爲增定者也。録成將授梓，公適過懷陽謁諸署邸，因屬以校訂，乃間考數事，與……補入之。」落款署「萬曆五年丁丑春三月懷慶府儒學教授廣陵李應陽識，本府同知李恩寵、通判李濮、推官張祺同刊」。

華東師大、國圖、故宫、屯留縣圖書館。

何氏語林三十卷

明華亭縣何良俊撰。明嘉靖二十九年（一五五〇）華亭柘湖何氏清森閣刻本，六册。半葉十行，行二十字，小字雙行字數同。白口，雙對魚尾，左右雙邊。版心下右鎸刻工姓名，如章意、姚、后、張仲、顧、沈、楊仁、楊淳、朱、陸宗華、承、厚、儀、瑞等。正文卷端署「華亭何良俊元朗撰并注」。書前有文徵明序（手書上板）、目録。書根處題書名。鈐印有「吉賢/道人」（朱方）。

是書仿《世説新語》而作，雜采宋齊以後事續之。據書前目録，卷一至卷三德行，卷四至卷五言語，卷六政事，卷七至卷九文學，卷十至卷十一言志，卷十二至卷十三方正，卷十四雅量，卷十五識鑒，卷十六至卷十七賞譽，卷十八品藻，卷十九箴規，卷二十棲逸，卷二十一捷司、博識、豪爽，卷二十二夙惠、賢媛、容止，卷二十三自新、術解、巧藝，卷二十四企羡、寵禮、傷逝，卷二十五任誕，卷二十六簡傲，卷二十七排調，卷二十八輕詆，卷二十九假譎、黜免、儉嗇、侈汰、忿狷，讒險，卷三十尤悔、紕漏、惑溺、仇隙。目録末有「共三十八篇，總計二千七百八十六事」字樣。《四庫全書總目》子部小説家類二據安徽巡撫采進本著録。

上圖、國圖、復旦、南圖、中科院藏。

何氏語林三十卷

明華亭縣何良俊撰，茅坤評。明天啓四年（一六二四）刻本，八册。無界欄。半葉九行，行十九字，無小字。無魚尾，四周單邊。版心上右鎸「何氏語林」，版心中鎸卷次（卷一），版心下鎸葉碼。正文卷端題「何氏語林卷之一」，署「華亭何良俊元朗撰，歸安茅坤順甫評」。書内有刻印之句讀圈點，天頭處有評注，半葉十八行，行五字。書前有明天啓四年文震孟序（闕首葉）（行書）、天啓三年（一六二三）吴振纓《刻鹿門先生評何氏語林序》（行書）、嘉靖三十年（一五五一）文徵明《何氏語林序》（行書）、《何氏語林目録》（目録末有「共三十八篇，總計二千七百八十六事」字樣）。

是書序文皆模糊不可辨。目録同嘉靖二十九年（一五五〇）何氏清森閣本。

南圖、吉林省圖書館、中科院、臨海市博物館藏。

世説新語補四卷

明華亭縣何良俊撰。明萬曆張懋辰刻本[一]。半葉九行，行十九字，小字雙行字數同。上單白魚尾，四周單邊。版心上鎸「世説新語補」。正文卷端署「何良俊撰補，王世貞删定，張懋辰考訂」。書前有明嘉靖三十五年（一五五六）王世貞《世説新語補舊序》、王世懋《世説新語補跋》、《世説新語補名字異稱》、目録。

是書目録，卷一德行、言語、政事、文學，卷二方正、雅量、識鑒、賞譽、品藻、規箴，卷三捷悟、夙惠、豪爽、容止、自新、企羡、傷逝、棲逸、賢媛、術解、巧藝、寵禮，卷四任誕、簡傲、排調、輕詆、假譎、黜免、儉嗇、汰侈、忿狷、讒險、尤悔、紕漏、惑溺、仇隟。《四庫全書總目》子部小説家類存目一據江西巡撫采進本著録。

《世説新語補名字異稱》，自「孫策字伯符，亦稱討逆」起，至「杜衍字世昌，亦稱祁公」止，共計八

[一]《四庫全書存目叢書》子部第二百四十二册據遼寧大學圖書館藏本影印。

十人。

王世貞序：「余治燕趙郡國獄，小閑無事，探橐中所藏，則二書（按：《世説新語》與《何氏語林》）在焉。因稍爲删定，合而見其類。蓋《世説》之所志不過十之二，而何氏之所采不過十之三耳。」

王世懋補跋：「家兄元美嘗并《何氏語林》删其無當，合爲一編，久乃散落。友人張仲立得而嗜之，次第修注，而更爲訂何氏之乖迕，與益其注之未備，鉛槧經年，殺青滿室。會予將之閩中，手以相示，且請序作者之意。予豫章後重校善本，不吝授之。蓋臨川、孝標功緒略當，元朗羽翼意亦勤矣。」

遼寧大學、天津圖書館、中科院藏。

世説新語補四卷

明華亭縣何良俊撰補，王世貞删定，張文柱校注，凌濛初考訂。明凌濛初刻本，五册。分上下二欄，上欄較窄，爲注文，半葉約二十行，行八字；下欄爲正文，半葉九行，行二十字，小字雙行字數同。上單魚尾，左右雙邊。版心上鎸「世説新語補」，魚尾下爲卷次（卷之一），卷次下右爲當葉子目名，版心中下部爲葉碼。正文卷端題「世説新語補卷之一」，各卷首葉書名下皆有小字「鼓吹一」，署「明何良俊撰補，王世貞删定，張文柱校注，凌濛初考訂」。書前有嘉靖三十五年（一五五六）王世貞《世説新語補舊序》、王世懋《世説新語補跋》、王泰亨跋、《何氏語林舊序》（文徵明，陸師道）、《世説新語補凡例十則》（下有小字：照原本録）、《何元朗發題》（下有小字：見何氏語林）、《世説補人物》［帝王、名字（漢、三國、南北六朝、唐、五代、宋、元、方外、婦人）」、《世説新語補目録》。全書有朱、墨二色句讀圈點，天頭處偶有朱墨二色批注。鈐印有「鏡/侯氏」（朱方）、「徐炯/之印」（白方）、「秀州顧氏樊桐/山房藏書之印」（朱長）等。按：是書刻印俱精，與《世説新語注》四卷合一部，二者行款全同，皆爲凌濛初刻本。其中《世説新語注》七册，是書五册，合十二册。

是書目録，卷一德行、言語、政事、文學，卷二方正、雅量、識鑒、賞譽、品藻、規箴，卷三捷悟、夙惠、豪爽、容止、自新、企羡、傷逝、棲逸、賢媛、術解、巧藝、寵禮，卷四任誕、簡傲、排調、輕詆、假譎、黜免、儉嗇、汰侈、忿狷、讒險、尤悔、紕漏、惑溺、仇隙。

《世説新語補凡例十則》：「一，是書選次，悉從瑯琊原本，第瑯琊公止録正文，而注未及也，今以次補入； 一，原本惟録正文，故已見《世説》注中，而《語林》複載者什不下二三，并以入選，失檢矣，今删之；原刻存補正文，删去原注，是刻存原注删去補正文。 一，劉氏原注，可稱詳備。何氏致多訛闕，想出一人之手，獨智難周耳，今特讎校，遺者補之，訛者正之； 一，劉氏注，往往爲義慶補亡，是以顓古者并重焉。若《語林》多有事本相屬，分爲二科者，如劉巴詆張飛、崔慰祖稱劉孝標、眭夸傷崔浩之類，意將示博，味乃索然，今并合之； 一，編中諸人，家世履歷及諸事實以次隨注，其已見者不注，有未見而詳於後卷者，舊例書别見從之，有未詳者姑闕以俟； 一，凡魏晋六朝偏安之主，姓字履歷略具注中，漢唐宋帝王昭著耳目，則略焉，俱仿《世説》舊例也； 一，諸人有前稱名字，後稱官者，或一人三四稱者，觀者以次詳視可得矣，直恐乍檢無緒，摘其尤者，别爲釋名，附之卷末；是刻删去釋名，别作《世説人物》一卷，補中人物，又別拈出。一，《世説》豫章本圈釋句讀，特便觀者，《語林》則亦依補，其中雋語，別爲圈點，幾於溷矣，且《語林》所無，故不復存，摘奇咀華，各俟乎人；一，宋劉辰翁校刻《世説》，注稍同異，批評多作隱語，今王學憲亦多發明，并采之標於上方；劉王評語列原《世説》上方，補原無評。一，是編校勘，亦既同志，窮三餘之晷矣，自揆疏陋，慮有遺失，學士見者，不妨是正。」

《何元朗發題》，即對德行、言語、政事、文學、方正、雅量、識鑒、賞譽、品藻、箴規、棲逸、捷悟、豪爽、夙惠、賢媛、容止、自新、術解、巧藝、企羨、仇隙等所作解題。

王泰亨跋：「嘉靖中，華亭何元朗氏雅以博洽著稱，其所輯《語林》，上溯漢魏，下逮勝國，正史之外，益以稗官小説，撮其佳事佳話，分門比類，以擬於臨川之《世説》……友人張仲立、秦汝約數相慰存，見而賞焉。將分校刻之，余病弗果，於是校注之任專之仲立，讎對則汝約預有勞焉。」

南圖、上圖、北大、社科院文學所、天津師範大學藏。

世説新語補四卷

明華亭縣何良俊撰補，王世貞删定，張文柱校注，凌濛初考訂。清康熙間刻本，二册。是書分上下二欄，上欄較窄，爲注文，半葉約二十行，行八字；下欄爲正文，半葉九行，行二十字，小字雙行字數同。上單魚尾，左右雙邊。版心上鎸「世説新語補」，魚尾下爲卷次（卷之一），卷次下右爲當葉子目名，版心中下部爲葉碼。正文卷端題「世説新語補卷之一」，各卷首葉書名下皆有小字「鼓吹一」，署

「何良俊撰補，王世貞删定，張文柱校注，凌濛初考訂」。書前有康熙十五年（一六七六）章綋序（闕首葉右半葉）、《世説新語補目録》、《世説新語目録》。鈐印有「江蘇省立/第一圖書/館藏書」（朱方）。

《世説新語補目録》：卷一德行、言語、政事、文學，卷二方正、雅量、識鑒、賞譽、品藻、規箴，卷三捷悟、夙惠、豪爽、容止、自新、企羡、傷逝、棲逸、賢媛、術解、巧藝、寵禮，卷四任誕、簡傲、排調、輕詆、假譎、黜免、儉嗇、汰侈、忿狷、讒險、尤悔、紕漏、惑溺、仇隙。

《世説新語目録》：卷上之上德行、言語，卷上之下政事、文學；卷中之上方正、雅量、識鑒，卷中之下賞譽、品藻、規箴、捷悟、夙惠、豪爽；卷下之上容止、自新、企羡、傷逝、棲逸、賢媛、術解、巧藝、寵禮、任誕、簡傲，卷下之下排調、輕詆、假譎、黜免、儉嗇、汰侈、忿狷、讒險、尤悔、紕漏、惑溺、仇隙。

章綋序：「雲間何元朗仿其意，作《語林》，甚爲當時所稱。但其詞錯出，王弇州、麟洲又取而删定之，曰『世説新語補』。幾百年來家絃户誦，梨棗不啻數十易，而字句訛舛益甚。惟吴興凌初成原刻，悉遵古本，分爲六卷，附以弇州所訂，自爲一帙，名曰『鼓吹』。吴門吕貞九先生考核精確，真有功於初成者。余所見善本，斷推此爲第一。」

麒按：經比勘，是書爲凌濛初刻四卷本之翻刻本。

南圖藏。

世説新語補二十卷附釋名一卷

劉宋劉義慶撰，梁劉孝標注，宋劉辰翁批，明松江府華亭縣何良俊增，王世貞删定，王世懋批釋，張文柱校注。明萬曆十三年（一五八五）張文柱刻本，八册。半葉九行，行十八字，小字雙行字數同。上單白魚尾，左右雙邊。版心上鎸「世説補」。天頭處刻注文，半葉十八行，行七字。正文首葉版心下有「崑山唐周刻」字樣。正文卷端署「宋劉義慶撰，梁劉孝標注，宋劉辰翁批，明何良俊增，王世貞删定，王世懋批釋，張文柱校注」。書前有明萬曆八年（一五八〇）王世懋《世説新語序》，序末有明萬曆十三年（一五八五）王世懋補序，小字雙行；嘉靖三十五年（一五五六）王世貞《世説新語補序》，劉應登、袁褧舊序二篇，舊題一首舊跋二首，《何氏語林》文徵明、陸師道舊序二首，《世説新語補》凡例十則，目録。書末附釋名一卷，又抄補王泰亨《題世説新語補後》。書内有刻印之句讀。

是書目録，卷一德行上，卷二德行下，言語上，卷三言語中，卷四言語下，政事，文學上，卷五文學中，卷六文學下，方正上，卷七方正下，雅量上，卷八雅量下，識鑒，卷九賞譽上，卷十賞譽下，品藻上，卷十一品藻下，規箴上，卷十二規箴下，捷悟，夙惠，卷十三豪爽，容止，自新，企羨，卷十四傷逝，棲逸，卷十五賢媛，術解，卷十六巧藝，寵禮，任誕上，卷十七任誕下，簡傲，排調上，卷十八排調下，輕詆上，卷十九輕詆下，假譎，黜免，儉嗇，汰侈，忿狷，讒險；卷二十尤悔，紕漏，惑溺，仇隙。

是書上海圖書館藏一部，十册。書前有嘉靖三十五年王世貞《世説新語補序》，萬曆八年王世懋《世説新語序》，序末有明萬曆十三年王世懋再題識，小字雙行，《世説新語舊序二首》［劉應登、嘉靖十四年（一一五三五）袁褧」，《世説舊題一首舊跋二首》［高氏緯略、紹興八年（一一三八）董弅、淳熙十五年（一一八八）陸游」，《何氏語林舊序二首》［明嘉靖三十年（一五五一）文徵明、陸師道」，《世説新語補凡例十則》，《世説新語補目録》。正文首葉版心下右有「崑山唐周刻」字樣。正文末附釋名一卷，八葉，至支遁兩行止。無抄補王泰亨《題世説新語補後》。書根處墨筆題册次及「世説新語補」字樣。書品寬大。鈐印有「自怡軒／收藏印」（朱長）、「嘉興／錢伯英／别號辛禪／捐贈」（朱長）等。

《世説新語補》二十卷本，書末所附《釋名》，與四卷本所附《世説新語補名字異稱》不盡相同。四卷本之《名字異稱》凡八十人，而二十卷本之《釋名》，自「郭泰字林宗，亦稱有道」至「支遁字道林，亦稱林公，亦稱支公，亦稱支法師，亦稱林道人，亦稱林法師」止，共一百三十一人。四卷本之《名字異稱》只有王儉、謝鯤、劉孝綽、袁粲、諸淵、陶弘景、黄庭堅等七人有兩個異稱，如「王儉字仲寶，亦稱僕射，亦稱文憲」，其餘人皆只有一個異稱。二十卷本之《釋名》，只有六十四人爲一個異稱，其餘皆有兩個以上異稱，多者如支遁，異稱有五個。天頭處無「補」字。

上師大、上圖、國圖、復旦、天津圖書館藏。

世説新語補二十卷附釋名一卷

劉宋劉義慶撰，梁劉孝標注，宋劉辰翁批，明松江府華亭縣何良俊增，王世貞删定，王世懋批釋，張文柱校注，王湛校訂。明萬曆十四年（一五八六）閩中重刻本，十二册。版式行款皆模仿明萬曆十三年（一五八五）張文柱刻本。半葉九行，行十八字，小字雙行字數同。上單白魚尾，左右雙邊。版心上鎸「世説補」。天頭處刻注文，半葉十八行，行七字。唯正文首葉版心下無「崑山唐周刻」字樣。正文卷端署「宋劉義慶撰，梁劉孝標注，宋劉辰翁批，明何良俊增、王世貞删定、王世懋批釋、張文柱校注、王湛彭燧校訂」。書前有明萬曆十四年（一五八六）陳文燭序，萬曆八年（一五八〇）王世懋序，董弇、袁褧舊序，嘉靖三十五年（一五五六）王世貞序。書内有朱、墨筆批校。鈐印有「百城／樓／藏板」（朱方）、「讀書樂」（白橢）等。

臺圖藏。

世説新語補二十卷附釋名一卷

劉宋劉義慶撰，梁劉孝標注，宋劉辰翁批，明松江府華亭縣何良俊增，王世貞删定，王世懋批釋，張文柱校注，王湛、彭燧校訂。明萬曆十四年（一五八六）梅墅石渠閣刻本，六册。半葉九行，行十八字，小字雙行字數同。上單魚尾，左右雙邊。版心上鎸「世説補」。天頭處刻注文，半葉十八行，行四字。凡補入條目，天頭處均有「補」字。正文卷端署「宋劉義慶撰，梁劉孝標注，宋劉辰翁批，明何良俊增，王世貞删定，王世懋批釋，張文柱校注，王湛、彭燧校訂」。書前牌記鎸「劉須溪先生纂輯，世説新語補，梅墅石渠閣梓」。書前有明萬曆八年（一五八〇）王世懋《世説新語序》（闕首葉），序末有明萬曆十三年（一五八五）王世懋補序，小字雙行；劉應登、袁褧舊序二篇，舊題一首，舊跋二首，目録，《重刻世説新語補姓氏》，釋名一卷。全書有朱筆句讀。

《重刻世説新語補姓氏》依次爲：陳文燭、顧大典、金學會、熊敦朴、江鐸、貢靖國、陳懋昭、温景明、劉日升、陳惇臨。

是書内容行款等，同明萬曆十三年張文柱刻本。應以其爲底本刊印。但張文柱本天頭處無「補」字，此本凡補入條目，天頭處均有「補」字。

上圖藏。

世説新語補二十卷附釋名一卷

明華亭縣何良俊增補。清乾隆二十七年（一七六二）黄汝霖茂清書屋刻本，六册。半葉九行，行十八字，小字雙行字數同。上單魚尾，左右雙邊。版心上鎸「世説補」，版心下有「茂清書屋」字樣。正文卷端題「世説新語補」，無署名。目録前有「重刻世説新語補姓氏」，署「宋劉義慶撰，梁劉孝標注，宋劉應登評，明何良俊增，王世貞删，王世懋評，張文柱注，乾隆壬午春日江夏黄汝琳砥崖補訂重刊，男日延凝齋、日和心耘、日勉蘭畹校字」。天頭處無文字。書前有乾隆二十七年崇明黄汝琳《重訂世説新語補序》、世説新語舊序二首（劉應登、袁褧）、世説新語補舊序一首（陳文燭）、附釋名一卷、重刻世説新語補姓氏、目録。全書末有「世説補全」字樣。全書有墨筆句讀，朱筆句讀圈點，天頭處偶有朱筆批注。

黄汝琳序："「是役也，丹黄甲乙，束於時日，吾友顧廣文壽峰實有將伯之功焉。刻成，序之如此。」

是書所用底本應爲張文柱本，但天頭處無注文及「補」字。

上圖、國圖、中科院、北大、天津圖書館藏。

李卓吾批點世説新語補二十卷附釋名一卷

劉宋劉義慶撰，梁劉孝標注，宋劉辰翁批，明松江府華亭縣何良俊增，王世貞删定，王世懋批釋，李贄批點，張文柱校注。明末刻本，四册。正文分上下二欄，上欄爲注文，較窄，半葉十八行，行六字；下欄爲正文，半葉九行，行十八字，小字雙行字數同。正文版心中題「批點世説補」及卷次，無魚尾，四周單邊；序文葉爲上單黑魚尾，偶有白魚尾，四周單邊。正文卷端署「宋劉義慶撰，梁劉孝標注，宋劉辰翁批，明何良俊增，王世貞删定，王世懋批釋，李贄批點，張文柱校注」。書前有焦竑序，明嘉靖三十五年（一五五六）王世貞序，萬曆八年（一五八〇）王世懋《世説新語序》及萬曆十三年（一五八五）王世懋補序，小字雙行；殘《刻世説新語補序》（闕末葉落款），劉應登、袁褧舊序二首，舊題一首，文徵明、陸師道舊跋二首，凡例十則，附釋名一卷，目録。全書有闕名朱、墨二色圈點，偶有批注。鈐印有「祥符周／氏瑞瓜／堂圖書」（朱方）、「吴永／胤印」（朱方）、「純嘏氏」（白方）等。

焦竑序："「宋劉慶義（按：原誤）作《世説新語》，而孝標、辰翁二劉先生爲之批注。迨我明何良俊增補接有删釋，而卓吾李翁又從而批點之。夫批注删什，特能之云耳。至於批點，則直探心髓而推極究竟，筆則筆，削則削，簡遠幽邃，又在《世語》之上，亦深遠矣。」

按：是書以明萬曆十三年張文柱刻二十卷本《世説新語補》爲批點底本，但校勘不精。以凡例十則爲例，前九則皆同張文柱本，但文字有譌誤，如第一則「止録正文而注未及也」，批點本誤作「止録正又而注未及也」；第二則首之「二」字批點本漏，「《語林》複載者」批點本作「《語林》複載者」，如此之處甚多。第十則批點本改作「是編校勘，亦既偕我同志弟，往往矮子觀場，癡人説夢，群蛙亂聽，不得不一一筆削□（原空格）卓老不辭專制。」

上師大藏。

皇明世説新語八卷附釋名一卷

明華亭縣李紹文撰。明萬曆三十八年（一六一〇）自刻本[一]。半葉八行，行二十字。上單魚尾，四周單邊。版心上鎸「皇明世説新語」，魚尾下爲當葉卷名。正文卷端題「皇明世説新語卷之一」，署「雲間李紹文節之甫撰」。書前有《皇明世説新語目録》，附名公校閲姓氏，附釋名。書末無跋。

是書全仿劉宋劉義慶《世説新語》，亦分三十六門，載明代自明初迄嘉靖、隆慶間佚事瑣聞。據書前目録，卷一德行、言語上，卷二言語下、文學、政事，卷三方正、雅量、識鑒，卷四賞譽、品藻、規箴、捷悟，卷五夙

[一]《四庫全書存目叢書》子部第二百四十四册據中國科學院圖書館藏本影印。

惠、豪爽、容止、自新、企羡、傷逝、棲逸，卷六賢媛、術解、巧藝、寵禮、任誕，卷七簡傲、排調、輕詆，卷八假譎、黜免、儉嗇、汰侈、忿狷、讒險、尤悔、紕漏、惑溺、仇隟。目録末有「共三十六篇、一千五百一十事」字樣。《四庫全書總目》子部小説家類存目一據兩江總督采進本著録。

《附名公校閱姓氏》計十四人，依次爲：惺所許樂善、伯生陸應陽、七澤張所望、完三杜士全、咸甫馮大受、眉公陳繼儒、伯還朱本淳、侗初張鼐、景和朱本洽、彦恭杜士基、伯復張齊顔、仁甫林有麟、神超姜雲龍、弟峻甫凌雲。

《附釋名》只録姓名及字號别稱，每行録一至二人，自徐達、宋濂、劉基始，至陳繼儒號眉公、先君字元薦號中條止，總計五十二人。其末有「編中名姓一見者，不在釋名之例」字樣。

中科院、上圖、臺圖藏。

雲間雜識八卷

明華亭縣李紹文撰。明萬曆間刻本，八册。半葉九行，行二十字。上單魚尾，四周單邊。版心上鎸「雲間雜識」。正文卷端署「郡人李紹文節之撰」。書前有凡例十二則。又有墨筆抄録王圻《雲間雜識序》四葉，宋懋澄《李節之雲間雜識叙》三葉，從字體看皆似影抄。無目録。鈐印有「程印/守仁」（白方）。

是書雜采明萬曆前雲間舊聞所輯，隨得隨書，不論事之前後。内容包括明中葉倭寇之屢侵，東南賦役之繁重，雲間人物掌故、民間習尚、第宅園林之類，均有所記。此後流傳或題「雜志」，或題「雜記」。然是書多據文獻移録，間直書時事，亦多風聞。擬其撰《雲間人物志》時所搜采。《四庫全書總目》子部小説家類存目一據浙江巡撫采進本著録。崇禎《松江府志》卷五十四《著述》失録。

王圻序：「余友李節之先生稟超世之殊資，承臯憲之家學，雖業擅膠庠而志凌霄漢。嘗自謂廪食有年，場屋屢困，胡由自效明時，必如程明道所云，補葺遺書，庶幾有補。乃即譚經講藝之暇，搜集舊聞，網羅放逸，幽探僻構，晝夜編摩，孜孜罔敢暇豫，始著明世説，有司爲梓行於世已。又纂《雲間人物志》以備太史氏之潤色已。又念九峰爲境内形勝所係，詎可令湮没無傳，輒遍考騷人韻士所標詠，著《九峰志》，將授梨棗，而《雲間雜識》復又脱稿……倘稽古禮文之士來臨郡邑，有意纂修志乘，則不待冥搜戈取，而是編所載，足備采擇。秉筆者不苦於文獻之無徵矣……余故釀金付之剞劂氏，更爲叙諸簡首，使知先生之意，蓋爲方來筆削謀，非徒欲與倚相争工藏先競博也。」

《凡例》：「一，是編遍考郡中百年來事迹，或傳父老，或垂簡編，或憶庭訓，不拘鉅瑣雅俗……一，吾郡海防、賦役、水利三者爲最重，故編中獨詳……一，九峰三泖爲一郡名勝，編中不及，因峰泖余别有志，不必更入兹帙……一，編中隨得輒書，即事之前後失次，亦所不論，至于分門别類，反覺煩瑣，姑任之……一，滑稽立傳，自昔已然，故諧謔之語，編中不廢……一，編中非見聞極確者，不敢收録，設涉傳疑，必書何書所載及何人所言……一，網羅遺事，積有歲月，不敢自是，就正于當代名公……各出已見，互爲删潤，始克成書，又乏剞劂之資，洪洲先生乃作公啓，釀金以壽梨棗。」

《鄭堂讀書記》卷六十五著録：「《雲間雜志》八卷，明李紹文撰（紹文字節之，松江人）。《四庫全書存目》作《雲間雜記》三卷，舊本題明人撰，不著名氏，蓋據《奇晋齋叢書》本。此乃足本，而有撰人名氏者也。此書專記松江一郡百年來瑣事異聞之有關世道者，隨得隨書，即事之前後，亦所不論。以視同時唐君公之《五茸志餘》之作，猶魯、衛也。不過采擷之富，倍於君公矣。然汰去其猥雜，正復相等。前有凡例及萬曆宋自源（楙澄）、王洪洲（圻）二序，又有洪洲助梓公啓、助梓姓名。」按：唐君公即唐之屏。

此本流傳至稀，而節抄本頗多。著者及題名因傳抄而不同，所録不盡相同，故卷帙亦有多寡，更有後人補録者。有《雲間雜記》三卷本，爲清乾隆三十三年（一七六八）平湖陸烜從吴興書賈處獲見，刻入《奇晋齋叢書》内。又有四卷本、三卷本、二卷本者，均係據八卷本摘抄或傳録。如一九三六年上海縣修志局《雲間雜識》二卷本，與《奇晋齋叢書》本互校，《奇晋齋叢書》卷一第一節記「暹邏飄舟」，二卷本列在第十四節，且文字有所不同。文字有相同者，如記范叔子（范濂）《（雲間）據目鈔》，下沙鎮倭寇等。

上圖藏。

雲間雜識八卷

明華亭縣李紹文撰。清抄本，八册。半葉十行，行二十二字。上單魚尾，左右雙邊。版心上鎸「雲間雜識」，版心中題「卷之一」。正文卷端題「雲間雜識卷之一」，署「郡人李紹文節之撰」。書前有王圻《雲間雜識序》，宋懋澄《雲間雜識序》，王圻、許樂善、杜士全、朱本洽等撰《助梓公啓》，《助梓姓氏》，凡例十二則。抄寫精美，書品寬大。鈐印有「鐵／橋」（白方）、「嚴可／均印」（朱方）、「曾在趙元方家」（朱長)、「慈谿/李氏/藏書」(朱方)等。

經與上海圖書館藏明萬曆刻八卷本比勘各卷内容,此抄本之底本即明萬曆刻八卷本。如卷一首條「華亭縣學聚奎亭弘治辛亥中尊汪公寬所建」,次條「王源字啓津龍巖人宣德間爲郡貳守」;卷二首條「佘山騎龍堰後姚姓者鋤田得一小瓶」,次條「浙星士姜姓行術於松,頗驗」……卷六首條「孫毅齋尚書家居設席」,次條「何栢湖云顧文僖止有小銀杯二十四只」,卷八末條「故事現任京官餞别按臺止翰林科道部屬與席……一人生平怖鬼其友欲戲之……凡戲無益豈不可戒」。

國圖藏。

雲間雜識四卷

明華亭縣李紹文撰。海豐吴氏抄本,四册。封面書簽墨筆書「明李節之雲間雜識四卷」。無框無欄。半葉十行,行二十四字。天頭處偶有校注。字體工整。鈐印有「海豐/吴氏」(朱方)。

是書條目,卷一首條爲「華亭縣學聚奎亭,弘治辛亥中尊汪公寬所建……次年徐存齋及第」,次條爲「王源字啓津……余故表而出之」,末條爲「徐南湖祖塋近南關……至七十五而終」。卷二首條爲「佘山騎龍堰後姚姓者鋤地得一小缾……衆共驚異」,次條爲「浙星士姜姓行術於松……不可逃如此」,末條爲「嘉靖間董幼海極論分宜父子奸貪……兩生真如一轍」。卷三首條爲「干山奚雲谷年老……奚醒至期果殂」,次條爲「王達宇不蓄妾……令我目不瞑也」,末條爲「上海茶食……近一湖州人嚴姓製賣茶食更妙」。卷四首條爲「鄉父老閑時多相聚説前朝事……朝廷不知有缺乏也」，次條爲「成化戊戌濟農倉積米……與之講有備無患哉」，末條爲「嘉靖末年，郡中珍重火魚……蹲伏在地吐血而死」。卷四末又獨出一條，爲「吾松有一大貴人富於財……以後怪此客終身不見」。

按：經比勘，此書所據底本爲明萬曆間刻八卷本，大約抄録前四卷内容，條目順序稍有差異。又有《雲間雜志》三卷，不著撰者，收入清乾隆平湖陸氏刻《奇晋齋叢書》，《四庫全書存目叢書》子部第二百四十四册據華東師大圖書館藏《奇晋齋叢書》本影印。半葉八行，行十九字。版心上鎸「雲間雜志」，版心下題「奇晋齋」，無魚尾，版心中右爲卷次，版心中左爲葉碼。正文卷端署「明華亭撰人闕，平湖陸烜訂」。書末有陸烜題識：「乾隆戊子十月，余方卧病浹旬，忽有吴興賈人携示《雲間雜志》一册，亟取披覽。則其中所載如倭亂始末及五神迷祟事甚詳。他若方正學有後、青浦孔宅等，皆非瑣瑣載記者。又所載國初有一高士自號全翁，即烜遷平湖始祖……爰付剞劂而謹識於後，雲晋山農陸烜。」卷上首條爲「萬曆壬寅有失風一舟……後竟不知若何」，末條爲「徐長谷云倭刀犀利……述告備倭者」。卷中首條爲「徐長谷善觀天文……賊盡散去，如長谷言」，末條爲「顧豫齋生時……左足拇有一玉麟頭宛然」。卷下首條爲「馮文所云漢諸侯王皆遥受封之國……亦當稱遥受山人矣」，末條爲「阿紅者姓王京師人……闔郡無不頌朱公神明也」。

兩書内容不同。但都述雲間事。

上海圖書館又藏清抄本《雲間雜識》二卷，二册，正文卷端無署名。無框無欄，半葉十行，行二十七字。卷一首條爲「李公思弦名多見，莆田人，萬曆壬辰冬來守吾郡……如議支給」，末條爲「張文冕者，逆瑾私人也……急命撤之」。卷二首條爲「徐文貞爲首揆，世廟賜佛一尊……人共笑之」，末條爲「萬曆壬寅，有失風舟飄至海岸，乃暹羅國……適彼國貢使來請，遂與之」。鈐一白文大方印，字拙劣不可辨。

上圖藏。

雲間據目抄五卷

明華亭縣范濂撰。清范聯枝一寒齋刻本，四册。無界欄。半葉八行，行二十二字。上單魚尾，四周單邊。版心上鎸「據目鈔」，魚尾下鎸卷次，版心下鎸「一寒齋」字樣。正文卷端題「雲間據目抄」及卷次，署「華亭范濂叔子著，第六世侄孫聯枝鹿民氏重校」。書前有萬曆二十一年（一五九三）高進孝《雲間據目抄序》、張重華《雲間據目抄敘》、《范叔子傳》附家傳；書末有清道光元年（一八二一）李心庵手書跋文，並鈐「心盦」（白長）。鈐印有「雙鑒樓／藏書印」（朱方）、「埛訓樓／收藏之記」（朱方）等。

范濂（一五四〇—一六〇九）字叔子，原名廷啓，明松江府華亭縣人。居漕涇（今屬上海市金山區）。與兄廷言俱受儒，善古文辭，屢試輒不中程，上書學使，自請去弟子員籍，著書終老。傳見本書《范叔子傳》、乾隆《華亭縣志》卷十《文苑》。

明萬曆元年（一五七三）松江知府李思弦（多見）將重修志書，延范濂預其事。後思弦以吏議去，事遂寢。范濂因據所記，於萬曆二十一年（一五九三）輯成是編，以備後來修志者采擇。於明中葉倭寇之屢侵、東南賦役之繁重、民間之習尚、松郡之建築情况以及自然現象之變化，均有所記載。其人物傳有論贊者多，爲其所長。清修《（嘉慶）松江府志》時曾采用。清周中孚《鄭堂讀書記補逸》卷十八著録，并有題解。是書前無總目，各卷目録依次爲：卷一紀人物，卷二紀祥異，卷三記土木，卷四紀賦役，卷五紀風俗。高進孝序：「按《據目抄》凡五紀。曰『雲間』者，就雲間一郡之事言之也。曰『據目』者，爲一郡實録，必目所睹見，則書之也。」

書末李心庵（林松）手書跋文：「叔子爲吾鄉素士，箸此書，嬰衆怒，幾罹不測，板旋毁，然今欲求此書者，輒願見不可得，無以見三代之遺也。道光元年冬李心庵跋。」

國圖藏。

雲間據目抄五卷

明華亭縣范濂撰。清抄本，二册。無框無欄。半葉十行，行二十字。版心處上書「據目抄」，中爲卷次，中下爲葉碼。正文卷端及目録卷端均署「華亭范濂叔子著」。封面書簽處墨筆題「據目抄」三字。書前有范叔子傳，目録。鈐印有「錢/十三」（朱方）、「臣熙/泰印」（白方）、「義/泉」（白方）、「培/廉」（白方）、「江南/□蕉」（白方）、「金山/梅□/居士」（朱長方）等。

上圖藏。

思訛室無事書二卷

明末清初華亭縣宋存標撰。明末刻本，四册。半葉八行，行二十字。上下白口，無魚尾，四周單邊。版心中鎸卷次，版心中下鎸葉碼。正文卷端題「思訛室無事書卷一」，署「華亭宋存標著」。書前有夏允彝序、周立勛序、徐孚遠序、彭賓燕序、陳子龍序、張煒《宋子建無事書序》、宋存楠序、目録。鈐印「四明朱／氏敝帚／齋藏」（朱方）、「董元／儒印」（白方）。

是書收著者所撰各體文。卷一目次：大策附問，郡守附問，藩臬附問，内寇附問，宰相，諫官，擬范少伯遺文大夫書，擬文大夫答范少伯書，擬王嬙出塞謝漢元帝書，擬華歆讓管寧爲司徒書，擬岳武穆獄中遺秦檜書，權書（以下六篇俱參老蘇），心術，法制，强弱，攻守，用間，名士論，名士論其二，葵丘之會論，盟於踐土論，老子論，秦始皇論，王莽論，晋論，韓柳論，趙普論，元論，續春秋論，仙佛論；卷二目次：擬補漢武帝封禪泰山玉牒文附頌，擬隋煬帝宫人進螢火表，江南父老難北方子弟，擬山海經序，煙賦，采金議，鬥百草賦，擬漢有司彈京兆張敞畫眉文，擬妲己誚鬼侯女不好色，擬補張湯磔鼠案，擬補九天威實獅子謚議，虎食人待其畏辨，擬老子壽彭祖八百初度文，東漢世祖功臣序并贊，擬代松江新志序，燕都小序，送友之金陵序，獨菴詩序，九鼎辨，諱辨，天説，井説，補王弇州國朝詩評，擬秦始皇博士爲仙真人詩引，劍閑齋詩序，宋氏詩系序，元旦表兼立春，長至表，郊祀表，明堂表，擬田横祭項王文，思訛室記，讀桃花源記，壽夏彝仲母太夫人序，張從赤字説，時文序，擬册立皇太子永薊勦夷捷至廷臣賀表，唐貞倩金陵游藝序，會稽先生，石鄉高士，中書穎君，子墨客卿。

張煒《宋子建無事書序》：「名曰『無事』者，蓋幸爲時用，故得肆心廣意自充如是也。夫古之所謂豪杰之士，不用則已，用則致不世之功名如拾，豈取辦于卒然哉！方其平居無事，事時其志固已遠矣。」

上圖藏。

釋家類

玄津寶筏三卷

明上海縣顧成憲撰。明萬曆二十二年（一五九四）翁良樞刻本，一册。無界欄，半葉八行，行十六字，小字單行字數同。無魚尾，四周單邊。版心上鎸書名卷次，版心中鎸葉碼，版心下鎸「宏遠齋原板」字樣。卷一正文卷端題「雕玄津寶筏天集卷之一」，署「東海顧成憲纂輯，武林鄭之惠校閲，太末翁良樞繡梓」；卷二正文卷端題「雕玄津寶筏地集卷之二」，署「東海顧成憲纂輯，太末翁良樞繡梓」；卷三正文卷端題「雕玄津寶筏人集卷之三」，署「東海顧成憲纂輯，太末翁良樞繡梓」。書末有「蘇郡崐山陸叨薰沐頓首拜書」字樣。書前有萬曆二十二年顧成憲《玄津寶筏小引》。字大粗黑。鈐印有「篤素堂張／曉漁校藏／圖籍之章」（大朱長）、「皖南張師亮／竹攸漁氏校書於篤素堂」（大朱長）、「篤素／堂／藏書」（朱方）。

是書無目録，三卷依次爲天集、地集、人集。

顧氏小引：「其旨譬如人立迷津，嚮若而嘆，何由得到彼岸哉。予故輯是編也，名曰『玄津寶筏』，蓋得筏而迷津可渡，彼岸可到。首冠以《四十二章經》，□其源也；繼以自唐迄元翻譯大藏諸經叙語，沿其流也；雖不能盡窺禪宗之秘密，而半滿共貫，根葉備設矣。雖然，筏特濟渡具耳。儻到彼岸，筏芻狗也。而不然者，留纏筏間，則亦嚮二傳之見也。」

上圖藏。

道家類

老子解二卷

明嘉定縣徐學謨撰。明萬曆十八年（一五九〇）申用嘉刻本，二册。半葉九行，行十六字，小字雙行字數同。上單白魚尾，左右雙邊。版心上鎸「老子解」，魚尾下鎸「上（下）篇」，版心中下爲葉碼，下白口。版心下偶鎸刻工姓名，如序文首葉鎸「秀水朱桓吉寫，長洲郭昌言刻」（按：「朱桓」二字左半有闕損），下篇首葉鎸「陸鶴齡刊」，下篇第三葉鎸「長洲郭泰初刻」，其餘葉碼皆無刻工名。正文卷端題「老子解上篇」，署「二白居士東海徐學謨」。書前有明萬曆十八年徐學謨《老子解自序》。是書字體棱角分明，刻印皆極精美。鈐印有「陽湖陶氏涉園／所有書籍之記」（朱長）、「夏／藩」（白方）、「京江胡氏棣／華堂藏書印」（朱長）。

徐學謨《老子解自序》：「故暇取諸家注釋，總括而折衷之，以務求其是，異用世者考證焉……解成，付申甥用嘉校刻之，而自爲之序。」

上圖、國圖、北大、中央黨校、美國哈佛燕京藏。

四子書四種二十三卷

明上海縣陸明揚輯。明萬曆九年（一五八一）陳楠刻本，四册。所録《沖虚真經》（列子）八卷、老子《道德真經》二卷、《文始真經》三卷、莊子《南華真經》十卷。半葉九行，行十七字，無小字。上單魚尾，四周雙邊。版心上鎸書名卷次，魚尾下分鎸忠信孝弟禮義廉恥八字，每半册用同一個字。版心下鎸刻工姓名及當葉字數，刻工如：王子、劉元、劉榮、吴洪、付禮、吴文週、春、趙玉、徐智、張蘭、付曾等。《莊子》書末有明萬曆五年（一五七七）施堯臣《一日謁》、萬曆九年（一五八一）陳楠跋。是書軟體寫刻，較精美。鈐印有「餘姚謝/氏永耀/樓藏書」（朱方）。

陸明揚字伯師，號襟玄。明松江府上海縣人。萬曆三十一年（一六〇三）舉人，官靖江教諭。少時爲人所誣，陷冤獄三載。屠隆爲青浦令，察知其冤，力請平反。事既白，益發奮爲學。爲人表裏洞達，能究悉世務。卒於官。傳見嘉慶《松江府志》卷五十四《古今人傳六》。

《沖虚真經》署「列子著」，版心上鎸「列子」。《道德經》署「老子」，版心上鎸「道（德）經」，前有葛玄《道德真經序》。《文始真經》前無署名，版心上鎸「文始真經」。《南華真經》署「莊子著」，版心上鎸「莊子」。皆無目録。

施堯臣《一日謁》：「凌洋山翁於督府偶案上展《道德真經》，衆共目之。翁指示曰：此四子書，乃襄陽刊也。吾蘇郡有六子刊，然荀、楊、王非其宗旨，不若此本爲善。夫東粤去中土稍遠，書籍苦難致，近亦多善本，如四書、五經、《史記》、《漢書》宋編，視閩本獨勝。所未見者，子書耳。得此刊之，富矣。翁因舉以授。謹奉刊，置紫薇堂中。」署「皇明萬曆丁丑秋八月，廣東左布政使施堯臣識」。

陳楠跋：「嘗閲老子、關尹子、列子、莊子書，大都以虚無爲本，以因循爲用，言雖殊而旨則同，實道家之宗祖也。施華江公珍此書，已刻于東粤矣。緊淮揚爲文獻名藪，詎可亡乎？大司馬撫臺凌公乃出此本以授楠，命翻刻之。謹捐俸募工，間有差訛，輒加校訂，梓于慎德書院。」落款署「萬曆辛巳仲夏吉兩淮都轉運鹽使司運使陳楠謹跋」。

上圖藏。

老莊會解九卷

明松江府潘基慶集注。明萬曆間刻本，四册。是書含《道德經》二卷，一册；《南華經》七卷，三册。半葉八行，行二十字，小字雙行字數同。上單魚尾，四周單邊。版心上鎸「道德經上（下）篇」或「南華卷之□」，魚尾下鎸篇名及章次，下白口。天頭處有注文，半葉十四行，行四字。前書名葉題「老莊/會解」。全書有朱筆及墨筆圈點句讀。

潘基慶字良耜，明松江府人。編著有《古逸書》《道德經》《南華真經内篇集注》《老莊郭注會解》等。《四庫全書總目》卷一九三集部總集類存目三《古逸書》條稱其松江人。按：《四庫全書總目》題潘基慶爲「萬曆戊午貢生」，萬曆戊午即萬曆四十六年（一六一八），檢崇禎《松江府志》、嘉慶《松江府志》貢舉表，皆無此人，亦無傳記，存此待考。

《道德經》正文卷端題「道德經八十一章，凡五千七百四十八言」，署「周苦縣李耳伯陽著，明烏程潘基慶良耜集注」。書前有明洪武七年（一三七四）《高皇帝御製道德經序》、高皇帝《老子贊》、晉牽秀《老子頌》、漢河上公《老子序》、司馬遷《老子列傳》、總論十一則、譜志二則、《道德經目》、《道德經例》十則。書末有葛玄《道德經後序》。是書正文内容，據書前目録，上篇一章至三十七章，下篇三十八章至八十一章。

《道德經例》首："「兹集借古人語，證古人書，存其舊者十之三，采諸子者九之五，比節名家解語，旁附俚語，則萬一耳。」

《南華經》正文卷端題「南華經内篇七篇」，署「周蒙縣莊周子休著，明烏程潘基慶良耜集注」。書前有晉郭象《南華真經序》、陳江總《莊周頌》、司馬遷《莊子列傳》、總論四則、《南華經目》、《南華經例》九則、《莊子自叙天下篇》；書末有宋元豐元年（一〇七八）蘇軾《莊子祠堂記》。是書正文内容，據書前目録，卷一《逍遥游》，卷二《齊物論》，卷三《養生主》，卷四《人間世》，卷五《德充符》，卷六《大宗師》，卷七《應帝王》，每卷後皆有解。目録末有「右附解除僞書外二十一篇，通二十五篇，分而類之」字樣。

上圖藏。

集部

别集類

王常宗集四卷補遺一卷

元末明初嘉定縣王彝撰。明弘治十五年（一五〇二）劉廷璋刻本，清丁丙跋，一册。半葉十一行，行二十字。白口，雙對魚尾，左右雙邊。上魚尾下題「王常宗集卷一」。版心上右偶有當葉字數。是書補遺居前，正文居後。補遺首葉題「王常宗集補遺卷」，無署名。正文卷端題「王常宗集卷第一」，無署名。書前有《王常宗集總目》，明弘治十五年（一五〇二）都穆《王先生集序》。書末有弘治十五年浦杲《題王常宗集後》、同年劉廷璋跋。總目前空白葉粘有丁丙跋文簽條，著録爲「王常宗集四卷補遺一卷，明宏治刊本」。此爲後印本，字多漫漶。鈐印有「江蘇第一/圖書館/善本書/之印記」（朱方）。

王彝（？—一三七四）字常宗，自號嬀蜼子。元末明初嘉定縣人。其先蜀人，本姓陳，父允中仕元，爲崑山教授，因著籍嘉定。洪武三年（一三七〇），以布衣應召參與《元史》續修，史成不仕歸。後以《上梁文》案與高啓并誅。著有《王常宗集》。傳見《明史》卷二八五《文苑傳》、正德《練川圖記》卷下《文士》。

據書前總目，卷一碑銘二篇、記十四篇，卷二序十七篇，卷三説五篇、贊四篇、雜著四篇，卷四雜詩。補遺一卷，爲序、記等七篇。《四庫全書總目》集部别集類二二據江蘇巡撫采進本著録。

都穆《王先生集序》：「洪武史臣嘉定王先生常宗有遺文一編，穆鄉黨校定，釐爲四卷，藏之篋笥者二十年矣。劉君子珍世居嘉定，好古博雅，謂是集爲里中故物，刻梓以傳，而俾穆序之。」浦杲《題王常宗集後》：「間嘗得其詩文一編，曰《三近齋稿》……吾友劉君子珍過而見之，默然有契於中，乃曰：『君貯之篋笥，以私一人之觀覽，孰若鏤板以傳？庶斯文之不墜，而先生之名亦得以垂不朽也。』遂許捐金，以成厥美。其間多有陶陰亥豕等字，復求進士都公玄敬校讎點檢，略無苟且。復爲序文，以弁首簡。」據浦杲後序，此《王常宗集》即《三近齋稿》。

劉廷璋跋：「予因采訪其文集數卷，出資繡梓，以廣其傳。刻成，因綴數語於後。」

南圖藏。

王徵士集四卷附録一卷

明嘉定縣王彝撰。清康熙三十九年（一七〇〇）陸廷燦刻本，一册。半葉九行，行十九字。白口，上單魚尾，左右雙邊。魚尾下鐫「王徵士集卷第□」，其下右小字鐫當葉文體。正文卷端題「王徵士集」及卷次，署「嘉定王彝常宗甫著，後學陸廷燦扶照氏輯」。書前有宋犖《王徵士常宗集序》、明弘治十五年（一五〇二）都穆《王先生集原序》、沈弘正《王徵士常宗集舊序》、清康熙三十九年陸廷燦題識、目次；書末有明弘治十五年浦杲《題王常宗集後》。書品寬大，刻印俱精。封面書簽處隸書「王徵士集」，署「北平冷衷署簽」。鈐印有「學部圖/書之印」（滿漢文大朱方）、「京師圖書/館藏書記」（朱長）等。

是書目次，卷一記，卷二序，卷三碑銘、説、傳、贊、雜著，卷四詩，附録一卷，爲諸家史志詩文集中涉王彝者。

陸廷燦題識：「明初，吾邑王常宗先生詩文四卷，刻於弘治壬戌歲，都公玄敬叙之。行世未幾，集板散失。啓、禎時，沈先生公路曾爲編輯，而婁先生子集集中亦載王常宗小傳，有云余求得先生之集，較而藏之，使後之人猶知有先生也。當是時，雖俱未經剞劂，而其想慕殷勤之意甚深也……廷燦生先生之鄉，竊嘗誦先生之詩，每以不見先生之集爲憾。客冬得公路先生抄本，快讀卒業，因亟謀付梓其原集未載者，僅得數首，亦爲增入。刻既成，得蒙大中丞宋公大序弁首，使三百年幾至隱没之遺文一旦復光天壤。然則先生之文亦何藉於多哉，即此以傳世，庶幾不負婁、沈兩先生未盡之意云爾。」

國圖、北大、南圖藏。

西郊笑端集一卷

元末明初上海縣董紀撰。明成化十年（一四七四）周庠刻本〔一〕。半葉十行，行十八字。粗黑口，雙對花魚尾，四周雙邊。上魚尾下鎸「笑端集」字樣。正文卷端題「西郊笑端集」，無卷次，署「松江董良史著，後學周庠校刊」。正文末鎸「吴門徐綱徐昂、張孜同刊」字樣。書前有明成化四年（一四六八）錢溥

〔一〕《原國立北平圖書館甲庫善本叢書》第七百册據明成化十年（一四七四）周庠刻本影印。

《西郊笑端集序》（隸書）、明成化九年（一四七三）張弼《西郊笑端集序》；書末有明宣德六年（一四三一）周鼎跋、明成化十年（一四七四）周庠題識。

董紀字良史，以字行，更字述夫，元末明初松江府上海縣人。洪武十五年（一三八二）舉賢良方正，廷試對策稱旨，授江西按察使僉事，尋引疾歸。築西郊草堂以居。詞翰俱美。著有《西郊笑端集》。傳見正德《松江府志》卷三十《人物六・文學》、崇禎《松江府志》卷四十《文學》、同治《上海縣志》卷十八《人物一》、本書周鼎跋。

是書爲董紀詩集，後附詞，附文。篇目自《日重光》始，至《祭兄洛容知縣》止。書前無目録。《四庫全書總目》集部别集類二二據兩淮鹽政采進本著録，爲二卷本。

張弼《西郊笑端集序》：「光禄少卿周尚文乃吾松世家，其曾祖汝明嘗館良史於塾，祖仲鼐其弟子也，得其所著《西郊笑端集》者藏於家。父封中書舍人溥欲板行之而未果，尚文遂躬爲編校而行之，蓋所以厚前輩，成先志，惠尚文後生也。集凡若干卷，詩家諸體咸備，應世之文亦附焉。欲觀良史之全者，無過是矣。」

周鼎跋：「右《西郊笑端集》，吾郡上洋董良史先生所作。董先槜李胥山舊族有諱姓存者，以儒術顯。二子長佐才，字良用，次紀，字良史，先生也。明《春秋》，貌魁梧峻整，偉然一儒者。洪武壬戌，舉賢良方正，受知高皇帝親擢，僉江西提刑按察司事，階奉議大夫，無幾辭歸，結西郊草堂爲終老之計。先君嘗禮致于家以教鼎，鼎時甫弱冠，親炙之者有年。後先君累戍塗陽，鼎亦弃松庠弟子員侍行，遂成曠别。然歲時音問往來，恩義藹如也。及歸故鄉，而先生不可見矣。俯仰疇昔，忽忽四十年，而鼎亦且老矣。念先生平生著作未傳，是則後死者之責也。因訪諸同門友章彦裕氏，得所謂《西郊笑端集》者若干篇，亟命子溥編録，復以自所藏者足成之，將刻以傳，庶承學得有所考。」

周庠題識：「庠念先世雖流離奔走，不忘文事。若此集者，吾祖吾父往來南北時，所收輯欲板行之，而力未迨。吾父啓手定時，猶惓惓以是付不肖。歲月駸駸，未畢先志。今幸訖工，謹此志不肖者之愧。板凡若干片，藏諸蒨溪家塾，來者其慎守云。」

臺北故宫藏。

西郊笑端集一卷

元末明初上海縣董紀撰。清抄本，清丁丙跋，一册。無框無欄。半葉十行，行十八字，無小字。版心中題「笑端集」，版心中下爲葉碼。正文卷端題「西郊笑端集」，署「松江董良史著，後學周庠校刊」。書前有明成化四年（一四六八）錢溥《西郊笑端集序》（隸書）、成化九年（一四七三）張弼《西郊笑端集序》；書末有明宣德六年（一四三一）周鼎跋。書前空白葉粘有丁丙跋文簽條，題「西郊笑端集二卷，影抄成化刊本」。字體不甚工整。鈐印有「嘉惠/堂丁氏藏/書之記」（白方）、「四庫著録」（白長，左右有白文雙龍紋）、前爲詩，後附詞，附文。自《日重光》始，至《祭兄洛容知縣》止。

南圖藏。

西郊笑端集一卷

元末明初上海縣董紀撰。民國間廬江劉氏遠碧樓抄本，二册。藍格，欄外左下有「遠碧樓劉氏寫本」字樣。半葉十行，行二十一字。上單魚尾，左右雙邊。版心上題「西郊笑端集」，版心中右題卷次。正文卷端署「明董紀撰」。此本一卷，卷分上下，第一册正文卷端題「西郊笑端集卷一上」，第二册題「西郊笑端集卷一下」，版心中右卷次亦同。書前有《四庫全書總目》此條提要：「西郊笑端集二卷」，提要末落款爲「乾隆　年　月恭校上」。前有明成化九年（一四七三）張弼序，書末有宣德六年（一四三一）周鼎跋。書根處題書名。全書字體工整。

抄本第一册爲卷一上，自《日重光》至《壬申除夕》，凡五十二葉；第二册爲卷一下，自《癸酉歲旦》至《祭兄洛容知縣》，凡六十葉。

按：此抄本分卷與文淵閣本不同，正文篇目全同。抄本兩卷篇幅大體相當，文淵閣本卷一一百十三葉，卷二三十葉，卷一約爲卷二四倍。抄本卷一至《壬申除夕》止；文淵閣本至《自警・蓦山溪》止，此篇在第六十四葉，約爲卷一之半。抄本書前録四庫提要，稱「《西郊笑端集》二卷」，文淵閣本書前提要云「《西郊笑端集》一卷」。抄本書前所録四庫提要末爲「乾隆　年　月恭校上」，文淵閣本作「乾隆四十三年九月恭校上」。抄本首篇名「日重光」，文淵閣本名「日重光行」。抄本首篇正文第二行「誰目爾名爲太陽光」之「光」字，文淵閣本無。抄本第四葉《四時詞》首篇「墻□秋千士女嬉」，墻下空闕一字，文淵閣本在第五葉，墻下爲「外」字。由上可知，此抄本之底本不是文淵閣四庫本，或爲明成化十年刻本。

又按，《四庫提要》云「此本有宣德辛亥鼎後跋，又有成化戊子錢溥序，蓋又從庠刻本傳寫者也」，誤，二者爲同一版本，即明成化十年（一四七四）周庠刻本。

上圖藏。

海叟集三卷

元末明初華亭縣袁凱撰。明正德元年（一五〇六）刻本[一]，一册。半葉十二行，行二十字，粗黑口，雙對黑魚尾，四周雙邊。版心中鎸「海叟詩」及卷次葉碼。正文卷端署「雲間袁凱景文著」。書前有明正德元年李夢陽序、目録；書末有一九二二年留庵手書題識。

袁凱（一三一〇—一四〇四）字景文，號海叟，元末明初松江府華亭縣人。父介自蜀來，占籍華亭。凱長身古貌，言議英發，性詼諧，雅善談謔。尤長於詩，專學杜工部。初在楊維楨座，賦《白燕》詩，頗工麗，人稱「袁白燕」。元末爲府吏。洪武中，由舉人薦爲御史。後告歸，徙居吕巷數年，以壽終。著有《海叟集》《在野集》。傳見《明史》卷二八五《文苑傳》、正德《松江府志》卷三十《人物六・文學》、崇禎《松江府志》卷三十八《賢達三》、乾隆《江南通志》卷一六六《人物志・文苑》、光緒《重修華亭縣志》卷十四《人物》、光緒《金山縣志》卷二十七《游寓》。

[一]《四庫全書存目叢書》集部第二十五册據中國國家圖書館藏本影印。

是書卷上爲樂府十二首，五言古詩六十一首，七言古詩十一首；卷中爲五言近體三十首，七言近體三十七首；卷下爲五言絶句十五首，六言絶句七首，七言絶句三十七首。

李夢陽序：「《海叟集》，雲間袁凱氏所著，海叟其自號也……叟師法子美，雖時有出入，而氣格韻致不在楊下，其耿耿於叟者要非一日矣……叟名行既晦，集亦罕存。子淵購得刻本於京師士人家，楮墨焦爛，蠹涅者殆半，乃删定爲今集。仍舊名者，著叟志也。夫韓退之，唐之聞人也，其文至宋歐陽公始暴於世。然則如叟者，尚奚尤哉！子淵謂『國初詩人叟爲冠』，故其表揚甚力，君子以爲知言。」

書末留庵手書題識曰：「《海叟集》一本，光緒乙未南菁院長定海黄元同先生之所賜也。手自補綴，藏弆二十餘年矣。今先生久歸道山，予亦頭童齒豁，檢書及此，不禁慨然。」

國圖藏。

海叟集四卷

元末明初華亭縣袁凱撰。明刻本，二册。半葉十二行，行二十一字；小字雙行，行約三十字。細黑口，四魚尾（上下皆雙對黑魚尾），四周雙邊。上雙魚尾中鎸卷次，下雙魚尾中鎸葉碼。正文卷端題書名，署「雲間袁凱景文著」。是書首末皆無序跋。書前有目録，目録首葉署「雲間袁凱景文著」。鈐印有「掃塵／齋積／書記」（朱方）、「禮培／私印」（白方）、「城南／侯金」（朱方）等。

是書卷一琴操、樂府、四言古詩，卷二五言古詩、七言古詩，卷三五言律、七言律，卷四五言絶句、六言詩、七言絶句。

國圖藏。

海叟集四卷

元末明初華亭縣袁凱撰。明隆慶四年（一五七〇）何玄之活字印本，二册。半葉九行，行十八字，無小字。上單白魚尾，四周單邊。版心上鎸「海叟集卷之二」，魚尾下鎸葉碼。正文卷端題「海叟集卷之一」，署「雲間袁凱景文著」。書前有清光緒十四年（一八八八）楊引傳墨筆手書題識五行、何景明《袁海叟集序》、正德元年（一五〇六）李夢陽《海叟集序》、《袁海叟詩集總目》；書末有明隆慶四年（一五七〇）何玄之跋。是書活字特徵明顯。鈐印有「宫保/世家」（白方）、「南京圖書館/藏善本印記」（朱長）。

據書前總目，卷一琴操五首、樂府十三首、四言古詩六首，卷二五言古詩七十二首、七言古詩十九首，卷三五言律詩五十三首、五言排律一首、七言律詩七十四首，卷四卷五言絶句二十八首、六言絶句九首、七言絶句一百三首。目録末有統計：「總計四卷，凡三百八十三首」。

楊引傳題識：「按《四庫全書題要》云《海叟集》，明袁凱撰，隆慶時何元之得祥澤舊刻，以活字校印百部傳之，則此本固百部之一也。至今已三百餘年，余得於里中許氏，重加裝訂而藏之。序之前不知何人書藏者姓名，字迹頗劣，亦因其舊，不復芟除。」

何景明序文右半葉空白處中正中有墨筆書「山東廉訪使張受翁藏于願豐樓」，其左上有墨筆小字「四十六葉」，左下有墨筆小字「萬曆己酉端午節諸生張重熙覥」字樣。此葉右下鈐印「（上元下大）世/甲科」（白方）。

何景明《袁海叟集序》：「吾郡守孫公懋仁篤于好古，其子繼芳者從予論學，大有向往。嘗索古書無刻本者以傳，予謂古書自六經下，先秦兩漢之文，其刻而傳者，亦足讀之矣。海叟爲國初詩人之冠，人悉無有知之，可見好古者之難，而不可以弗傳也。乃以授之，而并繫以鄙言，觀者亦將以是求叟之意矣。叟姓袁氏，名凱，其集陸吉士深所編定者，李户部夢陽有序，其履歷可考而知也，兹不復述。」

李夢陽《海叟集序》：「《海叟集》，雲間袁凱氏所著，海叟其自號也……翰林陸吉士子淵，叟同郡人，間道前事，令人侃侃生氣，夫斯亦足以傳矣，而況於詩乎？叟名行既晦，集亦罕存。子淵購得刻本於京師士人家，楮墨焦爛，蠹涅者殆半，乃删定爲今集，仍舊名者，著叟志也。」

何玄之跋：「《袁海叟詩集》四卷，乃叟手自編定者也。叟生於勝國，避亂家居。洪武初辟爲御史，尋謝病免歸。其履歷之詳載在郡志，可考而知也。余嘗訪其子孫，則湮没無聞焉。故邇來吾松藝苑之士，鮮有知叟者，可慨也。其集舊刻於祥澤張氏，歲久不傳。弘治中，陸儼山先生於京師購得寫本，已多朽爛。復加詮次，乞序於何、李二公，僅十之六七耳。二公驚嘆，以叟爲國初詩人之冠。夫何、李當代名家，高視海内，今其言若此，則吴中四傑當出其下矣。及讀其集，樂府古詩直窺漢魏，近體歌行專主於杜，而出入盛唐諸家。其辭多悲歌慷慨者，實本於憂亂憫世之情，亦其時之所遭也。何、李之言不虚哉！今春暇日，與紫岡董君論及叟詩，董君出余師西谷張公家藏祥澤舊刻郎叟所自編者，喜出意外，因取活字板校印百部，傳之同好。數十年後，倘此本有存，則叟之名因以不墜，而吾松文獻亦庶幾有徵哉！」

南圖藏。

海叟集四卷

元末明初華亭縣袁凱撰。明萬曆三十七年（一六〇九）張所望刻本[一]，二册。半葉九行，行十八字，小字雙行字數同。上單白魚尾，四周雙邊。版心上鎸「海叟集」，魚尾下鎸當卷卷次，書前有明萬曆三十七年鄭懷魁《袁海叟集序》、同年張所望《重刻袁海叟集引》、正德元年（一五〇六）李夢陽《海叟集序》、何景明《袁海叟集序》、袁海叟詩集總目；書末有陸深、董宜陽及明隆慶四年（一五七〇）何玄之《題海叟集後》、萬曆三十八年（一六一〇）張所敬《書袁海叟詩集後》。

是書卷一琴操五首，樂府十三首，四言古詩六首；卷二五言古詩七十二首，七言古詩十九首；卷三五言律詩五十三首，五言排律一首，七言律詩七十四首；卷四五言絶句二十八首，六言絶句九首，七言絶句一百三首。較之三卷本，録詩數量大幅增加，且琴操、四言古詩、五言排律等詩體俱爲新增。

[一]《北京圖書館古籍珍本叢刊》第一百册據中國國家圖書館藏本影印。

張所望序：「袁海叟……以時政孔棘，務自韜晦，故其名不甚著，而詩亦稍稍散逸。陸文裕公始購得寫本，刻之京師；其後柘林何氏復得祥澤舊刻，以活字板印行焉。顧傳布猶未廣也。余守衢，偶携二刻，退食之暇，恒自披覽。陸本頗多殘闕，何本稍完而字畫不甚整暢，中亦間有異同者，輒手爲校定，更授剞劂。昔何李二公，意不可一世人，至論詩，獨稱叟爲國初諸家之冠，是惡可令泯泯不得與吴中四傑并傳哉！刻成，因題其端，以紀歲月云爾。」

陸深題：「《海叟集》舊有刻，又别有選行《在野集》者，暇日因與李獻吉員外共讀之，又删次爲今集云。」

董宜陽題云「是編爲海叟手定全集，國初刻于張氏者久毁，陸公儼山因編次爲别本，蓋急于流布也。世所傳《在野集》者，中多朱、張二公以己意更竄。」

張所敬跋：「吾郡袁景文先生以詩鳴國初，所著有《海叟集》，因《白燕詩》膾炙人口，人人稱爲『袁白燕』，然未有當代名德爲之表揚其詩者，蓋百餘年。而吾邑陸文裕公爲吉士時，携示李、何兩先生，兩先生各爲叙論，頗極推許。而叟之詩始重。又五十餘年，而郡人何又玄以活字板印之，而叟之詩始行。又五十餘年，而吾弟叔翹氏以刑部大夫出守三衢，化洽民浮，凝香多暇，乃手訂叟集，授之梓人，而叟之詩，遂日星于區寓。」

國圖、南圖、社科院歷史所藏。

海叟詩集四卷集外詩一卷附録一卷

元末明初松江府華亭縣袁凱撰。清康熙六十一年（一七二二）曹炳曾城書室刻本，四册。半葉九行，行十九字；小字雙行，字數不等。白口，上單魚尾，左右雙邊。魚尾下鎸「海叟詩集」及卷次，版心下右鎸「城書室」字樣。前序跋目録及正文卷一、卷二前十八葉（一册半）皆係抄補，無框欄，行款同原刻，小字部分及版心亦同，字體工整。正文卷端署「雲間袁凱景文著，後學曹炳曾巢南重輯，侄曹一士諤廷、男曹培廉敬三校」。集外詩首葉卷端署名同正文，附録首葉卷端署「上海後學曹炳曾巢南輯，男曹培廉敬三、侄（曹）傑士雷發校」。書前有牌記、康熙六十一年曹炳曾《重刊海叟詩集小引》、同年姚弘緒序、明正德元年（一五〇六）李夢陽序、同年陸深序、何景明序、明嘉靖四十三年（一五六四）董宜陽序、明隆慶四年（一五七〇）何玄之跋、明萬曆十七年（一五八九）王俞跋、林有麟序、明萬曆三十七年（一六〇九）鄭懷魁序、同年張所望序、明萬曆三十八年（一六一〇）張所敬跋、目録。書末有康熙六十一年曹一士書後。書前牌記鎸「上海曹巢南重訂／袁海叟詩集／增集外詩附録／城書室藏板」。全書末葉左下角有「康熙再壬寅春日，旌邑劉文彬開雕」字樣。

據目録，卷一琴操（五篇）、樂府（十三篇）、四言詩（六首），卷二五言古詩、七言古詩，卷三五言律、五言排律、七言律，卷四五言絶句、六言絶句、七言絶句。《四庫全書總目》卷一百六十九集部別集類二二據副都御史黄登賢家藏本著録。

《集外詩》一卷，三葉，内容依次爲四言詩一首（見《在野集》），七言古詩二首（見《在野集》、見府志)，七言律詩一首附一首(見府志)，七言絶句一首(家藏手迹)，皆注明出處。行款同正文，首葉卷端題「海叟集外詩」，署「雲間袁凱景文著，後學曹炳曾巢南輯，侄曹一士諤廷、男曹培廉敬三校」。

《附録》一卷，依次爲《松江府志文學傳》、《袁景文改過齋記》、《在野集序》、《題重刊在野集後》、《補刊在野集跋》、《諸名家評論》、錢謙益《列朝詩集・袁御史小傳》。行款同正文，首葉卷端題「海叟詩集附録」，署「上海後學曹炳曾巢南輯，男曹培廉敬三、侄曹傑士雹發校」。

姚弘緒序：「余搜輯我鄉名人遺集，於海叟尤爲致意。目之所見，薈萃成帙，因嘆叟詩竟乏完本。其手定全集，灰燼已久，《在野》之選，中多更竄。後有補刊，終屬未備。即前輩陸文裕所編，亦經删次，且字畫漫漶，臭朽蟫斷。近日藏書家罕有，此海叟集之所以不能廣布也。海上曹子巢南夙擅風雅，酷嗜叟集。其所輯，依張方伯叔翹原本，視余手録者較備。客冬嗣君敬三寓書余猶子平山，索抄本校對開雕。余不禁欣然色動，喜曹子之與余有同志也，并喜叟集之歷久未全者，自此有完本也。夫叟著籍華亭，時時往來黄浦，流連吟眺，故海上爲叟舊游地。前朝陸、張兩刻較他本獨善，皆上海人也，今曹子亦居上海。是編校訂精核，考據周詳。文裕方伯刻後，得此鼎足而三矣。叟殆與海上有夙契乎？我郡少陵一宗，自叟開山。湍湍大風，流傳宇内，白燕瓣香，從此當益遠矣。余故欣然捉筆而書之。」

林有麟序：「余懼後之若三公者寥寥也，遂重刻，布之同好。」

曹一士書後：「明祖用法嚴峻……叟佯狂自廢，匿迹銷聲，胸所欲言，敢盡見之於詩乎？其所自定，殆必有大滿己志而不得已而悉從删薙者矣。此四卷者，計未及海叟之詩之半，而遽執是以盡叟之才力，豈其然哉？……從叔表章前哲，意蓋在此。讀叟集者，尚毋以才力之見少之，則學古人爲不遠矣。」

按：是書中國國家圖書館藏一部，題《海叟詩集》四卷《集外詩》一卷《附録》一卷，二册，有傅增湘校并跋（縮微）。半葉九行，行十九字；小字雙行，行約三十字。白口，上單魚尾，左右雙邊。版心下右有「城書室」字樣。正文卷端題「海叟詩集」及卷次，署「雲間袁凱景文著，後學曹炳曾巢南重輯，侄曹一士諤廷、男曹培廉敬三校」。書前有明正德元年李夢陽序、清康熙六十一年姚弘緒序、明正德元年陸深序、何景明序、嘉靖四十三年董宜陽序、隆慶四年何玄之序、萬曆十七年王俞序、林有麟序、萬曆三十七年鄭懷魁序、同年張所望序、萬曆三十八年張所敬序、目録；書末有清康熙六十一年曹炳曾《重刊海叟詩集小引》、同年曹一士《重刊海叟詩集書後》，曹一士跋文末葉末行左下角有「康熙再壬寅春日，旌邑劉文彬開雕」字樣。書内有傅增湘墨筆批注，如卷四之末有「癸酉二月二十五日校正統刊本畢，藏園老人記」。鈐印有「家在元／沙之上」（朱長）、「經（金□）／齋／藏書」（朱方）。《集外詩》一卷，《附録》一卷，皆同上圖藏本。

上圖、國圖、南圖、社科院文學所、昆明師範大學藏。

在野集二卷

元末明初華亭縣袁凱撰。明祁氏澹生堂抄本，清丁丙跋，一册。正文前粘有丁丙跋文簽條。藍格，半葉十行，行二十字；小字雙行，行三十字左右。無魚尾，四周單邊。版心上題「在野集」，版心中下爲葉碼。

正文卷端題「在野集卷上」，署「雲間袁凱景文著，後學張璞校選，後學朱應祥評點」。書前有明天順八年（一四六四）張璞《在野集序》；書末有明正德元年（一五〇六）陳鎬《題重刊在野集後》。全書有校改文字。如張璞《在野集序》首葉首行「吾松袁先生取著詩也」，改取爲所；次葉「傅清于父刻之」，改清爲請等。是書抄寫精美。鈐印有「芷齋／圖籍」（朱方）、「張印／載華」（白方）、「佩／兼」（朱方）、「錢夢／廬家／藏印」（朱方）、「松下／藏書」（朱方）等。

是書卷上樂府、古詩（四言五言七言），卷下律詩（五言七言）、排律、絶句（五言六言七言）。細目如下：

卷上樂府（傅巖操、渭濱操、陋巷操、子路負米操、門有車馬行、江南、短歌行、雞鳴、紫騮馬、從軍行、獨漉篇、苦寒行、芳樹、游子吟）

古詩（四言五言七言）：送貢先生入閩、蔣氏壽萱堂、陶節婦詩、徐氏建華亭學詩、雜言三首、賦得緑珠、出西郭、賦得泰伯廟送倪元鎮、察院夜坐、京師歸別業、辛酉大醉書東郊主人壁、題望雲卷、老夫五首、王叔明畫雲山圖歌、觀朱澤民所畫山水有感、徐子修畫山水歌、陶與權宅觀張子正山水圖王苦水爲畫秋江衆禽圖、沈德煇竹庭、送曹生從師、送齊文韶歸東阿、大醉後率爾二首。

卷下律詩（五言七言）：客中除夜、出三江口有懷錢野人衮、送李高士歸荆州、懷陶叟、陪楊廉夫登朱涇法忍寺閣次壁間韻、春日偶書、泗州書懷、思歸兼簡嚴、遷居、遠客、書寓所壁、春園、題西山璡法師壁、贈張明善、送李千户時將有海東之役、寓所寄何彦明、游會稽山、懷張叟、泗上書懷、將帥、京師歸別墅、馬氏西園宴别吴進士善卿、别墅、送任李二高士歸越、飲馬氏東園、賦陶與權雲所二首、懷王生、上巳飲朱氏叔重東園、立春日飲任氏西園、飲田家醉後書王生壁、早寒。

排律：聞誅孛羅帖木兒、江上早秋、江上書懷、和王叔善祀天妃有雪、聞笛、滬濱龍王廟晚眺、南村、白燕、治亭寓目、喜洪山人恕復至、京師歸至丹陽逢侯生大醉、歸來、郭外寄王録事、過黄耳塚有感（陸士衡在洛被謫時寄書犬也塚在華亭南）、兵後大醉陶與權宅丙申九日也、春日溪上書懷丙申歲、登愍忠閣、大雨書寓所壁、久雨。

絶句（五言六言七言）：京師得家書、寄家書、龍江夜行、無題二首、寄王九秀才、詠馬、新月、新水、新柳、新鶯、江上、淮安道中、郊居二首、閑步二首、題吴宮衰柳圖、杜彦清携斑竹簫作數曲賦此以贈、陪鄭明德倪元鎮游天屏、醉後口占、楊州逢李十二衍二首、費夫人、楊員外、寄錢德鉉修二國録兼柬王司業、重過黄渡有感、淮西夜坐、李陵泣别圖、客中夜坐。

張璞《在野集序》：「《在野》之集，吾松袁先生所著詩也。先生國初以科第發身，拜監察御史，得癲疾告歸，終老田野，集因以名。一集之中，詩百廿有六篇……嘗得吾友朱岐鳳氏評點先生之詩，校選手録，録畢，深歎舊無刻本，使先生詩道欝堙，是遺吾松之愧。適吾故人楊瑛氏之仲子傅聞吾歎，而走謁，慨然曰：傅請于父刻之，嘉惠後學。吾喜傅之有志斯道，又喜吾故人之有子也。遂僭序于先生《在野集》端。先生名凱，字景文，海叟其别號云。」

陳鎬《題重刊在野集後》：「鎬弱冠時，借獲舊本，誦而愛焉。今大方伯鄢陵劉公守淞時，于是集尤極珍慕，携以自隨。頃至山東，捐俸重刊以傳。謂鎬粗知先生出處，俾題末簡。」據陳鎬跋文，知此抄本之底本爲明正德元年鄢陵劉氏山東刻本。

南圖藏。

蚓竅集十卷

明華亭縣管時敏撰。明永樂元年（一四〇三）楚藩刻本，二册。半葉十行，行二十字，小字雙行，行二十至二十三字不等。細黑口，雙對魚尾，四周雙邊。上魚尾下鎸書名卷次。正文卷端署「雲間管時敏撰，西域丁鶴年評」。書前有明洪武三十一年（一三九八）吴勤序、永樂元年胡粹中序；書末有周子治《全庵記》，署「前浙江按察僉事安成周子治撰，中書舍人廣平程南雲篆，中書舍人姚江柴蘭書」。是書有元末明初丁鶴年評語，皆提行，以「評曰」二字反白標識，評語小字雙行。全書有墨筆圈點，天頭處偶有墨筆批點。鈐印有「徐乃/昌讀」（朱方）。

管時敏（一三三七—一四二一）原名訥，字時敏，號竹間，後以字行，明松江府華亭縣人。洪武九年（一三七六），以秀才任楚王府紀善。恭謹强力，事不避難。洪武十四年（一三八一）隨楚王楨就藩武昌。洪武三十一年任楚王府長史。永樂五年（一四〇七）卸楚府長史職，王楨請命於朝，留居本國，禄之終身。築室黄屯山，名曰全庵。子孫皆仕於楚，後遂爲楚人。時敏工詩能文。著有《蚓竅集》《秋香百詠》《還鄉紀行》等。傳見《列朝詩集小傳》甲集、正德《松江府志》卷三十《人物六・文學》、乾隆《江南通志》

卷一六六《人物志·文苑》、乾隆《華亭縣志》卷十二、乾隆《婁縣志》卷二十一《人物》、嘉慶《松江府志》卷五十一《古今人傳三》、光緒《重修華亭縣志》卷十四《人物》。

是書卷一四言詩，卷二五言古詩，卷三五言律詩，卷四五言長律，卷五七言古詩，卷六七言律詩，卷七七言長律，卷八七言絶句，卷九六言絶句，卷十五言絶句。凡録各體詩二百八十六首。

吴勤《〈蚓竅集〉原序》：「雲間管公字時敏，竹間其别號也。公蚤歲讀書三泖之上，鍾山水之秀，爲文儒……集中詩凡數百篇，嘗名其集曰『蚓竅』，蓋取韓子《石鼎聯句》之語而名之也。以余觀之，公之作鏗鍧炳耀，流出肺肝，鍾山水之秀而鳴治世之音，是奚足以名其集歟！以是名其集者，公之謙德也。辱不鄙徵言序其篇首，諷詠再三，不能自已，於是乎書。」

胡粹中《〈蚓竅集〉原序》：「楚有舊學之臣，曰雲間管公時敏……顧自謙曰《蚓竅集》……賢王侈公之德，欲壽其傳，命刻諸板。余不敏，僭序其朔云。」

《四庫全書總目》集部别集類二二據兩江總督采進本著録：「名其集曰『蚓竅』，蓋取韓愈《石鼎聯句》語也。是集即楚王所刊，中有丁鶴年評語。鶴年家於武昌，與時敏皆爲楚王所禮重，故并其評語刻之……時敏又有《秋香百詠》《還鄉紀行》諸篇，在集外别行，見周子治所作《全庵記》中。今皆未見，殆久而佚矣。」

是書《四部叢刊》三編第七十二册據北平圖書館藏明永樂刻本影印。卷六第六葉、第二十葉係抄補。周子治《全庵記》在書前吴勤序後。鈐印有「汪士鐘藏」（白長）、「小/謨觴/仙館」（白方）、「不夜于氏／藏書印」（白長）、「善本」（朱圓）、「清俸／買來」（白橢）、「湘山／心賞」（朱方）、「越谿／草堂」（朱方）、「文水／道人」（朱方）、「土風／清喜」（白方）等。末有今人趙萬里跋文之排印文字。

趙萬里跋：「右永樂中楚府刻本管時敏《蚓竅集》十卷，半葉十行，行二十字。詩以古今體類次，前後有『土風精喜』、『越谿草堂』、『文水道人』諸印，審是義門何氏故物。卷六第六葉、第二十葉義門據别本摹寫。持以校《四庫全書》著録本，實遠出庫本上。如卷三《從征古州蠻迴途紀驛》二十三首，此本大題後繫以小題，如『右發靖州』、『右洪江』、『右安江』等皆小題也，蓋刊時先詩後題，故以右字識之。庫本既悉删『右』字，而原詩序次仍而未改，於是前首之題未有不誤爲後一首者，此一事也；卷十《重九呈兄勉翁詩》，此本三首俱全，庫本脱第二首；又《初度日復呈兄勉翁詩三首》，庫本全脱。此外，二本詩題亦時有出入，如卷五之《患足行》，庫本改作《折足行》之類，未易縷指，此二事也。提要稱丁鶴年與時敏皆爲楚王所禮重，故并其評語刻之；又云時敏又有《秋香百詠》《還鄉紀行》，見周子冶所作《全庵記》，知所據本有評語，又有《全庵記》，與此本同，然庫本無之者，則館臣之過矣，此三事也。觀於此三事，則此本之善，不待煩言而解。時敏初名訥，後以字行，華亭人，與袁海叟交善，俱以詩名。洪武九年，徵拜楚王府紀善，進右長史。丁鶴年是時亦客居武昌，嘗有詩送時敏：『楚王獨數蘇從諫，齊士誰過管仲才』見《海叟集》卷四，其推重如此。此集亦出鶴年評騭，彼二人之交誼，可於此覘之矣。」

按：跋内所稱《四庫》本卷三《從征古州蠻迴途紀驛》二十三首大題繫小題悉删原序「右」字事，卷十《重九呈兄勉翁詩》三首脱第二首事，《初度日復呈兄勉翁詩》三首全脱事，及卷五《患足行》改

《折足行》等四例，今核文津閣《四庫》本《蚓竅集》〔一〕，俱同跋文所述；又核文淵閣《四庫》本《蚓竅集》〔二〕，俱同楚藩刻本，全部無誤。由是可知，趙氏所核之「庫本」，并非文淵閣本；文淵閣本抄録之謹嚴遠甚於文津閣本。又按：文津閣本與文淵閣本皆删丁鶴年評語及周子治《全庵記》，正文卷端署「明管時敏撰」。文淵閣本書前《四庫提要》末句作：「時敏又有《秋香百詠》《還鄉紀行》諸篇，在集外別行，見周子治所作《全庵記》中，今俱未見。又時敏晚而生子，楚王名之曰延枝，亦有集行世，今并不可睹矣。乾隆四十二年八月恭校上。」以周子治爲周子治，又言時敏子延枝集事，皆誤。

上圖、國圖藏。

蚓竅集十卷

明華亭縣管時敏撰。民國間廬江劉氏遠碧樓抄本，一册。藍格，欄外左下有「遠碧樓劉氏寫本」字樣。半葉十行，行二十一字。上單魚尾，左右雙邊。版心上題「蚓竅集」，版心中右題卷次。正文卷端署「明管時敏撰」。書前有《四庫全書總目》此條提要。書前有吴勤序、胡粹中序。

該抄本無丁鶴年評語及周子治《全庵記》，以趙萬里跋文所舉多例核之，其所據底本當爲文淵閣《四

〔一〕見文津閣《四庫全書》第一千二百三十六册。
〔二〕見文淵閣《四庫全書》第一千二百三十一册。

庫》本。抄本正文末又有補遺一則，爲《題張子正桃花春鳥圖》一首：「十年不見故園春，畫裏題詩半古人。老去風流渾減盡，東風花鳥易傷神。」正文卷端題「蚓竅集補遺」，版心中右亦題「補遺」。并署「明管時敏撰」。此補遺諸本俱未見。遠碧樓抄本前所録《四庫提要》，末句云：「時敏又有《秋香百詠》《還鄉紀行》諸篇，在集外別行，見周子治所作《全庵記》中，今皆未見，殆久而佚矣。」亦誤周子治爲周子治，但無延枝集事，「今皆未見，殆久而佚矣」行文同單行之《四庫全書總目》，而非文淵閣本書前提要。

上圖藏。

壽梅集二卷

明上海縣朱元振撰。明嘉靖間刻本，一册。半葉八行，行十六字，小字雙行字數同。白口，上單魚尾，左右雙邊。魚尾下鎸「壽梅集卷一」。正文卷端題「壽梅集卷一」，署「上海朱元振士誠著」。書前有明嘉靖三十三年（一五五四）文徵明《壽梅集序》（行書手書上版，四葉）、目録。鈐印有「北方／孔德／學校之章」（朱方）。

朱元振字士誠，號壽梅，明宣德間松江府上海縣人。隱居不仕。有《壽梅集》。傳見同治《上海縣志》卷十八《人物一・朱木傳》附。

據書前目録，卷一録《清明有感》《訪海寧瓊上人》《述懷次楊鐵崖韻》等四十餘首，卷二録《客懷示孫暐曄曜》《題坡東草堂》《晚泊謝天全餽酒》等四十餘首。

文徵明《壽梅集序》:「朱静翁楚材者,嘗游諸賢之門……其子士誠,沾溉之餘,亦以詩名。余嘗讀邑志而知其人,蓋清修績學之士也。近得其所著《壽梅集》於其諸孫察卿,詩才百篇,清新爾雅,緣情寫事,隨物賦形,命意鑄詞,無一長語……古之作者,泯滅何限,是在後人耳。不得其人,雖巨編完簡,往往置爲篋中故紙,余見亦多矣。矧此出於蛛絲煤尾之餘?非察卿之賢而有文,安望其慎輯而有傳哉!吾於察卿有慨焉……而朱氏自静翁以來垂二百年,歷且數世,世有聞人,人皆有集,如所謂静翁、葵軒、玉洲、福州及此,不一而足,夫亦盛已。昔王筠自譽其世謂七葉之中,人人有集,若朱氏何忝哉!」

首都圖書館藏。

壽梅集二卷

明上海縣朱元振撰。清嘉慶二十五年(一八二〇)張氏書三味樓刻書三味樓叢書本,一册。此書與朱佑《葵軒集》二卷合刻。無界欄。半葉十行,行二十一字,小字雙行字數同。上單魚尾,左右雙邊。版心上鎸書名,魚尾下鎸卷次,版心下鎸「書三味樓/藏板」字樣。書前牌記上鎸「嘉慶庚辰年鎸」,下鎸「華亭張虚谷重刊/合刻朱壽梅朱葵軒詩集/書三味樓藏板」。《書三味樓叢書》,三十八册,上海圖書館藏。此合集爲其第三十一册。

正文卷端題「壽梅集卷一」,署「明上海朱元振士誠著,華亭張應時虚谷重輯,金山翁淳羲民同校」;卷二首葉署「明上海朱元振士誠著,華亭張應時虚谷重輯,婁縣范棠芸卿同校」。版心上鎸「壽梅集」。書前有嘉靖三十三年（一五五四）文徵明《壽梅集序》（匠體）。無目録。卷二正文末葉末行有「後學吴敬枝守白覆校」字樣。

卷一録《清明有感》《訪海寧瓊上人》《述懷次楊鐵崖韻》……《子佑入試寄鄭將軍》《題秋林書屋》等四十一首，卷二録《客懷示孫暐曄曜》《題坡東草堂》《晚泊謝天全餽酒》……《贈友》《秋夜》等四十五首。

上圖藏。

朱葵軒詩集二卷

明上海縣朱佑撰。清嘉慶二十五年（一八二〇）張氏書三味樓刻書三味樓叢書本，一册。此書又名《葵軒稿》，與朱元振《壽梅集》二卷合刻。無界欄。半葉十行，行二十一字，小字雙行字數同。上單魚尾，左右雙邊。版心上鎸書名，魚尾下鎸卷次，版心下鎸「書三味樓／藏板」字樣。書前牌記上鎸「嘉慶庚辰年鎸」，下鎸「華亭張虚谷重刊／合刻朱壽梅朱葵軒詩集／書三味樓藏板」。正文卷端題「葵軒稿卷一」，署「明上海朱佑民吉著，華亭張應時虚谷重輯，金山錢熙經漱六同校」；卷二首葉署「明上海朱佑民吉著，華亭張應時虚谷重輯，同邑章甫鐵簫同校」。版心上鎸「葵軒稿」。書前有成化十七年（一四八一）夏寅《葵軒稿序》，無目録；書末有朱察卿題識。卷一及卷二正文末行皆有「後學吴敬枝守白覆校」字樣。《書三味樓叢書》，三十八册，上海圖書館藏。此合集爲其第三十一册。

朱佑字民吉，明松江府上海縣人。朱元振子。官江西南昌府同知。工詞翰，有治才。傳見同治《上海縣志》卷十八《人物一》。朱元振《壽梅集》卷一有《子佑入試寄鄭將軍》詩。

是書卷一録《夷門行》《少年行》《懷曹時和》《塞上曲二首》……《送王大尹弟王愛之》《僧舍别桑民懌秀才次張汝弼韻》等四十三首；卷二録《席上贈王濟之秀才》《曹時和拜老母於華漕山居有詩見投賦此奉謝》《錢原博學士謫順德賦此慰之》……《姚默軒孫節軒過葵軒留酌》《閨情二首》《寄張翔鳳比部》等三十七首。

夏寅《葵軒稿序》：「予友朱君民吉，詩人仲雲先生之四世孫也。祖楚材，父士誠，俱以詩鳴國朝。君承源深遠，生而穎敏過人，博摭墳籍。弱冠中南京鄉試，四上春官，不得舉進士，僅拜南昌府同知，愛士者莫不爲之太息。君既藻思不乏，益肆力探討，故所著詩文典雅和平，得其情性。五言詩尤工麗清便，膾炙人口。吾郡代有聞人，君嘗與李清、曹泰、張弼齊名一時，聲稱籍甚信乎……君没二年，君之子曜與君之門人談生詔將校閲君稿以傳，以予與君厚善，故請序其端云。」

朱察卿題識：「上海舊志載《葵軒稿》爲先曾大父南昌同知公所著，察卿自結髮有知識來，大索先世家書中不得。嘉靖壬戌歲，從弟宸卿得於子明叔父故篋中，乃先大父御史公所輯，已請先輩夏止軒先生爲序，而先父福公亦手校一過矣。今觀序中有所著詩文等語，乃知文已失去，僅存此詩。御史公與福州公因循未入刻者，蓋欲得文以并傳也。計南昌公永已時，御史公才十八歲，福州公未生。今察卿九歲而孤，福州公没且三十餘年矣。兵燹一再遭，而此稿尚存，豈天之有意於朱氏文邪？乃與里中宿儒馮君子喬共校，去若干首，命宸卿手書以刻，聊以畢祖父之志云。四世孫察卿謹識。」

上圖藏。

張東海先生詩集四卷東海張先生文集五卷

明華亭縣張弼撰。明正德十三年（一五一八）刻本[一]，四册。半葉十二行，行二十二字，小字雙行字數同。白口，無魚尾，左右雙邊。每葉版心上魚尾處爲一空心小圓圈。版心中鎸「東海詩（文）集」及卷次。正文卷端題「張東海先生詩集」或「東海張先生文集」，無署名。書前有明正德十年（一五一五）李東陽《張東海先生集序》、正德十三年王鏊《書張東海文集後》、正德十一年（一五一六）孫承恩《張東海先生詩集叙》、正德十二年（一五一七）王廷相《題張東海先生集後》。書末有弘治六年（一四九三）羅璟、李東陽、陸簡三人文跋，吴寬、弘治十一年（一四九八）莫氏詩跋，正德十三年吴鉞《書東海先生集後》、林瀚《東海翁集後序》。書前空白葉有甲寅夏至□（椒？）微墨筆題記。

張弼（一四二五—一四八七）字汝弼，自號東海，明松江府華亭縣人。明成化二年（一四六六）進士。歷任兵部主事、兵部員外郎、南安知府，謝病歸。弼爲詩清健有風致，而尤以草書狂翰醉墨得名。傳見

[一]《四庫全書存目叢書》集部第三十九册據北京大學圖書館藏本影印，著録爲「明正德十三年周文儀福建刻本」。北京大學館藏目録著録爲「明正德十三年刻本」。

《明史》卷二八六《文苑傳》、正德《松江府志》卷二十九《人物三》、崇禎《松江府志》卷三十九《賢達四》、乾隆《婁縣志》卷二十一《人物》、《王文恪公集》卷二十六《張公墓表》。

是書詩文集皆無總目録，各卷前有分卷目録。詩集録各體詩二百餘首，依次爲：卷一賦五首、古詩十一首、古詩五言十四首、古詩七言八首、絶句五言十六首、六言四首，卷二五言律二十三首、五言排律四首、七言絶句七十六首、七言排律三首、詞二首、續一首，卷三律詩七言一百四十三首，卷四古詩五十首、續二首、詩餘三首。文集前四卷皆雜文，末一卷爲附録，依次爲：卷一序三十九篇，卷二記十六篇、銘十二篇、贊八篇、箴一篇、傳六篇，卷三雜著十七篇、書三篇、議二篇、哀詞八篇、祭文三篇，卷四題跋二十三篇、墓表五篇、墓志銘七篇，卷五附録（贊七首、序三首、碑記二首、墓志銘一首、祭文四首、詩歌九首）。

李東陽序：「其爲詩清煉脱俗，力追古作，意興所到，從手縱筆，多不屬稿。即有所屬，以草書故，輒爲人持去。先生亦自負刻集太多，欲矯時弊，不復置意……又以無稿，故益加少焉……先生没且三十年……户科都給事中弘至撿諸舊篋，不能十一，又訪諸親友所藏及胥吏所私録者，得其二三……隨所得而先後，將刻梓以傳。」

吴鉞跋：「頃來松，得交其仲子都諫君，試以全集問，則知方緝録，欲梓行，爲不朽計。」

□（椒？）微題記：「《張東海集》，《四庫存目》止有文集五卷，無詩集，殆非全帙。此爲其子弘至所編刻，詩文俱備，且諸家序跋多以手書上版，尤可珍玩。惜爲北方煤氣所董，紙質遂脆，不堪時時展讀耳。」

《四庫全書總目》集部別集類存目二據兩江總督采進本著録《東海文集》五卷：「是集前四卷皆雜

文，後一卷皆附録吊挽銘贊之作。考吴鉞序，稱其子輯録詩文若干卷，則其文原與詩合刻，此本偶佚其半也。」

北大藏。

張東海全集八卷附録一卷

明華亭縣張弼撰。清康熙三十六年（一六九七）嘉會堂刻本，十六册。半葉八行，行二十字，小字雙行字數同。上單魚尾，左右雙邊。版心上鎸「張東海集」，魚尾下鎸當葉卷次及文體。正文卷端無署名。《張東海全集》書前牌記鎸「諸名家評定／張東海全集／嘉會堂藏板」。書前有清康熙三十六年韓菼序、康熙三十三年（一六九四）冉覲祖《重刻張東海先生全集序》、明正德十年（一五一五）李東陽《張東海集序》，明正德十一年（一五一六）孫承恩《張東海集序》、明正德十二年（一五一七）王廷相《張東海集序》，明正德十三年吴鉞《張東海集序》、清康熙三十一年（一六九二）陸隴其《張東海先生集序》，明王鏊、吴寬《張東海集題辭》，明正德十二年（一五一七）張弘至《家刻小序》，《張東海全集》目録。書末有明正德十二年張弘至書末後序，萬曆三十年（一六〇二）五世孫張以誠《家刻小跋》，清康熙二十年（一六八一）七世孫張世圻《紀言》，清康熙三十二年（一六九三）七世孫張世綏《刻集紀言》，康熙二十年吴騏跋。附録一卷，據附録前《附録題識詩文目録》，計序八首，傳一首，記七首，碑文二首，題辭三十八首，祭文四首，志銘一首，墓表一首，像贊十五首，詩四十七首。附録行款同正文。附録末有清康熙三十二年七世孫張世綬《附録紀言》。鈐印有「梅華/草堂」(白方)、「合衆圖書/館藏書印」(朱長)等。

是書爲文類四卷,詩類四卷。其中文類卷一賦五首、序四十一首,卷二記二十一首、傳八首,卷三書三首、議二首、説五首、題跋四十首、銘十三首、贊十三首、箴一首、詩話三首、原一首、解一首、釋二首,卷四對一首、志三首、誡一首、辯一首、墓表五首、墓志銘七首、哀辭二十五首、祭文五首。詩類卷一古風四十三首、古樂府三首、五言古十八首、七言古八十五首,卷二五言律三十二首、五言排律五首、七言律一百六十六首,卷三七言律一百七十首、七言排律三首、五言絶五十首,卷四七言絶二百八十二首、六言詩三首、詞五首、詩餘二首。

冉觀祖序:「洧川張瞿父明府,先生七葉孫,家傳秘本,頗有散失,重加搜采,彙成新編。」

張弘至《家刻小序》:「此東海先君遺集也。嗚呼!先君殁且三十有一載矣。今始克成編,編又不能得其大分,罔極之罪容何言。念先君素于稿草不惜,遺亡或强之去,亦不爲悟也。嘗命孤曰:毋觀近時刻集,故自視亦無庸傳。然今海内士類每以不亟見先集爲問,而孤等又竟忍淪失無餘也哉!弘至北歸,二兄繼逝,旁求轉録,吃緊者又復十年,得詩類卷四,凡四百一十首;文類卷四,凡一百五十首,各以體分,隨所得無次,譌缺未備者復三之一,别録以存。嗚呼!非其有而冒之,非夫也湮所有而弗章,非子也所賴涯翁寄序且手批其舛贋。崑山顧侍御孔昭、北里孫内翰貞甫備加評選,校文賦則王大尹良佐、沈憲幕東之;校詩律則陶祠部良伯、千進士調元,箋補殘失,孫其性當之,庶幾就緒,携之洞庭,質諸守溪先生,先生許之言。復遇都太僕玄敬于蘇,汪司業器之于嘉禾,重爲披校,且裁節之。徐嘉興子謙遣工壽梓，乃卒有成。」

張弘至《末後序》：「集既成，有客來自海上，覽而訝之，曰：『吾少聞先公《寶劍鳳山賦》《海若問對篇》，贈寓鄉曲尤富，今一何遺之！』不肖黯然不釋，曰：『豈獨君有聞哉！余亦有聞，而莫余告也。念先人履歷南北，且逾三十年，紀述應酬日富。少有《鶴城長春稿》，北游有《寄寄軒獨吟稿》，登仕後有《天趣面墻使遼稿》，在郡有《清和堂稿》，歸有《慶雲稿》，其它不盡聞也。乃以手筆爲累無遺。兹惟郡稿存侍史所録少作，餘長兄手抄而歸，老僅得衆傳此集用以成耳。然録有舛，傳有訛，間又贋，又所不免也。嗚呼，裒之衆，散之餘，遡之再世之久，尚何惑乎！君之有言哉！』客歎曰：『異哉，先公天下士也，言在天下，子能暴情于篇端，必有因集而副子望者求祔于五父之衢，能無軫念于子乎？』起而謝之，用識末簡。正德丁丑閏臘月朔，孤弘至拜言。」

張世圻《紀言》：「向有刻集，爲六世祖龍山翁輯梓。當日代止一傳，而多所遺漏，且經諸賢參訂，而錯雜舛訛猶未全校，豈急于告竣，不暇詳究耶？傳至于今，板刻蠹蝕，文獻無稽，以至史館徵文呼而莫應，良可慨已。不肖圻自弱齡承侍吾祖吾父，備聆緒訓，惟以祖述前修，表章先烈爲望，競競佩服，罔敢或渝。奈生居最晚，家遭多故，先世藏迹蕩焉無存。今年春，偶借觀一册，翻誦之餘，不忍暫釋，隨命楮墨手自抄謄。中有磨滅者，則旁求參訂以補之；有疑似難明者，則姑闕之；有編次佚倫者，則稍釐定之。凡三閲月而諧。魯亥之訛，間亦未免。自揣淺見末學，蠡測管窺，豈能盡得其條理哉！竊念翁之著述必不止此，復訪得抄本一册，較前刻約三分之一，豈當日所謂別録以存者，即此是耶？更于宗黨兄弟間博采真迹，總得詩文四百八十有奇，續爲補遺一集，雖未敢謂大成，亦聊以佐未備云爾。嗚呼！代易兩朝，世傳七葉，仰止有素，親炙無從，能不倍深感歎耶？所冀後來賢裔克紹前徽，聿追祖武，再加搜考，壽之棗梨，則祖宗謨烈可以不磨，而予小子討論苦心，庶亦藉以附見矣。此中惓惓，無任禱祝。時康熙二十年歲舍辛酉午月既望，七世孫世圻拜手謹識。」

張世綬《刻集紀言》：「七世祖東海翁有明成化間以名進士起家，歷官駕部，直言忤權貴，出守南安。凡立朝大節與夫政事文章，不特諸先達之表揚，且已志乘修明，國史徵輯，余小子何敢贅陳？惟是生平著作甚富，一切詩古文詞皆直舒己蘊，不事雕琢，非警戒人心，即箴規政治而復出之温厚和平。至今誦翁之詩文，無不思慕悦懌，奮發興起。使非實有垂世立教之深意，何能使後之人感歎流連若此哉！奈何六世祖都諫公所刻遺稿無多。豈當日傷時憫俗，動輒忌諱，抑或書名震世，脱稿旋爲人購去，以是代止一傳，而搜羅未盡耶？居常捧讀之下，深以闕略爲疑。伯兄世圻雅有同心，廣爲搜輯，又得未刻稿如干篇，手抄成卷，雖未可爲全璧，然幾幾乎已倍原集。其有翁之手迹，而標識缺如，雖文詞機致似翁製作而未敢必者，另爲存疑一編，亦可謂留心先業者矣。綬不敏，向欲壽之棗，以爲傳世家珍，苦于有志未逮，抄録成帙，所在携游，每風日閑美，展誦一二，猶覺正氣凜然，洗人心腑。」

張世綬《附録紀言》：「集後附録一册，雖不足盡翁生平，然立朝大節，處家垂訓，其經濟文章，至今猶可想見梗概云。舊刻者三之二，續葺者三之一，乃舊刻不無舛錯，省覽未便。綬不敏，敢謬爲倫次，至爵禄之崇卑，世數之近遠，不能一一考究，止隨所得編類，得序六、傳一、記七、碑文二、題辭三十八、祭文銘表六、像贊十五、詩四十七而已。嗚呼！歷世久遠，遺文散軼，雖賴前人纂梓，而藏板剥蝕，漫滅無存，綬雖廣爲搜考，亦止存什一於千百。使後此不爲收藏，焉知不又將爲蠹殘乎？刻成，尚擬請正宗工，惠貽琳琅，以光先集。所望後世子孫留心搜采，永作家珍，庶斯集之不朽也。癸酉新秋，七世孫世綬載拜書。」

上圖、北大藏。

定庵集五卷附榮壽録一卷

明華亭縣張悦撰。明弘治十七年（一五〇四）劉琬刻本，三册。半葉九行，行二十一字。粗黑口，雙對魚尾，四周雙邊。上魚尾下鎸書名卷次。正文卷端無署名。書前有弘治十七年劉琬序、總目及分卷目録。鈐印有「楓溪／戴二蕉／珍藏書／畫之章」（朱方）、「善化賀瑗／鑒藏之章」（朱長）、「□（忘）日館收藏印」（朱長）、「曉／霞」（朱方）、「徐鈞／印」（白方）、「靈芬館／圖書記」（白長）、「松石秘／笈之章」（朱長）、「禮培／私印」（白方）、「掃塵／齋積／書記」（朱方）、「曉椴／收藏」（朱方）、「善化賀／學蘧□／秘笈書／畫之章」（朱方）等。《四庫全書存目叢書》集部第三十七册據以影印。

張悦（一四二六—一五〇二）字時敏，號定庵，明松江府華亭縣人。居曹涇（今屬上海市金山區）。天順四年（一四六〇）進士，歷仕江西、浙江、四川、湖廣等地，官至兵部尚書。卒謚莊簡，祀鄉賢祠。悦少而凝静，篤學力行，居官奉職守法，性素清約，自小官至重任，終始一節。著有《定庵集》。傳見《明史》卷一八五本傳、正德《松江府志》卷二十九《人物三·名臣》、崇禎《松江府志》卷三十八《賢達三》、乾隆《江南通志》卷一四一《人物志·宦績》、乾隆《婁縣志》卷二十一《人物》、光緒《重修華亭縣志》卷十四《人物》。

是集爲張悦詩文集，凡詩一卷，文四卷。其中卷一詩類，卷二題跋、贊、傳、箴、書、表，卷三記、序，卷四行狀、墓志銘、墓表，卷五奏疏。附《榮壽録》一卷，爲縉紳友朋所贈文章，計五十二葉。《四庫全書總目》卷一七五集部别集類存目二據兩淮鹽政采進本著録。

劉琬序：「既裒成帙，名曰「定庵集」，復録兩京縉紳以及鄉士夫所贈送者，别爲一帙，名曰「榮壽集」……未幾，先生疾革，余不敢忘初志，爰索以屬華亭學諭傅鼎較閲數過，正訛定舛，卒用梓行，以徵吾淞一代之文獻。」琬時任松江府知府。

上圖藏。

萬里志二卷

明華亭縣張弘至撰。清康熙三十三年（一六九四）張世綬刻本。半葉八行，行二十字，小字雙行字數同。上單魚尾，左右雙邊。行款同《張東海全集》。版心上鐫「萬里志」。正文卷端署「明户科都給事中張弘至時行父著」。書前有目録，許穀《萬里志序》、萬曆三年（一五七五）陸樹聲《萬里志》小引、《萬里志題詞》、明正德二年（一五〇七）張弘至《萬里志自叙》。書末有《附諸公贈行詩》、嘉靖十四年（一五三五）文徵明《序龍山先生萬里志後》、萬曆元年（一五七三）張弘至季子張其愰《萬里志述言》、康熙三十三年（一六九四）六世孫張世綬《萬里志述言》。是書附於《張東海全集》八卷之後。

張弘至字時行，號龍山，明松江府華亭縣人。張弼子。弘治九年（一四九六）進士，改庶吉士，授兵科給事中。母憂歸卒。著有《萬里志》《玉署拾遺》《東塾諫草》《見意亭集》等。傳見《明史》卷一八〇本傳、崇禎《松江府志》卷三十九《賢達四》、乾隆《江南通志》卷一四一《人物志·宦績》。

是書以詩紀行，據書前目録，卷上自《過孫竹莊》至《曉行宣化道中聯句》，卷下自《入交南》至《南還宋工部可葵顧學士東江沈大參東老宋大參樗庵唐藩幕飭軒過訪》。

陸樹聲《萬里志小引》：「《萬里志》者，都諫龍山志使交往返道中所得諸作也。稿藏於家，歲久散逸，公子季琰拾自燼餘，間搜訪其别存者，録爲卷帙，以游金陵士大夫相與醵資，壽之梓，許太常所爲叙首簡也。志凡二卷，餘多逸而不存，然即其僅存者，世已鳳毛麟角，貴重之矣。公爲東海先生叔子，詞翰濟美，可稱羲獻。季琰嫻於文學，能世其家，亦不愧王家小令。吾松固多文獻家，其傳世久未有若張氏者，東海之流澤遠矣。乙亥秋孟，季琰持卷視余爲題小引。」

張弘至自叙：「《萬里志》，所以紀志萬里之程者也。予奉使安南國，行且萬三千餘里。道出豐城，吾同年永嘉朱君佐假令兹邑，以樽俎餞别，携素卷，要予書所見聞。逮過臨江遂病，不能行者數日。至袁州，已草草紀畢。奈無可附上者，仍携之異域。且還，續以歸途所得。雖不能備萬里大觀，然終始往返，亦略概具。君佐素以文鳴，其遠抱傑才，行且爲國當萬里城，匪若予徒奔走紀志而已。逾年，正德丁卯二月望，復道劍江，乃隸首簡，且引以歸之。」

文徵明《序龍山先生萬里志後》：「東海先生一代偉人，其文章翰墨重於海内。二子起而繼之，不獨能踐世科紹宦業而已。而文翰之美，亦克世家學。此公之叔子都諫龍山公使交南往返紀志，季子季琰收拾於兵燹之後，敗楮之中，持以相視。清篇妙翰，夫人皆知重之，况其子孫哉！雖然，非其後人之賢，則蛛絲尾之餘，其不置爲篋中故紙者，鮮矣。此又以知公之有後也。」

張世綬《萬里志述言》：「東海祖君集既壽梓，又得從弟世南郵寄六世祖龍山翁《萬里志》一帙，蓋翁出使安南紀行之什也。積日紀程，各體參互，其間道里寥廓，山川險易，與夫懷柔服遠之義，晋接恭順之誠，雖短章略紀梗概，可知昔太史公閲歷封内名山大川，作爲文章奇肆瑰瑋，令人莫可端倪，况於吾祖捧檄殊疆，即所聞見，播之謳吟，陶情淑性，直可嗣徽三百，豈僅倡予和汝者得仿佛其萬一哉……惜倭寇陸梁，流離播越，舉歸烏有，猶幸尚存此編，得以昭兹來許耳……今合觀二祖遺稿，無非忠君愛國，培養深厚，以致始祖迄今，科名相繼，纍纍不絶，屈指宦游者，十五國都，無不遍歷。此皆祖德貽謀，未可忘其原本也。癸酉冬杪，適弟世繩來游淯水，盛道海翁集成，舉宗慶幸。不肖綬因復出龍山翁《萬里志》共相校讎，附梓《安南集》後，如班氏文章繼彪者復有固，庶幾後先輝映，俾奕世子孫知二祖高文亮節如是如是，於以振興先業，不墜家聲，則斯刻不無小補云。」

上圖、北大藏。

東江家藏集四十二卷附録一卷

明華亭縣顧清撰。明嘉靖三十八年（一五五九）顧應陽刻本，十二册。半葉十二行，行二十四字，小字雙行字數同。白口，無魚尾，四周單邊。版心中鎸「家藏初集」及卷次。正文首葉卷端上題「東江家藏初集卷第一」，下題「山中稿卷一」，無署名。版心下右偶有刻工姓名，如六宗華刊、馬、吴、意、曹堂、黄周賢刻等。書前有嘉靖乙卯孫承恩《顧文僖公文集序》、汪佃《東江家藏集序》、嘉靖壬子章焕《東江家藏集序》、顧文僖公遺像、孫承恩《顧文僖公東江先生像贊》、《東江家藏集目録》。書末附録爲王鏊《風聞言事論》。書末有顧清孫婿董宜陽《東江先生家藏集記》，嘉靖三十八年孫顧應陽跋。鈐印有「觀其／大略」（白方）等。

是書分初、中、後三集，其中初集爲《山中稿》四卷，乃未仕時作；中集爲《北游集》二十九卷，乃既仕後作；後集爲《歸來稿》九卷，乃致仕後作。皆顧清晚年所自編，體例頗爲精審。清還有《留都稿》四卷、《存稿》十卷，爲其子孫所續輯，皆已不傳。據書前目録，是書凡四十二卷，其中初集四卷（《山中稿》），中集二十九卷（《北游稿》），後集九卷（《歸來稿》）。其中卷一至卷四爲初集，題山中稿四卷，其中卷一賦三首，卷二詩七十一首，卷三詩五十七首，卷四序八首，記四首，雜著十四首。卷五至卷三十三爲中集，題北游稿二十九卷，其中卷五賦五首，辭十九首，卷六詩七十九首，卷七詩一百七十七首，卷八詩一百二十二首，卷九詩一百五十二首，卷十詩一百三十四首，卷十一詩一百五十九首，卷十二詩一百二十七首，卷十三詩一百二十二首，卷十四詩一百首，卷十五詩六十首，卷十六序二十四首，卷十七序二十三首，卷十八序二十五首，卷十九序二十五首，卷二十序十八首，卷二十一記三十首，卷二十二雜著二十首，卷二十三雜著十五首，卷二十四題跋二十四首，卷二十五書簡十六首，卷二十六書簡二十三首，卷二十七祭文十九首，卷二十八行狀五首，卷二十九墓表墓碑十一首，卷三十墓志銘十九首，卷三十一志銘十二首，卷三十二講章二首、策問四首、擬策二首、表四首，卷三十三奏議十二首。卷三十四至卷四十二爲後集，題歸來稿九卷，其中卷三十四賦一首、辭一首、詩二百三十一首，卷三十五詩九十五首，卷三十六詩七十七首，卷三十七序十首，卷三十八記六首，卷三十九書簡二十九首，卷四十祭文二十二首，卷四十一墓表墓志十二首，卷四十二墓志十二首。《四庫全書總目》集部别集類二四據兩淮馬裕家藏本著録。

董宜陽《東江先生家藏集記》：「宗伯文僖公《東江家藏集》，曰《山中稿》四卷，未仕時作，曰《北游稿》二十九卷，既仕後作，曰《歸來稿》九卷，致仕後作，皆公手自詮次。詩不分體裁，而以年月先後爲序；文則以類相從，而先後亦自可見，蓋因以考履歷而驗進修者也。其續集曰《留都稿》者，凡四卷，則赴召後至屬纊時所作，曰《存稿》凡十卷，則公之弃餘而世之鳳毛麟甲，皆冢孫處州同知君應陽與其子承善所編輯，以備見公之全云。它所著述若《松江志》《顧氏家譜》《秋亭日録》《文獻目録》諸書，則不在是……公用意精專，無書不讀，視天下事無不可爲。家居坐卧小樓，左右圖史，終日忘倦。嘗見手稿數十帙，淡墨細書，行間整密，乃知公一言一字不苟若此，它可知也。」

顧應陽跋：「嗚呼！此我先大父文僖公遺稿也，皆手自編次，藏稿于家，爲海内所慕，後人宜亟播以揚前休者也。第公捐館時，應陽力有弗逮，及官内臺判京兆，留滯京師者數年，未嘗不去來于懷。壬子，以南太僕丞候調家居，始勉爲之。癸丑，復有建昌之役，板留于家，幾罹倭焰，幸獲保全。丁巳，應陽自括蒼被讒歸休，復重加緒正，集用告成。凡更三十餘年，始克竣事。中間逡巡却顧，至有不忍言者，其難若此。嗚呼！是集皆先公平生精神心術所聚，奚止口澤手澤所存？應陽雖不肖，不敢自附于無恤，不忘授簡之意，而河圖大訓之寶寔有望于後之人也。嗚呼！其念之哉。」

上圖、重慶市圖書館、日本静嘉堂文庫、日本尊經閣文庫藏。

錢太史鶴灘稿六卷附録一卷紀事一卷遺事一卷

明華亭縣錢福撰。明萬曆三十八年（一六一〇）沈氏梅居刻本[一]，三册。半葉八行，行十九字，小字雙行字數同。無魚尾，四周單邊。版心上鎸「寉灘稿」及卷次，版心下鎸「沈氏梅居」字樣。正文卷端署「華亭錢福與謙著」。卷一正文首行下部有「城南沈氏及之輯梓」字樣，卷二至卷六各卷首相同位置皆有此字樣，但均作「城南沈思及之輯梓」。每卷末多有校者姓名，卷一末「後學曹遵何寧甫、陸慎修永叔同校」，卷二無，卷三末「陸慎修、曹遵何同校」，卷四末「曹遵何寧甫、陸慎修永叔同校」，卷五末「後學曹遵何以寧甫、陸慎修永叔同校」，卷六末「後學曹遵何、陸慎修、曹元亮同校，沈思編次」。書前有明萬曆三十六年（一六〇八）張以誠《錢鶴灘先生文集叙》（手書上版）、陸慎修《書寉灘先生遺稿後》、《寉灘先生

[一]《四庫全書存目叢書》集部第四十六册據中國國家圖書館藏本影印。

紀事》，馮時可《鶴灘先生遺事》，《錢太史詩集舊序》［正德十一年（一五一六）趙昌齡序、隆慶二年（一五六八）董宜陽《錢與謙太史遺稿題詞》］、陸慎修《鶴灘像贊》（手書上版）、目録、藏書姓氏及分校姓氏。書末附録沈思輯并書《翰林院修撰與謙錢君墓志銘》。馮時可《鶴灘先生遺事》末有「戊申冬日沈思及之書」字樣，《錢太史詩集舊序》末有「萬曆庚戌長至日城南集賢里人沈思及之重書」字樣。

錢福（一四六一—一五〇四）字與謙，明松江府華亭縣人。其家近鶴灘，因以自號。其先浙江桐鄉人，占籍華亭。弘治三年（一四九〇）進士第一，授翰林院修撰。曾游李東陽門。詩文藻麗敏妙。弘治六年（一四九三）謁先歸，丁家艱未起，以疾致仕，卒年僅四十四。著有《鶴灘稿》，編有《新刻唐宋名賢歷代確論》。傳見正德《松江府志》卷三十《人物六·文學》、崇禎《松江府志》卷三十九《賢達四》、乾隆《江南通志》卷一六六《人物志·文苑》、乾隆《婁縣志》卷二十二《人物傳三》。

據書前目録，卷一賦二首、五言雜詩二十四首、七言雜詩三十八首，卷二七言近體一百三十八首、五言絶句五首、七言絶句一百六十三首，卷三序三十一首，卷四記二十三首，卷五碑記四首、傳五首、墓志銘七首、墓碣銘一首、壽塔銘一首、墓表三首、行狀一首、祭文三首，卷六策二首、論六首、議一首、説一首、引四首、題詞四首、跋三首、雜文一篇、書簡三首、贊九首、銘六首。附刻爲喬宇撰墓志銘、李東陽撰墓表、顧清撰墓記、顧清撰祭文。此本正文末附刻僅存沈思輯并書《翰林院修撰與謙錢君墓志銘》，餘皆未見。《四庫全書總目》集部别集類存目三據浙江巡撫采進本著録，題《鶴灘集》六卷。

國圖、上博藏。

朱玉洲集八卷

明上海縣朱曜撰。明嘉靖十五年（一五三六）朱蟾刻本，清丁丙跋，四册。半葉八行，行十六字，小字雙行字數同。白口，上單魚尾，左右雙邊。魚尾下鎸「朱玉洲集卷二」。正文卷端題「朱玉洲集卷一」，署「上海朱曜景暘著」。書前有嘉靖十五年唐錦《玉洲先生文集序》、《朱玉洲集目録》。序文前空白葉右側粘有丁丙跋文簽條，著録爲「朱玉洲集八卷，明嘉靖丙申刊本」。鈐印「江蘇第一／圖書館／善本書／之印記」（朱方）。

朱曜字叔暘，明松江府上海縣人。朱佑子，朱豹父。正德間貢生，官清江鹽課提舉。操履剛正，人方之陳太丘。傳見嘉慶《松江府志》卷五十二《古今人傳四》、同治《上海縣志》卷十八《人物一》。

卷一詩，卷二詩，卷三序，卷四序，卷五墓志，卷六墓志（行狀墓表附），卷七雜著（書、跋、説、贊、祭文），卷八雜著（辭、上梁文、啓、幛詞）。

唐錦《玉洲先生文集序》：「先生應酬請購，恒對客揮毫，單詞落紙，人輒珍持以去，稿多不存。今其季子太學君蟾網羅散逸，得十之五，即手録成帙，刻梓傳焉……先生姓朱氏，諱曜，字叔暘。既謝提舉事，會仲子侍御君豹當推封，於是封如子官。集名『玉洲』，因其號也。」

南圖藏。

長谷集十五卷

明華亭縣徐獻忠撰。明嘉靖四十四年（一五六五）袁汝是等刻本〔一〕，八册。半葉十行，行十八字，小字雙行字數同。上單魚尾，左右雙邊。版心上鐫書名，版心下右鐫刻工姓名。正文首葉版心下右刻工題「吴中吴曜寫黄周賢刊」，刻工還有袁宸、陸定、張珍、張文、曹旻、沈文瑞、何承德等。正文卷端署「華亭徐獻忠伯臣」。卷末多有寫、刻者姓名。如卷一末「長洲吴曜寫，黄周賢等刻」，卷二末「長洲吴曜、馬湘、袁宸寫刻」，卷四末「嘉禾曹旻等刻」，卷十四末「長洲吴曜寫，馬相何承德」。書前有袁汝是《長谷集序》、總目、董宜陽《刻集記》、《助刻長谷集列目》。助刻是書者有袁汝是等三十六人。

徐獻忠號長谷，因以名集。據書前總目，卷一賦類十三首，卷二五言古詩六十四首、七言古詩三十首，卷三五言律詩一百三十七首，卷四七言律詩一百三十一首、絶句一百十一首，卷五至卷七序七十六首，卷八記碑二十四首，卷九雜著三十五首，卷十至卷十二書簡一百四十二首，卷十三傳六首、行狀八首，卷十四誄辭十首、祭文十一首，卷十五墓志十八首、墓表三首。目録末有題記兩行「董君勘刻目録三十有七板，恐紙/墨太費，今省列總目止二板云」。《四庫全書總目》集部别集類存目四據安徽巡撫采進本著録。

董宜陽《刻集記》：「《長谷集》十五卷，吾師長谷先生所著，而諸大夫士所共刻者也……宜陽寔承命

〔一〕《四庫全書存目叢書》集部第八十六册據中國國家圖書館藏本影印。

編校，始於嘉靖甲子冬，越明年乙丑夏告成，凡若千萬言。先生才大學宏，著書滿家。若《金石文》《樂府原》《吴興掌故序》《唐詩品》《水品》《四明半政録》先已梓行。若《洪範或問》《春秋稽傳録》《大易心印》《四書本義》及《分節參同契》《大地圖衍義》《山房九笈》《三江水利考》等書，各自爲集，尚藏於家。」

國圖、西安市文物管理委員會藏。

龍江集十四卷

明上海縣唐錦撰。明隆慶三年（一五六九）唐氏聽雨山房刻本，四册，半葉十行，行十九字。白口，上單魚尾，左右雙邊。魚尾下鎸「唐龍江集卷之□」，版心下右偶鎸刻工姓名及當葉字數，如分三百四十五、章右之刻、仇鵬刻、姚、兆刻、林志刻等。正文首葉版心下右鎸「長洲錢世傑寫姚起刻」字樣，卷二首葉版心下右鎸「長洲錢世傑寫章右之刊」字樣等。正文卷端題「龍江集卷之一」，署「雲間唐錦士綱」。書前有明隆慶三年顧名世《龍江先生文集序》、朱希周撰《明故中憲大夫江西按察司提學副使唐公墓志銘》、目録。卷十四末葉左半空白處有牌記，雙邊墨綫，内鎸「隆慶己巳唐氏聽雨山房雕梓」字樣。鈐印有「朱/域」（白方）、「敷/九」（朱方）等。《續修四庫全書》第一千三百三十四册據上海圖書館藏本影印。

此書卷一詩，卷二至卷四序，卷五至卷七碑記，卷八至卷十墓志銘，卷十一墓志銘、墓表、誄，卷十二至卷十三行狀，卷十四雜著。

上圖藏。

儼山文集一百卷目録二卷

明上海縣陸深撰。明嘉靖二十五年（一五四六）至三十年（一五五一）陸楫刻本，二十册。半葉十行，行二十字，小字雙行字數同。雙順向上白魚尾，左右雙邊。版心上鎸當葉文體，上魚尾下鎸書名及卷次，下魚尾上鎸葉碼。正文卷端題「儼山文集」，署「門生黄標校編」。書前有費寀《陸文裕公文集序》，嘉靖二十五年徐階《陸文裕公集序》《儼山文集總目》《儼山文集目録》（各册各卷細目）。

是書爲陸深詩文集，皆其子陸楫所編。據書前總目，卷一賦，卷二至卷三歌，卷四謡、辭、行、四言古詩，卷五至卷六五言古詩、七言古詩，卷七至卷八五言律詩，卷九至卷十五七言律詩、五言絶句、六言絶句，卷十七至卷十七七言絶句，卷十八五言排律、七言排律、聯句、集句，卷十九雜體詩，卷二十至卷二十二樂府，卷二十三樂章，卷二十四詩餘，卷二十五詩話，卷二十六册文、表，卷二十七至卷二十八奏疏，卷二十九青詞、讚頌、讚饌文偈，卷三十頌、贊，卷三十一至卷三十二詩微，卷三十三講章、策問，卷三十四議、辯、解，卷三十五銘，卷三十六引，卷三十七至卷五十一序，卷五十二至卷五十六記，卷五十七至卷五十八史記，卷五十九至卷六十一傳，卷六十二至卷七十六墓志銘，卷七十七墓表，卷七十八至卷八十一行狀，卷八十二碑，卷八十三誄辭、哀辭、祭文，卷八十四雜文，卷八十五策，卷八十六至卷九十題跋，卷九十一至卷一百書。總目後又有目録，分全書爲二十帙，一一注明各帙所隷卷次、文體及數量。《四庫全書總目》集部别集類二四據兵部侍郎紀昀家藏本著録，爲《儼山集》一百卷《續集》十卷。《(崇禎)松江府志》卷五十四《著述》著録，書名題《陸文裕公集》《續集》，不題卷數。

徐階序：「陸文裕公集一百卷，其子國子生楫所刻……公歿再期，而此集出。」是書上海圖書館藏一部，題《儼山文集》一百卷續集十卷外集四十卷，十五册。《儼山文集》末有文徵明《陸文裕公文集後序》。

文徵明序：「文裕公既卒逾年，文集梓成。凡一百卷，外集若干卷，其子太學生楫所葺。今大學士徐公既叙首簡，楫以余與公雅有事契，俾識其後。未幾，楫死，嗣孫郯復以爲請。屬余多病未暇，而郯請彌勤。蓋自丙午抵今丁巳，十有二年矣，意益弗懈……今郯亦文裕公之仲孺也，余忍不有一言以慰答其孝思耶？」

復旦、上圖、北大、南圖、湖北省圖書館藏。

儼山續集十卷

明上海縣陸深撰。明嘉靖間陸楫刻本。半葉十行，行二十字，小字雙行字數同。雙向上順白魚尾，左右雙邊。版心上鎸當葉文體，上魚尾下鎸「陸文裕公續集卷□」字樣，下魚尾上鎸葉碼。正文卷端題「陸文裕公續集卷一」，無署名。書前有嘉靖三十年（一五五一）唐錦《陸文裕公續集序》、《陸文裕公續集目録》。

卷一賦二首、五言古詩五十七首，卷二七言古詩十九首，卷三五言律詩五十八首、五言排律一首，卷四七言律詩五十二首，卷五七言律詩五十三首，卷六七言律詩三十一首、五言絶句四十七首，卷七七言絶句六十七首，卷八序八首，卷九序九首，卷十記四首、跋三首、書二十四首。

唐錦序：「先生既斂神觀化，其子太學生楫字思豫，發所藏稿類而成編，凡爲集百卷，外集四十卷，咸登諸文梓壽其傳矣。兹復訪搜散佚，隨遇札録，編爲續集十卷，刻附集後以傳。」

上圖、復旦、北大、南圖、湖北省圖書館藏。

陸文裕公行遠集二十三卷外集一卷

明上海縣陸深撰，明上海縣陸起龍編。明陸起龍刻清康熙六十一年（一七二二）陸瀛齡補修本〔一〕，八冊。半葉九行，行二十字。白口，無魚尾。版心中鎸當卷卷次。書前牌記鎸「五紀從孫陸瀛齡重編補刊／陸文裕公集／竹素堂藏板」。每卷首署「從曾孫陸起龍謹編」，每卷末有「五世從孫陸瀛齡重編補刊」字樣。書前有康熙六十一年曹一士《重編陸文裕公行遠集序》，陸瀛齡題識及陸起龍原跋；彙刻《陸文裕公全集原序》，計徐階、費寀、唐錦、文徵明、陸師道、徐獻忠、何良俊、陸樹聲諸人，末有「五世從孫陸瀛齡重編補刊」字樣；《國朝諸名公品鑒》，末亦有「五世從孫陸瀛齡重編補刊」字樣；《重編陸文裕公行遠集目録》。鈐印有「四明盧氏／抱經樓／藏書印」（白方）、「吴興劉氏／嘉業堂藏」（朱方）。

〔一〕《四庫全書存目叢書》集部第五十九册據復旦大學圖書館藏本影印。

是書彙集陸深所撰奏議、序、記、傳、墓志銘、題跋、書啓、詩、賦等作品。其詳目爲：卷一册表贊頌七篇，卷二奏議六篇，卷三序五十篇，卷四記二十篇，卷五傳八篇，卷六碑四篇，卷七墓志銘十七篇，卷八墓表誄詞祭文九篇，卷九行狀八篇，卷十銘贊十八篇，卷十一説引十篇，卷十二題跋四十七篇，卷十三書啓三十二篇，卷十四賦三篇，卷十五四五言古四十九首，卷十六七言古上十七首，卷十七七言古下十六首，卷十八五言律五十七首，卷十九五言排律七首，卷二十七言律二百十三首，卷二十一五六言絶句三十四首，卷二十二七言絶句八十六首，卷二十三詩雜體十二首、詩餘八首，卷二十四外集一百三十一條。

陸瀛齡序：「先文裕公挺生明代，岳岳公卿間，學術正，人品端，不獨以文章重也。然讀其文，可想見其爲人。齡自總角時，先君子嘗手裒全集，庭立而詔之曰：『我陸氏家學在是立身行己，當以公爲法。』小子識之，弗敢忘。全集原刻凡一百八十卷，先伯祖吉雲公宰永寧時重付剞劂，慮其繁也，什存一二，簿書鞅掌，未暇編定，公諸當世。今藏板尚存，齡謹奉庭訓，重編卷次，且補其漫漶闕失者。海内君子即未睹其大全，亦可略見梗概，知先公之學術人品有卓卓不可磨滅者，而文章特其餘技云。」

陸起龍原跋：「先曾叔祖文裕公文集一百卷，續集四十卷，外集四十卷，嘉靖時，從叔祖小山公校刻行世已久，卷帙繁重，學業者往往苦其難購。歲丁丑，小子承乏江右之永寧，出入廬山彭蠡間，追念先公昔常參藩是邦，政事文章與江山相映發。迄今求其遺集者所在多有，蓋古者思其人，猶愛其樹，况其發之心而宣之爲言者乎？小子不敏，愧無以塞賢大夫之請，簿書之暇，屬從弟元美日録數篇，積久成帙，爰付開雕，既成，識之曰《行遠集》。夫言之無文，行而不遠，先公之述作可謂文矣，非敢謂掇其菁華盡於斯集。嘗一臠而知全鼎，謂之知味；睹一斑而窺全豹，謂之辯色。大雅君子庶不存見少之思云爾。」

《四庫全書總目》集部别集類存目三據内府藏本著録：「《行遠集》《行遠外集》，皆無卷數。」「其文集、續集刻於嘉靖中，此集則崇禎庚午其曾孫休寧縣知縣起龍所編。前有起龍述言一篇，稱深隨地著述，散見四方者邈不可購。所鎸正、續集一百五十卷有奇，十不得五。迄今模糊散佚又十之二三。起龍睠懷先澤，多方搜購。見輒筆之，又積至二十餘卷，以次校編。又稱附以年譜，重開生面云云。今考此本所載，皆文裕集所已收。蓋其時舊刻散佚，掇拾所存，重刻此版，故稱搜購。實則非續獲於正、續二集之外也。所稱年譜，今亦不存。或哀緝偶漏，或歲久版又佚缺歟？」

是書上海圖書館藏一部，著録爲清康熙六十一年刻本，十六册。書前有清康熙六十一年曹一士《重編陸文裕公行遠集序》，陸瀛齡題識，彙刻《陸文裕公全集原序》，明崇禎十年（一六三七）陸起龍《先文裕公行遠集述言》，《國朝諸名公品鑒》，陸起龍原跋，目録（闕第一葉和第二葉）。陸起龍述言云：「先宗伯文裕公掄元步玉，文章氣節巖巖天表，足迹半天壤。隨地著述，散布四方者，不可購。存笥□□，一字一金。先年鉅公較編，珍爲帳中之秘，不欲盡洩。所鎸正續集一百五十卷有奇，十不得五，迄今模糊散佚又十之二三。起龍睠懷先澤，圖所以爲劍合計。家咸元美鑨夙有同心，多方搜購，見輒筆之，又積至二十餘卷，偕先兄際卿維埏以次較編。余兄弟叔侄意欲并正續集，彙成合璧，卷帙浩繁，遽難就緒。山城無事，手輯一二，出入諷詠，附以年譜，重開生面，奉以周旋，兢兢隕越是懼。頃懷先公敭歷中外四十餘載，無遠弗届，義命自安。况西江舊游，羹墻如在。藐余小子，自愧不才，無能闡揚先德于萬一。大學士桂洲夏公、存齋徐公、鐘石費公咸謂度越漢庭二子，一洗六朝餘習，以蘇文忠比擬。集中微露一斑，不敢私爲家珍，聊出緒餘，公之於世。如欲窺其大全，嗣有正續集劍合編在，有天下萬世之定品在。」鈐印有「粹芬／閣」（白方）、「海上程／氏珍藏」（朱方）等。

復旦、上圖、國圖、北大藏。

朱福州集六卷

明朱豹撰。明嘉靖三十一年（一五五二）朱察卿刻本〔一〕。半葉八行，行十六字，小字雙行字數同。上下白口，上單魚尾，左右雙邊。魚尾下鎸「朱福州集卷一」。正文卷端題「朱福州集卷一」，署「上海朱豹子文」。書前有陸師道《朱福州集序》、嘉靖三十一年徐獻忠《朱福州集序》、目録；書末有嘉靖三十一年張世美、嘉靖三十一年何良俊、董宜陽、馮遷等《書朱福州集後》。

朱豹（一四八一—一五三三）字子文，號清岡，明松江府上海縣人。居新場（今屬上海市浦東新區），豹貴後還遷上海。正德十二年（一五一七）進士。令奉化，後遷守福州。著有《福州集》。傳見崇禎《松江府志》卷三十九《賢達四》、同治《上海縣志》卷十八《人物一》、光緒《南匯縣志》卷十三《人物志》。

《朱福州集》爲其子朱察卿及其友馮遷所編。卷一至卷三詩，卷四至卷六疏。

陸師道《朱福州集序》：「《朱福州集》者，故福州守上海朱公之所著也……公平生所爲詩文甚

〔一〕《四庫全書存目叢書》集部第七十五册據中國國家圖書館藏本影印。

多，有《萬緑堂》《淞野》《内臺》《洪城》《閩中》等集。公卒後，其弟國子生子明謁選京師，槖之自隨，將爲校閲以傳者，而子明以客死，稿遂散軼。至是，公之子察卿極意搜拾，僅得詩百五十五篇，合奏草十篇，爲六卷刻之，而屬余爲之序。」

徐獻忠《朱福州集序》：「《朱福州集》詩、奏疏各三卷。公名豹，字子文，號青岡居士。以進士令奉化、餘姚二縣，擢監察御史，至福州守，因名《福州集》。公雅以詩名，又立朝表表有聲迹。所裒集甚富，其弟子明携以自隨，後歿于京師，散失焉。子察卿檢其遺及人所傳誦，僅及此……按朱氏居上海，自公而上，世敦行義，復有藝文相禪。邑中薰其德，莫不稱。朱氏多長者，其四世祖木嘗以布衣召至公車，上安邊十二策。適丁榜葛剌國進麒麟，因獻《麒麟頌》，有《静翁集》藏于家。其子元振世其業，有《壽梅集》。孫佑仕江西南昌府同知，工詞翰，有治才，著《葵軒稿》。佑生曜，提舉清江司，有《玉洲集》。公其子也。五世皆以文學見郡邑志，殆人間所少，又况行義稱長者哉。」

馮遷跋：「遷生晚，不及執鞭，幸與察卿游，雅相契好，因出所藏遺稿。讀之深致歆慕，遂相與編次，定爲三卷。外疏三卷，昔居臺時奏草也，皆剴剔世弊，以裨益治體，此又大節不可泯没焉，故并輯以傳後學。」

國圖藏。

孫文簡公瀼溪草堂稿五十八卷

明華亭縣孫承恩撰。明萬曆十七年（一五八九）孫克弘刻本，十五册。存五十四卷，闕卷四十九至卷五十二。半葉十行，行二十字。白口，上單白魚尾，左右雙邊。魚尾下鎸「孫文簡公集」及卷次。正文卷端題「孫文簡公瀼溪草堂稿」，署「門人王世貞、楊巍、李春芳、汪道昆編緝，門人張承憲、高士校正，男克弘、曾孫男世鼐校刊」。書前有萬曆十一年（一五八三）陸樹聲《孫文簡公文集序》、目録。書末有馮時可《大宗伯孫文簡公集後序》、萬曆十七年（一五八九）孫克弘跋。

孫承恩（一四八一—一五六一）字貞甫，號毅齋，明松江府華亭縣人。孫衍子。正德六年（一五一一）進士，改庶吉士，授編修。時權貴用事，引疾不出。世宗時官至禮部尚書兼翰林院學士，掌詹事府。時齋宮設醮，承恩獨不肯遵旨戴黄冠，遂乞致仕，賜馳驛歸。卒年八十一，謚文簡。著有《瀼溪草堂稿》《鑒古韻語》等。傳見崇禎《松江府志》卷三十九《賢達四》、卷五十四《著述》，乾隆《江南通志》卷一四一《人物志·宦績》，乾隆《婁縣志》卷二十二《人物》，光緒《重修華亭縣志》卷十四《人物》。

據書前目録，卷一正始箴十一首，卷二鑒古韻語，卷三頌，卷四表，卷五至卷六疏，卷七講章，卷八至卷十賦，卷十一詞附四言古詩，卷十二至卷十四五言古詩，卷十五至卷十七五言律詩，卷十八五言排律，卷十九五言絶句、六言絶句，卷二十至卷二十一七言古詩，卷二十二至卷二十四七言律詩，卷二十五七言絶句，卷二十六詩餘、樂府，卷二十七至卷三十序，卷三十一碑記，卷三十二至卷三十三記，卷三十四跋，卷三十五傳，卷三十六説，卷三十七頌，卷三十八銘箴，卷三十九文附解，卷四十雜著，卷四十一古像贊，卷四十二贊，卷四十三論，卷四十四雜志，卷四十五書，卷四十六啓，卷四十七哀詞，卷四十八祭文，卷四十九神道碑、墓表，卷五十至卷五十八墓志銘。

陸樹聲序：「毅齋先生孫文簡公平生所著詩文，屬公門人校次成集者，總若干卷，公殁，子漢陽守克弘出以授梓，問序于余。」

孫克弘跋：「是集迺先文簡公歷宦所著述也。先公莅任四十餘年，在史館備位日講，主辛卯、丁酉鄉試者二，得士凡二百七十餘人。辛丑、甲辰則提調復主丁未春闈，得士凡三百六十餘人……自甲寅春先公乞歸，值海寇猖獗，先廬被燼，稿失過半，今存十之三四耳。其編次校正，皆先公門人考定。不肖背違先公，迄今幾廿餘載，叨冒餘蔭，竊禄明時，往來奔走，殘言遺語，珍藏笥中，未遑授剞劂。日夜凜凜嵑懼。丙寅春，備員留都，繕寫刊刻，未成全帙。戊辰孟夏，而漢陽之命下矣，束裝入楚，以簿書隙影，薄俸餘資，謀所以完刻，以存手澤，以承先志。因命梓人續所未完，并前後共計十五帙，始爲完□，庶得少留先公之緒餘。不肖家素澹薄，久滯先集，通天之罪，莫可逭也。嗚呼，亦難矣哉！夫先公志存經濟，道屬格心，位至少保，三事未證，其平生所學，欲施而不能竟者，盡在此矣。不肖孤安得不謹于斯集也耶？以附告於末簡。」

上圖、國圖藏。

環溪集二十六卷

明華亭縣沈愷撰。明隆慶五年（一五七一）至萬曆二年（一五七四）沈紹祖刻本[二]。半葉十行，行

[二]《四庫全書存目叢書》集部第九十二册據浙江圖書館藏本影印。

十九字。上單魚尾，四周雙邊。版心上鎸書名，魚尾下鎸卷次。正文卷端署「太僕卿雲間沈愷舜臣著」。書前有嘉靖十八年（一五三九）徐階《環溪集序》、張時徹《環溪集叙》，目録。

起雲橋。沈愷（一四九二—一五七二）[一]字舜臣，號鳳峰，晚號守株子，明松江府華亭縣人。居松江東門外亭賦詩自娱。嘉靖八年（一五二九）進士。仵權臣，以母老乞歸。穆宗即位，召爲太仆少卿，不赴。作環溪江府志》卷五十三《古今人傳五》、乾隆《華亭縣志》卷十四、光緒《重修華亭縣志》卷十四《人物》。善懷素草書，年八十一卒。祀鄉賢祠。著有《環溪集》《夜燈管測》等。傳見嘉慶《松

是集乃愷文集，愷家有環溪亭，因以名集。刊行者愷子沈紹祖。卷一至卷二記，卷三至卷六序，卷七至卷八碑，卷九疏，卷十議，卷十一至卷十二書，卷十三啓，卷十四傳，卷十五連珠，卷十六至卷十七雜著，卷十八詩話、書品，卷十九賦、述、七（啓），卷二十志、問、對、説、銘，卷二十一贊、箴、引、跋，卷二十二祭文，卷二十三墓表，卷二十四至卷二十五墓志銘，卷二十六行狀。

《四庫全書總目》卷一七七集部别集類存目四據兩江總督采進本著録：「是集皆所著雜文，乃其門人任子龍所編。前有徐階序，題曰《〈鳳峰雜集〉序》。又有文徵明序，亦題曰《〈鳳峰子詩稿〉序》。疑今名爲後來所追改，而又佚其詩集歟？考《千頃堂書目》，别載《環溪集》二十六卷，則此非其全也。」按：

[一] 沈愷生於明弘治六年（一四九二），卒於隆慶六年（一五七二），年八十一，見《豐對樓文集》卷五。今人張慧劍《明清江蘇文人年表》題沈愷生於明景泰三年（一四五二），又注引自《豐對樓文集》卷五，係誤題，今予訂正。

《四庫全書總目》稱集前有文徵明序，此本無。

浙圖、國圖藏。

環溪漫集八卷

明華亭縣沈愷撰。明嘉靖間刻本，八册。半葉九行，行十七字。上單白魚尾，四周雙邊。版心上鎸「環溪集」，魚尾下鎸卷次，再下爲葉碼。正文卷端題「環溪漫集」及卷次，署「雲間沈愷著」。卷一後又接「卷之一後」，首葉題「環溪雜集卷之一後」，署「雲間鳳峰沈愷著，門人晉江李文䕶編集，張欽之謄校」。書前有嘉靖十八年（一五三九）徐階《鳳峰子雜集序》、嘉靖二十一年（一五四二）唐龍《鳳峰子守明續紀序》、同年文徵明《鳳峰子詩稿序》。鈐印有「蔗林/藏書」（朱方）。

是書卷一記，卷一後序，卷二序，卷三傳、疏，卷四雜著，卷五書、啓，卷六雜文，卷七論、議，卷八碑銘。

國圖藏。

守株子詩稿二卷

明華亭縣沈愷撰。抄本，一册。無框無欄。半葉十行，行十七字。正文卷端題「守株子詩稿」，署「雲間守株子沈愷著，門生朱煦、朱煥編次」。書前有沈愷《守株子詩稿小引》、目録。序文前空白葉有一九五〇年（庚寅）八月十七日黄裳墨筆手書題記。

書前目録僅列文體，不標卷次，依次爲賦二首，古體雜著六十首，詞一首，五言古體四十首，五言律八十首，五言排律三首，七言律七十四首，七言絶句六十首，五言絶句四十四首。正文分卷爲：卷一賦、古體雜著、詞、五言古體，卷二五言律、五言排律、七言律、七言絶句、五言絶句。

黄裳題記：「此影明刻抄本。余既得沈愷《環溪集》二十六卷，賈人又持此册來，因爲一家眷屬，聊復收了。紙墨甚新，殊不耐觀也。庚寅八月十七日，黄裳記。」

上圖藏。

潘恭定公全集二十五卷

明上海縣潘恩撰。是書含《潘笠江先生集》十二卷，明嘉靖間刻本；《笠江先生近稿》十二卷附録一卷，明萬曆間刻本[一]。

《潘笠江先生集》半葉十行，行二十字，小字雙行字數同。白口，上單魚尾，左右雙邊。魚尾下鎸「潘集卷□」，版心下爲葉碼。正文卷端題「潘笠江先生集卷之一」，目録首葉題「潘笠江先生集目録」，皆無署名。書前有陸樹聲《潘恭定公全集小引》，明嘉靖三十四年（一五五五）張時徹《潘笠江先生集序》、嘉靖

〔一〕《潘笠江先生集》十二卷，明嘉靖間刻本，蘇州市圖書館藏；《笠江先生近稿》十二卷附録一卷，明萬曆間刻本，南京圖書館藏。《四庫全書存目叢書》集部第八十一册據以影印。

三十三年（一五五四）徐獻忠《笠江先生集序》、《潘笠江先生集目録》，目録末有聶叔頤題識。鈐印有「省立蘇／州圖書／館鑒藏／善本書」（朱方）。

據書前目録，卷一賦、樂府，卷二至卷五詩，卷六策、表、箋，卷七至卷八序，卷九碑、記，卷十説、對、贊，卷十一墓志銘、祭文，卷十二雜述。《四庫全書總目》集部別集類存目四據浙江孫仰曾家藏本著録，題《笠江集》十二卷。

聶叔頤題識：「《笠江先生集》賦、樂府、古今詩凡五卷，策、表、箋、序、碑記凡四卷，説、對、贊、志銘、祭文及雜述凡三卷，合爲十二卷，蓋自嘉靖紀元壬午之歲，訖今甲寅凡三十餘載之所作也。先生茂德篤行，爲世表儀，其所論著，皆根諸性靈，本乎事實，豈獨以空言自見者哉？海内之士既多稱先生之行，余故輯其文傳之，後有君子得以覽焉。後學聶叔頤謹識。」

《笠江先生近稿》半葉十行，行二十字。白口，上單魚尾，左右雙邊。版心中題「近稿卷□」，版心中下偏上爲葉碼，版心下右偶有刻工「陳」字。正文卷端題「笠江先生近稿卷之一」，目録首葉題「笠江先生近稿目録」，皆無署名。書前有《笠江先生近稿目録》，目録葉偶有上單白魚尾者。鈐印有「嘉惠／堂丁／氏藏」（白方）、「江蘇第一／圖書館／善本書／之印記」（朱方）等。

據書前目録，卷一至卷二詩，卷三疏、頌，卷四至卷七序，卷八碑、記，卷九傳、説、篇、贊、銘、跋，卷十神道碑、墓表、墓志銘，卷十一墓志銘，卷十二墓志銘、祭文。附集爲申時行撰墓志銘，徐學謨撰神道碑，陸樹聲撰墓表，王世貞撰行狀。

陸樹聲《潘恭定公全集小引》：「中丞笠江潘公平生所著述，曰《笠江集》、曰《笠江近稿》者，既梓行矣，公殁而公二子學憲方伯合前後刻，彙萃成編，總之曰《潘公定公全集》者，榮易名以舉要也。」

是書臺北故宫藏一部，著録稱「據明嘉靖刻本影印」，《原國立北平圖書館甲庫善本叢書》第七百六十一、七百六十二册據以影印。經比勘，正文及序跋目録等全同《四庫全書存目叢書》本，鈐印有「曹氏/□南」（白方）、「是□/樓藏/書印」（白方）、「國立北/平圖書/館收藏」（朱方）。

蘇圖、南圖、國圖、臺圖、臺北故宫藏。

玄覽堂詩鈔四卷

明上海縣潘恩撰。明活字印本[一]。半葉十行，行二十一字。上單白魚尾，四周單邊。版心上鎸「玄覽堂詩鈔卷□」，版心中下爲葉碼。正文卷端題「玄覽堂詩鈔」及卷次，署「雲間潘恩子仁著」。首末無序跋目録。活字特徵明顯，如卷二第三十一葉右半第九行標題「畫竹歌爲三峰作」之「三」字倒置。鈐印有「國立北/平圖書/館收藏」（朱方）。

據正文内容，各卷依次爲：卷一賦、樂府，卷二五言古詩、七言古詩，卷三五言律詩、五言排律、五言絶句，卷四七言律詩、七言排律、七言絶句。

[一]《原國立北平圖書館甲庫善本叢書》第七百六十一册據明活字本影印。

臺北故宫、中國書店藏。

少湖先生文集七卷

明華亭縣徐階撰。明嘉靖三十六年(一五五七)宿應麟刻本,四册。半葉九行,行二十字。粗黑口,無魚尾,四周單邊。版心中上鎸「少湖文集」及卷次,版心中下鎸葉碼。正文卷端題「少湖先生文集」,無署名。目録首葉題「少胡先生文集類選」,無署名。書前有嘉靖十三年(一五三四)張真《叙少湖先生集》、黄焯《少湖先生文集叙》、目録。書末有嘉靖十三年林元倫《少湖子集後叙》、嘉靖三十六年(一五五七)宿應麟《刻少湖先生文集跋》。《四庫全書存目叢書》集部第八十册據天津圖書館藏本影印,同上圖本。

是書爲徐階外謫延平府推官時,三年秩滿北上,延平士人裒其前後諸作,爲之付梓而成。卷一至卷二序類,卷三記類,卷四祭文、墓志銘表,卷五贊類、銘類、頌類、賦類、引類、説類、辨類、對類、解類、書類,卷六語類,卷七詩七十九首。《四庫全書總目》集部别集類存目四據兩江總督采進本著録。

林元倫後叙:「少湖子集之刊,非子意也……然則孰刊之,曰延之二三子刊之也。二三子從少湖子講聖賢之學三年,知所向往矣。懼其去而無所取裁,故刊而讀之,如日侍少湖子也,非子意也。」

宿應麟跋:「少湖徐老先生文集,予得之南宇高太史氏。拜而讀之,皆發前聖之藴,信其言之載道而傳之可永也。乃重梓之,以與同志者共勉焉。」

上圖、國圖、南圖藏。

世經堂集二十六卷

明華亭縣徐階撰。明萬曆間徐氏刻本〔一〕。半葉十行，行二十字，小字雙行字數同。上單魚尾，四周雙邊。版心上鎸書名，版心下右鎸刻工姓名，如何一金、張岐、仲仁、倪成密、袁宸、顧杰、何成業、王禮、張敖、沈玄易、沈田、張華、章國華、沈成、曹熙、顧濟、曹昌、顧時中、曹拾、袁宏等。正文卷端題「世經堂集卷之一」，正文卷端及目録首葉均無署名。書前有陸樹聲《世經堂集序》、目録。陸樹聲序爲手書上版，序文末葉末行下方有小字「吴門何奎、顧杰刻」。卷二十六正文末葉末行有小字雙行「姑蘇高洪寫，袁宸、何一金等刻」字樣。

依書前目録，卷一至卷四奏對，卷五視草，卷六奏疏一禮文類，卷七奏疏二政事類，卷八奏疏三稱賀類，卷九奏疏四謝辭類，卷十奏疏五陳乞類，卷十一至卷十三序，卷十四記，卷十五至卷十八墓志銘，卷十九墓表、碑銘，卷二十論、策、説、辯、對、解、引、原、跋、贊、銘、規條，卷二十一祭文、語録，卷二十二至卷二十四書，卷二十五賦、頌、奏歌、長短句、五言古詩、七言古詩，卷二十六五言律詩、五言排律、五言絶句、七言律詩、七言絶句、樂府、曲、詞。《四庫全書總目》集部别集類存目四據安徽巡撫采進本著録。

〔一〕《四庫全書存目叢書》集部第七十九、八十册據北京大學圖書館藏本影印。

陸樹聲序：「公集爲奏對、爲視草、爲奏疏、爲序、記、碑志、雜著、語録、古今詩，類次之，凡若干卷，而總題曰『世經堂集』，公所自命也。」

上海圖書館藏殘本一部，十册，存卷一至卷二十四（其中卷二十四至五十葉止，闕末二葉）。書前陸樹聲序文末葉闕左半葉。鈐印有「雲/間」（朱圓）、「存雅樓引/農氏珍藏」（白方）、「王培/孫紀/念物」（朱方）等。

臺北故宫藏一部，著録爲明萬曆徐氏刻本，《原國立北平圖書館甲庫善本叢書》第七百六十、七百六十一册據以影印。書前有陸樹聲《世經堂集序》，序末有「吴門何一金、顧杰刻」字樣，王世貞《世經堂集序》，目録；卷二十六末葉末行下有「姑蘇高洪寫，袁宸，何一金等刻」字樣。鈐印有「國立北/平圖書/館收藏」（朱方）。

王世貞《世經堂集序》：「《世經堂集》者何？今致政少師元輔華亭徐公著也。堂者何，公所憩止也。其名世經者何？公世世以經重名之，志不忘也。公所著有奏對，有視草，有奏疏，有序，有記，有志，有銘，有墓表，有碑，有論，有策，有説，有辯，有對，有解，有引，有原，有跋，有贊，有銘，有規，有祭文，有書，有賦，有頌詩，有古近體，爲卷凡二十六，公之諸子太常君輩鳩而梓之家塾。以世貞之辱公知也，獲卒業焉，凡八閲月而始敢效一言於末簡。」

北大、上圖、浙圖、臺北故宫藏。

世經堂續集十四卷

明華亭縣徐階著。明萬曆間徐肇惠刻本，十二册。半葉九行，行二十字，小字雙行字數同。上單魚尾，四周雙邊。版心上鎸「世經堂續集」，魚尾下鎸卷次，版心下有當葉字數。正文卷端題「世經堂續集卷之一」，署「華亭除階著，不肖孫肇惠敬鎸」。書前有吴道南《太師徐文貞公世經堂續集序》（闕末葉）、萬曆三十六年（一六〇八）孫如游《世經堂續集序》、目録。書末殘缺。

卷一奏疏，卷二序，卷三記，卷四墓志銘，卷五墓志銘，卷六墓表，卷七碑銘，卷八論、説、引、跋、贊、偈，卷九祭文，卷十傳，卷十一書，卷十二書，卷十三五言古詩、歌行、長短句、六言，卷十四五言律詩、五言排律、七言律詩、五言絶句、七言絶句。

吴道南《太師徐文貞公世經堂續集序》：「《世經堂續集》者，太師徐文貞公歸老東山之所作，厥孫肇惠君之所編次，而問序於南者也。」

孫如游《世經堂續集序》：「公先是有《世經堂集》行於世，而其孫尚寶君肇惠者復輯其里中稿凡十四卷，曰《世經堂續集》，蓋公之著作心是矣。」

南京圖書館藏一部，八册。有書名葉，題「世經堂續集／道光甲辰仲冬小寒後一日夜燈下子穆□□呵凍書」，並鈐印「子穆／手翰」（朱方）、「查日／華印」（朱方）；牌記葉鎸「古猷州查氏／紫藤花館藏」，並鈐印「寶石／主人」（白／朱方）、「紫藤／花館」（朱方）。書前有萬曆三十六年孫如游《世經堂續集序》、吴道南《太師徐文貞公世經堂續集序》、《世經堂續集目録》。鈐印有「濟陽經／訓堂查／氏圖書」

（朱方）、「古歙州／查子穆／藏書印」（朱方）、「查日華子／穆氏審定，群籍金石／書畫之印」（朱方）、「麗／圃」（朱方）、「查子穆氏／秘笈之印」（朱長）、「嘉惠堂／藏閲書」（朱長）；書末葉鈐印「涇川查／氏紫藤／花館藏／書之印」（朱方）、「子穆／流覽／所及」（朱方）、「麗圃／審定」（朱方）等。書末完整，書品較北大所藏爲佳。

北大、南圖、國圖藏。

石比部集八卷

明上海縣石英中撰。明萬曆間石應魁刻本〔一〕。存卷五至卷八。半葉九行，行十八字。上單魚尾，左右雙邊。版心上鎸「石比部集」，魚尾下鎸卷次。卷五首葉正文卷端題「石比部集卷之五」，署「上海見山石英中撰，從子石應魁輯」。書末有明萬曆六年（一五七八）石應魁《先仲父見山行狀》、俞顯卿《跋石比部集》。

石英中（一五〇六—一五二九）字子珍，號見山，明松江府上海縣人。居十六保。嘉靖二年（一五二三）進士，官刑部主事。仇家誣其有妾與家奴通者，殺而肢解之，以此獲罪去官，益窮愁。意氣豪舉，負才放誕。其古樂府含譏隱刺，詞藻綺麗。著有《石比部集》。傳見嘉慶《松江府志》卷五十三《古今人傳五》、光緒《南匯縣志》卷十三《人物志》。

〔一〕《四庫全書存目叢書》集部第八十三册據湖南省圖書館藏本影印。

是書凡詩三卷，文四卷，雜著一卷，乃英中卒後，其從子應魁編輯付梓，流傳較稀。湖南圖書館所藏四卷殘本者，正文各卷依次爲：卷五讀書録二十四篇（《詩經》十三篇，《左傳》、《韓非子》等十一篇），卷六書二十五篇，卷七碑文、行狀、祭文、説，卷八序二十三篇。《四庫全書總目》集部别集類存目四據江蘇周厚堉家藏本著録。

俞顯卿《跋石比部集》：「石比部先生負踔絶之才，身沉名飛，余少慕之。其從子啓文，余丈人行也，爲忘年交。時露肝膽，知自髫鬌。會比部陽九，什襲遺稿，豈不欲亟傳之通都大邑，令比部精心綺辭，垂休光照後世哉。惜也士而貧，仕而轗軻，逮懸車之日，付諸剞氏，蓋六十年所矣。梓成，或病其儉，啓文曰：『吾仲父夭折，其煙霞之語，如芝蘭乍馨，而飄風狼藉，緶采幾何。且家蠹散逸過半，故稚作及殘楮牘書亦所不遺，儉固然也。』余聞而憐之，因念比部倜儻瑰瑋，欲自藻潔，而卒賈奇害。與角去齒，天道然哉！嗟嗟！富貴而名磨滅，何可勝數。得啓文爲後，托縹囊爲業，比部不朽矣。」

湖南省圖書館、上圖藏。

包侍御集六卷

明華亭縣包節撰，華亭縣包杞輯。明嘉靖三十七年（一五五八）包杞等刻本〔二〕。半葉十行，行十八

〔二〕《四庫全書存目叢書》集部第九十六册據中國國家圖書館藏本影印。

字，小字雙行字數同。白口，上單白魚尾，左右雙邊。魚尾下鎸「包侍御集」及卷次。正文卷端題「包侍御集」及卷次，署「華亭包節元達著」。書前有莫如忠《包侍御集序》（手書上版）、嘉靖三十七年張世美《包侍御集序》、目録。書末有包樫芳跋、包杞題識。鈐印有「椿蔭／書屋」（朱長）、「瞿安／眼福」（白方）、「百嘉／室」（朱方），知爲吴梅舊藏。

包節（一五〇六—一五五六）字元達，號蒙泉，明松江府華亭縣人。原籍嘉興。嘉靖十一年（一五三二）進士。由東昌府推官入爲御史，官北臺。劾兵部尚書張瓚貪穢，出按雲南，再按湖廣。爲顯陵守備中官廖斌所陷，謫戍西寧莊浪衛（今甘肅永登縣）者九年，卒於戍所。隆慶初，追贈光禄寺少卿。著有《包侍御集》《西戍録》《北逮録》等，纂有《陝西行都司志》《苑詩類選》等。傳見《明史》卷二〇七本傳，崇禎《松江府志》卷三十九、卷五十四，乾隆《婁縣志》卷二十二《人物》，嘉慶《松江府志》卷五十三《古今人傳五》，光緒《重修華亭縣志》卷十四《人物》。

是書包括其官御史時所作《臺中稿》二卷，戍莊浪衛時作《湟中稿》四卷。《臺中稿》卷一爲各體詩，卷二爲各體文，其中卷一五言古詩三首、七言古詩八首、五言律詩二十四首、五言排律七首、七言律詩六十七首、七言絶句四十九首；卷二序七首、記一首、表一首、行狀一首、志銘一首、祭文三首。《湟中稿》卷三至卷四爲各體詩，卷五至卷六爲各體文，其中卷三五言古詩四十二首、七言古詩二十二首、五言律詩七十一首，卷四五言排律五首、七言律詩一百十七首、七言絶句四十三首，卷五賦一首、序十五首附引一首、記二首，卷六碑三首、傳二首、説一首、解一首、書三十五首，志銘一首、祭文一首。《四庫全書總目》集部别集類存目四據江蘇周厚堉家藏本著録。

莫如忠序：「包侍御蒙泉先生既卒，其子杞彙其遺稿詩文，總六卷，作自臺中者署之《臺中集》，作自謫戍湟中者署之《湟中集》，是爲《包侍御集》云……故因其子杞率其弟梓、梗請校其集，叙之而重傷之……與余同校者，贊憲西谷張君也。」

張世美序：「其詩與文在臺中作者曰《臺中稿》，後謫戍湟中所作者曰《湟中稿》，總六卷……時有所作，不慊意者多不存稿，故《臺中稿》僅僅如所存者。在湟中時，雖得大肆力於是，然家有病母，羈憂内顧，不能如初志以究所欲爲……其子杞等扶親歸葬，收拾遺稿，將刻之，乃謀諸姻家學憲莫君中江暨余爲之校。余與中江校既定，并序其事，以付梓人，庶以酬知己，且申孝子之志云。」

包樫芳爲節從子，其跋：「此先伯父蒙泉公之遺稿也……集凡六卷，其先後之次，部類之詳，有學憲中江莫公、憲幕西谷張公序之簡端矣。樫惟嗚先伯父所遇之不幸，而述諸兄所以刻是集之意。」

節子杞題識：「先君出按湖南，未幾即承嚴遣戍遐荒者十有二年……惟以檢閲書史爲樂，故所著作倍於臺中……所存者惟遺稿數卷……兹戊午之秋，同梓、梗二弟懇讀，先達西谷張公、中江莫公校正既定，謹刻。」

國圖、北大藏。

何翰林集二十八卷

明華亭縣何良俊撰。明嘉靖四十四年（一五六五）何氏香嚴精舍刻本[一]。半葉九行，行十七字，小字雙行字數同。白口，上單魚尾，左右雙邊。魚尾下鎸「何翰林集」及卷次。版心下鎸刻工姓名，如黄周賢、何成德、袁宸、章、慶、陳益、姚舜卿等。正文卷端署「華亭何良俊元朗」。書前有明嘉靖四十四年莫如忠序、嘉靖四十五年（一五六六）皇甫汸序，皆手書上版；目録。目録末及卷二十八正文末有「嘉靖乙丑何氏香嚴精舍雕梓」墨記。各卷首葉首行各有一字標序，依次爲角、亢、氐、房、心、尾、箕、斗、牛、女、虚、危、室、壁、奎、婁、胃、昴、畢、觜、參、井、鬼、柳、星、張、翼、軫等二十八宿。每卷末有當卷寫工、刻工姓名，如卷一末署「長洲吴曜書，黄周賢等同刻」，卷三末署「長洲吴曜書，陳益等同刻」，卷四末署「長洲吴曜書，章亨等同刻」。

是編一名《柘湖集》。各卷細目如下：卷一賦、操、樂府、五言古詩，卷二五言古詩，卷三五言古詩、七言古詩，卷四五言律詩、五言排律，卷五及卷六七言律詩，卷七五、六、七言絶句，卷八至卷十二序，卷十三及卷十四序論，卷十五記、贊、銘，卷十六雜著，卷十七表、啓、引、碑文，卷十八至卷二十二書，卷二十三傳、墓表、墓志銘，卷二十四至卷二十六行狀，卷二十七祭文，卷二十八題跋。《四庫全書總目》集部别集類存目五據兩淮鹽政采進本著録，係殘本，僅存二十二卷。《（崇禎）松江府志》卷五十四《著述》著録，書名作

[一]《四庫全書存目叢書》集部第一百四十二册據中國社會科學院文學研究所藏本影印。

《柘湖集》，無卷數。

莫如忠序：「《何翰林集》凡二十八卷，予友柘湖君著也。君名良俊，字元朗，與弟良傅世所稱兩何君者。集刻於今歲嘉靖乙丑冬。工既竣，予得而覽焉。」

社科院文學所、南圖、中科院藏。

剪綵集二卷

明上海縣張之象撰。明嘉靖二十八年（一五四九）程衛道刻本，一册。半葉十行，行十八字，小字雙行字數同。細黑口，上單白魚尾，左右雙邊。魚尾下鐫書名及卷次。正文卷端題「剪綵集」，署「雲間張之象玄超著」。卷上及卷下之末行均鐫「弟子程衛道校刊」字樣。書前有嘉靖二十八年何元朗《剪綵集序》。書根處有「剪綵集」字樣。鈐印有「臨盦/觀」（白方）。

是書録詩一百首，卷上爲雜體詩三十首并序，每首篇名下有該篇所詠者名及字，如「李都尉送别陵少卿」、「魏文帝游宴丕子桓」等。卷下爲樂府詩七十首。

小序：「初，陸士衡作擬古詩十二首，江文通又爲雜體詩三十首，蕭氏選文，并登賞録。嗟夫，予每觀才士之所作，祖述無偏，華質具美，博綜百氏，乃稱大成。抑將托古意以自明，諒無取枝葉之肖似也。屬文之士，曠世間作而才匪圓通，鮮睹斯義。予病居多暇，復染翰爲之。所增損者，各十人焉。雖弘麗不足，庶不愧作者之意云爾。」

何元朗序：「若我張子玄超，則又英英挺拔者也。間持《剪綵集》一編以示余，曰：『此之象近作，總若干首，苦於朋游假索，將加于木，以代傳寫，子尚爲我序之。』何子曰：『夫言剪者托意體裁，曰綵者取喻菁藻……』」

復旦、國圖藏。

崇蘭館集二十卷

明華亭縣莫如忠撰。明萬曆十四年（一五八六）馮大受、董其昌等刻本，十册。半葉九行，行十八字，小字雙行字數同。上單魚尾，左右雙邊。版心上鎸書名，魚尾下鎸卷次，版心下有當葉字數。正文卷端署「雲間莫如忠子良甫著，後學俞安期、陸應陽校」。版心下偶有刻工姓名，如吴倫。書前有茅坤《中江先生文集序》、馮時可《莫中江先生全集序》、唐文獻《莫中江先生文集序》、馮大受《中江先生文集叙》、目録。

莫如忠（一五〇八—一五八八）字子良，號中江，明松江府華亭縣人。父莫愚，子莫是龍。嘉靖十七年（一五三八）進士，授南虞衡主事，改儀制。擢貴州提學僉事，道遠不能將母，投檄歸，前後家食者十五年。終母喪，補湖廣副使，升河南參政，領京糧道，進陝西按察使，以持法詳慎，升浙江布政使，乞歸。杜門與同志結真率詩社。性至孝敦，嗜道義。善草書，詩文俱有體要。著有《崇蘭館集》《程朱繹旨質疑録》等，輯有《古文厚》。傳見《明史》卷二八八《文苑傳》、《陸文定公集》卷十一《莫公墓志銘》、崇禎《松江府志》卷三十九《賢達四》、乾隆《江南通志》卷一六六《人物志·文苑》、乾隆《婁縣志》卷二十二

《人物》、嘉慶《松江府志》卷五十三《古今人傳五》、光緒《重修華亭縣志》卷十四《人物》。

莫如忠家有崇蘭館，故以名集。卷一至卷九詩，卷十至卷二十文。卷一五言古詩（四言并擬古樂府附），卷二七言古詩（擬古樂府附），卷三至卷四五言律詩，卷五五七言排律，卷六至卷七七言律詩，卷八五言絶句（擬古樂府附），卷九七言絶句，卷十至卷十三序，卷十四記、碑記、傳、論，卷十五書，卷十六啓、書，卷十七至卷十八雜著，卷十九墓志銘，卷二十行狀、祭文。《四庫全書總目》集部别集類存目四據浙江汪汝瑮家藏本著録。

馮大受序：「以受之無似，亦與弟子之列，時幸竊其緒餘。俟芭非人，先生豈直子雲乎？屢請稿布之同好，先生輒以覆瓿辭。不得已，而與董生玄宰各出平日所手録者，私付剞劂。是集海内須之既久，一出便當家誦而習之，不復俟没世矣。」

是書中國社科院文學研究所藏一部，《四庫全書存目叢書》集部第一百零四——一百零五册據以影印。書前首篇另有陸樹聲《中江先生全集序》：「方伯中江莫公平生所著詩文藏於家者，凡若干卷。公殁而其子出以授剞劂，屬余序。」餘同上圖藏本。

上海圖書館藏本各卷校者不同，其中卷四、卷七、卷九、卷十一至卷十三、卷十八皆無校者，上圖藏本卷六、卷十、卷十六皆闕首葉，其餘各卷，其格式皆爲上列二人姓名，最末綴一「校」字。卷一爲後學俞安期、陸應陽，卷二爲門人許兼善、張星，卷三爲門人褚效忠、盧夢錫，卷五爲門人章憲文、楊繼禮（與正文字體同），卷八爲門人楊振之、陳國是，卷十四爲内侄唐之屏、唐光啓，卷十五爲館甥陳夢庚、陸彦章，卷十七爲弟如爵、男是龍，卷十八無校者，卷十九侄是鯤、男是元，卷二十爲男是魁、是彦。影印本與之不同，除卷四等七卷無校者名氏外，其餘各卷校者著録之格式均爲某人校、某人輯。卷一爲「門人章憲文校、楊繼禮輯」，卷二爲「門人許兼善校、盧夢錫輯」，卷三爲「門人馮大受校、董其昌輯」，卷五爲「門人董其昌校、陳國是輯」，卷六爲「門下陸應陽校、蔡懋孝輯」，卷八爲「侄婿陳夢庚校、内侄唐之屏輯」，卷十爲「内侄唐之屏校、表侄高承祚輯」，卷十四爲「弟如爵男是龍校」（刊於一行），卷十五爲「子婿陸彦章校、男是元輯」，卷十七爲「弟如爵校，男是元、侄是豹輯」，卷十八無，卷十九爲「子婿陸彦章校、侄是鯤輯」，卷二十爲「男是龍校、是元輯」。上圖藏本各卷首葉校者處似皆經剜改，校人名氏字體拙劣，與正文刊刻風格不同。

上圖、社科院文學所、國圖、天津圖書館、山東省圖書館藏。

何禮部集十卷

明華亭縣何良傅撰。明嘉靖四十五年（一五六六）何氏家塾刻本，一册。存卷一至卷四。半葉十行，行十八字。白口，上單白魚尾，左右雙邊。魚尾下鎸「何禮部集」及卷次，正文首葉版心下鎸刻工姓名「馬相刻」，目録末葉鎸「馬相寫刻」，序文首葉版心下鎸「馬恩刻」。正文卷端題「何禮部集」及卷次，署「華亭何良傅叔皮」。書前有嘉靖四十五年許穀《何禮部集序》、嘉靖四十二年（一五六三）徐獻忠《何禮部集序》、目録。鈐印有「長樂鄭／振鐸西／諦藏書」（朱方）、「長樂鄭氏／藏書之印」（朱方）等。

何良傅（一五〇九—一五六二）字叔皮，號大壑，明松江府華亭縣人。良俊弟。嘉靖二十年（一五四一）進士，歷任刑部主事、南京禮部郎中。學早成，體素羸，然立身守官甚嚴。與人坦易，不設城府。傳見

《明史》卷二八七《文苑傳》、崇禎《松江府志》卷四十二《文學》。

據書前目録，卷一至卷四各體詩，卷五至卷十各體文。卷一五言古詩，卷二七言古詩，卷三五言律詩、五言排律、七言律詩，卷四五言絶句、七言絶句，卷五序，卷六疏、啓、説、頌、誄，卷七至卷八書，卷九行狀，卷十墓志銘、神道碑銘、墓表、祭文。國圖藏本僅存前四卷，爲各體詩。

許穀《何禮部集序》：「歿後，元朗君命其子雍之檢平日所撰製者，刻梓以傳，欲使後世知有叔皮君。厥意甚美。頃，侄玄之携以示余，且偕雍之問序。」

國圖藏。

來嘉堂集十九卷

明華亭縣徐陟撰。明抄本，一册。無框無欄。半葉十行，行二十字，小字雙行字數同。版心上鎸書名，中右鎸卷次，下右爲葉碼。正文卷端題「來嘉堂集」，署「雲間徐陟子明甫著，男球梓、琳玹玶校」。每卷末葉末行題「司寇集」及卷次。書前目録闕首葉。書根處題書名。

徐陟（一五一三—一五七〇）字子明，號望湖，又號達齋。明松江府華亭縣人。徐階弟，嘉靖二十六年（一五四七）進士。授兵部武庫主事，轉車駕郎中，改尚寶丞，升少卿。歷光禄太僕、太常，轉南太僕卿，升南京工、刑二部侍郎。臨事剛决，立朝二十年，五轉皆南，不假門第以進。引疾乞歸，萬曆中卒。賜祭葬。傳見《明史》卷二一三本傳、崇禎《松江府志》卷三十九《賢達四》、乾隆《婁縣志》卷二十三《人物》、嘉慶《松江府志》卷五十三《古今人傳五》、光緒《重修華亭縣志》卷十四《人物》。

是書卷一至卷八詩，卷九至卷十九文。其中卷一四言古風，卷二五言古風，卷三七言古風，卷四五言絶句，卷五七言絶句，卷六五言律，卷七五言排律，卷八七言律，卷九表，卷十序，卷十一記，卷十二説，卷十三跋，卷十四書，卷十五祭文，卷十六墓志銘，卷十七墓表，卷十八行狀，卷十九對聯。因以文體分卷，各卷篇幅多少不定，如卷十二説僅一葉，卷一四言古風、卷九表、卷十九對聯僅二葉，卷十序有四十四葉。

上圖藏。

蒹葭堂稿八卷

明上海縣陸楫撰。明嘉靖四十五年（一五六六）陸郯刻本〔一〕。半葉九行，行十八字，小字雙行字數同。白口，上單白魚尾，左右雙邊。版心下右偶有當葉字數。正文卷端署「陸楫思豫著」。書前有明嘉靖四十五年莫如忠序、目録。又，臺圖藏一部，爲八卷全本，書前有莫如忠序，鈐印有「赤堇／山人」（朱方）、「得一居／珍藏印」（白方）。

是書爲楫子陸郯編刊。楫多病無子，陸深於宗族中擇郯，時僅十歲。深病歿，其妻梅夫人以爲嗣孫。

〔一〕《續修四庫全書》第一千三百五十四册據清華大學圖書館藏本影印，存卷一至卷七。

是書卷一至卷二詩詞，卷三至卷四各體文，卷五雜著七條，卷六雜著十四條，卷七雜著十一條，卷八墓志附。

《（崇禎）松江府志》卷五十四《著述》著録，不題卷數。

莫如忠序：「東吴文獻，率祖機、雲，更千百年絶有聞矣。而宫詹陸文裕公崛起瀕海，入緯國華，放辭瓊琚，雄視一世，時論以方平原。而其子楫思豫甫，蜚英稚齡，嫻於藻績，談鋒摧坐，殊有父風。載辟州里，業冠棘闈，而以忌者阻抑，遂終坎坷，鬱鬱竟卒，纔三十有八齡。所存笥草詩文若干首，輯自其子臺幕君郯，梓焉命曰《蒹葭堂集》，雖零落遺編不能十一，而讀者以遡家學之承，知文裕公蓋有子云。嗟夫，美好不祥修名賈，忌意長晷促哲士，興悲若思豫君，兼斯悼矣……余讀《蒹葭堂集》，詩不滿百而命□遒逸，屬思沖和，務嚴體裁，弗矜色澤。文□數十而議論慨慷，率依名節，深切世務，□視浮榮，總厥撰著，非苟而已也。欲無傳□乎……臺幕君克嗣而賢，凡所纘述，以光至□者不可覃述。是集之傳，蓋其一也。余慨□原之後，迄無聞家，又幸文裕公歿而文獻之存，乃有足徵如是，故并論叙之，以明古今家聲隆替所繇，俾後有覽焉。」

清華、南圖、臺圖藏。

周叔夜先生集十一卷

明華亭縣周思兼撰。明萬曆十年（一五八二）刻本[一]。半葉九行，行十七字，小字雙行字數同。白

[一]《四庫全書存目叢書》集部第一百十四册據華東師範大學圖書館藏本影印。

口，上單魚尾，左右雙邊。魚尾下鎸「周叔夜集」及卷次。版心下右有當葉字數，偶鎸刻工，如序文首葉版心下鎸「長洲何一金刊」，序文第五葉版心下右鎸「吴門何成業刻」，正文首葉版心下右鎸「吴門徐普寫何一金刊」，朱大章跋文第一葉版心下鎸「吴門沈玄易刻」，又有顧時中、何道甫、何一金、顧希文、熊才、陸、袁、吴等，每卷首葉多有「徐普寫」字樣。正文卷端題「周叔夜先生集」，署「華亭周思兼叔夜著，友人王世貞元美選，後學徐益孫孟孺、馮大受咸甫校」，校者多人，其中卷五至卷八爲蔡懋孝幼君、陳繼儒道醇，卷十一爲門生朱大章南孺、後學蔡懋孝幼君，餘皆同卷一。書前有明萬曆十年王世貞《周叔夜先生集序》（行書手書上版）、像贊、目録。書末有明萬曆十年周紹元跋、馮大受《周叔夜先生集後叙》、朱大章《周叔夜先生集後叙》、方應選《書周叔夜先生集後》。鈐印有「趙氏／鑒藏」（朱方）等。

是書詩四卷，各體文七卷。據書前目録，卷一賦一首、樂府二首、五言古詩四十一首、七言古詩十五首、雜體九首，卷二五言律詩六十五首、七言律詩四十二首，卷三七言律詩四十三首、五言排律五首、五言絶句三十三首、七言絶句三十一首，卷四七言絶句八十首、雜詩二十首、詞二十四首，卷五記十一首，卷六序十九首，卷七序二十首，卷八碑文一首、墓表一首、行狀一首、傳四首、祭文十首，卷九跋二十五首、疏二首、説一首、贊五首、箴一首、銘二首，卷十論十九首，卷十一雜著六首、雜説三十五條。《四庫全書總目》集部别集類存目四據浙江孫仰曾家藏本著録。

王世貞序：「叔夜後十餘年，余識其子紹元、紹節，因獲盡讀其所著書，凡詩四卷，文七卷。」

思兼子周紹元跋：「嗟我先君生平撰著，乃今不泯矣。稿逸而全，全而梓，顯晦後先，造物者司其柄乎？甲子秋，先君絶筆□年也，亡何稿混冗籍，納敝笥之腹。哀疚少間，搜囊閲架，靡不徵求。顧笥覆積塵，置弗省也，惋惜者幾二十稔。室隅密邇，非汲冢禹穴之藏，何相遇之艱哉！辛巳春，偶覓《金剛經》，發笥探之，逸稿出焉。墨楮犂然，鱟蠹若辟，良可怪夫。霄衢之士慨慷好義者聞之，走一箋鼓義聲於公卿之間。公卿動顔色，欣然樂施予。不數越月，梓人竣工，一旦流傳，海内增輝，藝苑又何疾也。小子躍然喜，嘿然思見造物之深衷焉。方遺孤之媛媛也，藉令手一編，讀之未能格句，懼或散缺，闇然秘藏，慎之也。犬馬之齒長，稍稍通經術，解訂訛而輯録，黽勉自樹，幸不獲戾於評旦，乃令居然入握，表章清議，預爲之地矣。允哉！造物者珍惜遺編，相厥後先也若此。稽首再拜，銘以志喜。」

馮大受後序：「遂手是稿告之郡中諸士大夫，諸士大夫故多先生，群然赴義，不越月而梓告成。」

是書上海圖書館藏一部，六册。封面書簽題「叔夜集」三字。書前有王世貞《周叔夜先生集序》、目録；書末有明萬曆壬午周紹元跋。書前無像贊；書末至周紹元跋止，無馮大受、朱大章、方應選等後叙。

華東師大、上圖、國圖藏。

紫霞軒藏稿四卷

明華亭縣周思兼撰。明隆慶五年（一五七一）周氏紫霞軒刻崇禎元年（一六二八）修補本，二册。半葉十行，行二十一字。上單魚尾，左右雙邊。全書版心上皆鎸「論」字，魚尾下鎸卷次，各篇序文及正文各卷首葉版心下皆鐫刻工姓名。如「長洲柯尚賓刻」、「長洲柯仁義刻」、「長洲吴邦刻」、「長洲何一金刻」、「長洲章國華刻」、「長洲吴曜書吴邦刻」等。正文卷端題「紫霞軒藏稿」，署「華亭周思兼叔夜著」。正文卷四末葉左半葉有花欄大牌記，鐫「隆慶辛未菊月周氏紫霞軒雕」。書前有隆慶五年袁福徵《紫霞軒藏稿叙》（手書上版）、徐益孫《刻周先生論引》（手書上版）、目録；書末有隆慶五年朱大章《紫霞軒藏稿後叙》。其中徐益孫序文兩葉，第一葉版心下有「隆慶辛未冬刻」字樣，第二葉版心下有「崇禎戊辰秋補刻」字樣。鈐印有「沈印/兆昇」（白方）、「宛豐氏」（朱方）等。

是書爲思兼所撰論稿，凡六十五篇，故徐益孫序亦稱「周先生論」。據書前目録，卷一爲《聖人在天子之位》《孔子欲行周公之道》《大臣以道事君》等十四篇，卷二爲《聖人主静》《顔子教萬世無窮》《二盡足以爲天下極》等十二篇，卷三爲《魯仲連不肯帝秦》《竊符救趙》《子房能用高祖》等十六篇，卷四爲《治術》《治功》《治道》等二十三篇。

朱大章《紫霞軒藏稿後叙》：「萊峰先生之令子紹元、紹節刻先生所藏論稿成，請于執丈太沖公弁其簡首……兹刻所得，長論四十篇，雄辨開張，機鋒森叠，而規度宏整，巧中繩策。較諸《二十先生迴瀾文集》，最利場屋者尚多。低昂短論二十三篇，皆史策斷案，不獨舉子業……先生生平撰著散逸人間尚多，晚歳謝政恬悽，研精理學，日無虚晷，裒摭輯録，成一家言。」

華東師大藏。

春明稿十四卷附填鄖續稿一卷

明嘉定縣徐學謨撰。明萬曆十一年（一五八三）嘉定徐氏家刻本[一]。是書原共十四卷，其中文編十卷詩編三卷續編一卷，此藏本僅存詩編及續編。半葉九行，行十五字。上單魚尾，左右雙邊。版心上鐫「春明稿」，版心中鐫當葉卷次。詩編正文卷一首行上題書名卷次，下題「詩編」，無署名。詩編目録首行下亦有「詩編」字樣。續編正文卷端題「填鄖續稿附」，無署名。篇目順序依次爲：萬曆十一年徐學謨《春明稿序》，詩編目録、詩編正文、《填鄖續稿》目録、《填鄖續稿》正文。《填鄖續稿》正文前有徐學謨題識。

是集皆其尚書召起再入都時所作，故以「春明」爲名。凡文編十卷，詩編三卷，續編一卷。現僅存詩編及續編，共四卷。《四庫全書總目》集部别集類存目五據浙江汪汝瑮家藏本著録。

徐學謨序：「徐氏《海隅集》七十七卷，業刻置家塾矣。而茲稿以『春明』名者，何『春明』者？唐之國門也。唐人詩嘗以出國門者等之天涯，則視門以内固不勝其津津而豔羨之矣。仕則慕君，不已甚乎？非也，夫《易》稱利見，《書》叙媚茲，利與媚，猶豔羨之云也。藉令古之聖人遭時行道，薄日月而附風雲，曷嘗不愉快而自得乎？故曰樂則行之，言春明著其近於君也。而往余之出春明也，自祠部郎徙郡去，而其再入也，則以御史大夫召貳司寇至，蓋後先相距者閲二十餘年，而其間諸所奄歷，非逋播之與鄰，則憂患之

〔一〕《四庫全書存目叢書補編》第九十七册據臺灣漢學研究中心藏本影印。

爲處也。次且退，遂疑無復之矣。乃一旦時至事會，卒戴白首以覲天顔，豈非蒙莊氏所謂不知其所以然而然者與？比於秩宗薦正，猥奉寅清，治人事神，將明毖祀，檢括故牘，則往時惜緯之意猶勃勃動也。雖然，牘則故也，而庭之木長矣。殷念居諸，寧無概然於人代滄桑之變乎？夫是以『春明』名吾稿也，稿自再入春明之歲，始以志遇也，亦以志感也。歲凡四周，而所藏削草，堇堇如干首，匪直政龐晷縮，無隟求多，而猝近應酬，抽思漸棘，夫亦昔人才退之驗乎？而知余之不能自解於既老矣，姑存之爲海隅之續云。」

《填郿續稿》前徐學謨題識：「《填郿續稿》蓋成於《海隅集》既梓之後，爲近體詩二十四首。曩謝郿事，携之入京邸，會迫鞅掌之役，是稿散佚亂帙中者五年。頃從敝笥檢拾，因念古人單辭片語，猶或吝情珍惜，乃余之嘔曦即連篇累牘，直不過覆瓿具爾。顧嘗靡費日力，未敢捨然委弃之也。姑刻附《春明稿》末云。叔明父識。」

臺灣漢學研究中心、臺圖藏。

徐氏海隅集詩編二十二卷

明嘉定縣徐學謨撰。明萬曆五年（一五七七）刻本，五册。半葉十行，行十九字，小字雙行字數同。白口，上單魚尾，左右雙邊。版心上鎸「徐氏海隅集」，魚尾下鎸卷次。正文卷端題「徐氏海隅集」，署「吴郡徐學謨叔明著」。書前有《徐氏海隅集目録・詩編》，目録葉版心上鎸「徐氏海隅集」，魚尾下鎸「目録」。目録末無題識。

是書據書前目録，卷一樂府古辭，卷二至卷四五言古體，卷五七言古體，卷六五言近體（京稿），卷七五言近體（荆稿），卷八五言近體（家稿），卷九五言近體（襄稿），卷十五言近體（家稿），卷十一五言近體（鄂稿），卷十二至卷十六七言近體，卷十七七言近體（鄖稿），卷十八五言排律，卷十九七言排律，卷二十五言絶句，卷二十一六言絶句，卷二十二七言絶句。

上圖、北大、南圖、浙圖藏。

徐氏海隅集文編四十三卷附録一卷

明嘉定縣徐學謨撰。明萬曆五年（一五七七）刻本，十七册。存四十一卷，闕卷三十七、卷三十八。半葉十行，行十九字，小字雙行字數同。白口，版心上鎸「徐氏海隅集」，魚尾下鎸卷次。正文卷端題「徐氏海隅集卷之二」，署「吴郡徐學謨叔明著」。書前有《徐氏海隅集目録・文編》，目録首葉首行下有「文編」二字，目録葉版心上鎸「徐氏海隅集」，魚尾下有「目録」，版心下有「文」字。

卷一頌，卷二表，卷三至卷六序，卷七至卷八序壽，卷九記，卷十至卷十一記山水，卷十二至卷十四事記，卷十五至卷十六傳，卷十七至卷十八墓志，卷十九墓表，卷二十行狀，卷二十一辨，卷二十二策，卷二十三至卷二十四雜著，卷二十五啓，卷二十六至卷三十二書，卷三十三至卷三十四祭文，卷三十五志（志序三十一篇），卷三十六志（志論：《星野》至《雜紀》三十一篇），卷三十七志（《圖經論》一十九篇），卷三十八志（《苗徽考》三篇），卷三十九志（《同姓諸王世家》），卷四十志（《獻徵列傳》，小字：補遺），卷四十一志（《國朝楚名臣列傳》，小字：修入《獻徵》），卷四十二志（《宦迹列傳》，小字：補遺），卷四十三志（《雜傳》）。

附録一卷，半葉十行，行十九字，小字雙行字數同。上單魚尾，左右雙邊。版心上鎸「徐氏海隅集」，魚尾下有「附録」字樣，版心下右有當葉字數。正文卷端題「徐氏海隅集附録」，署「孫男元嘏謹輯」。

附録正文依次爲：申時行撰墓志銘，王錫爵撰神道，郭正域撰行狀等。

上圖、北大、南圖、浙圖藏。

徐氏海隅集詩編二十二卷文編四十三卷外編六卷經説六卷

明嘉定縣徐學謨撰。明萬曆五年（一五七七）刻、萬曆四十年（一六一二）徐元嘏補版後印本，十八册。

詩編半葉十行，行十九字，小字雙行字數同。上單魚尾，左右雙邊。版心上鎸「徐氏海隅集」，魚尾下鎸卷次，版心下鎸「詩」字及詩編總葉碼。正文卷端題「徐氏海隅集卷之一」，署「吴郡徐學謨叔明著」。詩編前有《徐氏海隅集目録・詩編》（闕首葉），目録末有萬曆四十年徐學謨孫徐元嘏題識。鈐印有「梅花/草堂」（白方）、「筆花閣」（朱長）、「古婁唐模/梧蓀校勘，書籍章」（朱方）。

詩編卷一樂府古辭，卷二至卷四五言古體，卷五七言古體，卷六五言近體（京稿），卷七五言近體（荆稿），卷八五言近體（家稿），卷九五言近體（襄稿），卷十五言近體（家稿），卷十一五言近體（鄂稿），卷十二至卷十六七言近體，卷十七七言近體（鄖稿），卷十八五言排律，卷十九七言排律，卷二十五言絶句，卷二十一六言絶句，卷二十二七言絶句。

徐元嘏題識全文如下：「右《海隅集》八十一卷，先大父宗伯公自通籍至中丞上下幾三十年所成書，而填鄖時始彙而梓之於家塾。顧先公存時，不欲行世，每庭訓時，示元嘏父叔曰：『後必有信吾言者，而其書始行。』元嘏髫年從父叔後侍先公興止。每清晨盥櫛後，日手一編，披閲不輟。蓋終身典學，寒暑弗懈云。捐館以來，同朝鉅老及海内名公，見存不遺，必首索是集，殆無虚日。而元嘏故乏厚遺，又鮮兄弟，不能盛爲翻布，表揚四方，索而後裝，日侵月染，板漸漫漶，文多剥蝕。因念先公一生精力，首萃是編，爲之後者，忍令其湮坳不傳？世既知之，庶幾傳矣，而令三十年心精爲數千張配木所廢，元嘏即寠人無所逃罪，且何顔面以應諸鉅老名公之請乎？讀禮之暇，躬加讎對，梓其漫漶者而一一葺補之，并以先公志狀附鎸末簡，俾觀是集者具見先公人口文章，一目備睹，信其言而重其人。是書因籍以行世，先公之言其少讎乎？葺補既竣，聊識數語，用記時日。若夫成書始末，具馮大參先生序及先公自序中，何敢復贅。」

文編行款同詩編，但版心下鎸「文編」字樣，正文卷端題「徐氏海隅集卷之」，「之」下無卷次。前有明萬曆五年徐學謨《海隅集自序》、馮時可《徐先生海隅集序》、《徐氏海隅集目録・文編》。目録首葉首行下有「文編」字樣，目録版心上鎸「徐氏海隅集」，版心中題「目録」，版心下有「文」字。文編末無附録。

卷一頌，卷二表，卷三至卷六序，卷七至卷八序壽，卷九記，卷十至卷十一記山水，卷十二至卷十四事記，卷十五至卷十六傳，卷十七至卷十八墓志，卷十九墓表，卷二十行狀，卷二十一辨，卷二十二策，卷二十三至卷二十四雜著，卷二十五啓，卷二十六至卷三十二書，卷三十三至卷三十四祭文，卷三十五志（志序三十一篇），卷三十六志（志論：《星野》至《雜紀》三十一篇），卷三十七志（《圖經論》一十九篇），卷三十八志（《苗徵考》三篇），卷三十九志（《同姓諸王世家》），卷四十志（《獻徵列傳》，小字：補遺），卷四十一志（《國朝楚名臣列傳》，小字：修入《獻徵》），卷四十二志（《宦迹列傳》，小字：補遺），卷四十三志（《雜傳》）。

徐學謨《海隅集自序》：「《海隅集》者，嘉定徐子之所著也。何以名海隅也，東海之隅，中國方輿之盡也。迤東則溟洋浩瀚，即世所稱蓬萊出日之處，非文教所暨而嘉也，瀕其僻絶焉。」

外編行款同詩編，每葉版心中下鎸當卷葉碼，版心下皆鎸「疏」字右半邊字樣及外編總葉碼。正文卷端題「徐氏海隅集卷之一」，首葉首行下還有「外編」二字。正文卷端題「徐氏海隅集卷之一」，署「吴郡徐學謨叔明著」。外編前有《徐氏海隅集目録・外編》，目録首葉首行下有「外編」字樣，版心下有「外」字。

外編卷一至卷四疏（禮部），卷五疏（鄖臺），卷六公牘。

經説六卷，即《春秋億》。行款同外編，版心下皆有「經」字及經説總葉碼。前有徐學謨《春秋億序》，《徐氏海隅集目録・外編》。目録首葉首行下亦有「外編」字樣，次行有「經説」字樣，再次爲各卷細目。

卷一《春秋億》一至二（隱公、桓公），卷二《春秋億》三至四（莊公、閔公），卷三《春秋億》五（僖公），卷四《春秋億》六至七（文公、宣公），卷五《春秋億》八至九（成公、襄公），卷六《春秋億》十至十二（昭公、定公、哀公）。

上圖藏。

徐氏海隅集詩編二十二卷文編四十三卷外編十四卷

明嘉定縣徐學謨撰。明萬曆五年（一五七七）刻、萬曆四十年（一六一二）徐元嘏重修本[一]。

《徐氏海隅集》詩編二十二卷，書前有馮時可《徐先生海隅集序》、《徐氏海隅集目録・詩編》，目録末有萬曆四十年徐學謨孫徐元嘏題識。正文版心下鎸「詩」字及詩編總葉碼。

《徐氏海隅集》文編四十三卷，書前有《徐氏海隅集目録・文編》（闕首葉），目録版心下多鎸「文」字。正文版心下極個別葉面鎸當葉文體及葉次。

《徐氏海隅集》外編十四卷，書前有《徐氏海隅集目録・外編》，外編爲《徐氏海隅集・外編》八卷及《春秋億》六卷，共十四卷。其中《徐氏海隅集外編目録》只著録六卷，目録末鎸「外編目録畢」字樣，分别爲卷一至卷四疏（禮部），卷五疏（鄖臺），卷六公牘，正文還有卷七及卷八，皆爲公牘。外編八卷版心下

[一]《四庫全書存目叢書》集部第一百二十四册據北京大學圖書館、南京圖書館藏本影印。

皆有「疏」及總葉碼。正文卷端上題「徐氏海隅集卷之一」，署「吴郡徐學謨叔明著」。

《春秋億》書前有明萬曆五年徐學謨《春秋億序》《徐氏海陽集目録·外編、經説》。正文卷端題「徐氏海隅集卷之一」，首葉首行下有「外編」字樣，署「吴郡徐學謨叔明著」。目録首葉首行上爲「徐氏海隅集目録」，下有「外編」字樣，次行上有「經説」字樣。是書之序題《春秋億》，正文卷端題《徐氏海隅集》，目録又有「外編」、「經説」等，當爲全集之一種。是書自隱公至哀公，十二公各爲一篇，不載經文，一一排比年月，隨經詮義。卷一隱公、桓公，卷二莊公、閔公，卷三僖公，卷四文公、宣公，卷五成公、襄公，卷六昭公、定公、哀公。

徐學謨《春秋億序》：「愚故以《易》起家，少不自揆，間嘗旁窺是經，輒苦其難通，迄今三十餘年……兹以填鄖之隙，因感杜征南在襄陽時箋釋《左氏》，乃重掇三氏，并范、楊、何、孔諸家疏解與胡氏之傳，猥加裒輯，稍略其正變之例，缺其有無疑似之文，祇采其説之不詭于理者，以符會孔氏竊取之義而彙爲一書，名之曰『春秋億』，凡如干卷。」

《四庫全書總目》集部别集類存目五據浙江孫仰曾家藏本著録爲「《徐氏海隅集》四十卷」，並云：「《明史·藝文志》載學謨文集四十三卷，《千頃堂書目》亦載學謨《海隅集》四十三卷。此本僅四十卷，前無序目，蓋奸黠書賈以殘闕之本割去序目，冒爲完書也。」

按：《春秋億》六卷，上海圖書館藏本獨立於外編之外，以經説著録之，實亦爲外編之一種，故外編有六卷、八卷、十四卷之别。

北大、南圖藏。

歸有園稿二十九卷

明嘉定縣徐學謨撰。明萬曆二十一年（一五九三）張汝濟刻，萬曆四十年（一六一二）徐元嘏重修本〔一〕。半葉九行，行十九字，小字雙行字數同。上單魚尾，左右雙邊。書前有明萬曆二十一年張汝濟《刻歸有園稿叙》（行書手書上版）、萬曆二十年（一五九二）徐學謨《歸有園稿序》（隸書）。是集乃學謨歸田後所作。其家有園，名歸有，因以名集。歸有園位於嘉定演武場（今嘉定體育場）西南側，園建成後，婁堅、程嘉燧皆有詩以記之，太倉王世貞有《歸有園記》。

是集爲文編二十二卷，詩編七卷。文編正文卷端題「歸有園稿卷之一」，首行下有「文編」字樣，署「吴郡徐學謨叔明著」。版心上鎸「歸有園稿」，魚尾下鎸「文編卷之□」，版心下左有當葉字數，版心下右鎸刻工姓名，如李六、李通、虞得榮、王朝、周昊、張祐等；卷末多鎸寫者姓名，如文編卷三末鎸「柯成名寫」字樣，卷十一末鎸「陳聘寫」字樣，卷十九末鎸「楊田寫」字樣，卷二十二末鎸「福建按察司經歷年家子周廷棟董刊」字樣。文編前有《歸有園稿目録・文編》，目録末有萬曆四十年徐學謨孫徐元嘏題識。目録首行上題「歸有園稿目録」，下有「文編」字樣。

〔一〕《四庫全書存目叢書》集部第一百二十五册據天津圖書館藏本影印。

是集乃學謨歸田後所作，昔人有云「近世士大夫以官爲家，罷則無所於歸」，故自早歲罷荆州守，即構一園，名曰「歸有」，因以名集。文編卷一至卷三序，卷四記，卷五記、傳、碑，卷六至卷七墓志，卷八墓志、墓表，卷九至卷十祭文，卷十一雜著（塵譜二百四十四條），卷十二雜著（鏡戒二十七條），卷十三至卷十四雜著，卷十五至卷十六書（京稿），卷十七至卷二十二書。《四庫全書總目》集部别集類存目五據江蘇巡撫采進本著録。

徐元嘏題識：「先大父宗伯公自癸未解南宫之組，遯迹田間，粤癸巳，隕東海之星，乘箕天上。後先十年，上下千載，拈來是韻，非徒句櫛字比之工。聲出成文，大都憂國恤民之語。間以游戲三昧，發爲寄寓微言，要亦白傅緘意於琵琶，庶幾屈平托思於蘭茝。若夫憫歲漕之無緒，籲折之書狀，千言總爲嘉民種德。慨邑序之寡文，創改之關泓數處，尤爲練土興賢，事備兹編，言非溢美。顧《海隅集》鎸於鄖鎮，俸入足堪剞劂之資。《春明稿》梓在國門，賜予可供梨棗之費。自還初服，門可張羅，欲圖永傳，業無餘鏹。屬大司馬傅野張公出鎮全閩，毋忘召伯之棠，遠慰窮陬，首問子雲之字。先父蔭胄府君偕先叔太學府君祇奉庭訓，恪校終篇，遂蒙司馬損俸。梓人竣工，副在攸存，流傳可冀。蓋元嘏童年躬所睹記，即先公辭世，敢或諼忘？頃因銓補先集諸編，所幸獨完《歸園》一稿，忘其固陋，敬識初終。首志司馬懷舊盛心，悉本荆南屍祝，次見先公立言大旨，庶幾江左偉人謹跋。」

詩編正文卷端題「歸有園稿卷之一」，首行下有「詩編」字樣，署「吴郡徐學謨叔明著」。上單魚尾，左右雙邊。版心上鎸「歸有園稿」，魚尾下爲「詩編卷之□」，版心中下爲葉碼，版心下左有當葉字數，版心下右有刻工姓名。刻工有周山、張祐、魏四、魏榮、王朝、黄春、李四、李六、劉祖、周昊、張元、葉春、余宗等。卷六末有「陳聘寫」字樣，卷七末有「社建按察司經歷年家子周廷棟董刊」字樣。詩編前有《歸有園稿目録・詩編》。

詩編以時間爲次，收録徐學謨自明萬曆癸未（十一年，一五八三）至萬曆辛卯（十九年，一五九一）詩作。卷一詩（癸未甲申乙酉），卷二詩（丙戌），卷三詩（丁亥），卷四詩（戊子），卷五詩（己丑），卷六詩（庚寅），卷七詩（辛卯）。

天津圖書館、國圖、上圖、浙圖藏。

朱邦憲集十五卷附録一卷

明上海縣朱察卿撰。明萬曆六年（一五七八）朱家法刻增修本[一]。半葉九行，行十八字，小字雙行字數同。白口，上單魚尾，左右雙邊。魚尾下鎸「朱邦憲集卷□」。正文卷端題「朱邦憲集卷之一」，署「雲間朱察卿邦憲著，四明沈明臣嘉則校」。書前有明萬曆六年王世貞《朱邦憲集序》（手書上版）、《朱邦憲集目録》。目録第七、八、十五、十六等四葉版心下右有「舊雨軒」字樣，版心下左有卷次或章次，其他葉面均無。目録末及各卷各均有「不肖孫長世、長統重刻」字樣。鈐印有「燕京大/學圖書/館珍藏」

[一]《四庫全書存目叢書》集部第一百四十五册據北京大學圖書館藏本影印。

（朱方）。

朱察卿（一五二四—一五七二）字邦憲，號醉石，明松江府上海縣人。朱豹子。察卿幼敏慧，生平慷慨重然諾。閎覽典籍，不屑爲時文，詩筆古雅絶倫。以父見封，贈五品。著有《邦憲集》。傳見崇禎《松江府志》卷四十二《文學》、嘉慶《松江府志》卷五十三《古今人傳五》、同治《上海縣志》卷十八《人物一》朱豹傳附、《陸文定公集》卷八《朱邦憲傳》。

是書卷一至卷五各體詩，卷六至卷十五各體文。卷一古樂府、五言古詩、七言古詩，卷二五言律詩，卷三七言律詩，卷四七言律詩、五言排律、七言排律、五言絶句、七言絶句、禽言，卷五序，卷六記，卷七傳，卷八墓志，卷九至卷十行狀，卷十一祭文、雜文，卷十二至卷十五書。附録一卷，爲邦憲墓志銘與傳。目録中附録爲潘恩《故太學生象岡朱君墓志銘》、陸樹聲《朱邦憲别傳》、王世貞《朱邦憲傳》、沈明臣《黄浦先生傳》、王穉登《朱先生傳》等五篇，正文中最末還有李維楨《象岡朱公墓表》，附録實爲六篇。《四庫全書總目》集部别集類存目五據江蘇巡撫采進本著録。

王世貞《朱邦憲集序》：「邦憲家黄浦，去余鄉百里而遥。其所游盡豪賢長者，而與余交獨晚，交晚而文酒之好獨最深。亡何謂余傳其事，亡何邦憲卒，亡何其子家學、家賓、家教、家法等梓其遺詩文數百篇，而屬余序之……邦憲所最善友生曰沈明臣，兹集多其校讎。」

是集明崇禎《松江府志》卷五十四《著述》著録：「《醉石集》，朱察卿著。」不記卷數。按：醉石即察卿之號，王世貞《朱邦憲集序》稱：「邦憲雖不得官，爲其名高，而謁文者相踵，邦憲又不忍謝絶，必令得意去。計邦憲之事，與酒十九矣，又何能劇琢工詣至此也……然明臣間爲余言，邦憲雖不能釋事與酒，其操觚染翰，無異於齋居時，第篇成，令人彈射之，隨語即竄易，不工不止也。」知邦憲嗜酒，故有醉石之號。《醉石集》或此集之初名。又據《南吴舊話録》卷四載，此集原名《醉石集》，沈明臣增訂後易今名。

北大、國圖藏。

董幼海先生全集（存十九卷）

明上海縣董傳策撰。明萬曆間刻本，六册。存十九卷，分别爲《采薇集》四卷、《邕歈稿》六卷、《奇游漫紀》八卷附録一卷。

《采薇集》四卷，二册。半葉九行，行二十字，小字雙行字數同。上單魚尾，四周雙邊。版心上鎸「采薇集」，魚尾下鎸册次（元册、亨册等），版心下右多有當葉字數，正文首葉版心下鎸「潘維坦寫高尚德刻」字樣。正文卷端題「采薇集元册」，署「抱一山人董傳策漫賦」。書前有明隆慶五年（一五七一）潘恩《刻采薇集叙》，《采薇集評》，《采薇集總目録》。

據書前總目，元册爲古詩四言、古調歌、樂府雜調辭、樂府近體雜篇，亨册爲樂府近體雜篇、樂府放歌辭、長短調雜篇，利册爲歌行雜篇，貞册爲絶句五言、絶句六言、絶句七言。目録末有刊校姓氏：「萬曆壬寅春二月太史叔其昌重選，弟傳文重梓，婿李生華，侄玉樹、玉珂、玉京、玉驄、玉鉉、玉振、玉恩、玉階，男玉柱、玉衡同校。」

潘恩《刻采薇集叙》：「《采薇集》者，雲間董幼海先生戍邕管時所撰詩辭也。文學李生華完刻，問序於予。」

《奇游漫紀》八卷附録一卷，二册。半葉九行，行二十字。無小字。上單魚尾，四周雙邊。版心上鎸「奇游漫紀」，魚尾下爲卷次（卷之一），版心下右有刻工姓名，如正文首葉版心下右爲「孫崇文刻」。正文卷端題「奇游漫紀」及卷次，署「明時遷客雲間董傳策原漢」。書前有隆慶四年（一五七〇）吴嶽《奇游五述序》、萬曆二十九年（一六〇一）沈愷《奇游漫紀序》、嘉靖四十三年（一五六四）董傳策《奇游漫紀自引》、目録、《選輯校刻名氏》。

此記乃傳策謫戍南寧進作，即嘉靖三十七年（一五五八）遣戍，至隆慶元年（一五六七）召還，前後十年之文也，分記其自京出戍、赴粤經行之地與在粤時所游歷。據書前目録，是書正文總計四十一首，依行旅編次爲八卷，各卷依次爲：卷一記文，《出戍道經》；卷二記文，《楚南結纜》；卷三記文，《粤儌征次》；卷四記文，《行役載途》；卷五記文，《編管寄適》；卷六記文，《羈旅棲遲》；卷七雜文，《滄嶼寓指》；卷八雜文，《韶江五述》。附録一卷，爲碑記、記略等。

選輯校刻名氏：「同事寓客悟齋子吴時來、朗寧復陽道人陳大綸、從祖紫岡居士宜陽同選，嶺表門人賈仕、廖必進、鄧之梅、杭廷佐、梁國賢、黄鶴齡、鄧中曜、張文謨、李潤、鄧之松、何天德、李湛、裔鎮、陳起漁、梁國相、周豫燧等各抄録，乙丑年陽至日内弟李承志、女弟婿何一鵬、弟傳史同校，辛丑年中秋日叔思白其昌重選，弟傳文重梓，婿自約錢龍錫、侄玉樹、玉珂、玉京、玉驄、玉鉉、玉振、玉恩、玉階、男玉柱、玉衡同校。」

董傳策《奇游漫紀自引》：「余本胸臆無奇……屬者業坐獲譴，薄竄遐荒，迺幸與友人眺游山水，半收吴楚、百粵之奇，燕□而下勿論也……命之《奇游漫紀》，庶以表余忽漫之私悰云爾。或曰：『記者，記其事，子間出議論，謂體何？』曰：『古者記事記言，體由人作，雖然，余所謂漫云漫云，又豈敢規規乎文人家哉！』」

《四庫全書總目》史部傳記類存目六據浙江汪啓淑家藏本著録：「此書之作，則其疏劾嚴嵩，爲所搆陷，謫戍南寧時也。一卷曰《出戍道經》，二卷曰《楚南結纜》，乃自京赴粵經行之地。三卷曰《粵徼征次》，四卷曰《行役載途》，則在粵時所游歷。其稱『奇游』者，蓋取蘇軾《謫儋耳渡海詩》『老死南荒吾不恨，兹游奇絶冠平生』語也。末附方瑜《南寧青山記》、吴時來《混混亭記》、陳大綸《洞虚亭記》，三者亦爲其在粵所居也。」

《邕歈稿》六卷，二册。半葉九行，行二十字，小字雙行字數同。無魚尾，左右雙邊。版心上鎸「邕歈稿」，版心中爲卷次（卷之一）。正文卷端題「邕歈稿」及卷次，署「抱一山人董傳策原漢漫賦」。書前有隆慶五年莫如忠《邕歈稿序》、校梓姓氏，董宜陽題識。

是書前無總目，皆録七言律詩。各卷内容依次爲：卷一律詩七言，《行役稿》；卷二律詩七言；卷三律詩七言，《羈旅稿》；卷四律詩七言；卷五律詩七言，《羈旅稿》；卷六律詩七言，《返戍稿》。

校梓姓氏：「萬曆癸卯春仲太史叔董其昌選，弟董傳梓，婿李生華、侄婿楊汝麟、侄玉樹、玉珂、玉京、玉驄、玉鉉、玉振、玉恩、玉階、男玉柱、玉衡同校。」

莫如忠《邕歈稿序》：「幼海董公仕世宗朝，纔踰弱冠，諤諤著奇節，承譴南中……居南中數年，感遇所發，間爲詩歌，以遺同好……會今上嗣極，賜環登朝，其所撰著乃大出，即愈益佳，累數萬言，諸體犁然備矣……總厥命編，別爲四種，其一曰《邕歈稿》云。」

董宜陽題識：「若《采薇》《幽貞》《蘧塵》《邕歈》諸稿，是皆謫戍朗寧所搆，温厚和平，脱然世外……刻成，因識末簡，以表淵源之所自。」

國圖藏。

采薇集四卷邕歈稿六卷幽貞集三卷奏疏輯略一卷奇游漫記八卷

明上海縣董傳策撰。明萬曆間刻本[一]。

《采薇集》《奇游漫紀》行款及首末序跋目録等俱同中國國家圖書館藏《董幼海先生全集》本。《奏疏輯略》同中國國家圖書館藏明萬曆三十年（一六〇二）董傳文刻本。《邕歈稿》書前空白葉有墨筆手書此五種書名及卷數，並有「五種共十册」字樣。前有明隆慶五年（一五七一）莫如忠《邕歈稿序》、校梓名氏，行款等俱同中國國家圖書館藏《董幼海先生全集》本，無董宜陽題識。鈐印有「掃塵／齋□／書記」（朱方）、「禮培／湘印」（白方）等。

[一]《原國立北平圖書館甲庫善本叢書》第七百九十二册據明萬曆刻本影印。

《幽貞集》半葉九行，行二十字，小字雙行字數同。上單魚尾，四周雙邊。版心上鎸「幽貞集」，魚尾下鎸册次「上（中、下）册」，版心中下爲葉碼。正文卷端題「幽貞集上册」，署「抱一山人董傳策漫賦」。《幽貞集》前有陸樹聲《幽貞集小叙》、朱察卿《幽貞集跋語》，跋文末行鎸「隆慶庚午春日後學錢大復、徐□孫校對，内弟李承華、子婿李生華募刊」字樣，《幽貞集評》，《幽貞集總目》，總目末有校者姓氏。校者姓氏爲「萬曆癸卯秋日太史叔其昌重選，弟傳文重梓，侄玉樹、玉珂、玉京、玉驄、玉鉉、玉振、玉恩、玉階，男玉柱、玉衡同校」。

《幽貞集》上册爲古調體、中代骨格體、中代興致體、中代詞裁體，中册爲古今詠史雜體、古今詠史雜體，下册爲後代雜占體、後代酬應體、後代紀事體、儒人名理體、方外放言體，三册共計詩一百八十首。

陸樹聲《幽貞集小叙》：「《幽貞集》者，幼海董公戍南中時所著也……宜其處羈幽而以貞勝也，斯其爲名篇之意也歟。」

董傳策以嘉靖三十七年（一五五八）遣戍南寧，至隆慶元年（一五六七）召還，前後十年。其間作文，集爲《奇游漫記》；其間作詩，乃此三集。

《四庫全書總目》集部别集類存目五據兩江總督采進本著録：「此三集乃傳策以嘉靖戊午遣戍，至隆慶丁卯召還，前後十年之詩也。《采薇集》爲四言樂府、歌行、絶句等體。《幽貞集》爲五言古體。《邕歈集》爲七言律體。詩多激烈，如其爲人。案：《千頃堂書目》，《采薇集》作十四卷，《幽貞集》作十一卷，《邕歈集》作七卷，與此互異。明人集多隨作隨刊，卷帙無定。未知爲此本不完，或黄虞稷誤載。又有

《廓然子稿》二卷，《蘧廬稿》七卷，此本不載，殆偶佚矣。」按：《四庫全書總目》作「《采薇集》四卷《幽貞集》二卷《邕歈集》六卷」，除《采薇集》四卷全同外，今《幽貞集》爲六卷，《邕歈集》爲《邕歈稿》。

臺北故宫藏。

玉恩堂集十卷附録一卷

明華亭縣林景暘撰。明萬曆三十五年（一六〇七）林有麟刻本[一]。半葉九行，行二十字。版心上鎸「玉恩堂集」，上單魚尾，左右雙邊。正文卷端署「雲間林景暘紹熙甫著」。書前有王錫爵《林先生玉恩堂集序》、張以誠《玉恩堂集叙》、杜士全《玉恩堂集叙》、林有麟題識、校閲姓氏、目録。校閲姓氏題「名公校閲姓氏」，依次爲「許樂善修之甫、陸應陽伯生甫、王明時治甫甫、陸萬言君策甫、蔡懋孝幼公甫、何三畏士抑甫、馮大受咸甫甫、張所望叔翹甫、陳嗣元成一甫、李紹文節之甫、陳繼儒仲醇甫、杜士基彦恭甫、徐禎稷叔開甫、張鼐侗初甫、尹是衡公權甫、喬拱宸元愘甫、莫是彦廷俊甫、唐憲章元肅甫」。其中王錫爵序行書手書上版，序末題款鈐印之後一行題「周裕度書」；張以誠序行書手書上版，序末題款鈐印之後近版心處題「徐期生書」；杜士全序楷書手書上版，序末題款鈐印之後兩行題

[一]《四庫全書存目叢書》集部第一百四十八册據浙江圖書館藏本影印。

「顧乘書」。

林景暘（一五三〇—一六〇四）字紹熙，號弘齋，明松江府華亭縣人。隆慶二年（一五六八）進士，選庶吉士，授禮部給事中。轉兵科，軍政爲之一新。進太常少卿，改南通政，進太仆卿。丁父憂，服闋，家居不出。年七十五卒。著有《玉恩堂集》。傳見《明史》卷二九三本傳、乾隆《江南通志》卷一四一《人物志·宦績》、乾隆《婁縣志》卷二十三《人物》、嘉慶《松江府志》卷五十四《古今人傳六》、光緒《重修華亭縣志》卷十五《人物》。

是集係景暘卒後，其子有麟所編，各卷目録依次爲：卷一至卷二奏議，卷三至卷四參詞，卷五至卷六詩，卷七文，卷八文、表、跋、記、贊、傳、墓志、行狀，卷九行狀，卷十附刻碑文志狀。《四庫全書總目》集部別集類存目六據浙江孫仰曾家藏本著録。

杜士全序：「往不佞髫年負笈，則惟太僕林先生帷中高足，厥有吾師林先生，又與家大父同上公車者再，稱縞帶交。迨先生敝屣三事，而大父亦土苴五斗以歸……笥中遺文，亦先生之一臠一斑也，安忍其韞櫝而藏諸。爰出而詮次之，以授剞劂。工既竣，手一帙視余，且命之序……今仁甫之所鎸刻，與不佞之所表章，僅僅先生之言耳。嗟乎，林先生豈遜膚於立德立功者耶！」

林有麟題識：「不孝孤一輟斑衣，三凋隴葉，悵光陰之易邁，痛手澤之或湮。爰啓故笥，搜羅遺草，蠹魚爲宅，漫滅者莫識幾何，掌記乏人，零落者亦至過半。雖掖垣之章奏天上并存，而琬琰之流傳人間散見，未能萃珊瑚於巨網，勉欲緝翠羽爲重裘，敬捧殘編，可勝浩歎。夫嘗鼎臠者知美於蔬，睹象牙者知大於虎，要以片言垂訓，何煩富彼彫蟲。矧於立德可師，安用籍兹月露？乃鳌其篇什，訂其魯魚，付之梓人，藏之家塾。嗚呼，塵蒙匣研，趨庭杳然，天喪斯文，玄言不載，殺青之業既就，洒珠之淚全枯。烏萬斯年，唯我子孫，其永寶之哉！丁未孟冬，男有麟百拜謹識。」

是書臺北故宫又有殘本四卷，存卷一至卷四，《原國立北平圖書館甲庫善本叢書》第八百十九册據以影印。書前僅有王錫爵序，目録存前一葉半，其中第二葉左半僅存第一行；書末有林有麟題識。《甲庫善本》本雖爲殘本，但印刷清晰，可與《四庫存目》本互補漫漶之處。如卷一第二十二葉左半葉左上，《四庫存目》本計四行十六字粗黑不可識，《甲庫善本》本清晰可辨。又如卷一第二十四葉左半葉，《四庫存目》本左下兩三行皆模糊，《甲庫善本》本清晰可辨。又如卷一第二十七葉右半第一行下方「以□□」殘闕兩字，《甲庫善本》本完整，作「以爲迂」。又如《甲庫善本》本卷一第四十一葉左右中間數行與同卷第四十四葉左半中間數行，皆漫漶難識，《四庫存目》本清晰可辨。如此之處甚多。

浙圖、臺北故宫、國圖藏。

王侍御類稿十六卷

明上海縣王圻撰。明萬曆四十八年（一六二〇）王思義刻本[二]。半葉九行，行二十字。無魚尾，四周

[二]《原國立北平圖書館甲庫善本叢書》第八百零四册據明萬曆四十八年（一六二〇）王思義刻本影印。

單邊。版心上鐫書名卷次，版心中下爲葉碼。正文卷端題「王侍御類稿」及卷次，署「太原王圻元翰父著，男思義校刻」。書前有郭正域《王侍御類稿序》、萬曆十三年（一五八五）吴國倫《王侍御類稿序》、萬曆四十八年陸應陽《續刻王侍御先生類稿序》（隸書）、王思義《續刻先侍御類稿引》。各卷前有分卷目録。

據分卷目録，卷一至卷十三各體文，卷十四至卷十五各體詩，卷十六附刻。其中卷一奏疏，卷二至卷六序，卷七序、引、傳，卷八碑記，卷九題、跋、頌、贊、疏、議，卷十尺牘、論，卷十一策、賦、論、行狀、墓志銘，卷十二墓志銘，卷十三祭文，卷十四五言古詩、五言律詩、五言排律五言絶句、七言古詩、七言絶句，卷十五七言律詩、七言排律、詞調，卷十六附刻。

王思義《續刻先侍御類稿引》：「先侍御自爲經生時，即好爲古文詞。所著史論，有學有識，每以是試諸生高等。既登仕版，一切酬應，多托之子墨客卿。在西臺，復有袖中之彈。故楚中所梓，有《洪洲類稿》，先奏議，次詩若文，業已膾炙人口矣。林居廿餘年，徵文之客踵至，風晨月夕，又與社中諸公更相佳和，故詩若文特多。往昔，先侍御嘗自裒其稿，彙爲帙，題曰『明農』，蓋四倍於前刻云。未付殺青，屬罹大故，竟爲無賴者匿不得。義恐久益散佚先侍御奚囊之業，遂至漫漶，因搜故簏，尚存殘剩，命小史録出，鋟諸梨棗，并前類稿，共爲一集，題曰『王侍御類稿』，爲卷凡十有六，比前稿多志狀尺牘及雜著，十有六卷而末復附倡和集及志狀行實，倡和集雖不盡出先侍御，然亦一時風雅之會，故特存之耳。刻既成，謁同社伯生公爲之序，而義復僭□一言。先侍御少時嘗爲《敵樓賦》，每向兒曹云『可比吾家文考魯靈光』，惜其稿失傳，不得令子孫一窺作者之奧，時爲悵怏。此是編所繇輯也。若曰良治之子，必學爲裘，則有愧斯言矣。男思義謹識。」

臺北故宫藏。

長鋏齋稿七卷

明上海縣馮遷撰。明隆慶四年（一五七〇）汪稷刻本，四册。半葉十行，行十九字，小字雙行字數同。白口，上單白魚尾，左右雙邊。魚尾下鎸「長鋏齋稿卷一」，版心下鎸刻工姓名及當葉字數，如正文首葉版心下鎸「長洲吴曜書沈喬刊」，卷一末葉末行下鎸「長洲沈喬刻」，卷二末葉末行下鎸「錫峰仇朋刊」，卷七末葉末行下鎸「長洲吴曜寫，沈喬、沈元一同刊」字樣。刻工還有仇朋、計萬鎧等。序文爲姚起所刻，版心下鎸「吴門姚起刻」或「姚起」字樣。正文卷端題「長鋏齋稿卷之一」，署「上海馮遷著，門人汪稷校刊」。書前有明隆慶四年潘恩《長鋏齋稿序》、朱察卿《長鋏齋稿序》、目録。是書刻印俱精。鈐印有「葉氏／菉竹堂／藏書」（朱圓）、「石林／後裔」（白方）、「黽山／范氏／文房」（朱圓）、「許氏／鞠霜樓／藏書」（朱圓）、「許」（朱圓）、「家在小瀛／洲北舍」（白長）、「葉啓／發藏」（白方）、「東明／所藏」（朱方）、「東明／審定」（朱方）、「愁齋」（朱方）、「拾經／樓」（朱方）、「愁齋／秘笈」（朱橢）、「鞠霜／樓」（朱方）、「葉啓／發家／藏書」（朱方）、「葉／啓勛」（白方）、「定侯／所藏」（朱方）、「葉啓／發讀／書記」（白方）等。

馮遷字子喬，號樵谷。明松江府上海縣人。父淮，明崑山縣人，來寓耕於浦濱，遂爲邑人。工詩。著有《長鋏齋稿》。傳見崇禎《松江府志》卷四十四《游寓》馮淮附、嘉慶《松江府志》卷五十三《古今人傳五》、同治《上海縣志》卷十九《人物二》。

據書前目録，卷一五言古詩，卷二七言古詩，卷三五言近體，卷四五言近體，卷五七言近體，卷六七言近體，卷七五言排律、七言排律、五言絶句、七言絶句。

潘恩《長鋏齋稿序》：「《長鋏齋稿》者，上海馮君子喬公著詩也。子喬負隱君之行，居然瓠落，啬于逢時，類古齋客馮驩，遺有一劍，蒯緱耳，且又同姓，乃以長鋏名齋，因以名其集稿云。」

朱察卿《長鋏齋稿序》：「馮先生子喬所著詩賦文章各若干首，其門人汪生德馨先請刻其詩，尚書潘公爲序……先生少以弟畜予，予嘗爲先生父刻其詩，人無足怪。汪生新安人也，年且少，不愛刀泉，而師馮先生爲詩，又爲刻其集以傳，志足嘉，尚且足愧世之不禮巖穴士者，故并著之。」

上圖、臺圖藏。

詒翼堂詩一卷

明嘉定縣金大有撰。清康熙間刻《嘉定金氏五世家集》本，一册。半葉九行，行十八字。無小字。上單魚尾，左右雙邊。版心上鎸「詒翼堂詩」。正文卷端題「詒翼堂詩」，署「嘉定金大有伯謙甫著」。書前有萬曆四十六年（一六一八）唐時升《金伯謙先生詩序》、萬曆四十六年婁堅《書金氏世德後》、《詒翼堂詩目次》。正文末有大有子金兆登題識。題識葉末行有「康熙戊寅仲春曾孫望重較梓」字樣。鈐印有「吴興劉氏嘉/業堂藏書記」(朱長)。

金大有字伯謙。明嘉定縣人。嘉靖三十七年(一五五八)舉人,有耆德。傳見康熙《嘉定縣志》卷十五《人物一》。

是集收録詩九十四首,書前目録及正文皆未注明排序依據。起自《臘月同陳汝正姚景曾渡江》,迄於《春盡和侯丈韻》。是書爲《嘉定金氏五世家集》之第一册。書前牌記鎸「嘉定金氏五/世家集/詒翼堂藏板」。唐時升序前還有康熙三十五年(一六九六)王揆總序。此册共收入兩種,依次爲金大有《詒翼堂詩》、金起士《詒翼堂蘭揚草》。

唐時升序:「先生既没,而與其子子魚游,如兄弟然……子魚出先生遺詩百首,將梓之,以藏于家,而傳于親知故舊嘗從先生游者,而屬予題其端……蓋其材之見于詩者,不能十之一,而遺篇散失,其詩之在是編者,復不能五之三。」

金兆登題識:「不肖甫弱冠,先子即見背……先子遺稿,猶未刻也,此不肖三十年來所日夜阽側者。先子詩文,原無意留稿,又不肖幼,方課舉子業,未知寶護,多緣手而散。今檢之計偕簿書中,止得詩百餘首,故他詠絶少,如與執丈殷無美唱和累年,而僅存一律,可知已。」

《嘉定金氏五世家集》,清康熙間刻本,六册。復旦大學圖書館藏。半葉九行,行十八字,小字雙行字數同。上單魚尾,左右雙邊。版心上鎸「詒翼堂詩(集)」。書前牌記鎸「嘉定金氏五/世家集/詒翼堂藏板」。唐時升序前還有康熙三十五年王掞總序。各册依次爲：第一册，金大有《詒翼堂詩》一卷，金起士《詒翼堂蘭揚草》（未題撰者）；第二册，金起士《詒翼堂鶻化草》一卷附樂府一卷，金塾《詒翼堂貞恒草》一卷；第三册，金兆登《詒翼堂集》三卷；第四册，金德開《詒翼堂詩》卷上；第五册，金德開《詒翼堂詩》卷中；第六册，金德開《詒翼堂詩》卷下。

王掞總序：「《詒翼堂集》者，嘉定金氏一家之詩文也。詩一卷，爲孝廉豫石公作；文三卷，爲都事子魚公作。合其孫若曾孫之詩，而五世之家始備……爾宗先生詩三卷，懷節詩二卷，南美詩一卷，既已前刻，例得附後，其詳具載錢公牧齋序中。」

復旦、浙圖藏。

小雅堂詩稿不分卷

明華亭縣莫是龍撰。稿本，一册。無框無欄。半葉十行，行二十字。正文卷端無題署。手稿本，左右半葉皆重新裝裱。行文流暢，偶有删改之處。正文末鈐印有「雲／卿」（白方）、「莫氏／廷韓」（白方）、「王氏二十八宿研／齋秘笈之印」（朱長）。書末有姚際恒題識，落款「己酉正月□□時值雪」，并鈐印「姚際／恒印」（朱方）。首葉鈐印還有「澹園」（朱長）、「安儀周／家珍藏」（朱方）等。

莫是龍（一五三七—一五八七）字雲卿，又字廷韓，明松江府華亭縣人。莫如忠長子。生有異資，十歲能屬文。十四歲補博士弟子員。工古文辭書畫。王世貞、汪道崑咸推重之。有文集行世。經貢生終。

時上海顧斗英字仲韓，才名與是龍埒，人號「二韓」。傳見《明史》卷二八八《文苑傳》、崇禎《松江府志》卷四十二《文學》、乾隆《江南通志》卷一六六《人物志·文苑》、嘉慶《松江府志》卷五十四《古今人傳六》、同治《上海縣志》卷二十三《游寓》、光緒《重修華亭縣志》卷十五《人物》、光緒《金山縣志》卷二十一《文苑傳》。

詩凡二十八首，依次爲：《渡口逢女郎二首》《盛何元朗□著生》《龍潭對月别文卿》《得陰字》《題畫》《賦剡雪哉二首》《題畫二句》《清真子賦并小引》《賦蘇西陵》《賦清真贈楊卿》《題畫》《半老佳人》《題畫》《題梅花》《題景峰上人畫》《題楊景峰上人山房》《題雪泉上人畫》《題畫》《與張麗人浣沙飲金陵館中》《題各色牡丹》《螺潭廟化》《詩贈印潭上人》《黄鶴父北上》《題水石號》《集顧仲修《示關中湛泉上人》《題達魔》《襄陽歌》。

國圖藏。

石秀齋集十卷

明華亭縣莫是龍撰。明刻本，四册。半葉九行，行十九字，無小字。上單魚尾，左右雙邊。版心上鎸「石秀齋集」，魚尾下鎸卷次（卷之一），版心下左有當葉字數。正文卷端題「石秀齋集卷之一」，署「華亭莫雲卿廷韓父著」（署句占兩行，居中題）。書前有張所敬《莫廷韓先生小傳》。無目録。鈐印有「光緒／辛巳／所得」（朱方）、「八千卷／樓丁氏／藏書印」（白方）等。

卷一賦，卷二操、樂府，卷三五言古詩，卷四七言古詩，卷五五言律詩，卷六五言律詩，卷七五言排律，卷八七言律詩，卷九七言律詩，卷十五言絶句、六言絶句、七言絶句。

南圖藏。

石秀齋集十卷

明華亭縣莫是龍著。清康熙五十五年（一七一六）曹炳曾城書室刻《雲間二韓詩》本，《石秀齋集》和莫秉清《采隱草》合三册。半葉十一行，行二十一字，小字雙行字數同。白口，上單魚尾，四周單邊。魚尾下鎸「石秀齋集卷一」，版心下右鎸「城書室」字樣。書前有康熙五十六年（一七一七）唐孫華總序、康熙五十五年曹炳曾總序、張所敬《石秀齋集原傳》、錢謙益《莫廷韓小傳》、《雲間二韓詩總目》；書末有康熙五十五年曹一士總跋、康熙五十五年曹培廉總跋。鈐印有「學部圖/書之印」（滿漢文大朱方）、「京師圖書/館藏書記」（朱長）。按：《雲間二韓詩》共四册，其中《小庵羅集》和《拾香草》合一册。收録莫是龍《石秀齋集》十卷、莫秉清《采隱草》一卷、顧斗英《小庵羅集》六卷、顧昉之《拾香草》一卷。

據書前目録，各卷依次爲：卷一賦十首，卷二操二首、樂府二十五首，卷三五言古詩四十九首，卷四七言古詩三十七首，卷五五言律詩一百五十四首，卷六五言律詩二百六首，卷七五言排律八首，卷八七言律詩一百七十首，卷九七言律詩一百五十首，卷十五言絶句七十七首、六言絶句三首、七言絶句二百四十六首。

正文卷端題「石秀齋集卷一」，署「華亭莫是龍廷韓著，海上曹炳曾巢南輯，侄曹一士諤廷、男曹培廉敬三校」。《四庫全書總目》集部別集類存目七據江蘇巡撫采進本著録。

唐孫華序：「上海莫廷韓是龍、顧仲韓斗英二先生者，皆秦川貴公子也，而皆以詩鳴……兩先生者，詩名籍甚，稱『雲間二韓』云……此兩先生皆貴公子，其才名傾動海内，而獨艱於一第，故其詩多牢愁感慨之作。吾聞兩先生皆研精制舉之文，非偏工於詩者也。其不得志，則命也……同邑曹子巢南手輯兩先生之詩，合爲一集，鋟板行世，而以兩家之彦秀莫紫仙、顧彦初附焉。」

曹炳曾序：「雲間二韓詩者，莫公子廷韓、顧公子仲韓之所作也。二公子生明隆、萬之世，相去百里而近，并承藉家世，以文學氣誼相高，有聲舉場間甚久，又并精書法、通繪事，刻意爲詩歌，揮毫落紙，流傳遠近，目爲『二韓』，以字不以姓，異於唐之皮陸錢劉云者。既并不得志于場屋，侘傺失職，郁郁窮愁以死。其繪事世罕得見，獨莫以父子善書，有《崇蘭館緪默齋帖》之帖……余少時雅慕二公子名，與顧又世相好也。嘗從其家搜得杜公袁度所刻詩二卷，暨未刻草本，蟲食將半，盡乞以歸。每以未見莫集爲恨。越數年，始獲睹所謂《石秀齋集》者，定自吾鄉張長輿先生，而莫之外孫潘太學所刻也。亟購而藏焉。于是二公子之詩復完。嘗與兒輩論之……吾安知夫《石秀齋集》之外，不尚有尤美者乎。或存或不存，則二公子之不得盡同也。他日從子一士見之，請曰：『是二集者，幸入叔父手，忍使終判以虚二韓名？』余曰：『然。』遂命廉兒互相校訂，并授開雕。莫集一仍其舊，顧則增以所未刻，倍杜選之三，釐爲《小庵羅集》六卷，仲韓所自名也。既竣，合題之曰『雲間二韓詩』，并傳朋好，以釋余悲廷韓名。是龍後更以字爲雲卿，一字後朋，别號秋水，方伯子良之子，華亭人，徙家上海……廷韓孫秉清并能詩善書，爲時所重。」

是書上海圖書館藏一部，五册。書前有《雲間二韓詩》總目、康熙五十六年唐孫華序、康熙五十五年曹炳曾序、原傳、小傳（被撕掉數葉）、《石秀齋集》目録。書末有書後、跋。書前牌記「莫廷韓先生《石秀齋集》、顧仲韓先生《小庵羅集》，後學曹巢南手輯雲間二韓詩。附莫紫仙《采隱草》顧彦初、《拾香草》。城書室藏板」。

據曹炳曾序，知是書底本爲明萬曆三十二年（一六〇四）莫是龍外孫潘焕宸刻本。《四庫全書存目叢書》集部第一百八十八册據中國國圖藏本影印。影印本書前有錢謙益撰《莫廷韓小傳》、張所敬撰《石秀齋集原傳》。無總目、唐孫華序，曹炳曾序。書末亦無跋。

國圖、上圖、南圖藏。

潛玉齋稿四卷春雪篇二卷近稿一卷解弢篇一卷

明上海縣張所敬撰。明萬曆間刻本，四册。

張所敬（一五三九—一六一五?）字長輿，明松江府上海縣人。號三止居士，人稱黄鶴先生。弱冠補弟子員，善古文詞。邑令顔洪範聘修邑乘，纂輯之功居多。傳見崇禎《松江府志》卷四十二《文學》、嘉慶《松江府志》卷五十四《古今人傳六》。

《潛玉齋稿》四卷，半葉九行，行十九字，小字雙行字數同。白口，上單魚尾，四周單邊。魚尾下鎸書名卷次。版心下右鎸刻工姓名及當葉字數，如吴之驥刻、盧世清刻、錢汝雄刻。書前有王穉登《張長輿潛玉齋稿序》，萬曆十三年（一五八五）屠隆《張長輿潛玉齋稿序》、《潛玉齋稿目録》，目録首葉署「勾吴黄德水清父選，門人王尚修叔治編」。正文首葉署「雲間張所敬長輿著，滎陽潘明鳳嘉翰校」。鈐印有「王培／孫紀／念物」（朱方）等。卷一四言、琴操、樂府，卷二五言古詩，卷三七言古詩，卷四五言律詩。

《春雪篇》二卷，半葉九行，行十九字，小字雙行字數同。白口，上單魚尾，左右雙邊。魚尾下鎸書名及卷次。版心下無刻工。正文卷端署「雲間張所敬長輿著，友人杜開美袁度校」。書前有萬曆二十五年（一五九七）杜開美《春雪篇叙》、張所敬《春雪篇引》。張所敬引：「甲午之春，潘光禄虞則館不佞於時保堂，命其子焕宸稟學。惟時寒風猶凜，朔雪恒飛，庭芳失緑，架帙咸縞，門無王子之船，迹類袁生之卧，間有篇章，題曰『春雪』，志所始也。若云郢唱，則吾豈敢。其嗣作者附焉。」

《潛玉齋近稿》不分卷，半葉九行，行十九字；小字雙行，字數不等。白口，上單魚尾，左右雙邊。錢尾下鎸書名，版心下右鎸當葉葉碼。正文卷端署「雲間張所敬長輿撰，友人潘雲柯女貫校，門人趙世寧幼安編」。書前有萬曆十七年（一五八九）顧斗英《潛玉齋近稿序》、張所望《潛玉齋近稿序》。鈐印有「王培／孫紀／念物」（朱方）。依次收録五言古詩、五言律詩、五言排律、七言古詩、七言律詩、五言絶句、六言詩。其中七言古詩首葉亦有署名，同正文首葉。張所望序：「余兄長輿所著《潛玉齋詩稿》傳播藝林久矣，而自甲申迄丙戌稿皆亡去，於是潘君汝貫雅愛兄詩，復慮散逸，謀梓其近稿以傳。」

《解弢篇》一卷，半葉九行，行十九字。白口，上單魚尾，左右雙邊。版心中題書名。版心下無刻工。正文卷端署「雲間張所敬長輿著，門人潘焕宸明廷校」。書前有明萬曆二十八年（一六〇〇）朱家法《解弢篇序》、萬曆二十七年（一五九九）吕克孝《解弢編小敘》。鈐印有「王培／孫紀／念物」（朱方）。各卷依次爲：五言古詩、七言古詩、五言律詩、七言律詩、五言絶句、六言絶句、七言絶句。

按：是書共收録四種，上海圖書館著録爲「明萬曆十三年至二十八年刻本」，其中收録《潛玉齋近稿》一卷，依此著録當最晚刊刻於明萬曆二十八年。上海圖書館又藏《潛玉齋近稿》不分卷一部，一册，僅餘前二十三葉，著録爲清刻本，經比勘，與合訂本之近稿同版所印，篇幅僅合訂本近稿之半。則此四種之著録統稱爲「明萬曆十三年至二十八年刻本」明顯有誤。又按：此四種之各書行款雖同，但版式及刊刻字體皆不同。後三種書前皆無目録。四種四册，但非一種一册，同書不同册，同册不同書，亦雜亂無序。

上圖藏。

江行稿一卷白門稿一卷武夷稿一卷燕游草一卷笏谿草一卷

明華亭縣陸應陽撰。明萬曆間刻本，四册。行款均同，半葉八行，行十八字，小字雙行字數同。上單魚尾，四周單邊。版心上鎸當册書名。全書有朱筆圈點。五種皆全録詩，唯《江行稿》末有《游匡廬山記》

一篇。

《江行稿》一册，正文卷端署「雲間陸應陽伯生著，永春李開芳伯東、秀水黄承玄履常選」。書前有明萬曆三十三年（一六〇五）陸應陽《江行稿序》：「余故年來禁足不敢出，是歲伯東、履常并參知江右，并於不佞篤布衣兄弟，而并以匡家五老見招，遂賈勇西征，盤桓豫章者數月，頗暢煙霞雲壑之興，得詩若干，殺青以報兩君子。」

《白門稿》一册，無序跋。正文卷端署「雲間陸應陽伯生著」。

《武夷稿》一册，無署名。前有明萬曆丁巳際應陽題識：「余慕武夷九曲之勝五十餘年矣。是歲，從劍浦别黄中丞而歸，冒暑躡屐登大王峰，醉詠幔亭之下，得詩若干首，竊自幸七十六老人而不倦，眺覽有是，亦奇緣矣。遂以『武夷』名篇。」

《燕草》與《笏谿草》合一册。《燕草》行款同前三册，但字體明顯不同。正文卷端署「雲間際應陽伯生著，盧陵鄒德溥汝光、南海區大相用孺選」。版心下有刻工姓名及當葉字數，如李思孝、肖邦魯等。《笏谿草》闕首葉右半葉，字體與前三册同。

上圖、中科院藏。

適志齋稿十卷

明華亭縣許樂善撰。明天啓五年（一六二五）刻本，六册。半葉九行，行二十字，小字雙行字數同。

上單魚尾，左右雙邊。版心上鎸「適志齋稿」及卷次，魚尾下鎸當葉文體，正文首葉版心下右鎸「金時通泰卿寫刻」字樣。正文卷端署「雲間許樂善修之父著，小友胡紹寅稚明甫較」。書前有天啓五年徐光啓序、錢龍錫序、天啓五年錢希言序。封面書簽題書名。

是書卷一至卷三詩詞，卷四至卷十各體文。據書前目録，卷一賦、四言古詩、五言古詩、五言律詩、五言排律、五言絶句、七言古詩，卷二七言律詩，卷三七言律詩、七言排律、七言絶句、詞，卷四至五奏疏，卷六序、跋、記、傳、贊，卷七啓、書簡，卷八書簡，卷九墓表、祭文、疏、對聯，卷十制義、論。

徐光啓序：「公弱冠登朝，揚歷中外，中更里居者幾二十載。雅意好道，習于養生家言，構一齋曰適志，日惟焚香默坐，燕息其中，今且幾大耋矣。生平蹤迹，出入朝宁鄉邦間，於朝多立功，於鄉多立德，而於其間復不廢立言。詩及古文詞積漸成帙，總命爲『適志齋稿』，藏之篋中，不以示人。一日出而授余曰：『不腆敝帚之業，無當作者，而一生出處略具於兹。念不忍弃去，將以灾木，而欲徼惠一言序之。』」

上圖、傅斯年圖書館藏。

竹素堂藏稿十四卷

明上海縣陳所藴撰。明萬曆間刻本，四册。存卷一至卷二，卷六至卷十四，計十一卷。半葉九行，行十八字。無魚尾，四周單邊。版心中鎸「竹素堂」，版心下右鎸卷次，左爲葉碼。版心下左偶鎸刻工姓名，如卷一與卷二首葉版心下均鎸「劉鳳刻」字樣。正文卷端題「竹素堂藏稿卷一」，署「潁川陳所蘊子有父著」。書前有萬曆十九年（一五九一）王弘誨《竹素堂稿叙》（隸書上版，新安汪徽書）。封面書簽題「竹素堂藏稿」，并小字題當册卷次。《四庫全書存目叢書》集部第一百七十二册據上海圖書館藏本影印。

陳所蘊（一五四三—一六二六）字子有，號具茨山人，明松江府上海縣人。萬曆十七年（一五八九）進士，授南刑曹，歷員外部，轉郎中。性方嚴，官至南京太仆寺少卿。地方有大利弊，往往以片言指陳當事，郡邑重之。年八十四卒。著有《竹素堂藏稿》十四卷，以冰玉堂名刻有《蘇氏易解》八卷。傳見崇禎《松江府志》卷四十、嘉慶《松江府志》卷五十四《古今人傳六》。

是書凡文十一卷，詩三卷。各卷前有分卷目録，其中卷一至卷二序，卷六行狀、志銘，卷七志銘，卷八志銘、墓表，卷九誄、祭文，卷十祭文，卷十一書、啓、雜著，卷十二五言古詩、七言古詩，卷十三七言古詩、五言律詩、七言律詩，卷十四七言律詩、五言排律、五言絶句、七言絶句、六言絶句。《四庫全書總目》集部别集類存目六據浙江孫仰曾家藏本著録：「前有王宏誨、陳文燭序，俱稱官爲陳比部，蓋在郎署時所輯也。」按：此本前無陳文燭序。

上圖藏。

竹素堂續稿二十卷

明上海縣陳所蘊撰。明萬曆三十三年（一六〇五）刻本，四册。半葉九行，行十八字，小字雙行字數同。無魚尾，四周單邊。版心中鎸「竹素堂」，其下右鎸卷次，左爲葉碼。正文卷端題「竹素堂續稿」，署「潁川陳所藴子有父著，門人唐仲賢晋卿父校」。各卷校者多不同，還有門人杜開美爰度、喬一琦伯珪、趙隆培公益、喬之申翰卿、朱長治朗安、朱長芬幼裳、夏景英葆光、顧芝雲映庭、王廷宰彦賓、計文治君安、王來儀仲威、張泰階爰平，館甥顧九防君法、朱長祚君培、朱長庚太白，從子陳以詩伯庭。書前有馮時可《陳子有先生竹素堂續稿序》、萬曆三十三年朱家法《子有陳先生續稿序》（行草手書上版）、萬曆三十三年黄體仁《竹素堂續稿叙》。

是書各體文十七卷，各體詩三卷。各卷前有分卷目録。卷一至六序，卷七記，卷八記、傳，卷九傳、墓志銘，卷十銘，卷十一神道碑、墓表、行狀，卷十二行狀、誄、祭文，卷十三祭文，卷十四祭文、啓、書，卷十五至卷十六書，卷十七奏疏、公移，卷十八四言古詩、五言古詩、七言古詩，卷十九五言律詩、七言律詩，卷二十七言律詩、五言排律、七言排律、五言絶句、七言絶句。

是書上海圖書館存殘本二卷，一册，存卷五至卷六。卷五與卷六前均有當卷目録，正文卷端題「竹素堂續稿卷之五（六）」，署「潁川陳所藴子有父著，門人趙隆培公益父校」。

北大、上圖藏。

竹素堂文抄不分卷

明上海縣陳所藴撰。清吴郡陸氏抄本，一册。紅格，半葉九行，行二十一字。白口，上單魚尾，四周雙邊。版心下印有「吴郡陸氏本」字樣。書前有陳繼儒序、萬曆十九年（一五九一）王弘誨《竹素堂稿叙》、萬曆十九年陳文燭《竹素堂全稿序》、馮時可《陳子有先生竹素堂全稿序》。書根處墨筆題「竹素堂文鈔」。

此抄本爲節録本，節録各篇之首皆標明篇名、《竹素堂集》卷次、作者（明陳所藴）。如首篇《公車待詔録自序》，小字注「竹素堂集卷二」，又注「明陳所藴」。末篇《張徵長長興傳》，小字注「竹素堂集卷二十」，又注「明陳所藴」。是書首葉首行陳繼儒序前即題「竹素堂全集四十六卷，明上海陳所藴子有撰」，知全集卷數爲四十六卷。其節録各篇卷次，均與上海圖書館藏《竹素堂合并全集》合。

上圖藏。

竹素堂合并全集

明上海縣陳所藴撰。明萬曆間陳庚蕃刻本，十册。存二十三卷，卷一至卷二十三。半葉九行，行十八字。白口，無魚尾，四周單邊。魚尾下鎸「竹素堂」，其下右鎸卷次，左爲葉碼。卷一與卷二版心下均有「劉鳳刻」字樣。正文卷端題「竹素堂合并全集卷一」，署「潁川陳所藴子有父著，男庚蕃較」。各卷末多有「竹素堂合并全集卷之□□終」字樣。書前有明萬曆十九年（一五九一）陳文燭《竹素堂全稿序》、萬曆十九年王弘誨《竹素堂稿叙》（新安汪徵隸書）、萬曆三十三年（一六〇五）《子有陳先生全稿序》（行書上版，闕末葉，落款爲「萬曆乙巳中秋賜進士出身奉議大夫工部都……」）。

卷一至卷十五序，卷十六至卷十八記，卷十九至卷二十傳，卷二十一至卷二十二行狀，卷二十三志銘。

按：是書題爲《竹素堂合并全集》，實則取《竹素堂藏稿》十四卷與《竹素堂續稿》二十卷之書版，重加拼版，合印而成。抽去各卷前之目録，並對各卷正文首葉之題署略作剜改。如《竹素堂藏稿》各卷正文首葉，保留「竹素堂」三字，將「藏稿」及之下改刻爲「合并全集卷□」。各卷首葉題署之外，第三行上部皆題文體，其下部空白處增刻「男庚蕃較」四字。又改序文標題，如萬曆三十三年朱家法《子有陳先生續稿序》爲行草手書上版，此合并全集改「續」字爲楷體「全」字。這些剜改之處，細審皆與原刻字體不同。又如卷十六版心中只有「竹素堂」三字，無卷次葉碼，則拼版痕迹更爲明顯。但是各卷原有之刻工並未改動，如卷一與卷二首葉版心下之「劉鳳刻」等，原樣保留，可知書版爲原《竹素堂藏稿》書版。

上海圖書館又藏有清抄本《竹素堂文抄》一册，其首葉首行即題「竹素堂全集四十六卷，明上海陳所蘊子有撰」，知有《竹素堂全集》，卷數爲四十六卷。此抄本爲節録本，節録各篇皆注明卷次，其卷次均與上海圖書館藏《竹素堂合并全集》合。抄本末篇爲《張徵長長輿傳》，小字注「竹素堂集卷二十」。由於抄本只存一册，節録至《竹素堂全集》卷二十止，未知其所據之底本是否爲完本，但其所據之底本爲四十六卷本《竹素堂全集》，此全集之卷次又與《竹素堂合并全集》同，二者或爲一書，《竹素堂全集》或即《竹素堂合并全集》之簡稱。

上圖藏。

四然齋藏稿十卷

明上海縣黄體仁撰。明萬曆間刻本[一]。半葉九行，行二十字。上單魚尾，四周單邊。版心上鎸「四然齋」，魚尾下鎸卷次，版心下右鎸當葉字數。正文卷端題「四然齋藏稿卷之一」，署「上海黄體仁長卿父撰，門人王偕春子與父校」。書前有黄體仁《自叙》、明萬曆三十六年（一六〇八）徐光啓《穀城先生四然齋集序》、《四然齋藏稿目録》；書末有王偕春《四然齋稿跋》、黄仲訥《四然齋藏稿跋》。鈐印有「慈谿耕餘樓藏」（朱長）、「馮氏／耕齋／藏書」（白方）、「慈谿耕餘樓」（白長）、「馮氏／辨齋／藏書」（朱方）。

黄體仁（一五四五—一六一九）字長卿，號穀城，明松江府上海縣人。居川沙（今上海市浦東新區）。萬曆三十二年（一六〇四）進士。館於相國李廷機家，廷機令試館職，謝之，舉門人徐光啓自代。由刑部主事遷員外郎，轉郎中，出知山東登州府，觸當事者，罷歸。居家以詩酒自娱。後遷居上海縣城内，《同治上海縣志》載：「黄體仁宅在小南門内，有四然齋，即以名集，今其地呼黄家街。」其墓在廿四保浦東白蓮涇。傳見崇禎《松江府志》卷四十《賢達五》、乾隆《江南通志》卷一四一《人物志·宦績》、嘉慶《松江府志》卷五十四《古今人傳六》、同治《上海縣志》卷十九《人物二》、光緒《南匯縣志》卷十三《人

[一]《四庫全書存目叢書》集部第一百八十二册據湖北省圖書館藏本影印。

物志》。

《四然齋藏稿》爲黄體仁詩文集，卷一至卷九各體文，卷十詩。取元李道純《中和集》「身心世事謂之四緣，委身寂然，委心洞然，委世混然，委事自然」之語，以「四然」名齋，又名其集。《四庫全書總目》集部别集類存目六據兵部侍郎紀昀家藏本著録，誤其名爲黄體元，又將其號「穀城」誤作籍貫，稱其穀城人。

黄仲訥《四然齋藏稿跋》：「黄氏世家東海，而喜藏書，自曾王父與吴門沈石田、文衡山諸名家游，而王伯父獲傳舅氏陸文裕儼山翁，朝夕問奇，揚扢今古，漁獵典墳，稱東海聞人。迄余小子才下數奇，抑抑受經生業，不暇先世青緗，幾灰注矣。又幸今伯父穀城翁溯在水木，不夷余小子也，刻其鄉會硃卷、經書制義與今古詞，皆得與讎對之役，遂令東海上謂黄氏世有文獻，豈余小子敢顓承之？自曾王父而下，實嘉伯父之賜，因不揣而附數言於末簡。」

湖北省圖書館、臺圖藏。

馮文所詩稿三卷西征集八集

明華亭縣馮時可撰。明刻本，一册。

《馮文所詩稿》半葉九行，行十八字，小字雙行字數同。無小字。上單魚尾，左右雙邊。版心上鎸「文所詩稿卷□」。正文卷端題「馮文所詩稿」及卷次，署「華亭莫雲卿批點」。前後無序跋及目録。全書手寫上版，有圈點批校，皆莫是龍（雲卿）所爲。

卷一古體詩、樂府及賦，卷二五言律，卷三七言律。

《西征集》八集，明馮時可撰。明萬曆馮曾可刻本，五册。存五集，闕石集（卷二書）及革集、木集〔一〕。半葉九行，行十八字。上單魚尾，左右雙邊。版心上鐫「西征集」及卷次，版心下右鐫刻工姓名，如郁志上天刻、倪世、林士元、何、甫、文甫、仲仁等。正文卷端題「西征集卷一」，署「天池山人馮時可元敏著，弟曾可梓，侄大受、男大章同校」。書前有王穉登《西征集序》、劉秉仁《西征記序》、萬曆十二年（一五八四）《西征集自序》、目録。

是書分金、石、絲、竹、匏、土、革、木八集，十三卷，其中前六集爲文，後二集爲詩。文共十卷，詩共三卷。各集下又依文體，隸一卷至數卷不等。具體目次如下：金集，卷一，含《紀行》一首，《黔西于役紀》一首；石集，卷二書；絲集序，卷三至卷四；竹集，卷五疏，卷六議；匏集，卷七文，卷八碑、贊、傳、述、記；土集，卷九《俺答前志》《俺答後志》，卷十記、説、傳等；革集，卷一樂府、七言古、賦，卷二五言律，卷三七言律；木集，語録、程式。

王穉登《西征集序》：「《西征集》者，馮先生元敏督學黔中作也……集凡若干卷，詩賦若干首，雜文若干首，案牘語録公車文在後。」

〔一〕中國國家圖書館著録《西征集》十卷，存九卷，闕卷二。此表述並不準確，蓋因國圖所藏本非完本。

國圖藏。

馮元成北征續刻六卷

明華亭縣馮時可著。明萬曆刻本，一册。半葉八行，行十六字。上單魚尾，左右雙邊。版心上鎸「元成北征續刻」，魚尾下鎸卷次，版心中下爲葉碼。版心下右偶鎸刻工姓名，如京、云刊等。正文卷端題「馮元成北征續刻卷一」，署「吴郡定庵馮時可元成甫著」。書前有《馮元成北征續刻目録》。

是書卷一序，卷二記，卷三説、尺牘，卷四傳，卷五表志，卷六《蓬窗續録》。

上圖藏。

重刻馮玄岳巖棲稿十卷

明華亭縣馮時可撰。明刻本，六册。半葉九行，行十八字。無魚尾，四周單邊。版心上鎸「巖棲稿」及卷次。正文卷端題「重刻馮玄岳巖棲稿」，署「玄岳道人馮時可撰」。書前有王敬臣《巖棲稿序》，目録。

是書卷一序，卷二記、行狀，卷三跋、贊、箴、銘、論，卷四日本志，卷五傳、墓志銘、墓表、文，卷六書，卷七至卷八各體詩，卷九山齋雜録上，卷十山齋雜志下。

王敬臣《巖棲稿序》：「馮先生舊有《巖棲稿》，乃其弟魯卿所録，蓋先生之初草，而賈人亟梓之者也。方梓時，托一二友校閲，豈但魯魚亥豕謬誤，抑且竄易失真，且序傳中有聞見未核者，書啓中有代人人作者，皆不宜概梓。於是，獻甫君乃重梓之，稍有損益，而問序於余。」

北大、武漢市圖書館、社科院文學所藏。

石湖稿二卷

明華亭縣馮時可撰。明刻本，二册。半葉八行，行十六字。上單魚尾，左右雙邊。版心上鎸「文所稿卷上（下）」，版心下右鎸刻工姓名：何文甫刊、甫、仲、何、文等。正文卷端題「石湖稿卷上」，署「馮時可元敏著」。書前有目録。鈐印有「晋安何/氏珍存」（白長）、「肖齋/圖書」（朱方）、「黄熥/之印」（朱方）、「古閩黄肖/齋書籍印」（朱長）等。

目録首葉係抄補。卷上録《郭光禄静甫詩集序》《二顧集序》《與范君爵書》等序、書、傳、記各體文十三篇，《擬連珠》三十首；卷下録《監察御史王公神道碑》《送黄訓導遷碭山教諭序》《與姜給事書》《鉏魔論》等碑、序、書、論、辨、誦、説等各體文十六篇。

國圖、南圖藏。

雨航吟稿三卷

明華亭縣馮時可撰。明刻本，二册。半葉九行，行十八字，無小字。上單魚尾，左右雙邊。版心上鎸「雨航吟稿卷一」，版心下右鎸刻工姓名：何、文、中、甫。正文卷端題「雨航吟稿卷之一」，署「馮時可元敏著，山人歸有時、文學徐資訓同校」，卷二首葉署「吴郡馮時可著」，卷三首葉署「天池山人馮時可著」。書前有目録。

是書卷一録《疑賦》《永寧道中》《清浪公署》等二十八首，卷二録《登湖上閣因懷文卿》《黔中秋夕》《養疾篇》等六十五首，卷三録《雨中送客之蜀》《安莊山行》《與僧仁秀夜話》等三十九首。

國圖、南圖藏。

馮元成選集八十三卷目一卷

明華亭縣馮時可撰。明劉雲承刻本，三十六册。半葉九行，行十八字。上單魚尾，四周單邊。版心上鎸「馮元成選集」。版心下右偶鎸刻工姓名，如順黎宗、祐、順梁邦，梁少初、蔡德、曉、江、張茂貴、張茂槐、張秀、劉、元等。書前有蔡復一《馮元成先生文集序》、《馮元成先生選集序》（僅存兩頁，佚名）、目録。正文卷端題「馮元成選集」，署「馮時可元成甫著」。

據書前目録，是集卷一賦、風雅，卷二樂府，卷三至卷五五言古詩，卷六七言古詩，卷七至卷八五言律詩，卷九至卷十一五言排律、七言律詩、七言排律，卷十二五言絶句、六言絶句、七言絶句，卷十三至卷十七序，卷十八至卷二十四記，卷二十五論，卷二十六至卷二十七説，卷二十八至卷二十九易説，卷三十詩説、春秋説、周禮説，卷三十一辯、讀、跋，卷三十二贊、頌、箴、銘，卷三十三至卷三十五書，卷三十六至卷三十九尺牘，卷四十啓，卷四十一至卷四十二志，卷四十三連珠、策、表，卷四十四誄、吉文、疏，卷四十五祭文，卷四十六書事,卷四十七至卷五十四傳,卷五十五至卷五十六碑志銘,卷五十七至卷五十八志銘,卷五十九墓表,卷六十行狀、疏、公移,卷六十一解等各體雜文,卷六十二談理録,卷六十三談經録,卷六十四至卷六十五談經,卷六十六談史,卷六十七談藝録,卷六十八談政,卷六十九談行,卷七十至卷七十一稗談,卷七十二氏餘談,卷七十三至卷七十五藝海洞酌漢乘,卷七十六藝海洞酌魏乘,卷七十七至卷八十藝海洞酌晉乘,卷八十一藝海洞酌六朝宋乘,卷八十二至卷八十三藝海洞酌唐乘。

闕名殘序:「《馮元成集》已梓於粤,卷帙太繁,不便兼兩。不佞特爲選其尤者,可五之一。内有文極工而出於應酬,其人不能當,或有觸時忌,董狐之筆太峻者,余皆置之,僅若干卷。其志、表、誄、祭言等項,非學者所急,亦未録。」

上圖、南圖、中科院藏。

馮元成選集文八卷詩七卷

明華亭縣馮時可撰。明萬曆間刻本,十六册。半葉九行,行十八字。無魚尾,四周單邊。版心上鎸「馮元成選集」,中鎸當葉文體,其下爲葉碼。版心下有刻工姓名,如衡州五刊、游光、王、彭、晨、舜、思等。書名葉題「馮元成先生/全集選」,并鈐「仰峰/發兑」(朱方)。書前有蔡復一《馮元成先生集選序》、鄒元標《馮元成先生選集序》、目録。文集正文卷端題「馮元成選集」及卷次,署「吴郡馮時可元成甫著」。詩集行款同文集,正文卷端題「馮元成選集」及卷次,署「吴郡馮時可元成甫著,安城鄒元標爾瞻批點,侄孫斗如孝杓敬校」。文集有句讀,詩集有句讀及圈點。鈐印有「九峰舊廬珍/藏書畫之記」(朱長)、「綬珊六十/以後所/得書畫」(朱方)。

據書前目録,文凡八卷,其中卷一志,卷二序卷三記,卷四論、説、贊,卷五書、啓,卷六至卷七傳,卷八滇行紀聞。詩凡七卷,卷一賦、風雅,卷二至卷四五言古詩、七言古詩、五言排、七言排,卷五五言律,卷六七言律,卷七五言絶句、六言、七言絶句。

鄒元標序:「余與元成先生兩年來不相聞,一日,有張生漢槎者介元成書以見……而生持元成所自選集求一言……因借張子行書以慰之,獨愧余未能報元成爲之地耳。」

上圖藏。

顧仲方百咏圖譜二卷咏物新詞圖譜一卷

明華亭縣顧正誼撰。明萬曆間刻本,二册。左文右圖,詩文皆手寫上版,寫刻繪皆精美,惜爲後印本。書前有序文,《顧仲方百詠圖譜目録》,序文、目録及正文前數葉殘闕嚴重。

顧正誼字仲方,號亭林,明松江府華亭縣人。萬曆間由太學生官中書舍人。精繪事,早年即以詩畫馳名江南。晚年築小亭園於江畔以終老。傳見嘉慶《松江府志》卷六十一《藝術傳》。

是書所詠皆物或景,如露珠、新月、笛、夢、悼鸚鵡、上林春曉、殘燭、禪石、鷺、鵲等。國圖、北大藏。

筆花樓新聲一卷

明華亭縣顧正誼撰。明萬曆二十四年（一五九六）自刻本，一册。是書每葉左文右圖（中縫對折裝訂後，則圖文隔），闕正文首葉。書前有陳繼儒《題筆花樓新聲》，目録僅存末葉。書末有明萬曆二十四年顧正誼跋（末葉有闕損）。

陳繼儒《題筆花樓新聲》：「顧仲方先生以雕龍繡虎之才入爲鳳閣侍從，長安諸薦紳咸束錦交先生。片言尺楮，往往爲寶。時因杯酒間，忽動□國之想，乃請作江南春樂府……吾謂此曲當以司空圖松枝筆、李廷珪豹囊墨及薛濤五色雲錦箋各書數通，以佐花月，而又令緑珠雪兒泛涉絲障後醉拍紫玉板唱之，則一字一絹可也。」

顧正誼跋：「不佞少無適俗之韻，壯多長者之游，恣意名山，寄情柔翰……乃隨物命詞，偶成百首……猥云搜抉，自識苦心。」

按：此即《顧仲方百詠圖譜》，目録殘葉及文、圖皆同版，唯裝訂頗不便閲讀。

國圖藏。

竹素園集十卷

明華亭縣馮大受撰。明萬曆間刻本，二册。是書包括《燕臺游草》一卷、《北游續草》一卷、《公車别録》一卷、《金陵游草》一卷、《擄悟集》一卷、《端居集》一卷、《郊居集》一卷、《園居集》一卷、

《閑居集》一卷。封面書簽題「竹素園集」。書前有萬曆九年（一五八一）莫雲卿《馮咸甫詩草叙》、萬曆九年屠隆《馮咸甫詩草叙》、王逢年《馮咸甫詩草叙》、王世貞《馮咸甫詩序》。

馮大受字咸甫，明松江府華亭縣人。馮行可子。少負才名，工書法。萬曆七年（一五七九）舉人，困公車者三十年，謁選得陽山知縣，改教餘姚，遷慶元知縣。致仕歸。葺竹素園，吟咏其中。著有《竹素園集》。傳見乾隆《婁縣志》卷二十三、嘉慶《松江府志》卷五十四《古今人傳六》。

《燕臺游草》半葉九行，行二十字，小字雙行字數同。上單魚尾，四周單邊。版心上鎸「燕臺游草」。正文卷端題「燕臺游草」，書名行下端有「庚辰集」字様，署「雲間馮大受咸甫著」。

《北游續草》行款同《燕臺游草》，版心上鎸「北游續草」。正文首葉版心下右有「六」字。正文卷端題「北游續草卷之九」，書名行下端有「壬癸集」字様，署同《燕臺游草》。

《公車別録》行款同《燕臺游草》，版心上鎸「公車別録」。正文卷端題「公車別録」，書名下有小字「集之十七」，書名行下端有「乙酉丙戌」字様。署同《燕臺游草》。

《金陵游草》行款同《燕臺游草》，版心上鎸「金陵游草」。正文卷端題「金陵游草卷之二」，書名行下端有「辛巳集」字様。署同《燕臺游草》。

《攄梧集》行款同《燕臺游草》，版心上鎸「攄梧集」。正文卷端題「攄梧集」，署同《燕臺游草》。

《端居集》行款同《燕臺游草》，版心上鎸「端居集」。正文卷端題「端居集」，書名行下端有「癸未甲申」字様，署同《燕臺游草》。

《郊居集》行款同《燕臺游草》，版心上鎸「郊居集」。正文卷端題「郊居集」，書名行下端有「癸未甲申」字樣。署同《燕臺游草》。

《園居集》闕前四葉，行款同《燕臺游草》。第五葉版心上鎸「園居漫草」，其餘各葉版心上鎸「園居集」。

《閑居集》行款同《燕臺游草》，版心上鎸「閑居集」。正文卷端題「閑居集」，書名行下端有「丙丁集」字樣。署同《燕臺游草》。

國圖藏。

方衆甫集十四卷

明華亭縣方應選撰。明萬曆間刻本[一]。半葉九行，行二十字。無魚尾，四周單邊。版心上鎸「方衆甫集卷之一」，版心中下爲葉碼。正文卷端題「方衆甫集卷之一」，署「華亭方應選衆甫著」。書前有董其昌《序汝上集》、方應選《閩刻自序》、《方衆甫集目録》。鈐印有「勿□/藏書」（朱方）、「石湖/□□」（白方）等。

方應選字衆甫，號明齋，明松江府華亭縣人，居方家巷（今上海市松江區）。萬曆十一年（一五八三）進士，知冀州。丁内艱，起補汝州，治多異政，竣整有法，擢職方，改武選。尋以按察使視兵河北盧龍，改督

[一] 《四庫全書存目叢書》集部第一百七十册據南京圖書館藏本影印。

閩學政，以勞瘁卒於官，年僅五十有四。著有《方衆甫集》，輯有《汝州志》。傳見崇禎《松江府志》卷四十《賢達五》、嘉慶《松江府志》卷五十四《古今人傳六》。

是書卷一賦、頌、五言古詩、七言古詩、五言律詩，卷二七言律詩，卷三七言律詩、五言排律、七言排律、五言絶句、六言絶句，卷四七言絶句，卷五至卷六叙文，卷七記，卷八傳、墓志銘，卷九墓表、行狀、行略、題跋，卷十祭文，卷十一啓，卷十二至卷十三書簡，卷十四雜著。《四庫全書總目》集部别集類存目六據江蘇巡撫采進本著録。

董其昌《序汝上集》：「《汝上集》者，方衆甫守汝時所著詩若古文也。衆甫不嘗刺冀乎，獨稱汝，何也？凡衆甫有所撰造，率取吏治之餘，冀之堅，汝之瑕也。始衆甫舉孝廉，嘗恨不得決去經生之藩，而壹意千秋之業。既解褐，意且怒而飛矣……而衆甫兹未暇也，且以《汝上集》求之。」

《閩刻自序》：「閩中刻者，非必閩作，猶之汝上刻，蓋彙汝以前作，合汝作□□也……」

南圖藏。

唐文恪公文集十六卷

明華亭縣唐文獻撰。明楊鶴崔爾進刻天啓間後印本〔二〕。半葉九行，行二十字，無小字。上單魚尾，四

〔二〕《四庫全書存目叢書》集部一百七十册據北京大學圖書館藏本影印。

周單邊。版心上鎸「占星堂集」，魚尾下鎸卷次，版心中下爲葉碼。正文卷端題「唐文恪公文集卷之一」，署「華亭唐文獻元徵父著，門人楊鶴修齡父、崔爾進漸逵父校梓」。序文首葉版心下有「孫訥刻」字樣。書前有孫承宗《大宗伯抑所唐先生文集叙》、《唐文恪公文集目録》。書末有清嘉慶十九年（一八一四）春八世外從孫李林松墨筆題識。全書有墨筆句讀圈點。

唐文獻（一五四九—一六〇五）字元徵，號抑所，明松江府華亭縣人。珣四世從孫。萬曆十四年（一五八六）進士，殿試第一，授翰林院修撰。官至禮部右侍郎，掌翰林院事。卒於官。贈禮部尚書，賜祭葬。天啓間贈太子少保，謚文恪，禮鄉賢。傳見《明史》卷二一六本傳、崇禎《松江府志》卷四十《賢達五》、乾隆《江南通志》卷一四一《人物志·宦績》、嘉慶《松江府志》卷五十四《古今人傳六》、光緒《重修華亭縣志》卷十五《人物》。

是書卷一册文、詔、賀表、廷試策、程表、程策、疏，卷二館課，卷三至卷五序，卷六記、傳，卷七墓表、行狀，卷八碑銘、志銘，卷九志銘，卷十題跋、贊，卷十一祭文，卷十二賦、七言古詩、五言古詩、五言排律，卷十三七言律詩，卷十四五言律詩、七言絶句、五言絶句、六言絶句、補五言律、補五言絶，卷十五啓、書，卷十六家訓。全書末李林松墨筆題識，述文獻之堂與集名「占星」之由，及文獻父叔得名之事。是書初名《占星堂集》，十五卷，刻於萬曆三十三年（一六〇五）文獻卒後，已佚。萬曆四十三年（一六一五），其子允執搜其遺稿，增爲十六卷，書名題《唐宗伯公文集》。光宗登極，文獻加贈宫保，謚文恪。故萬曆四十三年刻天啓間重印本改題《唐文恪公文集》。

《四庫全書總目》集部别集類存目六據浙江孫仰曾家藏本著録者爲：「《占星堂集》十五卷」，「朱彝尊《静志居詩話》載，文獻未第時，曾見奎宿於堂上，故以『占星』名其堂，因以名集。」

是書上海圖書館藏一部，著録爲《唐宗伯公文集》十六卷，明萬曆間刻本，十九册。行款同北京大學藏本，版心上亦鐫「占星堂集」。唯正文卷端題「唐宗伯公文集卷之一」，署「華亭唐文獻元徵父□□□□／關中門人崔爾進漸逵□□□□」，正文首葉前三行下最末四皆被剜去，疑剜去一方鈐印。前後無序跋目録。北京大學藏本卷十六共十九葉，全書至第十九葉左半第三行「存此風也」止。上海圖書館藏本卷十六共十五葉，全書至第十五葉左半第三行「矣但看汝輩自樹何如」即完，後未刻。按：細審二本字體極爲相似，自第二葉起，斷板處亦一致，疑上海圖書館藏本刊刻稍早，在天啓間賜謚文恪之前，故正文卷端題「唐宗伯公文集」，卷十六家訓亦至十五葉止。賜謚之後，原書版稍加改補，卷十六又續刻數葉，於天啓間後印，始成完書。

北大、上圖藏。

唐文恪公遺牘一卷

明華亭縣唐文獻撰。稿本，一册。有清黄令荀跋，周洽題詩。無框無欄。各葉行款不一，有半葉十行，行約二十二字左右；亦有半葉十五行，行約二十五字左右。封面書簽篆題「唐文恪公遺牘」，并小字：「少巖我兄道長藏珍，己卯四月，樂畦埜夫于允鼎篆眉於退一居中。」書末有周洽隸書題識，并鈐「周／洽」

（白方）等。又有楷書唐文獻、黄廷鳳、吴騏、周洽小傳。是書前爲唐文恪公官服遺像，并吴騏像贊。

國圖藏。

滄漚集八卷

明華亭縣張重華撰。明萬曆間晴陽堂刻本〔一〕。半葉九行，行十九字，小字雙行字數同。上單魚尾，四周單邊。版心上鎸「晴陽堂」。正文卷端署「華亭張重華虞侯著」。書前有張位《刻滄漚集叙》（山東友弟熊傑書）、姜寶《滄漚集序》（西蜀門生張文運書）、陳于廷《刻滄漚集小引》、助梓名賢姓氏録。

張重華，字虞侯，明松江府華亭縣人。著有《滄漚集》《南北游草續》《月鏡》等。生平未詳。《四庫全書總目》稱其華亭人。

是書凡詩五卷，文三卷，成書於明萬曆間。卷一序、墓志銘、行狀，卷二赤牘，卷三赤牘、禮書，卷四論，卷五論、辨，卷六碑、記、祭文、題、跋、銘、贊、賦、操、四言詩、詩餘，卷七五言詩、六言詩、七言詩，卷八七言詩。《四庫全書總目》卷一七八集部别集類存目五據江蘇周厚堉家藏本著録。

〔一〕《四庫全書存目叢書補編》第五十七册據中科院圖書館藏本影印。

張位序：「（重華）家藏書充棟，悉硃圈靛點，糜糜欲爛，墨磧碑文，手臨摹殆盡。家弟嘗目睹心醉之，喻太守邦相治松歸來，亦爲余道及。居恒所著詩文盍百卷，先梓八卷，名曰《滄漚集》。」

姜寶序：「雲間有張生虞侯者，予丙午同舉觀察受所丈從子也。忽一日，枉翰使山中持所著《滄漚集》請爲序，開緘讀其文，則言言欲奇，其詩則首首欲出塵清新也。」

陳于廷小引：「虞侯家師以文章翰墨起，弱冠爲一代名家……以故文章翰墨，自他人得之，以爲琳琅珠貝，自虞侯師自視，則大海之一沫，初無增損也。遂自命曰『滄漚居士』，因以命其集曰《滄漚集》……小子不揣紕陋，曾任校字之職，刻成將笥之南游太學，印正天下賢豪長者，敬附姓名於不朽。」

助梓名賢姓氏録出資者有李開藻、陸鯤、金元慶、汪仲圭、董志學、鄭昭服、徐玶等七人。姓氏末有張重華題識。

中科院、上圖藏。

南北游草續一卷

明華亭縣張重華撰。明萬曆二十二年（一五九四）萬世德刻本，一册。半葉七行，行十四字，小字雙行字數同（偶有字數不等者）。上單白魚尾，四周單邊。版心上鎸「南北游草」，魚尾下鎸「續卷」。正文卷端題「南北游草續卷」，署「華亭張重華虞侯著，偏關萬世德伯修閲」。書末有「山西經魁門人張國儒校」一字樣。全書有刊印圈點處，爲萬世德所爲。書前有明萬曆二十二年萬世德《南北游續草叙》。

是書無目録，正文爲五言詩和七言詩。

萬世德序：「雲間張氏爲江南四大姓之一，自明興洪武，厥祖貞孝公已薦於鄉，有名德。至大司馬莊懿公稱社稷臣，功鎸鼎石。天不靳報，子孫代有簪組。虞侯寔鳳毛，甫髫齔，夙負穎異，大王父封觀察，磊塘公最奇愛之，手抄古文，令讀之，一目數行，且了其義。弱冠翩翩博雅，每試膠庠，即奪幟以文，受知於袁總憲洪溪公。既而及門，受業於相同洪陽公……虞侯舊有游草，蕭公序而付之梓。茲有續草，愈瓌瑋出塵，時時悟名理，可以不朽。不佞捐俸梓之，附以言。」

上圖藏。

胡繩集詩抄三卷附詞一卷

明華亭縣范壺貞撰，明陳繼儒評，清胡鯨發輯。重編稿本，三册。朱絲欄。半葉九行，行二十字，小字雙行字數同。白口，上單魚尾，四周雙邊。版心上有「古香書屋」字樣。鈐印有「學／子」（朱方）、「不辱／吾筆」（白方）、「臣大／成印」（白方）。正文首葉卷端原題「范蓉裳胡繩詩集卷之二」，墨筆改作「胡繩集詩鈔卷上」。正文首葉原署「八十二翁長白范允臨選，八十二翁眉公陳繼儒評」，緑筆改作「范壺貞蓉裳」。書前有清乾隆三十年沈大成序，序前空白葉有紹昌手書跋文。每首詩後爲陳繼儒評語，低三格，小字雙行排。天頭處亦有評語，皆有紅色圓點提示。全書有緑筆及墨筆批校修改處。有朱筆圈點。

范壺貞字容裳，明松江府華亭縣人。諸生胡畹妻。工詩。著《胡繩集》。傳見光緒《松江府續志》卷三十六。

第一册，原卷二至卷四；第二册，原卷五至卷六；第三册，原卷七至卷八。原闕賦集卷之一。是書目録，原卷二五言古詩二十一首，卷三七言古詩三十八首，以上爲新卷上。原卷四五言律詩三十五首，卷五七言律詩十五首，以上爲新卷中。原卷六五言絶句三十五首，卷七七言絶句四十四首，以上爲新卷下。卷八正文卷端題「范蓉裳胡繩集調卷之八」，署「八十二翁長白范允臨選，八十二翁眉公陳繼儒評」。天頭處緑筆批：「詞既無多，且非□□可以不刻。」

沈大成序：「勝國時，吾鄉閨秀范夫人以能詩聞。朱檢討竹垞撰《明詩綜》，曾采之。夫人系出文正，爲太僕中方曾女孫，孝廉君選子女子，而大參長白之從女孫。是歸諸生胡君畹，生亦世家知名士也。夫人有《胡繩集》八卷，長白先生實爲選刻，陳徵君眉公所手評者也。鼎革之際，版毁兵火，故楮零縑，罕有存者。夫人之曾孫鯨發懼先著之失墜，訪求積年，攟摭散佚，重爲編輯，得古今體詩若干首，分上中下三卷，曰『胡繩集詩鈔』，而問序于余……夫人之詩，尤長于古，其五言原本樂府，而聲情横溢，得晋宋六代之遺。其七言長篇上宗鮑明遠，下迹規仿張五。其慷慨時事，激昂用壯，庶乎秦風之版屋……錢牧翁《列朝詩集》竟遺其人，即檢討《明詩綜》中，僅僅七律一首，又謁其夫家之姓，又以華亭爲吴縣，二公之于詩文自負甲乙無爽者，而别裁鮮當其失若此，况不如二公者乎？可爲長歎也已。」

上圖藏。

胡繩集詩鈔三卷

明華亭縣范壺貞撰。清乾隆三十年（一七六五）天游閣刻本，一册。半葉十行，行十九字。白口，上單魚尾，左右雙邊。版心下右鎸「天游閣」字樣。正文卷端題「胡繩集詩鈔」，署「華亭范壺貞蓉裳」。書前有乾隆三十年沈大成序，陳繼儒原序，范允臨（長白老人）原序，目録。書末有乾隆三十年曾孫維鐘跋。

據書前目録，卷上五言古詩二十首，七言古詩三十八首。卷中五言律詩三十二首，七言律詩十六首。卷下五言絶句三十四首，七言絶句三十七首。末附賦兩篇。

陳繼儒序：「適有郵筒從姑蘇來，發函伸紙，乃學憲長白范公屬余叙《胡繩集》也。學憲筆精墨妙，當代莫京。夫人才德軼倫，克與儷美，乃復有接踵而起者，則范氏宗風不墜，閨秀天成，流源遠矣。」

范允臨序：「余宗女士淑英，號蓉裳者，産自孝廉君選公……彼固欲爲枕中之珍，秘不示人。余撥其一二付梓，以表余宗之媛乞靈造物，不廢詠歌，自足陶情而煉性也。因題曰《胡繩集》，漫識數言而弁于簡端。」

曾孫維鐘跋：「右《胡繩集》三卷，先曾王母范太夫人之詩也。太夫人平生所著繁富，勝國時，吴中范長白先生選刻者什之六七。洊更喪亂，版毁兵火，百年以來，捃拾散亡，搜求遺佚，今存者僅什之三四矣。太夫人之詩，曾評騭於陳徵君，見采於竹垞《明詩綜》，散出於海内諸家之選。玉臺金管，有煒斐然，無不儁及雲間，而家集未訂，徒溯音徽，賸馥殘膏，推尋無自，此不肖之所深懼也。今幸蓄蕞積年，排纘成帙，得付梓人，冀垂來葉。然而喬木靡存，栝棬何在，撫墜緒其如絲，掇什一於千百，比諸羽陵蠹簡，賢刼餘灰，邈林下之高風，宛海中之點墨，抑亦愾僾生悲，俯仰增感也已。」

按：沈大成序末有墨色版刻印兩方，分别爲「臣大／成印」（白文）及「學／子」（朱文）；又比勘各卷所收録各體詩，皆爲重編稿本之删并者。可知其所據底本即胡鯨發重編之稿本，但删去陳繼儒評語，只存正文。

上圖、國圖、北大藏。

胡繩集詩鈔三卷

明華亭縣范壺貞撰。抄本，一册。無框無欄，半葉九行，行二十一字。全書有朱色、墨色、緑色圈點及删改校補處。書前無沈大成序，書末葉爲藍格天游閣空白稿紙，抄録乾隆三十年（一七六五）曾孫維鐘跋文。目録首葉鈐印有「華亭封／氏蕡進齋／藏書印」（大白方）。

按：是書從形式看，所據底本或爲清乾隆三十年天游閣刻本，但有與重編稿本相同而與天游閣本不同處。目録中各體詩篇數均經過校改，最終和天游閣本一致。又如卷一五言古詩第一首《古意》末句，重編稿本、朱墨套印本與抄本俱爲「惆悵鴛鴦鳥」，天游閣本爲「惆悵雙飛鳥」，抄本據天游閣本改。又如卷一五言古詩第三首《既登小崑山復過小赤壁登眉公先生讀書臺》末數句，重編稿本原作「花菲葑澳側，中有高世人；結褵永朝夕，琴瑟清且幽；佩襛媚今昔，鸞皇飛冥冥……薄暮聊憩息」，重編稿本改菲爲飛，改褵爲廬，改襛爲纕，改鸞皇爲孤鴻，改聊憩息爲更攀陟；朱墨本作菲、褵、襛、鸞皇、聊憩息，同重編稿本所據之底本；天游閣本作飛、廬、纕、孤鴻、更攀陟，同重編之稿本；抄本作菲、廬、纕、孤鴻、更攀陟，多已從天游閣本，但末句「薄暮」又緑筆改作「薄暝」，不知所據。

上圖藏。

范蓉裳胡繩集四卷

明華亭縣范壺貞撰，范允臨選，陳繼儒評。明朱墨套印本，四册。半葉八行，行二十字。無界欄，無版心，四周單邊。版心中左上鎸「范淑英」，右上鎸「胡繩集」及卷次。正文卷端題「范蓉裳胡繩集」，署「八十二翁長白范允臨選，八十二翁眉公陳繼儒評」。書前序文皆朱色印，依次爲陳繼儒序（馮鼎調隸書）、陳序音釋、范允臨序（篆書）、范序音釋、袁晋《胡繩集小引》（篆書）、袁序音釋、目録。陳繼儒評語用朱色套印，其篇後評用大字，行款同正文，低三行排；夾評小字，行十九字；眉評半葉十六行，行四字。鈐印有「宋□/遠印」（白方）、「南/□」（朱方）。

是書卷一爲賦集，録賦五篇及詞；卷二至卷四爲詩集，其中卷二五言古、七言古、五言律，卷三七言律，卷四七言絶句、五言絶句。

袁晋小引：「胡夫人名范壺貞，字淑英，號蓉裳，出其著述付梓行世，奉叔大父長白翁命，曰翁題其集曰『胡繩』。客問曰：『何居？』翁曰：『《離騷》不云乎：「矯菌桂以紉蕙兮，索胡繩之纚纚。」』夫胡繩香草，用索爲維，流香遠矣。』翁之名斯集，因當因爲之紀。」

按：是書詩集三卷收録篇目，與重編稿本基本一致。卷一有賦與調（詞）兩部分，先賦後調，葉碼連續，調自十四葉始，卷端題「范蓉裳胡繩集調卷之一」，署名同前，篇目同稿本。惟卷四有兩部分，先七絶，後五絶，各單獨計葉碼，卷端均題「范蓉裳胡繩集卷之四」，均有署名，各以「七言絶句」、「五言絶句」起始，版心均題「卷之四」，七絶末有「范蓉裳胡繩詩集卷之四終」字樣，五絶末則無。則重編稿本所據底本或爲明套印本。

上圖藏。

三易集二十卷

明嘉定縣唐時升撰。明崇禎謝三賓刻清康熙三十三年（一六九四）陸廷燦補修《嘉定四先生集》本〔一〕。半葉十行，行十八字。無魚尾，左右雙邊。版心中鎸「三易集卷□」，其下右鎸當葉文體，版心中下爲葉碼。正文卷端題「三易集卷之一」，署「嘉定唐時升叔達著」。書前有王士禛《嘉定四先生集序》、清康熙三十三年宋犖《嘉定四君集序》、錢謙益《四先生集原叙》、舊序二篇（王衡、王錫爵）、侯侗曾小序、謝三賓序、《三易集總目録》。鈐印有「燕京大／學圖／書館」（朱方）。

〔一〕《四庫禁燬書叢刊》集部第一百七十八册據北京大學圖書館藏本影印。

唐時升（一五五一—一六三六）字叔達，號灌園叟，明嘉定縣人。受業於歸有光。年未三十，弃舉子業，專意古學。家貧好施予。工詩文，與同里婁堅、程嘉燧并稱「練川三老」，又與程嘉燧、婁堅、李流芳稱「嘉定四先生」。與纂萬曆《嘉定縣志》，著有《三易集》。傳見《明史》卷二八八《文苑傳》、光緒《寶山縣志》卷十《文學》。

據各卷前分卷目録，卷一五言古詩，卷二七言古詩，卷三五言律詩，卷四至卷五七言律詩，卷六絶句，卷七經論、史論，卷八書牘，卷九至卷十序，卷十一游記，卷十二記，卷十三至卷十四祭文，卷十五行狀，卷十六傳、贊、銘、説、疏，卷十七至卷十八志銘，卷十九至卷二十壽序。

宋犖《嘉定四君集序》：「嘉定四君者，唐叔達時升、婁子柔堅、程孟陽嘉燧、李長蘅流芳。所爲詩古文也，或亦稱嘉定四先生云。四君各有集。明崇禎初，邑令四明謝君爲槧板行，未幾遭亂，板亦毁。後五十年，陸生扶照慨然表率其地，毁者刻之，闕者補之，朽蠹者新之，而四君集復完……嘉定爲吴下邑，濱海而襟江，地多老師宿儒，崇尚古學，不僅如他邑聲悦纂組沾沾爲舉子家言者。然自四君之盛，距今垂百年，其風流文采，未有能繼之者，四君洵可傳乃。四君之中，李最先逝，年僅五十有五。三君實八十餘，當時號『練川三老』。錢宗伯稱其暇日整巾，拂撰杖履，連袂笑談，與之游處者咸以爲先民故老，不知其爲今人也。因叙其集，慨焉神往者久之。陸生名廷燦，扶照其字，嘉定之南翔人。」

北大藏。

唐先生遺稿一卷

明嘉定縣唐時升撰。清抄本，一册。無框無欄。半葉八行，行二十字。正文卷端題「唐先生遺稿」，無署名。封面有葉景葵題識。鈐印「黄／丞□」（白方）、「心／葵」（朱方）、「卷盦六／十六以後／所收書」（白方）、「合衆圖書／館藏書印」（朱長）。

是稿依次爲詩十五首，答文十九篇，疏、贊等各體文十二篇，壽序八篇，祭文十一篇。祭文末有「此下添五頁舊紙」字樣，依次爲論詩一篇，無題一篇。

題識：「詩文皆謝刻所未載，蓋晚年之作。己卯七月得於上海，揆初。」

上圖藏。

吴歈小草十卷

明嘉定縣婁堅撰。清康熙三十三年（一六九四）陸廷燦刻本[一]。半葉九行，行十八字，小字雙行字數同。白口，無魚尾，左右雙邊。版心中鎸書名及卷次，卷次下右鎸當葉詩體。正文卷一第二行中部署「長洲婁堅子柔甫著」，第三行中部偏下署「嘉定後學陸廷燦扶照重校」。書前有明崇禎三年（一六三〇）謝三賓序，錢謙益《婁貢士堅傳》。

[一]《四庫禁燬書叢刊》集部第四十九册據北京師範大學圖書館藏本影印。

婁堅（一五五四—一六三一）字子柔，號歇庵，明嘉定縣人。萬曆四十四年（一六一六）歲貢。早年從歸有光遊。工書法，詩亦清新。鄞縣謝三賓知嘉定，合唐時升、李流芳、程嘉燧及堅詩刻之，名曰《嘉定四先生集》。尤精古文，學問篤實。晚年習佛，長齋持戒。著有《吴歈小草》《學古緒言》。傳見《明史》卷二八八《文苑傳》、康熙《嘉定縣志》卷十六《人物二》、光緒《寶山縣志》卷十《文學》。

是書爲婁堅詩集，各卷前有分卷目録，其中卷一四言古詩三首，五言古詩七十三首；卷二五言古詩六十九首；卷三七言古詩三十八首；卷四五言絶句六十四首，六言絶句四首，七言絶句一百八十九首；卷五五言律詩一百六十五首；卷六五言律詩一百九十九首；卷七五言排律十二首，六言律詩一首，六言排律一首，七言律詩一百首；卷八七言律詩一百十二首；卷九七言律詩一百十七首；卷十七言律詩一百十二首，七言排律四首。共計録詩一千二百六十三首。

謝三賓序：「子柔婁先生，其學本原歐陽氏、韓氏，由史遷以溯六經。其詩文渟蓄淵雅，無雕繪襞積之陋，無縱横怒號之習，藹如也。其與人平以恕，其持身簡以廉，吴人知與不知，咸謂之曰婁先生。自其門弟子以至交友婣戚，泛及兒童婦女，無異詞。予承乏宰嘉定，與之交，有飲醇之味，察其行，異於澹臺子羽者鮮矣。信乎，真能學古者。匪學其詞，學其道焉者也。爲刻其詩文《吴歈小草》十卷、《學古緒言》二十五卷，以視世之文多道寡，而自附於古文詞者，乃若編纘讎勘，則其徒馬生元調巽甫之勛居多。」

明崇禎三年，謝三賓刻婁堅、唐時升、李流芳、程嘉燧四人詩，總名曰《嘉定四先生集》。其中，堅詩稱《吴歈小草》，凡十卷，係堅門人馬元調編輯。録堅各體詩三百八十餘首。前有明崇禎三年謝三賓序。清康熙三十三年刻本係陸廷燦據明崇禎三年嘉定知縣謝三賓刻《嘉定四先生集》本之修補刻本，即是書也，《四庫禁毁書叢刊》著録爲「清康熙刻本」。至乾隆修《四庫全書》時將此書禁毁。又按：馬元調（一五六八—一六四五）字巽甫，一字簡堂，明松江府上海縣人。僑居嘉定。自萬曆三十二年（一六〇四）起，師從婁堅研習古文，又與黄淳耀、唐全昌諸學者交遊，加入復社。能古文詞，精校勘，爲時所重，傳歸有光、婁堅學。清軍破南京，下蘇杭，攻嘉定，與侯峒曾等誓死固守，城破死之。傳見嘉慶《松江府志》卷五十五《古今人傳七》、同治《上海縣志》卷十九《人物二》。謝三賓，字象三，鄞縣人。天啓五年（一六二五）進士。累官巡按御史，守萊州，頗著勞績，掖縣毛霦《平叛記》載之最詳。

北師大藏。

吴歈小草十卷補遺一卷

明嘉定縣婁堅撰。明末刻本，四册。半葉九行，行十八字，小字雙行字數同。白口，無魚尾，左右雙邊。版心中鎸書名及卷次，卷次下右鎸當葉詩體。正文卷一次行下署「長洲婁堅子柔甫」。書前有明崇禎三年（一六三〇）謝三賓序、《吴歈小草》選校姓氏。各册封面書簽處均墨筆題「吴歈小草」及册次，右上題「婁集」，右題當册詩體。前三册爲正文十卷，第四册爲補遺。第一册書前空白葉有一九四九年十月十九日黄裳墨筆手書題記，並鈐「黄／裳」（白文上下連珠小方印）；選校姓氏末空白處有黄裳手書：「一九四九年十月十九日收，黄裳藏書。」鈐印同前；第二册書前空白葉亦有一九四九年十一月一日黄裳手書題記。書内鈐印還有「黄裳容氏／珍藏圖籍」（白長）、「黄裳珍／藏善本」（朱長）、「黄裳／鑒藏」（朱方）。

《吴歈小草》選校姓氏題：「古鄞謝三賓名象山先生選刻，吴郡門人馬元調巽甫編纂，子婿宣兆熊胤占、男婁復聞思修校正。」

是書正文十卷，其中卷一四言古詩一首，五言古詩六十二首；卷二五言古詩二十八首；卷三七言古詩二十三首；卷四五言絶句四十六首，六言絶句四首，七言絶句一百三十九首；卷五五言律詩一百六十六首；卷六五言律詩八十首，六言律詩一首，五言排律九首；卷七七言律詩一百首；卷八七言律詩一百十五首；卷九七言律詩一百二首；卷十七言律詩八十八首，七言排律三首。録詩總計九百六十七首。補遺一卷，收録四言古詩二首，五言古詩四十九首，七言古詩十五首，五言律詩四十二首，七言律詩三十七首，五言排律三首，六言排律一首，七言排律一首，五言絶句十八首，七言絶句五十首。録詩總計二百十八首。

黄裳第一册書前題記：「今年九月尾，余奉社命去京滬綫旅行訪問，過金陵、鎮江、揚州、蘇、錫，每至一地，必歷訪書肆，各有所獲。無錫雖舊爲江南文風薈聚之區，然無一書肆，僅公園前有書攤，亦無書可觀。主人告家中尚有舊書，即隨往觀，纔有舊書一架，無舊本，只此集及《學古緒言》《三易集》等書係明刻，徒以索價過昂，無從還價，亦姑置之。過蘇，於肆中查書目，乃知此二種皆係全毁之書，乃更致書老友成恒德先爲購置寄下。今日書到，遂記經過於扉頁。按：此乃《嘉定四先生集》零種，别有李流芳、程嘉燧兩集無存書，俟續訪。」

黄裳第二册書前題記：「余既獲此書，一日過富晋，王崗山告有《松圓浪淘集》零種可以見售，即囑尋之……富晋初擬購之以配全《嘉定四先生集》，以討價昂而止，不意此書竟由余搜訪而得也。年來肆力收書，足迹遍京、滬、杭、揚州、鎮江諸地，所到必赴市觀書，書友亦衆，知余窮搜博采，以艱於力，未能遍致，然用力則不可謂不勤矣。今日飯後停電，點剪燭二支，翻書自遣，因記此數行。」

按：上師大藏本據黄裳題記，認爲此書即明崇禎謝三賓刻《嘉定四先生集》本，正文與補遺總計録詩一千一百八十五首，較康熙本少七十八首，各卷收録詩之數量與康熙本差别較大。以第一卷爲例，卷一前兩葉内容似有誤，而葉碼不誤。其中正文卷一第一葉首行題「吴歈小草卷之一」，次行下部題「長洲婁堅子柔甫」，第三行題「四言古詩凡一首」，第四行至第十六行爲《行義桓嫠詩爲姚母文夫人賦》正文，第十七行爲「五言古詩凡六十二首」，第十八行爲「辰玉編修寄所和東坡殺戒詩同賦三首」。第二葉亦爲目録，自「夏日屏居瑯琊東莊承辰玉書懷枉寄有答」至「吴歈小草卷之一目録終」。第三葉前六行爲《辰玉編修寄所和東坡殺戒詩同賦三首》之三自「婉意殊急」至詩末，下接「贈丘五丈」詩。以《四庫禁毁書叢刊》集部第四十九册影印清康熙三十三年（一六九四）陸廷燦刻本校之，上師大藏本四言古詩闕兩首，且康熙本自目録至正文皆稱「凡三首」，上師大本正文改稱「凡一首」，所闕録兩首入補遺。康熙本卷一目録稱「五言古詩凡七十三首」，上師大本第一葉目録改稱「凡六十二首」，目録及正文末一首均爲「送辰玉會試兼柬子魚三十韻」，闕後自《莆田翁吾鼎壽母詩》至《胡明府復乞介壽之篇賦五言四十韻》等十一首，皆入卷二中。康熙本《夏日屏居瑯琊東莊承辰玉書懷枉寄有答》詩目録與正文「答」下均有「十首」二字，上師大本無二字，但正文確爲十首。康熙本卷一目録三葉，正文三十一葉，分别計葉碼，上師大本卷一共二十二葉，含其中目録一葉零兩行。

上師大藏。

容臺文集九卷詩集四卷别集四卷

明華亭縣董其昌撰。明崇禎三年（一六三〇）董庭初刻本[一]。半葉八行，行十九字，小字雙行字數同。無魚尾，左右雙邊。版心上皆鐫「容臺集」，魚尾下右鐫卷次，下左鐫當葉文體，版心下右偶鐫刻工姓名，如文集卷一首葉鐫「金泰卿寫，□（顧）公彦刻」字樣。正文卷端題「容臺文（别、詩）集卷之一」，署「華亭董其昌著，冢孫庭輯」。文集前有崇禎三年陳繼儒叙、目録。陳繼儒叙文末葉末行下鐫「顧紹勛鐫」字樣，目録末鐫「孫男延編次」字樣。每篇皆自爲首尾，不相連接。詩集前有目録（末葉闕）。别集前有目録，目録末鐫「孫男延編次」字樣。全書字體細長。文集與詩集各卷末皆鐫「門人徐士竑、許經閲」字樣，别集各卷末多鐫「門人徐士竑閲」字樣。全書有朱筆句讀圈點。

文集以文體編次，據書前目録，卷一至卷二序，卷三序、題詞，卷四記、碑銘、引，卷五論、評、説、議、奏

[一]《四庫全書存目叢書》集部第一百七十一册據清華大學圖書館藏本影印。

疏、表、頌、贊、箴、露布、考，卷六傳、贊傳，卷七策、募緣疏、銘、誥、像贊，卷八墓志銘，卷九墓表、神道碑、誄、行狀、祭文。

詩集卷一五言古風、七言古風、五言排律，卷二五言律詩、五言絶句，卷三七言律詩，卷四七言律詩、七言絶句。

別集目録總題「題跋總目」，卷一隨筆十四則、禪悦五十二則、雜紀五十二則，卷二書品一百五十五則，卷三書品一百五十九則，卷四畫旨一百五十五則。《四庫全書總目》集部別集類存目六據兩淮馬裕家藏本著録。

清華、上圖、國圖、北大、南圖藏。

容臺文集十卷詩集四卷別集六卷

明華亭縣董其昌撰。明崇禎間董庭重刻本，十六册。半葉八行，行十八字，小字雙行字數同。上單白魚尾，四周單邊。版心上皆鎸「容臺集」，魚尾下鎸卷次，再下右鎸當葉文體，版心下右偶鎸刻工姓名，如文集卷一首葉鎸「龔鳳寫」字樣。正文卷端題「容臺文（別、詩）集卷之一」，署「華亭董其昌玄宰甫著，海上葉有聲君實甫較，冢男祖和、冢孫庭輯」。文集前有陳繼儒叙、目録。每篇皆自爲首尾，不相連接。文集各卷末多有校閲姓氏，如卷二正文末有「孫男庭、廣、廙仝閲」，卷四正文末有「門人許經、秦鏡閲」。別集前有沈鼎科序（闕首葉），目録。詩集前有葉有聲序，目録。詩集卷四正文末有「門人許經、秦鏡閲」字樣。全書字體方正。全書有朱筆句讀圈點，天頭處有墨筆批注，惜天頭地脚皆經裁剪，天頭處批注亦有文字裁去。鈐印有「王培／孫紀／念物」（朱方）。

文集以文體編次，據書前目録，卷一至卷二序，卷三序、題詞，卷四記、碑銘、引，卷五論、評、説、議、奏疏、表，卷六筆斷，卷七頌、贊、箴、露布、考、傳，卷八策、募緣疏、銘、誥、像贊，卷九墓志銘，卷十墓表、神道碑、誄、行狀、祭文、卷一補、卷四補、卷九補。

别集以文體編次，據書前目録，卷一題，卷二跋，卷三隨筆十四則、禪悦五十二則，卷四雜紀五十九則、書品一百五十五則，卷五書品一百五十九則，卷六畫旨一百五十五則、爲鄭庶常跋綸誥、雜紀。

詩集卷一五言古風、七言古風、五言排律，卷二五言律詩、五言絶句，卷三七言律詩，卷四七言律詩、七言絶句。此本一稱建本，《千頃堂書目》及《明史·藝文志》著録。

按：是書應爲明崇禎三年（一六三〇）董庭初刻本之重刻本，但經過整理加工。如文集前陳繼儒叙文爲初刻本序文原版重印，但落款剜改爲「友弟陳繼儒頓首」，無時間，亦無刻工字樣；初刻本落款爲「崇禎庚午七月朔，友弟陳繼儒頓首撰」。又如文集卷一，初刻本《八大家集序》後還有《蘇黄題跋序》、《合刻羅文莊公集序》後還有《重刻王文莊公集序》，重刻本皆删去。初刻本文集目録末有「孫男延編次」字樣，重刻本無。初刻本文集目録第十二葉卷七策（小字：丁酉江西程）後有四葉半内容皆入目録，後接募緣疏，頗爲不妥；重刻本文集目録第十五葉卷八策下，丁酉江西程爲第一問，後又有第三問與第五問，此後接募緣疏，較爲醒目。重刻本對初刻本卷五至卷八之文體調整頗多，目録結構更清晰。重刻本文集卷十末新增卷一補、卷四補、卷九補。又别集重刻本新增題、跋二卷。《增訂四庫簡明目録標注》：「《容臺集》二十卷，入《存目》十七卷，於此知所録爲不全本。」不知《容臺集》有十七卷及二十卷兩個版本，四庫本之底本即十七卷初刻本。

上圖藏。

陳眉公先生全集六十卷首一卷

明華亭縣陳繼儒撰。明崇禎間吴震元等刻本，三十二册。半葉九行，行二十字。上單魚尾，四周單邊。版心上鎸「陳眉公先生集」，魚尾下鎸卷次，版心中下爲葉碼，版心下右鎸當葉篇名簡稱及當篇葉碼。如卷一首篇爲《二蘇易老解序》，共兩葉，版心下右分别鎸「二蘇易老一」及「二蘇易老二」。正文卷端題「陳眉公先生全集」，署「華亭陳繼儒仲醇父著，男夢蓮古澹父、夢草山賢父、孫仙覺天爽父仝纂」，每卷題署均同。各卷前分卷目録末有當卷校者名，詳後。卷首一卷爲范景文序（手書上版）、《陳眉公先生全集總目》、《空青先生墓志銘》、熊劍化《陳徵君行略》、洪瀾《陳眉翁先生行迹識略》、陳夢蓮《眉公府君年譜》。總目末有繼儒子陳夢蓮題識。每卷前有分卷細目。文章各篇單獨成葉，每篇一葉至數葉不等，如贊、銘等甚而每葉僅兩三行，亦各爲一葉。扉葉空白處有墨筆題記：「是書傳本極少，清代列入禁籍。二十五年夏，吾族香雪草堂藏書散出，斥五十金與三弟合購之。蘧盦記。」鈐印有「潘博／山藏／書章」（朱方）。

按：是書有兩個卷四十九，皆分别計葉碼，前一個爲疏，後一個爲銘。

據書前總目，卷一至卷十四序，卷十五至卷十九壽序，卷二十至卷二十三碑記，卷二十四至卷二十六論策，卷二十七至卷三十二詩，卷三十三至卷三十七墓志，卷三十八至卷四十五傳，卷四十六至卷四十七祭文，卷四十八至卷四十九贊、疏，卷五十至卷五十二題跋，卷五十三至卷五十八啓、尺牘，卷五十九至卷六十議。

各卷前分卷目録末有當卷校者名，卷一「門人吴震元耐庵父較梓」，卷二、卷二十七、卷四十「門人單恂質生父較梓」，卷三「友人熊汝學自福父較梓」，卷四、卷四十一「友人王元瑞伯禎父較梓」，卷五「友人馮洪業茂遠父較梓」，卷六、卷三十七「友人王時敏遜之父較梓」，卷八「門人董祖和孟履甫較梓」，卷九、卷二十六、卷五十二「門人陸慶紹孟聞甫較梓」，卷十、卷二十五、卷二十八「門人許經令則甫較梓」，卷十一、卷四十六「孫婿莫高太暉甫較梓」，卷十三「通家楊肅儼叔甫較」，卷十五「孫婿宋褒及申甫較」，卷十六「孫婿徐代高歷仲甫較」，卷十九「孫婿范必先開之甫較」，卷二十「門人楊鼎熙緝庵甫較」，卷二十一「通家董庭對之甫較」，卷二十二「友人盧洪瀾九似甫較」，卷二十三「門生馮淵深之父較梓」，卷二十四「門人葉培恕行可甫較梓」，卷二十九「門人宋咸有懷甫較」，卷三十「門人嚴栒約庵甫較」，卷三十一「通家李衍夷中甫較」，卷三十二、卷三十五「門人諸慶源君餘甫較」，卷三十三「通家沈士棟梁叔甫較」，卷三十四「通家許元恭仲謙甫較」，卷三十六「門生朱萬禧公仁父較」，卷三十八「門人楊汝成元章父較梓」，卷三十九「友人朱國盛敬韜父較梓」，卷四十二「友人宋徵璧讓木甫較梓」，卷四十三「門人王宗熙孟衍甫較」，卷四十四「門人徐孚遠闇公甫較」，卷四十五「通家董廣約之父較梓」，卷四十八「門人宋啚六吉甫較」，卷四十九（銘）「門人周觀我生甫較」，卷五十「取草庵衲友古冰較」，卷五十一「通家王時敏烟客甫較」，卷五十三「門人朱萬成韶九甫較」，卷五十四「通家王揆端士甫較梓」，卷五十五「門人朱之俊蒼起父較梓」，卷五十七「門人薛幼安君章甫較」，卷五十八「門人陳邦俊白石甫較」，卷五十九「通家王升超之父較梓」，卷六十「門人朱履升貞偕甫較」。其中卷七、卷十二、卷十四、卷十七、卷十八、卷四十七、卷四十九（疏）皆無校者名，卷五十六無卷前目録。

陳夢蓮題識：「府君有云：『文有能言、立言二種：能言者，詩詞歌賦，此草花之文章也；立言者，性命道德，有關於世教人心，此救世之文章也。發今人之所未發，是爲能言，能言必貴；發古人之所未發，是爲立言，立言必傳。』試思鸜武、猩猩，憬憬然有悟矣。此府君欲以藏稿分爲二集意也。笥稿共計七千餘葉，分列約百餘卷，而内有名世之文，不肖何敢妄定甲乙。吴長卿、許令則，府君入室弟子也，因與商略參訂，分爲四刻。先以第一刻六十卷梓行，度費約而力勉漸支。第二刻二十卷詮次遴寫，續即授棗。第三刻二十餘卷，尚欲搜討遺失，以成全書，庶幾無憾。蓋以府君少年行文，隨手而應，亦間有爲先達代斲者，故存稿十無一二。即今一刻中，新舊間雜，亦從友人處抄録幸存者，插入以備博覽。至四刻則名别集，約二十卷。此又片臠野錯，非能言立言可同日語也。若尺牘及偶然題詠，即三刻中挂一漏萬，以俟四方見教增補。故每卷各目正有待也。先有《晚香堂小品》《十種藏書》，皆係坊中贋本，掇拾補凑，如前人詩句、俚語僞詞，頗多纂入，不無蘭薪之誚，此在大方，自能辨之，無俟不肖嘵舌也。」

是書臺北故宫藏一部，《原國立北平圖書館甲庫善本叢書》第八百九十九册據以影印，著録爲「明崇禎陳氏家刻本」。書前有方岳貢《眉公先生全集序》《陳眉公先生全集總目》，總目末有陳繼儒子陳夢蓮題識、《眉公府君年譜》、《空青先生墓志銘》、熊劍化《陳徵君行略》、洪瀾《陳眉翁先生行迹識略》。各卷前有分卷目録，分卷目録末有當卷校者姓氏。鈐印有「國立北／平圖書／館收藏」（朱方）。經比勘，正文内容及各卷校者姓氏皆與上海圖書館藏明崇禎刻本合，知其爲同一版本。

上圖、臺北故宫、北大、南圖、遼寧省圖書館藏。

陳眉公集十七卷

明華亭縣陳繼儒撰。明萬曆四十三年（一六一五）刻本[一]，十六册。半葉九行，行二十字，小字雙行字數同。上單魚尾，左右雙邊。版心上鎸「眉公集」。書前有萬曆四十三年陳繼儒自序（手書上版），目録。正文卷端題「陳眉公集」，署「雲間陳繼儒仲醇著」。正文完整，書末又有墨筆附抄《重修忠肅于公墓記》《蘇黄題跋小序》《蘇長公集選叙》等三篇，無框無欄，半葉十行，行二十字，字迹工整。鈐印有「清氣／澄餘滓」（朱長）、「志／熙／印」（白方）、「修／竹」（朱方）、「維／清」（朱方）、「錢塘陳氏裁／芸仙館珍藏」（朱長）、「秋／水」（朱方上下連珠）、「松圃／書畫」（白方）、「小輞／川」（朱方）等。

[一]《續修四庫全書》第一千三百八十册據上海圖書館藏本影印。

據書前目録，卷一賦、四言古詩，卷二五言古詩、七言古詩，卷三五言律、七言律，卷四五言絶句、六言絶句、七言絶句、詞，卷五至卷七序，卷八壽文，卷九記，卷十論，卷十一題詞、跋、疏，卷十二尺牘、啓，卷十三傳，卷十四贊、銘、雜著，卷十五志銘、墓表，卷十六誄、行狀、祭文，卷十七祭文。

陳繼儒自序：「予自弱歲焚冠，築婉孌草堂于二陸遺址……自有吾之詩吾之文而已。顧平生不喜留草，隨作隨逸。一日，友人史辰伯氏自吴昌來，手捧一函揖謂予曰：『此陳先生詩若文也，將事梨棗，唯先生輯而授我。』予笑謂辰伯：『爲我殺青，不若爲子浮白。身與名孰親，老氏能言之。予唯潛神塞兑之餘，與漁歌牧唱，答和娱老，願且畢矣。使以區區敝帚博身後名，寧取以覆酒甕。』辰伯俯不答，胠篋掉臂而去。」

上圖、國圖、北大、南圖藏。

眉公先生晚香堂小品二十四卷

明華亭縣陳繼儒撰。明崇禎間武林湯大節簡緑居刻本，八册。半葉九行，行二十字。上單白魚尾，四周單邊。版心上鐫「晚香堂」，魚尾下鐫卷次。正文卷端題「眉公先生晚香堂小品」，署「雲間陳繼儒著」。書前有明崇禎五年（一六三二）阮元聲《晚香堂小品叙并贊》、王思任《晚香堂小品序》（闕首葉）、湯大節《眉公先生晚香堂小品例言》、目録。正文有句讀。

據書前目録，卷一至卷八詩，卷九至卷二十四文。其中卷一詩（五言古），卷二詩（七言古），卷三詩

（五言律附五言排律），卷四詩（七言律），卷五詩（五言絶附六言絶），卷六詩（七言絶），卷七詩（四言附贊），卷八詩餘（附曲、歌、賦等），卷九書序，卷十類序，卷十一集序，卷十二詩序，卷十三時文序（附游序），卷十四賀序，卷十五至卷十六壽序，卷十七至卷十八傳（附外傳），卷十九記（附碑記），卷二十祭文，卷二十一疏，卷二十二題跋（附引），卷二十三書，卷二十四志林。

阮元聲《晚香堂小品叙并贊》：「用是甥館湯生，裒其外篇，署爲小品，仍其初服之志，冠以『晚香』之名。」

《眉公先生晚香堂小品例言》前有《乞言小引》：「念節生二十六日而孤，先慈斷指殉烈。蒙先生贅而撫之，德真昊天矣。追隨峰泖，越二十年。耳提之暇，先生凡有著述，覽輒記，記輒筆，再補再謄，靡間夙夜，盈几盈篋，頗費護持。年來萍移吴越，不堪盡載囊瓢，兢兢蠹佚是懼。故撮其簡要者，别爲品類，密加較讎，竊自壽梨，寶同天笈。本擬藏名山，秘枕中，代寒絲饑粒，奈諸同人强迫流傳，以公欣賞。實未遑侈求玄晏，賴海内名世鉅公，或平生知己，或千里神交，倘品題有素，光錫如椽，雖蚤信身隱焉，文亦托以立言不朽，感豈獨余小子也。」例言末署「簡緑居主人湯大節半李父謹識」。按：湯大節字半李，武林人，爲陳繼儒贅婿，簡緑居即其讀書處。

《凡例》八則：「一，是集雖名小品，凡大議論、大關係，及韻趣之艷仙者，即長篇必録。緣先生晚年著述，正未有涯，先行斯刻，示測海一蠡，窺豹一斑耳。一，墓銘碑記，撰著最富，或人人不愧有道，而論定方遥，未敢溷載，統俟後集。一，書啓不盡存稿，存者亦不能遍録，今止刻救荒諸書，及論史學名語，可揭座隅者，聊見山林中濟世之慈航、文章之慧筏。一，集中品各爲類，類復分門，或附列成卷，俾閲者境轉境生，應接不暇。一，邇來文集，後學妄增評點，讀之反墮雲霧。是刻止圈句讀，竊附于莫贊之義，亦庶幾大雅之遺。一，是刻寫鎸俱擇名手，工良時費；較讎不倩他人，句核字研。背出舌耕，勞瀝心血，只可自怡悦，不堪持贈君。蘭譜諸賢，决能鑒余形外。一，先生集，昔年曾爲吴兒贋刻，不特魯魚帝虎，且多剿襲古人，殊可痛恨。賴當道移檄郡縣，追板重懲。如有賈人俗子，希倖翻刻，前車可鑒，無贅予言。一，名叙係手書者，俱摹勒簡端，海内不能遍懇。倘有同好，或跋或贊，乞郵寄武林清平山之簡緑居，當依宋楷，彙梓集先，共勷不朽，亦藝林一大快事也。敢稽首以請。」

是書上海圖書館藏三部，分别爲八册、十二册、二十册，除序文稍有差異外，正文及行款完全相同。十二册本書前首篇爲王思任序，次爲陶珽序，次爲湯大節例言，目録。鈐印有「汪印／兆淙」（白方）等。其中八册本與十二册本爲同版印刷。二十册本爲上單黑魚尾，書前有王思任《晚香堂小品序》、陶珽《小品序》、《參訂晚香堂小品姓氏》、湯大節例言、目録。《參訂晚香堂小品姓氏》有王璣、倪元升、孫一觀、胡文蔚、應舉孝等五人。

據《美國哈佛大學哈佛燕京圖書館中文善本書志》著録，是書有崇禎湯大節刻本，又有明末重刻本：重刻本「爲據湯大節簡緑居刻本重刻」。並指出湯氏原刻卷二第二十頁第一行有圈，此本無。第七行首字「酸」字及第七行第十字衲字，此本爲異體字；第二十二葉第一行第十字「鐵」字，此本作「鉄」；又此本卷二十三爲書，卷二十四爲志林。故「疑大陸二十九館所藏，如細細比對，定有原刻、翻刻之别。」今以上圖所藏三部比對，八册本與十二册本符合簡緑居原刻之特徵，且爲白魚尾，句讀皆在文字右側，應爲簡緑居原刻本；二十册本爲黑魚尾，有些句讀夾入文字之中，細審字體亦與原刻本稍異，似爲「明末重刻本」。

臺北故宫藏一部，《原國立北平圖書館甲庫善本叢書》第八百九十八册據以影印。書前牌記分左中右三欄，中間一欄較窄，小字鎸「簡緑居珍藏」，右左兩欄較寬，大字鎸「陳眉公先生/□品」。書前有王思任《晚香堂小品序》、陶珽《小品序》、參訂晚香堂小品姓氏、湯大節《眉公先生晚香堂小品例言》、《眉公先生晚香堂小品目録》。經比勘其版刻特徵，與上海圖書館藏八册本及十二册本同，應爲簡緑居原刻本。

又按：《美國哈佛大學哈佛燕京圖書館中文善本書志》第七六八頁第一三四六條著録一部二十四卷，十二册，但疑似只存前二十二卷；又其卷十三爲壽序、附游序；卷十四爲賀序；卷十五爲時文序；卷十六爲壽序，與上圖藏本稍異。又云：「《禁書總目》《清代禁書知見録》著録。《清代禁毁書目·補遺》一云：『查《晚香堂小品》，明陳繼儒撰，中多狂悖之詞，應請銷毁。』」

又按：上海圖書館藏《陳眉公先生全集》六十卷年譜等一卷目録末有繼儒子夢蓮題識：「先有《晚香堂小品》《十種藏書》，皆係坊中贋本，掇拾補湊，如前人詩句、俚語僞詞，頗多纂入，不無蘭薪之誚。此在大方，自能辨之，無俟不肖嘵舌也。」

上圖、國圖、復旦、臺北故宫、哈佛燕京藏。

思勉齋集詩集二卷文集十二卷

明嘉定縣徐允禄撰。清順治間刻本〔一〕。半葉十行，行二十一字，小字雙行字數同。上單魚尾，左右雙邊。版心上鎸「思勉齋集」，魚尾下鎸卷次，其下右鎸當葉文體。詩編正文卷端題「思勉齋集卷之一」，首行下有「詩編」字樣，署「嘉定徐允禄汝廉著，後學潘祖修亦世、陸元輔翼王、王霖汝公對，金望渭師、程遠上扶較訂」；文編正文卷端題「思勉齋集卷之一」，首行下有「文編」字樣，署「嘉定徐允禄汝廉著，侄士亮公采、門人潘潤雨臣、男京朝宗同較」。餘各卷皆無署名。書前有清順治十四年（一六五七）錢謙益《徐女廉遺集序》（落款末兩行被剜去，僅餘「順治丁酉夏五月十九日虞山同學友」字樣）、《潘文學墓志銘》、王泰際《女廉先生遺集小序》、順治十五年（一六五八）許自俊《徐女廉先生遺集敘》、《思勉齋集目次》。

徐允禄（一五六四—一六二五）字汝廉，一作女廉，明嘉定縣人。諸生，與同邑李流芳、侯震暘，吴江朱鷺，常熟錢謙益善。天啓元年（一六二一）遼事急，致書京中當事，勸倡議南遷。天啓三年（一六二三），黜學籍。好古博學，德行聞於鄉里，一時賢士大夫與之游。侯峒曾、潘潤（雨臣）師事之。著有《思勉齋集》。傳見康熙《嘉定縣志》卷十六《人物二》，《侯忠節集》卷十四、卷十五，《侯忠節年譜》五，《静志居詩話》卷十八，《柳南隨筆》卷五。

〔一〕《四庫禁燬書叢刊》集部第一百六十三册據上海圖書館藏本影印。

是書詩編録各體詩七十餘首，賦兩篇；文編卷一至卷二論，卷三至卷四策，卷五議、解，卷六至卷七序，卷八祭文，卷九記、傳、跋，卷十墓志、行略、説、述、像贊，卷十一雜著，卷十二書。

許自俊《徐女廉先生遺集叙》：「予邑徐女廉先生名噪海内幾廿年。其人好古博學，德行聞於鄉里，一時賢士大夫與之游。其文辨而贍，和而壯，奇而法，正而葩，天下能文之士咸祭酒之……潘子雨臣少從先生，位班游蔡，克自振厲，獨挺流俗之中，强攘已溺之際，信道不惑五十餘年，盡取先生之文，次而録之，捐貲校梓，以傳於世，可謂志而成者矣。」

上圖藏。

酉陽山人編蓬集十卷後集十五卷

明華亭縣唐汝詢撰。明萬曆間刻，清乾隆二十四年（一七五九）唐元素重修本〔二〕。《酉陽山人編蓬集》十卷，半葉九行，行二十字。上單魚尾，四周單邊。版心上鎸「編蓬集」，魚尾下鎸卷次，版心中下爲葉碼。正文卷端題「酉陽山人編蓬集」，署「雲間唐汝詢仲言父著，友人張希曾唯卿父校」。書前有李維楨《編蓬集叙》、明萬曆二十六年（一五九八）唐之屏《編蓬集序》、萬曆三十六年（一六〇八）唐汝諤《仲言弟編蓬集後序》、萬曆三十三年（一六〇五）許維新《報唐仲言書》、清乾隆二十四年唐元素《重訂編蓬

〔二〕《四庫全書存目叢書》集部第一百九十二册據南京圖書館藏本影印。

集略》、《編蓬集目録》。鈐印有「石湖／□孫」（白方）、「木□□館／范氏藏書」（朱長）。

是書卷一五言古一百一十九首，卷二五言古六十九首，卷三七言古四十五首，卷四五言律八十七首，卷五七言律八十六首，卷六七言律八十首，卷七五言排律十八首，卷八七言排律十三首，卷九五言絶一百四十四首、六言絶二十七首，卷十七言絶一百四十八首。總計各體詩八百三十六首。《四庫全書總目》集部别集類存目七據浙江巡撫采進本著録。

唐汝諤《仲言弟編蓬集後序》：「余友沈君公路博雅好古，爲捐貲首倡，謀以其詩灾木，而余爲叙梗概於末簡，因題曰『編蓬集』。」

唐元素《重訂編蓬集略》：「余六世從祖汝詢仲言公，與六世祖汝諤士雅公同胞昆仲也。仲言公五歲喪明，而聰明穎慧，實由天授。六世祖殊寵異之，舉經史諸子百家，靡不口授。仲言公以耳領受，默識不忘。既而融會貫通，出所淹洽者，而發爲著述，見爲詠歌。所有《編蓬集》《唐詩解》《唐詩十集》《可賦亭集詠》等書，俱爲通人所賞識。當時名公鉅卿捐資刊刻，惟是歷年既久，簡斷篇殘，迄今惟《唐詩解》尚行世焉。至於《編蓬》，雖有原板，不無損於燥濕蟲魚。先君子文華堯裳公向欲重刊是集，與六世祖《古詩解》《詠物詩選》《四書微言》《毛詩微言》等書并訂行世。緣門户多端，未遂厥志。恭逢聖天子於上年戊寅歲特頒功令鄉會帖，限用五言八韻，當風雅振興之會，而前人手澤猶自任其泯没弗彰，烏乎可？素於是决意重修，即將《編蓬》原板清查，其中遺失者十之三，破壞者十之八，爰付梓人。缺者補，壞者修，閲三月而工竣。所抱恨者剞劂少資，六世祖《古詩解》等書不獲與仲言公《編蓬集》

同時刊布，以終先君子遺志，愧矣！罪矣！今兹修理是集，不過就得以勉副者而先略盡表章云爾。其餘未竟之緒，願以公敵之異日。」

《編蓬後集》十五卷，半葉九行，行十八字。上單魚尾，四周雙邊。版心上鎸「編蓬後集」，魚尾下爲卷次，版心中下爲葉碼，版心下右偶有當葉文體。正文卷端題「編蓬後集卷之一」，署「華亭唐汝詢仲言父著，舊許孫織錦伯闇父校」。書前有明萬曆四十六年（一六一八）劉錫玄《編蓬後集序》、李維楨《編蓬後集小引》（手書上版）、《編蓬後集目録》。是書字體爲工整匠體字。

是書各體詩十一卷，七百八十九首；各體文四卷，五十五篇。其中卷一賦、三言詩、四言詩，卷二五言古詩，卷三七言古詩，卷四五言絶句、六言絶句，卷五七言絶，卷六至卷七五言律，卷八至卷九七言律，卷十五言排律，卷十一七言排律、三五七言、四六八言、九言、一字至十字、回文、八音、十二屬、五行、數名，卷十二序、傳、記、志銘、銘、疏、檄、贊，卷十三書，卷十四啓，卷十五誄、祭文、雅社約。

劉錫玄《編蓬後集序》：「雲間唐仲言生五歲而瞽，瞽而解讀書、著書。有《編蓬集》行世，諸名人爲作序。頃且行其後集，而問序不佞。」

李維楨《編蓬後集小引》：「唐仲言《編蓬集》既懸國門，行四遠矣。其卜居金陵三年，復携家還五茸。友人以所爲詩若文授之梓，是爲後編。」此序末有小字「白下吴天祥刻」。

南圖藏。

北征小草十二卷

明上海縣張泰階撰。明崇禎間刻本〔一〕。半葉八行，行十九字。上單魚尾，四周單邊。版心上鎸「北征小草」，魚尾下鎸卷次「卷□」。正文卷端題「北征小草卷一」，署「東吴張泰階爰平甫著」。書前有陳繼儒《北征草叙》（行書）、張泰階《自叙》（行書）、《北征小草目録》。鈐印有「浙江圖/書館珍/藏善本」（朱方）、「浙江圖書/館之鈐記」（朱方）。

此編卷一賦、五言古詩，卷二五言古詩，卷三至卷五七言古詩，卷六至卷七五言律詩，卷八五言律詩、五言排律，卷九至卷十一七言律詩，卷十二五言絶句、七言絶句。

浙圖藏。

蘭陔堂稿十四卷

明上海縣杜開美撰。明萬曆間刻本，十四册。包括《扣舷草》一卷、《遠游篇》一卷、《貂裘草》一卷、《秋水篇》一卷、《潤州草》一卷、《敝帚草》二卷、《白門草》一卷、《行藥草》一卷、《蜩甲草》一卷、《尺牘》四卷。其中《扣舷草》半葉八行，行十六字，小字雙行字數同。無魚尾，四周單邊。版心上鎸「蘭陔堂」，版心中上鎸子書名。正文卷端題子書名，署「東吴杜開美袁度父著」。《遠游篇》行款同前，正

〔一〕《四庫禁燬書叢刊》集部第一百七十六册據浙江圖書館藏本影印。

文卷端署「雲間杜開美袁度父著」。《貂裘草》行款同前，正文卷端署「東海杜開美袁度父撰」。《秋水篇》《潤州草》《溦帚草》《白門草》《行藥草》行款題署同《貂裘草》。以上各種皆字大俊朗，刻印皆工。《蜩甲草》半葉九行，行十八字，小字雙行字數同。無魚尾，四周單邊。版心及正文卷端題署同《貂裘草》。《尺牘》半葉九行，行十七字，無魚尾，四周單邊。版心上鎸「尺牘」及卷次。正文卷端題「尺牘」及卷次，署「雲間杜開美袁度父著」。封面書簽大字題「蘭陔堂稿」，小字題當册子目名。書前有萬曆二十六年（一五九八）陳所藴《杜爰度蘭陔堂稿序》（行書手書上版）、同年劉鳳《蘭陔堂稿序》、駱日升《杜爰度蘭陔堂諸草叙》、王穉登《蘭陔堂稿叙》、陳繼儒《蘭陔堂稿序》、《蘭陔堂稿總目》。鈐印有「山房／不語／先生」（白方）、「古／愚」（朱方）等。

杜開美字袁度，明松江府上海縣人。杜時登孫。諸生。於書無所不窺，下筆千言立就，尤長尺牘。神宗時授中書舍人，以母老乞歸。家有蘭陔堂，富藏書。著有《蘭陔堂稿》等行世。傳見嘉慶《松江府志》卷五十五《古今人傳七》。

是書爲開美詩文集，除《尺牘》外，大抵按成書先後爲序。據書前總目，各卷依次爲：《扣舷草》一卷，含自叙、王叔朗序，詩二十八首；《遠游篇》一卷，含黄長卿叙、詩六十二首、附刻詩七首；《貂裘草》一卷，含劉子威叙、自叙、詩九十首、附刻詩十首；《秋水篇》一卷，含黄長卿叙、張長輿叙、自叙、從弟彦恭後叙、詩九十三首、乞言述一首；《潤州草》一卷，含許道父叙、張長輿叙、自叙、詩六十四首、叙一首、傳一首、祭文二首、附刻詩一首；《溦帚草》二卷，卷上爲陸際卿叙、詩一百七首，卷下爲行狀一首、壙志一首、祭文十一首、跋一首、題辭一首、像贊一首、傳一首；《白門草》一卷，含徐子先叙、張次甫叙、詩一百五首、叙四首、迄言述一首、題辭一首；《行藥草》一卷，含朱季則叙、詩七十五首。又《蜩甲草》一卷，含詩九十七首。《尺牘》四卷，前有王稚登序（闕首葉）、顧斗英《洛誦齋尺牘序》，各卷前有分卷目録，卷一四十四篇，卷二四十八篇，卷三四十七篇，卷四三十八篇。

國圖藏。

詠歸堂集一卷

明上海縣陳曼著。一九三六年鉛印本，一册。半葉十二行，行三十二字，小字單行字數同。上單魚尾，四周雙邊。版心上鎸「詠歸堂集」。正文卷端題「詠歸堂集」，署「申水陳曼長倩氏著，後學寶山滕固校」。正文末有陳曼傳，一九三六年滕固跋。封面右側有墨筆題「亮吉先生惠存，弟滕固謹贈」字樣。

陳曼字長倩，别號青厓道人，明松江府上海縣人，居川沙。明諸生。有聲幾社。甲申後林間寂處。畫宗二米，性好潔，有倪高士之風。傳見嘉慶《松江府志》卷五十六《古今人傳八》，同治《上海縣志》卷十九《人物二》、本書《陳曼傳》。

是書前無目録，據正文，所録依次爲：贊，題畫，尺牘，贈言，來翰，附書札四篇。皆陳曼詩文及往來書札等。

滕固跋：「余家舊藏《詠歸堂集》一册，明上海遺民陳長倩先生所著，光緒《上海縣志》著録於藝文門，然未見刊本傳世。書首有『此君書屋』朱文方印，葉騎縫處亦題『此君書屋』，字迹秀整，似出閨閣，蓋清初精抄本也。按《上海縣志·人物門》，陳曼字長倩，川沙人，諸生。有聲幾社。性高潔，有倪高士風。甲申後林間寂處，以畫爲事。畫宗二米，饔食寄焉。莫秉清爲之傳。是集所收題畫小品、投贈詩章、往還尺牘，不第可考見先生性行造詣身世交游，而其中作社兄、社弟、社翁之稱，謂者殆皆幾社中人物，東南社事之遺獻亦於焉可徵。集尾所附一傳，當係莫秉清所作。復考《上海縣志》，莫秉清字紫仙，號葭士，華亭如忠曾孫，入邑庠，有聲。明季避兵浦東，易道士裝隱焉。性耿介，不妄交人。古文辭具有高致。自稱月下五湖人。著有《采隱草》行世。書法力摹晉人。門人吴徵棐以爲孤梅鐵幹，猗蘭幽芬，雪淡風高，與俗徑庭，爲得其概。縣志藝文門又載其所著《傍秋軒文集》三卷，集今罕傳。獨此文附此，存吉光片羽，彌可珍已。往者先君子嘗邂逅長倩先生詩鈔數頁，恒以未獲借鈔爲恨。及余稍長，寓滬，奉命訪求，遍詢舊家通人以及浦東、松江嗜藏郡邑文獻之士，知先生姓氏者且鮮，詩鈔尚存天壤否，亦不能臆決。兹謹先校斯集，正其脱誤，排版印行，俾世藏有先生詩鈔者，聞而覽觀，或出以相示，或踵以付刊，使成完璧。揚佚民之幽光，存海隅之文獻，胥於是賴，非徒予以克完先志爲私蘄已也。」

南圖藏。

希聲館藏稿十卷附録一卷

明青浦縣黄廷鵠撰。明崇禎間刻本，五册。半葉九行，行二十字，小字雙行字數同。上單魚尾，左右雙邊。版心上鎸「希聲館藏稿卷之一」。正文卷端署「青谿黄廷鵠澹志甫著」。書前有明崇禎十年（一六三七）錢龍錫叙，目録。

是書卷一至卷二序，卷三記、傳，卷四雜著，卷五黼扆要覽，卷六銘志表狀，卷七至卷八祭文，卷九詩，卷十高僊合讚。附録一卷，爲壽文、祭文、哀章、行狀等。

錢龍錫叙：「我師澹志先生……生平蕭散澹遠，操觚外，無他嗜好，故繇諸生迄致政，論撰無慮充棟。今取哀僅十中之二三……攬嗣君静貽所視遺文，爲掩卷三歎，識其著述大端，告諸通國大都者如此。」

山東省圖書館藏。

九籥集四十七卷

明華亭縣宋懋澄撰。明萬曆間刻本〔一〕。半葉十行，行十九字，小字雙行字數同。上單魚尾，左右雙邊。版心上鎸子集名，魚尾下鎸卷次。書前有李維楨《九籥集序》、謝廷諒《九籥集序》、錢希言《九籥集叙》。

是書含子集八種，共四十七卷。分别爲《九籥前集》十一卷，《九籥中集》一卷，《九籥後集》二卷，《瞻途紀聞》一卷，《九籥前集》詩八卷，《九籥集》詩四卷，《九籥續集》十卷，《九籥集》文十卷。各子集

〔一〕《續修四庫全書》第一千三百七十三—一千三百七十四册、《四庫禁燬書叢刊》集部第一百七十七册皆據上海辭書出版社、中國科學院圖書館藏本影印。

前皆有目録。

宋懋澄（一五七二—一六二二）字幼清，號稚源。明松江府華亭縣人。宋堯俞子。萬曆四十年（一六一二）舉人。歷游大江南北。詩文奇矯俊拔，尤工尺牘及稗官家言。傳見崇禎《松江府志》卷四十二《文學》、嘉慶《松江府志》卷五十五《古今人傳七》、光緒《重修華亭縣志》卷十五《人物》。

《九籥前集》版心上鐫「九籥前集」。正文卷端題「九籥前集卷之一」，署「華亭宋懋澄幼清甫著，友人張京元無始甫校」。自卷二起，各卷校者依次爲：「友人陸肇修元常甫校」、「友人顧承學思之甫校」、「友人袁保德微之甫校」、「猶子芝孫瑞伯甫校」、「猶子蘭孫德仲甫校」、「友人趙廷玉幼安甫校」、「友人郁承彬孟野甫校」、「猶子存楷程先甫校」、「友人趙佐文度甫校」、「友人薛宣漢臣甫校」。是集爲楙澄文集，凡十一卷。各卷依次爲：卷一記，卷二序，卷三小論，卷四雜文，卷五傳，卷六志銘、誄，卷七書，卷八説，卷九祭文，卷十赤牘，卷十一稗。

《九籥中集》版心上鐫「九籥中集」，魚尾下卷次位置爲墨丁，應爲後人剜改，再下版心右爲當葉文體，版心下左有當葉字數。今止存《祭馮元成先生文》一篇，共四葉，版心中右有「祭文」二小字，爲當葉文體。首葉卷端無題署。

《九籥後集》版心上鐫「九籥後集」，首兩葉爲上單白魚尾，餘爲上單黑魚尾，魚尾下右爲「楚游上（下）」標明卷次，無「卷之□」。正文卷端題「九籥後集」，無卷次，卷上署「華亭宋懋澄湛兮甫著，海陵李思睿聖基甫校」，卷下校者爲「武昌李應選進卿甫校」，書首葉署「華亭宋懋澄湛兮父著，海陵解學夔常卿父校」。是集二卷，卷上爲《楚游五記》，卷下爲《江楚雜詩》、書。

《瞻途紀聞》版心上鐫「瞻途紀聞」，魚尾下空白，版心下右有當葉字數。正文卷端題「瞻途紀聞」，署「華亭宋懋澄自原甫著」。是集爲文集，録《太白樓》《梁氏墓》《徐君墓》至《虎丘雜記》止，記各地風物，總約百篇。

《九籥前集・詩》版心上鐫「九籥前集詩」，魚尾下爲卷次。正文卷端題「九籥前集詩卷之一」，署「華亭宋懋澄幼清甫著，友人陳繼儒仲醇甫校」。各卷校者皆不同，自卷二起依次爲「友人高承祚元錫甫校」、「友人楊忠裕世叔甫校」、「友人沈時來君大甫校」、「友人楊繼禮彦履甫校」、「友人景萬齡延卿甫校」、「友人張翬翔之甫校」、「友人閔志孝百先甫校」。前有《九籥前集詩目録》。各卷依次爲：卷一樂府，卷二五言古，卷三七言古，卷四五言律、五言排律，卷五七言律，卷六五言絶，卷七七言絶，卷八調。

《九籥集・詩》版心上鐫「九籥集詩」，魚尾下爲卷次。正文卷端題「九籥集詩卷之一」，署「華亭宋懋澄幼清甫著，友人俞安期羨長甫校」。自卷二起，各卷校者依次爲：「友人吴國珍希聖甫校」、「友人王增抑之甫校」、「友人范迂漫翁甫校」。前有《九籥集詩目録》。各卷依次爲：卷一樂府、五言古、七言古，卷二五言律，卷三七言律詩，卷四五言絶句、七言絶句、五言排律、七言排律、調、曲。

《九籥續集》版心上鐫「九籥續集」，魚尾下爲卷次，版心下左有當葉字數。正文卷端題「九籥續集卷之一」，署「華亭宋懋澄幼清甫著，友人陳繼儒仲醇甫校」。自卷二起，各卷校者依次爲：「兄楙觀賓之甫校」、「猶子存標建侯甫校」、「猶子存楠次美甫校」、「友人周宗建季侯甫校」、「友人方應乾時生甫校」、

「友人張京詔大始甫校」、「友人黄元會經父甫校」、「友人吴奇杰令平甫校」、「友人錢希言簡栖甫校」。前有《九籥續集目録》。各卷依次爲：卷一序，卷二記，卷三傳，卷四疏，卷五狀，卷六書，卷七啓，卷八祭文，卷九雜著，卷十《鼂旌録并序》九十八篇。

《九籥集・文》版心上鎸「九籥集」，魚尾下爲卷次。正文卷端題「九籥集卷之一」，署「華亭宋懋澄幼清甫著」。各卷依次爲：卷一記，卷二序，卷三論、表、箋狀，卷四雜文，卷五至卷六傳，卷七行狀、志銘，卷八書、啓、跋、贊、議、辯、原，卷九祭文，卷十稗。

中科院、上海辭書出版社藏。

九籥别集四卷

明華亭縣宋懋澄撰。清初刻本[一]。半葉九行，行二十字。上單魚尾，左右雙邊。版心上鎸「九籥别集」，魚尾下鎸卷次。正文卷端題「九籥别集卷之一」，署「華亭宋懋澄幼清甫著，婁東吴偉業駿公甫選」。書前有《九籥别集目録》，目録首有題識：「全集卷帙甚富，毀于兵火，今先梓别集行世，全集嗣出。」正文有刻印之句讀圈點。

[一]《續修四庫全書》集部第一千三百七十四册、《四庫禁燬書叢刊》集部第一百七十七册皆據中國科學院圖書館藏本影印。

是書卷一赤牘，卷二至卷四稗。目録中還有附録《宋幼清先生傳》，正文原缺。

中科院、南圖藏。

寶日堂初集三十二卷

明華亭縣張鼐撰。明崇禎二年（一六二九）四印閣刻本，十九册。半葉九行，行十九字，小字雙行字數同。上單白魚尾，四周單邊。版心上鎸「寶日堂初集」字樣，魚尾下鎸卷次，版心下右偶鎸刻工姓名，如兩篇序文首葉版心下皆鎸「雲間施叔美刻」字樣，正文首葉版心下鎸「金泰卿寫顧循暘刻」字樣。正文卷端題「寶日堂初集」，署「華亭張鼐世調父著」。書前有明崇禎二年（一六二九）許維新《寶日堂初集叙》、夏允彝叙、校文姓氏、總目。各卷前有分卷細目。鈐印有「古婁唐模／梧蓀校勘／書籍章」（朱方）。

據書前總目，卷一詔諭，卷二奏疏，卷三奏疏、表、箋，附經筵講章，卷四議、狀、揭，卷五説、解、辨、對、考，卷六書，卷七書、啓，卷八論、策，卷九至卷十一序，卷十二序、募疏，卷十三却金堂世本，卷十四記、贊、箴、銘、賦、雜文，卷十五雜著、紀、頌、碑、傳，卷十六志略、述、志銘、墓表、誄，卷十七祭文，卷十八至卷十九菽言，卷二十至卷二十一誥敕，卷二十二至卷二十三先進舊聞，卷二十四倭變志，卷二十五遼夷略，卷二十六至卷二十七讀書印，卷二十八訓古條示、饘堂考故，卷二十九太學講章、燕喜講章、附儀注，卷三十使東日記，卷三十一至卷三十二詩。

校文姓氏有門人汪維寬、汪維信、汪維正、汪維丕、汪維奎、汪以策、汪以震、汪苧等校刻，後學周秉緒、范廷芝、周源校閲，婿徐念祖、男張載徵同校。許維新序：「是初集也，刻于崇禎己巳，嗣後當有續刻。叟年八十題。」

是書上海圖書館藏兩部，又一部十册。書前有牌記，分三欄，左右兩欄較寬，大字分别鎸「張侗初先生/寶日堂初集」，中間一欄較窄，小字鎸「梅溪汪氏四印閣藏板」。書内有鈐印「孟泳/之印」（白方）等。中科院圖書館藏一部，版本同，《四庫禁毁書叢刊》集部第七十六—七十七册據以影印，卷一、卷二及序文目録等皆係抄補，無牌記，餘同上海圖書館藏本。

上圖、中科院、國圖、浙圖藏。

檀園集十二卷

明嘉定縣李流芳撰。清康熙二十八年（一六八九）嘉定陸廷燦刻《嘉定四先生集》本，六册。半葉九行，行十八字，小字雙行字數同。白口，無魚尾，左右雙邊。版心中鎸書名卷次，其下右鎸當葉文體。正文卷端題「檀園集」，署「嘉定李流芳長蘅甫著，孫聖芝曾孫異、參重校，後學陸廷燦扶照重訂」。書名葉題「李長蘅先生」。書前有明崇禎二年（一六二九）謝三賓《檀園集原序》、徐秉義《重刻檀園集序》、錢謙益《李先輩長蘅傳》載《列朝詩集》。書末有錢謙益《李長蘅墓志銘》、崇禎二年李宜之《檀園集後序》、清康熙二十八年陸元輔《重刻李長蘅先生檀園集後序》。鈐印有「虞山沈氏鳴/堅白齋圖籍」（白長）、「錬蘭/道人」（白方）、「名山/一席」（白方）。

是編古今體詩六卷，雜文四卷，畫册題跋二卷。以家有檀園，故以爲集名。各卷前有分卷目録。卷一五言古詩七十二首，卷二七言古詩三十一首，卷三五言律詩四十六首，卷四七言律詩九十首，卷五五言絶句二十七首，卷六七言絶句九十七首，卷七序十六首，卷八記九首，卷九行狀一首、墓志一首、像贊六首，卷十祭文十一首，卷十一西湖卧游册跋語二十二首、江南卧游册題詞四首、題跋六首，卷十二題跋二十七首。

《四庫全書總目》集部别集類二五據安徽巡撫采進本著録。

謝三賓序：「予爲嘉定之三年，始謀刻四家文集。於時，長蘅已病卧檀園。予躬致藥餌，登床握手。長蘅爲强起，盡出所著作，手自芟纂，得詩六卷，序記雜文四卷，畫册題跋二卷，合十二卷，卷題曰『檀園集』，授其侄宜之以應予之請，遂刻自《檀園集》始。明年正月，長蘅没。予哭其家，爲經紀其喪，唏嘘不能去。已而刻成，因爲之序。」

徐秉義重刻序：「嘉定南翔里，東南僻隅也。然其地多梅竹，亦多種菊之家，蓋其人每多秀傑者生於其間，而又物産清美，故雖僻壤，有足傳者。里中舊有檀園，李長蘅先生所居也。先生以萬曆丙午與虞山錢宗伯同舉於鄉，一再會試不第，遂里居力學。津涉乎詩書之域，嚅嚌乎文藝之藪……先生所著《檀園集》十二卷，崇禎二年己巳，邑侯謝公彙刻《四家集》行世。四家者，唐叔達、婁子柔、程孟陽及長蘅也。兵燹後，《檀園集》板已毁廢。今康熙二十八年己巳，陸生扶照重遵原本刻之……今距謝公初刻時，甲子恰一周……刻既竣，扶照載菊數十本，扁舟而來，以是集問序於余……予於南翔，既慕前賢述作之美，而又幸來學之不乏人也，因序以歸之。」

李宜之後序："明府師三年報政之後，訟堂屢空，琴室轉静，於是采察謡俗，博訪詞林，爰自國初到今，凡邑之縉紳孝秀，以逮高世養德之士，其文詞之没而不見，及既行而叢穢放散者，咸搜葺遴選，以備一邑之文獻。而唐先生叔達、婁先生子柔、程先生孟陽，暨家叔父長蘅先生，則人自爲集，先總集而刻行之……是時叔父卧痾檀園，藥餌之暇，自汰其前後所存詩文爲十二卷，命宜之同杭之讎較。"

陸元輔重刻後序："李長蘅先生者，我疁四先生之一也。合唐叔達、婁子柔、程孟陽三先生而爲四。四先生各有集行世，《檀園集》則長蘅所著詩文也，合叔達《三易稿》、子柔《吴歈草》《學古緒言》、孟陽《浪淘松圓集》而爲四先生集。崇禎己巳，邑侯四明謝象三刻之……乙酉之亂，李氏被禍最酷，先生一枝惟孤孫聖芝在耳。檀園既成劫灰，梨棗亦無復孑遺矣。婁思修兵死，無後，其板析而爲薪，所存不能什二。唐、程二集幸無恙，金治、文渭師兄弟復爲程刻《耦耕堂集》以續之。唐遺稿尚多，惜無人爲之補刻。遠近來購四先生集者久有缺逸之歎，吾宗開倩暨其伯子扶照嗜古好學，慨然以復舊爲己任，因遂捐金，先校李集付諸梓，將次第及于婁之缺板，唐之續稿，以成大觀……《檀園集》刻成，同侯生大年請序于徐宫坊果亭，并請余爲後序。余喜吾宗之有人，而遺文賴以不墜也，于是乎書。"

上圖藏。

溪亭集二卷附録一卷

明嘉定縣嚴衍撰。清抄本，四册。無框無欄。半葉八行，行二十字，小字雙行字數同。版心上題"溪亭集」。正文卷端題「溪亭集卷之一」，署「嘉定嚴衍永思氏甫著，門人吴康侯定遠較，季男恒久持、後學秦藻融初氏仝較」；卷二首葉署「嘉定嚴衍永思氏甫著，季男恒久較，後學秦藻融初氏輯，門人談允厚仝輯」。各卷前有分卷目録。卷一目録首葉題「嘉定嚴永思先生溪亭集」。卷一首篇爲乾隆二十四年（一七五九）秦藻《溪亭集序》。鈐印有「鳴野／山房」（朱方）。

嚴衍（一五七五—一六四五）字永思，明嘉定縣人。萬曆間生員。工詩善書。卒後十數年，門人呈請祀之邑學鄉賢祠。傳見康熙《嘉定縣志》卷十六《人物二》、本書卷二附録無錫張夏撰《疁城嚴先生傳》。

是書收録著者所撰序、記、傳、書等各體文。

秦藻《溪亭集序》：「永思嚴先生殫一生心力，作《資治通鑑補》及《宋元通鑑補》，先王父借得其稿本，殫數年心力，手抄校正……據先生自作墓志，著有《四書説》《易説》，總名爲《溪亭問答》，其書惜未曾見。所有詩文集稿，藻家藏之久矣。昔先生令嗣久久持，先生因年老子幼，慮有散失，將遺書一束，托先王父收藏，緘封甚固。歷先祖先父，因他人之書，從未開閱。藻見年久剥蝕，而嚴氏後人迄久不至，特發而觀之，則永思先生詩文稿本在焉。書法端楷，其中删削添注處朗朗可誦。藻不勝喜躍，亟爲録寫編次，得文二卷、詩二卷、外集一卷，總名之爲《溪亭集》云……今年春，嚴先生四世孫漢超以《通鑑補》具呈當前，謀付剞劂。適遇賢邑侯介父臺留心文獻，極力主持。漢超特來訪晤藻，因出其先世所存詩文稿本，作原璧以歸趙。漢超悲喜交集，如見先人於地下，且深感藻之三世珍藏，爲不負所托……兹因鐫刻將成，漢超不忘其集之所由得，特囑書其顛末。藻不獲辭，爲之附數語于簡端。」

南圖、中科院藏。

枕中草四卷

明嘉定縣沈弘正撰。明暢閣自刻本，一册。半葉八行，行十六字。無魚尾，上下白口，左右雙邊。版心中鎸「枕中草卷一」。序文及目録版心下鎸「暢閣」字樣及當葉字數。正文卷端題「枕中草卷一」，署「吴淞沈弘正撰」。書前有陳繼儒《枕中草叙》，目録。

是書除卷一首篇《病述》外，皆各體詩。

陳繼儒《枕中草叙》：「吾友沈公路讀書思甚沉，腸甚熱，其於世局則甚疏，於時名則甚淡……是詩也，在人則秘爲枕中之藏，在公路又若置之邯鄲盧生枕上，炊粱未熟而夢已蘧蘧覺矣。」

國圖藏。

輂下歈九卷鄮草一卷後西湖草一卷

明華亭縣于燕芳撰。明刻本，二册。《輂下歈》九卷，存七卷，闕卷三及卷七。半葉八行，行十七字，小字雙行字數同。上單魚尾，四周單邊。版心上鎸「輂下歈」，魚尾下鎸卷次。序文末鎸「雲間沈元乘刻」字樣，正文首葉版心下右鎸「潘晋寫沈元乘刻」字樣，卷二及卷八首葉版心下鎸「沈及之寫刻」字樣。正文卷端題「輂下歈卷一」，署「雲間于燕芳」。書前有曾可前《于鳦先輂下歈序》。無目録。據正文，卷一賦，卷二五言古，卷四五言律，卷五五言排律，卷六七言律，卷八叙，卷九記。其中卷九止存八葉，其後又附《游龍井煙霞水樂石屋至法相記》一篇五葉，行款同《後西湖草》，半葉八行，行十八字，無小字。白口，上單魚尾，四周單邊。魚尾下題「記」。

于燕芳字鼂先，又字仲鼂。明松江府華亭縣人。萬曆四十七年（一六一九）著《燕市雜詩》一卷，另著《議撮》一卷。見《松風餘韻》卷八。

《鄖草》收録《游招寶山賦》一篇。半葉八行，行十八字，無小字。上單魚尾，四周單邊。版心上鎸「鄖草」，魚尾下題「招寶山賦」。正文卷端題「鄖草」，署「雲間于燕芳」。

《後西湖草》爲詩集。半葉八行，行十八字，無小字。上下白口，上單魚尾，四周單邊。版心中題「草後」。正文卷端題「後西湖草」，署「雲間于燕芳」。收録篇目依次爲：《塘西即事方伯含二首》《湖上柬陸履素使君三十二韻》《游霧峰》《游玉泉》《湖上即事與子厓言别》等二十餘首。

曾可前《于鼂先輩下歈序》：「鼂先往入郢，郢曲峨峨湯湯，凡百餘奏，余得之沈伯含，所惜未把臂。比今春余幸叨史局，邂逅王辰玉、張君一兩兄。兩兄月旦鮮許可，而每稱吴中人士，輒齒鼂先，以爲菰蘆中有此人乎。余曰：是業爲楚奏飛郢市春雪而吞雲夢八九者，微命已聞之矣。則未幾而鼂先已擔簦游燕市上。鼂先甫至邸舍户外，徵文屨滿。時值炎夏，揮汗日萬餘言，滚滚不休，無弗望腹而驚去。已又走昌平道，謁九陵，卧居關霜月。歸而視余輦下諸作，令人一接如入富賈胡肆，觸目琛貝。至於《天壽》一賦，倚馬而就，無假十年百日，匪惟鉅麗，一何迅捷！更爲余抵掌塞上，惜大寧三衛不當割以與虜，以至隆、萬以來，夷情向背，形勢夷險，歷歷如在目前。即趙營平班定遠諸老，將論事不過是。嗟嗟，有才如虬先乎哉！劃開漢武覽相如賦，恨不得此人同時。矧主上神聖右文，復超千古？異日展謁，致敬園陵，有以天峰篇進者，且召而問：若等安在？何相見晚！虬先其奚對？嗟嗟，世有司馬相如，寧以犢鼻褌終也？虬先聞余言，悚起謝曰：雕蟲之技，壯夫不爲，其奚敢勤乙夜？無已，姑志游。因請余次而弁諸首。荆南友人曾可前退如識。」

按：是書《輦下歈》字體方正粗黑，《鄮草》與《後西湖草》、附記近似軟體寫刻。《中國古籍善本書目》集部明别集類第一〇七三二條著録是書，題「輦下歈九卷鄮下草一卷後西湖草一卷」，小字注「存九卷，輦下歈一至二、四至六、八至九，鄮下草、後西湖草全」。上海圖書館藏本順序爲：《輦下歈》卷一至卷二，《鄮草》，《輦下歈》卷四至卷六，《後西湖草》，《輦下歈》卷八至卷九，附記，筆者以爲《鄮草》或爲該書第三卷，《後西湖草》或爲該書第七卷。因刊刻時間不同，故字體行款有差異，後拼接編爲完書。全書總九卷，而非存九卷。

上圖藏。

核庵集二卷詩餘一卷二集二卷

明華亭縣徐爾鉉撰。明崇禎二年（一六二九）刻本，三册。二集闕卷下。半葉八行，行二十一字，無小字。無魚尾，四周單邊。版心中上鎸「核庵集卷上」，版心中下爲葉碼。正文卷端題「核庵集卷上」，署

「雲間徐爾鉉九玉著」。書前有陳繼儒《核庵集叙》（行草）、己巳董其昌叙（行書）、己巳許經序、崇禎二年張所望叙、崇禎二年徐爾鉉自序。張所望序末半葉空白處有黄裳朱筆題記三行，又墨筆題記八行，其中墨筆題記末署「戊戌上元後三日晴窗記」。《核庵集》卷下末葉空白處有朱筆題記十二行，署「戊戌中秋後四日雨窗」，並鈐「小雁」（朱長）。《詩餘》一卷附《核庵集》卷下後，行款同《核庵集》。《核庵集》與《詩餘》均爲細長宋體字。鈐印有「來燕榭／珍藏記」（朱長）、「黄裳／藏本」（白方）。

徐爾鉉字九玉，號核庵居士，明松江府華亭縣人。徐階從孫。崇禎間副貢，不樂仕進，郡邑累舉鄉飲大賓。著有《核庵集》。傳見嘉慶《松江府志》卷五十五《古今人傳七》、乾隆《婁縣志》卷二十四《人物》。

徐爾鉉自序：「客曰：核庵之義何？而不見夫食果實者乎？遇核則吐弃之耳，於中小有生意。吾姑聽造物之無窮焉，何必喉間取氣哉！是刻也，寧爲核。」

《核庵二集》二卷，存卷上，一册。半葉八行，行十八字，無小字。無魚尾，四周單邊。版心中題「核庵二集」，其下右題卷次。正文卷端題「核庵二集卷上」，署「雲間徐爾鉉九玉著」。書前有顧錫疇序（首葉殘破）、崇禎九年（一六三六）侯峒曾序、張寶臣序、單恂序。單恂序末葉空白處有黄裳朱筆題記四行，落款「戊戌正月廿日」。鈐印有「黄裳／藏本」（白方）。

顧錫疇序：「核庵詩行世已久，兹續刻也。」

南圖、中科院藏。

采隱草一卷

明華亭縣莫秉清著。清康熙五十五年（一七一六）曹炳曾城書室刻《雲間二韓詩》本，《石秀齋集》和莫秉清《采隱草》合三册。半葉十一行，行二十一字，小字雙行字數同。白口，上單魚尾，四周單邊。魚尾下鎸「石秀齋集卷一」，版心下右鎸「城書室」字樣。書前有康熙五十六年（一七一七）唐孫華總序、康熙五十五年曹炳曾總序、張所敬《石秀齋集原傳》、錢謙益《莫廷韓小傳》、《雲間二韓詩總目》；書末有康熙五十五年曹一士總跋、康熙五十五年曹培廉總跋。鈐印有「學部圖/書之印」（滿漢文大朱方）、「京師圖書/館藏書記」（朱長）。按：《雲間二韓詩》共四册，其中《小庵羅集》和《拾香草》合一册。收録莫是龍《石秀齋集》十卷，莫秉清《采隱草》一卷，顧斗英《小庵羅集》六卷，顧昉之《拾香草》一卷。

莫秉清字紫仙，號蘧士。明松江府華亭縣人。莫如忠曾孫。諸生。明季避兵浦東，遂隱焉。性耿介不妄，善詩文書畫，尤精篆刻。與張智錫、王睿章以篆刻稱「三鼎足」。傳見嘉慶《松江府志》卷五十六《古今人傳八》、同治《上海縣志》卷十九《人物二》。

《采隱草》一卷，書前有曹培廉《采隱草小引》、莫秉清《采隱草自序》、目録；書末有莫秉清《采隱草後序》。據書前目録，正文依次爲：五言古詩、七言古詩、五言律詩、七言律詩、五言絶句、七言絶句。正文卷端題「采隱草」，署「華亭莫秉清紫仙著，海上曹炳曾巢南輯，侄曹一士諤廷、男曹培廉敬三校」。

曹培廉《采隱草小引》：「莫紫仙先生《采隱草》，其友葉君所删次，而先生自爲序及跋，未傳於世。丙申，家君刻廷韓先生集，因求其草，刊附之，未及全集之半，以爲此足知先生矣……原稿四百首，不及遍録，其他傳記雜文，皆有係世教，詩餘更精詣，悉未流布，將待世之知先生者出之。」

莫秉清《采隱草後序》：「草名采隱者，取唐人采山仍采隱句也。」

國圖、上圖、南圖藏。

秋士偶編一卷董劉春秋雜論一卷

明末清初華亭縣宋存標撰。明末刻本[一]。

《秋士偶編》半葉九行，行二十字。上單魚尾，四周單邊。版心上鎸「秋士偶編」，版心中下爲葉碼。正文卷端題「秋士偶編」，署「襄西方禹翁師、執友陳眉公先生、同社徐孚遠闇公、陳子龍卧子、弟徵璧尚木、徵輿轅文選，華亭宋存標子建著」。書前有陳繼儒序。

是編收録賦、論、序、記、書等各體文凡四十八篇。

附《董劉春秋雜論》，行款同上。版心上鎸「董劉雜論」，版心中下爲葉碼。正文卷端題「附董劉春秋雜論」，署「華亭宋存標子建評輯，襄西方禹翁師、執友陳眉公先生鑒定，弟存楘端木、琪如東美、侄啓瑞迪

[一]《四庫禁燬書叢刊》集部第十一册據中科院圖書館藏本影印。

震、思瑞奇徵、卓立萬學、璟光萬同參定」。

全書有句讀圈點。

中科院、國圖藏。

陶庵詩集八卷

明嘉定縣黄淳耀撰。清康熙十五年（一六七六）刻本，二册。半葉九行，行十九字，小字雙行字數同。白口，無魚尾，左右雙邊。版心中鎸「陶庵集」，其下右鎸當葉文體。書前有《陶庵詩集目録》。正文與目録卷端均題「陶庵詩集」，署「嘉定黄淳耀藴生父著」。鈐印有「東吴范／氏藏書」（朱長）、「藜照／堂印」（白方）等。

據書前目録，卷一擬古樂府，卷二五言古和陶，卷三五言古，卷四七言古，卷五五言律，卷六七言律，卷七五言排律，卷八五言絶句、七言絶句。

上圖藏。

安雅堂稿十八卷

明華亭縣陳子龍撰。明末刻本，六册。半葉九行，行二十字，小字雙行字數同。無魚尾，四周單邊。版心上鎸「安雅堂稿」，版心中上鎸卷次，其下右鎸當葉文體，版心中下爲葉碼，版心下左有當葉字數。

正文卷端題「安雅堂稿」，署「華亭陳子龍卧子著」。書前有目録。首末無序跋。全書有朱筆句讀，天頭處偶有橙色簽條，上有墨筆校改文字。鈐印有「查山／鑒定」（朱方）、「華亭封／氏蕡進齋／藏書印」（白方）。

據書前目録，卷一賦、頌、愍昧三，卷二至卷六序，卷七序、記，卷八記、紀事、表、啓、論，卷九論、武經論、策，卷十至卷十一策，卷十二策、策問、傳，卷十三傳，卷十四傳、行狀、行述、文、讚，卷十五箴、疏、碑、墓表、志銘，卷十六志銘、誄、祭文、書後、題，卷十七至卷十八書牘。

是書《續修四庫全書》第一千三百八十七至一千三百八十八册據明末刻本影印，同上海圖書館藏本，首末亦無序跋。鈐印有「古處堂／圖籍印」（朱長）、「國立北／平圖書／館收藏」（朱方）。

是書又有節録抄本，一册，上海圖書館藏。無框無欄。半葉九行，行二十字；小字雙行，字細密，行約六十餘字。版心上鐫「安雅堂稿」，版心中上爲卷次，版心中右爲當葉文體。正文卷端無題署。該抄本自卷一至卷十七中節録選抄，非全文照抄刻本，節選各篇在篇末注明原刻本卷次及葉碼，版心中上所題卷次爲原刻本卷次。如卷十六僅抄録《張邵陽誄》一篇，篇末小字注「卷十六第十八至二十頁」；卷十七僅抄録《答萬年少》一篇，篇末小字注「卷十七第二十二至二十三頁」，皆與明末刻本相合。知其抄録底本爲明末刻本。

上圖藏。

湘真閣稿六卷

明華亭縣陳子龍撰。明末刻本〔一〕。半葉九行，行十八字，小字雙行字數同。上下白口，無魚尾，四周單邊。版心中鎸書名，其下右爲卷次，版心中下爲葉碼。正文卷端題「湘真閣稿」，署「華亭陳子龍懋中著」。書前有李雯《湘真閣稿序》。正文前空白葉有墨筆手書《紅梅花賦》和《謝賚古鏡薰籠跋》，後一種有句讀圈點。正文偶有句讀圈點。

是書各卷内容依次爲：卷一賦，卷二風雅體、五言古詩，卷三七言古詩，卷四五言律詩、五言排律，卷五七言律詩，卷六七言律詩、七言絶句。總約三百首。

李雯序：「李子、宋子、陳子相聚於逆旅之舍，相得而徵詩……蓋三子之所以言詩者備矣。然而二子有其意而未得既其才，故望而未入。陳子既其才，而又專其學，故入而遂優。是編也，成乃白雲之後勁，而宛委之前矛也。李子既樂觀之，因述前言而序之。」

南圖藏。

陳大樽先生集十八卷

明華亭縣陳子龍撰，清吴光裕輯。清康熙間延清閣刻本，二册。闕卷十五至卷十七。半葉十行，

〔一〕《續修四庫全書》第一千三百八十八册據南京圖書館藏本影印。

行二十一字，小字雙行字數同。白口，上單魚尾，左右雙邊。魚尾下鎸「陳大樽集卷□」，其下鎸當葉文體，各卷首葉版心下右鎸「延清閣」字樣。正文卷端題「陳大樽先生集卷一」，署「里中後學吴光裕搜輯」。首末無序跋目録。鈐印有「上海王慶／勛叔彝／氏讀過」（朱方）、「王培／孫紀／念物」（朱方）。

是書卷一至卷二賦，卷三古樂府，卷四五言古詩、七言古詩，卷五五言律詩、七言律詩、五言絶句、七言絶句，卷六樂府，卷七樂府、五言古詩，卷八五言古詩，卷九五言古詩、七言古詩，卷十五言律詩、五言排律，卷十一七言律詩、五言絶句、七言絶句，卷十二樂府，卷十三五言古詩、七言古詩，卷十四五言律詩、五言排律、七言律詩、七言絶句，卷十八五言律詩、五言排律。

上圖藏。

章文毅公詩集一卷

明華亭縣章曠撰。清光緒二十九年（一九〇三）京師刻本，一册。半葉十行，行二十字，小字雙行字數同。上單魚尾，左右雙邊。版心上鎸「章文毅公詩集」。正文卷端題「章文毅公詩集」，署「竟陵鍾快居易閲，七世從孫耒謹録」。正文中鎸有圈點，應爲鍾快所爲。書名葉篆題「章文毅公詩集」六字，牌記葉篆題「光緒癸卯貳月刻于京師後學張定署檢」。正文前有《明史》本傳、王夫之《章文毅公列傳》、錢邦芑《章文毅公傳》、《附録文毅公與鍾居易書札三通》、題記［清同治元年（一八六二）賈敦艮一則，同治二年

（一八六三）王友光一則，光緒十年（一八八四）章曠七世從孫章耒一則」。正文末有「八世從孫士荃較刻，同邑後學張定覆勘」字樣。

章曠字于野，别號峨山，明松江府華亭縣人。章憲文孫。爲文簡峭，時罕識。與兄簡曉以文章氣誼名雲間。崇禎九年（一六三六）解元，次年賜進士出身，授沔陽州知州，有政聲。唐王時擢南明右僉都御史、兵部右侍郎，提督軍務，恢剿湖北。憂憤而終，謚文毅。傳見《明史》卷二八〇本傳、王夫之《章文毅公列傳》、錢邦芑《章文毅公傳》、乾隆《華亭縣志》、嘉慶《松江府志》卷五十五《古今人傳七》、乾隆《婁縣志》卷二十四《人物》、光緒《重修華亭縣志》卷十五《人物》。

是書依次爲五言古，七言古，五言律，七言律，五言絶句，七言絶句。正文末附《章文毅公詩集補遺》一葉，爲五言古《飲落石臺》一首，似非全帙，末有「以下闕」三個小字。

賈敦艮題記：「明相國章文毅公詩集，寇亂後僅存此帙。公七世從孫耘之茂才出示，敦艮受而讀之……平湖後學賈敦艮讀畢記。」

王友光題記：「癸亥初春，同里後學王友光讀一過于實事求是之齋，會心處以硃筆圍之。」

章耒題記：「咸豐庚申四月，蘇州省城被陷，耒因檢先世著述，自前明虞部公以下各種定本，寄存笥山朱氏，副墨仍藏家中。後朱氏屋爲寇毁，先集悉成灰燼，而家中所藏尚無恙。先相國文毅公詩副本祇一卷，計詩一百餘首，其中字迹漫漶有不可别識者，曾乞平湖賈芝房、同里王海客兩先生詳加較正。時海客先生已抱痾，力疾點勘，謂：『忠臣遺墨，何忍令其湮没？况中多奇傑之作，足與陳、夏諸集并重。』光緒甲申夏日，耒重録清本，距賈、王兩先生之歿已二十年，不勝感喟。而虞部公以下各集，皆蕩然湮滅，尤爲恨事。嗚呼！詩之存不存，蓋有數焉，不可强也。文毅公軼詩，尚有見於别集者，異日當録而補之。七世從孫耒敬識。」

上師大藏。

陽春草堂稿不分卷西行稿不分卷

明嘉定縣邱集撰。清次歐山館抄本，四册。烏絲欄。半葉十二行，行二十一字，小字雙行字數同。黑口，雙對魚尾，四周單邊。版心下鎸「次歐山館」字樣。正文卷端題「陽春草堂稿」，署「吴郡寒谷隱者邱集子成著」。《陽春草堂稿》書前有婁堅《邱先生墓志銘》、馬舒《抄邱子成先生陽春草堂稿引》、《邱子成先生陽春草堂稿目録》。《西行稿》行款同《陽春草堂稿》。正文卷端題「西行稿」，署「明吴郡寒谷居士邱集著」。全書末有陳氏（江上陳氏之春雨軒）跋。鈐印有「潘氏桐西／書屋之印」（朱長）、「莪坡／藏書」（朱方）等。

邱集字子成，自號寒谷子。明嘉定縣人。生平仕履不詳。

《陽春草堂稿》序十三篇，記十三篇，傳五篇，行狀二篇，墓志銘十三篇，墓表一篇，祭文二十一篇，祝辭十五篇，呈詞二篇，書啓五篇，説五篇，解一篇，銘二十二篇，贊四篇，題詞四篇，題跋四篇，雜文四篇，禮制圖議十九篇，詩二篇（《述先德詩三十韻有序》《壽老平生朝用朱子韻》）。《西行稿》録詩，約百篇。

馬舒《抄邱子成先生陽春草堂稿引》：「崇禎丁卯，先君爲予言邱子成先生於學無所不窺，而尤長於《禮》。其議論證據無纖微之隙。雖以名臣子，而簞標屢空晏如也。先生既化列星，有子式微，捉衿見肘。藏其父書，不忍言鬻。今勢無可奈何，願得知書者售之爾。爲我覓錢數千，一以周其急，一恐其書之不得所歸也。予以婦家簪珥，得錢如數以授先君。先君喜形於色，即持以付其子，遂得書數種以歸。先君指示予曰：『爾試披之古人所稱校正兩字，非先生，其孰能當之？』又指《家禮俗宜》一册以示曰：吾云先生長於《禮》，今此册有先生手書，明謂吾每就試路，所經由必從書賈徘徊竟日，以至他肆有易綫纘果餅以陳於櫝者，苟當吾意，必多方以得之，兹其一也。又有《西行小稿》一册，共卅餘葉，字半磨滅，皆先生所録，然大抵詩耳，記序之文不過一二篇也。獨志中所云先生諸稿，俱不可得而見。往來於懷，匪朝伊夕。今年夏，從唐紫瑞之子借得《陽春堂稿》，時寫思勉齋史論未竟，而雙不欲久羈此書於几案，遂令長子揮汗以書，而《西行小稿》附焉。他年有文章之彦，能壽先生之文於剞劂，與張文起先生合爲兩遺民稿，不亦善乎？甲辰七夕，後學馬舒識。」

陳氏跋：「余自少雅知嘉定四先生之名。稍長，乃復知有邱、張二先生者，嘗親受業於歸太樸之門，而得其指授。蓋又四先生之前輩，而爲所師法者也。每欲求其集讀之。歲丙寅，館塔前金氏，於其敝篋中檢得張三江文稿一卷，遂乞以歸，惟《寒谷集》求之累年不能得。遇邱氏子孫詢之，皆茫然莫知有所謂子成者，交其文乎。吁！先世有如是之人，而其後至不能舉其名字，可歎也。久之，吾友汪子云則從其師周子文濤處借得其《陽春草堂稿》及《西行稿》示余。余不勝喜躍。詢其所自，則文濤又得之於馬氏。蓋馬氏應之爲余曾大父之門下，而巽甫先生之子名，能繼其家學者，今閲其序，可以見人之用心，固不同也。第其序中所云『有子式微』，則亦有當辨者。按先生一子名繩祖，娶殷氏。先生作子婦墓志，云卒於隆慶五年，已年二十六歲。其子之年不可知，以婦年考之，至崇禎丁卯，時已八十餘歲。即尚存，未必猶自鬻書，當是其孫。馬先生未之詳耳。云則書在余處良久，至癸未冬，在館無事，乃爲涉筆行。當更求所未備者，彙成全書，是所大快耳。癸未小寒後十日，書於江上陳氏之春雨軒。」（後低一格附：「按邱譜，繩祖字接武，州庠生，卒于萬曆二十五年，年六十三。繩祖子麟德，生於萬曆十二年，卒於崇禎二年，年四十六。」）

南圖藏。

維風詩集三十二卷

明嘉定縣陸嘉穎纂。清抄本，七册。存卷二至卷十五、卷二十一至卷三十二，共二十六卷。半葉十行，行二十一字，小字雙行字數同。上單魚尾，左右雙邊。版心上右鎸「維風詩集」，上左鎸部類名，魚尾下鎸卷次。正文卷端題「維風詩集」及卷次，署「明練川陸嘉穎纂」。鈐印有「長樂鄭/振鐸西/諦藏書」（朱方）、「長樂鄭氏/藏書之印」（朱長）。

陸嘉穎字子垂，又字明吾。明嘉定縣人。天啓中官主簿。工詩。著有《硯隱集》。崇禎七年（一六三四)，輯得元人錢思復詩，補入《江月松風集》。見《緣督廬日記鈔》戊子。

此本前後無序跋及目録，殘存各卷依次爲：卷二忠部二，則卷一至卷十一忠部，卷十二至卷十五孝部，卷二十一節部六，則卷十六至卷二十四節部，卷二十五至卷三十二義部。知書原分忠、孝、節、義四部，各部選古來品行突出者，分隸四部之下，首列朝代及人名，次小傳事迹，次詩以頌之，故名《維風詩集》。

國圖藏。

夏節愍全集十卷卷首一卷卷末一卷補遺一卷續補遺一卷

明華亭縣夏完淳撰。二册，清嘉慶十二年（一八〇七）刻，同治八年（一八六九）補刻本。半葉十行，行二十一字，小字雙行字數同。上單魚尾，左右雙邊。版心上鎸「夏節愍全集」。書前牌記鎸「夏節愍全集／嘉慶十二年仲春録板」。全集各卷細目如下：卷一賦二首，卷二賦八首、騷九首，卷三五言古詩四十六首，卷四七言古詩二十四首，卷五五言律詩六十一首、五言長律一首，卷六七言律詩六十六首，卷七五言絶句一首、七言絶句五十四首，卷八詩餘四十一首，附詞餘，卷九問一首、論三首，卷十檄一首、序一首、書三首。卷首一卷，爲殉節録、史傳、事略、《南冠草》原序跋、嘉慶十一年（一八〇六）王昶《夏節愍全集》序、嘉慶十二年莊師洛跋、嘉慶十二年何其偉跋、像贊、全集總目。像題「夏忠節公節愍公父子合像」，像左題「同治己巳秋九月，後學黃河清敬摹」。卷末一卷，爲集評、贈言、哀辭、附存（絶命詞一首，七言律一首，七言絶三首）、題辭、王鴻逵後跋。補遺一卷，前有嘉慶十三年（一八〇八）莊師洛題識，兒難事略一則，賦二首，騷一首，樂府十一首，五言古詩三十六首，七言古詩二首，嘉慶十三年楊超格跋，補遺末署「夏節愍全集補遺終，門孫陳寶鐸校字」。續補遺一卷，録遺詩十七首，又録《二哀詩》兩首，詩前有嘉慶十四年（一八〇九）顧初昱題識。書末有同治八年陳履泰跋。正文卷端署「青浦王述庵先生鑒定，婁縣莊師洛蒓川輯，受業陳均秉衡、何其偉韋人編」。鈐印有「陳洪/濤印」（朱方）。

王昶序：「《陳忠裕集》之得成也，莊君師洛搜輯之力居多，何子其偉編訂而刻行之，誠藝林佳事哉！然余又思夏忠節與忠裕同爲幾社友，亦屬莊君輯其遺文。而忠節砥行立名，不欲以文章著，故所作除壬申文選外，無多傳。惟令嗣節愍爲忠裕弟子，年少才高，從軍殉難，其人其文，千古未有。爰與莊君於明季諸人殘稿中，零星采掇，有所獲，必互相校勘，積時既久，遂成卷帙。辛酉春，余主講敷文書院，出其稿，令吾宗鴻逵手録一通，并仿忠裕集之例，略將時事附注。以罣漏尚多，不與忠裕集同時并刊。後何子續得其遺詩卅餘首及詞餘一種，增訂重編，釐爲十卷，而詩古文詞始燦然備矣。余年老目盲，弗克細校，仍屬莊君始終其事。昨何子以書來，告將與忠裕續集同授諸梓，所謂有志者事竟成也。爲識其顛末如是。」

莊師洛跋：「余輯陳忠裕集後，兼輯存節愍詩文，零星掇拾，積之既久，遂裒然成集。然所得俱係抄本，亥豕魯魚，不可枚舉。自是每得一本，即互相校勘，善者從之，疑者仍之，雖未能一一無憾，以視他本之闕譌滿紙，似爲少勝。述庵王少司寇曾經鑒定，爲作弁語，慫恿何生其偉與忠裕續集并刻行世，而何生適丁父艱，卒卒未暇，因以此集轉屬陳生均。生亦好古士也，慨然任之，遂同何生編訂付刊，仍仿忠裕集例，略加考證焉。余嘉及門之踴躍從事，俾前賢著作不終散佚，爰述其顛末，以見成之不易云。」

何其偉跋：「《夏節愍集》十卷，蓋綜其生平所爲，《玉樊堂集》《内史集》《南冠草》三種，彙録成編者也。《玉樊堂集》作於甲申乙酉（原注：間有前作）。《内史集》作於從軍以後，始丙戌，訖丁亥四五月間。《南冠草》則皆臨難時塗中、獄中所作也。然節愍年九歲，曾撰《代乳集》（原注：見闕氏《成仁録》），惜不傳。而《續幸存録・自序》所云《南都大略》一卷、《雜志》二卷、《義師大略》一卷、《雜志》二卷、《先忠惠行狀》一卷、《死節考》一卷，俱未搜采入集，是文體雖備，尚非全璧。補闕拾遺，姑俟諸異日。」

陳均跋：「均承泖客師命，刻《夏節愍全集》，因伏而讀之，歎其天生異才，而適丁百六之辰，年纔十七，即致命遂志，爲可悲也……而均亦幸綴名簡末者矣，爰書數語，以志私心景仰焉。」

王鴻逵跋：「乾隆壬寅，家述庵司寇讀禮家居，以陳忠裕、夏節愍兩集屬逵校録。時莊丈蒓川館於寒齋，相與增訂闕譌，凡四易寒暑，司寇亦以整理藏書，多所采輯。自後莊丈就館幹山，與及門何君韋人續補見聞，而兩集遂成全書。嘉慶辛酉，逵司寇游學浙中，出所輯舊稿，重命編次，將刊行之而未暇。後二年，何君既刻《忠裕集》，司寇復屬陳古華太守於忠裕墓附近建祠，并奉夏忠節及節愍神位同祀……丁卯春，陳君秉衡以節愍集付梓，欲與忠裕集并行，故牽連及之，以志於尾。」

莊師洛《補遺》前題識：「節愍弱齡殉國，而著作綦富。去年刻此集竟，將謀印行，卒以遺漏尚多，遲遲未果。今春，余侄婿楊子超格以柘湖黃氏所藏《内史集》目録見示，内有騷、賦及樂府、五七言古詩如干首，爲余輯本所亡，爰屬借鈔增入，别爲補遺一卷。嗣此有獲，亦隨時續諸其後云。」

楊超格《補遺》跋：「同里莊泖客先生，格外舅蓮谷先生仲弟也。博學好古，篤嗜前明陳忠裕、夏節愍兩公詩文，嘗屬格資訪遺文軼事。《忠裕集》業經行世，而《節愍集》見亦刊竣。格前於山舟周氏得《兩朝忠義詩集》，摘録節愍詩十餘首，增入集中，今又於柘湖黄子毓麟家獲見《内史集》舊本，校勘一通，内騷賦及古體詩四十餘首，均爲刊本所未備……兹遺稿刻成，并得確知葬處，謹綴數語簡末，以志格之不負所屬云。」

《續補遺》前陳均題識：「刻補遺竟，楊君超格復從柘湖覓得遺詩十七首，因續刻之。陳均識。」

《二哀詩》前顧初昱題識：「己巳季秋，《夏節愍全集》陳君均慨任剞劂，工竣，以全本出示。竊念昱六世祖文所公與陳黄門、夏考功相友善，節愍著作，時亦往來。迨文所公殉節後，五世祖退庵公手輯諸先哲遺稿，惜未付梓。今陳君力任其事，爰出遺編校勘，尚有未備者七律二章，昱不敢湮没，聊補闕略於一二。」

《二哀詩》後陳均題識：「録楊君超格《續補遺》竣，又得顧君初昱處遺詩二章，并續刊之。陳均識。」

陳履泰跋：「莊泖客先生輯《夏節愍集》成，先大父偕何丈書編刊行之，體例仿《陳忠裕集》，惟陳集卷首列遺像，夏無有，大父嘗以爲憾。歷先府君購方數載，得諸郡西郭直指庵，方謀摹刊，會亂作而止。當奔難時，是書板片實寄泖西仲君咸熙家。歲壬戌，王師東下，郡境肅清，歸檢梨棗，幸獲完璧，知節愍忠魂有隱爲呵護者。是年冬，先府君見北，庵僧所藏亦渺不可追。寤寐縈求，責在小子。適韓君載陽出示邦彦圖百幅，内有忠節父子合像，生氣凜凜，劫火不磨。履泰深幸失於彼，得於此也。爰請黄君河清摹繪付梓，用卒先志。復商諸邱君汝钺，并録姚春木先生贊詞於後。梓既竣，爲述緣起如此。」

按：是書正文刻成於清嘉慶十二年；《補遺》刻成於清嘉慶十三年；後楊超格從柘湖得詩十七首，刻爲《續補遺》；嘉慶十四年再得《二哀詩》，附於《續補遺》之後。至同治八年，陳履泰訪得夏氏父子合像，并贊摹刻，附於卷首。

上師大、復旦、國圖、北大、南圖藏。

滄螺集六卷

元末明初上海縣寓賢孫作撰。明毛氏汲古閣刻本，一册。半葉十行，行十七字，小字雙行字數同。白口，上單魚尾，左右雙邊。每卷首、末兩葉版心中均鎸「毛氏／正本」墨框。正文卷端署「國子司業江陰孫大雅」。書前有金華宋濂撰《東家子傳》，傳末有「虞山後學毛晋訂」字樣；有明弘治九年（一四九六）薛章憲《記滄螺集後》，末有「虞山後學毛晋訂」字樣。各卷前有分卷目録。每卷空白處末行有「虞山後學毛晋訂」字樣。卷三正文末有「吴門韓壽椿繕寫」字樣，卷六正文末有「鄉貢進士都穆校」字樣。

孫作字大雅，一字次知，元末明初江陰人。僑居松江府上海縣。初，張士誠賢之，廩人繼食，卒以母病謝去。明洪武六年（一三七三）詔修《大明日曆》，學士宋濂薦入，詔與編修。書成，以老病乞外，授太平府教授，入爲南京國子助教，尋遷司業。以事廢爲民，後復官長樂縣教諭。作自號東家子，宋濂爲作《東家子傳》，推挹甚至。終於上海漢成里。著有《滄螺集》。傳見《明史》卷二八五《文苑傳》、正德《松江府志》卷三十一《人物九·游寓》、崇禎《松江府志》卷四十四《游寓》、嘉慶《松江府志》卷六十二《寓賢傳》、同治《上海縣志》卷二十三《游寓》。

本書凡詩一卷，文五卷。其中卷一録詩四十三首，卷二録序七首，卷三録記七首，卷四録書三首、傳三首，卷五雜著三首，卷六雜著十首。《四庫全書總目》集部別集類二三據兩淮馬裕家藏本著録。

薛章憲《記滄螺集後》：「鄉先生孫公大雅在洪武初以文名一世，于時學士金華宋公於文最少許可，雅重公，特爲作傳，鄭重委曲，考其文可見已。章憲生後公百年，時時從人得片言隻語，猶能想見風采，以不得遍睹公平生論述爲慊。求之且廿年矣，乃得公所爲文曰《滄螺集》于都君玄敬，既又得公詩於黄君應龍。各丐以歸，如得重貨，以示中表弟徐直夫而謀梓之，未果也。歲乙卯九月，玄敬、直夫同領鄉薦，歸自南都，乃重言焉。直夫於是捐金僦工，而玄敬手爲校勘，始得竣事。凡爲詩若文七十六首，共六卷。二君以章憲求之之勤，得之之幸也，謂宜有言。然不敢以猥淺累公，姑記其詮次顯晦大較如此。黄曾子固記歐公醒心亭，自謂得托名文辭之次爲喜，且幸公則無愧歐公矣。章憲視子固無能爲役，而乃挂名公文，顧不尤喜且幸與。」

上圖、北大、南圖、遼寧省圖書館、北京市文物局藏。

雲間清嘯集一卷

明青浦縣寓賢陶振撰。清抄本，一册。半葉十行，行二十字。白口，上單魚尾，左右雙邊。正文卷端題「雲間清嘯集」，署「潯陽陶振子昌」。首末無序跋。鈐印有「曾在李／鹿山處」（朱長）、「大通樓／藏書印」（朱方）、「龔少／文所藏／書畫印」（朱方）、「鄭氏汪韓／居珍藏記」（朱長）等。

陶振字子昌，吴江人。居松江府青浦縣金澤（今屬上海市青浦區）。父依金澤林青居，振出其家塾。少學於楊維禎，兼治《詩》《書》《春秋》三經，洪武末舉明經，授本縣學訓導。後改安化教諭。其人天才超逸，詩語豪雋，有名於時。傳見正德《松江府志》卷三十一《人物九・游寓》、萬曆《青浦縣志》卷五《人物傳下》、崇禎《松江府志》卷四十二《文學》、嘉慶《松江府志》卷六十二《寓賢傳》、同治《上海縣志》卷二十三《游寓》。

是書首爲七言古詩二十四首，次賦二首。

國圖藏。

江皋集六卷江皋遺稿一卷

明松江府寓賢馮淮撰。明刻本，一册。半葉十二行，行二十二字，小字雙行字數同。白口，上單魚尾，左右雙邊。魚尾下鎸「江皋集卷一」。正文卷端題「江皋集卷一」，署「雲間馮淮會東著」。書前有徐獻忠《江皋集序》。無目録。刻印俱精。鈐印有「慎初堂」（朱長）。

馮淮字會東，一字雪竹。明崑山安亭人。好吟詩，往來松江。陸深讀淮詩，請爲社。遂寓耕於浦濱。後倭寇掠，乃走上海城中。著有《江皋集》。傳見崇禎《松江府志》卷四十四《游寓》、嘉慶《松江府志》卷六十二《寓賢傳》、同治《上海縣志》卷二十三《游寓》。

是書收録各體詩五百二十首。卷一録《明皇游月宫圖》《汎江和韻》《與周青岡登大石巖用吴匏庵諸公聯句韻》等六十二首，卷二録《春興用李西涯韻》《過布金寺有感》《匡山忠節二首》等七十六首，卷三録《木瀆夜泊》《送人之山陰省親》《嘗海鮮》等七十六首，卷四録《和鄭户部秋興二首》《夜宴鶴林閑雲亭》《海村卷》等九十一首，卷五録《和諸守谷秋夜玩月》《與沈瞻嶽陸思豫登福泉山抵暮而別和壁間韻》《湖上逢劉尚書雨舟夜坐》等九十九首，卷六録《胡後坡見過兼枉雪竹詩和答四首》《題王地卿方湖壽親卷》《夜宴朱象岡宅》等一百十六首。

《江皋遺稿》一卷，行款同正文，版心中題「江皋遺稿」，版心下右偶有當葉字數。正文卷端題「江皋遺稿」，署「雲間馮淮會東著」。收録各體詩《寄顧篠澳舍人》《山妻七十》《沈鳳峰山中漫成》《八月十五夜對月》等五十餘首。

徐獻忠《江皋集序》：「《江皋集》者，上海唐子世具、顧子汝修、喬子啓仁、朱子邦憲所刻雪竹馮山人詩也。山人名淮，字會東，華亭曹涇里人……山人所藏稿餘千篇，四子删采，僅此六卷。別有《武夷》《荆谿》諸稿，已刻，不在是。」

國圖藏。

江皋集六卷江皋遺稿一卷

明松江府寓賢馮淮撰。抄本，二册。無框無欄。半葉十二行，行二十二字，小字雙行字數同。正文卷端及遺稿卷端均署「雲間馮淮會東著」。《江皋遺稿》亦其詩作。書前有徐獻忠《江皋集序》，書末有崇禎《松江府志》馮淮傳。序文前空白葉有墨筆題識三行，正文末葉左半空白處有墨筆題識三行。遺稿末三葉中上部似有闕損處，皆留空白，文字有殘缺者依樣描畫。

徐獻忠序前題識：「《江皋集》序文行書，每半頁七行，行十二字。正文每半頁十二行，行廿二字。活體字，竹紙印本。」

正文末題識：「《江皋集》鈔自北平圖書館所藏明本，行款悉照原刻。另鈔明崇禎《松江府志·游寓列傳》，以附其後。」

上圖藏。

歸先生文集三十二卷附録一卷

明嘉定縣寓賢歸有光撰。明萬曆四年（一五七六）翁良瑜雨金堂刻本[一]。半葉十行，行二十字。上單魚尾，四周雙邊。版心上題「歸先生文集」，版心中爲卷次，版心下有「雨金堂」字樣，偶有刻工姓名。正文卷端題「歸先生文集卷之一」，署「吴郡歸有光著／門人王執禮校」。書末有「萬曆癸酉男子祜子寧編次／丙子浙人翁良瑜梓行」字樣，知是書編於明萬曆元年（一五七三），刊成於萬曆四年（一五七六）。

[一]《四庫全書存目叢書》集部第一百三十八册據天津圖書館藏本影印。

書前有明萬曆十五年（一五八七）陳奎《歸太僕集序》、明萬曆十六年（一五八八）陳文燭《歸太樸集叙》、明萬曆三年（一五七五）周詩《歸先生文集小引》，《歸先生文集目録》。

歸有光（一五〇六—一五七一）字熙甫，一字開甫，號震川。明蘇州府崑山縣人，寓居蘇州府嘉定縣。嘉靖四十四年（一五六五）進士。嘉靖二十年（一五四一），徙家嘉定安亭，講學論道，從學常數十人，世稱震川先生。歷官長興縣令，順德通判，官至南京太僕寺丞，卒於官。嘗與修《世宗實録》。工詩文。著有《易經淵旨》《讀史記纂言》《震川先生集》，輯有《三吴水利録》《諸子彙函》等。傳見《明史》卷二百八十七《文苑三》。

是書正文，卷一經術，卷二議，卷三書，卷四書，卷五制誥、奏疏，卷六奏疏（策問二十六道），卷七奏疏（馬政志），卷八至卷十三序，卷十四至十六記，卷十七至十九雜著，卷二十行狀，卷二十一至二十二墓誌銘，卷二十三墓表，卷二十四碑碣，卷二十五銘、頌、贊，卷二十六至卷二十七傳，卷二十八説，卷二十九祭文，卷三十題跋，卷三十一壽序，卷三十二詩。附録爲行狀、墓誌銘、墓碣、先君述、先君序略、愍道賦並序、祭文。

周詩小引云：「吾師震川先生天挺人豪，夙負奇質，於群經諸史，靡不淹貫，而爲文逼追班馬家法，海内學者咸向慕之。顧吾師卒於官，而家弗給，其文不能行於世。書林翁賈請梓而傳之，梓垂成，謀所以冠諸首者，詩乃往海虞求於相國老師養翁嚴公，公躍然以喜，曰：『而師真文章家也。往歲乙丑，而師登第，余謂宜列史館，惜當事者格於限年之議，遂補外職。後雖嚮用而未展其才，余負怏怏久矣。今其文章可爲不朽，序之固吾責也。』梓既成，詩往請如初，會老師有如夫人之喪，未克。以爲而許之復如初，且曰：『吾與而師意氣相感，有不容不爲者，茲以向慕者衆，索者争趨焉。賈人亦亟欲其行也，遂出以與四方之士共焉。』詩故僭爲之引。」

《四庫全書總目》著録此書爲震川文集初本三十二卷，並云：「是編爲其子子祐、子寧所輯，前有萬曆三年周詩序，所謂崑山本者是也。其中漏略尚多，故其曾孫莊又裒輯爲四十卷，而有光之文始全相傳。子寧改竄父書，有光見夢於賈人童姓。其事雖不足信，而字句之訛舛，誠有如莊所指摘者。末載行述一篇，子祐所作，又序略一篇，子寧所作也。」

天津圖書館、上圖、中科院、南圖、臺圖藏。

歸震川先生全集三十卷别集十卷

明嘉定縣寓賢歸有光撰。清康熙間刻本，九册。其中全集五册（闕卷四至卷九），别集四册。半葉十行，行二十字，小字雙行字數同。無魚尾，左右雙邊。版心上題「震川先生集」及卷次。全集與别集目録首葉均署「崑山歸有光著／曾孫莊較勘／虞山後學錢謙益選定／玄孫玠編輯」。書名葉題「歸震川先／生全集」，並小字「先太僕集昔年屢刻，皆非全本，兼多訛謬，茲集蒐羅宏博，讐勘精詳，觀者無忽焉。曾孫莊玄孫玠五世孫顧廬謹識。」書前有清康熙十四年（一六七五）徐乾學《重刻震川先生全集序》，凡例五則。書末附録，爲歸莊《書先太僕全集後》，錢謙益撰震川先生小傳、墓誌銘，歸允肅《敬跋新刻震川先生全集後》、王世貞撰贊等。全集及别集前各有目録。

是書全集三十卷，卷一經解，卷二序，卷三論、議、説，卷四雜文，卷五題跋，卷六至卷八書，卷九至卷十一贈送序，卷十二至卷十四壽序，卷十五至卷十七記，卷十八至卷二十一墓誌銘，卷二十二權厝誌、生誌、壙志，卷二十三墓表，卷二十四碑碣，卷二十五行狀，卷二十六至卷二十七傳，卷二十八譜、世家，卷二十九銘、頌、贊，卷三十祭文、哀誄，後附補編三篇。每卷末有校者姓名，如董正位、盛符升、葉方藹、趙昕、葉方恒、翁澍、王楫汝、嚴宗垂、秦松齡、馬鳴鑾、張震維、嚴沆等。别集十卷，卷一應制論，卷二應制策，卷三制誥、奏疏、策問，卷四志，卷五宋史論贊，卷六紀行，卷七至卷八小簡，卷九公移、讞辭附，卷十古今詩，附録贊、墓誌銘、跋等。每卷末亦有校者姓名，如何平、金望、王緝基、王緝植、華長發、虞二球、張艾等。

凡例五則，依次爲選定、編次、正誤、删重、履歷。凡例末有「曾孫莊識」字樣，又有清康熙十四年（一六七五）玄孫歸玠題識。「選定」略云：「此集舊嘗三刻，復古堂本止分上下卷，不備可知；崑山本文三百五十餘篇，常熟本篇數略少，而崑刻所無者殆半，未刻藏本又二百餘首。錢牧齋先生嘗合已刻未刻諸本，總選得五百九十餘首，而尺牘、古今詩在外，合計四十卷，今大率從其選本。但未刻之中不收者，已刻之中被汰者，莊以爲尚有遺珠，又自以己意，增入十有餘首。今自尺牘二卷、詩一卷之外，總計文六百有五首，悉付諸梓人。其外二百餘首，則依錢宗伯，名爲餘集，而藏于家。」

歸允肅《敬跋新刻震川先生全集後》略云：「太僕公文集，昔年崑山、常熟兩刻多所未備，先君子偕元恭兄校訂，合已刻未刻，請正於牧翁錢宗伯，選定四十卷，發凡起例，釐成全書。先君子力任剞劂，其字句互異者，必與元恭商確審定，期無改舊觀，亦遵牧翁之意也。甲辰閏夏，先君子與牧翁相繼謝世，工未十二三，梁傾棟摧，余小子力薄，無能表章家學，以成前人之志，嘗痛悼於厥心。元恭每歲再三過，輒咨嗟相向，愀然於成書之無日，而先君子之即世早也。會肅擕牧翁選序及先君子跋語入都，謁宗伯敬翁王年伯，詢知此書所以未盡刻之故，宗伯憮然，謀所以梓之者。適董黃洲令崑山，黃洲，宗伯公門下士也，即以囑之。而無錫吴伯成明府偕四方諸君子，亦翕然同志，樂觀厥成。元恭遂鳩工始事，奔走拮据，寤寐不遑者，積有歷年，方次第可冀有成，而元恭病革矣。因復淹滯半載，賴徐健庵、葉學亭兩先生倡率，與公之玄孫安蜀踵而成之，然後太僕公之文始得炳然與唐宋大家並顯於世。」

上師大藏。

補刊震川先生集八卷

明嘉定縣寓賢歸有光撰。清康熙四十三年王㯣刻本〔一〕。半葉十行，行二十字，小字雙行字數同。無魚尾，左右雙邊。版心上題「補刊震川先生集」及卷次。正文卷端題「補刊震川先生集」，署「崑山歸有光著／黄平後學王㯣震來訂」。書前有清康熙四十三年（一七〇四）王㯣序，清康熙四十三年張雲章序，補

〔一〕《續修四庫全書》第一千三百五十三册據湖北省圖書館藏本影印。

刊震川先生集目録。書末有印茅茹跋。目録首頁署「崑山歸有光著/黄平後學王槱震來氏訂/嘉定後學張雲章漢瞻、周宗泰文濤、印茅茹彙吉、陸緡紀雲、張有猷剡舟、唐熀薇衡、張覲光漢昭、吕王輔蓉塢、張世培毓琪、衛爾穀書年、汪坐則仝較」。每卷末有校者姓名,卷一周宗泰,卷二、卷七及卷八印茅茹,卷三張有猷,卷四張世培,卷五吕王輔,卷六汪坐。

是書目録,卷一奏疏、論、説、贊、頌、箴,卷二記、序引,卷三壽序,卷四書事、題跋、啓、小簡,卷五墓誌銘、墓表、行狀,卷六祭文、附七言絶句一首,卷七至卷八應制論。

王槱序略云:「竊意自爲邑長於斯,不能作而新之,以恢弘其道,或有遺文而不能流布之心常愧焉。諮諏良久,適張君漢瞻爲余言,震川古文,有向來所未刻者,搜緝得若干首,久閉篋笥,恨其不能公同好也。既深契余夙心,又感疇昔師友之論,急命工繡諸梓。」

張雲章序略云:「雲章之先君子,篤嗜太史公書及唐宋大家文。雲章年未成童,日授一篇,自所習諸經傳注及制舉業而外,唯以先君之所好爲好,因得不廢如是者有年。優游涵泳,而覺氣味日與之洽。弱冠執業霍臨朱先生之門,出一編相授,題曰《震川先生别集》。雲章讀之,則深喜其與向之作者合,然猶以爲凡爲文者當如是,未足爲難也。及究觀諸子百家,蕪詞蔓説,離經叛道,亂雜而無章者多矣。然後知震川之文之可貴也。寥寥二千載,自周末荀卿子而下數之,如震川等比不過數十人耳,然則其遺文之未傳於世者,可不珍重而愛惜之歟?即其率然下筆,牽於酬應之作,猶非他人所及,況其有得於中而爲之者歟?先生文凡四登剞劂,最後其曾孫元恭所刊,經錢宗伯牧齋選定,余先師所授,在元恭本未出前,約三百餘首,皆舊刻所無，故名別集。元恭亦知先師之有藏本，從而乞之，未有以應也。迨刻本出，而已登未登者各半，其可愛猶多。先師以元恭曾未之見，嘗怏怏於是。余疑其爲錢宗伯所汰，後館崑山，遍搜，得歸氏舊鈔，欲以觀宗伯所汰之何如，因增余之所未備。而余之所有，而爲歸氏所無者，猶數十篇。表兄侯大年從常熟抄得宗伯先本所遺，其大略同歸氏，而所謂數十篇者仍缺，以是知先師疇昔所掇拾，非偶然者。蓋先生居安亭，與嘉定士人甚習，爲之文者亦多，故其稿本流落，實有他邑所無而獨存於吾邑者。即元恭與牧齋纂輯之勤，訪求之博，而有不得而盡見者焉。余持是編謀所以梓之久矣，而未遇其人也。明府黄平王侯治吾邑踰年，文教大敷，昔之廢墜皆已修舉，嘗對士子好舉震川經藝以訓導之。余因以其古文之未刻者進明府，欣然即付雕工，而以校讎屬邑之夙學曰周文濤、印彙吉諸子，復命雲章擇其可勿録者而別存之。所刻凡七十餘篇，分其類爲六卷，以補向來刻本之所缺……刻將成，邑有蘇君含如復出其家藏論策一編，乃先生諸孫名馭世者所手録，余閱之，無一篇僞者，策論舊亦有專刻，取而覈之，策則已載，而論皆未也。明府因命並梓其後，而令印君稍稍汰而存焉，復若干篇。」

印茅茹跋云：「震川先生之文，既與唐宋大家並垂不朽，而尚有留遺未入集者。蓋先生崑人也，設教安亭江上，安亭江介崑、嘉兩邑間，嘉之讀書好古者咸宗之，故其遺編斷稿，無不奉爲拱璧，秘之帳中。崑之人或失之，而嘉之人得之者，往往而有也。邑侯黄平王夫子，平生既沐浴先生之文，而慕其人。迨莅嘉邑，甫一載，政修人和，百廢具舉，又以暇考獻徵文，得其未刻者若干篇，捐貲付梓，俾茹校讎次第之，於以見先生之文，雖碎金屑玉，光焰炳蔚，令人愛惜珍重如此。而吾夫子蒐遺於荒殘漫漶中，以表章之惓惓好古之心，堪與之並垂不朽也。因題數語於簡末。」

湖北省圖書館、復旦藏。

童子鳴集六卷

明嘉定縣寓賢童珮撰。明萬曆梁溪談氏天籟堂刻本〔一〕。半葉十行，行二十字。白口，上單魚尾，左右雙邊。魚尾下鎸「童子鳴集卷□」，版心下鎸刻工姓名，如甫言、公、章凡之刻、王伯才刻等。每卷末鎸「梁溪談氏／天籟堂雕」字樣或牌記。正文卷端題「童子鳴集卷之一」，無署名。書前有明萬曆六年（一五七八）王世貞《童子鳴傳》、王穉登《明故龍丘高士童君子鳴墓志銘》、《童子鳴集目録》。

童珮（一五二四—一五七七）字子鳴，一字少瑜，號梓山，明浙江龍游人。寓居嘉定縣。世爲書賈，得徧讀古人書。善作詩文。嘗受業於歸有光。本書卷五《藏書闕記序》曰「萬曆改元，余犬馬齒五十有一」，則其卒年當在萬曆五年（一五七七）。傳見乾隆《安亭志》卷十六、本書王世貞《童子鳴傳》。

是書卷一五言古詩、七言古詩，卷二五言律詩，卷三七言律詩，卷四五言絶句、七言絶句，卷五序、記，卷六疏、頌、銘、傳、行狀、書。《四庫全書總目》集部别集類存目五據浙江汪汝溧家藏本著録。

天津圖書館、北大、國圖藏。

〔一〕《四庫全書存目叢書》集部第一百四十二册據天津圖書館藏本影印。

輸廖館集八卷

明華亭縣寓賢范允臨撰。明萬曆間刻本，八册。半葉十行，行十八字，白口，無魚尾，四周單邊。版心下右爲葉碼，分卷計葉，如「一卷一」、「二卷一」等。正文卷端題「輸廖館集」，署「吴趨范允臨長倩氏著」。全書無序跋目録。鈐印有「積學齋徐乃昌藏書」（朱長）、「尺玉樓吕／氏聚書印」（朱長）等。

范允臨（一五五八—一六四一）字至之，明蘇州府吴縣人。早孤，贅吴門徐氏，因家焉。後寓居松江府華亭縣。萬曆二十三年（一五九五）進士，授工部主事，改雲南提學僉事。萬曆三十二年（一六〇四）遷福建參議，未至任而歸。善屬文，工書法，善繪事，與董其昌齊名。夫人徐媛亦工詩翰，倡和成集。傳見乾隆《婁縣志》卷二十三《人物》、嘉慶《松江府志》卷五十四《古今人傳六》。

各卷内容依次爲：卷一五言古、五言律、五言排律、七言律、七言排律、五言絶句、七言絶句、詩餘、詞餘，卷二序，卷三序、題詞，卷四記、傳，卷五墓志銘、墓表、行狀，卷六祭文、雜著、頌、贊、題跋，卷七露布、啓，卷八尺牘、書。

是書《四庫禁毁書叢刊》集部第一百零一册據上海圖書館藏明萬曆間刻本影印，著録爲清初刻本。影印本正文首葉抹掉「輸廖館」三字上所鈐之「尺玉樓吕／氏聚書印」（朱長），餘二印保留。

上圖藏。

絡緯吟十二卷

明華亭縣寓賢徐媛撰。明萬曆四十一年（一六一三）徐氏刻本，二册。半葉八行，行十八字。無魚尾，版心上鐫書名，其下右鐫當葉文體，版心中下部爲卷次及葉碼。正文卷端署「東海徐媛小淑氏著」。書前有明萬曆四十三年（一六一五）錢希言《范夫人絡緯吟叙》、董斯張《徐姊范夫人詩序》、徐媛弟徐洌《絡緯吟題辭》、明萬曆四十一年范允臨《絡緯吟小引》、目録。全書軟體寫刻，頗爲精美。

徐媛，明吴縣人，寓居松江府華亭縣。太僕寺卿徐時泰女，范允臨妻。多讀書，好吟詠，與寒山陸卿子唱和。嘗築室天平山，凡范氏義莊、生祠靡不興葺。傳見乾隆《江南通志》卷一七六《人物志・才媛》、嘉慶《松江府志》卷五十四《古今人傳六》，又同書卷七十一《列女傳》。

是書目録，卷一賦、楚辭、四言詩，卷二五言古，卷三七言古，卷四五言律，卷五五言排律，卷六七言律，卷七五言絶，卷八七言絶，卷九詩餘，卷十詞餘，卷十一序、傳、頌、誄、悼詞、祀文、祭文，卷十二尺牘。

徐洌題辭：「《絡緯吟》，余姊范夫人作也。志絡緯以彤管，不忘組紃也。試卒讀之，而非組紃間語也……姊歛容曰：『子惡乎言操觚非女子事，余蓋無心而游戲者耳。且余既奉白業，是綺語障將母爲瞿曇氏所訶梓，非余意也。夫以志余過可也。』」

范允臨小引：「《絡緯吟》者，余細君徐所作也。細君生而孱弱，幼善病，病輒稱劇。顧性頗多慧，剪綵刺繡，不習而能。父母絶憐愛之，不欲苦以書史鉛槧之務，曰：『是笄髪者習爲婦耳，豈欲摻不律，應秀才童子科博青紫榮者耶？』少長，間從女師受書，輒以病廢。經年無幾月親筆札，一片紫硯，幾成石田矣。

笄而從余，余時爲諸生，雖屈首公車，然間以吟詠自喜。細君從旁觀焉，心竊好之，弗能也。迨余舉賢書，偕計吏上春官，而細君閑居寥寂，無所事事，漫取唐人韻語讀之，時一仿效，咿唔短章，遂能成詠。父母見而憐之，輒稱善。乃雅不欲示人，藏之篋笥。余歸而碎錦滿奚囊矣……細君曰：『……且余性不敏，不能十日織一縑，五日織一素，以佩帨獻莅，及事我姑嫜，而聊效噓風抱素，作絡緯悲吟，以自比於織女機牀。』……余細君得以鉛槧代機杼，幸不爲東海懶魚燈矣。乃葺其稿，付之剞劂，以無忘敝帚。而顔之曰『絡緯吟』，識所志也。」

上海圖書館又藏一部，存三册及部分殘葉，著録爲明萬曆四十三年刻本，經核原書，即明萬曆四十一年徐氏刻本。板框斷裂處皆一致。是書卷三存葉碼不連續之二十餘葉，闕卷四至卷六，餘卷及序跋皆同明萬曆四十一年徐氏刻本，序跋順序稍異。書前有書名葉，題「范夫人詩集／本衙藏板」，右上鈐「學海」（白長），左下鈐「歲寒／堂印」（大朱方）。

上圖、國圖、南圖、天津圖書館、浙圖藏。

絡緯吟十二卷

明華亭縣寓賢徐媛撰。明末抄本〔一〕。無框無欄。半葉八行，行十六字。無版心。書前有范允臨小引、

〔一〕《四庫未收書輯刊》第七輯第十六册據中科院圖書館藏本影印。

董斯張序、徐洌題辭、目録，無錢希言序。正文卷端題署同刻本。以字體看，前六卷與後六卷抄寫者爲二人。又按：萬曆四十一年（一六一三）刻本之董斯張序無落款，僅序文中云：「隴西董斯張也，能叙者也，董生者，夫人中表弟也，得叙者也。乃是刻也，長倩實力彊之，故非吾姊意也。」明末抄本於序末有落款「隴西董斯張遐周書」。

中科院藏。

松圓居士浪淘集六卷

明嘉定縣寓賢程嘉燧撰。手稿本，二册。半葉十行，行十七字，小字雙行字數同，個别葉爲小字單行字數同。白口，上單魚尾，左右雙邊。版心下鐫「繪佛堂」字樣。全書經朱筆校改，選定之詩天頭處皆用朱筆圈出。正文卷端原題「松圓居士浪淘集涉江卷一」，無署名。朱筆删去「居士」及「涉江卷一」等，又小字書「新安程嘉燧著」字樣。封面書簽處墨筆題「浪淘集」，封面右側墨筆題「程嘉燧著，原稿本」。上下二册内葉書簽皆墨筆題「明程松圓浪淘集手稿」，并鈐印「金寶所／卧游齋／藏甲卷」（白方）。書末空白葉有清康熙四十年（一七〇一）張雲章手書跋文、乾隆八年（一七四三）張鵬翀跋、乾隆八年葉昱跋、乾隆九年（一七四四）陸維垣跋。鈐印有「唐□（敏）／嘉印」（白方）、「雲／章」（朱方）、「文／濤」（朱方）、「周印／宗泰」（白方）等。

程嘉燧（一五六四—一六四三）字孟陽，明徽州休寧人。天啓五年（一六二五），寓居嘉定縣，居近五十年。少不羈，弃舉子業，學擊劍不就，乃折節讀書。精音律，工書畫，詩尤名世。尋寓于虞山錢氏耦耕堂者數年。崇禎十四年（一六四一）歸新安而卒，世稱松圓詩老。著有《松圓浪淘集》《耦耕堂集》等。傳見《明史》卷二八八《文苑傳》、康熙《嘉定縣志》卷十七《流寓》。

是書卷次爲：《涉江》卷一（前無目録），《春盤》卷二（有分卷目録，共詩七十首），《山樓》卷三（有分卷目録，共詩六十三首），以上爲上册。《蓬户》卷四（有分卷目録，共詩七十三首），《空齋》卷五（共詩六十五首），《詠古》卷六（詩五十六首）。總計三百八十四首。

陸維垣跋文：「往松圓詩老手録《浪淘集》千首，經歷滄桑，亡逸殆盡。周君文濤購得第二册，藏度有年。其首册則爲汪君雲則所得。樸村先生後序中言之歷歷。自康熙辛巳迄今，已閲四十餘稔。張先生下世後，汪姑以首册歸之周，遂爲延津合浦之遇。豈周君嗜古獨深，故陰有以報之歟？抑古人英靈之氣，到而有餘年猶未泯歟？詩凡六卷，三百八十四篇，其流散者既不可得，而此適符全《易》卦爻之數，吻合天然，不可謂非無因也。今二册復爲野庵金君所藏，余從野庵處借觀，明窗浄几間，恍若神與之接，不特詩情書法一讀一擊節而已。復書數語，以志景仰。乾隆甲子花朝後一日，當湖後學陸維垣謹跋。」

上圖藏。

耦耕堂存稿詩三卷文二卷

明嘉定縣寓賢程嘉燧撰。明末孫石甫抄本，二册。無框無欄。半葉十行，行十八字。正文卷端題「耦耕堂存稿」、文體并卷次，署「新安程嘉燧孟陽著」。此抄本之底本前有序文兩葉，僅存上部三五行，抄本照録，并用綫條勾畫出殘缺處。序文末有葉恭綽題識「此殘葉序文係從嘉定胡君士熙所藏孟陽手寫《耦耕堂詩稿》中鈔出，特録于此。恭綽志。」并鈐印「遐／庵」（朱方）。封面書簽處行書題「耦耕堂詩（文）稿／孫石甫先生手鈔」。行書抄寫，筆畫流暢。鈐印有「香雪／草堂」（朱方）、「雲／章」（朱方）、「漢／瞻」（白方）、「西圃／所藏」（白方）等。

此抄本詩文順序與上圖藏汪氏裘杼樓抄本不盡相同，篇目大體相當。如詩集卷下《平野堂感别叠前韻》後各篇依次爲《題畫》《題畫壽富溪宗人德遐》《吴母孫節婦詩》《題宋比玉畫扇》《題畫送考子弟》《題畫》《和錢牧齋過長翰山居題壁》《和牧齋宿方給諫韻》《和牧齋過方大司馬故第》《題畫送炤微雪蓮花峰喝石居》。文集末篇爲《處士朱君墓志銘》。其後空白葉鈐印「遐庵眼福」（朱長）、「恭綽／長壽」（白方）、「松圓／閣」（白方）。其後有葉恭綽跋文一葉，落款下鈐「遐盦」（朱方），全文同汪氏文集卷下裘杼樓抄本，「葉恭綽跋」文集卷下《玉函硯銘并序》之後還有《處士朱君墓志銘》。

國圖藏。

耦耕堂集詩三卷文二卷

明嘉定縣寓賢程嘉燧撰。清順治十二年（一六五五）刻本，二册。半葉十行，行十八字。白口，無魚尾，左右雙邊。版心中鎸「耦耕堂詩（文）卷□」。正文卷端題「耦耕堂集詩（文）卷□」，署「新安程嘉燧孟陽著，晦城後學金獻士治文、金望渭師較」。書前有清順治十二年錢謙益叙、明崇禎十六年（一六四三）程嘉燧《耦耕堂集自序》、《耦耕堂集詩卷目録》、《耦耕堂文卷目録》；書末附錢謙益《松圓詩老小傳》（載《列朝詩集》）。鈐印有「鮑逸亭／圖書」（白方）等。

錢謙益叙：「於是嘉定二金子治文、渭師從其壻孫介繕寫《松圓集》以後詩文曰《耦耕堂集》者，鏤板行世，而屬余叙之。」

上圖、浙圖、湖北省圖書館藏。

松圓浪淘集十八卷耦耕堂存稿詩三卷文二卷

明嘉定縣寓賢程嘉燧撰。清汪氏裘杼樓抄本，六册。烏絲欄，半葉十行，行十八字，小字雙行字數同。黑口，上單魚尾，左右雙邊。版心下有「裘杼樓」字樣。字體纖細，抄寫精美。全書有朱筆圈點，天頭處及正文中多處朱筆評點，與正文字體同。全書有多處無界欄抄補者，計約《松圓浪淘集》卷一前十三葉及之前所有序文、目録；《耦耕堂存稿》前所有序文，自《半野堂感别叠前韻》起後十四首及葉恭綽、潘承弼二跋；文集首、末大部分（烏絲欄者僅十三葉）。《松圓浪淘集》四册，正文卷端題「松圓浪淘集」，署「新安程嘉燧孟陽著」；《耦耕堂存稿》二册，正文卷端題「耦耕堂存稿詩（文）」，署「新安程嘉燧孟陽著」。

第一至四册爲《松圓浪淘集》。第一册依次爲顧廷龍手書簽條、謝三賓《序》、萬曆四十八年（一六二〇）唐時升《程孟陽詩序》、婁堅《書孟陽所刻詩後》、萬曆四十六年（一六一八）程嘉燧《自序浪淘集》、天啓元年（一六二一）程嘉燧《松寥詩引》、《溪堂題畫詩引》、《松圓浪淘集總目》。正文卷一至四。第五册爲《耦耕堂存稿》詩三卷，依次爲清順治十二年（一六五五）錢謙益叙、崇禎十六年（一六四三）程嘉燧《耦耕堂集自序》，序末有小字「序兩首據嘉定四先生集本抄」，又有《耦耕堂集自序》殘葉，末有：「此殘葉序文係從嘉定胡君士熙所藏孟陽手寫耦耕堂詩稿中鈔出，特録于此。恭綽志。」詩末有民國二十五年葉恭綽跋、戊寅潘承弼跋。

第六册爲《耦耕堂存稿》文二卷，正文末有小字「據《四先生集》本鈔」。松圓浪淘集總目：《涉江》卷一，《春盤》卷二，《山樓》卷三，《蓬户》卷四，《空齋》卷五，《詠古》卷六，《谿堂》卷七，《移居》卷八，《雪浪》卷九，《遇琴》卷十，《春湖》十一，《荆雲》十二，《春帆》十三，《松寥》十四，《雪江》十五，《吴裝》十六，《易水》十七，《嘗甘》十八。

《耦耕堂存稿》前無目録。

顧廷龍手書題記（簽條，粘於扉葉）「此書自文海書店購得，割裂涂乙甚多，而又凌亂無序。藏劉氏嘉業堂時，簽題《耦耕堂集》。余據風雨樓本《松圓浪淘集》校理，遂得其頭緒，重加編次，略有缺佚，尚餘六十餘葉，蓋即耦耕堂詩文矣。復由潘景鄭内弟見借所藏孟陽女夫孫石甫手鈔耦耕堂詩文，始知所缺爲多，遂極數月之力，屬杜君幹卿鈔補足成，殊匪易也。孫鈔亦有割裂處，注明眉上，裘杼樓抄本有朱筆校點，劉氏書簽即題清休寧汪森校審，視筆迹偶有隨筆批寫，餘皆謹飭。似出過録者，安得墨迹印證，姑存其物。卅八年五月十八日，顧廷龍記。」

葉恭綽跋：「民國丙子夏，余避暑青島，胡君士熙以程孟陽手書《耦耕堂詩》三卷見示，屬爲題跋。余携之歸滬，將覓刻本以較異同，則公私藏家皆只有《松圓浪淘二集》，最後乃于潘君博山許得見此抄本。按此集雖經錢蒙叟作序，稱嘉定金氏從其婿孫介繕寫《松圓集》以後詩文曰《耦耕堂集》者，鏤板行世，而實無存本，是否迄未刊行，抑盡歸散失，無從臆斷。余因以此本與孟陽手稿互校，彼無文稿，而此有之，彼卻多孟陽一自序，其餘編次字句，無一不同，足徵此本從孟陽手稿傳鈔，了無疑義。惜金氏刊本無傳，無從薛校耳。石甫名雖不逮松圓，而一時冰玉，克稱雙美。此本復多一文集，尤足珍異。吾友徐積餘、程演生諸君方輯刊《安徽叢書》，吾將以此本介之焉。博山以爲何如？民國二十五年十一月，葉恭綽跋。」

潘承弼跋：「孟陽文章頗爲畫名所掩，今人得其寸縑尺楮，珍若球璧。文字之業，鮮有稱道及者。今所存《松圓浪淘二集》，讀者艱於求訪，頗亦忽視。松《圓浪淘二集》刊入《嘉定四先生集》内，近歲有鉛槧本，亦不甚精。而所謂《耦耕堂存稿》者，衹聞其名，未睹其書，十餘年來，用是耿耿。甲戌秋，吾族香雪草堂藏書不守，流在市廛，伯兄與余斥千數百金，先後收得數十種，而《四先生集》及《耦耕堂存稿》亦在其中。十年結轖，一旦豁然，心開目朗，爲之狂喜者累月。此《耦耕堂存稿》都五卷，爲先生女夫孫石甫手鈔之帙，詩文各居其半，卷尾有松圓閣藏印，蓋猶經先生手定者。斯書相傳嘉定金氏曾以付梓，自來未見刊本，未敢遽信。此本乙亥冬爲葉遐庵丈假去數月，云自友人胡君處得《耦耕堂詩》三卷，取以比勘，彼本無文而詩前多序一首，惜殘蠹過半，葉丈手爲補寫，并作跋語以詳端末，此本益復可觀矣。喪亂靡已，版籍蕩析，異本傳世，益如星鳳，安得有力者爲之傳布，以繼《松圓浪淘》之業，較諸俗子，斥千金珍先生片楮者，不猶愈乎？歲戊寅後七月十九日，吴縣潘承弼跋於濱潤康村之寓廬。」

按：是書《耦耕堂存稿》五卷，序跋及正文部分較之上圖藏順治金氏刻本完整。金氏刻本詩集卷下至《題畫送照微歸蓮花峰喝石居》「烟林排畫壁床下」止，文集至《玉函硯銘并序》止存標題，以下皆無。此抄本詩集《題畫送照微歸蓮花峰喝石居》全篇完整，後還有《平野堂感別疊前韻》（朱筆改感別半野堂疊前韻）、《題畫》、《題宋比玉畫扇》、《題畫送考子弟》、《題畫》、《和錢牧齋過長翰山居題壁》、《和牧齋宿方給》、《和牧齋過方大司馬故第》、《和牧齋請室紀事詩》、《陳益吾開府錢夫人壽詩》、《趙文度六十》、《壽母篇》、《題畫壽富溪宗人德遐》、《吴母孫節婦詩》等十四首。文集《玉函硯銘并序》完整，後還有《處士朱君墓志銘》《方侍郎撫遼公餘近草序》《錢牧齋初學集序》等三篇。

又按：是書似據孫石甫本抄録，葉跋與潘跋疑爲孫本跋文。多處有與孫抄本校語，如《耦耕堂存稿》詩卷上首葉落款處空二行，天頭有墨筆「孫石甫抄本不空行」。詩卷上《家叔逸休公七十》天頭處「孫鈔加朱點」，《謝侯生祠成》天頭「孫抄本原次汪四丈襟宇七十後并加朱點爲識」。如此之處甚多。

上圖藏。

程孟陽先生全集二十五卷（存兩種二十卷）

明嘉定縣寓賢程嘉燧撰。清康熙二十九年（一六九〇）詒翼堂刻本，六册。存二十卷。是書存《松圓浪淘集》十八卷，四册；《松圓偈庵集》二卷，二册。半葉十行，行十八字，小字雙行字數同。無魚尾，左右雙邊。版心中鎸「松圓浪淘集（偈庵集）卷□」，版心下鎸當葉字數及刻工，如劉、吾、斗、明、王、心、省等。書前牌記鎸「舊刻《松圓閣集》，續刻《耦耕堂集》《程孟陽先生全集》，詒翼堂藏板」。書前有明崇禎三年（一六三〇）謝三賓序（隸書上版）、唐時升《程孟陽詩序》、婁堅《書孟陽所刻詩後》、萬曆四十六年（一六一八）程嘉燧《自序浪淘集》、天啓元年（一六二一）程嘉燧《松寥詩引》、《溪堂題畫詩引》、《松圓浪淘集總目》。鈐印有「成都／李氏收／藏故籍」（朱方）、「無是／樓藏／書」（白方）、「李／一氓」（白方）、「擊檝／詞人」（朱方）、「李氏／一氓」（白方）。

其中《松圓浪淘集》三卷十八小卷，正文卷端題「松圓浪淘集」及卷次，署「新安程嘉燧孟陽著」。是書分上中下三卷，卷上又録《涉江》《春盤》《山樓》《蓬户》《空齋》《詠古》《谿堂》等七卷，卷中又録《移居》《雪浪》《遇琴》《春湖》《荆雲》《春帆》《松寥》等七卷，卷下又録《雪江》《吴裝》《易水》《嘗甘》等四卷，總十八卷。各卷前有分卷細目。

《松圓偈庵集》正文卷端題「松圓偈庵集」及卷次，署「新安程嘉燧孟陽著」。各卷前有分卷目録，前後無序跋。卷上序四十七篇，卷下墓志銘附狀傳六篇、祭文三十二篇、書牘十三篇、啓三十二篇、疏五篇。

程嘉燧《自序浪淘集》：「壬子二月，武昌回，與瞿起田同舟。江行苦風浪，半月而至九江。簸蕩掀坼之中，搖神滌藏，時時以酒澆之。半酣起，田輒濡筆伸紙，請吟余詩，隨手書之。余頽然之餘，聊爲爾爾。風不止，起田亦不倦。至南京，則余詩幾盡，凡七百餘篇，録成而歸。李長蘅、汪無際各傳寫之，錢受之與好事尤亟稱之，多有其本，余固不得藏。已在上黨無事，因合書爲一集，增定計千餘篇。題曰

『浪淘』者，以余宿習舊質，已在憶忘之間，似沉沙然，偶爲驚濤激浪所淘汰而出之者耳，非僭引昔賢《赤壁》詞語也。」

國圖藏。

詠七十二候詩一卷

明上海縣寓賢顧德基撰。清初抄本[一]。半葉八行，行二十字。白口，無魚尾及葉碼等，四周雙邊。正文卷端題「詠七十二候詩」，署「海虞顧德基用晦甫」。書前有《七十二候詩目録》，書前空白葉有「此詩别無本草應勿遺失之」字樣。全書抄寫精美，有句讀圈點，并有校改處。鈐印有「銕琴銅劍樓」（朱方）、「瞿氏鑒藏金石記」（白長）等。

顧德基，字用晦，明常熟縣人。流寓上海。清光緒《川沙廳志》題德基爲二十保十六圖人。檢舊志圖示，二十保十六圖位都臺浦與顧家浜之匯，在明屬上海縣長人鄉，今屬浦東新區王港鎮。傳見光緒《川沙廳志》卷十。

《七十二候詩》全稱爲《海雲樓七十二候詩》。《逸周書·時訓》將一年分爲七十二候，各候均有表徵該候氣候之物象出現，稱爲候應。德基因以七十二候各爲七言律詩一首，釐爲此集。目録以十二月，二十

[一]《四庫全書存目叢書》集部第一百九十五册據中國國家圖書館藏本影印。

四節氣，每節氣分三候。如「二月京蟄節三候」，分別爲桃始華，倉庚鳴，鷹化爲鳩；又如「十一月冬至中三候」，分別爲蚯蚓結，鹿角解，水泉動。《四庫全書總目》集部別集類存目七據浙江孫仰曾家藏本著録。國圖藏。

可經堂集十二卷（存七卷）

明青浦縣寓賢徐石麒撰。清順治八年（一六五一）徐柱臣刻本，存前七卷，八册。書前有徐柱臣題識、《可經堂疏輯目録》（卷一至卷三）、《可經堂集詩輯目録》（卷四至卷五）、《可經堂集文輯目録》（卷六）、《可經堂集書輯目録》（甲申稿）（殘，僅存一卷，目録卷次下數字被剜去）。鈐印有「潘耒／之印」（白方）、「品節／文章」（白方）。

徐柱臣題識：「嗚呼，先君慘殉七年於兹矣……今先梓奏疏六十餘篇，分年叙事，累事列文，倘先君職掌後先，將來稽古之足鏡歟。甲申尺牘二十餘首，晚年多故之作，先君一片血誠，敢先諸年手筆以授梓，嗣有詩章叙記，彙爲三卷，旦暮告成。是集也，剞劂伊始，難云賅洽，或當時流傳四方，稿不及載者。柱臣不克遍力羅致，所望同志不時簡擲，令臣次第入集……先君博綜廣覽，今古圖籍，罔不畢具，耽精研究，兵火中隨復散去。遺稿數帙，搜獲最晚，輾轉負荷，存其什一。此固先君靈爽之所式憑。集曰『可經』，深痛先君殉節之地，詎敢忘此？夙夜兹者，刻事草略。未丐名公珠玉垂光著作，此又柱臣無窮罪戾也。」

是書正文卷七首葉「卷之」下被剜去，版心中卷次亦被剜去，僅存「卷」字。正文至卷七《先府君手諭二則》即止。

南圖藏。

可經堂集十二卷附録一卷

明青浦縣寓賢徐石麒撰。清順治間可經堂刻本〔一〕，二十四册。半葉十行，行二十字，小字雙行字數同。無魚尾，四周單邊。版心上右依文體分别鐫疏輯（卷一至卷三）、詩輯（卷四至卷五）、文輯（卷六）、書輯（卷七至卷十二），版心中鐫卷次，版心下右鐫「可經堂」字樣。正文卷端署「嘉禾徐石麒寶摩甫著，男柱臣較」。書前有余颺序，《可經堂全集目録》。書末無附録。鈐印有「大學堂／藏書／樓之章」（朱方）、「能□安田元藏／圖書記」（朱長）等。

據書前目録，計有疏、詩、詞、序、記、辨、銘、頌、贊、跋、傳、狀、□、碑志、祭文、書、啓等文體。分爲疏、詩、文、書四輯，其中卷一至卷三爲疏輯，卷四至卷五爲詩輯，卷六爲文輯，卷七至卷十二爲書輯。

余颺序：「及予忤奸歸，舟過嘉禾，謁先生於郭外山莊，角巾韋服，款款道故，復依然家人父子也。出門指莊前一泓曰：『此止水也，君其識之。』言猶在耳，而先生已乘箕尾逝矣。後數年，先生令子柱臣輯先

〔一〕《四庫禁燬書叢刊》集部第七十二册據北京大學圖書館藏本影印。

生遺稿以傳。首章奏，始自忤璫，迄於乞骸，而先生立朝始末，盡於此矣。然停請封拜一疏，集反不載。而予在事時褒忠考核之章，止表贈二十四忠恤，贈陳仁錫，與收拾山東人心、孟兆罷考選四疏而已。次風雅諸什，次碑銘書牘，而先生憂時憫俗、忠君愛國之思，盡於此矣。總考先生奏疏，似陸敬輿、李伯紀；而遭時過之詩，似司空表聖、韓致光；尺牘似王右軍，而殺身忠烈，與屈子懷沙正復不異。先生集曰『可經』，夫經天緯地，文其一端，至若天經地義，孰有大於忠孝者乎？先生集序，予草於癸巳之歲，曾録一通寄去，爲郵者浮沉。家遭燃毁，旋亦灰燼。兹復補而成之，大抵亦不異前志云爾。」

是書上海圖書館藏一部，五册。其附録依次爲熊開元撰墓志銘、俞汝言撰行實、夏允彝撰《徐太宰傳》、行狀，黄宗羲撰神道碑。著録爲清康熙五年（一六六六）徐柱臣刻本。經比勘，是書與《四庫禁毁書叢刊》集部第七十二册影印北京大學圖書館藏清順治間可經堂刻本爲同一版本。上圖藏本各輯前還有分輯目録。

北大、上圖藏。

南溪詩草七卷東干詩草一卷

明華亭縣寓賢曹勛撰。清初刻本，四册。半葉七行，行十八字，小字雙行字數同。無魚尾，四周單邊。版心上鎸「南溪詩草」。正文卷端題「南溪詩草」，無卷次，署「武水曹勛允大父著」。書前有自序，首葉殘缺嚴重。

曹勛字允大，號峨雪。明嘉興府嘉善縣人。居松江府華亭縣干巷（今屬上海市金山區）。崇禎元年（一六二八）會試第一，授庶吉士，歷官翰林學士、禮部侍郎。少有異姿，研討今古，爲文有法，從無錫高攀龍學。晚年杜門著述，自號「東干釣叟」。卒年六十七。傳見嘉慶《松江府志》卷五十五《古今人傳七》、乾隆《金山縣志》卷十二《文苑》。

是書無目録，以文體分卷，各文體首葉皆有書名及署名。各卷依次爲：卷一五言古詩，卷二七言古詩，卷三五言律，卷四七言律，卷五五言絶句，卷六七言絶句，卷七七言律。

《東干詩草》一卷，明曹勛撰。清初刻本，二册。上海圖書館藏。半葉七行，行十八字，小字雙行字數同。無魚尾，四周單邊。版心上鎸「東干詩草」。正文卷端題「東干詩草」，署「古吴曹勛允大父著」。書前有明崇禎十七年（一六四四）曹學佺序，序末有曹勛題識，又有曹勛自序。

曹勛自序：「匪風發兮林無寧宇，余始移家而東，東干高曾舊里也。故東干詩斷自丙戌始……兹編也，閲戊亥子三年，而余亦年週六十矣。」落款署「東干釣叟曹勛自識」。

上圖、故宫藏。

曹宗伯全集十六卷

明華亭縣寓賢曹勛撰。清初刻本，四册。卷一僅存首葉，卷二闕前三葉。半葉九行，行二十字，小字雙行字數同。上單魚尾，左右雙邊。版心上鎸「曹宗伯全集」，魚尾下鎸卷次。正文卷端題「曹宗伯全集卷之一」,署「譙郡曹勛允大著」。封面右上分别以元亨利貞標示次序,書簽處墨筆題「雲間曹允大文集」。書前空白葉有張氏墨筆題識:「八一三之變,玉石俱焚,松郡故家,珍藏殆盡。余生平好書,隨見隨拾,而見故鄉先哲詩文,尤加注意。而此集則題『譙郡』人,因之不甚愛護。及檢查其文,則恨初時之未加意也,志之以表余忽略之罪。張□□教識。」此書前三葉天頭處又以墨筆詳記曹氏家世及得此書之事。

是書前闕,未知有無目録。殘存卷一爲賦,存《商霖賦》首葉,卷二至卷八序,卷九記,卷十神道碑、墓表、行狀、行略,卷十一墓志銘,卷十二傳,卷十三諭祭文,卷十四祭文,卷十五啓、書,卷十六題辭、書後、銘、贊。

上圖藏。

由拳集二十三卷

明萬曆間青浦知縣屠隆撰。明萬曆八年(一五八〇)馮夢禎刻本[一]。半葉九行,行十九字。上單魚尾,左右雙邊。版心上鎸「由拳集」,魚尾下鎸卷次。版心下偶鎸刻工姓名,如卷一首葉版心下鎸「秀水朱仁刻,朱恒寫」字樣。正文卷端題「由卷集」及卷次,署「東海屠隆長卿著」。書前有徐益孫《由拳集

[一]《四庫全書存目叢書》集部第一百八十册據中央民族大學圖書館藏本影印。

敘》、明萬曆八年沈明臣《由拳集敘》；書末有彭汝讓《由拳集敘後》。偶有抄補。

屠隆（一五四二—一六〇五）字長卿、緯真，號赤水、鴻苞居士，明浙江鄞縣（今寧波）人。萬曆五年（一五七七）進士，除潁上知縣，調任青浦知縣。時招名士飲酒賦詩，縱游九峰三泖而不廢吏事。遷禮部主事。遭人誣陷，罷官歸家。家貧，賣文爲活以終。著有《白榆集》《由拳集》《鴻苞集》等。傳見《明史》卷二八八《文苑傳》、《虞德園先生集》卷十六《祭屠緯真先生文》。

是集前無總目，各卷前有分卷目録。總計賦一卷，古今體詩十卷，各體文十二卷。其中卷一賦，卷二古體詩，卷三古樂府，卷四至卷五五言古詩，卷六至卷七七言古詩，卷八五言律詩，卷九七言律詩，卷十五言絶句，卷十一七言絶句，卷十二序，卷十三至卷十七書，卷十八碑記，卷十九傳，卷二十祭文，卷二十一祭神文，卷二十二誄，卷二十三雜著。

沈明臣《由拳集敘》：「屠長卿蓋從潁上徙青浦矣。令潁時，諸所著文章詩賦，潁諸生乃請付剞劂，而非長卿意也。海内諸人士讀而艷焉，輒從長卿乞集，而長卿雅不欲傳，然終不能拒，間亦一二屬工墨之。楮輒風雷，於是長卿益自秘，以故傳者堇堇。而及今令青浦，所著文章詩賦益鴻鉅，益不能自秘。而馮太史開之謂前刻稍纇，乃取而與沈太史君典删定之，增新者十之六，更名曰《由拳集》。蓋由拳故青浦地，人傳泖水澄，隱隱下見城郭狀，以故是集得專名焉，而開之更取付剞劂，屬予敘。」

是書中科院圖書館藏一部，著録爲明萬曆刻本，《續修四庫全書》集部第一千三百六十册據以影印。徐益孫與沈明臣二序刊刻字體稍異於中央民族大學藏本，徐益孫《由拳集叙》末無三方徐氏木刻印。天頭處偶有批注。正文同中央民族大學藏本。

中央民族大學、中科院藏。

總集類

五倫詩内集五卷

明華亭縣沈易輯。明洪武間刻本〔二〕。半葉十二行，行二十字；小字雙行，行二十至二十五字不等。細黑口，雙順魚尾，左右雙邊。版心中鎸當葉類目簡稱及詩體。正文卷端題「幼學日誦五倫詩選」，卷一首葉書名卷次下空白處有小字「詩選於全集，太山毫芒耳，幼學所誦不宜多也」。正文卷端署「雲間沈易翼之編選，曲江錢惟善思復校正」。書前有明洪武五年（一三七二）樊浚《五倫詩集序》、洪武十六年（一三八三）錢鼒《五倫詩集序》、洪武十二年（一三七九）錢惟善《五倫詩集序》、洪武六年（一三七三）東宗癸《跋五倫詩集》、總目，卷中所收詩篇，集中圈點凡例。書末有吳興錢雲《奉題五倫詩》、四明陸燾《奉題五倫詩》、明洪武二十年（一三八七）益齋王彦文《書五倫詩後》。

沈易（一三三三—一三九二）字翼之，明松江府華亭縣人。天資沉毅，行篤孝友。少求仕，欲以功業見而不得。時廬陵碩儒權衡以洙泗濂洛學教授淇上，易遂折節從學。洪武初薦爲郡守，辭不受，閉門授徒。

〔二〕《四庫全書存目叢書》集部第二百九十册據南京圖書館藏本影印。

年六十卒，門人私謚苦節先生。著有《五倫集》《論語旁訓》《周易旁訓》等，惜多已散佚。傳見崇禎《松江府志》卷四十二《隱逸》、嘉慶《松江府志》卷五十一《古今人傳三》、乾隆《華亭縣志》卷十四《人物志下》、乾隆《金山縣志》卷十二《人物一》、光緒《重修華亭縣志》卷十四《人物》。

是書爲課蒙而編，所録皆淺近通俗之作。據書前目録，原分内、外二集，内集五卷，外集七卷，總計十二卷。内集爲父子類、君臣類、夫婦類、兄弟類、朋友類；外集爲睦族類、并言類、務本類、尚志類、比喻類、警省類、詩餘。今正文只存内集，外集已佚。《四庫全書總目》集部總集類存目一據浙江汪啓淑家藏本著録，書名作《五倫詩》五卷，並稱：「其本卷末有跋，稱鈔自朱彝尊家，原闕後七卷，則其佚久矣。」書前目録《卷中所收詩篇》分四言、騷體（古琴操）、五言（古詩、絶句、律詩、長律）、六言、七言（古詩、絶句、律詩、長律），標題下小字注「全集起自四言騷體，詩選起自五言古詩」。

樊浚序：「華亭沈翼之歸自淇，立親親學，以淑鄉之後生小子集古今人詩有關於父子、君臣、夫婦、長幼、朋友之倫者，使日誦而習焉，目之曰《五倫詩》。」

錢惟善序：「淞士沈易……往所游學北方，間由衛輝南還鄉里，以其學爲童子師，得束脩以養二親。其教之也，一以躬行爲主。嘗編《五倫詩集》，俾人知所以爲人，在乎此五者也。」

東宗癸跋：「吾友沈翼之有所感焉，乃輯古今人詩有關於天叙天秩者，歌行近體，凡若干首，分門類聚，編爲一帙，題曰《五倫詩》。」

王彦文《書五倫詩後》：「華亭沈易之先生講授之餘，嘗集古今詩有關君臣、父子、夫婦、兄弟、朋友之倫者，凡若干，各以類從，目爲『五倫』，使童子朝夕諷詠，將以有得焉。洪武丁巳，講下龔生甫七歲，因誦趙孝子詩而有感，乃欲求父屍於數百里外。乙丑歲，姚麟父陷囚繫，麟時年十三，能出入劍戟間，以直其枉。以至周氏二幼稚，能以片言脱父遠役。若此者，豈非所謂得詩之教而不愚者乎？予來松城，一日翼之出示詩編，及聞其事，故題卷末，于以見詩之入人之深，于以見詩之感人之速，他日觀民風者得以考焉。」

南圖藏。

幼學日誦五倫詩選五卷

明華亭縣沈易輯。清初抄本，一册。半葉十二行，行二十字，小字雙行字數同。無框無欄。正文卷端題「幼學日誦五倫詩選」，署「雲間沈易翼之編選，曲江錢惟善思復校正。」書前有明洪武十二年（一三七九）錢惟善序、洪武五年（一三七二）樊浚序、洪武十六年（一三八三）錢鼒序、總目、卷中所收詩篇、集中圈點凡例。書末有明洪武二十年（一三八七）王彦文《書五倫詩後》、吴興錢雲《奉題五倫詩》、四明陸鼒《奉題五倫詩》。鈐印有「秀埜草/堂顧氏/藏書印」（朱方）、「顧印/嗣立」（白方）、「俠/君」（朱方）、「稽瑞樓」（白長）等。

該本抄寫工整，行款大字小字悉依明洪武刻本，當以洪武本爲底本。唯書前無東宗癸跋，錢惟善序移前；書末王彦文《書五倫詩後》移至錢雲、陸鼒二題詩之前；正文卷一首葉標題下無小字注文。

上圖藏。

文翰類選大成一百六十三卷

明上海縣李伯璵輯。明成化八年（一四七二）淮藩朱祁銓刻，弘治十四年（一四九七）增刻本，存八十册。殘本，存卷一至卷十一，卷二十二至卷一百六十三，共計一百五十三卷。半葉十二行，行二十三字，小字雙行字數同。粗黑口，雙對魚尾，四周雙邊。書前有明成化九年（一四七三）馮厚《題文翰類選大成後》、李伯璵《文翰類選大成後序》、明弘治十四年（一五〇一）林祥《跋文翰類選大成書後》，目録。書末又有李伯璵《文翰類選大成後序》，與書前同。正文卷端題「文翰類選大成」，署「左長史上海李伯璵編輯，伴讀慈谿馮厚校正。」鈐印有「詩龕／藏書印」（朱方）、「法梧／門藏／書印」（白方）、「詩龕／書畫印」（朱方）、「詩龕／鑒藏」（朱方）、「存素堂／珍藏印」（朱長）、「冀縣／王富／晋印」（白方）等。

李伯璵（一四〇六—一四七三）字君美，明松江府上海縣人。宣德元年（一四二六）舉人，歷桐廬、山陰訓導，秀水、安福教諭。官淮王府左長史。傳見《（正德）松江府志》卷二十九《人物三·名臣》、同治《上海縣志》卷十八《人物一》、光緒《南匯縣志》卷十三《人物志》。

是書奉淮王之命而編，總録前代及明人詩，分體編次，各體復以時代爲次，采掇頗詳。前有總目，凡分五十六類，每類下注明卷次。各卷前又有分卷目録，以年代爲序，詳列當卷作者及篇名。五十六類依次爲賦類、樂章類、樂府類、琴操類、詩類、歌類、行類、辭類、引類、曲類、吟類、騷類、雜體類、頌類、銘類、箴類、贊類、文類、記類、序類、書類、論類、諫類、奏類、疏類、封事類、狀類、議類、解類、説類、辯類、原類、詔敕類、制誥類、敕類、檄類、册謚類、表類、箋類、啓類、策類、對問類、連珠類、露布類、叙事類、傳類、碑碣類、行狀類、墓志類、墓表類、哀挽類、吊祭類、誄類、詞調類、題跋類、雜著類。《四庫全書總目》集部總集類存目二據兩淮馬裕家藏本著録。

李伯璵《文翰類選大成後序》：「惟我賢王，清明在躬，游心文翰，卓然有見于此，乃召臣伯璵、臣厚命之曰：『予觀古今載籍，有如《文選》，歷代備矣，而迄于齊梁之世；《文粹》《文鑑》《文類》纂述詳矣，而止爲一代之書；以及《光嶽英華》《文章類選》等集，或有詩而缺於文，或有文而略於詩，未獲見歷代諸體之全。況載籍浩繁，不易檢閲。可發舊所藏名人諸集及今所聞見者，詳加采選，序代分類，編粹成書，諸體悉備，名曰《文翰類選大成》，庶便觀覽。』臣等奉命，朝兢夕惕，謹用《文選》爲之準，始自唐虞，至我聖明之世，凡文章詞翰有關於世道政教之大，人情物理之微，理明辭達，足示勸戒者，則録之。雖其人未必賢，而著作不於道者，亦采之，蓋不以人廢言故也。此特據其所見者爾，其所未見者，莫從而得之，挂一漏萬，誠可憾已。裒輯有年，定爲六十四類，總一百六十三卷。寫完進覽，賢王不秘是編，即倩工鋟梓，與學者共嘉惠之心猗歟盛哉！」

馮厚序：「吾王以古今文翰皆《光嶽英華》所萃道修寓也，然方輿之廣，歷世之久，聖賢君子所成之書，宏瀚浩博，未易以涯涘。竊慮四方好學之士，欲觀之弗克遍，乃命左長史臣李伯璵、臣厚日於書堂檢閲，上自唐虞，迄于國朝，詩賦詞章，援據采攬，編纂決擇，舉綱撮要。若夫天地日月四時鬼神之理、君臣父子夫婦長幼朋友之道、山川谿谷鳥獸草木名物，凡有見於作者則録之，其所述無補於人倫世道，而或佛老詭怪侈言蔓辭，并所未見者則不敢取，各以類歸，繕寫成帙，倩工鋟梓，以廣其傳。」林祥跋：「題曰『文翰類選大成』者，蓋取古今群書載道之文有關於世教者，録之若干卷，命工鋟梓以傳。」

上圖、國圖、臺圖藏。

文翰類選大成一百六十三卷

明上海縣李伯璵輯。明成化間刻，弘治嘉靖間遞修本〔一〕。書前有明成化八年（一四七二）西江頤仙（朱祁銓）《文翰類選大成序》、嘉靖二十五年（一五四六）淮藩坦仙（朱厚燾）《重訂文翰類選序》、總目。書末有李伯璵《文翰類選大成後序》（存前兩葉）、成化九年（一四七三）馮厚《題文翰類選大成後》、弘治十四年（一五〇一）林祥《跋文翰類選大成書後》。

朱祁銓《文翰類選大成序》：「粤自聖人删述之餘，其間賢人君子所著作者甚廣，汗牛充棟，何下千萬計而已哉！然學者欲究閱之，自成童以至髪更霜雪，莫能遍也，其功亦甚難矣。况乎書無所積，而不能博觀者耶？予爲此慮，乃命左長史李伯璵、紀善馮厚，取古今文章載籍諸書，始自唐虞，至於我朝，上則王公列卿大夫，下逮山林閭巷布韋之士之所述作，精加選擇去取，若言之冗泛淺近者去

〔一〕《四庫全書存目叢書》集部第二百九十三至二百九十六册據北京大學圖書館藏本影印。

之，言之醇正暢達有關於世教者録之，序其世代，考其名氏，凡六十四類，總一百六十三卷，名曰《文翰類選大成》，用鋟諸梓，以溥其傳，則不惟有以表章儒先之所著作，抑且有便於學者之檢閲，一覽而舉在目前矣。」

朱厚熹《重訂文翰類選序》：「然歲月荏苒，板刻湮没，未免有魯魚豕亥之傳。予爲此懼，恐抱憾無涯，申命儒臣校正補訛，重加訂定。」

《美國哈佛大學哈佛燕京圖書館中文善本書志》第〇九六五條著録一部，爲明成化淮府刻弘治十四年（一五〇一）、嘉靖二十五年（一五四六）、萬曆四十四年（一六一六）遞修本，六十四册。書前有成化八年朱祁銓序、嘉靖二十五年朱厚熹序、萬曆四十四年朱常清序。書末有萬曆四十四年任元忠後序、李伯璵後序、成化九年馮厚後序、弘治十四年林祥跋。由是，知此書初刻於明成化年間，弘治十四年、嘉靖二十五年、萬曆四十四年三次修版刷印。

北大、首都圖書館、中科院、天津圖書館、山東省圖書館藏。

樂府原十五卷

明華亭縣徐獻忠撰。明萬曆三十七年（一六〇九）張所望衢州府署刻本，三册。半葉九行，行十八字，小字雙行字數同。白口，上單白魚尾，四周雙邊。正文卷端署「雲間徐獻忠著，張所望校」。三册封面書簽處均墨筆篆書「樂府原」三字書名。書前原闕鄭懷魁序，墨筆影抄補録，又有明嘉靖三十九年（一五六〇）徐獻忠序、目録。

是書綜取漢魏六朝樂府古題及其命名緣起，各爲考證，並録原文而釋其義，搜羅較富。據書前目録，依次爲房中曲安世樂、漢郊祀歌、漢鐃歌、横吹曲、相和歌（七：相和歌、吟歎曲、四絃曲、平調曲、清調曲、瑟調曲、楚調曲）、清商曲（四：吴聲歌、西曲、江南弄、上雲樂）、雜曲歌辭、近代曲辭。《四庫全書總目》集部總集類存目二據内府藏本著録。

徐獻忠序：「樂府原者，原漢人樂府辭并後代之撰之異於漢人者，以昭世變也……乃因左君克明所編次樂府詩及郭茂倩所廣，各原其本意，加纂釋云。」

北京大學圖書館藏一部，《四庫全書存目叢書》集部第三百零三册據以影印，著録爲明萬曆刻本，經與上圖本比勘，係同一版本。影印本前鄭懷魁序完整，後接目録，目録後爲徐獻忠序，順序與上圖藏本略有不同，其餘皆同上圖藏本。

上圖、北大、北師大藏。

六朝聲偶集七卷

明華亭縣徐獻忠編。明嘉靖華亭徐氏文房刻本〔一〕。半葉十行，行十六字；小字雙行，行十六字或十

〔一〕《四庫全書存目叢書》集三百零四册據遼寧省圖書館藏本影印。

七、八字不等。白口，上單白魚尾，左右雙邊。每葉左上角有書耳，内鎸「華亭徐氏文房」。正文卷端署「吴人徐獻忠選」。書前有沈愷《六朝聲偶集叙》；書末有徐獻忠《六朝聲偶集後序》。每卷正文末後一行下部皆有「長水書院刻」字樣。《四庫存目》本書内多墨釘，如卷一第三葉左半第七行「無□黍絲綸」，卷二第四葉右半第七行「□醪結猛將」，第五葉左半第二行「玉題□仙篆」，第十八葉右半第一行「日映□□靴」，卷五第四葉右半第十行「巖穴轉□□」，如是者甚多。

是書各卷有目録，卷一齊詩（含北齊），卷二至卷四梁詩（含後梁），卷五陳詩，卷六周詩，卷七隋詩。《四庫全書總目》集部總集類存目二據浙江范懋柱家天一閣藏本著録。

徐獻忠後序：「予讀六朝人詩，取其偶切成律者焉……鳳峰先生以爲可刻而傳，因序而俾予刻云。」

是書上海圖書館藏一部，四册，著録爲明嘉靖長水書院刻本。經核，即華亭徐氏文房刻本，與影印本全同。每卷正文末一行下部皆鎸「長水書院刻」字樣，每葉左上板框外有書耳，内鎸「華亭徐氏文房」字樣。書前有沈愷《六朝聲偶集叙》；書末有徐獻忠《六朝聲偶集後序》。書根處題「六朝聲偶集」，并當册卷次及卷名。卷内多有朱筆圈點。鈐印有「熊印／希齡」（白方）。書末徐獻忠《六朝聲偶集後序》末葉完整，但只有右半葉有文字，至「予亦未可知也」止。《四庫存目叢書》影印遼寧省圖書館藏本此葉左半還有「鳳峰先生以爲可刻而傳，因序而俾予刻云」句，上海圖書館藏本無，未知何故。

遼寧省圖書館、上圖、國圖藏。

六朝聲偶集七卷

明華亭縣徐獻忠編。明抄本，四册。藍格，半葉九行，行二十字；小字雙行字數同。白口，上單魚尾，四周雙邊。首尾無序跋，亦爲分卷目録。正文卷端署「吴人徐獻忠選」，卷七正文末亦有「長水書院刻字樣。鈐印有「古潭州／袁臥雪／廬收藏」（白方）、「杭州葉／氏藏書」（朱長）、「合衆圖書／館藏書印」（朱長）。

抄本書末又有「聲偶補遺」二首，分别爲《隴頭水》及《戰城南》，不題作者，爲刻本所無。其中《隴頭水》云：「銜杯别隴頭，關路漫悠悠。故鄉迷遠近，征人分去留。沙飛曉成幕，海氣旦如樓。欲識秦川處，隴水向東流。」《戰城南》云：「雜虜寇銅鞮，征役去三齊。挾山剪疏勒，傍海掃沉黎。劍光輝夜電，馬汗晝成泥。何當見天子，畫地取関西。」

明嘉靖華亭徐氏文房刻本（即長水書院刻本）内墨釘，抄本皆留空白。其底本當爲明嘉靖華亭徐氏文房刻本。

上圖藏。

苑詩類選三十卷

明華亭縣包節輯。明嘉靖二十五年（一五四六）何城鄂州刻本，二十四册。半葉十行，行二十一字，小字雙行字數同。雙對魚尾，四周單邊。版心上鎸部類，如「天部一」，上魚尾下鎸卷次，版心下鎸刻工名，如匠蔣邦佑、匠宋本元、匠蔣邦貴、匠蔣邦榮、匠鄭宜、匠王恩、匠艾鳳、匠楊本貴、匠吴臣、匠李廷柏、匠李容、匠陶兵、匠高守貞等。正文卷端題「苑詩類選卷之一」，署「明監察御史包節輯按察司知事前給事中王交校」。書前有明嘉靖二十五年戴金《刻苑詩類選序》、目録；正文卷三十書末空白處有嘉靖二十五年王交題識，書末有朱衣《跋苑詩類選》。鈐印有「無竟/先生/獨志/堂物」（朱長方）。

卷一至卷二天部，卷三地部，卷四帝德部，卷五至卷八應制部，卷九應令應教部，卷十朝省部，卷十一至卷十四樂府部，卷十五音樂部，卷十六人事部，卷十七釋部、寺院部，卷十八道部，卷十九隱逸部，卷二十酬和部，卷二十一寄贈部，卷二十二送行部一，卷二十三送行部二、賦物送行部，卷二十四留别部，卷二十五行邁部，卷二十六軍旅部，卷二十七悲悼部，卷二十八居處部，卷二十九郊祀部、婚姻部，卷三十花木部、鳥獸部、蟲魚部。

戴金《刻苑詩類選序》：「《文苑英華》爲宋之太宗詔諸儒編次，盈千卷，相傳迄今，苦灝瀚，鮮刻，獲睹者未十一。吴松包侍御蒙泉博洽敏求，取詩選百卷……擇其十三類爲集，且虞獨見未審，仍付前給諫王子龍田校讎疑誤，屬刻於鄂州守何子月梧。未幾，高侍御南山代狩，嗣其美……蒙泉按楚，嘗梓正宗以廣傳。兹復有是選，豈不以正宗采輯太嚴，録詩自漢魏兩晋外，齊止玄暉，梁止休文，唐時作者先後接踵，僅子昂、李、杜、韓、柳、應物六人，雖沈、宋、燕、許、高、岑、元、白輩齊軌名家者，俱在簡斥，且諸體未備，故力舉此以補其闕與？其序次，始齊梁以終唐季。其篇什則部以隸目，目以繫詩，自天文地理帝德應制應令朝省以迄人事之屬，爲部二十有七，目幾二百，包括無遺。」

王交題識：「詩凡爲卷三十，部二十有八。三十者，日月會次之期也。二十有八者，星野緯布之象也。日月星辰，天文也。篇章什詠，人文也。」

朱衣《跋苑詩類選》：「刻《苑詩類選》成，巡按南山高先生屬予跋……先是，蒙泉包先生按楚，出自校詩若干篇，以授前給諫王子，曰：子類選。謂何子曰：子梓之。又曰：予得詩三十卷，自齊梁迄晚唐，盡除其靡弱之甚十七云。按詩百卷，在《文苑英華》十一，太平興國太宗置降王舊臣館中，使修三大書，此其一也。然修者非一手，而歷年又多，即詩一節，至或析一爲三，合二爲一，姓名差互，先後顛倒，有如周氏所言者。孝宗更置校書意在完復，乃妄加塗注，反失本真。自荆帥之重校，嘉泰之再讎，然後此書得稱定本。今於定本又摘而選之，存真刊僞，析類分部，功在詩苑，光紹平南，嘉惠之澤，其在二先生深矣。」

是書首都圖書館藏一部，存二十四卷（卷一至卷二十四），十六册。半葉十行，行二十一字。雙對魚尾，四周單邊。版心上鎸部類，如「天部一」，上魚尾下爲卷次，版心下有刻工名，如匠蔣邦佑、匠宋本元、匠蔣邦貴、匠蔣邦榮、匠鄭宣、匠王恩、匠艾鳳、匠楊本貴、匠吴臣、匠李廷柏、匠李容等。正文卷端題「苑詩類選卷之一」，署「明監察御史包節輯按察司知事前給事中王交校」。書前有明嘉靖二十五年戴金序（闕前二葉）。此爲後印本。全書有朱筆句讀。鈐印有「王客/氏」（朱方）等。

是書上海圖書館藏一部，十册。書前有嘉靖二十五年戴金《刻苑詩類選序》，《苑詩類選目録》；卷三十正文末有嘉靖二十五年王交跋，書末有朱衣《跋苑詩類選》。餘同國圖藏本。

上海圖書館藏殘本一册，著録爲清初刻本。經比勘，實爲明嘉靖二十五年何城鄂州刻本《苑詩類選》殘本，存卷十七釋部寺院附。正文卷端題「苑詩類選卷之十七」，署「明監察御史包節輯按察司知事前給事中王交校」。每葉版心下均有刻工姓名，自首葉起，依次爲：匠蔣邦佑、匠芦大才、匠戈希德、匠楊本貴、匠王朝、匠曹現、匠戈希德、匠蔣邦榮、匠陶兵、匠蔣邦佑、匠陶兵、匠陶柏、匠芦大才、匠吴華、匠曹現、匠高守貞、匠蔣邦榮、匠高守貞、匠李昇、匠蔣邦榮、匠李棟、匠李棟、匠蔣邦榮、匠王朝、匠李富、匠陳四、匠蔣邦佑、匠李富、匠陳四、匠李昇，共三十葉。

國圖、首圖、上圖藏。

苑詩類選三十卷

明華亭縣包節輯。明嘉靖三十八年（一五五九）包檉芳刻本，十四册。半葉十行，行二十一字，小字雙行字數同。雙對魚尾，四周雙邊。版心上鐫部類名及部次，上魚尾下鐫卷次。正文卷端題「苑詩類選卷之一」，次行署「明監察御史包節輯，給事中王交校，從子包檉芳刻」。書前有明嘉靖三十八年申嵇《重刻苑詩類選序》、嘉靖二十五年（一五四六）戴金《刻苑詩類選序》、《苑詩類選目録》。正文卷三十書末空白處有嘉靖二十五年王交題識、嘉靖三十七年（一五五八）包檉芳題識，以墨框形式附於正文之後，半葉十行，行二十三字。書末又有包節《苑詩類選後序》、朱衣《跋苑詩類選》、陳耀文《重刻苑詩類選跋》。鈐印有「宛平王／氏家藏」（白方）、「商丘／宋筠蘭／揮氏」（朱方）、「慕齋鑒定」（朱圓）、「北平／孔德／學校／之章」（朱方）等。

中牋《重刻苑詩類選序》：「至宋雍熙初，《文苑英華》始出……其書繁蕪，爲卷以千計，即詩一類，已萬二千餘篇，歷數百年未有能删之者。我明嘉靖間，嘉禾包蒙泉柱史博綜古今，鋭情述作，傑然以斯文自命，乃汰其纖麗，正其訛謬，校核錙銖，銓衡殿冣，存三之一，命之曰《苑詩類選》……柱史卒於丙辰，其年從子包侯檉芳遂登進士第，來尹吾魏，心仁厚而政平恕，綽有善績。又以暇日游意藝文，表章秘籍，重刻是編。於魏刻成，示余請序。」

包檉芳題識：「右《苑詩類選》，乃先伯氏蒙泉公之所輯也。輯數年而始成。書成而伯氏被逮矣。丙午夏，戍湟中，至丙辰夏，竟以疾卒於戍所。檉日痛往績之無聞，而前修之不克紹也。比莅魏博，戊午春得楚刻是書，讀之已糢糊剥落，十可四五，心益傷之。乃檢篋中，得伯氏所寄後序，因求善本，一一校定，遂匍匐乞言於洹野申先生、筆山陳先生，二先生許之，爰以命梓。嗚呼！伯氏不可作矣。讀是集，宛然手澤存焉。檉讀之，檉不知涕之無從也已。先伯氏抗節明時，多所樹立，但不幸横罹豺虎，不能珠圓繩墨之外，遂以賈禍。其所著述有《湟中集》《西戍録》《北逮録》《釋疑録》《子平格解》《通考意抄》《二十一史意抄》等諸書，此其一也。昔夏侯身繫而書傳，三間汩亡而騷在，不朽之垂，誠有所賴然。則是刻也，豈特爲數百年之失其傳已耶。」

包節《苑詩類選後序》：「余戍湟中之明年丁未，得友人所寄楚刻《苑詩類選》，未及展卷，雪涕歔欷。歎曰：『兹書竟傳乎，閲數百年而始傳，傳又自余夕難之後，於乎信有數哉。』及展卷，則大司馬龍山戴公、侍御大别朱公序之簡端矣。予尚何言。然懼宋人搜述之意泯泯，而予又無以謝其删校之僭，可竟無言乎。按《文苑英華》宋初降王之臣所成書，凡千卷，詩一類且三百卷，自梁而後，迄唐季，數百年諸名家網羅略盡，世無善本，往往傳寫，惟秘府有宋刻，非校書掌藉官不得見。或儒林之家，間有善本，又以卷帙浩穰，望而卻走。故苑詩竟無傳。予自壬寅歲，在告居閑，則取苑詩而讀之，迺知其續昭明而成者也。詩自梁以前備于《選》，梁以後文苑盡矣。其部分類別，亦祖《選》例。夫兹二書，上下數千年，詩人源委脉絡，繩系相祖，豈不彙一大成哉。特苑所載，采獵汜濫，簡核或寡，迺因其部類，剪刈繁蕪，大率梁、陳、周、隋間，南北人之靡麗甚者，晚唐人之纖弱者盡去之，什可八九，其魯魚豕亥，亦稍稍校定，得其詩三十卷，凡三閲歲始訖事，題之曰《苑詩類選》。乙巳之冬，携以入楚，屬校於王龍田給舍，屬梓於何日梧太守，未一月而予以奉法無狀，逮行旋流戍湟中矣。」

陳耀文《重刻苑詩類選跋》：「嗚呼！此侍御蒙泉包公所詮次者，余讀苑，見其卷帙繁富，志切舉要焉，未能也。及得楚刻，喜玩不忍釋手。顧字多摩滅，復用爲恨。後竢罪魏邑，適瑞溪先生爲尹正，公暇論文，語及是編。瑞溪泫然曰：『先伯氏所纂也。』因述公履歷，并出公所自爲序，遂相與謀諸梓。嗚呼！《吕覽》書成文信徙，《竹林》篇著膠西遷，《鴻烈》訓作淮南逝，《麟角》筆賜中台坼。是卷集而公卒戍所，豈因文致窮，昔人之言驗耶……余於是刊成嘉瑞溪克成先志，幸公之立言不朽也。書贅末簡。」

首都圖書館、南圖、北師大藏。

練音集補四卷卷首一卷附卷一卷外卷一卷

明嘉定縣翟校編，清王輔銘補輯。清乾隆八年（一七四三）金尚柬刻本，二册。半葉十一行，行二十一字；小字雙行，行約三十字。白口，上單魚尾，左右雙邊。魚尾下鐫書名卷次。正文卷端題書名及卷次，署「嘉定翟校起英采/後學王輔銘翌思補」。書前有清雍正十一年（一七三三）王輔銘《練音集補引》、又乾隆八年輔銘題識、總目，目録末鐫「蘇州城隍廟橋西堍南首劉文斗鐫刻書籍局」字樣。書末有正德十一年（一五一六）李綸跋。鈐印有「光熙/之印」（白方）、「裕如/秘笈」（朱方）、「詩龕/書畫印」（朱方）、「詩龕/居士存/素堂/圖書印」（朱方）、「詩龕/鑒藏」（白方）等。

翟校，字起英，明嘉定縣人。由歲貢仕浙江平陽縣訓導。正德間卒於官。傳見嘉慶《直隸太倉州志》。

翟校以嘉定代有作者，而詩篇多散逸，因采宋天聖以後迄於明弘治者合爲一編。正文四卷爲邑人之詩，而以明爲詳。卷首爲宦志，皆官於嘉定者所作，録鄭霖、史俊卿、盛如梓等二十一人。卷一録龔宗元、孫載、龔況等十三人；卷二録鄭濟川、王彝、阮孝思等二十一人；卷三録陳璞、陳述、徐瑄等十九人；卷四録徐博、李良、徐哻等三十四人。附卷爲流寓及游覽嘉定諸人所作，録王斗祥、貫雲石、鄧文康等六十二人。外卷爲釋、道之作，録之彝老、居簡、祖教等十一人。每人首録小傳，次隸詩。所引各著出處本末。

王輔銘《練音集補引》：「翟氏《練音集》七卷，始宋天聖，訖明弘治，其體裁簡核，詞章清麗，久膾炙於學士大夫之口，而邑之少尉李君亦能言其大略矣。顧念宋元以來，地當草創，文風初啓，時有龔吴張强洎王金諸先生，半屬游寓，均以風雅相尚，而詩之采入集中者寥寥。迨明之中葉，科名日盛，人文蔚然可觀，而翟氏闕遺者亦復不少。予故隨所見聞，自洪武至成弘續集中，已補録一二，鋟版行世。兹復從宋元廣搜博采，或補入，或補詩。弘治以前或尚有挂漏，更爲次第增補，通計百有餘篇，合前七卷，分爲兩帙。」

又題識：「吾友金西園先生名尚柬，篤學嗜古，自新安僑寓吾邑，即訪求邑之文獻……復購得翟氏《練音》，而一邑之人文可考焉。惜其版毁於倭變，傳鈔多舛誤，西園欲加校正，重付剞劂未果。會予補輯是集方竟，囑戴君機又索觀，反復咀詠，謬以予爲知音也。予窮老荒陋，縱有一知半解，編録成書，空束高閣。今賴吾友之力，得壽棗梨。」

李綸原跋：「詩莫盛於吴中，嘉定爲吴屬邑，代有作者，惜多散逸寡傳。侍御四明王公先是宰邑時，嘗進今貢士翟起英校，爰命采集，既成，題曰『練音』，將爲梓行，會廷召戒嚴，屬諸綸。綸以公事旁午，而起英鋭志場屋未果。今者起英計偕，因白於綸，上書令長姚江陳公，欲畢前志。是時所增采者，又倍於初矣。陳公亦以考成及期，致書同年黄太倉公序之，遂成完書。」

《四庫全書總目》集部總集類存目四據浙江汪啓淑家藏本著録，題「《練音集補》七卷」：「初，明翟校嘗以嘉定代有作者，而詩篇多散逸，因采宋天聖以後迄於弘治合爲一集。其第一卷爲宦志，皆官於嘉定者所作。中四卷則邑人之詩。第六卷爲附卷，則流寓游覽諸人。第七卷爲外卷，則釋道之作也。其後版毁於倭，僅存抄本。輔銘以其尚有遺闕，因搜采釐訂，補入三十四人。其原有姓氏而詩什未備，更加補輯者，又二十六人。原本每人各著出處本末，輔銘間采他書附之。如楊之彝嘗爲都統制官，非真釋子，校誤載入方外中，亦爲駁正。其曰『練音』者，因嘉定本古之練祁市也。」

翟校題識：「古者采詩以觀民風，是集爲吾嘉定一邑而采也。曰『練音』者，仍古之練祁而名也。校采集之者，承前令定齋王公之命，因先祖頤貞公口授，博而成之者也。集凡七卷，中四卷則邑人之作者。自宋龔宗元以下若干人，不分隱顯，録其所可考也。首采宦，志風化之所出也。附題贈，著風土交游之美也。釋老亦附於外，取其言之有合於道者也。標姓名於所作之前，各附出處，而間著其事迹，因言可以覘德也。詩體類不拘，取其有關於風教，非若諸家之專以詩選也。詩中有意義當釋者，亦分注之，補志乘之闕也。閲六載成編，今得梓而行之者，邑幕滇南李君捐俸，請於今令姚江陳公，以終王公之初志也。凡有桑梓之愛者，幸無忘其功也。校固不能知言，聊附編采之意，不自知其僭妄之罪也。卷末各不填其尾，俟同志者相與增益，以成一邑之文獻也。」

是書南京圖書館藏一部，《四庫全書存目叢書》集部第三百九十五册據以影印。書前王輔銘序還有明正德十一年翟校題識，餘同國家圖書館藏本。

國圖、南圖、上圖藏。

詩學正宗十六卷

明嘉定縣浦南金輯。明嘉靖三十六年（一五五七）浦氏五樂堂刻本〔一〕。半葉九行，行十八字，小字雙

〔一〕《四庫全書存目叢書》集部第三百零二册據浙江圖書館藏本影印。

行字數同。白口，上單魚尾，左右雙邊。版心上右偶有當葉字數，魚尾下鎸「詩學正宗卷□」，版心下鎸「五樂堂」字樣。正文卷端題「詩學正宗卷第一」，無署名。書前有明嘉靖三十七年（一五五八）吴子孝《詩學正宗序》、《詩學正宗凡例》十三則、《詩學正宗總目》、《詩學正宗作者姓名》。各卷前有分卷目録，目録首葉題「詩學正宗卷第□目録」，署「皇明國子監助教東海浦南金纂輯」。各分卷目録前均有論。每卷末多有當卷寫刻者姓名，如卷一「姑蘇吴曜／寫章衮刻」，卷三「吴曜寫／章衮刻」，卷九「吴曜寫／唐官刻」，卷十二「吴曜寫／夏文德刻」，卷十三「吴曜寫／章儒刻」，卷十四「吴曜寫／唐誥刻」，卷十五「丁巳歲仲冬朔吉／吴曜寫完章衮刻」，其餘各卷之末無。鈐印有「得一居／珍藏印」（白方）、「墨海／樓」（白方）等。

是書起唐虞古辭，至唐人近體。自四言古詩至七言絶句，分爲九體。每體之中又分正始、正音、正變、附録四門。卷一四言古詩，卷二至卷三古樂府，卷四至卷七五言古詩，卷八至卷九七言歌行，卷十至卷十一五言排律，卷十二至卷十三五言律詩，卷十四七言律詩，卷十五五言絶句，卷十六七言絶句。《四庫全書總目》集部總集類存目二據内府藏本著録。

《詩學正宗作者姓名》録漢高祖、武帝等十七人，魏武帝、文帝等十人，晋張華、何劭等十四人，宋至隋宋武帝、齊武帝等二十四人，初唐虞世南、魏徵等四十二人，盛唐玄宗皇帝、李白等三十五人，中唐韋應物、劉長卿等四十人，晚唐李頻、馬戴等十三人，總計一百九十五人。

《凡例》：「一、四言古詩録至漢而止，古樂府録至魏而止，五言古詩録至晋而止，五七言近體詩録至盛唐而止，皆正音也，其餘稍摘其合作者以正變附録概括之……一、詩有不以世次論者，明作者在人不係世次；一、音曰正始，曰正變，亦曰正者，約情合性而歸之道德，固三百篇之旨也；一，卷有分上下，有分上中下，有分一二三四，又有附録，或體格有高下，或音調有異同，然亦不甚相遠。」吴子孝《詩學正宗序》：「吾友海濱浦兄，自垂髫已有詩名，晚年官成均，友天下士，詩學遂大進。蓋升漢魏之堂而入盛唐之室者也。暇日輯《詩學正宗》一部，凡十六卷，大抵以正音爲主，而以正始、正變羽翼之。」

浙圖、國圖、北大藏。

彤管新編八卷

明上海縣張之象撰。明嘉靖三十三年（一五五四）魏留耘刻本，四册。半葉十行，行十八字，小字雙行字數同。白口，上單白魚尾，左右雙邊。正文卷端署「雲間張之象玄超采撰，吴門魏留耘夏甫校梓」。版心下右偶鎸刻工姓名，如卷一第五葉爲郭孟爲，卷一第六葉郭小野。書前有明嘉靖三十三年魏學禮序、目録；書末有嘉靖三十三年魏留耘跋。序跋、目録與正文之行款、字體均相同。鈐印有「沈仲／方印」（白方）、「江東／顧氏」（朱方）、「懷陰／校書」（朱方）。

彤管，語出《詩經・邶風・静女》「静女其孌，貽我彤管」句，據毛《傳》及鄭玄《箋》，彤管即赤管筆，古代女史以彤管記事，後因用於女子文墨之事。之象是編以世所傳《彤管集》篇帙未備，更加輯補，收録周至明以前女子所作詩歌銘頌辭賦贊誄六百五十四首，《璇璣圖》一篇，序誡書記奏疏表三十三首，合計六百八十八首（篇），爲今存最古、收録女子文墨最多之書。《（崇禎）松江府志》卷五十四《著述》著録，不題卷帙。《四庫全書總目》集部總集類存目二據兩淮馬裕家藏本著録，稱「采掇頗富，而譌舛亦復不少」。

魏學禮序：「舊有《彤管集》，集自蒙古以上而首魯，悉閨人辭。然帙亂而篇略，不識集者誰何，蓋纂采而未卒者云。雲間張之象更而新之，首周終蒙古，視昔倍而舉例飭，余兄子留耘鏤諸木焉。請余爲之序……明興辭盛，作者滃鬱，識猶未遍，故弗遽采。觀乎張氏之旨，將爲别述之籍。彤管肇稱，義取女史新編標首，以别舊集。陶陰躡謬，鄙人操割，篇什之裒，則惟仍故梓……卷凡八，詩歌銘頌辭賦贊誄凡六百五十四首，璇璣圖詩凡一篇，序誡書記奏疏表凡三十三首。」

魏留耘跋：「張玄超集《彤管新編》，余閲之，見其首述三百篇中之女婦所作，而終於元。其立義精，其搜采博。古今閨秀，相去千載，而若聚於一室間，挹其容，接其辭。嗚呼，何其要而廣也。余遂與季父校而刻焉。或曰：『其辭安知非史氏之藻飾，文人之好事，而以爲皆出於女婦耶？』曰：『古女子皆有師傅以丑時之，而習於文辭，固甚易也。以今人之不習而疑之，過矣。』此玄超所以信而不疑也。玄超雲間名家，綜貫群籍，篤志好古，其所著述甚衆，此特其緒云爾。嘉靖甲寅仲春吴門魏留耘識。」

是書中國國家圖書館藏一部，《四庫全書存目叢書補編》第十三册據以影印。經核，與上海圖書館藏本完全相同。從斷板痕迹看，與上海圖書館藏本亦相吻合，大約同時印行。

上圖、國圖、中科院藏。

彤管新編八卷

明上海縣張之象撰。明萬曆二十五年（一五九七）茅文燿刻本，四册。半葉十行，行十八字，小字雙行字數同。白口，上單白魚尾，左右雙邊。魚尾下鎸書名卷次。正文卷端署「雲間張之象玄超采撰，歸安茅文燿允德校閲」。其中「歸安茅文燿允德校閲」數字經剜改。書前有袁福徵序文（手書上版）、張昃然序文（手書上版）、萬曆二十五年茅文燿題識（手書上版）、目録。書根處題書名。鈐印有「丁氏八／千卷樓／藏書記」（白方）、「粹芬／閣」（白方）、「四庫附存」（朱長）。

按：經比勘，是書與明嘉靖三十三年（一五五四）魏留耘刻本同版，字體、刻工、斷版處皆一致。正文卷端落款處經剜改，序跋重刻，涉及作者及序跋者之内容經過篡改。萬曆本正文卷端署「歸安茅文燿允德校閲」處，嘉靖本作「吴門魏留耘夏甫校梓」，萬曆本剜改痕迹明顯，字體與正文不一致。萬曆本前袁福徵序文與嘉靖本前魏學禮序文内容相同，唯萬曆本第四行「茅鹿門從孫文燿鏤諸木焉」句，嘉靖本作「余兄子留耘鏤諸木焉」，餘一字不差；萬曆本爲行書手書上版，嘉靖本爲楷體工整刊刻；落款處萬曆本作「谷水峻陽袁福徵撰」，嘉靖本作「嘉靖三十三年二月吴魏學禮序」。萬曆本前多一篇虎林張昃然序：「吴興茅允德氏博雅嗜古，上下千載，多所綜緝，古詩辭賦之流蔚有成書，而於兹編亦手校而行之，覽者將無以其淫辭靡靡，小傷雅道矣乎？」萬曆本書前茅文燿題識與嘉靖本書末魏留耘題識内容完全相同，萬曆本爲楷體手書上版，半葉五行，行十二字；嘉靖本爲工整楷體，與正文字體同。萬曆本落款爲「萬曆丁酉仲秋吴興茅文燿識」，嘉靖本落款爲「嘉靖甲寅仲春吴門魏留耘識」。可以判斷，萬曆間，茅文燿得到書板，剜改作者，將序跋文字内容更爲己名後，重新書寫并倩工刊刻，又另加張炅然序加以吹捧，將嘉靖間魏留耘校梓之成果并書板據爲己有。殊不知二書同時并存，正文卷端題署處剜改痕迹明顯，如此明目張膽剽竊書板，剽竊序跋，不惜工本改頭换面，重刻序跋，實屬罕見。

上圖藏。

唐雅二十六卷

明上海縣張之象輯。明嘉靖二十年（一五四一）長水書院刻本〔一〕。半葉九行，行十七字。白口，雙對白魚尾，左右雙邊。上魚尾下鎸書名卷次。正文卷端署「清河張之象編」。書前有明嘉靖二十年何良俊序、姓氏、總目。各卷前有分卷細目。卷二十六末空白處有「大明嘉靖辛丑歲刊于長水書院」字樣。

何良俊序：「世之集唐詩者衆矣，率多里巷歌謡，要非詩之本。張子特取唐君臣唱酬之作，集而刻之，其亦有康樂之感也……自唐雅出，則諸集詩者可盡廢矣……是編起自武德，迄於開元，得詩二千餘篇，分二十六卷。自天寶以後，則風格漸卑，其音亦多怨思矣，故削去不録。張子撰述之精，世自有能知之者，故弗

〔一〕《四庫全書存目叢書補編》第十五册據浙江圖書館藏本影印。

論，乃相與論著其大者如此云。」

是書取唐君臣唱酬之作二千餘篇，凡帝王七人，公卿一百六十八人，宫閨八人，外夷二人，分部五十有二，以類編次，分二十六卷。各卷分部如下：卷一天文，卷二四時，卷三節序，卷四山嶽、水泉，卷五京都、關境、橋梁，卷六宫殿、樓閣，卷七宅第，卷八亭榭、池沼，卷九臨御，卷十郊丘，卷十一祭祀、宗廟，卷十二社稷、釋奠，卷十三封禪、明堂，卷十四朝會、扈從，卷十五省直，卷十六誕辰、儲嗣、婚姻，卷十七公讌、餔宴，卷十八寵錫、戒勵、赦宥、奉使，卷十九祖餞，卷二十眺望、懷古，卷二十一感舊、哀傷、挽歌，卷二十二畋獵、軍戎，卷二十三經史、字書、器用、樂舞、巧藝，卷二十四寺觀，卷二十五祥瑞、花卉、果木，卷二十六鳥獸、昆蟲。書前總目即分各卷爲十册，每册前有該分册各卷細目。其中卷一卷二爲第一册，卷三卷四爲第二册，卷五至卷七爲第三册，卷八卷九爲第四册，卷十至卷十二爲第五册，卷十三卷十四爲第六册，卷十五至卷十七爲第七册，卷十八至卷二十爲第八册，卷二十一至卷二十三爲第九册，卷二十四至卷二十六爲第十册。《四庫全書總目》集部總集類存目二據内府藏本著録。

浙圖、中科院藏。

唐雅二十六卷

明上海縣張之象輯。明嘉靖三十一年（一五五二）無錫縣署刻本，十册。半葉九行，行十七字，小字雙行字數同。白口，雙對白魚尾，左右雙邊。書前有明嘉靖二十年（一五四一）何良俊序、「嘉靖三十一年／板置無錫縣」牌記、姓氏、總目、分册目録。末册卷二十六第十二葉至第二十三葉係抄補。正文卷端署「大明嘉靖壬子歲直隸常州府無錫縣置板」。鈐印有「忘憂／草堂藏／書印」（朱方）、「漪蘭／舊業」（白方）、「聽／鶯後／人」（朱方）、「曾在張／祝三處」（朱方）等。

經比勘，此本之行款版式、卷次排序等悉依明嘉靖二十年長水書院刻本，其底本應爲明嘉靖二十年長水書院刻本。

上師大、上圖、國圖藏。

唐雅二十一卷

明上海縣張之象輯。明萬曆間吴勉學刻本，四册。半葉九行，行十九字，小字雙行字數同。上單魚尾，左右雙邊或四周雙邊。版心上鎸「唐雅」，版心下偶有當葉字數。正文卷端署「明清河張之象編輯，新安吴勉學校正」。書前有明嘉靖二十年（一五四一）何良俊序、目録、姓氏。鈐印有「侯官朱／氏藏書」（朱長）、「李宣／龔印」（白方）、「碩果／目丁」（朱方）。

此本篇目編排較二十六卷本有合并調整，大致保留原類目基礎上，賦頌全部抽出，集中於末四卷。據書前目録，卷一天文七十三首，卷二四時五十八首，卷三節序一百十五首，卷四山岳三十八首，卷五京都十四首、關境十三首、橋梁四首、池沼七十三首，卷六宫殿二十二首、樓閣十四首，卷七宅第九十五首，卷八御極三首、朝會十九首、省直四十二首，卷九誕辰二十四首，卷十公讌五十首、酺宴二十一首，卷十一巡幸六十五首、軍戎二十五首、畋獵五首，卷十二寵錫十七首、誡勵八首、赦宥七首，卷十三奉使十四首、祖餞六十九首，卷十四貽贈十六首、登覽四十二首，卷十五感舊十一首、哀挽四十首，卷十六經史四首、字書二首、器用六首、樂舞二首、巧藝七首、寺觀七十八首，卷十七禎祥六首、花木三十一首、鳥獸二十三首、昆蟲二首，卷十八至卷二十一賦頌。

上圖、國圖、北大、山東省圖書館藏。

唐詩類苑二百卷

明上海縣張之象編。明萬曆二十九年（一六〇一）曹仁孫刻本〔二〕。半葉十行，行二十字，小字雙行字數同。上單魚尾，白口，四周雙邊。版心上鎸「唐詩類苑」，版心中鎸卷次，版心中下爲葉碼。正文卷端題「唐詩類苑卷第一」，署「明雲間張之象玄超甫纂輯，嶺南趙應元葆初甫編次，雲間王徹叔朗甫補訂，梁谿曹仁孫伯安甫校正」。書前有馮時可《唐詩類苑序》（行書）、明萬曆二十九年趙應元《刻唐詩類苑序》（行書）、王徹《王屋先生傳》（行書）、《凡例》十二則、《唐詩類苑引用諸書》、《四唐年號詩人總目》、《總目》。

是書凡分三十九部一千零八十九類。卷一至卷八天部，卷九至卷二十三歲時部，卷二十四至卷二十七

〔二〕《四庫全書存目叢書》集部第三百十六册據北京大學圖書館藏本影印。

地部，卷二十八至卷三十一山部，卷三十二至卷三十九水部，卷四十京都部、州郡部，卷四十一至卷四十二邊塞部，卷四十三帝王部，卷四十四帝戚部，卷四十五至卷五十一職官部，卷五十二至卷五十五治政部，卷五十六至卷六十禮部，卷六十一至卷六十六樂部，卷六十七至卷六十九文部，卷七十至卷七十三武部，卷七十四至卷一百四十二人部，卷一百四十三至卷一百四十六儒部，卷一百四十七至卷一百五十一釋部，卷一百五十二至卷一百五十四道部，卷一百五十五至卷一百七十二居處部，卷一百七十三至卷一百七十九寺觀部，卷一百八十至卷一百八十一祠廟部，卷一百八十二産業部，卷一百八十三至卷一百八十四器用部，卷一百八十五至卷一百八十七服食部，卷一百八十八巧藝部、方術部，卷一百八十九至卷一百九十花部，卷一百九十一草部，卷一百九十二果部，卷一百九十三至卷一百九十五木部，卷一百九十六至卷一百九十八鳥部，卷一百九十九獸部，卷二百鱗介部、蟲豸部、祥異部、雜部。《四庫全書總目》集部總集類存目二據内府藏本著録。

據書前引用書目，總計約一千四百五十五種。《四唐年號詩人總目》首爲四唐分期，武德至開元初爲初唐，開元至大曆爲盛唐，大曆至元和、長慶爲中唐，寶曆、開成以後爲晚唐。詩人分爲帝王、公卿名士、有姓氏無世次者、無姓字附仙鬼、羽流、衲子、女冠、尼姑、宫閨、妓流、外夷。

《凡例》：「一，詩無類書，詩之有類書也，自兹刻始。蓋玄超先生苦心歷二十餘年而就，以漢魏至六朝詩彙爲一集，以初唐至晚唐詩彙爲一集，總名之曰『詩紀類林』，兹刻惟唐詩，因題曰『唐詩類苑』，而漢魏至六朝者，俟讎校完乃授剞劂。一，是集始是天文地理，次及帝王職官，以至禮樂文武、人物器用、居處技藝、草木蟲魚，各以類次，能令寄身毫素者因類以索詩，可無檢閱之勞，而燦然寓目矣。一，玄超先生家藏書籍，不下張華三十乘，而又喜鬻異書博覽，以故兹刻所引用書共得二百部而贏，其詩共得□萬□千□百□十首（按：原空闕）而贏。其人則帝王公卿，下至山林隱逸，外而夷狄，内而閨秀，與夫衲子羽客，女冠仙鬼之流，凡有吟詠流傳海内者，采摭略盡矣。儻更有遺書未入集中，冀同志者續其未備。一，是編也，各部之中，并列其目……其詩之在各部者，又并有其次……一，詩人姓名，列於題下者，以時代爲次。若一題二首，先初唐而後盛唐。若一題四首，依初盛中晚次第之……一，詩有往體近體，長短篇，五七言律等製，兹集似混而不分，蓋編題既以類次，其體不得復序……一，是集詩逾數萬，人至千餘，致爲繁富，而品裁未及，蓋欲盡唐音，不得不妍媸并收，庶存一代之制作，爲千秋大觀耳……一，是書也，校而後寫，既寫復校而刻，既刻復校而改，翻閱數過，乃魯魚帝虎，終難洗盡。昔人謂校書如拂几塵，如掃落葉，信然。海内風雅同調，相與訂正之。」

馮時可《唐詩類苑序》：「雲間張玄超先生淹通宏博，寢食於唐詩中，窮搜有年，分部類之，積至二百卷，名曰《唐詩類苑》。先生没久之，浙人卓澂父偶得其稿，乃割初盛唐梓之，自爲名，而掩先生勞。里中叔朗王君慨然謂泳河尋源，宜敦始事，且中晚亦一代制作，寧容榛楛弃也。取先生原稿，請於錫山尹趙公肖鶴。公讀而多先生勞，謀以月俸佐剞劂。會曹伯安雅志好古，請任其役，因爲訂疑誤，删重複，補遺漏，以付諸梓人。踰年而工始竣，則以命不佞爲之序。」

北大、上圖、復旦、南圖、浙圖藏。

古詩類苑一百三十卷

明上海縣張之象編，俞顯卿補訂。明萬曆三十年（一六〇二）刻本〔一〕。半葉十行，行二十一字，小字雙行字數同。上單魚尾，左右雙邊。版心上鎸「古詩類苑卷之□」，版心中鎸當葉部名，版心中下爲葉碼，版心下有當葉字數。正文卷端題「古詩類苑卷之一」，署「雲間張之象玄超纂輯，俞顯卿子如補訂，張所敬長輿、徐光啓子先校正，俞顯謨子昭、王熲玄弢、陳甲伯子參閲」。書前有俞顯卿《古詩類苑序》（行書）、黄體仁《古詩類苑叙》（行書）、《凡例》九則，凡例末有俞顯謨題識，《古詩類苑姓氏》、《古詩類苑目録》。

是書以馮惟訥《詩紀》爲藍本，分類編次，凡分四十四部七百八十二類。卷一至卷三天部，卷四至卷七歲時部，卷八至卷十地部，卷十一至卷十二山部，卷十三至卷十五水部，卷十六京都部、州郡部、邊塞部，卷十七帝皇部，卷十八中宫部、儲宫部，卷十九明良部，卷二十至卷二十一職官部，卷二十二至卷二十三治政部，卷二十四至卷三十二禮部，卷三十三至卷四十八樂部，卷四十九至卷五十文部，卷五十一至卷五十二武部，卷五十三至卷九十八人部，卷九十九儒部、産業部，卷一百至卷一百三釋部，卷一百四至卷一百八道部，卷一百九至卷一百十二宫室部，卷一百十三至卷一百十四寺觀部，卷一百十五至卷一百十七器用部，卷一百十八服食部，卷一百十九玉帛部、巧藝部、方術部，卷一百二十識數部，卷一百二十一祥瑞部、灾異部，

〔一〕《四庫全書存目叢書》集部第三百二十至三百二十一册據北京大學圖書館藏本影印。

卷一百二十二花部，卷一百二十三草部，卷一百二十四果部，卷一百二十五木部，卷一百二十六鳥部，卷一百二十七獸部，卷一百二十八鱗介部、蟲豸部，卷一百二十九古諺部，卷一百三十補亡部、存逸部。《四庫全書總目》集部總集類存目二據浙江汪啓淑家藏本著録。

《凡例》：「一，是編首自上古，下迄陳隋，一枝片玉，搜括無遺，有唐一代之作，别爲《類苑》，兹不重録。一，是編以類爲主，不以時世爲次。倘欲獨考一家之制作，或遍觀歷代之升降，則有諸家文集及馮氏《詩紀》具在，參互考求，政不相方耳。一，《詩紀》不録兩京以後箴銘贊頌，殆恐立例不純，是編主于分類，則以詳贍爲宗，且騷苑賦林别有彙集，未遑剞劂，以爲後圖。箴銘諸作，卷帙既寡，不能種種條别，故各以類附入，不令網羅之外，稍有漏佚焉。一，樂府乃一代之典章，其作之有宫徵，肄之有條貫，不容分析破碎，今悉依郭茂倩舊次，彙爲一部，以便覽觀。一，部分略依唐以來各類書編次，微加詳悉，一類之中又各以本題旁出爲次，則不暇詳列也。一，《藝文類聚》《初學記》所載詩，多係采摘吉光片羽，不欲弃置，一一并存。一，道家歌詩，出《列仙傳》《真誥》等書，及仙詩鬼詩小説所載，詩雖多擬托，大都六朝人語也，今悉類入。他如《道經》所載黄庭、二景、太上、玉清、真文之類，不能備録。至如《易林》《參同契》并古詩之流也，以其義成一家，且各有成書，亦不及焉。一，一詩數見而句字不同，取其義稍長者爲正文，餘分注其下，曰『一作某』或『某字作某』。一，隋唐間人，唐詩既收之，今不重録，如虞世南止取其在隋世應制之作數首，不全載。」

俞顯謨題識：「是書經始於張先生玄超，補訂於先兄子如，校正於長興諸君，而董其成於不佞。攟摭研校，頗費歲時。惟是先伯子酷嗜書，收藏之外，手所繕録者盈箱累篋矣。數年以來，殊恨散亡。是編爲表弟子先祈借，幸以不失。謨恐私之家塾，非二君子嘉惠勤勤之意。近賴社中同調各爲損貲，得度諸木，以公四方。第寡陋譾劣，闕疑仍舊，魯魚帝虎之謬，量不能免，敢告博雅，無妨駁政，令得竄易焉。海上後學俞顯謨識。」

俞顯卿《古詩類苑序》：「鄉先達玄超先生，才爲國華，學成文府，流略兼包，三餘靡暇，積有歲時，殺青充棟，開篋啓椷，出用相示，自史傳以還，逮於文章詞賦、稗官小説，靡不彙緝成書。别裁義例，手自編摩，殆餘千卷。其古詩自漢魏而下，迄於陳隋，旁采古逸，博參群志，比類相從，都爲一集，凡若干卷。」

黄體仁《古詩類苑叙》：「詩之有《類苑》也，自吾鄉先輩張玄超始也……網羅歷代，自黄虞迄於六朝，列爲《古詩類苑》；自唐武德迄於天祐，列爲《唐詩類苑》。編蒲織柳，幾於蠶絲牛毛，綺縟甚設矣。而家故貧，不能殺青，擘而授余社友比部俞子如。子如亦雅有書癖，業已繕寫讎校，一旦捐賓客而不能卒業，笥而藏者十餘載。歲庚子，《唐詩類苑》始刻於吴門曹氏家，而壬寅歲，子如弟顯謨惜雙美之未合，悲先志之莫竟，亦偕其婿王君熲、陳君甲讎對，發刻《古詩類苑》於海上。夫是兩書也，玄超集其成而厄於空囊，子如將廣其傳而抑於短晷，令寓内騷人墨卿日喁喁如壁間枕中之秘，争以不得睹爲恨，而神劍出匣，終當復合，豈非千古一大快歟！」

北大、國圖、上圖、復旦、南圖藏。

皇明文準八卷

明華亭縣張鼐輯。明萬曆間刻套印本，十册。無界欄。半葉十行，行二十五字。天頭處小字注文，半葉二十行，行四字。正文中有圈點批注，行間有夾注。正文爲墨色，圈點批注及天頭小字注文皆爲朱色。

無魚尾，四周單邊。程文與墨卷版心上鎸「文準」，其右下爲文體及卷次，版心中下右有「弘治五年應天」、「弘治甲子山東」、「嘉靖丙戌會試」等字樣，其下爲葉碼。名文版心上鎸「文準」，其下右鎸「名文（七、八等）」，版心中下右爲葉碼，版心下鎸當篇作者名。正文卷端題「皇明文準」，無署名。後附《文準增定》，行款同正文，首葉卷端題「文準增定」，無署名。書前有張鼐《叙文準》（手書上版）、沈聖歧《文準增定序》、張鼐《文準選例》、張鼐《論文三則》、文準目。鈐印有「璟」（朱方雙龍環繞紋）。

《文準選例》有正始、正宗、大家、名家四例，并一一闡釋。目録首程文共二十二篇，其中正始九篇，正宗八篇，大家三篇，名家二篇；次墨卷共六十二篇，其中正始十二篇，正宗二十一篇，大家十二篇，名家十八篇；再次名文四三十六篇，再次名文五三十九篇，再次名文六三十二篇。其中程文與墨卷皆注明題目，某句某節或全章等，某年某科某地會試等及作者，其下皆依選例分爲正始、正宗、大家、名家等四大類。名文部分注明題目、某句某節或全章等及作者。後附《文準增定目》，含程文四篇，墨卷四十五篇，名文八。

國圖藏。

古逸書三十卷首一卷末一卷

明松江府潘基慶編。明萬曆間刻本，十册。半葉八行，行二十字，小字雙行字數同。上單魚尾，四周單邊。版心上鎸「古逸」及卷次，魚尾下鎸當葉子目名。正文卷端署「西吴潘基慶良耜選注」。書前有草書序文一篇、萬曆三十九年（一六一一）潘基慶自序。卷首一卷爲凡例、總論、閲文姓氏、總目。卷末一卷爲附語。各卷前有分卷目録。

《凡例》：「篇内附録，多出校讎，概存故曲，間有删句，取其簡盡，不嫌點金……權文以内外，定十六品，曰神、曰妙、曰奥、曰閎、曰麗、曰物、曰纖、曰希、曰迅、曰奇、曰幻、曰疏、曰夷、曰逸，分曰蒨、曰恣。」《四庫全書總目》集部總集類存目三據原任工部侍郎李友棠家藏本著録。

是書中央民族大學圖書館藏一部，著録爲明末刻本，《四庫全書存目叢書補編》第二十册據以影印。版式行款與明萬曆間刻本全同，細審字體筆畫微有差異，其底本應爲明萬曆間刻本。書前無潘基慶序，卷一前無分卷目録。

上圖、北大、中科院、國圖、南圖藏。

古詩解二十四卷

明華亭縣唐汝諤選釋。明崇禎間李潮刻本〔一〕。半葉九行，行二十字；小字雙行字數同。上單魚尾，四周單邊。版心上鐫「古詩解」，魚尾下鐫卷次，版心中下爲葉碼。正文卷端題「古詩解卷一」，署「華亭唐汝諤士雅父選釋，弟汝詢仲言父參定，建業李潮時行父梓行」。書前有明崇禎錢龍錫《唐士雅古詩解叙》、《古詩解總目》、《凡例》十五則。古詩原文用大字，文中注釋用小字，唐汝諤之詩解在原文後低一格，用中

〔一〕《四庫全書存目叢書》集部第三百七十册據中國社科院文研所藏本影印。

字。各卷前有分卷細目。

唐汝諤（一五五五—一六二八）字士雅，明松江府華亭縣人。居白沙里（今上海市松江區）。天啓元年（一六二一）歲貢。爲屠隆所重。以貢歷常熟、宿遷教諭，升安慶府教授，以年老未赴。篤嗜王（世貞）、李（東陽）之學。博學好古，能詩文，擅《詩經》。著有《毛詩微言》《藜丘館集》等，纂有《詩經微言合參》《古詩解》等。傳見嘉慶《松江府志》卷五十五《古今人傳七》。

是書取四家古文選本，稍爲訂正，附以己意，爲之箋釋，以五七言分古今體。此書注釋體例略同，具體分爲五類，依次是古歌謠辭、古逸雜篇、漢歌謠辭、樂府、詩。卷一至卷二古歌謠辭，卷三古逸雜篇，卷四至卷五漢歌謠辭，卷六至卷八漢樂府，卷九至卷十魏樂府，卷十一晋樂府，卷十二宋樂府，卷十三梁樂府、陳樂府、北魏樂府、北齊樂府、隋樂府，卷十四四言詩，卷十五漢五言詩，卷十六至卷十七魏五言詩，卷十八至卷十九晋五言詩，卷二十至卷二十一宋五言詩，卷二十二齊五言詩、梁五言詩，卷二十三陳五言詩、北齊五言詩、北周五言詩、隋五言詩，卷二十四七言詩。《四庫全書總目》集部總集類存目三據江蘇巡撫采進本著録。

《凡例》："詩自蕭《選》作而漢魏樂府微，李唐興而六朝媚聲黜，不徒更其辭，抑復懵其義，奚所尋源於三百篇乎？余述是編，不專步驟昭明，而以近代四家參入之，於楊、左則加精，於李、鍾則加博，庶幾選古之一變云。一、是編分體有五，曰古歌謠辭，虞舜《卿雲》以下是也；曰古逸雜篇，《琴操》以下是也；曰漢歌謠辭，高祖《大風》以下是也；曰樂府，《安世房中》以下是也；曰詩，韋孟之四言、《十九首》之五言、《柏梁詩》之七言以下是也，古宜從古，不當與漢雜，故古歌漢歌不以類屬……十五、仲言《唐詩解》

以有初盛中晚之分，故詩人爵里另列於卷首。是編以八代爲次，凡詩人事迹與本文相關者，一切注於題下，似不應另列。况詩自《文選》外，如《玉臺新詠》《藝文類聚》所載詩人姓字，二十一史中半無可考，無由知其爵里。請并略之，以省簡帙。」

錢龍錫《唐士雅古詩解叙》：「吾鄉士雅唐君，少爲諸生，即博雅嗜古，與其弟仲言裒采漢唐諸詩而分解之。仲言《唐詩解》先成，梓以行世。士雅方婆娑帖括，未遑竣業。及以明經振鐸海虞，始出生平所著述，詮次之，得若干卷，爲歌謡樂府者十之五，爲五言古詩者十之四，爲四言、雜言、七言者十之一，總名《古詩解》，請證於余。」

社科院文學所、復旦藏。

唐詩解五十卷

明華亭縣唐汝詢選釋。明萬曆四十三年（一六一五）楊鶴刻本〔一〕。半葉九行，行二十字，小字雙行字數同。上單黑魚尾，四周單邊。版心上鐫書名，版心中鐫當卷卷次。卷一首葉版心下鐫「張紹祖刻」，卷一第二葉版心下鐫「紹祖」字樣，餘無刻工姓名。部分葉面版心下有當葉字數。正文卷端署「侍御楊鶴命梓，華亭唐汝洵仲言父選釋」，并校訂者姓名。各卷校訂者不同，如卷一署「司理吴之甲、邑侯鄭元昭會訂，

〔一〕《四庫全書存目叢書》集部第三百六十九至三百七十册據吉林大學圖書館藏本影印。

兄汝謂士雅父參定，友人張所望叔翹父校閱」，卷二署「華亭唐汝詢仲言父選釋，友人張所望叔翹父參定，喬時敏君求父校閱」，卷五十署「華亭唐汝詢仲言父選釋，友人范濂叔子父參定，釋大徹念空父校閱，三衢俞夢熊秀山氏梓行」。每卷末有「男孟莊校對」字樣。正文有校閱者圈點。書前有明萬曆四十三年陳所蘊序、陳繼儒序、《凡例》二十一則、《詩人爵里詳節》一卷、《援引書目》、目録。

陳所蘊序：「詩自三百篇後，至唐稱極盛矣。古今選唐詩者，不下數十家，獨新寧高廷禮氏《品彙》爲最著。廷禮又於《品彙》中拔其尤異者爲《正聲》，選綦精矣。而濟南李于鱗《唐詩選》則彌精，而微傷于刻。然皆盛行海内，習唐詩者人人以爲津筏，不廢也。顧未有加以訓詁通釋而爲之解者，有之，自吾郡唐山人仲言始……尤究心於詩學，因取高、李二家所選唐詩，句櫛字比，采摭群籍所載故實以爲證，而又逆探作者之意，啓扃發鍵，爲讀唐詩者作指南，名曰《唐詩解》，厥功鉅矣。殺青既竟，出以示不佞，曰：『請以一言弁首簡。』……仲言不以我解詩，而以詩解詩，每奏一篇，不佞未嘗不拊膺高蹈，以爲真得古人意中之意，言外之言……仲言以一手一足之力成一家而俟百世，一難也……仲言悉自胸貯腹笥中傾倒而出，不假外索，二難也；唐詩諸家，惟李杜有注，其餘則否，仲言合初盛中晚諸作者人及半千篇，幾倍萬而一一爲之搜詁爲之洞詮，三難也……仲言童而盲，不識點畫形象作何等而從耳根入者，乃富於百城，四難也……仲言名汝詢，仲言其字，別號酉陽山人云。」

陳繼儒序：「余纂有《十異人傳》，仲言唐君其一也。君五歲喪明，猶未受父師句讀，問之八方五色，不復省記。若聲音點畫種種文字曹如也。稍長，堅坐無所事事，輒以耳受書，從旁覆讀一二番，旋即記憶。

久之貫串經史諸子百家及稗官言，而最喜作詩，有《編蓬》《姑蔑》等集行於世，多爲通人所賞。前太守周翰許公延見，賜粟帛。鹺使者修齡楊公旌其廬曰『耳學淹通』，又損俸爲君刻《唐詩解》。而陳子有冏卿、張叔翹參知諸君争資助之。其詩計五十卷，大約取高廷禮《正聲》及李于鱗《選》而稍益之，精汰諸箋，附以己意，典而核，裁而文，既不掊擊古人，而又鮮遷就附和之弊。」

凡例首小序：「詩衰於唐而備於唐。衰者，漢魏樂府之聲變也；備者，長古律絶之音全也。家伯氏既采黄虞以下歌詞，訖隋末爲《古詩解》，予因取三唐諸作，編選而箋釋之，名《唐詩解》。」

是書取高棅《唐詩正聲》、李攀龍《唐詩選》二書，并稍爲訂正，附以己意，爲之箋釋而成。録一百九十四人、一千五百餘首詩。以詩體分類，凡七體五十卷。卷一至十爲五言古詩，卷十一至十八爲七言古詩，卷十九至二十爲歌行長篇，卷二十一至二十四爲五言絶句，六言絶句附，卷二十五至三十爲七言絶句，卷三十一至三十八爲五言律詩，卷三十九至四十四爲七言律詩，卷四十五至五十爲五言排律。《四庫全書總目》集部總集類存目三據通行本著録。

上海師範大學圖書館藏一部，著録爲明萬曆大業堂刻清補刻本，十册。書前牌記鎸「唐士雅注釋／唐詩解／大業堂梓行」，並鈐「本衙藏板／翻刻必究」（大朱方）、「藏之／名山／傳之／其人」（白方）。版式行款全同楊鶴本，應爲同版印本。書前除陳所藴、陳繼儒二序外，還有黄汝亨序：「論刻唐詩之最著者……未有名詩解者，解之自雲間唐仲言山人始。其中詮次時事，標揭情緒，爲議論，爲訓釋，爲參證，詞可以文，義可以史，古今興替與天地山川草木禽鳥之名類備矣。即不敢謂功在《品彙》《紀》《選》之上，而展卷按題，知當時之風會與作者之情曲……斯亦初學之户牖，大雅之津梁，不可得而略也……以斯人得斯解，即謂之異書可也。」

吉林大學、清華、安徽省圖書館、重慶市圖書館、南通市圖書館藏。

唐詩解五十卷詩人爵里一卷

明華亭縣唐汝詢輯。清順治十六年（一六五九）武林趙孟龍萬笈堂刻本，十八册。半葉九行，行十九字，小字雙行字數同。上單黑魚尾，四周單邊。版心上鎸書名，魚尾下鎸當卷卷次，版心下右鎸「萬笈堂」字樣。書前有毛先舒序、目録、凡例、清順治十六年趙孟龍《刻唐詩解新例四則》、詩人爵里一卷。正文卷端署「華亭唐汝詢仲言父選釋」，并校者名氏，各卷不盡相同，如卷一署「武林毛先舒馳黄父、韋人鳳六象父參校」，卷二署「武林張玄天生父、毛先舒馳黄父同校」，卷五署「武林毛先舒馳黄父、趙孟龍六蟠父參閲」，卷五十署「武林趙應蓮賓之父、趙蛟司濤父參校」。鈐印有「鄧印／熙凰」（白方）。

是書目録與明萬曆四十三年（一六一五）楊鶴刻本全同。由趙氏《凡例》知，較之萬曆原刻本，是書曾進行過訂訛補闕、删繁就簡等工作。

毛先舒序：「華亭汝詢唐氏又録四唐諸詩而詳注之，網羅搜括，畢盡無遺……顧唐氏書歲久滅漫，同郡趙六蟠司濤兄弟爰合同人，重爲翻刻，較譌補注，比昔加美，縣諸國門不刊之書矣。」

趙孟龍《刻唐詩解新例四則》：「一、仲言校字實有苦心，而沿刻多訛，今兹詳加訂正，悉改淆訛，較之原本尤精鑿矣；一、詩中諸體具有源流，初涉之士需此尤急，原書未嘗載之，似爲闕然，今兹詳搜别本，悉爲補入；一、詩人爵里姓氏，原書多闕注記，今兹博搜史傳稗官諸書，更爲廣注，以補前遺；一、詩中有一事屢見者，仲言俱爲繁引而不殺，未免言重詞複之弊，今兹凡有事已見前者，後不復詳，止注見某卷某詩注，殊省篇帙之繁矣。」

上師大、上圖、復旦、浙圖、南圖藏。

翰海十二卷

明華亭縣沈佳胤撰，陳繼儒鑒定。明末徐含靈刻本〔一〕。無界欄，半葉九行，行二十字。上單魚尾，四周單邊。版心上鎸「翰海」，魚尾下鎸卷次，再下鎸當葉子目。正文卷端題「翰海」及卷次，署「雲間陳繼儒眉公鑒定，門人沈佳胤錫侯輯，侄陳龍彩五若参」。書前有牌記，上鎸「古今尺牘」，下鎸「陳眉公先生手校／翰海／金閶徐含靈梓」。書前有明崇禎三年（一六三〇）陳繼儒《翰海序》（按：《四庫禁毁書叢刊》用北大藏本配補）、《翰海例七》、《總目》。天頭處偶有注文，半葉十八行，行三字。正文中偶有小字夾注。全書有刻印之句讀圈點。

沈佳胤字錫侯，明松江府華亭縣人。諸生。自號漱芳居主人。陳繼儒門人。是書爲歷代尺牘總集，按

〔一〕《四庫禁燬書叢刊》集部第二十册據北京師範大學圖書館藏本影印。

類編排，部下分類，凡十二部，五十三類。各卷依次爲：卷一情部，卷二美言部，卷三自叙部，卷四交際部，卷五情至部，卷六藥石部，卷七憤部，卷八逸部，卷九卧游部，卷十文部，卷十一經世部，卷十二佳言部。間録陳繼儒往來尺牘。

上海師範大學圖書館藏殘本一部，存卷一至卷六，及卷七部分，四册。著録爲明崇禎三年刻本。無界欄。半葉九行，行二十字。上單魚尾，四周單邊。書根處題書名。每册封面墨筆題「明寫刻本翰海／壬辰秋／甄夏署」。書前凡例闕末葉，卷一闕首葉。無陳繼儒序。餘同北師大藏本。

北師大、上師大藏。

幾社壬申合稿二十卷

明華亭縣杜騏徵、徐鳳彩、盛翼進輯。明末小樊堂刻本[一]。無界欄。半葉九行，行十九字。無魚尾，左右雙邊。版心上鐫「壬申文選」，版心中右鐫卷次（卷之□），版心中左鐫葉碼，版心下鐫「小樊堂」字樣。正文卷端題「幾社壬申合稿卷之一」，署「華亭杜騏徵、徐鳳彩、盛翼進仝選」。全書有刻印之句讀圈點。書前有張溥序、姚希孟序、杜麟徵序、徐鳳彩題識、楊肅題識、《幾社壬申合稿凡例》九則，凡例末有陳子龍題識、《幾社壬申合稿目録》。

[一]《四庫禁燬書叢刊》集部第三十四至三十五册據中國科學院圖書館藏本影印。

杜騏徵，明松江府華亭縣人。喬林子，麟徵弟。師事彭賓。傳見嘉慶《松江府志》卷五十六《古今人傳八》。

徐鳳彩（一六〇一——一六五七），字聖期。明松江府華亭縣人。孚遠弟，徐陟曾孫。太學生。學宗程朱，六經皆有著述，尤精於詩。傳見乾隆《江南通志》卷一六三《人物志·儒林》，嘉慶《松江府志》卷五十五《古今人傳七》。

此書作者十一人，依次爲李雯（字舒章）、彭賓（字燕又）、陳子龍（字卧子）、朱灝（字宗遠）、徐孚遠（字闇公）、顧開雍（字偉男，一作偉南）、夏允彝（字彝仲）、宋存楠（字讓木）、周立勛（字勒卣）、王元玄與宋存標（字子建），皆松江一郡彦秀。

卷一賦六首，卷二賦三首，卷三賦十五首，卷四賦九首、騷十一首，卷五古樂府八十一首，卷六古樂府一百六十二首，卷七五言古詩八十七首，卷八五言古詩三十九首、七言古詩十八首，卷九七言古詩二十一首、五言律詩六十七首，卷十五言律詩四十首、五言排律四首、七言律詩九十九首，卷十一七言律詩四十四首、五言絶句十五首、七言絶句九十七首，卷十二序十六首，卷十三序十四首、論六首，卷十四論十七首，卷十五論九首、議二首、封事四首，卷十六對十首、難二首，卷十七策文一首、册文四首、制辭一首、教六首、表二首、檄三首、啓五首、彈文一首、章二首，卷十八書九首、文十二首，卷十九文三首、説七首、辨一首、短長言六首、箴三首、連珠（李雯《演連珠箴》五十首）、設難一首，卷二十問一首、頌三首、銘八首、碑一首、傳一首、墓表一首、吊文一首。

陳子龍題識：「辛未之春，余與彝仲讓木燕，又俱游長安。日與偕者，江右楊伯祥，彭城萬年少，吴中楊維斗、徐九一，婁江張天如、吴駿公，同郡杜仁趾，擬立燕臺之社，以繼七子之迹。後以升落零散，遂倡和鄉里，不及遠方。固勒卣詩，曰：『明時鳳侣多相得，下澤鷗群且自盟。』子龍亦嘗有作曰：『金臺賓客非無侣，蓮社神仙亦吾徒。』雖感慨係之，亦見不配盛事，非關名位矣。」

張溥序：「辛未之秋，聯事鄉黨，治古文辭者九人。壬申冬成二十卷，悉所期約。其未期約而自撰述者，不在其中。」

楊肅題識：「《壬申幾社》之行世也，非諸君子意也。自余與聖期、鄰汝輩董成之……自諸君子出，而卓然推雲間之文爲海内首……諸君子方將各成一家之書，藏之名山，而文者又非諸君子所欲自號於天下者也，故秘之。」

中科院、上圖、南圖藏。

幾社文選二十卷

明華亭縣杜騏徵、徐鳳彩、盛翼進輯。明末刻本，六册。無界欄。半葉九行，行十九字。無魚尾，左右雙邊。版心中鎸卷次。正文卷端題「幾社文選卷之一」，署「華亭杜騏徵、徐鳳彩、盛翼進仝選」。全書有刻印之句讀圈點。書前有張溥序、姚希孟序、杜麟徵序、楊肅題識、徐鳳彩題識、《幾社文選凡例》九則，凡例末有陳子龍題識、目録。鈐印有「長樂鄭／振鐸西／諦藏書」（朱方）、「長樂鄭氏／藏書之印」（朱長）等。

卷一賦六首,卷二賦三首,卷三賦十五首,卷四賦九首、騷十一首,卷五古樂府八十一首,卷六古樂府一百六十二首,卷七五言古詩八十七首,卷八五言古詩三十九首、七言古詩十八首,卷九七言古詩二十一首、五言律詩六十七首,卷十五言律詩四十首、五言排律四首、七言律詩九十九首,卷十一七言律詩四十四首、五言絶句十五首、七言絶句九十七首,卷十二序十六首,卷十三序十四首、論六首,卷十四論十七首,卷十五論九首、議二首、封事四首,卷十六對十首、難二首,卷十七策文一首、册文四首、制辭一首、教六首、表二首、檄三首、啓五首、彈文一首、章二首,卷十八書九首、文十二首,卷十九文三首、説七首、辨一首、短長言六首、箴三首、連珠(李雯《演連珠箴》五十首)、設難一首,卷二十問一首、頌三首、銘八首、碑一首、傳一首、墓表一首、吊文一首。是書作者,計有李雯、彭賓、陳子龍、朱灝、徐孚遠、顧開雍、夏允彜、宋存楠、周立勛、王元玄、宋存標等十一人。

按: 與明末小樊堂刻本《幾社壬申合稿》二十卷比勘,二書序跋、凡例、目録及正文均完全相同,正文各卷卷端署名亦相同,唯書名與版心相異。如卷十九正文卷端署「華亭徐鳳彩、盛翼進、陸慶曾仝選」,卷二十正文卷端署「華亭徐鳳彩、杜騏徵、盛翼進仝選」,二書均完全一致。

國圖藏。

皇明詩選十三卷

《皇明詩選》十三卷,明華亭縣陳子龍、青浦縣李雯、松江府華亭縣宋徵輿輯,華亭縣夏完淳校。明崇禎十六年（一六四三）刻本，十册，半葉九行，行十八字，小字雙行字數同。版心上鎸「皇明詩選」，上單魚尾，四周單邊。書前序文闕三葉，存李雯序、宋徵輿序、目録。正文卷端署「雲間李雯舒章氏、陳子龍卧子氏、宋徵輿轅文氏同撰」。每卷末有「同郡夏完淳存古氏較」字樣。此本《皇明詩選》與《雲間三子新詩合稿》合爲一部，李雯、宋徵輿二序置於《皇明詩選》前，陳子龍序置於《雲間三子新詩合稿》之末。

李雯（一六〇八—一六四七）字舒章，明末清初松江府青浦縣人。崇禎十五年（一六四二）舉人。在明與陳子龍、夏允彝齊名，有「雲間六子」之稱。入清，薦任内閣中書舍人。多爾衮致史可法、唐通等函，均出其手筆。後以憂傷而卒。著有《蓼齋集》。傳見嘉慶《松江府志》卷五十六《古今人傳八》。

宋徵輿（一六一八—一六六七）字直方，一字轅文，明末清初松江府華亭縣人。清順治四年（一六四七）進士，官至副都御史。明末與陳子龍、李雯均爲幾社名士，稱雲間三子。嘗共選明詩刊行，學者宗之。著有《林屋詩文稿》《廣平雜記》《瑣聞録》等。傳見嘉慶《松江府志》卷五十六《古今人傳八》、同治《上海縣志》卷二十《人物三》。

此集按文體編次，卷一爲古樂府，卷二至卷四五言古詩，卷五至卷六七言古詩，卷七至卷九五言律詩及五言排律，卷十至卷十二七言律詩及五言絶句，卷十三七言絶句。録詩總計一千二百四十五首。作者名下有小傳，每位作者及每首詩後均有陳、李、宋三人評論，分别以「卧子曰」、「舒章曰」、「轅文曰」開頭。

李雯序：「予小子不敏，嘗與同學之士卧子陳氏、轅文宋氏切磋究之。痛蜩螗之群鳴，憫英韶之莫嗣，遂搜材覃思，紹興絶業。歷序一代之作者，裒其尤絶，附於采風之義，亦其勉厥所學，昭示來者，用彰本朝之巨麗云。」

宋徵輿序：「時與卧子陳氏、舒章李氏撰《皇明詩選》成，夏生受而較之，其所問答，皆詩人之誼，用次其言以爲叙焉。」

陳子龍序：「是以昭代之詩，較諸前朝，稱爲獨盛。作者既多，莫有定論，仁鄙并存，雅鄭無别。近世以來，淺陋靡薄，浸淫於衰亂矣。子龍不敏，悼元音之寂寥，仰先民之忠厚，與同郡李子、宋子網羅百家，衡量古昔，攘其蕪穢，存其菁英。一篇之收，互爲諷詠，一韻之疑，共相推論。攬其色矣，必準以繩，以觀其體，符其格矣，必吟誦以求其音，協其調矣，必淵思以研其旨。大較去淫濫而歸雅正，以合於古者九德六詩之。」

是書北京大學圖書館藏一部，著録爲明崇禎十六年刻本，《四庫禁燬書叢刊》補編第五十五册據以影印。書前有序三篇，首爲陳子龍序三葉，其次爲李雯序，再次序文至「時與卧子陳氏、舒章李氏撰」即完，無落款。經核上海師範大學圖書館藏本，此爲宋徵輿序，「撰」下還有「《皇明詩選》成，夏生受而較之，其所問答，皆詩人之誼，用次其言以爲叙焉。華亭宋徵輿撰」。計闕一葉又一行。鈐印有「紀氏藏／書之印」（朱長）、「獨立／蒼茫／自詠詩」（朱方）。

上師大、北大、上圖藏。

三子新詩合稿九卷

明華亭縣陳子龍、青浦縣李雯、華亭縣宋徵輿撰，華亭縣夏完淳輯。明末刻本，六册。半葉九行，行十八字，小字雙行字數同。無魚尾，四周單邊。版心上鎸「雲間三子新詩合稿」，版心中右鎸卷次。正文卷端題「三子新詩合稿」，署「雲間李雯舒章、陳子龍卧子、宋徵輿轅文同撰，門人夏完淳存古編録」。書末有陳子龍跋，僅存第二葉。

是書從版式行款看，與《皇明詩選》同時刊行。

是書以詩體編次，三人詩作分隸各體之下，依次爲陳子龍、宋徵輿、李雯。卷一爲四言古詩、樂府、五言古詩，共七十一首；卷二爲五言古詩九十六首；卷三爲七言古詩三十七首；卷四爲七言古詩四十首；卷五爲五言律詩一百二十首；卷六爲五言律詩及五言排律，共一百一十一首；卷七爲七言律詩一百零三首；卷八爲七言律詩一百零四首；卷九爲五言絶句及七言絶句，共一百二十首。卷末有各體數量統計。

上師大、國圖、南圖、北大、中科院藏。

支機集三卷

明華亭縣蔣平階、汝南周積賢、大梁沈憶年撰。清順治九年（一六五二）刻本[一]，三册。金鑲玉裝。半葉八行，行十八字。版心上鎸「支機集」三字，版心中部全部殘闕，不知是否有魚尾，四周單邊。正文卷

[一] 按：上圖目録著録爲「明萬曆二十年（一五九二）刻本」，誤，應爲清順治九年（一六五二）刻本。詳見林玖儀《〈支機集〉完帙之發現及其相關問題》一文，載《詞學》第十五輯，二〇〇四年十一月。

端題「支機集」。書前有（歲在玄黓執徐律中夷則題玩禹杭道上）杜陵生大鴻氏撰《支機集序》、沈憶平爾祈氏撰《凡例》八則。是集每册爲一個作者，各卷前有分卷目録。第一册正文卷端署「杜陵生蔣平階撰，門人汝南周積賢、大梁沈憶年選」，版心下右有「杜陵」字樣；第二册正文卷端署「杜陵先生選定，汝南周積賢壽王氏撰，大梁沈憶年爾祈氏評」，版心下右有「壽王」字樣；第三册正文卷端署「杜陵先生選定，大梁沈憶年秬承氏撰，汝南周積賢壽王氏評」，版心下右有「爾祈」字樣。

是書爲蔣平階、周積賢、沈憶年三人詞集。蔣平階序云：「命以『支機』，表候也。」沈憶年凡例云：「梓人之役，我師獨緩，予成編以後，復有數章，因附師集，正見倡和之歡，不以卷帙爲限。」

上圖藏。

詩冶二十六卷

明青浦縣黄廷鵠評注。明末黄泰芑刻本，五册。半葉九行，行二十字，小字雙行字數同。上單魚尾，四周雙邊。版心上鎸書名，魚尾下鎸卷次。正文首葉版心下右鎸「雲間馬君和書并刻」字樣。正文卷端題書名，署「雲間黄廷鵠澹志評注，門人錢龍錫稚文同評，男黄泰芑静貽較」。書前有明徐禎稷《詩冶叙》（手書上版）、錢龍錫序（行書上版）、姚士慎《詩冶叙》、黄廷鵠《詩冶叙》、《弇州先生答元馭相公札》、《論詩》、《凡例》十一則、總目；書末有明崇禎九年（一六三六）黄泰芑跋，全書有句讀圈點，應爲錢龍錫所爲。

是書前十八卷爲詩人詩，末八卷爲文人詩。其中卷一上古，卷二四詩上，卷三四詩下，卷四楚辭，卷五漢樂府，卷六漢詩上，卷七漢詩下，卷八魏樂府，卷九魏詩，卷十晉樂府并詩，卷十一晉詩，卷十二晉樂府古辭，卷十三至卷十四宋樂府并詩，卷十五齊樂府并詩，卷十六至卷十七梁樂府并詩，卷十八陳樂府并詩、北魏、北周、隋，以上詩人詩；卷十九上古，卷二十漢，卷二十一易林摘語上，卷二十二易林摘語下，卷二十三魏、吴、晉，卷二十四晉五山經圖讚，卷二十五晉海外四經圖讚、海内四經圖讚，卷二十六宋、齊、梁、陳、隋。

《凡例》：「是編爲詩人詩十八卷，文人詩八卷，共成二十六卷。」

《弇州先生荅元馭相公札》：「辱諭諸老意，欲弟以詩删爲據，稍成損益，葺爲一編。弟嘗謂作者不鑒古有斯言，于鱗此删，遺憾不少，必欲厭服群心，少假歲月乃可耳。」

黄泰芑跋：「卷共二十六，所未梓十卷，敬爲較輯完錂，乞叙諸宗匠，用成先志。」

國圖、蘇州市圖書館藏。

嘉定四先生集五種八十七卷

明崇禎間嘉定知縣謝三賓輯。清康熙二十八年（一六八九）嘉定陸氏刻本，二十六册。是書含《吴歈小草》十卷四册、《學古緒言》二十五卷六册、《檀園集》十二卷四册、《三易集》二十卷六册、《松圓浪淘集》十八卷四册、《松圓偈庵集》二卷二册，總二十六册。半葉九行，行十八字，小字雙行字數同。白口，無魚尾，左右雙邊。版心中鎸本册書名卷次，其下右鎸當葉文體。版心下偶鎸刻工姓名和當葉字數，刻工有王、思、心、吾、君、劉、肇、明、恒等。書前有清康熙三十三年（一六九四）宋犖《嘉定四君集序》、錢謙益《四先生集原叙》（標題後之落款被剜）。書根處題「嘉定四先生集」，并小字雙行題當册子書名。鈐印有「陸瑄／之印」（白／朱方）、「琅園／秘笈」（朱方）、「九峰舊廬珍／藏書畫之記」（朱長）、「綬珊六十／以後所／得書畫」（朱方）、「杭州王氏九峰／舊廬藏／書之章」（朱方）、「綬珊收／藏善本」（朱方）。

《吴歈小草》十卷，明嘉定縣婁堅撰。前有明崇禎三年（一六三〇）謝三賓《婁子柔先生集原序》、分卷目録。正文卷端題「吴歈小草卷之一」，署「長洲婁堅子柔甫著，嘉定後學陸廷燦扶照重校」。卷一四言古詩三首、五言古詩七十三首，卷二五言古詩六十九首，卷三七言古詩三十八首，卷四五言絶句六十四首、六言絶句四首、七言絶句一百八十九首，卷五五言律詩一百六十五首，卷六五言律詩一百九十九首，卷七五言排律十二首、六言律詩一首、六言排律一首、七言律詩一百首，卷八七言律詩一百十二首，卷九七言律詩一百十七首，卷十七言律詩一百十二首、七言排律四首。

《學古緒言》二十五卷，明嘉定縣婁堅撰。首末無序跋。有分卷目録。正文卷端題「學古緒言卷之一」，署「長洲婁堅子柔甫著，嘉定後學陸廷燦扶照重校」。卷一序十二首，卷二序十五首，卷三贈行序十一首，卷四碑記七首、傳七首，卷五壽序十三首，卷六壽序十二首，卷七壽序十一首，卷八壽序十四首，卷九墓志銘五首，卷十墓志銘七首，卷十一墓志銘九首，卷十二墓表一首、行狀三首，卷十三祭文十三首，卷十四祭文十四首，卷十五祭文十五首，卷十六祭文十六首，卷十七祭文十六首，卷十八祭文十七首，卷十九祭文十一首、哀辭四首，卷二十呈八首、雜著四首、説二首、疏三首，卷二十一書牘八首，卷二十二書牘十三首，卷二十三雜銘二首、贊九首、題跋十六首，卷二十四題跋十九首，卷二十五題跋十七首。

《檀園集》十二卷，明嘉定縣李流芳撰。前有錢謙益《李先輩長蘅傳（載列朝詩集）》；書末有錢謙益《李長蘅墓志銘》、崇禎二年（一六二九）李宜之《檀園集後序》、康熙二十八年（一六八九）陸元輔《重刻李長蘅先生檀園集後序》。分卷目録。正文卷端題「檀園集卷之一」，署「嘉定李流芳長蘅甫著，孫聖芝曾孫異、參重校，後學陸廷燦扶照重訂」。卷一五言古詩七十二首，卷二七言古詩三十一首，卷三五言律詩四十六首、五言排律三首，卷四七言律詩九十首，卷五五言絶句二十七首，卷六七言絶句九十八首，卷七序十六首，卷八記九首、疏六首，卷九行狀一首、墓志一首、像贊六首，卷十祭文十一首，卷十一西湖卧游册跋語二十二首、江南卧游册題詞四首、又題跋五首，卷十二題跋二十七首。

《三易集》二十卷，明嘉定縣唐時升撰。書前有謝三賓序（行書上版）、侯峒曾小序、舊序（王錫爵、王衡）、總目録。各卷前有分卷細目。卷一五言古詩九十八首，卷二七言古詩三十首，卷三五言律詩四十七首，卷四七言律詩一百三十九首，卷五七言律詩一百二十四首，卷六五言絶句二十首、七言絶句八十六首、六言絶句三十二首，卷七經論四首、史論十四首，卷八書牘十三首，卷九序十六首，卷十序十首，卷十一游記九首，卷十二記十五首，卷十三祭文十五首，卷十四祭文十一首、哀詞四首，卷十五行狀七首，卷十六傳六首、贊四首、銘四首、説一首、疏一首，卷十七墓志銘十二首，卷十八志銘十首，卷十九壽序十八首，卷二十壽序十首。

《松圓浪淘集》十八卷，明嘉定縣寓賢程嘉燧撰。書前有謝三賓序、《溪堂題畫詩引》、萬曆四十六年（一六一八）程嘉燧《自序浪淘集》、天啓元年（一六二一）程嘉燧《松寥詩引》、婁堅《書孟陽所刻詩後》、萬曆四十八年（一六二〇）唐時升《程孟陽詩序》、《松圓浪淘集總目》。分卷目録。正文卷端題「松圓浪淘集」，署「新安程嘉燧孟陽著」。《松圓浪淘集》分上中下三卷，卷上又録涉江、春盤、山樓、蓬户、空齋、詠古、谿堂等七卷，卷中又録移居、雪浪、遇琴、春湖、荆雲、春帆、松寥等七卷，卷下又録雪江、吴裝、易水、嘗甘等四卷，總十八卷。各卷前有分卷細目。依次爲：卷上録涉江卷一凡五十六首，春盤卷二凡五十五首，山樓卷三凡五十四首，蓬户卷四凡四十七首，空齋卷五凡四十首，詠古卷六凡四十四首，谿堂卷七凡三十八首；卷中録移居卷八凡四十四首，雪浪卷九凡六十一首，遇琴卷十凡四十六首，春湖卷十一凡五十七首，荆雲卷十二凡五十二首，春帆卷十三凡六十首，松寥卷十四凡四十八首；卷下録雪江卷十五凡四十七首，吴裝卷十六凡一百有七首，易水卷十七凡三十六首，嘗甘卷十八凡五十一首。

《松圓偈庵集》二卷，明嘉定縣寓賢程嘉燧撰。有分卷目録。正文卷端題「松圓偈庵集卷上」，署「新安程嘉燧孟陽著」。卷上序、記，卷下墓志銘附狀傳、祭文、書牘、啓、疏。

宋犖《嘉定四君集序》：「嘉定四君集者，唐叔達時升、婁子柔堅、程孟陽嘉燧、李長蘅流芳所爲詩古文也，或亦稱嘉定四先生云。四君各有集，明崇禎初，邑令四明謝君爲槧板行。未幾遭亂，板亦毁。後五十年，陸生扶照慨然表章，其已毁者刻之，闕者補之，朽蠹者新之，而四君集復完……四君之中，李最先逝，年僅五十有五。三君皆八十餘，當時號練川三老。錢宗伯傳稱其暇日整巾拂撰，杖履連袂，笑談與之游，處者咸以爲先民故老，不知其爲今人也。因叙其集，慨焉神往者久之。陸生名廷燦，扶照其字，嘉定之南翔人。」

錢謙益《四先生集原叙》：「嘉定四君集者，嘉定令四明謝君所刻康叔達、婁子柔、程孟陽、李長衡詩文也……謝君刻既成，以余獲奉教於諸君也，俾爲其序……今四君之集久閟於箧衍，而謝爲刻之，以行於世，可謂相與以有成矣，斯亦可書也。」

謝三賓《婁子柔先生集原序》：「爲刻其詩文《吴歈小草》十卷、《學古緒言》二十五卷，以視世之文多道寡而自附於古文詞者，乃若編纘讎勘，則其徒馬生元調巽甫之勛居多。」

陸元輔《重刻李長蘅先生檀園集後序》：「李長蘅先生者，我疁四先生之一也。合唐叔達、婁子柔、程孟陽三先生而爲四。四先生各有集行世，《檀園集》則長蘅所著詩文也。合叔達《三易稿》、子柔《吴歈草》、《學古緒言》、孟陽《浪淘松圓集》而爲四先生集。崇禎己巳，邑侯四明謝象三刻之……乙酉之亂，李氏被禍最酷，先生一枝，惟孤孫聖芝在耳。檀園既成劫灰，梨棗亦無復孑遺矣。婁思修兵死無後，其板析而爲薪，所存不能什二。唐、程二集幸無恙，金治文渭師兄弟復爲程刻《耦耕堂集》以續之。唐遺稿尚多，惜無人爲之補刻。遠近來購四先生集者，久有缺逸之歎。吾宗開倩暨其伯子扶照嗜古好學，慨然以復舊爲己任。因遂捐金，先校李集付諸梓，將次第及于婁之缺板，唐之續稿，以成大觀……《檀園集》刻成，同侯生大年請序于徐宫坊果亭，并請余爲後序。余喜吾宗之有人，而遺文賴以不墜也，于是乎書。」

程嘉燧《自序浪淘集》見本書《程孟陽先生集》條。

上圖藏。

詩話類編三十二卷

明上海縣王昌會編。明萬曆間刻本〔二〕。半葉九行，行二十字。上單魚尾，四周單邊。版心上鐫「詩話類編」，魚尾下鐫卷次及當葉子目名，如卷一首葉「卷之一體格」，版心中下爲葉碼。正文卷端題「詩話類編卷之一」，署「雲間嘉侯父王昌會纂輯」。書前有明萬曆四十四年（一六一六）吴之甲《詩話類編題辭》、《凡例》八則、《目録》。

王昌會字嘉侯，明松江府上海縣人。王圻孫。萬曆四十三年（一六一五）舉人。屢試不第，遂絶意仕進，杜門讀書。松郡守方岳貢欽其風，聘修府志，昌會固辭。陳繼儒作書誠邀，乃就。《（崇禎）松江府志》中賦役、鹽榷諸類皆出其手。晚年築室松原，專事著述，翛然物外，時論賢之。年五十八卒。著有《全史詳要》等，編有《詩話類編》等。傳見嘉慶《松江府志》卷五十五《古今人傳七》。

是編爲歷代詩話類集，卷一體格，卷二至卷三名論，卷四至卷五帝王，卷六忠孝，卷七節義，卷八夙慧、科第，卷九神仙（附箕仙），卷十鬼怪，卷十一方外（附尼姑），卷十二宫詞，卷十三閨秀，卷十四至卷十五妓，卷十六至卷十七題詠，卷十八至卷十九考訂，卷二十至卷二十二品評，卷二十三至卷二十四詩賞，卷二

〔二〕《四庫全書存目叢書》集部第四百十九册據湖北省圖書館藏本影印。

十五詩遇，卷二十六詩窮、詩彈，卷二十七詼諧，卷二十八感慨、讖異，卷二十九高逸，卷三十吊古、哀挽，卷三十一夢幻、規諷，卷三十二雜録。各卷前有分卷細目。《四庫全書總目》集部詩文評類存目據直隸總督采進本著録。

《凡例》：「一，編名『詩話』，義取兼資，若有詩無話，有話無詩者，録可充棟，俱無取焉。惟體格、名論二類，多以辯駁勝，則間有有議論而無詩句者。一，分門别類，標其大概，雖不溷收，無妨互賞，如閨秀可入節義門，品評可入詩賞門，務删重複，勿嫌疑似也。一，每卷但分總類，勿標細目，如題詠由天文地理以逮昆蟲草木，帝王由羲皇三代以逮聖朝，隱然寓有次序而已。止有體格、名論二卷，訂證不厭詳明，則另有細目。一，樂府亦名詩餘，并爲采取，以供吟誦，大都各附于各門之後。一，是編纂輯成書，無敢妄作，間有數條相合，大同小異，如題紅葉，題三娘墓故事諸書，錯綜互見，無所取裁者，漫加筆削，彙成大觀。一，門類雖分，亦厭瑣碎，如帝王門可附后妃之類，方外門可附女尼之類，即爲附收，不另標題。一，家乏二酉，識慚平豹，雖云成帙，未竟收羅游玩之書，不妨以博覽所得，漸爲增補一時遺珠，姑俟續集。一，采輯名公嘉話，未敢妄次時流，惟忠孝節義有關風化睹聞所及，擊節不忍釋，亟録之以示勸。其餘惟名閨妙詠，間入一二而已。」

湖北省圖書館、國圖、北大、中科院、浙大藏。

白石山堂詩話二卷

明華亭縣章憲文撰。清抄本，二册。無框無欄。半葉八行，行十六字，小字雙行字數同。版心中上鐫

「詩話」，版心中下爲葉碼。正文端題「白石山堂詩話」及卷次（上、下），署「華亭章憲文著」。書前有吳孺子《白石山堂詩話序》（己亥中秋玄鐵道人蘭谿吳孺子題于清朗閣時年七十有八），章憲文題識。鈐印有「蘭/揮」（白方）、「筠」（朱圓）、「友竹軒」（朱長）、「雪苑宋氏蘭/揮藏書記」（朱長）。

章憲文（一五四七—一六〇七）字公覲，明松江府華亭縣人。萬曆十四年（一五八六）進士，官虞部郎，又督漕艘於淮。傳見光緒《重修華亭縣志》卷十五《人物》。

是書前無目録，每條皆提行，其中卷上録一百零八則，卷下録三十六則。章憲文題識末署「佘東山長章憲文識」。

上圖藏。

詞曲類

類編草堂詩餘四卷

宋武陵逸史輯，明上海縣顧從敬類編。明嘉靖二十九年（一五五〇）顧從敬刻本，四册。半葉十一行，行十九字，小字雙行字數同。白口，雙向下順魚尾，左右雙邊。正文卷端題「類編草堂詩餘」，署「武陵逸史編次，開雲山農校正」。書根處有「草堂詩餘」字樣，第一册書根處還有「嘉靖本」三字。書前有嘉靖二十九年何良俊《草堂詩餘序》。全書有朱筆句讀，偶有校注。如卷一第七葉右半第四行「竹間時有鷓鴣啼」之「有」字，朱筆改爲「聽」字。鈐印有「曾留吳興/周氏言言齋」（白長）、「越/然」（朱方上下）、「東溪」（朱長）、「瑶／圃」（朱方）等。

顧從敬字汝所，明松江府上海縣人。從義弟。善詞律。嘉靖間官光禄寺監事，時稱顧光禄。輯有《類編草堂詩餘》等。傳見嘉慶《松江府志》卷五十二《古今人傳四》。

此書無總目，有分卷目録。卷一小令，卷二中調，卷三至卷四長調。《四庫全書總目》集部詞曲類二據通行本著録。

何良俊序：「顧子汝所刻《草堂詩餘》成，問序於東海何良俊。何良俊曰：『夫詩餘者，古樂府之流别，而後世歌曲之濫觴也。』……總而核之，則詩亡而後有樂府，樂府闕而後有詩餘，詩餘廢而後有歌曲……余家有宋人詩餘六十餘種，求其精絶者，要皆不出此編矣。顧子上海名家，家富詩書，代傳禮樂。尊公東川先生博物洽聞，著稱朝列。諸子清修好學，綽有門風，故伯叔并以能書供奉清朝，仲季將漸以賢科起矣。是編乃其家藏宋刻本，比世所行本多七十餘調，是不可以不傳。」

上圖、湖北省圖書館藏。

類編草堂詩餘四卷續編二卷附詞學論略一卷

宋武陵逸史輯，明上海縣顧從敬類編。清康熙二十三年（一六八四）蘇州金閶天禄閣刻本，六册。半葉十一行，行十九字，小字雙行字數同。白口，上單魚尾，左右雙邊。魚尾下鎸「詩餘」。正文卷端題「類編草堂詩餘卷之二」，署「武陵顧從敬編次，高陽韓俞臣校正」。書前有陳仁錫《草堂詩餘序》、明嘉靖二十九年（一五五〇）何良俊序、毛先舒《詞韻括略》、沈謙《韻譜》。卷首一卷，爲《詞學論略》。續編二卷，卷上小令，卷下小令、中調、長調。行款同正集，版心中題「詩餘續編」。正文卷端署「毗陵長湖外史原輯，吴郡天羽居士參閲」。書根處墨筆題「草堂詩餘」及當册文體名。每卷前有分卷目録。鈐印有「漢鹿／齋藏／書印」（朱方）等。

上師大藏。

秋水庵花影集五卷

明上海縣施紹莘撰。明末刻本，四册。無界欄，半葉八行，行二十字。無魚尾，四周單邊。版心上鐫「花影集」。版心下左鐫篇名及葉碼，各篇單獨編次。陳繼儒序文首葉及正文卷一首葉版心下右分别鐫「金泰卿寫刊」、「金泰卿寫」字樣。書前牌記鐫「花影館詞集／小嫏嬛藏」。前有陳繼儒序、顧乃大序、顧胤光序、沈士麟序、施紹莘自序、雜紀、目録。正文卷端署「華亭峰泖浪仙施紹莘子野父著」。全書刻有圈點批注，其中天頭有批注，半葉十六行，行五字；正文間有小字夾批，多爲「妙」、「仙句」、「奇」等寥寥數語。無鈐印。

是書北京大學圖書館藏一部，著録爲明末刻本，《四庫全書存目叢書》集部第四百二十二册據以影印，與上海師範大學圖書館藏本同。中國科學院圖書館藏一部，《續修四庫全書》集部第一千七百三十九册據以影印，書前闕顧乃大序。

施紹莘（一五八八—一六四〇）字子野，明松江府上海縣人。居浦東鹽鐵塘。紹莘少爲華亭諸生，有俊才，懷大志，跌宕不羈。屢試不第，遂放浪聲色。天啓初，築花影館於西佘山，復構别業於南泖之西，自號峰泖浪仙。早夭，無子，時論惜之。著有《花影集》。傳見嘉慶《松江府志》卷五十四《古今人傳六》、乾隆《江南通志》卷一六八、光緒《青浦縣志》卷十九。

是集卷一至卷四爲散曲，卷五爲詩餘。散曲各題下皆録數篇，各題首尾有序跋。詩餘各詞牌下少則一首，多則數首，各有小標題。《四庫全書總目》集部詞曲類存目據内府藏本著録。

陳繼儒序：「峰泖間久無閑人矣。自眉道人開徑東佘之陽，施子野從泖上築墓西佘之陰，簾櫳窈窕，花竹參差，遠近始有褰裳而游者。余不設籓垣，聽人往來，如簷燕，如隙中野馬。而子野嚴扃鐍，以病辭，中酒辭，顧閣上嘈嘈，數聞弦索度曲聲，則子野所自製詞也。客唐突不得入，横折花枝，呵詈委道旁而去，而子野默默笑自如。子野好日出酣眠，而能讀書至夜半，未嘗作低迷欠伸態。好與人轟飲惡戰，而能數月持酒戒甚堅。好治經術，工古今文，而能旁通星緯輿地與二氏九流之書，掉弄而爲樂府詩餘，跌宕馳騁……子野才太俊，情太癡，膽太大，手太辣，腸太柔，心太巧，舌太纖，抓搔痛癢，描寫笑啼太逼真，太曲折。當其志敞意得搖筆如風雨，强半爲旁人掣去。或寫素屏紈扇，或題郵壁旗亭，或流播於紅綃麗人、黄衣豪客之口，而猶未睹子野之大全也。今《花影集》一出，上至王公名士，下至馬卒牛童，以及雞林象胥之屬，皆咄咄吁駭，想望子野何如人。購善本，换新聲，擲餅金斛珠當不吝惜，豈特爲『三夢』『四聲猿』之畏友而已？」

顧乃大序：「吾友施子野氏，嫻雅絶倫，風流自賞，夙稱博物，兼負情癡，既篆蠹以時親，復雕蟲之旁涉，新聲驚座，佳製盈笥，爰繕芸箋，命名『花影』。」顧胤光序：「吾友子野弱冠好詞，即工詞，積十餘年而不靳，公諸同調，以『花影』名集，則命意遠矣。蓋詞不難填實，而難使虛，而花之弄影，妙香色之俱空。詞不難琢巧，而難寫生，而影之取花，妙即離之雙遣。詞不難繁音之噪耳，而難柔致之感物，而影暈花，花篩影，妙嫵媚之無骨，而參差之善隨。以子野詞拈作花觀，兩字歡愁，皆嫣紅而慘緑也……不負自許張三影後身矣。」

施紹莘自序：「爾不見夫花影乎？花外之影，影即非花；影中之花，花即是影。然則何有何無，何彼何此，焉知珠聲絹字非已飛之劫灰，而本無之幻相也哉！故爾若作句字觀，則些些綺語永爲拔舌成案。若作花影觀，則滿紙胡言，隨口變滅，疏影稀微，已爲我向佛懺悔久矣。雖謂梓氏之刀爲祖龍之火可也。客曰：『命之矣。』乃私授剞劂，而即錄浪仙之語爲之序，蓋序之變格也。」

《秋水庵花影集雜紀》即凡例，依次爲點板、添字、校閲、訛字、評語、徵歌、流傳、僞竊、參譜、犯調、用韻等十一則。

上師大、北大、中科院、上圖藏。

繡襦記二卷

明華亭縣徐霖撰。明萬曆間金陵文林閣刻本，二册。正文分上下二欄，上欄爲注音，較窄，半葉二十二行，行三字；下欄爲正文，半葉十一行，行二十字，小字雙行字數同。版心上鐫「全像注釋繡襦記」及卷次，無魚尾，四周單邊。卷上正文卷端題「重校繡襦記」，卷下題「重刻全像音釋繡襦記」，無署名。第一册封面墨筆題「繡繻記上卷／萬曆文林閣刊」，第二册封面墨筆題「繡繻記下卷」。扉葉空白，有壬辰年小雁墨筆題識，與封面筆迹相同。兩册書前各有分卷目録，卷上目録末有黄裳墨筆小字題識。正文中各齣前只標注「第一齣」、「第二齣」，無該齣標題，皆用墨筆補出。每齣末皆有「釋義」，釋當齣成語典故，原詞單行大字，釋文雙行小字。闕末葉，黄裳據套印本朱筆補録完整，并附題識叙補録經過。書内有插圖十幅，綫條圓潤精美。鈐印有「黄裳容氏／珍藏圖籍」（白長）、「容家／書庫」（白方）、「草草亭／藏書記」（朱長）、「草草亭藏」（朱長）、「木雁／齋」（朱方）等。

徐霖（一四六二—一五三八）字子仁，號九峰道人、髯仙，明松江府華亭縣人。先世自長洲徙華亭。六歲而孤，從兄遷居上元（今南京）。七歲能詩，稱奇童。補諸生，博極群書，有「曲壇祭酒」之稱。性放任不諧俗，被誣黜落，益肆力於詞翰。工詩，善書法、繪事，致力戲曲。弘治初，在蘇州與沈周、都穆等共作詩會。正德帝南巡，聞其名召見行在，特愛重之，賜一品服，扈從到京，會帝崩，不及授官而還。居城東，有快園。著有《懷枏先生詩集》《北行稿》等，所作傳奇有《繡襦記》《柳仙記》《三元記》等八種。傳見嘉慶《松江府志》卷六十一《藝術傳》、光緒《重修華亭縣志》卷十四《人物》。

《繡襦記》二卷，明傳奇劇本，一説明薛近兖作。取材唐白行簡傳奇小説《李娃傳》，述妓女李亞仙同世家子弟鄭元和相愛故事，此本增添李亞仙爲鼓勵鄭元和獵取功名而剔目勸學情節，仍以父子妥協結束。

全書共四十一齣，其中卷上二十齣，卷下二十一齣。

扉葉小雁題識：「此明萬曆中金陵書坊文林閣所刊傳奇之一也。其肆所刊曲本，傳世約二十許種，而獨未見有此《繡襦記》。余得之海上，以爲快事。書已敝壞，倩工重裝，展卷如新。余曲藏中遂又增一俊物矣。附圖極精，不若崇禎中繪板之纖弱，而又遠勝富春堂所刊之拙重凝滯，是可爲晚明板畫作風丕變之捩機。因拈出之，以爲談雕板史者之一助焉。壬辰十朋初三夜雨窗漫記，小雁。」并鈐「小雁」（朱長）。

卷上目録末黄裳題記：「此金陵唐錦池文林閣刊本《繡襦記》二卷，附圖十幅，刊刻至精。年前見之修文堂孫氏許，問價不答。今日又過之，乃以高價易歸。燈前展卷，并檢諸家藏目，俱未見有此，是可珍也。西諦有陳眉公評本、寶晋齋本，平館目有朱墨印本《繡襦記》傳世，所知僅此而已。文林閣刊曲不少，不知黄如十種，綜諸家所藏，共二十種，而此種不與焉。壬辰上元夜明月皎甚，巷中小兒嬉燈絡繹不絶，小飲後記此。黄裳。」并鈐印「裳/讀」（朱長）。

書末黄裳朱筆題識：「甲午新正初二日，晨窗無事，取明刊朱墨本補此葉。朱墨本較此晚出，賓白多所增飾，取便劇場，每嫌詞費，且有大失原意處，非列几并觀，殆不易知原作文心之細也。曲文出入細，朱墨本時有誤字，賴此正之。曲本自萬曆後始盛行，嘉隆以前刊本間有流傳，幾同舊刻。此刻在萬曆中葉，亦可謂近古矣。而出像古僕豐麗，間而有之，非若閔板之徒尚纖柔，頓失生趣也。世有知者，當不河漢斯言。黄裳小燕炙硯書。」

上圖、國圖藏。

繡襦記四卷

明華亭縣徐霖撰。明朱墨套印本，四册〔一〕。無框無欄。半葉八行，行十八字，小字單行字數同。無魚尾，四周單邊。天頭處有小字注文，半葉十六行，行四字。版心上右鎸「繡襦記」及卷次，版心下右爲葉碼。正文卷端題「繡襦記」及卷次，無署名。書前有目録；《繡襦圖》八葉，極精美；《汧國夫人傳》。目録同文林閣本。鈐印有「思植／堂王氏／珍藏」（朱方）、「堅／定」（葫蘆形朱文）。

國圖藏。

范氏博山堂三種曲六卷（鴛鴦棒二卷，花筵賺二卷，夢花酣二卷）

明上海縣范文若刻本。明崇禎間博山堂刻本，四册。半葉九行，行二十字，小字雙行字數同。上單白魚尾，四周單邊。版心上鎸篇名及卷次，版心中下右側鎸「博山堂」三字，版心下右爲葉碼。天頭有音釋，半葉十八行，行三字。每册正文首葉皆有墨筆書「上海朱廣輪閲」字樣。首册書名葉右半闕，左半上餘「種曲」二大字，下有小字，自右至左依次爲「鴛鴦棒花筵賺／夢花酣後附北曲譜」。鈐印有「朱／天梵」（朱方）、「三生／綺習」（朱方）、「漢才」（朱長）、「朱光／曾覾」（朱方）、「朱廣／輪」（朱方）、「朱／光」（白方）、「漢／才」（朱方）、「朱天／梵藏」（朱方）、「如花美／眷似水／流年」

〔一〕《古本戲曲叢刊初集》據中國國家圖書館藏本影印。

（朱方）等。

范文若（一五九〇—一六三七）字香令、更生，初名景文，號吴儂荀鴨，明松江府上海縣人。萬曆四十七年（一六一九）進士，除山東汶上令。轉遷南京兵部主事，稍遷南京大理寺評事，以憂去官。年四十八卒於家。美姿容，善談笑，好爲樂府詞章。著有《范氏博山堂三種曲》《北曲譜》。文若爲明戲曲作家，所作傳奇今知有十六種，現存《鴛鴦棒》二卷、《花筵賺》二卷、《夢花酣》二卷，合稱《博山堂三種曲》。另《生死夫妻》《勘皮靴》《金明池》《花眉旦》《雌雄旦》《歡喜冤家》六種有殘曲。此外尚存散曲數種。傳見嘉慶《松江府志》卷五十五《古今人傳七》。

是書第一册爲《鴛鴦棒》二卷，第二册爲《花筵賺》二卷，第三册爲《夢花酣》二卷，第四册爲《北曲譜》十二卷。

《鴛鴦棒》寫秀才薛季衡貧時娶丐頭之女錢惜惜爲妻，得官後又與豪門結親，把惜惜推入江中，後惜惜遇救，棒責薛季衡，最後以二人重圓爲結。劇情取材《古今小説》之《金玉奴棒打薄情郎》，但人物姓氏與部分情節有所改易。《鴛鴦棒》前有鄭元勛《鴛鴦棒題詞》，文若自序（署吴儂荀鴨），目録（按：上圖藏本先卷下目録，次卷上目録）。正文首葉題「鴛鴦棒」及卷次，署「吴儂荀鴨填詞」。

鄭元勛序：「香令先生遺書以《夢花酣》《鴛鴦棒》二劇屬予序，一爲情至者，一爲不及情者。或曰：先生花骨繡胸，傳其情至者足矣，惡取夫不及情者而歌舞之。曰：不觀夫詩之有美有刺乎，不知情之不及，惡知夫情至者之爲至也。嗟乎，人情百端，俱假閨房之愛，獨真至此，愛復移，無復有性情者矣。覽薛季衡錢媚珠事，使人恨男子不如婦人，達官不如乞兒，文人不如武弁，其重有感也。夫吾安得乞其棒打盡天下薄倖兒也。」范氏自序：「前二十四齣每齣令人卒啼卒罵卒詈，起擲砂礫，後十齣又莫不令人道快」。

是劇上卷下卷各十六齣，合計三十二齣。上卷目録，依次爲話柄、僵雪、慕鳳、落博、踏燈、留帳、墜蓮、詞媒、鞠巹、酸嘆、譁讌、躡踪、訣別、擇坦、涎賺、閨卧；下卷目録，依次爲飾魘、窘翁、腐泄、眥刃、沉玉、椶芳、絶婚、恚剔、簾瞥、鶉泣、劍械、病囈、警魅、絮覯、抬棒、復歡。

《花筵賺》寫温嶠以玉鏡臺爲聘物，騙娶表妹故事。《花筵賺》原刻僅存卷下，卷上係抄補，行款格式同原刻。前有凡例九則（署荀鴨檀郎），目録。凡例前留空白一葉，是否有序文待核。正文卷端題「花筵賺」及卷次，署「吴儂荀鴨填詞」。是劇卷上十五齣，卷下十四齣，合計二十九齣。上卷目録依次爲：話柄、鰥嘆、鵠吟、狂約、乞花、蓄異、閨逗、綢賢、調扇、楚泣、論逆、宵覘、夜窘、媒賺、鏡聘；下卷目録依次爲：賦槊、妒夢、移眷、訴陛、遇故、江偵、鬧婚、妖警、閨綻、激恚、癡索、殲逆、嘩醉、鏡完。

《夢花酣》劇情源出元人《碧桃花》雜劇。寫蕭斗南夢見花神，醒後描畫其容貌，畫被女子謝蒨桃所見，因思慕作畫人生病；又因兵亂，死於碧桃花下。三年後，謝的鬼魂與蕭斗南相會，探花使者因憐謝無罪而死，使其借馮翠柳體重生，與蕭結成夫婦。劇本曲詞纖秀，多有模仿《牡丹亭》，又從明代小説《平妖傳》中融入神怪情節。

《夢花酣》前有崇禎五年（一六三二）鄭元勛《夢花酣題詞》、范氏自序（署吴儂荀鴨）、目録。鄭元勛序：「《夢花酣》與《牡丹亭》情景略同，而詭異過之。」自序：「元人有《薩真人夜斷碧桃花》雜劇，童時演爲南戲，即名《碧桃花》，流傳甚盛。已復更爲此事，微類《牡丹亭》，而幽奇冷艷、轉摺姿變，自謂過之。」是劇卷上十七齣，卷下十七齣，合計三十四齣。卷上目録依次爲：夢瞀、胡犯、畫夢、肖像、謁僧、淫陣、癡囈、攝艷、病蕊、失畫、僧魘、花埋、增幣、鬬法、魂交、撓卧、鬼妒；下卷目録依次爲：索女、借柳、移桃、宵遁、議親、謀避、魂影、落花、邸鬧、聞訃、榜婿、返魂、獲妖、訊奴、魂話、贖魂、斷圓。

上圖藏。

《北曲譜》十二卷，無序跋，正文卷端無署名。各卷依次爲：卷一黃鍾，卷二正宫，卷三大石調，卷四小石調，卷五仙吕，卷六中吕，卷七南吕，卷八雙調，卷九越調，卷十商調，卷十一商角調，卷十二般涉調。

新刻出像音注花欄韓信千金記四卷

明嘉定縣沈采撰。明富春堂刻本〔一〕。半葉十行，行二十一字，小字雙行字數同。上單魚尾，四周花欄。版心上鎸「出像千金記」，版心下鎸「富春堂」字樣，魚尾下鎸卷次（一卷、二卷等）。正文卷端題「新刻出像音注花欄韓信千金記」及卷次「一卷（二卷等）」，署「金陵書坊富春堂繡梓」。

沈采字練川，明嘉定縣人。戲曲作家。所作傳奇今知有《四節記》《千金記》《還帶記》三種。《四節記》僅殘存數齣，後兩種今尚存。所作三記中，以《千金記》最著名。一説傳奇《臨潼記》亦係沈采所

〔一〕《古本戲曲叢刊初集》據中國國家圖書館藏本影印，一册。

作。傳見萬曆《嘉定縣志》卷十二。

《千金記》以韓信和其妻爲主要綫索，寫楚漢戰争故事。刻畫項羽勇而無謀、剛愎自用之性格。是書爲現存《千金記》最早刻本，凡五十折，繡像二十九幅。無總目録，各折亦僅題第幾折，没有標題。其中卷一爲第一折引場至第十二折，卷二爲第十三折至第二十二折，卷三爲第二十三折至第三十三折，卷四爲第三十四折至第五十折。繡像綫條流暢精美，每圖之上皆有小標題，如「韓信市中得書劍」、「妻勸韓信務生理」等。

國圖藏。

鼎鎸出相點板千金記二卷

明嘉定縣沈采撰。明崇文堂刻本，二册。半葉十行，行二十三字，小字雙行字數同。上單魚尾，四周單邊。版心上鎸「千金記」，魚尾下鎸卷次。正文卷端題「鼎鎸出相點板千金記」及卷次，署「武林崇文堂校梓」。正文前有目録。有繡像七幅。鈐印有「章氏／馨吾／珍藏」（朱方）、「章／馨吾」（白方）。

是書凡四十六齣，其中卷上二十三齣，卷下二十三齣。卷上各齣依次爲：提綱、遇仙、親叙、發兵、閨諫、寄食、出跨、别妻、招軍、入關、遭騙、授戟、鴻門、謝宴、識俠、夜宴、謁相、焚庫、被獲、赴戮、釋罪、詢問、追信。卷下各齣依次爲：謀竊、盜衣、薦賢、登壇、點將、遣沮、歃血、囊沙、訃音、説反、悲歌、散楚、别姬、埋伏、十戰、指澤、自刎、朔奠、封王、祖餞、佳報、撥役、榮歸、贈金、團圓。

國圖藏。

千金記二卷

明嘉定縣沈采撰。明毛晉汲古閣《六十種曲》本，四册。半葉九行，行十九字，小字單行字數同。無魚尾，左右雙邊。版心上鐫「千金記」。正文卷端題「千金記」，無署名。經核，上海圖書館藏本爲後印本，墨淡。

此本分上下二卷，共五十齣，其中卷上二十二齣，卷下二十八齣。卷上各齣依次爲：開宗、遇仙、省女、勵兵、抱怨、推食、招集、受辱、宵征、投闖、受騙、入關、會宴、夜宴、代謝、思漢、謁相、延燒、坐倉、懷刑、免死、北追；卷下各齣依次爲：起盜、漏賊、保奏、登拜、預防、定謀、破趙、延訪、救齊、囊沙、訛傳、游説、楚□、解□、別姬、設伏、鏖戰、問津、滅□、□音、封王、餞別、通報、游仙、仰役、釋怨、報德、榮歸。

上圖藏。

新刊重訂出相附釋標注裴度香山還帶記

明嘉定縣沈采撰。明萬曆十四年（一五八六）唐氏世德堂刻本[一]。分上下二欄，上欄較窄，爲注釋，半葉二十行，行六字；下欄爲正文，半葉八行，行二十一字，小字雙行字數同。上單魚尾，四周雙邊。版心上鐫「還帶記」，魚尾下鐫卷次。下欄行間有小字注釋。正文卷端題「新刊重訂出相附釋標注裴度香山還

[一]《古本戲曲叢刊初集》據北京大學圖書館藏本影印，一册。

帶記」，署「星源游氏興賢堂重訂，繡谷唐氏世德堂校梓」。正文前有目録。鈐印有「杲橋／羈旅」（朱方）、「隅卿藏／珍本小／説戲曲」（朱方）、「不登／大疋／之堂」（白方）、「鄞馬廉字隅／卿所藏圖書」（朱長）等。

是書寫唐代裴度因拾寳帶不昧，交還原主，因而轉變命運之事。情節大致與元雜劇《裴度還帶》相似，但結尾添出裴度奉命征討吴元濟，以及晚年退隱緑野堂等情節。此本二卷四十一齣，繡像二十四幅。每幅繡像上部皆有四字説明，如「宗一生非」、「裴度初相」等。據書前目録，卷上二十齣，卷下二十一齣。

北大藏。